Alf Christophersen

Kairos

Protestantische Zeitdeutungskämpfe
in der Weimarer Republik

Mohr Siebeck

ALF CHRISTOPHERSEN, geboren 1968; Studium der Ev. Theologie und Philosophie in Tübingen und München; 1997 Promotion; 2002 Habilitation; 2003–2004 Fellow an der Harvard University, Divinity School; 2006 Ordination; 2006–2007 Vertretung des Lehrstuhls für Systematische Theologie und Ethik der Ludwig-Maximilians-Universität München; derzeit Privatdozent und Wissenschaftlicher Oberassistent in der Abteilung für Systematische Theologie an der Ludwig-Maximilians-Universität München.

ISBN 978-3-16-149567-0

ISSN 0340-6741 (Beiträge zur historischen Theologie)

Die Deutsche Nationalbibliothek verzeichnet diese Publikation in der Deutschen Nationalbibliographie; detaillierte bibliographische Daten sind im Internet über *http://dnb.d-nb.de* abrufbar.

Das Buch wurde von Jürgen Bartz in München aus der Bembo gesetzt, von Gulde-Druck in Tübingen auf alterungsbeständiges Werkdruckpapier gedruckt und von der Großbuchbinderei Spinner in Ottersweier gebunden.

Beiträge zur historischen Theologie

Herausgegeben von

Albrecht Beutel

143

Vorwort

Von der Evangelisch-Theologischen Fakultät der Ludwig-Maximilians-Universität München ist der »Kairos« im Sommersemester 2002 als Habilitationsschrift angenommen worden. Er liegt hier in einer umgestalteten Fassung vor, die auf der Basis zahlreicher neuer Archivfunde entstand.

Der Herausgeber der »Beiträge zur historischen Theologie« Prof. Dr. Albrecht Beutel und der Verlag Mohr Siebeck, insbesondere Dr. Henning Ziebritzki, ermöglichten die Veröffentlichung in der vorliegenden Form.

Dr. Erdmuthe Farris, geb. Tillich, New York, erlaubte mir die Auswertung des Nachlasses ihres Vaters in der Andover-Harvard Theological Library und gestattete auch Einblicke in bislang nicht freigegebene Briefbestände. Sehr hilfsbereit unterstützte mich vor Ort als Kuratorin der Manuscripts and Archives Collections Fran O'Donnell. Die Alexander von Humboldt-Stiftung gewährte mir ein Feodor Lynen-Stipendium, mit dem ich in den Jahren 2003/04 und noch einmal im Sommer 2005 als Fellow an der Harvard Divinity School forschen konnte. Meinen Gastgebern Prof. Dr. Sarah Coakley, Dean William A. Graham sowie dem ehemaligen Dean der Divinity School und Bischof von Stockholm Krister Stendahl bin ich, wie den anderen genannten Personen und Institutionen, zu großem Dank verpflichtet.

Prof. Dr. Wilfrid Werbeck, Tübingen, und Dr. Andreas Waschbüsch, München, haben die mühevolle Arbeit des Korrekturlesens auf sich genommen und sachkundige Hilfestellungen geleistet. Jürgen Bartz, München, übernahm sehr engagiert und kompetent den Satz der Arbeit. Dr. Claudia Christophersen, Prof. Dr. Konrad Feilchenfeldt, Prof. Dr. Jörg Frey, Prof. Dr. Dr. h. c. Ferdinand Hahn, Dr. Stefan Pautler, Prof. Dr. Dr. h. c. mult. Trutz Rendtorff, Dr. Hans Michael Strepp und Prof. Dr. Alexander J. M. Wedderburn, München, haben die Arbeit über die Zeit ihrer Entstehung mit kritischem Rat und freundschaftlicher Dialogbereitschaft begleitet. Ihnen allen gilt mein herzlicher Dank – insbesondere aber auch Prof. Dr. Friedrich Wilhelm Graf. Er hat die Entstehung des Buches produktiv gefördert und an seinem Münchener Lehrstuhl für Systematische Theologie und Ethik begeisternd Forschungsmöglichkeiten eröffnet, die in der gegenwärtigen Wissenschaftslandschaft äußerst rar sind.

München, im Frühjahr 2008   *Alf Christophersen*

Inhaltsverzeichnis

Einleitung

»Begriffe«, hält Reinhart Koselleck in formelhafter Prägnanz fest, »sind Konzentrate vieler Bedeutungsgehalte.«[1] Den Bedeutungsmöglichkeiten des Wortes steht die Vereinigung der Bedeutungsfülle im Begriff gegenüber. »Wortbedeutungen können durch Definitionen exakt bestimmt werden, Begriffe können nur interpretiert werden.« Theoretische Prämisse einer sich an den Vorgaben Kosellecks orientierenden Begriffsgeschichte ist »die Konvergenz von Begriff und Geschichte«[2]. Sie zielt auf eine Interpretation der Geschichte durch ihre jeweiligen Begriffe und nutzt dafür deren Lage im Schnittpunkt vieler Einflußlinien: Wortbedeutungs- und Sachwandel erfassen den Einzelbegriff, er ist dem Wechsel der Gebrauchssituation unterworfen und einem unberechenbaren Neubenennungszwang. Nicht um die Erschließung von Sachverhalten aus sprachgeschichtlichen Befunden geht es dieser von philologischer Blickbeschränkung befreiten Begriffsgeschichte, nicht um selbstgenügsamen Sammeleifer im Geist lexikalischen Vollständigkeitsstrebens, sondern um eine Heranführung »an die in den jeweiligen Begriffen enthaltene Erfahrung und an die in ihnen angelegte Theorie«. Aufgedeckt werden »also jene theoriefähigen Prämissen«[3], deren Wandel thematisiert wird. Kategoriale Bedeutungsgehalte erfahren eine Verzeitlichung, und überkommene Begriffe gewinnen in der Vergegenwärtigung längst vergangener Erwartungsmomente, gefühlsmäßig aufgeladen, eine Dimension jenseits des rein Funktionalen zurück. Im Verlauf der sogenannten Sattelzeit um 1800 kristallisieren sich Begriffe heraus, die die geschichtliche Zeit in ihrer Veränderungsdynamik und Eigengesetzlichkeit definieren – Entwicklung, Geschichte, Revolution: Sie »zeichnen sich durch Zeitbestimmungen aus, die prozessuale Sinngehalte und Erfahrungen bündeln«. Gleichzeitig wächst die Ideologisierbarkeit vieler Ausdrücke. Es häufen sich Kollektivsingulare, wie Fortschritt und Freiheit, die durch neue Prädikate konkretisiert werden müssen, um nicht im Status einer »Leer- und Blindformel«[4]

---

[1] KOSELLECK, Einleitung, XXII.
[2] Ebd., XXIII.
[3] Ebd., XXIV.
[4] Ebd., XVII.

zu verbleiben. Erkennbar ist ein struktureller Wandel, da sich eine »zunehmende Entfernung aus überschaubaren Lebenskreisen von relativer Dauer« einstellt, »während die gesteigerten Abstraktionsgrade der Begriffe [...] neue Horizonte möglicher Erfahrung setzen«[5]. Die Pluralisierung der gesellschaftlichen Welt läßt schließlich, so Koselleck, auch die Standortbezogenheit jedes Wortgebrauchs deutlicher hervortreten, begünstigt damit zugleich Konkurrenzsituationen und forciert eine Politisierung, als Chance wie als Zwang.

Vor diesem Hintergrund erscheint Begriffsgeschichte immer auch als politische Geschichte. Sobald Begriffe in den Bereich des Politischen hineingreifen, wirken sie zwangsläufig abgrenzend und zugleich situationsbezogen. Anders gewendet: Die Qualität politischer Kampfbegriffe erweist sich in ihrem evidenten Zugriff auf die momentane Wirklichkeit und im Versprechen zukunftsmächtiger Gestaltungskraft. Je nach Maßgabe ihres semantischen Aufladungspotentials avancieren sie so zur Angriffswaffe, zum Propagandamittel im Kampf der Parteien um zeitdiagnostische Deutungshoheit, um die vereinnahmende Interpretation des Vergangenen, der unmittelbaren Gegenwart, aber auch der Zukunft. Gerade Zeitbegriffe sind Ausdruck von Erwartung, steuernder Antizipation des Kommenden, und sie leben, ganz wie die jeweilige Konfliktkonstellation es fordert, von ihrer Präzision oder ihrer Unschärfe. Gebunden bleiben derart politisierte Begriffe stets an eine Innen- und Außenperspektive; so muß das in ihnen komprimierte Selbstverständnis einer Gruppe oder eines Individuums der Außenwahrnehmung nicht entsprechen und umgekehrt. Eben solche unter der trügerisch eindimensionalen Klarheit der Sprachoberfläche gespeicherten Spannungen versucht der politische Begriffseinsatz gezielt zu aktivieren, im Gegeneinander der Konnotationen auszuspielen, um die Stärke der jeweils eigenen Position desto wirkungsvoller zu behaupten. Mit anderen Worten: Gekämpft wird um die Durchsetzung von Herrschafts- und Gestaltungsansprüchen, die Setzung von Eindeutigkeit als Eindämmung von Kontingenz.

Nicht jede Epoche gewährt allerdings gleichermaßen großzügig Einsicht in die Begriffswerkstätten und Wortwaffenlager der Kombattanten im Meinungskampf. Auch die Begriffsgeschichte kennt »Zeitalter der Sicherheit« (Stefan Zweig), Phasen erschöpfter Sprachphantasie und weithin unangefochtener Konsensrhetorik, aus denen dann erneut – sei es ganz allmählich, sei es beschleunigt vom Katalysatoreffekt einer Katastrophenerfahrung – unkalkulierbare Konfliktdynamik erwächst. Wer im Wissen um diese Gezeitenwechsel die Bewegungsgesetze politischer Begriffsgeschichte im 20. Jahrhundert studieren will, findet ein besonders ergiebiges Untersuchungsterrain in der Weimarer Republik. Während der kurzen Zeit ihrer Existenz verdichteten sich die Aus-

---

[5] Ebd., XVIII.

einandersetzungen um die Gestaltung des Staates, um die Neuorientierung von Wirtschaft und Wissenschaft, kulturellem Leben und gesellschaftlicher Ordnung zu aggressiv ausgefochtenen Intellektuellenfehden ganz eigener Konfliktqualität. Verfehlt wäre es freilich, all die Prediger, Propagandaredner und selbsternannten Heilsbotschafter gleichsam in ein hermeneutisches Prokrustesbett zwingen zu wollen und die mehr oder minder willkürlich gesetzten Zäsuren der Politikgeschichte als Anfang und Ziel auch persönlicher wie kollektiver Entwicklungsprozesse zu begreifen. Epochengrenzen sind keine Diskursgrenzen. Konkreter formuliert: Beginn und Ende der Weimarer Republik sind fließend und durch die Eindeutigkeit suggerierenden Fixpunkte 1919 und 1933 zwar ereignisgeschichtlich markiert, problemgeschichtlich aber unterbestimmt. Das mythologische Potential magischer Jahreszahlen, konventionstreue Handbuch-Gliederungen und die Zwänge der Geschichtsdidaktik sollten nicht darüber hinwegtäuschen, daß die Gründung der Republik und ihr Untergang, auf ein Datum reduziert, ohne die Vergegenwärtigung von Vorgeschichte und Nachspiel im Gedächtnis späterer Generationen zu einer prekären Existenz im Zwischenreich von Faktizität und Fiktion verurteilt sind. Gerade die Analyse von »Zeitdeutungskämpfen« wehrt sich gegen eine oberflächliche Fixierung auf zwei punktförmig isolierte Ereignisse. Weitaus wichtiger sind ihr die Übergänge und Unschärfen, die Vorboten und Nachklänge, das Ineinanderlaufen vielfältig verwobener Entwicklungsstränge mit ihren Verklettungen und Verknotungen – mit einem Wort: all das, was sich einfachen chronologischen Festschreibungen entzieht. So schwindet zwar die Stabilität des Vertrauten, der beruhigende Schein einer übersichtlich geordneten Welt, die den Nachgeborenen klare moralische Zuordnungen erlaubt. Doch das Gesamtbild ließe sich nur um den Preis des Substanzverlustes, ja der Zerstörung retrospektiv harmonisieren. Politisch korrekte Denkschablonen sind jedenfalls nicht geeignet, die ganze Widersprüchlichkeit des Untergegangenen zu erfassen, die Mißtöne einer stolz intonierten Programmfanfare, die Fehlstellen in einer auf den ersten Blick makellosen biographischen Textur, die Dynamik des Unverhofften. Nur in der Zusammenschau des Disparaten enthüllen sich die Signaturen einer fernen Epoche, erschließen sich auch die vergessenen »Augenblicks«-Diskurse der Weimarer Republik. Denn die Zeitdeutungskämpfe zwischen 1919 und 1933 verhalfen nicht allein Polit-Hasardeuren und barfüßigen Propheten zu ungeahnter Massenresonanz – auch ein zuvor eher randständiger, von der Aura des Elitären umgebener Begriff erlebte eine einzigartige Karriere: der Kairos. Flankiert von zahllosen Trabanten, von suggestiven Formeln wie: der rechte Augenblick, die erfüllte Zeit, der besondere Moment, oder auch: Forderung des Tages, der Stunde, feierte er insbesondere im Religiösen Sozialismus Triumphe, der nach verlorenem Ersten Weltkrieg und angeregt durch Schweizer Vorbilder seine Zeit gekommen sah – die Zeit konsequenter

Gesellschaftsumbildung im Zeichen theologischer Reflexion und politischer Entscheidungsrhetorik. Die Offenheit, die faszinierende Bedeutungsfülle des Begriffs verlieh ihm seine sprachmagnetische Anziehungskraft, lieferte ihn aber auch nahezu schutzlos höchst gefährlichen Aneignungsattacken aus: Besonders fatal für den Leumund des einst ganz unbescholtenen Begriffs wurde schließlich das Jahr 1933, als intellektuelle Panegyriker des neuen Regimes den so sehnsüchtig herbeigeschriebenen Kairos als die »Stunde des Nationalsozialismus« identifizierten.

Am Beispiel nationalsozialistischer Begriffsbemächtigung zeigt sich allerdings nur besonders spektakulär, was auch für ganz alltägliche Rezeptionsvorgänge im semantischen Wirkungsraum gilt: Im Rahmen seines diskursiven Bezuges wird der Kairos zwar stets aufs Neue festgelegt, jedoch läßt er sich an keiner Stelle endgültig fixieren, sondern weist stets über sich selbst hinaus. Eine Deutung des Kairos hat nun gerade diesem Verweischarakter nachzugehen, um die Wechselwirkung zwischen dem Begriff und den mit seiner Hilfe verbalisierten Erfahrungen zu ergründen.

Der Kairos bezieht seine auratische Energie und semantische Strahlkraft aus den Wechselfällen einer verwickelten Geschichte, die sich bis zu Homer und den Vorsokratikern zurückverfolgen läßt. Pausanias berichtet von einem Altar, der am Eingang des Stadions von Olympia für den καιρός – Zeus' jüngstes Kind – errichtet war.[6] Seiner Grundbedeutung nach bezeichnet der καιρός das Entscheidende, den wesentlichen Punkt, rasch weitete sich jedoch das semantische Feld vom Naturzeitmaß bis hin zu einer »Kairologie der Politik«[7] des Aristoteles-Schülers Theophrast, die allerdings nicht erhalten geblieben ist. Es kann hier davon abgesehen werden, die antike Begriffsverwendung, zumal das Verhältnis von καιρός und *occasio*, sowie ihre im Wechselspiel mit der bildenden Kunst stehende Weiterführung über die Renaissance bis ins 19. Jahrhundert nachzuzeichnen – sie ist in einschlägigen Handbucharartikeln und Spezialstudien angemessen vergegenwärtigt worden.[8] Auf noch ungebahnte Wege gerät hingegen, wer die begriffsgeschichtliche Fahndung bis in das jüngst vergangene Jahrhundert vorantreibt. Dabei verspricht gerade der Beginn dieser Epoche reiche Funde und überraschende Aufschlüsse: Denn der Kairos ist, ganz unabhängig von seiner eindrucksvollen Vorgeschichte, ein Zentralbegriff der religiösen Revolution des frühen 20. Jahrhunderts, deren Vorkämpfer viel-

---

[6] Siehe Pausanias, Description of Greece, V, 14, 9.

[7] Kerkhoff, Art. Kairos I., 668.

[8] Zu beachten sind vor allem: Kerkhoff, Art. Kairos I.; Amelung, Art. Kairos II.; Kinneavy/Eskin, Art. Kairos; Schaffner, Art. Kairos; zu Abbildungen von καιρός und *occasio* vgl. Emblemata, 1808–1811. Vgl. außerdem Kluwe, Krisis und Kairos, 13–74; Falkenhayn, Augenblick und Kairos, 14–37. Zum antiken Hintergrund ist schließlich noch zu vergleichen: Kerkhoff, Zum antiken Begriff des Kairos.

fach mit seiner Hilfe ein radikal gegenwartsbezogenes Zeitkonzept zu etablieren versuchten. Für Paul Tillich etwa erwiesen sich Weltkriegsende und Revolutionswirren, die von ihm ganz im Einklang mit der großen Mehrheit der Deutschen als Zeit der Krise wahrgenommen wurden,[9] als Kairos für eine Neugestaltung von Gesellschaft, Kultur und Theologie. In einer Vielzahl kleinerer Texte − oftmals Gelegenheitsschriften −, aber auch größeren Arbeiten, wie dem »System der Wissenschaften nach Gegenständen und Methoden« (1923),[10] entwickelte Tillich sein theologisches Theoriegebäude, das unter dem mit seiner Person heute untrennbar verbundenen Schlagwort »Kairos-Theologie« in die Geschichte der Disziplin eingegangen ist. Nahezu unbeachtet blieb allerdings bislang, daß Tillich im 20. Jahrhundert nicht der erste gewesen ist, den das zeitbezogene Interpretament »Kairos«, aber ebenso auch »das Dämonische« faszinierte, als er Antworten auf die Frage nach der Auszeichnung des Endlichen durch das Unendliche, des Bedingten durch das Unbedingte suchte. Bereits vor Tillich und dem sich um ihn bildenden »Kairos-Kreis« hatte Stefan George diesen Begriff − gerade auch mit religiöser Konnotierung − zum Mittelpunkt einer Lehre gemacht, die sich in den Publikationen des »George-Kreises« gruppenspezifisch etablierte. Der Überblick über Verwendungen des Kairos-Begriffs im ersten Drittel des 20. Jahrhunderts läßt erkennen, daß − Karl Barth ausgenommen − ein präsentischer Grundzug dominiert. Unter Bezug auf das Markus- oder das Johannesevangelium wird diese Deutungsvariante untermauert und theologisch abgesichert. Eine kritische Auseinandersetzung mit der paulinischen Verwendung des Kairos existiert jedoch über die rein exegetische Betrachtungsweise hinaus nicht. Tillich formulierte in »Das Neue Sein«, daß ohne Kairos nur »tote Tradition« vorliegt, »wie sie [...] so oft in systematischer Theologie dargeboten wird«[11]. Dieser Kairos sollte der Zeitpunkt sein, zu dem der Theologe das Wort an seine Gegenwart richtet.

Ob *poeta vates* oder Religionsintellektueller: Wer den Kairos beschwor, wollte Horizonte für den Einbruch des Überzeitlichen öffnen und zugleich auf das Jetzt, auf die eigene, in Endzeitdepression, Aufbruchseuphorie und Parteienstreit gebannte Zeit wirken. Kairos-Feier und politischer Tageskampf sind daher nicht voneinander zu trennen, und 1918 wie 1933 werden in diesem Kontext zu Schlüsseldaten auch der Begriffsgeschichte. So kulminierte die zuvor eher unauffällig verlaufene, gleichsam als Streitgespräch unter Eingeweihten geführte

---

[9] Vgl. etwa nur Tanner, Verstaatlichung des Gewissens, 68−78, mit Verweis auf Reinhold Seeberg, Friedrich Brunstäd und Emanuel Hirsch; Graf, Religion und Individualität, 218 Anm. 32; Wenz, Eschatologie als Zeitdiagnostik; ders., Subjekt und Sein.

[10] Dieser Schrift blieb eine Rezension in der »Theologischen Literaturzeitung« versagt, da zwei von Emanuel Hirsch »nacheinander betraute Rezensenten [...] an der Schwierigkeit der Aufgabe zu schanden geworden« waren (Hirsch, [Rez.] Tillich, Religionsphilosophie, 97).

[11] Tillich, Das Neue Sein, 364.

Kairos-Debatte 1934/35 in einer scharfen Auseinandersetzung zwischen Paul
Tillich und Emanuel Hirsch, deren ganze abgründige Komplexität sich in be-
griffsgeschichtlicher Engführung und textimmanenter Detaildeutung kaum erschließen läßt. Erst eine differenzierte Konstellationsanalyse vermag die
irritierende Unübersichtlichkeit jener ersten Jahre im Schatten der »deutschen
Revolution«, jener Formierungsphase der nationalsozialistischen Herrschaft in
all ihren politischen, intellektuellen und menschlich-biographischen Konflikt-
dimensionen zu vergegenwärtigen, ohne die der Streit der beiden Theologen
für den heutigen Leser wohl wenig mehr als ein zu Recht vergessenes Gelehr-
tengeplänkel von vorgestern wäre. In ein Arbeitsprogramm übersetzt, heißt das:
Semantische Gliederungen gilt es behutsam zu entschlüsseln, theologische Ab-
breviaturen sind in Vorgeschichten aufzulösen, politisch-publizistische Strategien möglichst präzise zu rekonstruieren. Dann sollte – jenseits der stereotypen
Wertungen der Wissenschaftsgeschichte – erkennbar werden, was für Tillich
und Hirsch und für die protestantische Theologie überhaupt auf dem Spiel
stand, als über Glanz und Elend des Kairos gestritten wurde, zuletzt in »Offenen Briefen«, die ein nach New York Vertriebener und ein in Göttingen den
»Führer« Feiernder wechselten.

 »Konstellationen« – so überschrieb Dieter Henrich programmatisch seine
Untersuchungen der »Probleme und Debatten am Ursprung der idealistischen
Philosophie (1789–1795)«. Deutlich ist: Das dort im Dienst philosophiege-
schichtlicher Grundlagenforschung angewandte Instrumentarium kann auch
für eine Analyse der protestantischen Zeitdeutungskämpfe in der Weimarer Republik zum Einsatz kommen. In beiden Fällen geht es um das Ausmessen von
Kraftfeldern, in denen die Leistungen einzelner Individuen zu verorten sind.
Bestimmte Problemlagen und Perspektiven müssen als dringlich erkannt werden, gebunden an »eine Bereitschaft zur Umorganisation des eigenen Standpunktes, die sich von Kraftlinien innerhalb jenes jedermann vertrauten Feldes
herleitet«[12]. Die »Motive und Probleme der Konstellationen, innerhalb deren
ein Autor sich bewegte und zur Selbständigkeit kam«[13], sind alles andere als
selbstverständlich. Die klassische Zuordnung von Autor und Werk im biographischen Kontext, »auf Detailforschung gestützte Doxographie und Motivge-
schichte einzelner Denker«[14] – sie haben ausgedient. Kein künstlich isoliertes
Œuvre eignet sich als Fixpunkt, jegliche Autorschaft ist immer schon Teil über-
persönlicher geistiger Epocheninformationen. Zu erschließen, synthetisch zu
interpretieren ist der durch Konstellationen erzeugte Denkraum, in den hinein
die individuell profilierten Werke geschrieben wurden.

---

[12] HENRICH, Konstellationen, 12.
[13] Ebd., 13.
[14] Ebd., 15.

Ein Ausloten derartiger Denkräume wiederum repristiniert die vergangenen Konstellationen, ruft sie erneut ins Bewußtsein. »Geschichte«, kommentiert
Koselleck lapidar, »ist immer mehr oder aber weniger, als begrifflich über sie gesagt werden kann – so wie Sprache immer mehr oder weniger leistet, als in der
wirklichen Geschichte enthalten ist.«[15] Deshalb bleibt jede Annäherung
zwangsläufig fragmentarisch, ist letztlich nicht vollständig auf den Begriff zu
bringen. Gewiß, Konstellationen gewinnen im Prozeß geistesarchäologischer
Rekonstruktion neue Gegenwärtigkeit auf den Bühnen der Wissenschaftsgeschichte und intellectual history. Diese Präsenz darf jedoch nicht darüber hinwegtäuschen, daß Dramaturgen und Regisseure am Werk sind – getrieben vom
Verlangen nach Heiligenverehrung oder Heroensturz, als Agenten (kirchen-)
politischer Geschichtsgestaltung und Meister der Mythenbildung betreiben sie
Rezeptionslenkung, entfalten und prolongieren Klischees: Paul Tillich entwik-
kelt sich, von den Schrecken des Weltkriegs desillusioniert, zur Lichtgestalt des
Religiösen Sozialismus, zum anfechtungsfreien Gegner des Nationalsozialismus
und wird ins Exil vertrieben. Emanuel Hirsch, der hyperintellektuelle Stern
der Lutherrenaissance, scheitert an der politischen Wirklichkeit, kämpft für die
neue deutsche Weltordnung und bleibt in Göttingen. Rudolf Bultmann setzt
sich in Marburg fest und erkundet die Tiefen innerer Emigration in der existentialen Interpretation. Carl Mennicke, Adolf Löwe, Eduard Heimann, Alexander Rüstow, Arnold Wolfers und Karl Ludwig Schmidt bilden um Tillich als
charismatische Zentralgestalt den Kairos-Kreis und diskutieren sich mit religiös
grundierter Begeisterung der Durchsetzung des Sozialismus entgegen. Karl
Barth beobachtet das Treiben aus kritischer Nähe und Ferne, stets in Gefahr,
sich im Paradox zu verlieren. Friedrich Gogarten fordert religiöse Entscheidung, Georg Wünsch optiert für den Religiösen Sozialismus, weiß sich dann
aber als robuster Sozialethiker auch mit dem Nationalsozialismus unkompli-
ziert zu arrangieren. Stefan George dagegen zieht sich, seiner Wirkung gewiß,
aus der Welt zurück, um sie gerade so zu voller Geltung zu bringen. Personal
genug also für großes Intellektuellentheater, für Konkurrenzgefühle, Origina-
litätsneid und dramatische Verstrickung: Bespielt wird die Bühne eines an-
spruchsvollen Stückes – »Protestantische Zeitdeutungskämpfe in der Weimarer
Republik«. Manch einer, der dachte, die Hauptrolle zu haben, fand sich plötzlich nah der Zweitbesetzung wieder, anderen erging es umgekehrt. Gemeinsam war allen Akteuren die durchaus existentielle Begründung ihrer Suche
nach einer gegenwartsgültigen, zugleich zukunftsmächtigen Interpretation und
Gestaltung der Zeit. Mehr noch: Sie teilten, wenngleich in unterschiedlicher
Intensität, als Suchende den politischen Wirkungswillen – oft getragen vom

---

[15] KOSELLECK, Stichwort: Begriffsgeschichte, 102.

intellektuell-elitären Habitus, immer schon mehr zu wissen als die umworbene Masse und daher sogar in dunklen Zeichen verborgenen Sinn enträtseln zu können.

Um derartige Strategien der Selbststilisierung ebenso wie die tatsächlichen historischen Verläufe und Debatten in ihren stets veränderungsbereiten Konstellationen erfassen zu können, ist ein Gang in die Archive unerläßlich, der die Analyse der veröffentlichten Quellen begleitet und absichert, aber auch immer wieder durch unerwartete Funde produktiv verunsichernd in Frage stellt. Gerade Weimarer Republik und Nationalsozialismus bilden eine Phase deutscher Geschichte, die auf den ersten Blick besonders gut erschlossen zu sein scheint und dem Spurensucher kaum noch unbetretenes Forschungsterrain verspricht. Bei genauer Betrachtung jedoch öffnen sich die Tiefen und Abgründe, die Brachflächen, »no-go-areas« und Hinterhöfe einer Zeit, deren zur Straße gerichtete Prunk- oder Schreckensfassaden uns häufig so seltsam vertraut erscheinen – und sei es nur, weil sie von den vielgeschäftigen Vergangenheitsarchitekten der Gegenwart zu rasch und oft wohl auch mit den falschen Mitteln rekonstruiert worden sind. »Für die Wenigen«, kommentiert Peter Sloterdijk in seinen »Regeln für den Menschenpark«, mit denen er 1999 auf Heideggers Humanismusbrief antwortete, »die sich noch in den Archiven umsehen, drängt sich die Ansicht auf, unser Leben sei die verworrene Antwort auf Fragen, von denen wir vergessen haben, wo sie gestellt wurden.«[16]

---

[16] SLOTERDIJK, Regeln, 56.

1. Die »Sphinx des Historismus«, oder: Nur der Augenblick verschafft Eindeutigkeit

Im Frühjahr 1963 hielt Paul Tillich als »Nuveen Professor« der University of Chicago vor großem Publikum Vorlesungen zur »History of the Protestant Theology in the 19th and 20th Century«, die zwei Jahre nach seinem Tod etwas bescheidener als »Perspectives on 19th and 20th Century Protestant Theology« veröffentlicht wurden.[1] Mit dem Bilanzierungsmut des abgeklärten Religionsvirtuosen nutzte er dabei die Gelegenheit, aus der Distanz eines halben Menschenalters auch die eigenen frühen Welterlösungsphantasien vor weiten ideengeschichtlichen Horizonten noch einmal zu vergegenwärtigen. Die revolutionär erhitzten Programme und Prophetien von einst wurden nun in abwägender Retrospektion als Ausdruck eines doppelten – geistesgeschichtlichen und politischen – Gezeitenwechsels gedeutet: Ideenhistorisch könne der »Religiöse Sozialismus [...] als Versuch verstanden werden, über die Grenzen in Troeltschs Bemühungen um die Überwindung des Historismus hinauszugehen«[2]. Der Berliner Geschichtsphilosoph hatte nicht daran geglaubt, daß sich »das Ziel der Geschichte entdecken« oder auch nur mit divinatorischer Geste im schwindelerregenden Singular umschreiben lasse, und deshalb für erkenntniskritische Selbstbescheidung plädiert: »Wir können nur die konkrete Situation, in der wir uns befinden, beurteilen.«[3]

Gleichwohl habe es Troeltsch durchaus »als Aufgabe des Menschen« angesehen, »das unmittelbar bevorstehende Stadium der Geschichte zu beeinflussen«, und »wollte die Geschichte verändern, aber nur innerhalb sehr bestimmter Grenzen«[4]. Der Religiöse Sozialismus beabsichtigte nun, so Tillich, diese allzu mutlos dekretierten Selbstbeschränkungen im Geisterreich spekulativer Geschichtsverbesserung ebenso zu überschreiten wie ganz konkret auf den Konfliktfeldern der gesellschaftlichen Gegenwart. Die alles bestimmende Gottesbeziehung erfasse nicht allein das Individuum oder die Kirche, sondern – und hier beruft sich Tillich auf Martin Kähler und Adolf Schlatter – schlecht-

---

[1] Eine deutsche Fassung, nach der sich auch die folgenden Zitate richten, erschien im zweiten Ergänzungsband zu den Gesammelten Werken Tillichs als Teil II der »Vorlesungen über die Geschichte des christlichen Denkens«.

[2] TILLICH, Vorlesungen über die Geschichte des christlichen Denkens, 194.

[3] Ebd., 193.

[4] Ebd.

hin das Universum, unter Einschluß von »Natur, Geschichte und Persönlich-
keit«[5]. Daher forderte gerade auch der politische Umbruch den Einsatz des
Religiösen Sozialismus, zumal in einem vielfältig traumatisierten, permanent
am Rand des Bürgerkriegs lavierenden Land wie dem Deutschen Reich nach
Weltkriegsniederlage und unvollendeter Revolution. Arbeiterbewegung und
Kirchen begegneten sich hier unter den Krisenbedingungen einer ungeliebten
Republik weithin verständnislos, ja argwöhnisch, nicht selten sogar feindselig.
Die religiösen Sozialisten um Tillich mußten den Brückenschlag fast ohne Fun-
damente proben: »Wir standen also vor dem Problem, wie wir den Gegensatz
zwischen dem lutherischen Transzendentalismus und dem säkularen Utopismus der sozialistischen Gruppen überwinden könnten.« Die »lutherische Seite«
widersprach jeder revolutionären Entwicklung und vertrat die ordnungs-
fromme These, nur staatliche Autorität sei in der Lage, die Welt aus »den Händen des Teufels« zu befreien. Die »Utopisten« hingegen lebten in Erwartung
einer unmittelbar bevorstehenden Revolution und wußten sich hermetisch ge-
borgen in der Gewißheit, daß die Verwirklichung des Sozialismus alle Probleme
der Menschheit lösen werde. »Zwischen diesen beiden Polen bewegten wir
uns damals und versuchten, mit Hilfe gewisser Grundbegriffe eine Lösung zu
finden.«[6] Tillich nennt drei suggestive Chiffren der neuen Religionssprache: das
Dämonische, den Kairos und die Theonomie.

Über den Begriff des »Dämonischen« ließen sich zerstörerische »Strukturen
des Bösen in Individuen und Gesellschaftsgruppen« aufdecken und in ihrem
»Übergewicht über die schöpferischen Elemente« kennzeichnen, ohne dabei
die Ambivalenz des Phänomens auszulöschen. Als »Erfahrungsgrundlage« seines Deutungsversuchs führt Tillich »einerseits die Beschreibung von inneren
Mächten, denen jedes Individuum ausgesetzt ist – eine Erkenntnis der Psychologie –, zum andern die soziologischen Analysen der bürgerlichen Gesellschaft durch den Marxismus«[7] an.

Ein »Durchbruch des Ewigen in die Geschichte« kann sich ereignen, wenn
die »dämonischen Mächte« erkannt und entschlossen bekämpft werden; »aber
dazu muß ein *kairos* vorhanden sein«[8]. Tillich weist den qualitativen Zeitbegriff
»Kairos« als biblischen Terminus aus, der in einer besonderen Verbindung zu
der Botschaft Johannes des Täufers und Jesu steht. Auch Paulus verwendet ihn
»in seiner Geschichtsdeutung«. Die Kairos-Idee besagt im »Gegensatz zum lutherischen Transzendentalismus [...], daß das Ewige in das Zeitliche einbrechen
und einen neuen Anfang setzen kann«. Besonders wichtig ist Tillich schließlich

---

[5] Ebd., 195.
[6] Ebd., 197.
[7] Ebd.
[8] Ebd.

der Hinweis darauf, daß der Kairos-Gedanke von den religiösen Sozialisten in Opposition zur Utopie entwickelt worden ist: »wir wußten, daß innerhalb der Geschichte nichts Vollkommenes erreicht werden kann, das frei vom Dämonischen wäre«. Die Johannesoffenbarung mit ihrem Symbol des Tausendjährigen Reiches spreche ja nicht ohne Grund von der befristeten Fesselung des Dämonischen, keineswegs von seiner endgültigen Unterwerfung – eine »spezifische dämonische Macht«[9] lasse sich wohl überwinden, nicht jedoch das immer wiederkehrende Dämonische.

Die Theonomie tritt als dritter Begriff hinzu; denn der Religiöse Sozialismus beabsichtigte, kommentiert Tillich rückblickend, »eine theonome Gesellschaftsform« zu errichten. Während Autonomie als ein »inhaltsleeres kritisches Denken« bestimmt wird und Heteronomie als »Unterwerfung unter Autorität und Versklavung«, zielt die Theonomie darauf ab, »eine ganzheitliche Gesellschaft« zu etablieren, »die von einer geistigen Substanz getragen ist, aber die Freiheit der Autonomie beibehält und die große Tradition fortsetzt, in der der göttliche Geist sich verkörpert hat«[10]. Tillich verweist in diesem Zusammenhang auf das europäische Mittelalter des 12. Jahrhunderts, dessen epochale historische Signatur immer auch in der Reorientierung vielfältiger Lebenswirklichkeiten auf die Gotteserkenntnis hin gesehen worden sei. Dem Religiösen Sozialismus ging es um eine Wiederaufrichtung dieser geistigen »Vertikale« menschlicher Existenz und nicht um »höhere Löhne oder ähnliche Verbesserungen [...], obwohl in dieser Hinsicht viel zu tun gewesen wäre, denn damals wurden die Arbeiter ungeheuer ausgebeutet«[11].

Diese knappe Vorstellung der drei geradezu sprachmagisch aufgeladenen Grundbegriffe kann allerdings nicht mehr sein als ein erster Schneisenschlag im Ideendickicht des Religiösen Sozialismus. Tillichs weitgespannte Konzeptionen entziehen sich der Verkürzung auf einmal festgeschriebene Formeln, sie führen dem ordnungsliebenden Leser nicht die solide Statik abgezirkelter Theoriegebäude vor und feiern argumentative Stringenz nicht als Wert an sich. Positiv gewendet: Der Religiöse Sozialismus Tillichscher Provenienz ist das Ergebnis eines komplexen, temperamentsbedingt höchst impulsiv vorangetriebenen Selbstverständigungs- und Lernprozesses mit jederzeit revidierbarem Ausgang, ist textgewordene Visionsenergie und Sinnkrisenspiegel. Immer neue Anläufe, Intellektuellenphantasie und Gegenwartsrealität im Medium theologisch fundierter Systematisierung zu verschmelzen und öffentliche Resonanz zu gewinnen, durchziehen Tillichs Werk zwischen 1919 und 1935 – und wer es aus dem Abstand der Jahrzehnte mustert, gerät leicht in Gefahr, sich in der

---

[9] Ebd., 198.
[10] Ebd.
[11] Ebd., 199.

Vielgestaltigkeit dieser Orientierungsversuche, im unermüdlichen Wechselspiel der Aufbrüche und Revisionen zu verlieren. Erschließen, in seinen Kraftzentren und Leitmotiven verständlich machen läßt sich das Denken und Schreiben des »Paulus« Tillich nur in konsequentem Rekurs auf die frühen Jahre des Religiösen Sozialismus und das Ideennetzwerk seiner Protagonisten.

1.1. Die Wirklichkeit der Möglichkeit:
Zur Selbsterfindung des Religiösen Sozialismus in Deutschland

In der Etablierungsphase des Religiösen Sozialismus stand – so könnte der Eindruck entstehen – für viele seiner selbsternannten Propheten weniger der Kampf um Rechte, Macht und Zukunftschancen des »Proletariats« im Zentrum aktionistischer Zeitbemächtigung und revolutionär inspirierter Weltwahrnehmung als vielmehr ein neues Lebensgefühl. Margot Hahl hat in einem Interview aus dem Jahr 1975, das im Harvarder Tillich-Nachlaß als Manuskript dokumentiert ist, Einblicke in die von vielerlei Energien aufgeladenen Berliner Intellektuellenzirkel direkt nach dem Ende des Ersten Weltkriegs gegeben.[12] Tillich habe den »Aufbruch zum Sozialismus« in jeder Hinsicht sehr intensiv mitvollzogen. »Er kam in diese Berliner Bohème. Da gehörte z. B. dazu das Haus von Paul Cassirer, dem Verleger, der mit Tilla Durieux verheiratet war. Und da war in diesem Haus [Rudolf] Breitscheid, der Führer der Unabhängigen, und T.[illich] tendierte sehr stark zu den Unabhängigen.« Zuvor hatte er sich kurzfristig auch durch den Anarchismus Gustav Landauers bestimmen lassen. »Und dann war natürlich noch immer da Naumann, Friedrich Naumann. Dieser hielt noch Vorträge und zwar im Zusammenhang mit Siegmund-Schultze und dessen sozialer Arbeitsgemeinschaft. T.[illich] und Naumann hatten eine gemeinsame Wurzel in dieser sozialistischen Neuformung.«[13] Auch Gertrud Bäumer, Naumanns engste Mitarbeiterin und eine der führenden Figuren der bürgerlichen Frauenbewegung, fand nun große öffentliche Resonanz, ohne freilich dem avantgardebegeisterten Künstler- und Intellektuellen-Milieu anzugehören, das Tillich so faszinierte und zu dessen markanten Köpfen

---

[12] Interview mit Margot Hahl, geführt von Renate Albrecht und Gertraut Stöber am 15.2.1975 (Harvard). Hahl ist mit ihren Erinnerungen aus dem unmittelbaren Tillich-Umfeld auch in Band 13 der Gesammelten Werke Tillichs und Ergänzungsband 5 vertreten; die Druckfassungen von 1972 resp. 1980 stimmen in Passagen mit den Harvarder Aufzeichnungen überein, fallen aber weniger pointiert und deutlich geglättet aus.

[13] Interview Margot Hahl (wie Anm. 12), 1. Es mag dahingestellt bleiben, welchen Wahrnehmungsdefiziten sich diese krasse Fehleinschätzung verdankt. Naumann wahrte, bei aller Anerkennung, stets unübersehbar Distanz zu den robusten Pragmatikern religiös inspirierter Sozialarbeit um Siegmund-Schultze, die ihrerseits den einst durchaus bewunderten Parteimann und Publizisten 1919 längst als Vertreter des politischen Establishments abgeschrieben hatten.

der marxistische Nationalökonom und Sozialphilosoph Alfred Sohn-Rethel
zählte, der Schauspieler Max Pallenberg, Fritzi Massary, Gustav Radbruch und
Frau, die Tänzerin Valeska Gert, die Bildhauerin Renée Sintenis und der Ar-
chitekt Hans Poelzig.

Man glaubte, so Hahl, an einen großen, alle Lebenssphären umfassenden
Wandel der Gesellschaft hin zum Sozialismus. Mit dieser Aufbruchserwartung
sei eine »libertinistische Haltung der Menschen« verbunden gewesen. »Zum
Beispiel, was diese freie Liebe angeht« – sie bestimmte vor allem die Künstler-
feste. »Ich finde an Nudität war das eigentlich nicht zu überbieten. Nur ein
gewaltiger Unterschied war zu heute: Es war philosophisch gefärbt erotisch bedingt und hatte praktisch nichts mit Sex zu tun.« Mit blutleeren akademischen
Diskussionsabenden ließen sich die Parties allerdings nicht verwechseln: »Nein,
da wurde geknutscht, aber anders als heute. Geknutscht ist eigentlich ein häß-
licher Ausdruck. Ich möchte beinahe sagen, es waren literarische, künstlerische
Gespräche mit erotischer Tangente.«[14] Paul Tillich habe auf sie in diesem Kreis,
obwohl fünfzehn Jahre älter, »doch sehr stark als jungenhaft und als unsicher
und suchend« gewirkt. »Er war ja in der Zeit des Umbruchs, weg von seinem
Vaterhaus, weg von seiner theologischen Umgebung. Er ging durch die Berliner Bohème hindurch und dann zu seiner eigentlichen Arbeit. [...] Er sah ja so
unglaublich provinziell aus.« Dieser Eindruck änderte sich jedoch bald – dem
Privatdozenten, der nun mit seinen Vorlesungen die Hörsäle füllte, gelang der
Milieuwechsel, und er paßte auch seinen Habitus den Erwartungen des haupt-
städtischen Publikums an: »er sah so aus, wie man eben in den Berliner Intel-
lektuellenkreisen aussah. Er hätte ebensogut ein Redakteur sein können.«[15]
Etwa 150 Personen habe seine Hörerschaft umfaßt, nicht nur angehende Theologen, auch akademische Sensationstouristen und Zaungäste des Universitäts-
lebens aus der Stadt, »darunter unglaublich viel elegante Damen«[16].

Tillich übte, darin sind sich die Zeitzeugen einig, eine enorme Anziehungskraft auf andere Menschen aus. Margot Hahl versucht dieses Phänomen näher
zu deuten: »Sehen Sie, es gibt doch so viele auf Frauen so anziehend wirkende
Homosexuelle. T.[illich] hatte ein *unglaubliches Verständnis* für Frauen; er hatte
eine ungeheure Sensibilität. Man konnte mit ihm über alles reden. Er formulierte es alles. Wie sagte Balzac so schön: Frauen lieben die Zärtlichkeit. T.[il-
lich] konnte zauberhaft sein. Er sagte doch die entzückendsten Komplimente
in dieser wunderbaren Sprache, er war verspielt und er hatte Esprit, aber um
dauernd mit ihm als Ehemann zusammenzuleben fehlte es ihm an Liebe.«[17]

---

[14] Ebd., 4.
[15] Ebd., 3.
[16] Ebd., 6.
[17] Ebd., 7 f.

Bei aller momentanen Zuwendung blieb Tillich letztlich doch unverbindlich. Er »hatte wahnsinnig viel Spaß eben an Künstlerfesten und er hatte eben auch viel Spaß auch noch später, wenn er mit hübschen Frauen zusammen war, aber es bedeutete doch gar nichts für ihn, er sagte die entzückendsten Dinge, er tätschelte, aber es bedeutete doch nichts für ihn«[18].

Sexuell aufgeladen erschien Hahl auch die »Wingolf-Atmosphäre«, mit der sie allerdings besondere Schwierigkeiten hatte. Die Wingolf-Studenten empfand Hahl als »grauenvoll«. Tillichs Zugehörigkeit zu dieser Verbindung konnte sie sich nur so erklären, »daß er in einem kleinen Kreis sehr hochstehender Studenten verkehrte, die miteinander diskutierten, die man aber nicht mit dem Wingolf gleichsetzen konnte«. Aufgrund des »Keuschheitsgelübde[s] bis zur Ehe« seien die Wingolfiten »immer etwas ausgewichen, wie vielleicht auf den englischen Colleges, in eine sehr starke Mann-Mann oder Jüngling-Jüngling-Beziehung, nicht homosexuell, aber doch sehr stark homo-erotisch«[19]. Ihre Zugehörigkeit zum Wingolf habe die Studenten »verdorben«: »Irgendwo waren diese Männer verkorkst. Ganz bestimmt. Und das gilt sicher ebenso für Emanuel Hirsch.«[20] Ein sehr enger Freund Paul Tillichs war Richard Wegener. Margot Hahl konnte ihn »nicht gut leiden – blond und mit Kreissäge und sehr smart angezogen, man hätte ihn nie für einen Theologen gehalten, mehr für den Rayon-Chef in einem Kaufhaus«[21]. Zur Belastungsprobe wurde ein Verhältnis zwischen Wegener und Tillichs erster Frau Margarete, aus dem im Juli 1919 ein Kind hervorging.[22]

Tillichs facettenreiches Beziehungsspektrum umfaßte jedoch keineswegs nur Theologen-Freundschaften. Der Berliner Privatdozent war, betont Hahl, »sehr stark drin gewesen in den jüdisch-intellektuellen Kreisen, vielleicht hervorgerufen durch Lotte Salz, eine seiner ersten Freundinnen«[23]. Auch zum »Berliner Kreis« oder »Kairos-Kreis«, der sich 1919 um Günther Dehn und Carl Mennicke zu bilden begann, aber dann sehr schnell von Tillich dominiert wurde, gehörten mit den Ökonomen Adolf Löwe und Eduard Heimann jüdische Mitglieder. Etwa zehn Personen zählten zu den Teilnehmern des elitären Zirkels – neben den bereits Genannten profilierten sich zumal Alexander Rüstow, Arnold Wolfers und Karl Ludwig Schmidt[24] –, und sie agierten unter eifersüchtig ihr Ideologieterrain hütenden Konkurrenten: Denn der Kairos-Kreis trat neben viele andere bereits etablierte oder im Entstehen begriffene Zusammenschlüsse,

---

[18] Ebd., 8.
[19] Ebd., 5.
[20] Ebd., 7.
[21] Ebd., 2.
[22] Vgl. dazu PAUCK/PAUCK, Tillich, 91.
[23] Interview Margot Hahl (wie Anm. 12), 4.
[24] Zum »Kairos-Kreis« vgl. zunächst PAUCK/PAUCK, Tillich, 81–85; DEHN, Die alte Zeit, 223;

deren Aktivisten sich mit je eigenen Gesinnungsakzenten gleichfalls den aura-
tisch vagen Zielen des Religiösen Sozialismus verschrieben hatten und nun
nach angemessenen Wirkungsräumen für ihren massenmissionarischen Eifer
suchten. Angemessen, das hieß, nach dem Untergang der »Welt von gestern«,
vor allem: neu. Im Wechselspiel von Kooperation und Konflikt erprobte die
Generation der Dreißigjährigen zeitgemäße Organisationsformen. Zwar bestanden immer noch die bewährten und ehrwürdigen Bühnen eines sozial engagierten Protestantismus, weithin wahrnehmbar tagte etwa nach wie vor der
Evangelisch-Soziale Kongreß – und die Kairos-Denker zögerten auch nicht,
diese Plattform zu nutzen. So trat anläßlich der Berliner Zusammenkunft am
23./24. Juni 1920 Mennicke mit einem Korreferat über Paul Rohrbachs »Das
soziale Evangelium im neuen Deutschland« hervor, und Tillich präsentierte im
Nachgang zu Walter Goetz Gedanken zum bereits etwas betagten Epochen-
problem »Masse und Persönlichkeit«.[25] Doch nicht solche Gelegenheits-
konstellationen öffentlicher Versammlungspräsenz unter Geheimräten und
Exzellenzen formten die Profile des Religiösen Sozialismus, sondern das
alltägliche Mit- und Gegeneinander der – zumindest temporär – Gleichge-
sinnten. Von besonderer Bedeutung für die frühe religiös-sozialistische
Vergemeinschaftung waren in der Hauptstadt die von Friedrich Siegmund-
Schultze geleitete »Soziale Arbeitsgemeinschaft Berlin-Ost« und der sich um
den Pfarrer Friedrich Rittelmeyer gruppierende Gesprächskreis.[26] Günther
Dehn erinnert sich bildhaft an die wöchentlichen Nachmittagstreffen in

---

MENNICKE, Zeitgeschehen, 140–156; BREIPOHL, Religiöser Sozialismus; ULRICH, Ontologie,
Theologie, gesellschaftliche Praxis; MEIER-RUST, Rüstow, bes. 33–36. Vgl. dazu die Rezeption des Kairos bei HEIMANN, Vernunftglaube und Religion, 222f.; DERS., Tillich's Doctrine
of Religious Socialism; DERS., Theologie der Geschichte, 85f.

[25] Vgl. die von Generalsekretär Wilhelm Schneemelcher unterzeichnete, undatierte Einladung an Tillich (Harvard). Die Beiträge von Mennicke und Tillich finden sich in den
VERHANDLUNGEN des 27. und 28. Evangelisch-sozialen Kongresses (73f., 76–95). Mennicke
stellte sein Manuskript nicht zur Verfügung, »weil er fürchtete, wie seinerzeit bei und nach
der Tagung so auch jetzt wieder mißverstanden zu werden« (ebd., 73). So folgt die Wiedergabe in den Tagungsakten den Aufzeichnungen des Leipziger Pfarrers Johannes Herz. Mennicke hebt in seinen mit lebhaftem Beifall quittierten Bemerkungen, ebd., 74, heraus:
»Sozialisierung ist Evangelisation, aber durch Taten. Unser ganzes Wirken kann nicht in Opposition gegen die Sozialdemokratie verlaufen, sondern muß dauernd darum ringen, sich mit
ihr zu verständigen, auch mit den Unabhängigen und Kommunisten. So wenig wir den abstrakten Utopismus dieser Bewegung zu teilen vermögen, so müssen wir doch ihre geschichtliche Notwendigkeit begreifen und die tragische Schuld empfinden, die wir alle an
dieser Bewegung tragen. Die ernste Gefahr des utopistischen Zukunftsstaates kann nur überwunden werden durch den Willen zum Sozialismus.« Vgl. auch die Berichte in der »Christlichen Welt«: HERZ, Evangelisch-Sozialer Kongreß (darin zu Mennickes Auftritt: 471f.; zu
Tillich: 483–485).

[26] Vgl. die kurze unter der Überschrift »Ansätze zur Besserung der Beziehungen zwischen Kirche und Sozialdemokratie« gegebene Mitteilung Mennickes zum Gesprächskreis

Rittelmeyers Wohnung: Mennicke habe dort »seine volkskirchlichen Gedanken« entwickelt, »Paul Tillich, anfangs noch in Feldpredigeruniform mit dem EK I, trug seine theologischen Entwürfe vor, die ja durchaus in Beziehung zum Sozialismus standen. Rittelmeyer war ganz hingerissen von seiner Gedankenwelt. Er selber hielt sich politisch zu Naumann.« Sogar Ernst Troeltsch habe einmal an einer der Zusammenkünfte teilgenommen: »Er saß mit zerfurchtem Gesicht da, hörte sich an, was gesagt wurde, gab aber keinen Laut von sich.«[27]

Mit ähnlich distanzierter Aufmerksamkeit verfolgte Troeltsch auch die Versammlungen und Beratungen der »Sozialen Arbeitsgemeinschaft«.[28] Carl Mennicke hatte im Sommer 1919 versucht, den Vielbeschäftigten für die »Möglichkeit einer etwaigen fördernden Mitarbeit« und einen Vortrag im »Akademisch-Sozialen Verein« zu gewinnen, einem Zweig der Arbeitsgemeinschaft, mit dessen Hilfe Friedrich Siegmund-Schultze die Rückbindung seiner ehrgeizigen sozialen Praxisprogramme an wissenschaftliche Dauerreflexion sichern und zugleich ein Netzwerk von potentiellen Unterstützern und Führungskräften aufbauen wollte. Troeltsch reagierte am 3. August 1919 mit abwartendem Dank: »Die Probleme u[nd] die Jugend insbesondere interessieren mich brennend u[nd] ich werde jedenfalls als Lernender u[nd] Beobachtender sehr gerne möglichst vielen u[nd] regen Anteil nehmen. Ich werde also, wenn irgend möglich, zu den Sitzungen kommen, um meiner eigenen Orientierung willen.« Einen Vortrag zur Autoritäts-Problematik wolle er jedoch nicht übernehmen; »ich fürchte, ich würde Ihren Leuten nicht recht zu Dank reden. Ich bin in diesen Dingen ein bischen altmodisch, oder richtiger gesagt, durch Wesen u[nd] Erfahrung etwas mißtrauisch gegen die Freiheitsideologie als solche«. Insbe-

---

in der »Christlichen Welt« (33, 1919, Nr. 30, 24. Juli, 484): »Anfang dieses Jahres ist im Anschluß an die Soziale Arbeitsgemeinschaft Berlin-Ost bei Pfarrer Rittelmeyer-Berlin ein Kreis von Theologen und Laien zusammengetreten, um sich über die aus der gegenwärtigen Lage ergebenden besonderen Aufgaben in Besprechungen klar zu werden. Als Hauptaufgabe wurde von vornherein die Klärung des Verhältnisses von Arbeiterschaft und Religion empfunden. Der Gang der Verhandlungen hat dann sehr schnell zur allerengsten Berührung mit der Ideenwelt des Sozialismus geführt. Die Besprechungen haben ein eigentlich praktisches Ergebnis bisher nicht gezeitigt, wenn man nicht den Zusammenschluß eines größeren Kreises gleichgestimmter Menschen als praktisches Ergebnis bezeichnen will. Jedenfalls ist der Kreis ständig gewachsen und hat heute nicht nur in Berlin, sondern auch im Lande eine große Anzahl von Teilnehmern. Augenblicklich stehen wir in der Diskussion der religiös-sozialen Bewegung der Schweiz. [...] Es wäre schön, wenn sich unsere kleinen Anfänge zu einer starken Bewegung auswachsen könnten.«

[27] DEHN, Die alte Zeit, 212.

[28] Vgl. Ernst Troeltsch an Soziale Arbeitsgemeinschaft Berlin-Ost, 4.9.1919 (EZA Berlin, 51 [Ökumenisches Archiv]/S II b8). Troeltsch schreibt aus Heidelberg: »Ich bin noch im Urlaub u[nd] erhole mich von den Folgen einer bösartigen Überlastung, komme erst am 16 oder [Textverlust] zurück u[nd] habe dann sofort dringend Arbeit im Ministerium. Ich kann deshalb an den Beratungen am 16–19 nicht Teil nehmen, hoffe aber einzelnen Vorträgen beiwohnen zu können, vor allem am Freitag.«

sondere der Herrschaftsdiskurs gibt Troeltsch vor dem Hintergrund des untergegangenen Kaiserreichs zu denken: »Autorität überlegener Sachkenntnis oder
bedeutender geistiger Kraft wirkt auf mich selber heute noch sehr stark. Ich er-
tappe mich häufig gerade gegenwärtig darauf, Anschluß an meine geistigen
Autoritäten (d h natürlich rein innerlich, sie sind ja größtenteils längst tod [sic!])
zu suchen. Und nicht bloß in dieser Hinsicht, sondern auch im allgemeinen ist
für mich eine aristokratische Gliederung der Gesellschaft (natürlich nicht die
alte) ein recht ernsthaftes Problem.« Troeltsch wird direkt: »Ich komme ohne
ein starkes Stück Aristokratie nicht aus u[nd] es handelt sich für mich nur
darum sie beweglich zu machen, ohne dadurch ihren Begriff u[nd] Ihre [sic!]
Existenzmöglichkeit aufzulösen. Ich bin hier selber ein Grübler u[nd] Sucher
u[nd] nicht fertig.« Auch zeigt er wenig Lust zu anregenden Selbstrechtferti-
gungsaktionen:

»Soll man aber da reden u[nd] disputieren? Die Leute werden nicht zufrieden sein u[nd]
ich selber werde mir nicht hinreichend klar sein, wie ich das in sehr vielen Dingen, besonders jetzt, bin. Da wäre mir sehr viel lieber, Sie nähmen einen andern. Ich würde von
den Leuten vermutlich nicht verstanden u[nd] sofort in konservative Kategorien ge-
packt werden, u[nd] es giebt leicht Klatsch u[nd] Mißverständnis, eine Sache, die ich
gern vermeiden u[nd] nicht selbst herbeiführen möchte. In der Diskussion kann man
dann ja leichter reden, wo man nur Glossen macht u[nd] nicht systematisch voll aus-
zupacken braucht. Unser einer muß seine Worte jetzt etwas wägen u[nd] kann sich
nicht dem Enthusiasmus überlassen. Also ich komme gern, möchte aber lieber, daß jemand anders spricht.«[29]

Mennicke fand dann auch tatsächlich einen mutigen Jung-Intellektuellen,
der sich von der lapidaren Monumentalformulierung des Vortragsthemas
nicht beeindrucken ließ. Über »Autorität und Freiheit« sollte am 13. November im Vereinslokal debattiert werden, und der »Hochverehrte Herr
Geheimrat« wurde nachdrücklich dazu eingeladen: »Das Referat«, informiert
Mennicke, »hat ein junger, aber sehr reifer Freideutscher übernommen,
Karl August Wittvogel [sic!], der vor einiger Zeit hier in Berlin bemerkenswerte Vorträge über das Chinesentum gehalten hat. Wir würden uns alle
ausserordentlich freuen, wenn Sie uns durch Ihre Gegenwart beehren und
durch eine Teilnahme an der Besprechung fördern wollten.«[30] Wittfogel

---

[29] Ernst Troeltsch an Carl Mennicke, 3.8.1919 (EZA Berlin, 51/S II e8). – Mennicke faßte
umgehend bei Troeltsch mit einer erneuten Vortragsbitte nach, die jedoch wiederum abschlägig beschieden wurde: »Eben vor der Abreise zu sehr nötiger Erholung erhalte ich Ihren
freundlichen Brief. Vielen Dank. Alles überlegt, vor allem auch die furchtbare Überlastung,
will ich doch lieber keinen führenden Vortrag halten, hoffe aber bestimmt zur Diskussion
kommen zu können« (Ernst Troeltsch an Carl Mennicke, 5.8.1919 [ebd.]).
[30] Carl Mennicke an Ernst Troeltsch, 5.11.1919 (EZA Berlin, 51/S II e8).

wiederum erfuhr, »dass Geheimrat Troeltsch gebeten hatte, an dem Abend zugegen sein zu dürfen, um sich eventuell an der Diskussion zu beteiligen. Es ist
natürlich möglich, dass er nun besetzt ist. Aber jedenfalls hat man mit seiner Gegenwart zu rechnen. Die Abende bisher waren ausserordentlich gut besucht.«[31]
Doch weder Publikumszuspruch noch prestigefördernder Ordinarienbesuch
konnten auf Dauer über die Wirkungsgrenzen und inneren Beschränkungen
des Vereins hinwegtäuschen: Siegmund-Schultze, der Koordinator im Hintergrund, hatte kein Interesse an intellektueller Akrobatik ohne sozialpolitische
Bodenhaftung und wenig Verständnis für religiös überhöhte Revolutionsrhetorik, die sein Programm pragmatischer Erziehungsarbeit, den Aufbau effizienter Fürsorgestrukturen im Dienst großstädtischer Modernisierungsverlierer
und ähnlich kleinteilig-konkrete Alltagsaufgaben eher mitleidig abtat.[32] Zwar
akzeptierten Wittfogel, Tillich und andere gern einmal seine vorweihnachtliche
Sachunterstützung, doch konnten auch derlei Gesten die habituelle Distanz
gerade der religiös-sozialistisch gestimmten Theologen zu einer ganz auf sozialkaritative Praxis hin ausgerichteten Lebenswelt nicht überbrücken. Ihr Selbstverständnis und Zeitgefühl, ihre spekulative Energie und ihr lustvoll ausgelebtes
Avantgardebewußtsein verlangten nach Freiraum, Abgrenzung, Trennung – und
nach einer eigenen Zeitschrift.

1.1.1. *Sprechprobe für Propheten: Die »Blätter für religiösen Sozialismus«*

Mit den »Blättern für religiösen Sozialismus« schuf sich der Kairos-Kreis, zunächst noch in unmittelbarer Verbindung mit Siegmund-Schultze und Rittelmeyer, ein eigenes publizistisches Organ. »Diese Blätter«, schrieb ihr
Herausgeber Mennicke Ostern 1920 zu Beginn des ersten Jahrgangs, »wachsen heraus aus einem Kreise, der sich vor reichlich Jahresfrist lose vereinigt,
durch fortschreitenden geistigen Austausch aber immer mehr innerlich zusammengefunden hat.«[33] Sie vermitteln den Eindruck des Unorganisierten,
wollen Diskussionsbühne sein, sind Ausdruck einer Erprobungsphase: work
in progress. Es wurde sehr schnell gearbeitet, für einen kleinen Kreis, mit einer Fülle von Rechtschreib- und Satzfehlern, vor allem die Möglichkeit zu un-

---

[31] Carl Mennicke an Karl August Wittfogel, 5.11.1919 (EZA Berlin, 51/S II e8).

[32] Zur eingehenden Charakterisierung des Berliner Sozial-Theologen vgl. GROTEFELD,
Siegmund-Schultze.

[33] MENNICKE, Unser Weg, 1. 1922 beschreibt Mennicke in der »Österreichischen Rundschau« (Religiöser Sozialismus, 1094) den Kreis um die »Blätter« als klein und elitär. »Was ihn
kennzeichnet, ist auf der einen Seite die absolute Freiheit gegenüber jeder geschichtlich gewordenen *Form* der Religion; der Wille, unter allen Umständen durch alle Form hindurch
bis in den Kern dessen vorzustoßen, was Religion im letzten Grunde meint und

mittelbarer Reaktion nutzend. Bis heute wird der Leser von der suggestiven Wirkung einer besonderen Form direkter Rezeption erfaßt, meint er einen ungefiltert spontanen Meinungszugriff wahrzunehmen, Momentaufnahmen des Übergangs zwischen der lebendigen Aneignung von Texten und reflektierter Urteilsbildung. »Stand der Debatte« – so überschreibt Mennicke wiederholt seine Positionierungen. Leserbriefe werden einbezogen und zitiert.

So spiegeln die »Blätter« in ihrer Weigerung, sich den festen Formkonventionen etablierter politischer Zeitschriften anzupassen, den gesellschaftlichen Aggregatzustand ihrer Entstehungszeit. Unter dem Eindruck der Ereignisse vom November 1918 kamen zunächst Pfarrer, dann aber auch Nichttheologen zu Besprechungen im Haus von Friedrich Rittelmeyer zusammen, um über die dramatisch forcierten geistigen, sozialen und wirtschaftlichen Wandlungsprozesse der modernen Welt zu diskutieren.[34] Die Einladungen zu den ersten Treffen verschickte die »Soziale Arbeitsgemeinschaft Berlin-Ost«. »Für unsere immer wachsende Einsicht«, betont Mennicke, »sind die heutigen sozialen und politischen, geistigen und religiösen Auseinandersetzungen kein Zufallsprodukt [...]; sondern es handelt sich hier um Erscheinungen, die man aus ihren geschichtlichen Voraussetzungen als notwendig zu begreifen hat.«[35] Die »Blätter« sollten als Forum für die immer wieder aufbrechenden Selbstverständigungsdebatten verstanden werden.

Die Geburtsstunde dieses publizistischen Projekts ist relativ präzise zu bestimmen. Am 6. Juni 1919 wurde Friedrich Siegmund-Schultze, oft auf Reisen und nicht ganz frei vom Argwohn des abwesenden Hausherrn, von einem Mitarbeiter über die letzte Rittelmeyer-Sitzung informiert: Es habe darin Einigkeit bestanden,

»dass eine Konferenz unter Hinziehung der Schweizer Religiös-sozialen [sic!] mit dem damit gegebenen Sichkennenlernen eine Klärung der Anschauungen und eine Beratung über die einzuschlagenden Wege bringen würde. Die Frage, ob man sich von

---

heißt. Daneben geht ein unmittelbares Verwandtschaftsgefühl zu dem her, was heute unter uns als sozialistische Bewegung wirklich ist. Nicht so, als ob man sich mit irgend einem Parteisozialismus identisch fände. Die Glieder dieses Kreises gehören zum Teil den verschiedenen sozialistischen Parteien an, zum Teil aber auch nicht. Man fühlt sich innerlichst gebunden nur an den Träger dieser ganzen Bewegung, an das aus seiner geschichtlichen Lage heraus mit (wie man empfindet) innerer Notwendigkeit kämpfende und ringende Proletariat. Dies beides verbindet sich in dem Willen zu konkreter politischer Verantwortung und konkreter politischer Wirksamkeit.«

[34] Vgl. die Einladung an Tillich: Geschäftsstelle der Sozialen Arbeitsgemeinschaft Berlin-Ost, 8.2.1919: »Die nächste Besprechung bei Herrn Dr. Rittelmeyer findet am Donnerstag, den 13. Februar nachmittags 4½ Uhr statt. Herr Dr. Engelhardt wird über die religiöse Erziehung der Arbeiterjugend sprechen. Die Soziale Arbeitsgemeinschaft Berlin-Ost lädt zu dieser Sitzung wiederum herzlich ein. Mit bestem Gruss Mennicke« (Harvard).

[35] MENNICKE, Unser Weg, 1.

vornherein mit den Kreisen in Hessen, Solingen und Sachsen *und mit den Schweizern*[36] solidarisch erklären solle, blieb offen. Als nächster Schritt wurde beschlossen, eine Zeitschrift herauszugeben, die ähnlich den ›Neuen Wegen‹ von Ragaz unsere Ideen in geschickter Form einer weiteren Oeffentlichkeit bekanntgeben solle. Als Herausgeber wurden Dehn und Mennicke vorgeschlagen. Man wird sich, um sich von vornherein einen geeigneten Mitarbeiterkreis und eine feste Leserschaft zu sichern, an die genannten Kreise wenden und sie auch um evtl. finanzielle Unterstützung bitten.«[37]

Daß diese Vorhaben Konfliktpotential bargen, war allen Beteiligten durchaus bewußt: Mennicke amtierte als Schriftleiter von Siegmund-Schultzes Mitteilungsblatt »Die Eiche« und schickte sich nun an, die erworbenen Kenntnisse und Kontakte für ein Konkurrenzunternehmen einzusetzen. Am 18. Juni 1919 entschied er sich für die Flucht nach vorn und schrieb Siegmund-Schultze, er selbst und Dehn seien mit der »Herausgabe einer neuen Zeitschrift« beauftragt worden: »Ich kann mir denken, daß sich bei Ihnen vielerlei Bedenken geltend machen; auch ich bin nicht ohne solche, aber nach Lage der Dinge habe ich doch gemeint, zusagen zu sollen. Es widerstrebt mir, mich darüber des längeren zu verbreiten, ich denke auch, daß wir uns dann in Kürze darüber unterhalten können. Die Vorbereitungen sind jedenfalls in vollem Gange.«[38] Das hieß unmißverständlich: Zu verhindern war hier nichts mehr. Und die wechselseitige Entfremdung wuchs: Mennicke beendete im Frühjahr 1920 die Zusammenarbeit mit Siegmund-Schultze und wurde alleiniger Herausgeber der neuen Zeitschrift; Dehn – enger und länger mit Siegmund-Schultze befreundet – zog sich zurück.[39] Aber noch im Oktober 1920 zeigte er sich solidarisch: »Mennickes Blatt ist nun freilich ein Blättlein, ein Waschzettel, von dem niemand weiß, ob es zu einer richtigen Zeitschrift werden kann. Trotzdem habe

---

[36] Die kursivierte Passage wurde handschriftlich in den maschinenschriftlichen Text eingefügt.

[37] Hellmut Hotop an Friedrich Siegmund-Schultze, 6.6.1919 (EZA Berlin, 626 [Nachlaß Friedrich Siegmund-Schultze]/2/26,9).

[38] Carl Mennicke an Friedrich Siegmund-Schultze, 18.6.1919 (EZA Berlin, 626/1/14,4). Vgl. auch Carl Mennicke an Hans Hartmann, 7.6.1919 (EZA Berlin, 51/S II e8): »Dehn und ich wollen eine Zeitschrift herausgeben, deren Notwendigkeit ja wohl allenthalben in unseren Kreisen gefühlt wird. Als ständige Mitarbeiter denken wir an Rittelmeyer, Dr. Wegener, Lic. Tillich, und zunächst vor allem auch an Dich. Dann etwa noch an einige sächsische [...] und einige hessische Pfarrer, deren Namen wir von Dir zu erhalten hoffen. Die geschäftlichen Besprechungen mit dem Verlag usw. sind bereits im Gange. Wir hoffen, das 1. Heft im Oktober herausbringen zu können. Möchtest Du mir wohl sofort sagen, ob Du einverstanden bist, wenn wir Dich als ständigen Mitarbeiter auf dem Titelblatt nennen, und möchtest Du uns vielleicht gleichzeitig das Adressenmaterial geben und die Leute nennen, die Du für die geeignetsten ständigen Mitarbeiter hältst? Du kannst Dir denken, dass die Sache eilt.«

[39] Zur Tätigkeit in der Sozialen Arbeitsgemeinschaft Berlin-Ost und der Trennung von Siegmund-Schultze vgl. MENNICKE, Zeitgeschehen, bes. 101f., 110–112.

ich das Gefühl, daß ich zu ihm stehen muß.«[40] Mennicke seinerseits wußte wohl sehr genau um die Schwierigkeiten einer Neugründung auf dem unübersichtlichen Terrain der Weltanschauungspublizistik: So achtete er von Beginn an streng auf Unabhängigkeit von den beiden großen sozialistischen Parteien, wenngleich er selbst seit 1919 ein SPD-Parteibuch besaß und 1920 dann zur USPD wechselte.[41] Auch war er darauf bedacht, mit seinem »Blättlein« anderen Periodika des religiös-sozialistischen Spektrums nur im Rahmen der gebotenen Gesinnungsfreundschaft Konkurrenz zu machen. Bereits am 16. Januar 1920 hatte er Otto Herpel, der als Pfarrer im oberhessischen Lißberg seit 1919 zunächst den »Christlichen Demokraten«, dann »Das neue Werk. Der Christ im Volksstaat« herausgab, von den Neugründungsplänen informiert und ihm mitgeteilt, daß die »Herausgabe von ›Blättern für religiösen Sozialismus‹ [...] (von unserm Rittelmeyer-Kreis aus)« kurz bevorstehe. »Sie sollen zunächst vertraulich, d. h. also nicht im öffentl. Zeitschriften- und Bücherverkehr, an alle Interessenten gehen und einer ausdrücklichen systematischen Auseinandersetzung der Frage dienen. Wir haben uns ja hier in Berlin bereits darüber verständigt, dass neben dem ›Neuen Werk‹ ein in diesem Sinne strengeres Unternehmen geboten erscheint.«[42] Einen Monat später überließ er dem Leiter des Konkurrenzorgans einen Aufsatz zum Thema »Die große Kulturnot« und fügte hinzu: »Die Vorbereitungen unserer ›Blätter für religiösen Sozialismus‹ sind jetzt zum Abschluß gelangt, so daß in 3 bis 4 Wochen wahrscheinlich die erste Nummer erscheinen kann. Es sollen [...] nur ganz streng systematische Abhandlungen und Auseinandersetzungen geliefert werden, so daß, wie ich denke, eine Kollision zwischen unseren Unternehmungen auf keine Weise stattfinden kann. Im Gegenteil wäre es schön, wenn wir uns gegenseitig unterstützen wollten.«[43] Unterstützung mußte allerdings auch von außen kommen, von Sympathisanten jenseits der eigenen Kerngemeinde und unabhängigen ›Multiplikatoren‹ einer reformwilligen Öffentlichkeit. Voraussetzung, um sie zu gewinnen, war ein ganz individuell geschärftes, weithin wahrnehmbares Profil als kundiger Zeitzeichendeuter. Und genau darum bemühte sich Mennicke selbst: Anfang 1920, ein Vierteljahr vor der ersten »Blätter«-Nummer, hatte er –

---

[40] Günther Dehn an Friedrich Siegmund-Schultze, 30.10.1920 (EZA Berlin, 626/235).

[41] Vgl. einen undatierten Notizzettel Mennickes im Evangelischen Zentralarchiv Berlin: »Dehn gibt zu: Ztschr. muß s[ich] volle Unabhängigkeit v[on] der Partei wahren« (EZA Berlin, 626/2/26,9).

[42] Carl Mennicke an Otto Herpel, 16.1.1920 (EZA Berlin, 51/S II e8).

[43] Carl Mennicke an Otto Herpel, 20.2.1920 (EZA Berlin, 51/S II e8). Vgl. auch Carl Mennicke an Hans Hartmann, 21.4.1920 (EZA Berlin, 51/S II e9): »Die ›Blätter für religiösen Sozialismus‹ sind absichtlich streng systematisch gehalten, aber vielleicht findest Du in Deinem Kreise doch Leute, die sich dafür erwärmen. Besonders möchte ich sie aber auch Deiner ganz besonderen Beachtung empfohlen haben.«

durchaus als theologischer »Taktgeber« im polyphonen religiös-sozialen Konzert[44] – bei Eugen Diederichs in der »Tat«-Schriftenreihe eine 30seitige Broschüre veröffentlicht: »Proletariat und Volkskirche. Ein Wort zur religiösen Lage«. Sie diente der grundsätzlichen Verhältnisbestimmung zwischen der neuen religiös-sozialistischen Bewegung und der Kirche – ein Zentralthema der weiteren Debatten –, und Mennicke attackiert in ihr vor allem drei Haupt-hindernisse für eine Rückgewinnung des kirchenfernen Proletariats: die rigide kirchliche Sexualmoral, die konfessionelle Aufspaltung des Christentums und das Auseinanderklaffen von kirchlich-christlicher Lebensanschauung und mo-dernem Staats- und Gesellschaftsleben.[45] Die Idee einer Volkskirche stuft er als utopisch ein. Nur noch Bauerntum, Kleinbürgertum und Adel stünden zur Kirche. »Die Ehe«, hält Mennicke etwa fest, »ist sanktioniert. Aber alle frei schweifende Erotik unterliegt auch heute noch ohne weiteres dem strengsten Verdikt.« Dagegen habe der »moderne Geistesprozeß zu einer völligen Reha-bilitierung des Erotisch-Sexuellen, zur Anschauung von seiner Rechtmäßig-keit und Eigengesetzlichkeit geführt. Auch hier ist die Kirche im ganzen in der Bewegung hilfloser Abwehr geblieben.«[46] Echte Gemeinschaft lebe von den Impulsen freier, dann auch gesellschaftsumbildender Religiosität. Das, worum es eigentlich zu gehen habe, sei »immer nur die lebendige Bewegung in der Er-fahrung von Wirklichkeiten«[47]. Aus dieser Einsicht ergebe sich auch eine ganz eigene Gewißheit der Gegenwart, die sich nicht durch Abstrakta wie Opti-mismus und Pessimismus beschreiben ließe. »Meine Prophetie«, resümiert Men-nicke schließlich, »geht nicht in die Zukunft, sondern in die Gegenwart, wie

---

[44] Vgl. Carl Mennicke an Eugen Diederichs, 10.9.1919 (EZA Berlin, 51/S II e8): »Wir be-gegnen uns durchaus, wenn Sie meinen, dass ich die innere Richtung für die religiösen Ar-beitsgemeinschaften eigentlich formulieren müsste. Nur werden Sie vielleicht verstehen, wenn ich mir dazu noch ein bis zwei Jahre Zeit nehmen möchte, damit meine Erfahrun-gen erst wachsen und ich dann aus der Fülle des Erlebens heraus gestalte.«

[45] Vgl. auch MENNICKE, Die Kirchenfeindschaft des Arbeiters, 67. Mennicke charakteri-siert die Lage in Berlin: »Wer es erlebt hat, der weiß: die Feindschaft des Berliner Arbeiters gegen die Kirche ist eine ganz tiefe, man möchte sagen *echte*. Die Verhetzung mag einen wesentlichen Anteil daran haben, daß sie da ist.« Aus der Perspektive des »Arbeiters« ergibt sich für Mennicke folgendes Bild: »Das Gefühl, das sich zu allererst immer meldet, ist dies: Die Kirche ist ein Theater. Das will sagen, sie ist, wie jede weltliche Unternehmung auch, eine kapitalistische Anstalt. Reservierte Plätze, verschiedene Klassen für Taufen, Trauungen usw. Das alles stößt die Leute so unmittelbar ab, daß sie jeder Erklärung dafür unzugänglich sind.« Am Ende stehe schließlich aggressive Ratlosigkeit: »Der Arbeiter erlebt den Sinn der Kirche nicht mehr.« (ebd., 68).

[46] MENNICKE, Proletariat und Volkskirche, 14f. Vgl. ebd., 16f.: »Die Kirche ist im moder-nen Gesellschaftschaos kaum noch der Schatten einer Gesellschaft-bildenden Macht. Sie hat mit aller Initiative auch alle Führung verloren. Das ist der erste und letzte Grund dafür, daß sie die Möglichkeit, Volkskirche zu sein, eingebüßt hat.«

[47] Ebd., 27.

ich meine: in das Wesen der Sache. Der religiös lebendige und gewisse Mensch ist auf keine Zukunft angewiesen.«[48]

Keine besonders originelle Botschaft – und kaum dazu angetan, Mennicke zeitüberdauernden Ruhm als Selbstdenker zu verschaffen. Doch nutzte der Autor höchst geschickt die Möglichkeiten gezielter Rezeptionslenkung und bot in erklärenden Briefen an einflußreiche Vor-Leser ein Modell der Selbstdeutung an, das zugleich auch charakteristische kollektivbiographische Züge vieler seiner Generationsgenossen unter den religiösen Sozialisten erkennbar werden läßt. Gegenüber Ferdinand Avenarius, dem Herausgeber des »Kunstwart«, nimmt Mennicke prononciert Bezug auf die Weltkriegserfahrung, die ihn in ihrer Klassenschranken sprengenden Wucht, durch die Begegnung mit Menschen unterschiedlichster sozialer Herkunft bleibend geprägt habe: »Inzwischen bin ich in – wie ich empfinde – gradliniger Entwicklung von den Erlebnissen im Felde aus als Mitarbeiter in die Soziale Arbeitsgemeinschaft Berlin-Ost gekommen. In der beifolgenden Tat-Flugschrift habe ich versucht, einiges von meinen feldgrauen und grosstädtisch-proletarischen Erlebnissen hier zusammenzufassen.«[49] Auch an Karl Heim ins westfälische Münster ging ein Exemplar der Broschüre, und in dem kurzen Begleitschreiben rekurriert Mennicke ebenfalls auf seine Soldatenzeit:

»Meine Arbeit hier in Berlin-Ost, in die ich zum guten Teil durch meine Erfahrungen mit den Menschen im Felde hineingetrieben worden bin, führt mich besondere Wege, andere, als ich sie mir früher vorgestellt habe. [...] Es würde mir eine tiefe Freude sein, Ihnen gelegentlich wieder einmal persönlich zu begegnen. Ich denke so besonders dankbar an die kurzen zehn Minuten, die wir im Frühjahr 1917 hier in Berlin zusammen waren und wo die persönliche Fühlung so schnell hergestellt und so stark und tief war.«[50]

Dieser wiederholte Bezug Mennickes auf sein Kriegserlebnis mag zunächst unspektakulär wirken, als naheliegender Versuch, die eigene, vom Krieg brutal gespaltene Biographie retrospektiv mit Sinn aufzuladen und sie sich so als konsequente Entwicklungsgeschichte gleichsam geheilt wieder anzueignen. Doch markiert die Einsicht, allererst durch den engen Kontakt mit Kameraden aus denkbar disparaten Herkunftsmilieus die soziale Frage in ihrer Tiefe erfaßt und

---

[48] Ebd., 30.
[49] Carl Mennicke an Ferdinand Avenarius, 21.1.1920 (EZA Berlin, 51/S II e8).
[50] Carl Mennicke an Karl Heim, 7.1.1920 (EZA Berlin, 51/S II e8). Mennicke kannte Heim seit seinem Studium in Halle (Winter 1910/11). Heim (1874–1958) war dort ab 1903 Inspektor am Schlesischen Konvikt gewesen, 1907 wurde er Privatdozent für Systematische Theologie und erhielt 1914 einen Ruf nach Münster; 1920 wechselte er nach Tübingen. Vgl. MENNICKE, Zeitgeschehen, 50–52: Heim habe ihm verdeutlicht, daß Hegel »den Widerspruch selbst zum bewegenden Prinzip« mache und »damit die Möglichkeit« gewinne, »Welt

damit zugleich die eigene Lebensaufgabe, ja Berufung entdeckt zu haben, nur einen, den reflektiertesten Aspekt der fortdauernden Kriegsprägung. Hinzu kommt Mennickes deutlich militaristische Sprachfärbung und darüber hinaus eine intensive Augenblicks- und Zeiterfahrung, die tief eingebrannt noch die Weltwahrnehmung des Zivilisten bestimmt. Erst in der Verschmelzung dieser drei Wirkungsdimensionen des Kriegserlebnisses entsteht das generationstypisch Verbindende. Gerade Karl Heim kommt etwa in eingängiger Weise auf die Beziehung von erlebter Zeit zum Augenblick im Kampf zu sprechen. In seinen unter dem Titel »Die Weltanschauung der Bibel« erschienenen Vorträgen aus dem Frühsommer 1919 hebt er heraus, daß es Augenblicke im Leben gebe, in denen einem die tiefsten Zusammenhänge des Daseins mit einem Mal einsichtig würden, »wie wenn bei einem nächtlichen Gewitter eine dunkle Landschaft durch einen grellen Blitz für ein paar Sekunden hell erleuchtet wird«. Dies seien »Augenblicke, wie sie manche im Felde erlebt haben, da wir uns plötzlich und unvorbereitet dem sicheren Tod gegenübergestellt sehen, ohne daß uns noch die Zeit gelassen wäre, unser Gewissen mit Gott ins Reine zu bringen«. Die »wahre Lage« werde in diesen Sekunden »mit entsetzlicher Deutlichkeit«[51] einsichtig, ein Dämmerzustand in ernste Selbstbesinnung überführt. Doch »nachher, als die Todesgefahr wieder vorüber war, verwischte sich auch sofort wieder das Bild, das wir in dem furchtbaren Augenblick gesehen hatten«. Diese Momente seien aber wichtiger als ein jahrzehntelanges Dahinleben in Ruhe, die Dinge träten wenigstens dieses eine Mal ohne trügerische Illusionen ins Bewußtsein. Nur Gott könne in seiner die Wirklichkeit durchbrechenden Offenbarung den Menschen erlösen. »In diesen nüchternen Augenblicken sehen wir mit trauriger Klarheit: Wir können schlechterdings nichts dazu tun, um die Steinmassen wegzuschaffen, die uns den Weg zu Gott verschüttet haben.«[52]

In dem Personalartikel »Karl Mennicke« thematisiert Günther Dehn 1929, in der zweiten Auflage der »Religion in Geschichte und Gegenwart«, die lebensbestimmende Kriegserfahrung des Weggefährten gleich zu Beginn: »Als Sanitätssoldat im Felde, wegen eines pazifistischen Artikels zur Infanterie versetzt, lernte [er] im Schützengraben Arbeiterschaft und Sozialismus kennen.«[53] Dehn selbst hatte am 20. November 1918 als Gefangenenseelsorger aus dem

---

und Leben in der Vielfältigkeit ihrer Erscheinungen zu ›begreifen‹. Aber dieses Begreifen muß vor dem wichtigsten im Leben: dem konkreten Augenblick und der ihm gestellten Aufgabe – versagen.« Die konkrete, individuelle menschliche Situation gelange nicht in den Blick. Der Mensch bleibe weiterhin damit konfrontiert, sich »als einzelner nie wirklich allgemein verhalten« (ebd., 51) zu können.

[51] Heim, Weltanschauung, 57.
[52] Ebd., 58.
[53] Dehn, Art. Mennicke.

Internierungslager Hattem bei Zwolle (Holland) heraus[54] im Zeichen des »militärischen und politischen Zusammenbruch[s]« das Vorwort für seine dann 1919 in Berlin publizierten Aufsätze über die »Großstadtjugend« auf den Weg gebracht.[55] Teil der Veröffentlichung sind auch »Zwölf Ansprachen im Jugendverein. (Alter 14–18 Jahre)«. Die fünfte dieser kleinen Reden ist dem »Augenblick« gewidmet, der wie selbstverständlich in militärischem Gewande erscheint – auch wenn der Autor keine soldatische Vergangenheit aufzuweisen hatte: »Weh' dem, der den rechten Augenblick verpaßt! Was meint ihr wohl, wie muß der Kommandant eines U-Bootes oder Torpedo-Bootes aufpassen, damit er den rechten Augenblick nicht versäumt. [...] Da handelt es sich manchmal um den Bruchteil einer Sekunde, nicht einen Augenblick zu spät oder zu früh darf das Kommando gegeben werden, wenn der Schuß sitzen soll.« Auch mit Berichten aus dem Bahnwesen kann Dehn dienen. Er habe einmal erlebt, »wie ein Lokomotivführer den rechten Augenblick verpaßte. Da fährt der Zug ziemlich scharf in den Bahnhof, und ehe man überhaupt noch einen rechten Gedanken gefaßt hat, gibt's ein mörderliches Gekrache und die Maschine steht im Wartesaal. Die mächtigen eisernen Prellböcke waren umgeknickt, als ob sie Streichhölzer gewesen wären. So geht's, wenn man den rechten Augenblick verpaßt.«[56]

Was hier jugendnah präsentiert wurde – die biographisch beglaubigte Episode, das blicköffnende Exempel –, sollte in anderer Tonlage auch Mennickes »Proletarier«-Broschüre die Wirkung existentieller Dringlichkeit verleihen. Gegenüber Martin Rade, dem lebensklugen Herausgeber der »Christlichen Welt«, hatte Mennicke im Begleitbrief zu seiner Schrift offen eingeräumt, mit seinen programmatischen Überlegungen »keine systematische Arbeit« vorgelegt zu haben,

»sondern eine, die mir aus dem Herzen quoll. [...] Vielleicht darf ich doch hinzubemerken, dass ich ja nicht die Kirche angegriffen haben will, sondern dass ich ihre soziologische Notwendigkeit in ihren Grenzen sehr wohl begreife, dass ich nur herausstellen möchte, dass sie heute nicht mehr berufen ist, dem Proletariat zu dienen. Je eher die Kirche das versteht und je ernster sie sich mit diesem – Tatbestande (muss ich von meinem Gefühl aus sagen) auseinandersetzt, um so heller wird ihr eigener soziologischer Sinn auch wieder aufleuchten.«[57]

---

[54] Vgl. Dehn, Die alte Zeit, 193. Am Ersten Weltkrieg nahm Dehn weder als Soldat noch Militärpfarrer teil. In seinen Lebenserinnerungen schreibt er, ebd., 190: »Ich bin während des ganzen Krieges, abgerechnet einen sechsmonatigen Aufenthalt in Holland im Jahre 1918, Pfarrer im Arbeiterquartier gewesen, wo man den Krieg, wenn auch schweigend, so doch leidend und mit wachsender Unzufriedenheit ertrug.«

[55] Vgl. dann weiterführend Dehn, Problem der Arbeiterjugend.

[56] Dehn, Großstadtjugend, 177.

[57] Carl Mennicke an Martin Rade, 21.1.1920 (EZA Berlin, 51/S II e8).

Am 12. Februar 1920 konnte Mennicke dann im ›Kleingedruckten‹ der
»Christlichen Welt« Rades verständnisvoll relativierenden Kommentar lesen:
»Aus dieser Ecke religiöser Gemeinschaft eine volle Absage an die Kirche. Ich
glaube, man kann diese Erfahrungen nicht schwer genug nehmen. Dennoch
werde ich mich zu gleichem Verzicht nicht bekehren. Es bleiben eben doch
nur immer wieder ganz bestimmte Schichten, mit denen unter ganz bestimmten Verhältnissen diese Erfahrungen gemacht worden sind. *Discite moniti!* Lernt
aus der Warnung! sage ich, aber noch nicht: Zu spät!«[58] Einige Tage später reagierte Mennicke mit dem Bekenntnis:

»Sie sagen ja eigentlich nur, was ich auch meine, dass es eben doch nur immer wieder
ganz bestimmte Schichten sind, mit denen unter ganz bestimmten Verhältnissen diese
Erfahrungen gemacht werden. Ich denke selbstverständlich nicht entfernt daran, mit
meiner Broschüre etwa die Kirche sprengen zu wollen, bin sogar fest davon überzeugt,
dass sie in ihrem Rahmen noch eine Aufgabe hat. Nur an dem Proletariat hat sie – leider – keine mehr. Ich wäre der erste, der sich freuen würde, wenn das noch wieder anders werden könnte. Nur sagt mir mein Wirklichkeitssinn, dass es unmöglich ist. Aber
deshalb können wir selbstverständlich doch nach wie vor zusammenarbeiten. Ich denke,
auch Sie werden so empfinden.«[59]

Der konziliante Ton dürfte dem Volkskirchenkritiker leichtgefallen sein – und
nicht nur aus Respekt vor dem älteren Fachgenossen und Publizistenkollegen.
Denn Rades Reserve wurde mehr als ausgeglichen durch eine andere, wohl
noch gewichtigere Leserstimme. Mennicke hatte nämlich am 21. Januar 1920
mit der Bitte um Reaktion auch Ernst Troeltsch ein Exemplar seiner Schrift zukommen lassen,[60] der wenig später fast enthusiastisch sein Lektüreerlebnis wie-
dergab:

»Ich habe sie sofort gelesen. Mit einiger Bewegung, wie Sie sich denken können, aber
auch mit wesentlicher sachlicher Zustimmung. So liegen die Dinge in der Tat. Die protest. Kirche ist nun einmal im höchsten Grade, ohne es zu wollen, Klassenkirche geworden, Land u[nd] Kleinbürgertum, Junker u[nd] einige Gebildete. Heute kommen
etliche Novembergläubige dazu. Ein Mittel dagegen giebt es nicht. Die Entwickelung
liegt ein bischen im Wesen des lutherischen Protestantismus. Die Sektenkirchen können anders. Auch der Katholizismus u[nd] sogar der Anglicanismus. Ich vermute, daß

---

[58] Verschiedenes, in: Die Christliche Welt 34, 1920, Nr. 7, 110.
[59] Carl Mennicke an Martin Rade, 19.2.1920 (EZA Berlin, 51/S II e8).
[60] Carl Mennicke an Ernst Troeltsch, 21.1.1920 (EZA Berlin, 51/S II e8): »Hochverehr-
ter Herr Geheimrat! Darf ich mir die Freiheit nehmen, Ihnen beifolgend ein kleines Schriftchen von mir zu behändigen. Vielleicht finden Sie trotz Ihrer vielen Arbeit die Zeit, einen
Blick hinein zu tun. Ich würde sehr dankbar sein, wenn es sein könnte, da ich das starke Bewusstsein habe, dass gerade Sie meiner Betrachtungsart volle Gerechtigkeit widerfahren lassen können. Ich habe in dem Schriftchen mit Fleiss jede historische und literarische

die prot. Kirche überhaupt nicht beisammen bleibt, jedenfalls nicht auf die Dauer. Es werden sich Gruppen u[nd] Sekten bilden u[nd] die ›Volkskirche‹ wird ein Traum sein. Der ist auf dem Boden der Trennung für den Protestantismus nicht möglich. Den Katholizismus hält Sakrament u[nd] Priestertum zusammen, den Prot. der Staat u[nd] wenn er verfällt, giebt es Sondergruppen. Das ist gar nicht anders möglich. Und dann vor allem die Arbeiter! Ich glaube freilich, der Marxismus muß erst von den Tatsachen widerlegt sein, ehe irgend etwas anders werden kann. Die Industrie wird zurückgehen u[nd] dann wird der Geist anders werden. Aber ich will Ihre Hoffnungen nicht dämpfen, nur meine Meinung sagen. Jedenfalls besten Dank.«[61]

1.1.2. *Mißverständnis und Mythos: Tambach 1919*

Zwei Tage vor Troeltsch hatte Karl Barth sich an Mennicke gewandt – nicht per Postkarte als begeisterter Leser einer zeitkritischen Flugschrift, sondern mit einem mehrseitigen Brief im Bekenntniston, der ganz ohne Gefälligkeitsrhetorik auf nicht weniger als Selbstverständnis und Daseinsgrund des religiös-sozialistischen Aufbruchs zielte.[62] Von Safenwil aus geriet noch einmal Tambach ins Visier selbstkritischer Retrospektion. Nicht der beschauliche Ort am Rennsteig freilich, sondern das, was sich hinter der geographischen Chiffre verbarg: vier Tage in Thüringen, die wenn auch noch nicht die Welt, so doch das Weltgefühl von einigen Dutzend Menschen verändert hatten. »Einen Einschnitt in den Gang unserer Erörterungen«, so Carl Mennickes Selbsthistorisierung im Premierenheft der »Blätter für religiösen Sozialismus«, »bedeutet zweifellos die religiös-soziale Tagung in Tambach.«[63] Im Gegensatz zu Dehn und Mennicke war Paul Tillich nicht nach Tambach gereist, obwohl er zu den etwa 100 Eingeladenen gehört hatte; allerdings bewahrte er das entsprechende Schreiben auf:

»Einladung zur Religiös-Sozialen Konferenz in Tambach (Thür.) am 22., 23., 24. und 25. September 1919. Mit hochachtungsvollster Begrüßung i. A. der Religiös-Sozialen Vereinigung in Deutschland Lic. Otto Herpel / Heinrich Schultheis. Der Einladung schließen sich unterstützend an: Die Freunde des ›Christlichen Demokraten‹; Die sächsische Arbeitsgemeinschaft sozialistischer Pfarrer; die deutsche Vereinigung sozialistischer Pfarrer; der Bund sozialistischer Kirchenfreunde; die soziale Arbeitsgemeinschaft Berlin-Ost; der Bund Neue Kirche«[64].

Bezugnahme vermieden, sonst würde ich nicht unterlassen haben, zu bemerken, dass ich gerade Ihnen für die Eigenart meiner Gesichtspunkte viel verdanke. Diesen Dank lassen Sie mich jedenfalls hier persönlich aussprechen.«

[61] Ernst Troeltsch an Carl Mennicke, 31.1.1920 (EZA Berlin, 51/S II e8).
[62] Karl Barth an Carl Mennicke, 29.1.1920 (EZA Berlin, 51/S II e8).
[63] MENNICKE, Unser Weg, 1.
[64] Einladung zur Religiös-Sozialen Konferenz in Tambach (Harvard).

Friedrich Siegmund-Schultze erhielt im August 1919 von Herpel ein Werbe-
blatt des Erholungsheims »Haus Tannenberg« in Tambach-Dietharz (Thüringen), auf dessen Rückseite ein Entwurf des Tagungsprogramms geklebt war.
Herpel setzte die Notiz hinzu: »Bitte entscheiden Sie, ob die ›Soziale Arbeitsgemeinschaft‹ u. Neue Kirche die Einladung unterstützen können und senden
Sie mir mit entsprechender Antwort den Entwurf baldmöglichst zurück.«[65] In
den »Mitteilungen an die Mitglieder der Religiös-Sozialen Vereinigung in
Deutschland« wurde, gezeichnet von Otto Herpel und Heinrich Schultheis,
in der zweiten Folge vom August 1919 auf Tambach hingewiesen. Das Thema
der Konferenz sei »Der Christ in der Kirche, im Staat und in der Gesellschaft«.
»Eine Reihe hervorragender Schweizer hat ihre Teilnahme zugesagt.« Rege
Beteiligung »an dieser hochwichtigen Zusammenkunft« sei erwünscht, auch
wenn nicht öffentlich, »nur namentlich und schriftlich« eingeladen werde, »um
der Tagung eine gewisse Begrenzung und Intimität zu wahren«.[66]

Unmittelbar vor dem Tambacher Religionsgespräch fand vom 16. bis zum 19.
September in Berlin die zweite »Arbeitskonferenz« der Sozialen Arbeitsgemeinschaft Berlin-Ost statt, zu der über 400 Personen geladen worden waren,
um über den – so das Rahmenthema – »Neuaufbau des Volkslebens« zu diskutieren. Fast alle profilierten Köpfe des Religiösen Sozialismus in Deutschland
und der Schweiz sind unter den Eingeladenen,[67] und Mennicke entfaltete am
18. September »Grundsätzliches zur religiös-sozialen Bewegung«.[68] Am 7.
Oktober 1919, auch Tambach lag schon zurück, sandte er sein erweitertes
Vortragsmanuskript an Otto Herpel zur Veröffentlichung im »Neuen Werk«.
Offensichtlich war es zwischen beiden während der Tambacher Tagung zu

---

[65] Otto Herpel an Friedrich Siegmund-Schultze, 11.8.1919 (EZA Berlin, 626/2/
26, 9).

[66] Ein Exemplar ist im EZA Berlin archiviert (626/2/ 26, 9).

[67] Vgl. das Einladungsschreiben an Tillich: Hellmut Hotop [i.A.] an [Herrn Privatdozenten Lic. Dr.] Paul Tillich, 8.9.1919 (EZA Berlin, 51/S II b10): »Sehr geehrter Herr Lizen-
tiat! Im Auftrage von Herrn Lic. Siegmund-Schultze übersenden wir Ihnen beiliegend einige
Einladungen zu unserer Konferenz. Wir möchten Sie bitten, diese in Ihrem Freundeskreise
zur Verteilung bringen zu wollen.« Vgl. auch Carl Mennicke an den Baseler Pfarrer und
Tambach-Vortragenden Rudolf Liechtenhan, 11.9.1919 (EZA Berlin, 51/S II e8): »Darf ich
Ihnen sagen, wie herzlich ich mich darauf freue, Ihnen in Tambach zu begegnen und die Gemeinschaft lebendiger Berührung zu erfahren, in der ich in der Ferne immer schon mit
Ihnen gelebt habe. Sie finden einliegend das Programm der Arbeitskonferenz unserer Sozialen Arbeitsgemeinschaft. Sie sehen, dass auch wir die religiös-soziale Frage in unsere Besprechung einbezogen haben. Wie Sie sehen, hatten wir daran gedacht, dass Professor Ragaz
uns das Hauptreferat halten würde. Leider hat er wegen dringender Aufgaben in der Schweiz
abgesagt.«

[68] Ein Konferenzprogramm ist in verschiedenen Entstehungsstufen im EZA Berlin (51/S
II b10) archiviert und verrät Schwierigkeiten der Organisatoren, sich auf die Themenstel-
lung der Hauptreferate, aber auch die einzelnen Vortragenden festzulegen.

Spannungen gekommen, die sich noch im Begleitschreiben spiegeln: »In Tambach hatte ich den Eindruck, als ob Sie keine grosse Meinung hätten, den Vortrag zu drucken. Selbstverständlich liegt mir persönlich daran nicht eben viel. Deshalb hatte ich bisher damit zurückgehalten. Ich freue mich aber nun Ihrer erneuten Aufforderung aufrichtig und hoffe, dass wir gute Gemeinschaft halten werden.« Mennicke stellt heraus, die Tambacher Aussprache als durchaus fruchtbar empfunden zu haben, obgleich er den Eindruck gehabt hätte, »dass in den deutschen Korreferaten nirgends eine ausdrückliche Auseinandersetzung mit den Schweizern erfolgte. Es wäre doch vielleicht zu empfehlen, zukünftige Konferenzen durch eine etwas grössere Kommission vorzubereiten. Ich sehe vollkommen ein, dass das diesmal nicht möglich war und dass man einem so ersten Versuche gegenüber überhaupt allerhand Einschränkungen von vornherein gelten lassen muss.«[69]

Das zentrale Anliegen seines Berliner Vortrags war für Mennicke die konkrete Schilderung der Lage, in der der Christ sich in der Gegenwart befinde. In erster Linie komme es für diesen darauf an, daß gekämpft werde. »Jeder Friedenszustand, der nicht Erfolg des tiefsten Kampfes ist, der muß dem Christen als der gefährlichste, weil am schwersten als solcher zu erkennende Feind erscheinen.«[70] Der Kampf dürfe nicht erfolgsorientiert sein. Sobald sich die Erfolgsfrage stelle, sei es eigentlich schon zu spät. »Der Erfolg ist schlechthin gleichgültig, weil die Kraft gegenwärtig ist.« Eines steht aber für Mennicke fest: daß nämlich »der Christ jede Schwierigkeit zu heben vermag, wo er die Schwierigkeit ganz ernst nimmt, ganz konkret, nicht abstrakt: die Schwierigkeit des Tages, der Stunde, des Menschen, der vor ihm steht«. Somit bildet der Gegenwartsbezug jeder Handlung den Kern der Zeitdeutungskämpfe. Mit Pathos verkündet Mennicke: »Das ist religiössoziales Wirken, daß man immer mehr die Geste des Agitators verliert, die die eigentliche Geste unserer Zeit ist. Daß man immer mehr den Ernst der Stunde empfindet, den Ernst der gegenwärtigen Aufgabe, daß man wirkt gegen das Konkrete der Gegenwart aus der konkreten Gegenwart des Geistes Christi heraus.« An jeden Christen stelle sich die scharfe Forderung, »die Wirklichkeit zu bejahen«, aber nicht die der Welt, sondern die Wirklichkeit Gottes. Immer wieder habe das Christentum in seiner Geschichte den Fehler begangen, die Forderungen des Staates mit denen Gottes zu verwechseln. Und in modern anmutendem gesellschaftskritischen Jargon macht Mennicke deutlich, daß Gottes Wirklichkeit sich gegenüber allem, was jemals zur Institution wurde, revolutionär verhält. »Denn alle Institution verschleiert den konkreten Ernst der Gegenwart.«[71] Nur die Kraft des gegen-

---

[69] Carl Mennicke an Otto Herpel, 7.10.1919 (EZA Berlin, 51/S II e8).
[70] MENNICKE, Grundsätzliches zur religiös-sozialen Bewegung, 480.
[71] Ebd., 482.

wärtigen Gottes könne gegen jeden institutionellen Anspruch die Welt sinnvoll verwandeln.

Bewähren mußten sich diese Thesen und Postulate dann bereits vier Tage später fernab der Metropole, in kleinerem Kreis und intensiverer Diskussion – dem großstädtischen Kongreßtheater folgte des Kammerspiel in »Haus Tannenberg«. Und die autosuggestive Macht der Erwartung, die in der Waldeinsamkeit freigesetzten emotionalen Energien des Mit- und Gegeneinanders, aber auch die bald nach der Rückkehr in den Alltag der Städte, Redaktionsstuben und Gemeinden begonnene Rezeptionssteuerung waren tatsächlich stark und wirkungsvoll genug, um der Nachwelt ein dem kollektiven Vergessen trotzendes, nur ganz allmählich verblassendes theologiegeschichtliches Ursprungsbild zu überliefern. Die Tagung ist – insbesondere aufgrund von Karl Barths Vortrag »Der Christ in der Gesellschaft« – fast zu einem Mythos geworden, der, so die erinnerungspolitisch lange Zeit dominierende Lesart der Traditionskonstrukteure, für den epochalen Aufbruch der »dialektischen Theologie«, »Krisentheologie«, »theologischen Revolution« Barthscher Prägung stehen könne.[72] Anders gesagt: Tambach wurde zum protestantischen Erinnerungsort erhoben. Mit der tatsächlichen, theologiegeschichtlich nachweisbaren Wirkung hatte diese Verklärung allerdings wenig zu tun, auch wenn eine illustre Schar vornehmlich jüngerer Theologen und religiös-sozialistisch Bewegter im Thüringer Ferienort zusammengekommen war: neben den Schweizern Hans Bader, Karl Barth, Rudolf Liechtenhan und Eduard Thurneysen etwa die Deutschen Karl Aner, Eberhard Arnold, Günther Dehn, Eugen Diederichs, aber auch Friedrich Gogarten, die Brüder Albrecht Erich und Gerhard Günther, Hans Hartmann, Wolf Meyer-Erlach, Otto Piper, Georg Wünsch und Oskar Ziegner.[73] Fast jedem dieser Namen sollte schon nach kurzer Zeit mehr oder minder intensive Strahlkraft zuwachsen, fast jeder markiert ein theologisches, theologie*politisches* Programm – und so wird deutlich: Tambach steht paradigmatisch für die Netzwerke der Ideenkommunikation und die ideologischen Verflechtungen der 1920er Jahre, die Vorkriegstheologie wurde hier, schonungslos wie nie zuvor, von der neuen Generation revolutionär gestimmter Theologen attackiert. Wie lassen sich mit christlichen Orientierungsmustern die dramatischen sozialen Konflikte der Nachkriegszeit lösen, lautete die zentrale Frage der Versammelten. Doch bereits am Ort des Geschehens ließen sich Zweifel nicht bannen, ob die mobilisierten Kräfte zu einer durchschlagenden Antwort überhaupt imstande wären. Und die skeptische Grundstimmung

---

[72] Vgl. als hierin repräsentativ Busch, Barths Lebenslauf, 122–129. Zu Barths Tambach-Vortrag vgl. bes. Marquardt, Christ in der Gesellschaft, dort v. a. zur historischen Einordnung 7–37.

[73] Eine vollständige Teilnehmerliste ist bislang nicht nachweisbar.

prägte sich vielen Beteiligten ein, nicht nur Carl Mennicke, der sich 1922 in der »Österreichischen Rundschau« an das Septembertreffen erinnerte: »Der überaus kräftigen und innerlich sicheren Geistigkeit dieser Schweizer gegenüber wirkten allerdings die aus Deutschland zusammengekommenen Menschen (ebenfalls zumeist jüngere Theologen) hilflos, um nicht zu sagen kläglich.«[74]

Die Tambacher Vorträge, Debatten und Darbietungen wurden zunächst nur in einigen wenigen Kirchenblättern und einschlägig interessierten Kulturzeitschriften wahrgenommen, dort freilich äußerst kontrovers beurteilt. Am 1. November 1919 machte Mennicke Herpel auf einen knappen Bericht über die Tagung aufmerksam, der in der »Allgemeinen Evangelisch-Lutherischen Kirchenzeitung« vom 24. Oktober erschienen war: »Ueber die eigentliche Tagung findet sich nicht viel gesagt, es ist hauptsächlich auf die letzte Abendversammlung eingegangen, in der Bader und Hartmann gesprochen haben. Und die ist nach allen Regeln heruntergekanzelt.«[75] In dem namentlich nicht gezeichneten Beitrag, der auch eine anonymisierte Leserzuschrift integriert, wird das Treffen der »sozialistischen Pastoren« unmittelbar in Verbindung mit der USPD gebracht. Es handele sich bei den in Tambach Aufgetretenen »um eine Organisation, die im prinzipiellen Abstand und Gegensatz zur Kirche ein mehr oder weniger modernisiertes Christentum und den Sozialismus der Gegenwart einander anzunähern und eines mit dem anderen zu befruchten bemüht ist«. Gott sei, so habe man vor Ort hören können, dafür zu danken, daß »das deutsche Luthertum« als die »Religion der Herren und Kapitalisten« kollabiert sei und an seiner Stelle nun der Sozialismus als Ort der wahren christlichen Religion im öffentlichen Raum gelten könne. Vornehmlich die Ausführungen Hans Hartmanns hätten »an inhaltlicher Dürftigkeit nichts zu wünschen übrig« gelassen und seien von »platteste[n] Allgemeinplätze[n]«[76] bestimmt gewesen. Der bibelfeste, endzeitlich erschütterte Berichterstatter weiß das zu deuten: In Tambach wirkten »satanisch antichristliche Gewalten, [...] die ›greulichen Irrtümer‹, die als Zeichen der letzten Zeit erscheinen sollen«[77].

Auch der »Evangelische Volksdienst«, das Forum für die »Mitteilungen aus der Arbeit der Evangelischen Volkskirchenbünde«, setzte sich in einer Umschau von Alfred Just, Breslau, mit Tambach auseinander: »Die Schweizer Referate

---

[74] MENNICKE, Religiöser Sozialismus, 1090. – Vgl. auch die von Herpel eingeleiteten achtseitigen »Berichte und Urteile über die Tambacher Konferenz vom 22.–25. September 1919«, die im Oktober 1919 als 3. Folge der »VERTRAULICHEN MITTEILUNGEN für die Freunde des ›Neuen Werks‹« in Lißberg erschienen. Es äußerten sich u. a. Günther Dehn, Carl Mennicke und Hans Ehrenberg. Die »Mitteilungen« enden mit einer Anschriftenliste der »Freunde« (ebd., 6-8).
[75] Carl Mennicke an Otto Herpel, 1.11.1919 (EZA Berlin, 51/S II e8).
[76] ANONYMUS, Bericht über Tambach, 940.
[77] Ebd., 941.

waren in jeder Weise mustergültig« – zumal sie eindringlich gegen jede Vermischung von politischer und religiöser Überzeugung votierten. Hartmann wird demgegenüber als unvorbereitet und überlastet geschildert, Arnold sei »idealistische Unerfahrenheit« zu attestieren. Die Tagung habe aber vor allem deswegen »oft ein wenig erfreuliches Bild« abgegeben, weil neben einer Mehrheit von Sozialdemokraten auch Anhänger der USPD anwesend waren.

»Endlich aber machte sich bei einer Anzahl der Teilnehmer eine stark ekstatische Erwartung des Gottesreiches auf Erden geltend. Der Leiter der Versammlung [sc. Otto Herpel] erklärte z. B. einmal wörtlich, ›In 2 Jahren werden wir die Welt für Gott gewonnen haben‹. Bei dieser Stellungnahme ist es selbstverständlich, daß es zu einer eigentlichen Organisation nicht kam, daß man sich mit Gesinnungsgemeinschaft begnügte, und daß infolgedessen die Tagung im Gesamteindruck hinter den Erwartungen zurückblieb.«[78]

Hans Ehrenberg veröffentlichte als Redakteur des »Christlichen Volks«, der Zeitschrift des »Badener Volkskirchenbundes«, einen längeren Tambach-Bericht. Insbesondere die Diskussionen nach den Vorträgen von Rudolf Liechtenhan und Hans Hartmann hatten den Beobachter sarkastisch gestimmt: »es kamen erst einmal die noch unausgegorenen Sozialisten zu Wort, die die Bergpredigt sozusagen gepachtet haben; es ist mit diesen so, daß sie über die *Volksbuße* – die ja uns neue Sozialisten alle in den Sozialismus getrieben hat – noch nicht zur Ruhe gekommen [sind] und daher im Sozialismus noch nicht als Christen aufwachen können. Daher herrschte bei einigen eine fast krankhafte Erregtheit.« Ehrenbergs Bilanz erschöpfte sich aber keineswegs in der Rekapitulation des Absonderlichen – und sie fiel eindeutig aus: »die Schweizer als Lehrmeister der Reichsdeutschen! Sie wehren sich zwar gegen jede Gloriole, aber sie müssen sich nun einmal unseren Dank gefallen lassen.«[79] Einen Dank, der sich durch Taten bekräftigen ließ: Denn Ehrenberg, ein Cousin von Franz Rosenzweig und 1909 vom Judentum zum Christentum konvertiert, war es auch, der 1920 Barths Tambach-Vortrag, versehen mit einem Geleitwort für den »Patmos-Kreis«, zu dessen besonders profilierten Mitgliedern neben Ehrenberg selbst unter anderen Martin Buber und Viktor von Weizsäcker gehörten, separat veröffentlichte.[80]

Zu einem Schlüsselerlebnis wurde die Tagung in Tambach für Günther Dehn, der als Vorsitzender des neu gegründeten »Bundes sozialistischer Kirchen-

---

[78] JUST, Die Religiös Sozialen.
[79] EHRENBERG, Tagung von Tambach.
[80] Zu Ehrenberg vgl. NOSS, Ehrenberg. – Die Rede Barths erschien im Würzburger Patmos-Verlag, den Ehrenberg 1920 zusammen mit Werner Picht, Eugen Rosenstock, seinem Cousin Rudolf Ehrenberg und Leo Weismantel gegründet hatte.

freunde« zu den Miteinladenden gehört hatte. Dem eigenen Selbstverständnis
nach ein ›Bibeltheologe‹ inmitten eines linksliberalen, ja teilweise freireligiö-
sen Umfeldes, sah Dehn das Treffen im Thüringer Wald rückblickend als den
Beginn einer nachhaltigen Desillusionierung: Zusammengekommen war, so
erinnert er sich, »eine kirchenrevolutionäre Schar«, mit »politisch radikal Ge-
sinnten in der Überzahl«[81]. Insbesondere der Solinger Pfarrer Hans Hartmann
profilierte sich an einem Volksversammlungsabend als Agitator, indem er »in
langen Ausführungen nichts weiter tat, als die Kirche anzugreifen, mit einer
Schärfe, die nichts zu wünschen übrig ließ«[82]. Noch aus dem Abstand von vier
Jahrzehnten läßt sich ein Reflex solch demagogischer, politisch-messianischer
Auftritte erkennen, wenn Dehn 1962 in klarer Diktion seine Abkehr vom Religiösen Sozialismus begründet und dabei auch die andere totalitäre Versuchung
des 20. Jahrhunderts in den Blick nimmt: »Man erkannte das sozialistische Lehr-
gebäude einfach an und gab ihm eine religiöse Weihe. Das Christliche mußte
dabei zwangsläufig zur Ideologie werden, genau so, wie es später im Dritten
Reich bei den Deutschen Christen zur religiösen Verklärung des Rasse- oder
Deutschtumsglaubens wurde.«[83]

Den stärksten Eindruck auf Dehn hinterließ in Tambach jedoch nicht der sozialistische Brandredner Hartmann, sondern der Vortrag Karl Barths, der geradezu »als eine große Befreiung« wirkte: »Ich erkannte, daß es nicht angeht,
gegen eine Kirche zu protestieren, die an feudale oder kapitalistische Mächte
gebunden oder dem Nationalismus verfallen ist, um sie dann aufs neue an Sozialismus, Internationalismus und Republikanismus zu binden.«[84] Die Kirche
müsse sich, so Dehn, vielmehr auf das Evangelium besinnen und dies offensiv
vertreten. Völlig konträr fiel die Reaktion Mennickes aus: Über seine Gemüts-
lage gab er bereits am 26. September 1919 – der Kongreß war am Tag zuvor
beendet worden – Martin Rade gegenüber Aufschluß; im Zentrum des Briefes steht der Auftritt von Hartmann:

»Ich habe in diesen Tagen ja viel mit Hartmann gesprochen und ihm auch meine Bedenken, die ich Ihnen damals ja schon auseinandersetzte, zu sagen versucht. [...] Gogarten, der auch in Tambach war, sagte mir: ›Wenn ich der liebe Gott wäre, nähme ich
Hartmann beim Ohr und setzte ihn ins Gefängnis. So geht er ja in kurzer Zeit kaput
[sic!], und es ist so schade um ihn.‹ Ich empfinde nicht ganz so stark. [...] Er ist so relativistisch geworden, dass er allen Vorstellungen innerlich entweichen kann. Aber
vielleicht fruchtet's etwas, wenn diese Vorstellungen von den verschiedensten Seiten
kommen. Auch [Pastor] Fritze in Cöln sagte mir übrigens: er habe Hartmann in einer

---

[81] DEHN, Die alte Zeit, 217.
[82] Ebd., 218.
[83] Ebd., 216.
[84] Ebd., 221.

Versammlung in Köln bei den Unabhängigen sprechen hören. Es sei eigentlich eine rein agitatorische Rede gewesen, von religiösem Ernst und innerer Wärme habe man nichts spüren können.«[85]

Irritiert verließ schließlich auch ein studentischer Tambach-Teilnehmer die Tagung, der Hamburger Gerhard Schade. Alix Westerkamp, die Frauenrechtlerin, promovierte Juristin und langjährige Geschäftsführerin der Sozialen Arbeitsgemeinschaft Berlin-Ost, hatte ihn am 11. Oktober 1919 gefragt: »Was Sie wohl von Tambach für einen Eindruck hatten? Wir haben einen ganz erschütternden Bericht von Herrn Mennicke gehört.«[86] Die Reaktion kam prompt: »Von Tambach war ich auch ziemlich enttäuscht, sodass ich es nicht sonderlich bedauerte, als eine frühere Abreise für mich wünschenswert wurde.«[87]

Jenseits solcher Spontanberichte und Stimmungsbilder findet sich eine reflektierte Resonanz des Theologentreffens vor allem im engeren Umfeld Mennickes und Tillichs, gerade auch dokumentiert in den »Blättern für religiösen Sozialismus«. Da in Tambach die Vereinigung der religiös-sozialen Kräfte zu einer konventionell strukturierten Organisation nicht geplant gewesen war, sollten die »Blätter« – die Zahl ihrer festen Bezieher lag erheblich unter 300 – die Funktion übernehmen, der »Bewegung« ein »geistig verbindendes Organ« zu verschaffen, um zu einem »inneren Zusammenschluss« zu kommen. Mit der Neugründung entstand zwar das Risiko publizistischer Rivalitäten im eigenen Lager, doch versicherten die »Blätter«-Macher, Herpels Zeitschrift »Das neue Werk« die eben erst errungene »Bedeutung als in weitere Kreise dringendes Propaganda-Organ«[88] nicht schmälern zu wollen. Zunächst »hatten wir«, berichtet Mennicke, »im wesentlichen Einzelfragen aufgegriffen, sie von der Praxis her zu beleuchten oder in allgemeine geistige Zusammenhänge hineinzustellen versucht. Aber die grosse, straffe Linie fehlte. Die ist auf Grund der Auseinandersetzungen, die die religiös-soziale Tagung in Tambach veranlasste, in immer hellere Sicht getreten.« Keiner konnte durch die Tagung »voll befriedigt« werden; denn es fand keine »wirkliche Auseinandersetzung mit den Schweizern« statt, die sich »in wundervoller Geschlossenheit und grosser Darstellungskraft« präsentiert hätten, während es nur »ein Geplänkel der Deutschen« gegeben habe, ohne Bezug auf das Wesentliche. Es handele sich dabei um einen Grundmangel, den Dehn und er selbst als Referenten im Kreise der »Blätter« »scharf hervorgehoben« hätten. Dehn, in seinem »grossen Enthusiasmus«,

---

[85] Carl Mennicke an Martin Rade, 26.9.1919 (EZA Berlin, 51/S II e8).

[86] Alix Westerkamp an Gerhard Schade, 11.10.1919 (EZA Berlin, 51/S II b8). Gerhard Schade (1897–1976) wurde 1926 Pastor in Nord-Barmbek, 1932 in Rostock; 1940 bis 1965 war er Pastor an St. Gertrud in Hamburg-Hohenfelde.

[87] Gerhard Schade an Alix Westerkamp, 20.10.1919 (EZA Berlin, 51/S II b8).

[88] MENNICKE, Unser Weg, 4.

enttäuscht; Mennicke »mehr kritisch«, »aber doch erfüllt mit dem allergrössten Respekt«. Rasch stellte sich heraus, »dass die Einstellung der Schweizer nicht die unsere sei und sein könne«. Rittelmeyer, Tillich und Mennicke hoben den Gottesbegriff als »zentrale[n] Differenzpunkt«[89] hervor.

Am 10. November 1919 hielt Tillich im Kreis um Rittelmeyer ein fulminantes Referat zu eben diesem Thema, und zwar unter dem Titel »Die prinzipiellen Grundlagen und die nächsten Aufgaben unserer Bewegung«[90]. Noch Anfang Dezember zeigt sich Mennicke Theodor Siegfried gegenüber hellauf begeistert vom Auftritt des Redners:

»Es ist ausserordentlich schade, dass Sie nicht zugegen waren, als Dr. Paul Tillich in unserer letzten Rittelmeyer-Besprechung über die ›prinzipiellen Grundlagen und die nächsten Aufgaben unserer Bewegung‹ sprach. Tillich hat da eigentlich das ganze Problem ›Christentum und Sozialismus‹ in wundervoll systematischer und eigentlich erschöpfender Weise behandelt. Seine Ausführungen werden, so viel ich weiss, in Grabowskis[91] ›Neuem Deutschland‹ demnächst gedruckt.«[92]

Mennicke legte dann in den »Blättern« eine aus der Erinnerung schöpfende Zusammenfassung der Kerngedanken Tillichs vor, die er aber mit eigenen Überlegungen verknüpfte.

»Die Schweizer versuchen mit grosser Energie, aus ihrem Geschichtsbilde alle menschlichen Spuren auszulöschen und dafür die eine grosse Spur Gottes aufzuweisen. Anders ausgedrückt: Sie lehnen die Berufung auf jede Art subjektiven menschlichen Erlebens für entscheidende religiöse Einsichten ab, wollen vielmehr die wegweisende Macht und die Herrschaft Gottes in ihrer absoluten Realität und Unantastbarkeit, unverwirrt durch Menschliches, anerkannt sehen.«[93]

Wie aber ist jene verborgene Spur Gottes in der Geschichte aufzuzeigen? Mennicke antwortet mit einer klaren These: »Man kann auch bei dem besten und hingegebensten Willen an die Sache als einer, der nicht in die Bewegung mitaufgenommen ist, nicht anders als urteilen, dass an dieser Stelle einfach diktiert wird.« So wirke Gott in religiös führenden Menschen – der Name Bodelschwingh etwa fiel in Tambach –, aber auch in der Sozialdemokratie. »Ich erinnere mich«, lautet Mennickes Kommentar, »an den Ausspruch [Hans] Baders: Gott erspare es auch den Deutschen nicht, in die Sozialdemokratie

---

[89] Ebd., 1.
[90] Das Referat wurde an einem weiteren Abend fortgesetzt; der Text ist zusammen mit einer Vorfassung wiedergegeben in: TILLICH, Religion, Kultur, Gesellschaft, Teil I [GWE 10], 237–263.
[91] Gemeint ist Adolf Grabowsky (1880–1969).
[92] Carl Mennicke an Theodor Siegfried, 5.12.1919 (EZA Berlin, 51/S II e8).
[93] MENNICKE, Unser Weg, 2.

hineinzugehen.«[94] Die Schweizer trügen, so Mennickes Eindruck, »ein Erlebnis in sich, das ihnen mit dem Akzent der Absolutheit zuteil wurde. Sie fühlen, denken, urteilen aus diesem Erlebnis heraus, nur dass sie leugnen, dass es sich um ein Erlebnis handelt.« Es liege eine »ungeheure Abstraktion von Gott« vor, die zum »entscheidende[n] Anstoss«[95] geworden sei.

Demgegenüber habe sich Tillich in seinem Referat am »Begriff des autonomen Erlebens« orientiert. Gott könne nicht aus der Gesamtheit des Lebensprozesses abstrakt herausgelöst werden. Das Gotteserlebnis dürfe nicht »in einem grundsätzlich heteronomen Verhalten einer fremden, auch nicht der höchsten Gotteserfahrung gegenüber«[96] begründet werden. Die Gotteserfahrung sei nur im Rahmen der Autonomie möglich, indem der Mensch »der tiefsten Kräfte, die er erreicht oder die ihn erreichen [...], inne wird«. Über diese Brücke des Autonomiebegriffs könne, so Mennicke und – skeptischer – auch Dehn, eine Verbindung mit der Arbeiterschaft hergestellt werden, wobei jedes konfessionelle Grenzwächtertum hinfällig sei. Tillich gehe es um ein »umfassende[s] Menschheitsbewusstsein«. Konfessionsbindungen blieben jedoch als historisch gesetzt bestehen, und auch Tillich fühle sich »durchaus als evangelisch-lutherischer Christ«[97]. Aber dies bilde keine Hemmung mehr: »Die einzige Bedingung, die man sozusagen an den Menschen heute stellen kann, ist die, dass er sich auf sich selbst, auf seine tiefsten Möglichkeiten und Kräfte besinnt.«[98] Es bestehe somit eine prinzipielle Offenheit der Kairos-Gemeinde, auch für Juden, Mohammedaner und Buddhisten.

Darüber hinaus zeige sich der Kreis nicht nur als welt-, sondern auch als kulturoffen, wie es »mit dem Wesen der lebendigen und tief erfassten religiösen Bestimmtheit von selbst gegeben« sei – es liege dadurch, wie Tillich in Aufnahme Kierkegaards formuliert, ein »absolutes Paradox« als Haltung gegenüber den Kulturinhalten vor. Gegenüber dem ewigen Leben seien alle diese Inhalte nichtig, stünden »alle gleicherweise unter dem Nein«, ebenso aber auf der Basis desselben religiösen Grundverhältnisses »alle unter dem Ja«. Das Kreuz Christi stelle »in sich das absolute Paradox« dar, »wo selbst das höchste Leben und mit ihm das ganze Leben der Menschheit unter dem Nein, dem Fluch stehe und andererseits doch gerade darin auch sein volles Ja finde«[99].

Als Hauptproblem für eine konsensorientierte Profilbildung des Kreises sei allerdings die Frage nach der Stellung zum Sozialismus hervorgetreten. Mennicke hält Tillichs Ausführungen zu diesem Punkt für unzureichend, zumal er

---

[94] Ebd.
[95] Ebd.
[96] Ebd.
[97] Ebd.
[98] Ebd., 2f.
[99] Ebd., 3.

insbesondere die tatsächlichen historischen Bedingungen der sozialistischen Wirtschaftsordnung nicht voll erfasse. Tillich gelinge nur der Nachweis, »dass die recht verstandene religiöse Grundbestimmtheit nicht anders könne, als sich *unter den heutigen Verhältnissen* gerade mit diesem Programm zu vereinigen«[100]. Zwei Hauptgründe stützten seine These: zum einen der Autonomiegedanke als Forderung und Aufgabe; zum anderen ein solidarisches Menschheitsgefühl. Diese Solidarität sei am stärksten in der »sozialistischen Bewegung«[101] vorhanden, wohingegen die kapitalistische Wirtschaftsordnung zu einem Zerreißen der Gemeinschaft führe. Mit Blick auf die Zukunft schließt Mennicke sich dann auch der Auffassung Tillichs an, daß es um einen organischen Aufbau neuer Gesellschaftsformen statt um die gewaltsame Umwälzung des Bestehenden durch das Proletariat zu gehen habe.

Zum entscheidenden Ausgangspunkt für die Selbstverortung des »Blätter-Kreises« wurde die energische Abgrenzung gegenüber Karl Barth. Erneut ist es Mennicke, der auf der Basis des mittlerweile gedruckten Tambach-Vortrags und der ersten Auflage von Barths »Römerbrief« die Auseinandersetzung sucht. Sein Angriff zielt auf den Gottesbegriff, die Christlichkeit der religiös-sozialistischen Position und die Stellung zum Kulturleben.[102] Schon in der Diskussion der Bemerkungen Tillichs zum eingeschränkten Sinn der christlichen Haltung war es zu Einsprüchen gekommen. Besonders tat sich hierin Eberhard Arnold – auch er ein Tambach-Teilnehmer – hervor, der »durchaus die Grund*gewissheit* unseres religiösen Weltverhältnisses als eine spezifisch-christliche gefasst wissen«[103] wollte. Demgegenüber akzentuiere Barth die »Christlichkeit« sogar »noch um einige Grade stärker«[104]. Barths Betonung der leiblichen Auferstehung Christi hält Mennicke entgegen, daß er dabei »nicht den geringsten Versuch« mache, »sich mit den Schwierigkeiten, von denen dies Ereignis für das moderne Bewusstsein belastet ist, auseinander zu setzen. [...] Er diktiert einfach: Christus ist das unbedingt *Neue von oben* [...].« Barth verlange eine »schlechthinnige Gewissheit« von Gott, die nur durch die Teilnahme an der Offenbarung möglich sei. Hier habe jetzt der Widerspruch gegen Barth einzusetzen, denn er nehme eine Haltung ein, die »extrem abstrakt« beziehungsweise »extrem

---

[100] Ebd.

[101] Ebd., 4.

[102] Vgl. MENNICKE, Auseinandersetzung mit Karl Barth. – Ende Oktober 1919 hatte Mennicke Martin Rade gebeten, ihm ein Exemplar des »Römerbriefs« zu verschaffen: »Darf ich Sie vielleicht daran erinnern, dass Sie so freundlich sein wollten, mir den Bart'schen [sic!] Kommentar zum Römerbrief mitzubringen? Sie boten es mir damals so freundlich an, daher nehme ich mir diese Freiheit zu der Bitte« (Carl Mennicke an Martin Rade, 31.10.1919, EZA Berlin, 51/S II e8).

[103] MENNICKE, Auseinandersetzung mit Karl Barth, 5.

[104] Ebd., 6. Mennicke unterstreicht, daß für Barth »bekanntlich das Christentum [...] überhaupt nicht Religion, sondern Gottesoffenbarung, Gottesgeschichte schlechthin« (ebd.) sei.

heteronom«[105] auftrete, also überhaupt nicht auf den von Tillich betonten »Lebensprozess« bezogen sei. Aber auch Barth entscheide vom Erlebnis aus. »Die Furcht vor der Klippe des weltseligen Pantheismus« treibe ihn dabei »hart an die Klippe des katholischen Dogmatismus heran«. Dagegen stellt Mennicke die Frage, ob es nicht letztlich ganz darauf ankomme, »dass mein persönliches Leben sich an der *lebendigen Wirklichkeit* Gottes zur Reife und Kraft empor-wirkt«[106]?

Barths Verhältnis zur Kultur sei vom Paradox bestimmt, aber er vereinseitige, um Mißverständnissen vorzubeugen. »Es ist nicht zufällig«, stellt Mennicke her-aus, daß sich Barth, wie Ernst von Harnack unter dem Eindruck der »Aarauer Konferenz erzählte, auf den Quietismus zubewegt. ⟨Er ist der ganze Thomas Münzer.⟩ Es ist vielmehr sinnvoll, dass ein solcher Fehler im Ansatz immer deutlicher seine äussersten Konsequenzen findet. Wie es in demselben Grade sinnvoll ist, dass solcher Quietismus einmal umschlägt in Gottesreich-Bolsche-wismus.« Die Beteiligung Barths an der »sozialdemokratischen Bewegung« stuft Mennicke als eine »geradezu ungeheuerliche Zufälligkeit«[107] ein.

Das Ja, mit dem sich der religiöse Mensch zur ungeteilten Lebens- und Welt-wirklichkeit verhalte, müsse »genau so voll und klar sein, wie das Nein – und umgekehrt«; denn nur, »wo dieses paradoxe Verhältnis in voller Spannung ist, kann sich die wahre schöpferische Energie ewigen Lebens entfalten. Hier liegt der hohe offenbarende Sinn des Christus, den auszuschöpfen wir eben erst an-gefangen haben: dass seine religiöse Energie eine *gegenwärtige* ist.«[108] An dieser Stelle hat Mennicke, wenngleich ohne Begriffsnennung, einen Übergang zum Kairos vollzogen. In Jesu Tod erhalte die »absolute Paradoxie ihre schlechthin sieghafte Darstellung« und gelange »damit zu erlösender Bedeutung«. Alles »*His-torische* der Auferstehung« sei demgegenüber als »Psychologie des *ungewissen Le-bens*« einzustufen. Es könne nicht darum gehen, »ausserhalb des menschlichen Lebensprozesses« einen Punkt »in abstrakter Unverrückbarkeit« zu fixieren, »an dem sich das bewegte Leben orientiere; sondern darum, dass in der Bewegung des Lebens selbst die Spannung Kraft gewinne, in der sich seine höchste Be-deutung offenbart. Hier stellt sich denn auch der Sinn *unserer Christlichkeit* dar. Er bedeutet keine abstrakte Isolierung, keine Exklusivität. Er bedeutet, dass wir uns unbefangen bewegen an dem geschichtlichen Ort, an den wir uns gewie-sen finden.«[109]

Doch nicht nur in den profilierungsfrohen Berliner Kreisen wurden die Tam-bach-Debatten immer wieder neu reflektiert, auch von Karl Barth selbst liegt

---

[105] Ebd., 6f.
[106] Ebd., 7.
[107] Ebd.
[108] Ebd., 8.
[109] Ebd.

ein eindrückliches Dokument zur Konstellationsanalyse vor. Am 29. Januar 1920 formulierte er im eingangs bereits erwähnten Brief eine Standortbeschreibung, die mit einem Rückzug beginnt; denn Barth macht deutlich, daß er an weiteren Tagungen zunächst nicht teilnehmen möchte, da die Schweizer ihre Kräfte überschätzt hätten. Voller Einsatz sei jedoch gefragt:

»Es steht bei uns, wenn wir das Wort ergreifen können, immer wieder schlechthin Alles in Frage. Mehr als Sie wohl ahnen, kommt Alles, was wir sagen u[nd] schreiben aus einer grossen Verlegenheit heraus. Was haben wir eigentlich von Gott mitzuteilen? Will denn Gott überhaupt unser Reden von ihm? Ist die Lage reif dazu, dass von ihm (wirklich von *ihm*) geredet werden *kann*? Das sind Fragen, denen auch durch fleissigstes Nachdenken, Lesen und sogar Beten nicht beizukommen ist. Sie entscheiden sich von Fall zu Fall nach ihrer eigenen Logik. Wenn wir dann *dürfen*, so stehen wir immer auf einer unerhört schmalen Basis, es ist immer eine Ausnahme, eine Erlaubnis oder eher eine besondere offenkundige Notwendigkeit und wehe uns wenn wir ohne das reden und natürlich oft genug doch reden *müssen*.«[110]

Barth geht allerdings auch auf Mennickes Situation ein, thematisiert die Spannung zwischen Selbst- und Fremdwahrnehmung und wendet sich mit Vehemenz gegen vorschnelle Festlegungen auf allzu simple Rollenbilder und Erwartungsmuster:

»Ich erkläre Ihnen das nicht in der Meinung, dass sie [sic!] von dieser Bedrängnis nichts wüssten, sondern um Sie an etwas auch Ihnen Bekanntes zu erinnern zu unsrer Rechtfertigung. Nur dass wir wahrscheinlich noch gehemmter, noch bedrängter sind als Sie. Ich konstatiere nur, dass Ihnen Allen Wort und Schrift viel leichter von der Hand geht als uns und diesen Unterschied bitte ich Sie, zu begreifen. Sie sind sich vielleicht auch darüber nicht ganz klar, dass auch das *was* wir dann zu sagen haben, *wenn* wir einmal das Wort ergreifen oder etwas schreiben, wesentlich die Botschaft von der *Bedrängnis* des Menschen durch Gott ist und von dem Trost der nur in dieser[111] Bedrängnis zu finden ist. Wir fühlen uns immer in Gefahr, von Ihnen zu positiv, zu sehr als Besitzende verstanden zu werden, während wir nur Suchende, Fragende, Anklopfende sein wollen.«[112]

Dieses Selbstverständnis ist nun durch die gemeinsame Tagung verunsichert worden:

»Die Rolle, in die wir in Tambach und seither hineingekommen sind, die Rolle als DIE SCHWEIZER die da eine neue Lehre zu verkündigen haben über Gott, Sozialismus, Bibel, Kirche – sie ist von uns aus gesehen, so zweideutig, so unmöglich als man sich

---

[110] Karl Barth an Carl Mennicke, 29.1.1920 (EZA Berlin, 51/S II e8).
[111] Durch Lochung fast ganz zerstört.
[112] Ebd.

denken kann. Etwas davon ahnten wir (wenigstens Thurneysen u[nd] ich) schon letzten Sommer und hatten darum die Beteiligung an Tambach ursprünglich abgelehnt. Schliesslich gingen wir doch und erlebten dann dort gerade das, was nicht hätte geschehen dürfen: den Triumph unsrer Lehre, während unsre Verlegenheit, unsre Not, unser Suchen sich den deutschen Freunden offenbar nicht erschlossen hat; wenigstens sind wir überrascht zu sehen, wie ungestört draussen eigentlich fast Alle auf ihren bisherigen Wegen weitergehen, als ob wir sie nichts *gefragt* hätten.«

Barth gibt ein Beispiel:

»Pastor Gay in Chemnitz wollte einen von uns an einer Sonntagsfeier im Theater im Anschluss an eine Anzengruber-Vorstellung auftreten lassen.[113] Ich sage nichts über solche Veranstaltungen an sich; ich sage nur: eben in *diesem* Sinn, in dem man uns offenbar draussen trotz Tambach, trotz Römerbrief noch immer erwartet, können wir nicht zu Ihnen kommen. Dass wir *keine* neue Lehre im Kopf, *kein* praktisch-kirchliches Rezept, *keinen* Schlüssel zum Herzen der gottlosen Sozialdemokraten in der Tasche haben, dass wir elend arm blind u[nd] blos sind, wie Sie Alle auch, dass es uns mit unsrem Deo soli gloria! bitterer Ernst ist, das glauben *Sie* uns offenbar vorläufig einfach nicht. Und dass es uns gelingen könnte, diesen Un-Glauben zu durchschlagen, uns Ihnen als die blos Wirkenden zu erkennen zu geben, Sie in dem Masse auf ›Gott‹ aufmerksam zu machen, dass Ihnen alles Andre zunächst einmal aus den Händen fiele, so dass Anzengruber u[nd] so viele andere freundliche Dinge a priori unmöglich wären – das glauben *wir* vorläufig nicht. Wir meinten es vor ein paar Wochen noch glauben zu können, aber das ist eben die Einsicht, die uns seither geworden ist, dass wir die grössere Vollmacht, die jetzt nötig wäre, nicht haben. Mehr als wir in Tambach gebracht haben, mehr als Sie in meinem Römerbrief finden, konnten wir nicht bringen.«

Aus dieser Einsicht zieht Barth die Konsequenz, daß es für die Schweizer besser wäre, sich selbst und ihren deutschen Gesprächspartnern im heiklen Dialog um letzte Dinge »eine neue Täuschung« zu ersparen. All dies geschehe aber durchaus im »Bewusstsein tiefster Solidarität mit Ihnen und Ihrer Not (die ja im Grunde auch die unsrige ist!)«. »Wir stehen jetzt«, so Barth schließlich mit prophetischem Pathos, »unter einem Gericht, das vielleicht schwerer ist als das, unter dem die Welt ist. Es wird für uns u[nd] für Sie das Geratenste sein, sich darunter zu beugen.«[114]

---

[113] Vgl. Bernhard Gay an Carl Mennicke, 16.1.1920: »Ganz unerwartet kommt am 15. Februar der Schweizer Karl Barth nach Chemnitz. Ich möchte ihn durchaus in der Sonntagsfeier sprechen lassen und verlege sie deshalb auf diesen Tag« (EZA Berlin, 51/S II e8).

[114] Karl Barth an Carl Mennicke, 29.1.1920 (EZA Berlin, 51/S II e8).

1.1.3. »Wir *haben jetzt keine Zeit*«: Gogarten, Barth und die Bannkraft des »*Augenblicks*«

Früh schon wird die Grundspannung markiert, die seit Tambach das Verhältnis Barths zu seinen deutschen Kontrahenten belebte: Das wechselseitige Wohlwollen im persönlichen Umgang entschärfte die sachlichen Differenzen nicht im geringsten.[115] Vor allem das Zeit-, respektive Augenblicks- und Ewigkeitsverständnis bildet einen entscheidenden Punkt des dauerhaften Dissenses. Barth selbst schreibt der Stelle Römer 13, 11 eine besondere Relevanz zu. Aus der Distanz von zwei Jahrzehnten aber, vielfältig belehrt von den mit knapper Not überstandenen Katastrophen, unterzog Barth 1946 in seiner »Kirchlichen Dogmatik«, genauer: im Kontext der »Lehre von Gott« die eigene frühe Auslegung von Römer 13, 11 einer kritischen Revision. Unter dem Eingeständnis, daß ihm seinerzeit, 1922, der »Begriff der Ewigkeit in seiner biblischen Vollständigkeit noch nicht zu Gesicht« gekommen war und im Bedenken von Gottes Nachzeitlichkeit nicht deutlich genug ausgesprochen wurde, daß »von Gott und nicht etwa von dem allgemeinen Begriff der Grenze und der Krisis« die Rede sein sollte, betont Barth: »Es zeigte sich [...], daß ich nun wohl mit der Jenseitigkeit des kommenden Reiches Gottes, aber gerade nicht mit seinem Kommen als solchem ganzen Ernst zu machen mich getraute, daß ich eine Stelle wie Röm. 13, 11 f. [...] dahin deutete, als sei da *nur* von dem Augenblick zu reden, der als der ewige, als der ›transzendentale Sinn‹ aller zeitlichen Augenblicke diesen gegenübersteht.«[116] Im Kommentar zur Stelle führte Barth 1922 aus, daß es sich um einen »›Augenblick‹ zwischen den Zeiten« handelt, »der selber kein Augenblick ist in der Zeit. Jeder Augenblick in der Zeit kann aber die volle Würde *dieses* Augenblicks empfangen. Es ist dieser Augenblick der *ewige* Augenblick, das *Jetzt,* in welchem Vergangenheit und Zukunft stillstehen, jene in ihrem Gehen, diese in ihrem Kommen.«[117] Karl Barth knüpft somit unmittelbar an Friedrich Gogartens Programmtext »Zwischen den Zeiten« an,

---

[115] Im Dezember 1963 zog Barth ein wohl treffendes Resümee seiner jahrzehntelangen Verbindung mit Paul Tillich, indem er konstatierte: »Es ist jedenfalls ein Phänomen ganz eigener Ordnung, dass wir uns menschlich so heiter und gut verstehen können, sachlich aber – hüten Sie sich wohl, mir eine Synthese anbieten zu wollen: Sie würden mich damit in meiner Sicht nur bestätigen können! – so von Grund aus widersprechen und widerstehen müssen« (Karl Barth an Paul Tillich, 3.12.1963, in: K. BARTH, Briefe 1961–1968, 220 f.; hier 220 [Original in Harvard]). – Vgl. auch Paul Tillich an Elisabeth Seeberger, New York, Ostern 1938 (Harvard, Kopie): »Vor zwei Tagen hatte ich einen sehr pessimistischen Brief von Karl B., dem Römer-Brief-Mann aus Basel. Er träumt von verdauenden Riesenschlangen und zitiert Goethe: ›Amerika, Du hast es besser‹, scheint mich zu beneiden. Im Herbst kommt Brunner her, zunächst für ein Jahr, dann für immer, vielleicht.«
[116] K. BARTH, Lehre von Gott (KD II/1), 716.
[117] K. BARTH, Römerbrief (1922), 481.

den der Stelzendorfer Pfarrer im Juni 1920 in der »Christlichen Welt« veröffentlicht hatte: »Das ist das Schicksal unserer Generation«, setzte Gogarten ein,
»daß wir zwischen den Zeiten stehen. Wir gehörten nie zu der Zeit, die heute
zu Ende geht. Ob wir je zu der Zeit gehören werden, die kommen wird? [...]
So stehen wir mitten dazwischen. In einem leeren Raum.«[118] Nirgendwo
könne eine »Formung des Lebens, die nicht zersetzt wäre«[119], ausgemacht werden. Doch die Abrechnung mit der eigenen theologischen Lehrergeneration
und die schonungslose Aufdeckung der verlorenen Zeit habe auch etwas Pro-
duktives, denn: »Der Raum wurde frei für das Fragen nach Gott. Endlich. Die
Zeiten fielen auseinander und nun steht die Zeit still. Einen Augenblick? Eine
Ewigkeit? Müssen wir nun nicht Gottes Wort hören können? Müssen wir nun
nicht seine Hand bei Seinem Werk sehen können?«[120] Der Mensch habe sich
voll und ganz auf die Aktivität Gottes zu besinnen, eigenen Aktionismus abzu-
legen. »Hüten wir uns in dieser Stunde«, mahnt Gogarten, »vor nichts so sehr,
wie davor, zu überlegen, was wir nun tun sollen. Wir stehen in ihr nicht vor unserer Weisheit, sondern wir stehen vor Gott. Diese Stunde ist nicht unsere
Stunde. *Wir* haben jetzt keine Zeit. *Wir* stehen zwischen den Zeiten.«[121]

Die mit diesen Betrachtungen begonnene Reflexionslinie zog Gogartens
Wartburg-Vortrag vom Oktober 1920 dann weiter aus, dessen prägnanter Titel
»Die Krisis der Kultur« zu einer Erkennungsparole der aufbrechenden Generation dialektischer Theologen werden sollte.[122] Die gegenwärtige Zeit werde
bestimmt durch »eine Erschütterung, von der der Krieg nur ein leises Vorzeichen war«[123]. Entscheidend sei die Fixierung auf den Augenblick, um ihn gehe
es, »der nun gerade ist, nun gerade gelebt sein will, der – nun, der nichts anderes will, als eben jetzt gelebt sein«. Aus psychologischer Perspektive hätte sich
die gesamte Aufmerksamkeit auf den Augenblick auszurichten, »sodaß keine
Möglichkeit bleibt, ihn als einen unter anderen zu betrachten, sich aus ihm zu
heben und ihn mit der ganzen unabsehbaren Reihe der vor ihm und der nach
ihm unter sich zu lassen zur meditierenden oder beurteilenden Schau«. Philosophisch gewendet bedeute dies, daß alles Denken und Leben auf das Absolute
auszurichten sei, um den Augenblick »aus der Relativität und dem Hingleiten
im Fluß der Zeit« herauszureißen. »Was vor ihm war und was nach ihm sein

---

[118] GOGARTEN, Zwischen den Zeiten, 95.
[119] Ebd., 97.
[120] Ebd., 100.
[121] Ebd., 101.
[122] Gogartens Vortrag erschien zunächst 1920 unter dem Titel »Die Krisis unserer Kultur«
in der »Christlichen Welt« (34, 1920, Nr. 49, 770–777), dann 1921 erneut in »Die religiöse
Entscheidung«. Am 29. September 1920 hatte Bultmann auf der Wartburg-Tagung seinen
Vortrag »Ethische und mystische Religion im Urchristentum« gehalten.
[123] GOGARTEN, Krisis der Kultur, 32. Die Zitate richten sich nach der Fassung in »Die religiöse Entscheidung«.

wird, wird in straffer Ordnung auf ihn bezogen, bekommt von ihm Sinn und Ziel. Es bleibt nicht, was es war.«[124] Der eine dynamische Augenblick sei es, »der so den gleichmäßigen Fluß der Zeit, in dem eine Welle der anderen gleicht, in seiner blitzhaften Bewegung verzehrt«. Religiös gesehen sei dieser eine »Augenblick, der jetzt gerade da ist, nichts anderes will, als nun gerade gelebt werden«, die »Begegnung Gottes«. Der Augenblick gewinne nunmehr »einen Inhalt, der nichts, schlechterdings nichts mehr neben sich duldet. [...] Hier ist nur dieser Eine Augenblick und sein Inhalt. Hier ist auch keine blitzhafte Bewegung mehr. Hier ist die reine Gegenwart. Hier ist der Augenblick zur letzten Vollendung gebracht.«[125] Die religiöse Deutung sei der philosophischen überlegen, für die der Augenblick in seiner Spannung zwischen Vernunft und Absolutem nur »wie ein elektrischer Funke zwischen zwei Polen« wahrnehmbar werde – »zeitlos und darum in unendlicher Bewegung, ein unendliches Streben«. Religiöser Betrachtung müsse es hingegen darum gehen, daß alles Menschliche verschwinde und allein Gott bleibe. Hierin erkennt Gogarten ein Ausbrechen aus der Uneindeutigkeit der Zeit: »[W]as also in diesem Augenblick geschieht, gehört nun nicht mehr in die allgemeine Relativität des Geschehens, stammt nicht mehr aus dem Zusammenhang des Geschehens und Geschehenlassens [...]. Sondern es ist Gottes eigenste Tat und – es bleibt Gottes eigenste Tat.« Auf diese Weise ist »ein Neues, ein absolut Neues geworden«[126].

Grundlegende Bestimmungen des Augenblicks entfaltet Gogarten dann in seinem Vortrag »Offenbarung und Zeit«, erschienen 1923 in »Von Glauben und Offenbarung«. Mit nachgerade expressionistischem Sprachstil bemüht er sich um klare Distinktionen:

»Wird die Ewigkeit Zeit, so geschieht das auf der haarscharfen Linie, wo Ewigkeit und Zeit eins sind und zugleich in harter Gegensätzlichkeit zueinander stehen. Das heißt: es geschieht an der Grenze der Zeit, aber nicht an ihrer zeitlichen, sondern an ihrer ewigen Grenze. Also da, wo sie sich selbst in Frage stellt, aber [...] nicht aus eigener Kraft, sondern aus der Kraft dessen, was sie nicht ist, aus der Kraft der Ewigkeit; wo sie krank ist an der Ewigkeit. Das aber ist sie da, wo sie der Augenblick, wo sie Gegenwart ist.«[127]

In der Gegenwärtigkeit, im Augenblick wird die Zeit fraglich, droht sie aufgehoben zu werden. Beide, Augenblick und Gegenwart, »sind immer nur aus Zeit gebildete und damit ohnmächtige, wesenlose, inhaltsleere Bilder der Ewigkeit«. Die Ewigkeit wird in einem ganz bestimmten einzelnen Augenblick Zeit, dieser Augenblick enthält dann aber auch die Zeit in radikaler Fraglichkeit, läßt sie

---

[124] Ebd., 33.
[125] Ebd., 34.
[126] Ebd., 35.
[127] GOGARTEN, Offenbarung und Zeit, 36.

zu einer bedrohten Gegenwart werden. Der bestimmte Augenblick ist einzig und unverwechselbar. Wenn die Ewigkeit zur Zeit wird, hebt sie die Zeit auf. Auch die Menschwerdung Gottes vollzieht sich »auf jener haarscharfen Linie, wo Gott und Mensch eins sind und zugleich im scharfen Widerspruch zueinander stehen, auf der Scheide zwischen Schöpfung und Abfall«[128] – ein Vorgang, der dem Menschen in seiner widersprüchlichen Existenz letztlich verborgen bleiben muß.

Gogartens Krisenbeschwörungen im Medium der »Augenblicks«-Reflexion sollten allerdings nicht als einsame Exerzitien eines genialischen Landpfarrers mißdeutet werden. Sie sind vielmehr, ohne daß ihr theologischer Rang dadurch geschmälert würde, als besonders markante Stimme innerhalb eines vielstimmigen Zeit-Diskurses zu verstehen. Schon auf der Aarauer Studentenkonferenz des Jahres 1919 hatte etwa Heinrich Barth die Krisis als Kennzeichen der Gegenwart bestimmt. Das ganze Kulturgebäude des Okzidents sei in seiner politischen und sozialen Struktur radikal in Frage gestellt. Eine Zeitmetapher reiht sich bei Barth an die andere, jede umschreibt auf eigene und doch immergleiche Art den einen alles bestimmenden Augenblick.

»Und der große Moment findet ein Geschlecht, das in keiner Weise in der Sicherheit und Tiefe seiner inneren Kultur der äußeren Umgestaltung ein Gegengewicht bieten kann. Nicht minder problematischer Besitz wie die äußere Lebensordnung sind die sogenannten höheren Lebenswerte; Inneres und Äußeres, Tiefes und Oberflächliches, Heiliges und Profanes steht in derselben fundamentalen Krisis, die über sein Recht und seinen Wert die Entscheidung sucht. Unsere Zeit steht im Zeichen der Katastrophe; [...].«[129]

Wohl wälze die Geschichte alles um und schaffe Neues, doch seien von ihr keine grundsätzlichen Klärungen zu erwarten. »Zusammenbruch bringt allerdings Aufrüttelung der Geister; er bedeutet dringliche Frage, Warnung, *Forderung* einer Entscheidung. Er ist geschichtliche *Gelegenheit*. Die Gelegenheit kann aber auch verfehlt werden. Der Zwang der Weltgeschichte ist stark genug; nur eines vermag er nicht: das Wirklichwerden der Freiheit zu erzwingen.«[130]

1922 greift auch Emil Brunner in ganz ähnlichen Wendungen wie Gogarten und Barth die Zeitmetaphorik auf, um den Religionsbegriff schärfer zu konturieren. In sich ruhende Religion, »die sich mit ihrem Telos, ihrem Sinn und Ende verwechselt, ist der höchste, feinste und gefährlichste Verrat an der Wahrheit«. Nur wenn der Mensch sich durch die Offenbarung Gottes radikal in Frage stellen lasse, werde für ihn ein Ausweg aus dem Zeitkerker eröffnet: »In

---

[128] Ebd., 37.
[129] H. BARTH, Gotteserkenntnis, 221.
[130] Ebd., 221f.

dieser kritischen Selbstaufhebung seiner zeitlichen Existenz, seiner verwirklichten Geistigkeit, die eben darum nicht in der zeitlichen Wirklichkeit stattfindet, in diesem ewigen Augenblick, in diesem absoluten Moment geschieht das Unmögliche, das Wunder des Glaubens. Hier wird die Schranke der Zeit durchbrochen, hier redet und handelt nicht der Mensch, sondern Gott.« Dieser Augenblick habe keinen Ereignischarakter und sei auch keine psychologisch nachweisbare Tatsache. Glaube richte sich auf »die Wahrheit selbst, das Absolute, Gott. Als das Von dorther Gesehen werden, als der göttliche Spruch über den Menschen, als das Aufblitzen des Lichts, in dem der Mensch sich in seiner Fragwürdigkeit sehen kann und in dem er zugleich das göttliche Trotzdem wahrnimmt, als göttliche Erleuchtung, nicht als menschliche Erkenntnis, als ewiger, nicht als zeitlicher Augenblick.«[131] Im ewigen Augenblick, heißt es dann in Karl Barths »Römerbrief« des Jahres 1922, verrät die Zeit ihr Geheimnis. Der Mensch geht und kommt, nicht die Zeit. Der ewige Augenblick ist als einer der Offenbarung immer und nie. Jeder Augenblick der Zeit »trägt das Geheimnis der Offenbarung ungeboren in sich, jeder kann *qualifizierter Augenblick* werden«[132]. Die transzendentale Bedeutsamkeit des Augenblicks ist zu begreifen und zu ergreifen. Der die Offenbarung sehende Glaube ist Gesetzeserfüllung. »Wo ein Vorher und Nachher qualifiziert ist durch das unanschaulich in der Mitte liegende Jetzt! der Offenbarung, *da* wird es Ereignis, das ›Leben und Walten der Liebe‹ (Kierkegaard).«[133] Berührung durch Gottes Freiheit und liebender Mensch gehören zusammen. Das »eigentlich revolutionäre Tun« der Liebe liegt darin, daß sie »in *Erkenntnis* des ewigen Augenblicks« handelt und dabei grundsätzlich nichts, das »in der Zeit« bleibt oder besteht, schaffen will. Die Liebe steht in einer unerbittlichen Distanz zu allem, was schon getan wurde, und weist von sich selbst weg »auf das Ende, das der Anfang ist«[134]. Die anklingende Kierkegaard-Rezeption war für Barths Konzeption der Neubearbeitung seines »Römerbriefs« von zentraler, bereits im Vorwort explizit angesprochener Bedeutung: »Wenn ich ein ›System‹ habe, so besteht es darin, daß ich das, was Kierkegaard den ›unendlichen qualitativen Unterschied‹ von Zeit und Ewigkeit genannt hat, in seiner negativen und positiven Bedeutung möglichst beharrlich im Auge behalte.«[135]

Wenn sich – so Barth anläßlich von Röm 13, 12 – der Schritt von unqualifizierter Zeit in qualifizierte vollzöge, wenn die »Tatsache, daß wir, ob wir

---

[131] BRUNNER, Grenzen der Humanität, 270.
[132] K. BARTH, Römerbrief (1922), 481. Vgl. ebd., 482: »Unvergleichlich steht der *ewige* Augenblick *allen* Augenblicken gegenüber, gerade weil er aller Augenblicke transzendentaler Sinn ist.«
[133] Ebd., 481.
[134] Ebd., 482.
[135] Ebd., XIII.

wollen oder nicht, an der Grenze aller Zeit, in jedem zeitlichen Augenblick tatsächlich stehen«, Erschrecken hervorriefe, wenn das Wagnis stattfände, »an dieser Grenze stehend, den Unbekannten zu lieben, im Ende den Anfang zu erkennen und zu ergreifen«, dann würden wir »wahrlich weder mit den Aufgeregten auf irgend ein glänzendes oder schreckliches Finale warten, noch uns mit der geradezu frivolen ›Frömmigkeit‹ der unentwegten Kulturprotestanten des Ausbleibens dieses Finales getrösten«[136]. 1919 proklamierte Barth als gegenwartsergriffener Exeget von Röm 13, 11: »*jetzt* lautet das Gebot des Augenblicks: aufstehen! Und diesen gottesgeschichtlichen Augenblick gilt es nun zu erkennen samt dem in ihm enthaltenen Gebot an uns.«[137] Doch auch die appellative Wucht dieser dramatisch begeisterten Botschaft aus Safenwil war an eine ganz bestimmte historische Konstellation gebunden. Wolfhart Pannenberg hebt treffend hervor, daß Barth unter Aufnahme eines platonisch bestimmten Schemas mit göttlicher Wirklichkeit auf der einen und gefallenem Menschen auf der anderen Seite »den Anbruch des neuen Äons, der Zukunft des Gottesreiches im Christusgeschehen« in der Erstauflage »so eindringlich formulieren« konnte »wie später nie wieder. Hier wehte wirklich eschatologischer Geist.«[138]

Ewiger Augenblick, Krisis und Grenze sind entscheidende Termini, die im expressionistischen Sprachduktus – gehäuft an den Stellen, die im Römerbrief den Kairos enthalten – die Deutung prägen. In Röm 12, 11 bevorzugt Barth wohl nur zu gern die *varia lectio* und kann entsprechend ausrufen:»Also: *Dienet* der Zeit! *Hinein* in die Krisis der Lage, des Augenblicks. Durch dieses *Hinein*gehen kommt es zur Entscheidung.«[139] Eine »Todeslinie« trennt »die Zeit von Ewigkeit, [...] den Menschen von Gott«[140]; Gott ist jenseits dieser Linie. Programmatisch stellt Barth den soteriologisch tragenden Abschnitt Röm 3, 21–26 unter den Krisenbegriff: »›Jetzt aber.‹ Wir stehen vor einer [...] aufs Letzte gehenden Krisis, vor einer Aufrollung alles Seins durch sein überlegenes Nicht-Sein.«[141] Die »*Neu*heit der neuen Welt«[142] wird durch Kreuz, Blut und

---

[136] Ebd., 485.

[137] Ebd. (1919), 395.

[138] Pannenberg, Problemgeschichte, 179 f. Vgl. damit: »*Gottvertrauen* und *Eschatologie* sind nicht voneinander zu trennen« (K. Barth, Römerbrief [1919], 241).

[139] K. Barth, Römerbrief (1922), 441 f.; beachte zur Übersetzung mit »Zeit« statt »Herr« ebd., 435 Anm. – Die Übersetzung der Erstauflage lautet: »Dem Gebot des Augenblicks gehorchet!« (ebd. [1919], 363). – Vgl. auch ebd. (1922), 114, wo Barth anläßlich von Röm 4, 15 festhält: »Wir müssen uns aber bewußt sein, daß [...] das Ewige in das Gleichnis des Zeitlichen zu hüllen, keine mögliche, sondern die *unmögliche* Möglichkeit ist, der Augenblick ohne Vorher und Nachher, kein Standpunkt, auf den unsereins sich stellen, sondern die Entscheidung, die immer wieder nur in Gott selbst, in Gott allein fallen kann.«

[140] Ebd. (1922), 95.

[141] Ebd., 66.

[142] Ebd., 80. – Vgl. auch folgende Passage: Nicht innerhalb der Zeit, sondern der sie beschränkenden Ewigkeit ist die Entscheidung über das Sein des »*neuen* Menschen« gefallen.

Lebenshingabe zum Ausdruck gebracht. Das Versöhnungsgeheimnis bleibt Geheimnis Gottes und ist Ausdruck seiner Tat – heißt es zu Röm 3, 25. Die Erstauflage von 1919 fixiert sich in ihrer Auslegung des Abschnitts zunächst noch auf eine Kombination der Rede vom nahe herbeigekommenen Reich Gottes (s. Mk 1, 15) und der Gottesgerechtigkeit. Diese Gerechtigkeit ist »an einem Punkt in der Zeit« offenbar geworden, pflanzt sich von dort aus fort, »und wo immer sie Glauben findet, da bricht die neue Weltzeit, die keine Zeit mehr ist, an, da erscheint die Zeit erfüllend, das ewige Jetzt«[143]. Die Neubearbeitung löst sich von dieser Interpretation, und auch hinsichtlich der Übersetzung des Kairos in Röm 3, 26 differieren die Fassungen. Aus »in der Jetztzeit« der Erstauflage wird 1922 »im jetzigen Augenblick«[144]. Andererseits heißt es in der Neubearbeitung dann aber auch: Die »Zeit des Jetzt«, deren Leiden Paulus gegenüber der sich offenbarenden Herrlichkeit nicht ins Gewicht fallen sieht (Röm 8, 18), ist die Charakterisierung der Zeit, in der wir leben, »das Meer der gegebenen Wirklichkeit, das die submarine Insel des ›Jetzt‹, der göttlichen Offenbarung, der Wahrheit vollständig überflutet, unter dessen anschaulicher Oberfläche sie aber nichtsdestoweniger vollständig intakt vorhanden ist«. Bei der Wahrheit handelt es sich, so Barth mit Verweis auf Röm 3, 21, um das Jetzt, um den »Augenblick außer aller Zeit, in dem der Mensch nackt vor Gott steht«, um den »Punkt, der kein Punkt neben andern ist, von dem wir herkommen, Jesus Christus der Gekreuzigte und Auferstandene«. Das, was »vor und nach diesem *Augenblick aller Augenblicke* ist, was diesen Punkt, der selber keine Ausdehnung hat, als Fläche umgibt, das ist die Zeit«[145]. Die Zeit ist Negation dieses Jetzt, der Ewigkeit. Mit »Zeit des Jetzt« wird der Kairos auch in Röm 11, 5 übersetzt,[146] um dann von Barths Deutung in den »ewigen Augenblick der Offenbarung«, in dem Christus als Herr sich zum Menschen neigt, überführt zu werden. »Daß Gott *sich selber* ›jetzt‹ rechtfertigt, *seine eigene* Einheit ›jetzt‹ beweist, das allein kann die Hoffnung der Kirche sein.«[147]

An dieser Stelle ist erneut auf die selbstkritischen Überlegungen Barths in der »Kirchlichen Dogmatik« zurückzukommen. Er betont dort, »an der *Teleologie*«, die die Stelle Röm 13, 11f. »der *Zeit* zuschreibt, an ihrem Ablauf zu einem wirklichen Ende hin, mit viel Kunst und Beredsamkeit *vorbei* gegangen« zu sein. Vor

---

»Mag sie außerhalb jener Frage, mit der wir den Zitterrochen, die die Zeit beschränkende Ewigkeit (nur als solche!) berühren, tausendmal aufs neue gesucht werden, so ist sie doch in und mit jener Frage ein für allemal gefunden und gegeben« (ebd., 255).

[143] Ebd. (1919), 59.

[144] Vgl. ebd., 66, mit ebd. (1922), 79.

[145] Ebd. (1922), 287; Hervorhebungen von mir, A.C.

[146] Die Erstauflage übersetzt in beiden Fällen mit »Jetztzeit«; vgl. dazu ebd. (1919), 238 und 322.

[147] Ebd. (1922), 382.

allem blieb »ausgerechnet das einseitig überzeitliche Verständnis Gottes«, das
bekämpft werden sollte, »als allein greifbares Ergebnis auf dem Plane«. So wurde
»zwar der Optimismus des neuprotestantischen Zeitbegriffs gründlich gestört,
dieser selbst aber durch die ihm widerfahrene Radikalisierung eigentlich nur
aufs neue bestätigt«. Über dieses Eingeständnis hinaus nutzt Barth die Gelegenheit auch für eine im vorliegenden Zusammenhang besonders relevante
Positionsbestimmung, betont er doch: »Gerade hier konnte *P. Tillich* mit seiner
Kairosphilosophie und konnte später *R. Bultmann* mit seiner existential-philo-
sophischen Reduktion der neutestamentlichen Anthropologie der Meinung
sein, mich als den Ihrigen begrüßen zu dürfen.«[148] Barth meint im Rückblick
erkannt zu haben, daß eine »›Theologie der Krisis‹ [...] nicht länger als einen
Augenblick« dauern durfte. Die in Anschlag gebrachte eschatologische Ausrichtung war, heißt es 1946, in ihrer Wendung gegen den »Immanentismus«
zwar verständlich, aber *»als Reaktion zu stark«*, als Fixierung zu einseitig und
starr. Grundsätzlich beurteilt Barth derartige »interessante Zuspitzungen« nunmehr als überflüssig, da sie lediglich »die Herrschaft von Zwangsvorstellungen«
herbeischreiben, deren beschränkter Unterhaltungswert notwendig in Lange-
weile mündet. »So hatte es seinen tiefen Grund, daß bei den älteren und jüngeren Vertretern gerade dieser eschatologisch theologischen Bewegung der
letzten Neuzeit so viele Zwangsvorstellungen tatsächlich mitgelaufen sind,
deren man, nachdem sie eine Weile gewirkt, müde werden, die man, um am
Leben zu bleiben, eine nach der andern wieder abstreifen mußte.«[149] Wie verhält es sich vor diesem mahnenden Hintergrund nun mit Tillichs Kairos, fällt
auch die starke Betonung dieses Begriffes unter das Verdikt der »Zwangsvor-
stellung«? Oder spiegelt sich in ihr eher die Originalitätsobsession eines intellektuellen Religionsvirtuosen?

1.1.4. Stimmen ohne Echo, oder: Der Vorwurf des »Intellektualismus«

Im Juni 1921 konstatiert Carl Mennicke in seinen »Blättern« mit Blick auf Gogarten, es sei »soviel von ›Eschatologie‹ die Rede [...], daß allenthalben die Frage
darnach geht, ob man warten solle oder zur praktischen Betätigung schrei-
ten«[150]. Gogarten wie auch Barth beunruhige die Grundsorge eines Sich-Ver-
lierens in die Welt. Immer deutlicher setzte sich bei Mennicke der
Eindruck fest, daß die Eschatologie für Barth »kein zeitlicher Begriff« sei. Und

---

[148] K. BARTH, Lehre von Gott (KD II/1), 716. Vgl. dazu auch GESTRICH, Neuzeitliches
Denken, 57. – Tillich kennzeichnete Barths »Römerbrief« 1926 als »Buch von wahrhaft prophetischer Kraft und Eindringlichkeit« (TILLICH, Religiöse Lage der Gegenwart, 96).
[149] K. BARTH, Lehre von Gott (KD II/1), 717.
[150] MENNICKE, Stand der Debatte, 22.

so werde erkennbar, »daß die Schweizer in ihrer Eschatologie nicht die ›Aufhebung der gegenwärtigen Weltsituation‹ ersehnen, sondern daß sie sie meinen
als ständige lebendige Krisis des gegenwärtigen Augenblicks«[151]. Mit seiner
Wahrnehmung stand Mennicke nicht allein, sondern traf ein allgemeines Miß-
behagen religiös-sozialistischer Kreise der Barth zugeschriebenen Weltver-
neinung gegenüber. So hatte im Februar 1921 Hans Hartmann in der »Christlichen Welt« mit direktem Bezug auf Barth, Thurneysen und sogar den längst
verstorbenen Franz Overbeck eine klare Position zur Eschatologiefrage eingenommen und pointiert festgehalten: »Der Sozialdemokrat ist eschatologisch
eingestellt oder er ist nichts.« Auch glaube der Sozialdemokrat »an das *nahe*
Ende der alten Welt, oder – er wird bürgerlich und schließt Kompromisse. Der
religiöse Sozialist ist freilich stets radikaler als der Sozialdemokrat, oder sagen
wir (weniger pharisäisch): anders radikal. Denn er sieht grundsätzlich auf das
ganze Neue.« Das Eschatologieverständnis des Urchristentums sei, abzüglich
zeitgeschichtlicher Phantasieprodukte, notwendig in die Gegenwart hineinzu-
nehmen, »mögen auch Mennicke-Tillich sie ganz aus der Zeitlichkeit in die
›ewige‹ innere Bereitschaft hineinverlegen«[152]. In Hartmanns Kritik spiegelt
sich das tiefsitzende Mißtrauen des politischen Aktivisten, den beiden Kairos-
Theologen sei nicht mit letzter Entschiedenheit daran gelegen, die tatsächlich
vorhandene Wirklichkeit auch real umzugestalten. Unter Aufnahme eines von
Barth in seinem Tambach-Vortrag effektsicher gewählten Bildes gelangt Hartmann zu der finalen Aussage: »Aus allertiefster Grundsätzlichkeit ist nochmals
zu sagen, daß es sich nur um einen unvollkommenen Versuch handeln kann, den
Vogel im Fluge zu fassen. Aber er fliegt weiter! Das heißt: Der religiöse Sozialismus ist und lebt nur im Zusammenhang mit der sich stets wandelnden Wirklichkeit, mit der sozialen Entwicklung und den Gestaltungen des Lebens.«[153]
Barth und die anderen Schweizer seien, so der zentrale Vorwurf Hartmanns,
nicht dazu in der Lage, die Dynamik der Wirklichkeit und den Anspruch auf
Veränderung im Horizont göttlicher Offenbarung zu vereinen, statt dessen pro-
pagierten sie einen realitätsfernen, statischen Gottesbegriff ohne Umgestal-
tungspotential.

---

[151] Ebd., 23. Vgl. dazu MENNICKE, Religiöser Sozialismus, 1099: »Das ist jedenfalls völlig
eindeutig, daß man hier allem liberalen Relativismus konsequent absagt und der Erlösung
durch Gott wartet. Dieses ›Warten‹ hatte anfänglich eine eschatologische Nuance. Die große
Energie prinzipieller Besinnung hat aber bald dahin geführt, diesen relativistischen Rest (der
die Erlösung doch irgendwie in den zeitlichen Fluß der Dinge einbezogen sein läßt) aus-
zulösen [sic!]. Es wurde immer mehr als der eigentliche Sinn religiöser Erfassung unserer
Lage erkannt, daß diese nicht nur kritisch sei im Hinblick auf das zeitliche Kulturgeschehen,
sondern kritisch *schlechthin* im Angesicht der Ewigkeit.«

[152] HARTMANN, Zur inneren Lage, 87.

[153] Ebd., 88. K. BARTH formuliert zur Erörterung des Standortbegriffs (Christ in der Gesellschaft, 9f. [zitiert nach: Anfänge der dialektischen Theologie, 1]): »›Standort‹ ist schon

Hartmanns argwöhnische Attacken wären als Angriffe eines agitationser-
probten Sektierers noch zu ignorieren gewesen. Doch bei allem Willen zur
Praxisbewährung wurde der Berliner Kreis um die »Blätter«, wie der Kairos-
Kreis, immer wieder – und nicht nur von links, sondern auch von einstigen
Weggenossen wie Siegmund-Schultze – mit dem Vorwurf der Realitätsferne,
ja des weltabgewandten Intellektualismus konfrontiert. So wundert es nicht,
daß Mennicke bereits im August 1920 versuchte, aus der Verteidigungsstel-
lung heraus in die Offensive zu gelangen, um der Kritik besser begegnen zu
können.[154] Der zu bekämpfende Feind sei gerade auch für ihn und seine
Mitstreiter der »Intellektualismus im Sinne der bürgerlich-individualistischen
Bildungsepoche«, und es käme einem »Todesurteil« gleich, wenn der Nachweis erbracht würde, der Blätter-Kreis sei diesem Gegner, ob bewußt oder
unbewußt, erlegen.[155]

Bereits einen Monat später, im September 1920, und in den beiden Folge-
nummern nimmt Mennicke unter der Überschrift »Zur Überwindung des
Intellektualismus« die kritische Fragestellung erneut auf. Es sei dem Intellektualismus eigen, daß er sich mit der Selbstbewegung des Intellekts begnüge,
dies schließe »die *suffisance*« mit ein. Nichts könne dem derart Infizierten begegnen, was ihn noch wirklich erschüttere. »Keine Spur von Not, von heißem
Atem. Allenthalben souveräne Sicherheit und Überlegenheit. Das ist Intellektualismus.« Tillich habe ihm gerade geschrieben, so Mennicke ergänzend: »›Das
Denken kann sich nur durch sich selbst aufheben, nicht durch irgendwelche
Verkleidungen der Gedankenlosigkeit, weder im prophetischen, noch im politischen, noch im moralischen, noch vor allem im pathetischen Gewande‹.«[156]
Äußerste gedankliche Anspannung laufe jedoch nicht auf Intellektualismus hin-
aus. Um seine Argumentation zu stützen, verweist Mennicke auf Friedrich
Nietzsche, insbesondere die »Unzeitgemäßen Betrachtungen« mit ihrer Kritik

---

nicht das richtige Wort. Denn unsere Stellung zur Lage ist tatsächlich ein Moment einer *Bewegung*, dem Augenblicksbild eines Vogels im Fluge vergleichbar, außer dem Zusammenhang der Bewegung ganz und gar sinnlos, unverständlich und unmöglich. Damit meine ich
nun freilich weder die sozialistische, noch die religiös-soziale Bewegung, noch die allgemeine, etwas fragwürdige Bewegung des sogenannten Christentums, sondern *die* Bewegung,
die sozusagen senkrecht von oben her durch alle diese Bewegungen hindurchgeht, als ihr
verborgener transzendenter Sinn und Motor, *die* Bewegung, die nicht im Raum, in der Zeit,
in der Kontingenz der Dinge ihren Ursprung und ihr Ziel hat und die nicht eine Bewegung
neben andern ist: ich meine die Bewegung der Gottesgeschichte oder anders ausgedrückt:
die Bewegung der Gotteserkenntnis, die Bewegung, deren Kraft und Bedeutung enthüllt ist
in der Auferstehung Jesu Christi von den Toten.« Und wenig später betont Barth, ebd., 11,
zum Status der Religion: »Um *Gott* handelt es sich, um die Bewegung *von Gott her*, um unser
Bewegtsein durch *ihn*, nicht um Religion.«
[154] Vgl. MENNICKE, Noch einmal: unser Weg, 9.
[155] Vgl. ebd.
[156] MENNICKE, Zur Überwindung des Intellektualismus [I.], 13.

am Intellektualismus in seiner historizistischen Gestalt: »Nur aus der höchsten
Kraft der Gegenwart dürft ihr das Vergangene deuten. Nur in der stärksten Anspannung eurer edelsten Eigenschaften werdet ihr erraten, was in dem Vergangenen wissens- und bewahrungswürdig und gross ist.«[157] Hier sei, folgert
Mennicke, jegliche »suffisance« überwunden.

Zwar habe sich Nietzsche als der eindrucksvollste und wohl auch bedeutendste der Kämpfer gegen den Intellektualismus erwiesen, aber es hätten sich
andere, und durchaus erfolgreich, an ihn angeschlossen – sei es mit theoretischen Überwindungsversuchen, sei es mit Werken, deren Form und Botschaft
den intellektualistischen Ungeist als das bereits Überwundene hinter sich ließen. Zur ersten Gruppe zählt Mennicke etwa Eduard Sprangers »Grundlagen
der Geschichtswissenschaft« (1905), Georg Simmels »Probleme der Geschichtsphilosophie« (1892) sowie Wilhelm Worringers Einleitung zu den
»Formproblemen der Gotik« (1911). Gemeinsam sei diesen Schriften, daß sie
die Behauptung eines Plausibilitätsprinzips wirklichen, objektiven Wissens innerhalb der Wissenschaft durch Rückgriff auf Intuition destruierten. Objek-
tive Geschichtsschreibung erweise sich als Illusion. Vor allem Spranger sei es
gelungen, den Intellektualismus wesenhaft dadurch zu überwinden, daß er den
Sinn jeglichen historischen Urteils an die Reife, die Wertfülle und Autorität
der urteilenden Persönlichkeit band.

Zur zweiten Gruppe rechnet Mennicke Friedrich Gundolfs »Goethe«, Simmels »Rembrandt«, Ernst Bertrams »Nietzsche« und Karl Barths »Römerbrief«.
Alle diese Werke seien von demselben Willen getragen: »nicht in intellektuali-
stischer ›Objektivität‹ zu untersuchen, ›wie es eigentlich gewesen‹ ist (die kritische Zersetzung dieser intellektualistischen Manier liegt für alle Verfasser
bereits ganz klar dahinten); sondern um *die Erfassung des lebendigen Gehaltes zu
ringen.* Und überall ist das klare Bewußtsein vorhanden, daß dieses Erfassen des
lebendigen Gehaltes tiefste persönliche Arbeit bedeutet: ein strenges Sich-
bereiten in Ehrfurcht und innerster Hingabe.«[158] Simmels besondere Leistung

---

[157] NIETZSCHE, Unzeitgemäße Betrachtungen II., 293 f.
[158] MENNICKE, Zur Überwindung des Intellektualismus [II.], 18. – Vgl. in diesem Zusammenhang die Reaktion Mennickes auf Ernst Michels »Der Weg zum Mythos«, das der Verleger Eugen Diederichs ihm zugeschickt hatte: »Gestern abend habe ich das Michelsche
Buch gelesen und darf sagen, mit lebhafter Anteilnahme und grosser Freude. Nur finde ich,
dass Michel eben doch auch nur analysiert: Nietzsche, Goethe, Christus und die Mombert-
sche mythische Dichtung. Das Buch ist eben doch auch nur kritisch klärend und in keinem
Sinne eigentlich konstruktiv-aufbauend. [...] Wie gesagt, die geschichtlichen und persönlichen Analysen, die Michel liefert, finde ich ausgezeichnet (übrigens wieder auch nicht so
neu, wie sie sich geben; Simmel, Gundolf, Bertram u.a. sind doch schon da). Er sollte sich
auf diesen Dienst des Weckens und Klärens beschränken. Hier muss ich nun sagen, neue
Mythen und Religionen werden in lebendigem Wirken gezeugt (Christus, Goethe), nicht
heraufanalysiert« (Carl Mennicke an Eugen Diederichs, 4.9.1919 [EZA Berlin, 51/S II e8]).

liege, so Mennicke, im unmittelbaren Fühlen des Kunstwerkes, während Gundolf vom Willen beherrscht werde, mit Hilfe des Gestaltbegriffes Goethe als erster ganzheitlich zu erfassen. Bertram sei allerdings »von diesen dreien zweifellos der bedeutendste und tiefste«[159]. So sehe er, hellsichtig wie nur wenige, das Fortleben und Fortwirken einer Individualität, jenseits ihrer irdischen Existenz, als ›religiösen Prozeß‹, der sich jeder mechanischen und rationalen Einwirkung entziehe. Karl Barth wird schließlich angeführt, weil es ihm im Rekurs auf Paulus gelinge, ein behauptetes objektives Verständnis der Dinge und ihres Wesens als Selbstwiderspruch zu entlarven: Die paulinische Botschaft verknüpfe ja stets die Kenntnisnahme mit tätiger Mitarbeit, also mit Positionalität. Vor allem aber verstehe es der Schweizer Theologe, im Gegensatz zu den anderen Genannten, »jedes ästhetische Mißverständnis«[160] auszuschließen. Der Eindruck von Beliebigkeit könne in seinen Schriften gar nicht entstehen, weil Barth historische Betrachtung allein unter der Perspektive des ›ewigen Geistes‹ zulasse.

Doch Mennicke kehrt noch einmal zurück zu Spranger, Simmel, Bertram und Gundolf, die »wertvollste Arbeit geleistet« hätten. »Wir können uns«, formuliert er programmatisch, »nicht ohne sie denken. Sie haben von der intellektualistischen Verflachung aller historischen Betrachtung her in die Tiefe gegraben, sind zu dem *Gehalt* vorgedrungen und haben damit die Lage geschaffen, in der wir uns dankbar vorfinden. Aber sie sind uns doch bloß Wegbereiter. Stehen bleiben können wir bei ihnen nicht.« Insbesondere die dem George-Kreis eng verbundenen Gundolf und Bertram zeichneten sich durch »tiefe[n] Ernst« und »wirkliche[n] Gestaltungswillen« aus, wie er sich etwa in den drei Bänden des »Jahrbuchs für die geistige Bewegung« eindrucksvoll erkennen lasse. »Man will nicht mit dem Leben, wie es ist, paktieren. Man will sich auf die Halbheiten und Verderbtheiten der mammonistischen Zivilisation nicht einlassen. Man will das Leben im Gegensatz zu ihr ernst nehmen, will es zu Ganzheit und Fülle gestalten. Oder mindestens dem Meister (George) die-

---

Diederichs erläuterte Mennicke am 7. September die Motivation für seine spontane »Mythos«-Übermittlung: »Ich hatte das Gefühl, dass Sie für die religiösen Arbeitsgemeinschaften der Arbeiter eigentlich die innere Richtung formulieren müssten, nämlich auf das Verhältnis des Menschen zur Bindung. Vielleicht ist es so, dass wir nach 400 Jahren, die wir seit Aufhören der Gotik als Entfesselung gelebt haben, jetzt innerlich fertig sind, weil wir während dieser Entfesselungsperiode von den Schätzen der Bindung gelebt haben und nun am Ende sind. Darum heisst es, wieder neue Bindungen suchen und ich möchte fast sagen, sie aus dem Verhältnis zur Arbeit, die auch nicht ohne Bindungen möglich ist, zu erleben. Ich könnte noch manch Anderes dazu sagen, aber meine Gedanken sind noch mehr oder weniger embryonal [...]« (EZA Berlin, 51/S II e8).

[159] MENNICKE, Zur Überwindung des Intellektualismus [II.], 19.
[160] MENNICKE, Zur Überwindung des Intellektualismus [III.], 21.

nen, der dies vermag.«[161] Trotz dieser Ambitionen des Willens zur Gestaltung blieben Gundolf und Bertram aber letztlich doch noch dem mehr oder weniger individualistischen Bildungsideal verhaftet, das es aus der Perspektive des Religiösen Sozialismus zu überwinden gelte.[162] Kennzeichen dieses Bildungsideals der vergangenen Epoche seien »ein *spezifisch geistiges*« und »ein *spezifisch ästhetisches*« Interesse. Entscheidend sei das letztere, werde, wie im George-Kreis, auch noch so ernsthaft um den Gehalt einer Epoche, einer Persönlichkeit, eines Kunstwerkes und um verantwortungsbewußte Lebensgestaltung gerungen. »Die ästhetische Grundstimmung dem Leben gegenüber ermöglicht, ja fordert irgendwie eine aristokratische Isolierung, die zur *Allheit* des Lebens keine Beziehung mehr findet, die ihre Verantwortung *willkürlich* begrenzt.«[163] Es dürfe aber, jetzt mehr denn je, gerade nicht nur um die Erfassung *eines* Gehaltes, sondern vielmehr *des* Gehaltes gehen, »der unser Leben wirklich aus dem Zentrum her füllt und bis in alle Verästelungen hinein gestaltet«[164]. Eben dies habe wiederum bereits Nietzsche in überlegener Weise erkannt – für ihn existiere keine »ästhetische *Beliebigkeit*«. Hochbedeutsam und genial wegweisend sei sein Satz über Sophokles: »Es giebt keinen Weg, die griechische Tragödie zu begreifen als Sophokles zu sein.«[165] Mit der Formulierung »begreifen« verrate zwar auch der große Unzeitgemäße ungewollt den eigenen, unvermeidlichen Anteil an seiner auf rationalistisch enge Erkenntnisperspektiven fixierten Bildungsepoche; aber: »In dem heißen Willen, in des Lebens Kern vorzustoßen, erhebt er sich prinzipiell über sie [...].«[166]

1.1.5. *Betrachtungen über Verwandtschaft: Friedrich Nietzsche – Stefan George*

Ohne den von Mennicke aufgerissenen Horizont, an dem die Gedankengebäude Nietzsches und des George-Kreises aufleuchten, Schritt für Schritt ab-

---

[161] Ebd.
[162] Vgl. in diesem Zusammenhang als Kommentar BRUNNER, Mystik und das Wort, 281 f.: »Man sucht ›das tiefere Selbst‹, die ›schöpferischen Urgründe‹, die ›Seele‹, das ›Unmittelbare‹, das ›Irrationale-Heilige‹, die ›Ursprünglichkeit‹ des Lebens. Auch die protestantische Theologie tut ihr möglichstes, mit dieser Entwicklung Schritt zu halten. Sie füllt die alten Schläuche mit diesem neuen Wein, oder sie schafft auch aus dem neuen Religionsbewußtsein heraus neue Ausdrucksformen, bewegliche, elastische, lebendige Symbole. Symbole, nicht Begriffe! Denn wenn man in einem eins ist, so gewiß im Kampf gegen den ›Intellektualismus‹, gegen die ›Dogmen‹, die ›Lehren‹, die ›starren Begriffe des kirchlichen Glaubens‹.«
[163] MENNICKE, Zur Überwindung des Intellektualismus [III.], 21.
[164] Ebd., 22.
[165] NIETZSCHE, Nachgelassene Fragmente [Nr. 185, Ende 1870 – April 1871], 211.
[166] MENNICKE, Zur Überwindung des Intellektualismus [III.], 22.

zuschreiten, seien einige markante Einflußlinien vergegenwärtigt, die den Um-
werter aller Werte und den Jahrhundertdichter samt seinen ›Jüngern‹ mit den
religiös-sozialistischen Aufbruchsphantasien nach 1918 verbinden. Ein
Vorhaben, das von der Forschungslage freilich nicht eben begünstigt wird:
Kritischem Anspruch genügende, Werk, intellektuelles Individualprofil und allgemeine Problemdimensionen der Zeitgeschichte verbindende Biographien
zu führenden Mitgliedern des George-Kreises, wie Friedrich Gundolf oder
Friedrich Wolters, existieren nicht. Lediglich zu George selbst erschienen in
den vergangenen Jahren zwei ambitionierte Versuche einer Gesamtwürdigung:
Zunächst legte Robert E. Norton 2002 mit »Secret Germany. Stefan George
and his circle« eine mythenskeptische Darstellung vor, die allerdings nicht nur
hinsichtlich einer sprachsensiblen und angemessen komplexitätsbewußten
Werkanalyse noch erhebliche Defizite aufweist. Fünf Jahre später veröffentlichte dann Thomas Karlauf seine zwischen Wissenschaftlichkeit und literarischem Atmosphärenzauber changierende George-Biographie, die dank der
kongenialen Erfassung von Werk und Leben des Protagonisten Maßstäbe für
eine reflektierte Dichterdeutung jenseits von Hagiographie und Häme setzen
wird. Während sich die George-Rezeption in den fünfziger bis achtziger Jahren stärker durch Aufbereitung einzelner biographischer und bibliographischer
Aspekte sowie einige ansatzweise werkbezogene Perspektiven auszeichnete, ist
seit etwa fünfzehn Jahren in Literatur-, Politik- und Geschichtswissenschaft,
aber auch der Soziologie ein verstärktes Interesse an George als »Staats«-Grün-
der und Zentralgestalt ganz disparater Diskurskonstellationen erkennbar. Dabei
dominiert ein soziologischer und/oder sozialwissenschaftlicher Ansatz, der von
dem Bemühen getragen ist, die personalen Substrukturen und Beziehungen
innerhalb des um den »Meister« gruppierten Kreises, genauer: der wechselnden,
sich auch überschneidenden Kreise aufzuzeigen und in ihrer Binnendynamik
wie ihrer Außenwirkung zu erfassen. Nahezu durchgängig ist in diesen Studien
allerdings die werkkundige Einbindung der kollektivbiographischen Annähe-
rungsversuche unbefriedigend, obgleich in der Regel weitreichende Gesamt-
urteile, etwa zum »Antimodernismus« oder »ästhetischen Katholizismus« der
Kreismitglieder gefällt werden.[167]

Bestimmte Grundmuster einer ›georgeanischen‹ Geschichtsdeutung und Ge-
genwartswahrnehmung aber lassen sich durch philologische Präzisionsanalyse
wie ideologiekritische Grobdiagnostik gleichermaßen deutlich erfassen. So

---

[167] Vgl. BREUER, Ästhetischer Fundamentalismus; BAUMANN, George-Kreis; BRAUNGART,
Ästhetischer Katholizismus; EGYPTIEN, Entwicklung und Stand der George-Forschung;
zur bibliographischen Erfassung des George-Kreises s. LANDMANN, Stefan George und sein
Kreis; Stefan GEORGE-Bibliographie 1976–1997. An neueren Veröffentlichungen
zum George-Kreis vgl. THIMANN, Caesars Schatten; SCHLIEBEN (Hg.), Geschichtsbilder;
BÖSCHENSTEIN (Hg.), Wissenschaftler.

steht hinter dem Haß auf die protestantisch entzauberte Welt, auf Amerikani-
sierung und Massengesellschaft ein aristokratisches Menschenbild, zu dem sich
Gundolf in einer Formulierung von aphoristischer Prägnanz bekennt: »Dem
Schicksal kann der Edle nicht ausweichen, er muß es erfüllen.«[168] Und George
selbst verkündet im »Stern des Bundes«: »Wer adel hat erfüllt sich nur im
bild / Ja zahlt dafür mit seinem untergang. / Das niedre fristet larvenhaft sich
fort / Bescheidet vor vollendung sich mit tod.«[169] Doch nicht das pathetisch
überhöhte Distinktionsbewußtsein des Dichter-Sehers und seiner Adepten,
sondern das für den George-Kreis essentielle Kairos-Verständnis ist die Sinnspitze eines antihistorischen Grundzuges: Denn der ewige Augenblick ist
nicht Werden, nicht Entwicklung, sondern im Moment erfülltes, diesseitiges
Sein. »Kairos / Der Tag war da: so stand der stern. / Weit tat das tor sich dir dem
herrn ... / Der heut nicht kam bleib immer fern! / Er war nur herr durch diesen stern.«[170] Die Kairos-Orientierung der gelehrten George-Jünger spiegelte
so weit mehr als nur die elitäre Freude des Ästheten am erlesenen Begriff und
zielte im Kontext von Heldenbeschwörung und »Mythenschau« auf die Vereinigung des Endlichen mit dem Unendlichen in einem qualitativ herausragen-
den Moment. Der Kairos erhält die Funktion, die Spannung zwischen
individueller Endlichkeit und allumfassender Ewigkeit so aufzulösen, daß im erfüllten Augenblick die Aufhebung aller Zeitlichkeit erfahren wird. Zukünftiges,
Vergangenes und Gegenwärtiges fallen in ihm vollendet zusammen. Ein auf
Perfektibilität oder ein utopisch Neues ausgerichtetes Geschichtsbild wird zugunsten unmittelbarer Gegenwartserfahrung aufgehoben. Von der Zukunft ist
in diesem rein präsentischen Modell keine wie auch immer geartete qualitative
Steigerung zu erwarten. Die Spannung zwischen Gegenwart und Zukunft wird
überführt in Wahrnehmung und Ergreifen erfüllter oder nichterfüllter Augenblicke – Heideggers Gedanke der »Eigentlichkeit« zielt, zeitlich parallel, auf
ganz Ähnliches. Wann ein Moment als Kairos wahrgenommen wird, kann vorab
nicht eindeutig fixiert werden. Der Kairos läßt sich nicht berechnen. Die Rede
von ihm ist die Zuspitzung der Einsicht, daß bestimmte, ausgezeichnete Hand-
lungen und Handlungsmöglichkeiten, Wahrnehmungen und Wahrnehmungs-
möglichkeiten nicht immer vorhanden, sondern an je eigene Voraussetzungen
und Umstände gebunden sind. Diese denkbar undramatische Tatsache wird mit
Hilfe des Kairos-Gedankens dem Trivialitätsverdacht entrückt und ins Meta-
physisch-Religiöse überhöht. Nicht nur eine individuelle Tat oder Wahrnehmung vermag der Kairos mit Erfülltheitsenergie und Vollendungszauber
aufzuladen, sondern er kann darüber hinaus auch eine ganze Epoche als

---

[168] GUNDOLF, George, 86.
[169] GEORGE, Stern des Bundes, 34.
[170] GEORGE, Der Siebente Ring, 188.

Zeit kennzeichnen, die sich von allen anderen durch eine besondere Tiefe der Ewigkeitswahrnehmung unterscheidet. Solch kairoshafte historische Konstellationen eröffnen dann stets auch Handlungsräume für große Gestalten, die schon Jacob Burckhardt durch besonderen Einblick in die Möglichkeiten gegebener oder bevorstehender Situationen ausgezeichnet sah.[171]

Als Künder eines neuen Geschichtsdenkens verehren die Georgeaner jedoch nicht den Basler Kulturhistoriker, sondern dessen Fakultätskollegen und Korrespondenzpartner Friedrich Nietzsche. Der Philosoph mit dem (Wort-)Hammer des Harmoniezerstörers gewann im George-Kreis Kultstatus, wurde früh schon zu einer zentralen Leitgestalt und fand 1918 in Ernst Bertram einen formbewußten und sprachmächtigen Hagiographen. Welche zeitgemäße Funktion dem Autor der »Unzeitgemäßen Betrachtungen« von seinen Verehrern in diesem Epochenjahr zugedacht wurde, verrät der Untertitel von Bertrams Erfolgsbuch: »Versuch einer Mythologie«. Das klärte die Fronten, zumal gegenüber positivismusstolzen, philiströs akademischen Traditionshütern. 1926 bemerkte etwa der Berner Literaturwissenschaftler Harry Maync abwertend: »Die George-Schüler, Gundolf sowohl wie Ernst Bertram, sind selbst Künstler und machen sich anheischig, im Geiste Platos und Goethes auch die Wissenschaft als Kunst zu betreiben; sie sind nicht sowohl Kunstwissenschaftler als Wissenschaftskünstler.«[172] Doch auch Feindseligkeit schärft zuweilen den Blick: Die Überlegungen der Georgeaner zu Zeit und Ewigkeit, Augenblick und Kairos erhalten ihre spezifische Ausprägung tatsächlich zum einen im Rückgriff auf Goethe, der seinerseits Elemente der Kairos-Tradition bündelte und dank seiner Genialität den schöpferischen Charakter des Augenblicks besonders hervorheben konnte, ja selbst verkörperte. Zum anderen erlaubt der unmittelbare Bezug auf die griechische Antike eine Absicherung, die den Kairos auf Platon, insbesondere das Symposion und die Politeia, gründen läßt. Das Verbindende von Kunst und Wissenschaft zeigt sich schließlich besonders deutlich bei einem Blick auf das Zeitkonzept in Bertrams »Nietzsche«. Bertram weist Ableitungen aus der Geschichte, die gegenwärtiges Geschehen zu deuten versuchen, zurück und betont, daß »Geschichte [...] niemals gleichbedeutend mit Wiederherstellung irgendeines Gewesenen« ist. Die Geschichtsschreibung bringt eine »Wirklichkeit neuen und sozusagen höheren Grades« hervor. Übertragen auf das Individuum bedeutet dies, daß ein Leben, das vergangen ist, nicht vergegenwärtigt wird, sondern »wir entgegenwärtigen es, indem wir es geschichtlich betrachten«. Verdeutlichung ist zugleich immer schon Deutung. Das, was am Ende »als Geschichte übrigbleibt von allem Geschehen, ist immer zuletzt [...]

---

[171] Vgl. dazu Burckhardt, Studium der Geschichte, darin 377–403: »Die Individuen und das Allgemeine. (Die historische Größe)«, insbes. 394.

[172] Maync, Entwicklung der deutschen Literaturwissenschaft, 19.

die *Legende.* Die Legende in solchem entkirchlichten Sinne ist die lebendigste Form geschichtlicher Überlieferung.«[173] Mit hermeneutischem Impetus hebt Bertram hervor, daß ein »großer, das ist ›bedeutender‹ Mensch [...] immer unvermeidlich unsere Schöpfung« ist, »wie wir die Seine sind«. Wenn die Verdeutlichung des Bildes eines Menschen gewagt wird, »so geschieht es in dem Bewußtsein, daß es nur heute, nur uns, nur als Augenblick so ›erscheint‹«. Dieser so niemals wiederkehrende »Augenblick der Legende« muß festgehalten und überliefert werden. Von diesem Standpunkt aus unterzieht Bertram den historischen Relativismus einer fundamentalen Kritik: Keine Vergangenheit erscheint jemals wieder in derselben Form.

> »Darin liegt sogar die endgültige Befreiung von jeder geschichtlichen Skepsis, von jedem Relativismus: jeder Augenblick auch der Legende, wie der alles Lebendigen, ist Ewigkeit. Und mehr: jeder einzelne dieser Augenblicke ist unentbehrlich zu der ganzen Legende; *keine spätere Form der Legende wird, und sei es unwissentlich, ohne Hilfe aller früheren Gestaltungen geformt.*«[174]

Mit diesem aufgewerteten und zugespitzten Augenblicksgedanken formuliert Bertram eine Abwehr des mit dem Historismus – Nietzsches Kritik an ihm ist hier vorauszusetzen[175] – gegebenen Relativismus, wie sie sich auch bei Gundolf findet, wenn er seine »Vorbilder« feiert und »Dichter und Denker« beispielhaft beschwört. »Alles Geschehende«, so Bertram, »will zum Bild, alles Lebendige zur Legende, alle Wirklichkeit zum Mythos. Und so ist alles ein Mythos, was wir vom Wesen der Menschen aussagen können, deren Gedächtnis auf die Lebenden gekommen ist.«[176]

Nietzsches Leben wertet Bertram als ein »Gewitter von Blitzen«[177], das »dennoch die Klarheit eines stetigen Tages« ausstrahlt und aus »gesteigerten Einzelaugenblicken, Einzelaufschwüngen, Einzelinspirationen« besteht – »ein Werk aus Anläufen, Enttäuschungen, Paradoxen, asketischen Selbstverneinungen«[178].

---

[173] BERTRAM, Nietzsche, 9. Zu Bertrams »Nietzsche« vgl. Erich von Kahler an Friedrich Gundolf, 23.9.1918, in: POTT, Briefwechsel von Kahler/Gundolf, 88–93; hier 89: »Mythologie kann ich nichts anderes heißen als die Bildwerdung einer bestimmten einmaligen Gestalt bz. als einer, die eine bestimmte und einmalige Welt-*That* getan hat. Bertram schildert nun zwar die Gestalt und zieht *ihre Bezüge* aus aller Ewigkeit und Zeitlichkeit zusammen aber er gibt *gar nicht* die eine und einzige That Nietzsches und die beiden Welten: die sie hervorstieß und die von ihr bewegt wurde.« – Hinsichtlich der »Legende« vgl. ZÖFEL, Wirkung des Dichters, 196–200.

[174] BERTRAM, Nietzsche, 13; Hervorhebungen von mir, A.C.

[175] Vgl. NIETZSCHE, Unzeitgemäße Betrachtungen II, 243–334.

[176] BERTRAM, Nietzsche, 14f. – Vgl. dazu die Bewertung von HEUSSI, Krisis des Historismus, 50 Anm. 2, sowie 95 Anm. 2.

[177] BERTRAM, Nietzsche, 258. Zur Blitzmetaphorik vgl. auch ebd., 332.

[178] Ebd., 258.

Auch die Ewigkeitslehre Nietzsches wird von Bertram als »Verherrlichung eines höchsten Augenblicks« gedeutet, »seine ›Ewigkeit‹ ist Kult des mystischen Augenblicks«. Alle Ewigkeit erleben wir »nur in der Form des dionysischen Augenblicks, wir bejahen alle Ewigkeit nur im Ja zum rechtfertigenden Nun, zum faustisch verhängnisvollen Augenblick des ›Verweile doch!‹«[179]. Blitz, Augenblick und Nu − den Begriff Kairos verwendet Bertram in seiner Monographie dagegen nicht. Er begegnet jedoch bei Nietzsche selbst, im neunten Hauptstück von »Jenseits von Gut und Böse«: »Das Genie ist vielleicht gar nicht so selten: aber die fünfhundert *Hände*, die es nöthig hat, um den καιρός, ›die rechte Zeit‹ − zu tyrannisiren, um den Zufall am Schopf zu fassen!«[180]

Carl Mennicke entdeckte allerdings im George-Kreis nicht nur Geistesverwandte im Kampf gegen die historistische, kairosblinde Zeitvergessenheit. Einen weiteren wichtigen Anknüpfungspunkt bot die von den Dichteradepten propagierte − wenn auch nicht durch befreiende Taten beglaubigte − Kapitalismuskritik.

»Überall wo die protestantische form des christentums eingang findet kapitalisiert, industrialisiert, modernisiert sie die völker. [...] Bis in die fernsten winkel wird alles urmässige, substanzhafte, wertvoll vitale verdrängt, und so kann die alte weissagung (allerdings in neuer fassung) fast zur mathematischen gewissheit erhoben werden: ›dass das ende der tage gekommen sei, wenn der lezte mensch christ geworden sei‹ (protestantisch-angloamerikanischer christ).«[181]

Mit dieser Untergangsvision, effektvoll präsentiert als Einleitung zum dritten und zugleich letzten Band des »Jahrbuchs für die geistige Bewegung«, positionierten sich die beiden Georgeaner Friedrich Gundolf und Friedrich Wolters 1912 in der heftig geführten Debatte um den nicht selten als verhängnisvoll eingestuften Wirkungszusammenhang von Protestantismus und Kapitalismus. Die Initialzündung zu dieser Kontroverse war Jahre zuvor von Max Webers Abhandlung »Die protestantische Ethik und der ›Geist‹ des Kapitalismus« (1904/05) ausgegangen, worauf dezidiert auch Gundolf und Wolters rekurrieren. Den Protestantismus trifft ihre Verachtung mit voller Vehemenz, weil »er die voraussetzung bildet zur liberalen, zur bürgerlichen, zur utilitären entwicklung. Dass ein enger zusammenhang besteht zwischen der protestantischen und der kapitalistischen welt ist keine böswillige unterstellung, sondern durch die klassische schrift Max Webers unwiderleglich begründet worden.« Einst sei der Katholizismus »ein bollwerk gegen diese welt« gewesen. Dies sei

---

[179] Ebd., 259. Vgl. auch die Rede vom »vergehenden, dennoch ewigen, Augenblick« (ebd., 391).
[180] NIETZSCHE, Jenseits von Gut und Böse, 288.
[181] GUNDOLF/WOLTERS, Einleitung, III−VIII; hier VII f.

jetzt jedoch nicht mehr der Fall, da »er selbst auf dem weg ist protestantisch zu werden und seine große aufgabe, die erhaltung des ewig vitalen, des heidnischen prinzips nicht mehr erfüllt, obwohl er auch heut noch im sinnlichen kult das bewahrt was für das leben – auch das materielle – wichtiger ist als alle ›errungenschaften‹«[182]. Lebensfeindliches entdeckten die beiden gelehrten George-Jünger dagegen gerade in ihrer eigenen Alltags- und Arbeitswelt, dem »Großbetrieb der Wissenschaft«, wie ihn Adolf Harnack als protestantischer Startheologe des Kaiserreichs feierte und förderte: »Wissenschaft«, so Gundolf und Wolters,

»ist eine wirkung des lebenstriebs der sich der welt bemächtigen will und sie dazu erkennen und ordnen muss, als wissen (wahrheit) und können (nutzen). Diese beiden ziele sind heute von ihrem schöpferischen ursprung getrennt und dienen dem leben nicht nur nicht mehr, sondern unterjochen es. Die wissenschaft hebt heut nicht nur ihre eignen grundlagen auf, sondern wird sogar schädlich durch die auflösung (Analysis!) aller substanzen aus denen allein der mensch und sie selbst sich nähren kann.«[183]

Sowohl Max Weber als auch Ernst Troeltsch, die in Heidelberg »als intellektuelle ›Ideal-Konkurrenten‹ agierten«[184], wurden daher zwar im Bedarfsfall als Gewährsleute für den Autoritätenbeweis herbeizitiert, standen aber als Verteidiger eines überlebten Wissenschaftsbegriffs zugleich im Fokus der Kritik des George-Kreises. Wissenschaft, wie sie nicht nur Gundolf und Wolters an deutschen Universitäten erlebten und erlitten, war im Selbstverständnis ihrer Akteure, aber nicht weniger der öffentlichen Wahrnehmung nach protestantische, zumindest protestantisch geprägte Wissenschaft. Der entschiedene Protest gegen den Protestantismus erweist sich denn auch als ein markanter Bestandteil Gundolfscher Theoriebildung. Protestantischer Weltbemächtigung wirft er vor, »den Nachdruck von den Wesen (Substanzen) auf die Beziehungen (Funktionen) verlegt« zu haben. Das Ergebnis sei eine Entwertung der Formen und des überzeitlichen Zaubers noch nicht zweckhaft ausgerichteten Lebens »zugunsten der Lehren und Gefühle«. Der Protestantismus habe »damit das Ich losgerissen und losgelassen und die Dinge entseelt verstofflicht gehäuft«[185]. Erst dank Friedrich Nietzsche konnte »die Historie« wieder »als Bildnerin des

---

[182] Ebd., VII.
[183] Ebd., III f.
[184] Graf, Wertkonflikt oder Kultursynthese?, 261. Zu Weber und Troeltsch vgl. in diesem Zusammenhang auch Voigt, Vorbilder und Gegenbilder, bes. 172–176; zu Weber und dem George-Kreis: Lepenies, Die drei Kulturen, bes. 339–350; ebd., 350–355, zu Gundolf und Weber; vgl. Weiller, Weber und die literarische Moderne, bes. 61–162; Kolk, Das schöne Leben; Essen, Max Weber und die Kunst der Geselligkeit, bes. 255–256; vgl. auch Roth, Max Webers deutsch-englische Familiengeschichte; sowie Radkau, Max Weber, 468–471.
[185] Gundolf, Caesar, 154.

Lebens«[186] in Erscheinung treten. Nietzsche erhält gerade auch deshalb eine Sonderstellung im Pantheon der wahren Präzeptoren, weil er, so Gundolf, als ein unmittelbarer Erzieher Georges angesehen werden kann. Nietzsches Übermensch und das gesteigerte Leben Georges, sein »bindendes, verbindendes Hier und Jetzt«[187], stehen sich jedoch als konträre Existenzentwürfe gegenüber, wobei für Nietzsche unerfüllt bleibt, was sich im Lebenswerk Georges realisiert. Gundolf erkennt in George den einzigen Vertreter einer sonst nicht mehr existenten Art. Der Dichter repräsentiert Normen eines Menschentums, die sich als ›antikisch‹ bezeichnen lassen, ist eine »antike Natur«, Katholik »durch Geblüt« statt durch den Glauben: »er bewahrt die ewigen Kräfte die geschichtlich bisher in klassischen und katholischen Gebilden erschienen sind, in der heutigen noch unbenamten Form«[188].

Aus dieser so verstandenen katholischen Tiefenprägung erwächst zugleich, jenseits aller konfessionellen Scheingefechte, die existentielle Aversion gegen alles Protestantische. Denn der »Zwiespalt zwischen Streben und Sein, Schicksal und Leben, Ideal und Wirklichkeit, Gott und Seele«[189] bestimmt seit Luther die moderne Genialität in Deutschland. Der Triumph des modernen Geistes besteht darin, daß er einen dieser Teile unterdrückt oder, fast fataler noch, ein lähmender Ausgleich etabliert wird. Allein Goethe stellte die Einheit in sich wieder her, und es war die Intention Nietzsches, dessen Seele dieses Goethesche Glück der geheilten Trennung nicht kannte, sie für die Menschheit erzwingen zu wollen. Gundolf bezeichnet dies als »die christliche Erbschaft«, in der der »Keim des ›Fortschritts‹« liegt. Innerhalb der menschlichen Entwicklungsgeschichte wurden die »schwerkräftig-sinnlichen, weltwölbenden Elemente der Antike« durch den »langsam reifenden Katholizismus« gerettet. Der Reformation ist dagegen eine folgenschwere Ermutigung der sprengenden Kräfte zuzuschreiben. Sie ist dafür verantwortlich, daß nun »hemmungslos [...] die Jagd nach dem Heil« begann, »bis die Jagd schließlich Selbstzweck wurde und sich der Jäger überall das Heil versprach, nur nicht in seiner eigenen Haut und Stätte«[190]. Das Suchen der Moderne nach Erlösung, der drängende, zweifelnde Mensch – in dieser Form seit Luther verselbständigt –, sie kennzeichnen »das innere Ideal der Modernität«, das äußere ist der immer strebsame Unternehmer. Beide Seiten lassen sich als Typen menschlicher Existenz identifizieren, deren Schwerpunkt außerhalb ihrer selbst liegt. Auch mit seinen kritischen Anwürfen gegen Martin Luther und die Reformation greift Gundolf

---

[186] Ebd., 265.
[187] GUNDOLF, George, 49.
[188] Ebd., 23.
[189] Ebd., 23f.
[190] Ebd., 24.

auf Friedrich Nietzsche zurück. Dieser habe, formulierte Edgar Salin in Bün-
delung der Kritik des George-Kreises, »gesehen, dass Luther, ›dieses Verhängnis von Mönch‹, in Wirklichkeit einen der grossen deutschen und europäischen
Augenblicke um seine Auswirkung gebracht, dass er die Antikisierung des Christentums und die Humanisierung Europas und der Deutschen für Jahrhun-
derte verhindert hat«[191].

Zeitgleich mit Gundolfs Dichterdeutung im langen Schatten Luthers und
Nietzsches thematisiert auch Ernst Troeltsch die Nietzsche-Rezeption des
George-Kreises. In »Der Historismus und seine Probleme« kennzeichnet er
Nietzsches Methode als intuitiv, wobei das »Wesen dieser ›Intuition‹ [...] nun
freilich sehr unklar bezeichnet«[192] sei. Gerade aber der »historische[n] Bewe-
gung mit ihrer Einheit der Widersprüche« gelte Nietzsches Augenmerk. Die
»Antinomie der Bewegung, die Problematik der historischen Zeit ist ihm ein
eigentümlicher, der quantitativen und statischen Erfassung des Seins entgegen-
gesetzter Begriff«[193]. In der durch ihn hervorgerufenen »Erschütterung der
Wertmaßstäbe und der historischen Konventionen«, in der »Ersetzung alles Rationalismus und Kritizismus durch intuitiv und souverän gesetzte Maßstäbe des
Gefühls«[194] sieht Troeltsch Nietzsches breite Wirkung. Provoziert wurde da-
durch allerdings auch »die Gefahr eines wüsten, selbstgefälligen Dilettantismus«.
Mit seiner Hilfe spielen »Feuilletonisten aller Grade, auch aller akademischen
Grade, den wissenschaftlichen Titanen«. Die »Stefan-George-Schule« identifi-
ziert Troeltsch hingegen nicht ohne Respekt als »die reinste und bedeutendste
Fortpflanzung des Nietzscheschen Geistes«, sie ist »auch in ihren historischen
Leistungen dem Grundsatz der Zucht und Strenge treu geblieben«[195].

Troeltsch hebt Friedrich Gundolf, in dessen Werk Literatur- zu Geistesgeschichte werde, als den »Hauptvertreter der neuen Wissenschaft« hervor. Ihm
attestiert er eine »sehr bedeutende Leistung«, die allerdings in ihrer Anlehnung
an Dilthey, Simmel und Bergson sowie Nietzsche und George als zunächst »nur
relativ neu« eingestuft wird und ihre Kraft aus dem Widerspruch gegen die
»herrschende Zunftphilosophie« und »die kasualistisch-psychologische Ge-
samtauffassung der Wissenschaft im allgemeinen« schöpft. Im Kern erkennt
Troeltsch auch hier wieder nur den »Rückgang auf die alte romantische Ent-
wicklungsidee«[196]. Eine Entsprechung finden diese Überlegungen im dritten
Kapitel des »Historismus«, und zwar im Rahmen der Aufnahme Bergsons.
Zumal »in den literarhistorischen Forschungen der George-Schule« verspürt

---

[191] SALIN, Um Stefan George, 157.
[192] TROELTSCH, Historismus und seine Probleme, 505 Anm. 264.
[193] Ebd., 506 Anm. 264.
[194] Ebd., 506.
[195] Ebd., 507.
[196] TROELTSCH, Revolution, 660.

Troeltsch »einen starken Widerhall«[197] des französischen Zeit-Philosophen. »Anregungen von Dilthey, Nietzsche, Husserl, Simmel und ihm« seien, »gemischt zu einer neuen intuitiven Methode«, eingegangen in viele Werke der George-Verehrer. Noch dezidierter aber wurde von diesen »der Normgedanke im Anschluß an Georges Prophetentum fest und polemisch gegenüber allem bloßen Fluß und aller demokratischen und sozialistischen Moderne aufgerichtet«. »Es ist all das«, wertet Troeltsch schließlich, »Ueberwindung des Historismus durch Historismus, des Spezialistentums durch synthetische Bilder und des Relativismus durch aus der Geschichte, aus Hellenentum oder aus Katholizismus, aufgenommene Normen.«[198]

Bereits in den souverän die Geister scheidenden Bemerkungen zur »Revolution in der Wissenschaft« hatte Troeltsch ein Urteil über Gundolf gefällt, das in seiner treffsicheren Prägnanz in der Forschungsliteratur bis heute keine Parallele findet:

»Hier liegen Gundolfs eigentlichste Talente: ein ungemein scharfer, tiefdringender, verstehend-psychologischer Blick, eine dialektische Gewandtheit und Feinfühligkeit im Auffassen der Übergänge, Kontinuitäten, Fort- und Umbildungen, ein reiner Sinn für Ursprünglichkeit und schöpferische Neuheit in den Knotenpunkten der Entwicklung; damit verbunden die Fähigkeit der Schau historischer Gestalten und vor allem der Zusammenschau heterogener Elemente zu einem geistigen Ganzen und die Kraft zu einer geistig-bestimmten Periodisierung.«[199]

Trotz all dieser Stärken komme Gundolf aber über einen schon bei Dilthey zu findenden »historischen Relativismus« nicht hinaus. Mehr noch: Die drei Hauptwerke des Heidelberger Gelehrten deutet sein einstiger Ortskollege nicht als Aufstieg zur Vollendung, sondern als Stationen einer Fehlentwicklung. »Shakespeare und der deutsche Geist« stuft er als das stark von Bergson und Simmel beeinflußte Werk eines philosophisch begründeten Historismus ein und erklärt es zu einer »der bedeutendsten Leistungen zur Erfassung der deutschen Geistesgeschichte«[200], wenngleich es die Literaturgeschichte zu stark als Geistesgeschichte versteht und mehr Gewicht auf den Nachvollzug von Tendenzen als auf Berücksichtigung historischer Fakten legt. In der Goethe-Monographie dominiert dann die begriffliche, konstruktive und abstrakte Richtung noch deutlicher. Der Dichter wird von Gundolf an Idealen gemessen, die seinem innersten Geiste fremd sind. Dies trägt mit zu einer »gewisse[n] Entchristlichung und Entgermanisierung« Goethes bei – auch wenn Gundolfs

---

[197] TROELTSCH, Historismus und seine Probleme, 648f.
[198] Ebd., 649.
[199] TROELTSCH, Revolution, 660.
[200] Ebd., 661.

geschichtsphilosophischer Rahmen feine und bedeutende Ausarbeitungen erfahren hat. Troeltsch charakterisiert das Konzept als »eine nähere Theorie von
den Erlebnissen, in denen die schöpferische Bewegung des Lebens intuitiv und
ursprünglich durchbricht«[201]. Um Mißverständnissen vorzubeugen und wohl
auch zur Rechtfertigung eigener Ausführungen über Wert und Wichtigkeit der
Intuition, hatte Troeltsch zuvor explizit die »selbstverständliche Voraussetzung«
betont, daß es Gundolf nicht an der »notwendigen kritischen Detailkenntnis«
und der »im engeren Sinn wissenschaftliche[n] Methode«[202] fehlt. Gundolfs
monumentales George-Portrait ist schließlich aus Sicht des Berliner Geschichtsphilosophen »eine Literaturgeschichte der nachgoethischen Zeit von
größter Prägnanz und Feinheit [...], und zugleich eine Art Stiftermythos, der
den Gründer der neuen erlösenden Mysterien den Außenstehenden deutet«[203].
In diesem Buch ist »alles noch mehr abstrakt und dogmatisch, begriffshyposta-
tisch und konstruktiv geworden«, es herrscht in ihm »ungeheurer geistiger
Hochmut«[204] ohne Gerechtigkeit und Güte.

Damit sind Deutungskategorien benannt, die dem großen Rezensionsessay
Züge eines zeitkritischen Tribunals verleihen: Troeltsch unterzieht die vermeintlich »neue Wissenschaft« einer demaskierenden Kritik und konstatiert,
daß »die ›Revolution der Wissenschaft‹ [...] in Wahrheit der Beginn der großen
Weltreaktion gegen die demokratische und sozialistische Aufklärung« ist, »gegen
die rationale Selbstherrlichkeit der das Dasein hemmungslos organisierenden
Vernunft und das dabei vorausgesetzte Dogma der Gleichheit und Verständig-
keit der Menschen«[205]. Europas Religionsproblem bildet dabei den Wurzel-
grund für die neue Romantik, deren hochgemute Überwinderrhetorik sich
aber, so Troeltsch mit scharfem Zukunftsblick, als hilflos erweisen wird angesichts der »gewaltigen Industriekonzentrationen und Arbeiterorganisationen«,
aber auch der unberechenbaren »Umbildung der politischen Weltlage«[206]. In
seinem für die »Frankfurter Zeitung« verfaßten Nachruf auf Max Weber hatte
Troeltsch dieses zeitdiagnostische Credo der Ernüchterung schon einmal weithin wahrnehmbar präsentiert und den toten Freund zugleich in Beziehung gesetzt zu dem Dichter der Gegenwartsverachtung:

»In den letzten Jahren näherte sich ihm Stefan George, und auch der Heidelberger
George-Kreis ist nicht denkbar ohne die vielfachen Anregungen Webers, wenn auch
Weber diesen Menschen gegenüber stets den Standpunkt vertrat, daß alles das in einem

---

[201] Ebd., 662.
[202] Ebd., 660.
[203] Ebd., 663.
[204] Ebd., 666.
[205] Ebd., 676.
[206] Ebd., 677.

Zeitalter der Klassenkämpfe und des Kapitalismus, der elementaren sozialen Neubildungen, ein wundervoller, aber ohnmächtiger Anachronismus sei.«[207]

Mit seinem kritischen Bezug auf die soziale Wirkmächtigkeit der als Faszinosum und Schreckbild einer ganzen Epoche viel diskutierten »Masse« attackiert Troeltsch das Weltverständnis des Dichters an einem besonders sensiblen Punkt. Berühmt-berüchtigt sind die Verse Georges in »Die tote Stadt«, einem der Zeitgedichte aus »Der Siebente Ring« von 1907: »Euch all trifft tod. Schon eure zahl ist frevel. / Geht mit dem falschen prunk der unsren knaben / Zum ekel wird!«[208] Die aristokratisch-elitäre Geringschätzung der »Masse« verbindet dann auch dauerhaft über alle internen Spannungen hinweg die Mitglieder des Kreises und ist nicht zu trennen vom (pseudo-)religiösen Kult des überlegen führenden, prophetisch agierenden »Meisters« und der Repristinierung vergangener Geistesheroen, wie Caesar, Napoleon oder Goethe. Die Ausrichtung der Georgeaner auf »Dogma und Gesetz«[209] faszinierte zwar auch Troeltsch immer wieder; aus der Perspektive einer Weber nachempfundenen heroischen Pflicht zur Nüchternheit aber blieben am Ende selbst noch so suggestiv vorgelebte Gegenentwürfe zur entgeistigten Massenwelt der Moderne gezeichnet von eskapistischer Schwäche: »Max Weber pflegte in seinen mündlichen Diskussionen mit den George-Jüngern stets zu sagen, daß ihre neue Romantik wie die alte stets an dem ehernen Felsen der realen sozialen und ökonomischen Verhältnisse zerstäuben werde.«[210]

Die Kritik Mennickes am George-Kreis reproduziert somit in ihrem Kern erprobte Begründungsmuster. Seine auf Nietzsche zulaufenden Betrachtungen zur »Überwindung des Intellektualismus« konfrontiert Mennicke schließlich mit der eigenen Gegenwart und arbeitet einen dialektischen Prozeß heraus: Es sei eine »ungeheure *Tatsache*«, daß das Materielle den Menschen weithin erdrücke oder in starkem Maße hemme; so räche es sich nun dafür, nicht ernst genommen worden zu sein.

»Die aristokratische Sonderung des Geistes hat zu einer Erkrankung geführt, zu jener morbiden Übergeistigkeit bezw. Ungeistigkeit, auf Grund deren Spengler den Untergang des Abendlandes prophezeit. Er hat ganz recht, diese Epoche muß untergehen. Sie hat ihre Lebenskraft ›vergeistigt‹, d. h. verflüchtigt. Die neue Epoche findet sich daran, daß sie das Materielle bis in seine letzten Verzweigungen ernst nimmt.«[211]

---

[207] TROELTSCH, Max Weber.

[208] GEORGE, Der Siebente Ring, 31.

[209] TROELTSCH, Revolution, 666.

[210] Ebd., 673; vgl. 661, 663 und 677. Zu einer Verhältnisbestimmung zwischen Troeltsch und Weber vgl. GRAF, Fachmenschenfreundschaft; DERS., Distanz aus Nähe; DERS., Wertkonflikt.

[211] MENNICKE, Zur Überwindung des Intellektualismus [III.], 23.

Gerade das Bürgertum weigere sich, das Materielle adäquat zu beachten, und so bleibe dem Proletariat nur der Kampf, um »nicht zusammen mit dem Bürgertum an der materiellen Kultur [zu] ersticken«[212]. Diese Linie kämpferischer Auseinandersetzung versucht Mennicke im Kontext theologischer Standortfindung zu profilieren. »Was Tillich das ›absolute Paradox‹ nennt«, stellt er im August 1921 – erneut unter der Überschrift »Der Stand der Debatte« – heraus, »was wir bei Barth finden als Dialektik des Nein und Ja, bei Gogarten als Rede vom ›totalen Entwerten‹ und ›totalen Werten‹, das hat ja keinen relativen Sinn.« Das Thema sei vielmehr »radikale Neuschöpfung«[213], eine Erneuerung des Lebens, die aller Relativität entgegenstehe. Dieser Intention unmittelbaren Neubeginns verdankt der von Mennicke propagierte Sozialismus sein Pathos der Dringlichkeit, aber auch seine prononciert antibürgerliche Aggressivität: Denn der weltverändernde Anspruch des Sozialismus könne nur als allumfassend gedacht werden. Bürgerliches, liberales Denken sei demgegenüber opportunistisch, da die äußere Lebensgestaltung als beliebiges Einzelinteresse verstanden werde. Autonomie erweise sich als Willkür. An dieser Stelle präsentiert Mennicke zum ersten Mal in den »Blättern für religiösen Sozialismus« den Kairos-Begriff und gibt ihn als eigenes Gedankengut aus. Der Sozialismus sei – »und das ist das, was ich in dem Augustusburger Vortrag den Kairos genannt habe – [...] die *zeitgeschichtlich bedingte Form des Kampfes gegen den Mammonismus*«. Bereits Jesus habe den Mammon »als die irdische Inkarnation des Teufels empfunden«, und so erscheint es Mennicke nur angemessen, auch dessen »zeitgeschichtliche Form«, den Kapitalismus, als Teufel auszugeben. Er sei gezielt lebensfeindlich und gemeinschaftszerstörend, deshalb auch unmittelbar gegen das »Reich des eigentlichen Lebens, das Reich Gottes, [...] das Reich der Liebe, der Gemeinschaft« gerichtet. Mennickes Parole lautet: »Und Mammon (in Gestalt des Kapitalismus) ist der Feind dieses Reiches, den zu überwinden wir uns als Sozialisten vereinigen.«[214] Entsprechend werde die Intention der »Blätter« von der Einsicht getragen, daß Religion sich nicht als ein Gebiet neben anderen bestimmen lasse, vielmehr die Erneuerung allen Lebens sei, »in *allen* seinen Beziehungen aus dem Ursprung, aus dem Absoluten, aus Gott. Und weil der Sozialismus die zeitgeschichtliche Form ist, in der dieser Erneuerungswille sich *unter* uns vollziehen will, deshalb: religiöser Sozialismus.«[215]

---

[212] Ebd.

[213] MENNICKE, Stand der Debatte, IV., 30.

[214] Ebd., 31. Vgl. MENNICKE, Religiöse Verkümmerung, 183: »Wir leben hier unter der Arbeiterschaft, unter dem Teil des Volkes also, der in abgeleitetem Sinn dem Mammonismus verfallen ist. Nicht in dem Sinne, daß er dem Gewinn in unbeschränktem Maße nachjagt und dieses Nachjagens kein Ende findet, sondern in dem Sinne, daß er gezwungen ist, alle ihm zur Verfügung stehenden Kräfte für seinen Lebensunterhalt aufzuwenden.«

[215] MENNICKE, Stand der Debatte, IV., 31. Vgl. zu den Ausführungen Mennickes das Urteil von THURNEYSEN, Sozialismus und Christentum, 242: »Der Sozialismus ist der einzige

Den angeführten Vortrag hatte Mennicke im Rahmen der Pfingsttagung des
»Bundes für Gegenwartchristentum« 1921 auf der im sächsischen Erzgebirge
gelegenen Augustusburg gehalten. Im September des Vorjahres war eine Zusammenkunft des Bundes gemeinsam mit den »Freunden der Christlichen
Welt« und den »Freunden der Freien Volkskirche« auf der Wartburg durchgeführt worden.[216] Hier hatte Friedrich Gogarten am 30. September 1920 mit seinem bald schon legendären Vortrag »Die Krisis der Kultur« Aufsehen erregt
und mehr als nur rhetorischen Glanz entfaltet, von dessen Strahlkraft auch das
pfingstliche Folgetreffen noch erfaßt worden sei, wie Karl Fischer aus Kipsdorf
in der »Christlichen Welt« vom 16. Juni 1921 berichtet.[217] Zwar konnte nicht
unmittelbar an Gogartens »Krisis«-Beschwörung angeknüpft werden; »aber in
Einem ist er unwillkürlich richtunggebend für uns geworden: in dem Absehen
von aller Problematik«. Vor diesem Hintergrund sei es 1921 nun weder um die
Kirche noch das Bekenntnis gegangen, sondern, betont Fischer: »Es war eigentlich nur Eines, was uns bewegte, aber das mit einer ganz seltsam packen-
den Wucht: die Gottesforderung der Stunde, wie es [Reinhard] Liebe einmal
genannt hat, oder wie es Mennicke in seinem Vortrage neutestamentlich formulierte: der καιρός.«[218] Im Mittelpunkt der Tagung habe ganz praxisorien-
tiert die Frage gestanden, was gegenwärtig zu tun sei.

Mennicke hatte seinem Vortrag die Überschrift »Das religiöse Problem des
Sozialismus« gegeben. Kernaussagen lassen sich aus den berichtenden Notizen
Fischers rekonstruieren.[219] Die Ausführungen Mennickes hätten nicht ein Pro-

---

ernst zu nehmende Kritiker und Gegner des Mammonismus und des Militarismus in der
zweiten Hälfte des 19. Jahrhunderts. Er ist in diesem Sinne [...] vielleicht nicht ohne Recht
selber die größte Kulturbewegung der neuern Zeit zu nennen.« Zu beachten ist ebd.,
Anm. 2: »Diese Seite der Sache scheint auch für den sog. Kairoskreis um *Mennicke* und *Tillich* die wesentliche zu sein. Es geht dort, soweit zu erkennen ist, um die praktische und gei-
stig-wissenschaftliche Begründung einer in den Wehen dieser Zeit von der alten
christlich-bürgerlichen Welt sich lösenden sozialistischen *Kultur* (›sozialistische Lebensgestaltung‹) zu der auch – geradezu als ihr Mittelpunkt – eine neue Religiosität (und Theologie?) gehört. Die innere Gefahr eines solchen Unternehmens wird von Mennicke und Tillich
stark empfunden, aber noch ist es auf keine Weise deutlich, wie sie dieser Gefahr entgehen
wollen. Fast jedes ihrer Worte zeigt sie mitten drin und insofern auch schon bedroht von der
unabwendbaren Krisis aller religiös-sozialen Bewegung bisher.«

[216] 1920 hatte sich die »Vereinigung der Freunde der Christlichen Welt« mit vier anderen
freiprotestantischen Gruppen zum »Bund für Gegenwartchristentum« zusammengeschlos-
sen (vgl. BULTMANN/GOGARTEN, Briefwechsel, 29 Anm. 10). Auf der Augustusburg war Pfingsten 1914 von Carl Mensing der »Bund für Gegenwartchristentum in Sachsen und
benachbarten Gebieten« gegründet worden. Vgl. bes. auch MENSING, Bund für Gegenwartchristentum. Zu Mensing und seinem Bund vgl. v. a. FEURICH, Auseinandersetzung.

[217] Zu Karl Fischer (1896–1941) vgl. ebd., 97f., sowie KLEMM, Werdegang.

[218] FISCHER, Augustusburger Pfingsttagung, 436.

[219] Ein Druck des Vortrages von Mennicke läßt sich bislang nicht nachweisen, auch ein
Vortragsmanuskript war nicht aufzufinden.

blem behandelt oder gelöst, »sondern ein prophetischer Weckruf, der aus einem inneren Muß kam«, sei erklungen. Immer wieder habe Mennicke die an der Liebe zu Gott hängende Nächstenliebe hervorgehoben. »Das empfand Mennicke als die letzte Forderung der Bergpredigt, deren gewaltige Unerbittlichkeit er uns immer wieder in die Seelen hämmerte, und deren tiefen Gegensatz zu allem Individualismus, wie Nietzsche und die Freideutschen ihn feiern, er mit aller Schärfe hervorhob.« Von diesem Punkt aus sei dann der Übergang zum Sozialismus erfolgt; denn die kapitalistische Kultur zeichne verantwortlich für die gottwidrige Macht des Mammon und müsse deshalb überwunden werden. Nur der Sozialismus sei in der »augenblickliche[n] Lage« fähig, die schicksalhafte Fixierung auf das Materielle als »dämonisches Verhängnis« zu entlarven. Sozialismus könne nicht mehr nur, wie weitgehend im Politischen, als Verneinung begriffen werden, sondern immer deutlicher trete »ein neues Ja«[220] hervor, in Form eines Gemeinschaftserlebnisses, aus dem auch eine neue Kirche erwachsen werde. All dies sei noch nicht Wirklichkeit, aber: »Es handelt sich allein um die dort lebendigen Kräfte, um das Leben, das sich seinen materiellen Leib noch zu bauen hat.«[221]

Mennicke nahm den von ihm auf der Augustusburger Tagung erstmals erprobten Kairos-Begriff an zentraler Stelle in den »Blättern« wieder auf, als er im Januar 1922 den »Rückblick und Ausblick« auf ihn hinlenkte. Die bisherigen Gespräche innerhalb des Kreises hätten eines sehr deutlich gezeigt: Der Religiöse Sozialismus habe nur in einem dynamischen Eingehen auf die Wirklichkeit Relevanz. »Die religiöse Frage«, betont Mennicke,

»als die zentrale Lebensfrage ist an sich unabhängig von allen weltanschaulichen, wirtschaftlichen oder politischen Ideologien. Die Beziehung zwischen Religion und Sozialismus kann deshalb keine ewige sein, so daß beide in absoluter Verbindung ständen oder gar ineinander aufgingen, sondern nur eine zeitlich-geschichtliche, im Kairos (d. h. der ganzen zeitgeschichtlichen Lage) gegebene.«[222]

Als offen und unabgeschlossen stufte Mennicke die Debatte über die Gründe ein, eben diesen »Kairos durch die sozialistische Bewegung bestimmt zu sehen«. Und er bemühte effektbewußt und ohne falsche Bescheidenheit ein klassisches Bild – Hegels »Eule der Minerva«, die »erst mit der einbrechenden Dämmerung ihren Flug« beginnt –, um den seltsam anmutenden Vorgang zu kommentieren, daß die theoretische Begründung für eine Haltung erst gesucht

---

[220] FISCHER, Augustusburger Pfingsttagung, 436.
[221] Ebd., 437. Fischer veröffentlichte in dem Periodikum »Freie Volkskirche« einen weiteren Bericht über Augustusburg, der auch Mennickes Kairos erwähnt. Vgl. auch den Tagungsrückblick des Dresdener Pfarrers Friedrich Wilhelm LEONHARDI im »Neuen Sächsischen Kirchenblatt«.
[222] MENNICKE, Rückblick und Ausblick [I.], 2; bei Mennicke Hervorhebungen.

werde, nachdem sie schon eingenommen worden sei. »Die meisten von uns sind in die sozialistische Bewegung ganz unmittelbar, fast wider ihren Willen, hinein getrieben worden. Aus einem innersten religiösen Muß. Erst nachträglich suchen wir uns die Bedeutung dieses Schrittes untereinander zu klären und ihn nach außenhin zu rechtfertigen.«[223] Der Kairos dient hierbei als zentrales Interpretament.

1.2. Paul Tillich als Theoretiker des Kairos, oder: Die Wirklichkeit fordert Aktion

1.2.1. Ein »ganz besonderer Schüler«: Tillich und Ernst Troeltsch

Nachdem Carl Mennicke den Kairos-Begriff in die Diskussion eingeführt hatte, war es dann jedoch Paul Tillich, der ihm in einem programmatischen Aufsatz zum Durchbruch verhalf und ihn mit seiner Person verband. Mennicke hatte die von Eugen Diederichs generös zur Verfügung gestellte, weithin wahrnehmbare Bühne dankbar genutzt und in der Gastrolle des Schriftleiters 1922 das Augustheft der Zeitschrift »Die Tat. Monatsschrift für die Zukunft deutscher Kultur« als Sondernummer der religiösen Sozialisten konzipiert. In seinem Geleitwort betonte er, die Autoren seien durch die Gewißheit zusammengeführt worden,

»daß im Sozialismus der gegenwärtigen abendländischen Menschheit die entscheidende Frage gestellt ist. Diese Gewißheit war wohl bei allen zunächst mehr unmittelbar, erzeugt durch Erschütterungen, die Krieg und Revolution bewirkt hatten. Der Schleier bürgerlich-traditioneller Befangenheit zerriß, so daß wir die Wirklichkeit nackt sehen mußten.«[224]

Nunmehr gehe es aber um geistige Durchdringung. Entsprechend verstand sich Tillichs Aufsatz unter der wie ein Fanal wirkenden Überschrift »Kairos« als »Aufruf [...] zu geschichtsbewußtem Denken, zu einem Geschichtsbewußtsein, dessen Wurzeln herabreichen in die Tiefen des Unbedingten, dessen Begriffe geschöpft sind aus der Urbeziehung des menschlichen Geistes und dessen Ethos unbedingte Verantwortlichkeit für den gegenwärtigen Zeitmoment ist«[225].

Mit diesem Appell konnte der Theologe allerdings nicht den Rang eines vorgängerlosen Avantgarde-Denkers beanspruchen. Denn Tillich greift bei sei-

---

[223] Ebd.
[224] MENNICKE, Zum Geleit [des Sonderheftes der religiösen Sozialisten].
[225] TILLICH, Kairos (1922), 53.

nen Ausführungen zum Kairos, den er eng mit dem Begriff des »Dämonischen« verknüpft, auf mehrere Traditionslinien zurück: auf den Deutschen Idealismus ebenso wie auf Kierkegaard, neutestamentliche Textstellen und die Verwendung des Terminus bei Friedrich Gundolf, der ihm unter dem Einfluß Stefan Georges einen exponierten Platz in seiner Geschichtskonzeption zuwies. Der Kairos wird von Tillich genau in dem Moment zu einem der Kernbegriffe des Religiösen Sozialismus ernannt, als er in Gundolfs George-Monographie den nachgerade inflationären Höhepunkt seiner Beschwörung erreicht hatte. Dabei ist zu betonen, daß sich bereits in Gundolfs vielgelesenem »Goethe«, der 1916 erschienen war, die Kombination von Dämonischem und Kairos findet,[226] so daß die Urheberschaft dieser Begriffsverbindung, die zuvor auch schon bei Kierkegaard in der Zusammenschau von Augenblick, Dämonischem und Plötzlichem begegnete,[227] nicht bei Tillich liegt. Texte und Terminologie des George-Kreises waren dem stets kulturorientierten Theologen durchaus vertraut, und sogar in der handschriftlichen, um 1920 entstandenen Vortragsskizze »Religion und Erneuerung«, die den ersten Kairos-Beleg bei Tillich enthält,[228] ist von George die Rede: »Die leidenschaftliche Metaphysik, die Dichtungen Dantes und Dostojewskis, die Sibyllen Michelangelos und die Musik Bachs, die eschatologische Leidenschaft des Sozialismus und das Persönlichkeitsringen Georges, das alles geht ins Unbedingte und hat höchste Heiligkeit.«[229] Tillich formuliert dies unter der Perspektive einer notwendigen Erneuerung der Religion, wobei er es generös Gott überläßt, ob sie sich einstellt oder nicht: »Das ist Gottes Sache, d. h. religiös gesprochen Gnade, geschichtsphilosophisch gesprochen, Schicksal.«[230] Die Voraussetzung der Theonomie ist, so Tillich bereits hier, die Autonomie. Die »Würde des Menschen« gründet darin; »aber sie hat das Dämonische in sich, sich der Theonomie zu entwinden«. Deshalb tritt innerhalb der Erneuerung die Gnade neben das Schicksal. Die Gnade besitzt die Macht zur Durchbrechung der hemmenden Schranken, vom Nationalen bis hin zu Kult und Dogma. Sie behauptet den Anspruch des Unbedingten und findet an den genannten Stellen ihr, wie Tillich es leicht militaristisch nennt, »Hauptdurchbruchsgebiet«[231]. »Mit eschatologischem Schwung«[232], der das

---

[226] Siehe GUNDOLF, Goethe, 142: »aber der Kairos eines dämonischen Menschen ist kein Zufall«. Zur keineswegs elitär limitierten Auflagenhöhe der Hauptschriften Gundolfs und Georges vgl. die Zahlenangaben bei LANDFRIED, George – Politik des Unpolitischen, 179–181. Die 13. Auflage von Gundolfs »Goethe« erreichte 1930 das 46.–50. Tausend, die 3. Auflage des »George« in demselben Jahr das 13.–14. Tausend.

[227] Vgl. nur KIERKEGAARD, Begriff Angst, 134: »*Das Dämonische ist das Plötzliche.*«

[228] Siehe TILLICH, Religion und Erneuerung, 292.

[229] Ebd., 286.

[230] Ebd., 289.

[231] Ebd., 290.

[232] Ebd., 291.

Unbedingte bejaht, ist das Bewußtsein zu versehen. Dabei stellt sich das »Problem der Gegenwart«. An diesem Punkt führt Tillich den Kairos ein – in einer unmittelbaren Antithese zum »Persönlichkeitsringen Georges«: »Der καιρός aber ist nicht [der Augenblick] der persönlichen oder moralischen Erneuerung, sondern das Schicksalsmoment. Denn dieser ist immer in Realisierung begriffen.« Es ist, so Tillich, nicht sicher, daß ein neuer Durchbruch erlebt werden kann, »vielleicht sind wir Elemente der Auflösung«; aber »diese Auflösung, diese Negation ist Voraussetzung«. Es geht nicht um Zeichendeutung, sondern um Glauben. »In jedem Akt der Richtung auf das Unbedingte, der durch Kultur und Religion durchbricht, ist das Alte vergangen, und siehe: Es ist alles neu geworden schon mitten unter uns.«[233] So schließt dieser Text mit einem indirekten Zitat von 2 Kor 5, 17 und stellt den Kairos-Glauben Tillichs von Anfang an unter die Perspektive paulinischer Neuschöpfung.

Tillich überträgt den Terminus Kairos in die eigene sich ausbildende Theologie und sichert ihn durch Einbindung in überkommene Traditionslinien, aber unter Ausblendung des George-Kreises, ab. In engem Konnex mit dem Reich-Gottes-Gedanken wendet er den Kairos auf den Religiösen Sozialismus an und unterzieht ihn auf diese Weise einer Politisierung. Gesprengt wird dabei der trotz aller demonstrativ betonten »Staats«-Rhetorik im Umfeld Georges herrschende Individualitätsbezug, der in seiner unmittelbaren Setzung nicht historisch vermittelt ist. Die dem George-Kreis eigentümliche Beschwörung des »Geheimen Deutschland« läßt sich als Ausdruck eines elitären Aristokratismus zwar als politisch relevant kennzeichnen – und etwa unter der umstrittenen ideenpolitischen Chiffre »Konservative Revolution« subsumieren[234] –, ist aber

---

[233] Ebd., 292. – Besonders zwei Formulierungen vor dem angeführten ersten Kairos-Beleg erweisen sich als relativ offen für den neu eingebrachten Terminus. In »Der Sozialismus als Kirchenfrage« bemerkt TILLICH 1919, daß Jesu Liebesethik in Bezug auf das Gemeinschaftsleben als »grundlegende Norm« angesehen werden könne, woraus kritisch folge, daß das Christentum *im gegenwärtigen Moment* in Opposition [...] gegen die kapitalistische und militaristische Gesellschaftsordnung« zu treten habe, »in der wir stehen und deren letzte Konsequenzen im Weltkrieg offenbar geworden sind« (DERS., Sozialismus als Kirchenfrage, 33; Hervorhebungen von mir, A.C.). Bereits 1911 hielt Tillich vor dem Hintergrund von Ernst Troeltschs Absolutheitsschrift in »Die christliche Gewißheit und der historische Jesus« – einem aus 128 Thesen bestehenden Vortrag, den er Jahre später als ein für seine »Entwicklung maßgebendes Dokument« (DERS., Auf der Grenze, 32) kennzeichnete – als These 101 fest: »Innerhalb des dogmatischen Systems ist es Aufgabe der geschichtsphilosophischen Kategorienbildung, diejenige Gewißheit über den absoluten Charakter des Christentums zu geben, welche historische Untersuchungen über die Absolutheit des historischen Jesus nicht geben können; und die geschichtsphilosophische Lokalisierung hat die Aufgabe, durch Charakterisierung *der Fülle der Zeit* jene in ihrem Nachweis zu unterstützen, wenn auch nur mit Wahrscheinlichkeitssätzen« (DERS., Christliche Gewißheit, 31; Hervorhebungen von mir, A.C.).

[234] Vgl. dazu MOHLER, Konservative Revolution in Deutschland, Hauptband, 320f., sowie

nicht mit dem gesellschaftsumbildenden Anspruch des Religiösen Sozialismus vergleichbar. Gemeinsam ist beiden Konzepten allerdings wiederum die kritische Distanzierung von den bestehenden politischen Verhältnissen und Strukturen, die aus Sicht ihrer Verächter allenfalls die Erlösungsnot einer als krisenhaft wahrgenommenen Gegenwart zu demonstrieren vermochten. Tillich entwickelt seinen Kairos-Begriff als Antwort auf dieses Krisenbewußtsein, und der Kairos wird zum Schlüssel für seine Deutung der Zeitsituation. In ihm ist das »Hereinbrechen der Ewigkeit in die Zeit« zu erkennen, das einen »unbedingten Entscheidungs- und Schicksalscharakter dieses geschichtlichen Augenblicks« umfaßt. Die Kairos-Idee bewahrt aber »zugleich das Bewußtsein, daß es keinen Zustand der Ewigkeit in der Zeit geben kann, daß das Ewige wesensmäßig das in die Zeit Hereinbrechende, aber nie das in der Zeit Fixierbare ist«[235]. Im Festhalten der Differenz zwischen Ewigkeit und Zeit liegt der zentrale Unterschied zum George-Kreis. Hinzu tritt die durch den Reich-Gottes-Gedanken in Mk 1, 15 motivierte Politisierung. Tillich bestimmt eine Entwicklung innerhalb dieses Reiches, genauer: eine Verbindung von Kairos und Fortschrittsgedanken im Religiösen Sozialismus, verstanden als ein auf die Theonomie abzielendes Voranschreiten im Sinne einer Heilsgeschichte. Maßgeblich ist die prophetisch angekündigte, christologische Begründung des Kairos, der nur in Christus umfassend und sinnerfüllt zu verstehen ist. Im Rückblick auf dieses Konzept einer sich realisierenden Eschatologie, das den Gegenwartscharakter des Reiches Gottes nachdrücklich akzentuierte, formuliert Tillich 1958: Der »Religiöse Sozialismus« wandte

»den Begriff des Kairos auf die gegebene Situation an. Er sah in der Zeit nach dem ersten Weltkrieg einen partikularen Kairos und sah in ihm schöpferische Möglichkeiten für eine neue soziale Ordnung (wie auch für die Verwirklichung der Einzelperson in ihr). Aber der religiöse Sozialismus glaubte nicht, daß ein zentraler Kairos gekommen und das Reich Gottes innergeschichtlich zur Erfüllung kommen würde. [...] Es gibt wohl viele Kairoi in der Geschichte, aber keine Vollendung.«[236]

Mehr als drei Jahrzehnte zuvor, im August 1922, lag Tillich allerdings kaum etwas daran, die »Tat«-Leser mit Relativierungen der religiös-sozialistischen Heilsbotschaft zu ernüchtern, vielmehr zielte er rezeptionsstrategisch klug darauf ab, »*einen* konkreten Begriff in helleres Licht zu stellen«: eben den Kairos.

---

dass., Ergänzungsband, 43–45. Zur Kritik an Mohler und zur näheren Charakterisierung der »Konservativen Revolution« s. v. a. BREUER, Die ›Konservative Revolution‹; DERS., Anatomie der konservativen Revolution; DERS., Ästhetischer Fundamentalismus, 226–240. Zum Status des »Geheimen Deutschland« im George-Kreis vgl. v. a. RAULFF, Apollo unter den Deutschen.

[235] TILLICH, Kairos. Ideen zur Geisteslage der Gegenwart (1926), 176.

[236] TILLICH, Kairos III (1958), 139.

»Aufruf zu einem Geschichtsbewußtsein im Sinne des Kairos, Ringen um eine Sinndeutung der Geschichte vom Begriff des Kairos her, Forderung eines Gegenwartsbewußtseins und Gegenwartshandelns im Geiste des Kairos, das ist hier gewollt.«[237] Der Autor problematisiert dabei nicht nur die Tatsache, daß Geschichtsbewußtsein keine Selbstverständlichkeit ist, sondern er übt gleichzeitig auch Kritik an der Geschichtsschreibung der zurückliegenden Jahrzehnte, die – weltfern wie sie war – nicht den Entscheidungscharakter der Geschichte erkannte und der es »bei aller Größe der Forscherenergie« an »innere[r] Größe mangelte«. Für die methodenstrengen Historiker im Schatten Rankes blieb die Geschichte »etwas bloß Gegenständliches, das man höchstens mit Kausalerklärungen und Analogien für die Gegenwart ›fruchtbar‹ machen konnte«[238]. Der neue Geist hingegen ist keine Katwederparole, und nicht der staubige Atem der Archive belebt ihn, sondern der Kairos Jesu, das Neue Testament mit seiner »gewaltigen, aufs tiefste erregten Geschichtsbewußtheit«[239]. Vor diesem biblischen Hintergrund unternimmt Tillich dann auch die Anstrengung geschichtsphilosophischer Begriffsbildung, zunächst in enger Anbindung an die »jüdische Profetie«, unter die erkennbar auch die Apokalyptik subsumiert wird. Dabei vertritt er die These vom Ursprung der »erste[n] große[n] Geschichtsphilosophie«[240] aus dem apokalyptischen Dualismus. Diese »religiös-absolute Geschichtsphilosophie« kann in zwei Formen auftreten, als Vorstellung eines kontinuierlichen Kampfes oder, für Tillichs Aufbruchsvision zentral, als Verkündigung des nah herbeigekommenen Gottesreiches mit bevorstehender Entscheidung und neuschaffendem Kairos – der Begriff wird hier »zuerst erfaßt«[241]. Besonders das kreative Potential des Kairos-Gedankens faszinierte den Theologen: Tillich grenzte daher im »Tat«-Aufsatz, anders als später in den »Grundlinien«, die Idee des Kairos vom Krisenbewußtsein ab und akzentuierte damit zugleich die eigene Position im Wettstreit theologischer Avantgarde-Denker der Zeit. Denn mit dem Begriff Krise kennzeichneten radikale Antihistoristen wie Karl Barth und Friedrich Gogarten das Unbedingte in seinem Verhältnis zur Geschichte;[242] Geschichte war für sie »konstante Krisis des Bedingten durch das Unbedingte«[243]. Allerdings sieht ein derart krisengebanntes Geschichtsverständnis, wie Tillich kritisiert, nur diese eine absolute Spannung, nicht aber diejenige zwischen »zwei Arten des Bedingten« als Konfrontation von Göttlichem

---

[237] TILLICH, Kairos (1922), 53.
[238] Ebd., 57.
[239] Ebd., 54.
[240] Ebd., 55.
[241] Ebd., 56.
[242] Zum frühen Gogarten und seinem Bezug zur Gegenwartskrise vgl. KROEGER, Gogarten, bes. 380–389, 406–417.
[243] TILLICH, Kairos (1922), 58.

und Widergöttlichem. So wird jeder Augenblick zu einem Kairos, woraus eine Indifferenz der Geschichte dem Unbedingten gegenüber erwächst. Zwar läßt die Rede von der Krisis diese Betrachtungsweise nicht als geschichtsunbewußt erscheinen, aber zweifellos hängt sie doch »mit dem mystischen Typus der Geschichtslosigkeit zusammen«. In »echt lutherischer Ruhe« wird »vergessen, daß die ›Krisis‹ eine reine Abstraktion bleibt, wenn sie sich nicht durch positive Neuschöpfung äußert; denn das Negative wird nicht durch Negatives, sondern durch Positives überwunden«[244]. Tillich verneint nicht grundsätzlich die Notwendigkeit, den Begriff Krise als Schlüssel der Geschichtsdeutung zu verwenden; er lädt den Terminus vielmehr mit eigenständiger semantischer Energie auf und verknüpft ihn aufs engste mit dem eschatologisch konnotierten Zukunftswort »Neuschöpfung«. Das Unbedingt-Wirkliche realisiert sich im Bedingten, dabei geht die Neuschöpfung nicht in der gerade zu bestehenden Krisis auf, sondern weist über sie hinaus und führt eine neue Krisenlage herbei. Der »handelnde Wille, der sich auf das Bedingte richtet«, bekommt dadurch »einen unbedingten Ernst«[245]. Das Geschichtsbewußtsein kann nur dann als vollkommen angesehen werden, als vollkommener Kairos-Glaube, wenn »als letzte Tiefe die Hinwendung auf das Unbedingte«[246] erkannt wird. Für diese Orientierung lassen sich unterschiedliche Symbole wählen, die Kirche, das Tausendjährige Reich, der Vernunftstaat, ein drittes Zeitalter. Für das Wesen des aufs Unbedingte gerichteten Geschichtsbewußtseins ist dies gleichgültig, aber kein Zweifel darf bestehen über die Einstufung »als Symbol, als sekundäres Element, als Paradoxie«. Tillich kommentiert im Rekurs auf Paulus: »Die absoluten Inhalte haben als hätte man sie nicht, das heißt sie paradox haben, in ihnen aber die Richtung auf das Unbedingte unbedingt bejahen, das ist die Grundlage vollkommenen Kairos-Bewußtseins.«[247] Ein derartiges Bewußtsein distanziert sich sowohl von der Absolutsetzung einer historischen Erscheinung gegenüber allen anderen als auch von einer gleichordnenden Perspektive, der in endlosem Wiederholungsprozeß alle Dinge als relativ erscheinen.

Im November 1922, also ein Vierteljahr nach dem Erscheinen des religiössozialistischen »Tat«-Heftes, präsentiert Mennicke unter der Überschrift »Kairos und religiöse Entscheidung« eine erste Zusammenfassung der Berliner Orientierungsversuche. Ganz im Ton seiner »Rückblick und Ausblick« überschriebenen Zwischenbilanz vom Januar des Jahres bedauert er, daß immer

---

[244] Ebd. – Vgl. dazu Korsch, Dialektische Theologie nach Barth, 31: »Tillich begreift die Krise seiner Zeit als absolute Krise, insofern sie die Deutung vom Unbedingten her nötig macht, um überhaupt in ihrem wahren Sinn verstanden zu werden.« Vgl. auch Graf, Die ›antihistoristische Revolution‹.
[245] Tillich, Kairos (1922), 58f.
[246] Ebd., 63.
[247] Ebd.

noch die »prinzipiellen Grundfragen« im Mittelpunkt stünden und nicht die »konkreteren Fragen unserer gegenwärtigen Geistes- und Gesellschaftslage«. Alle vierzehn Tage fänden im Berliner Kreis eingehende Diskussionen statt – und ließen eines unfreiwillig deutlich werden: »Wir müssen hindurch durch diesen Dornenwald begrifflicher Auseinandersetzung.« Die Kreis-Mitglieder seien sich darin einig, daß lösende Kraft und Klarheit in ihrer wahren Tiefe »nur aus der Erfüllung des Kairos und nicht aus noch so gut gemeinter Geschäftigkeit« kommen könnten. Als grundsätzliche Differenz zu Barth und Gogarten weist Mennicke die Einsicht aus, daß sich »[r]eligiöse Entscheidung und intensivste, leidenschaftlich beteiligte Arbeit an der Gestaltung der Welt« nicht ausschlössen, vielmehr einander forderten und in ein rechtes Verhältnis zueinander treten müßten. Eben »dieses Verhältnis suchen wir durch den Kairosgedanken zu bestimmen und zu klären«[248]. Es ginge um nicht weniger als »das wahre religiöse Weltverhältnis« – und um die Möglichkeit adäquater Mitteilung: »Daß unsere Kündung in der Form des Ringens um den begrifflichen Ausdruck verläuft und nicht in der Form der Prophetie, ist unser aller persönliche und zeitgeschichtliche Situation.«[249] Definitive Lösungen könnten nicht erwartet werden. Aber als wichtigster und stärkster Begriff innerhalb dieses Ringens erscheine der Kairos.

»Er lehrt uns, das Hier und Jetzt unserer persönlichen Situation in dem unauflöslichen Zusammenhang mit der geschichtlichen Lage, in der wir uns vorfinden, in das Licht der ewigen Krisis zu stellen. Aber natürlich zu keinem anderen Ende als zu dem einzig möglichen: Daß die Gnade desto mächtiger werde. Die Gnade der ewigen Schöpfung [...].«[250]

Der Kairos wird immer mehr zum umkämpften Schlüsselbegriff. Im Dezember meldet sich Paul Tillich in den »Blättern« zu Wort, und zwar mit einem Brief an Mennicke, der aus einem persönlichen Disput heraus entstanden sei und die allgemeine Debattenlage im Berliner Kreis spiegele. »Ich bin der Überzeugung«, stellt Tillich klar, »daß wir gar nichts erreichen werden, wenn wir die Forderung der Gemeinschaft oder sonst eine Forderung in noch so konkreter und willensmäßig starker Form aufstellen.« Auf diese Weise entstünden nur neue Gesetze. »Mit den allgegenwärtigen Motiven des Hungers und des Machtwillens kann jedes Manifest willensmotivierende Kraft bekommen. Aber gerade das wollen wir nicht.« Und so bleibe einzig das Heilige als wirkmächtiges Motiv. »Die ungeheure, alles erschütternde Gewißheit, daß das Heilige gegenwärtig ist, daß die Gnade sich verwirklicht hat, daß wir am Anfang einer

---

[248] MENNICKE, Kairos und religiöse Entscheidung, 41.
[249] Ebd., 43.
[250] Ebd., 44.

neuen Zeit unmittelbarer Gotteserfülltheit stehen. Das allein ist die willenbe-
wegende und weltgestaltende Kraft.« Doch wie ist »das Bewußtsein des gegenwärtigen Gottes« zu gewinnen? Diese Sicherheit, das Wissen um die
gnadenreiche Wirklichkeit sei stets »das Prius aller Weltgestaltung und auch
aller Hoffnung auf zukünftige Vollkommenheit«. Allerdings ergebe sich daraus
eine dringende, alles entscheidende Frage:

»Haben wir diese Gewißheit oder haben wir sie nicht? Wenn wir sie haben, so wird sie
ihren unmittelbaren Ausdruck gewinnen, sowohl in der gemeinschaftbildenden als auch
in der geistig formenden Kraft, die wir haben. Haben wir sie nicht, so ist unsere Zeit
noch nicht gekommen, ganz gleich, ob wir mit irgend welchen Theorien fertig sind
oder nicht. Dann wird unsere Gemeinschaft über kurz oder lang zerfallen und unsere
Geistesarbeit im besten Falle eine Bodenbereitung für das Hereinbrechen der wirklichen Gemeinschaft und des wirklichen Geistes sein. Wir können das nicht wissen, aber
auf jeden Fall können wir wissen, daß eine Haltung dem Kairos nicht entspricht, die es
uns verbietet, des gegenwärtigen Heiligen froh und gewiß zu sein, auch dann, wenn wir
seine Gegenwart als Gericht über unsere Zeit erleben.«[251]

Mennicke nimmt Tillichs kalkulierte Provokation auf und antwortet in der
Folgenummer auf die Vorlage seines Kreisgenossen zunächst mit einer Gegen-
frage: »Was sollen wir denn tun?« Das neue Jahr 1923 begrüßt er dann im nicht
nur rhetorisch erzeugten Zwielicht substantiellen Zweifels: »Ist wirklich Kairos?‹ Welchen Grund haben wir denn, anzunehmen, daß jetzt entscheidende
Zeit ist? oder gar Erfüllungszeit?« Liegt hier eine in die Irre gehende Überhöhung der eigenen Position vor, »die uns in eine falsche Sicherheit wiegt,
sodaß wir eines Tages umso tiefer zu Fall kommen müssen?« Der Gedanke des
Kairos stelle einen Versuch dar, die eigene gesellschaftliche Lage vom Unbedingten her kritisch zu beleuchten. Doch nun dränge sich angesichts der permanenten Theoriedebatten immer stärker die Frage nach seiner praktischen
Bedeutung auf: »Was heißt das für unser tägliches Leben, daß wir im Kairos
stehen?« Dies sei zunächst eine ganz persönliche Frage. »Aber das ist ja eins der
Kennzeichen des Stehens im Kairos, daß man aus der liberalen Sphäre der Un-
persönlichkeit heraustreten kann, ja muß, ohne doch individualistisch zu werden.« Und so gelte es für jeden einzelnen, nachdrücklicher noch als bisher, die
Aussage zu bekräftigen, »daß uns der Kairos eine Not ist«. Die »persönliche Le-
bensnot«[252] werde überboten und gewinne eine gesellschaftliche Dimension.
Jede individuelle Entscheidung habe unmittelbare gesellschaftliche Konsequenzen. »Wir treiben in der bodenlosen Flut und ringen mit jeder Bewegung

---

[251] TILLICH, Zur Klärung der religiösen Grundhaltung, 48.
[252] MENNICKE, Was sollen wir denn tun?, 1.

um unser Leben.«[253] Viele, besonders die »Proletarier« müßten in dieser Lage zudem noch »das furchtbare historische Schicksal« tragen, dem »Fluch des leeren inneren Umherirrens verfallen«[254] zu sein. Doch im Gericht über die Gegenwart könne die Gnade des Kairos erfahren werden – eine erlösende Einsicht; denn: »Hier hört ersichtlich jede eigentliche Diskussion auf.«[255] Der Berliner Kreis sei anfangs offen gewesen, und es kamen immer neue Suchende hinzu, bei einem zahlenmäßig kleinen Stamm fester Teilnehmer; dann aber habe sich eine zunehmende Exklusivität ergeben, die nun die Diskussionen erschwere und gerade unter den Akademikern jenen Grad an Abstraktheit fördere, der die tatsächliche Notlage wieder in den Hintergrund treten lasse. »Kairos«, hält Mennicke beschwörend fest, »ist aber das genaue Gegenteil von alle dem. Er duldet keinen Talar, er duldet kein heiliges Buch, er duldet keine Anstalt, die als solche irgendwelches Ansehen hätten, er duldet keine wissenschaftliche Autorität, er duldet nichts als dies eine, daß die bare Not eingestanden wird.«[256]

Waren all diese Reden und Raisonnements nun aber lediglich Arkandebatten unter Eingeweihten, Selbstverständigungsversuche einer »Kairos«-Loge, fern jeder Lebensnähe für eine weitere Öffentlichkeit? Spätestens seit dem »Tat«-Heft verlor diese Unterstellung an Realitätsgehalt: Eine unmittelbare Reaktion auf Tillichs »Kairos«-Aufsatz artikulierte kein Geringerer als Ernst Troeltsch im ersten Band seines unvollendet gebliebenen »Historismus«, den er auf Gedanken zum »Aufbau der europäischen Kulturgeschichte« zulaufen ließ. Bereits im Vorwort vom 19. September 1922 hatte er in Abgrenzung von Oswald Spenglers »Untergang des Abendlandes« pointiert formuliert:»Meine Grundidee ist von Hause aus anders gerichtet, auf die Bildung einer gegenwärtigen Kultursynthese aus den historischen Erbstücken, für welche Aufgabe es gleichgültig ist, ob man dem aufsteigenden oder absteigenden Ast einer Kulturentwicklung angehört.«[257] Zu Beginn des vierten Kapitels stellt er dann die »gegenwärtige Kultursynthese und die Universalgeschichte«[258] als die entscheidenden Themen materialer Geschichtsphilosophie heraus. Gefordert sei ein intuitiver Blick, mit dessen Hilfe am Ende sogar die Zirkelstruktur der beiden Größen überwunden werden könne. So unterschiedlich und notwendig die zwei Perspektiven sind, so unvermeidbar ihre Disparatheit in der Praxis ist, so deutlich schwebt über ihnen »doch immer wieder das gemeinsame Ziel einer gegen-

---

[253] Ebd., 2.
[254] Ebd., 4.
[255] Ebd., 3.
[256] Ebd., 4.
[257] TROELTSCH, Historismus und seine Probleme, IX. – Vgl. in diesem Kontext SCHROETER, Streit um Spengler.
[258] TROELTSCH, Historismus und seine Probleme, 694.

seitigen Ausgleichung und Befruchtung, in welcher die Historie erst zu einem philosophischen Abschluß und zu einer allgemeinen Erziehungs- und Bildungsbedeutung gelangt, und in welcher die Philosophie erst aus logischer und erkenntnistheoretischer Technik heraus zu bestimmenden Lebensgehalten kommt«[259]. Der Mensch kennt »nur diese historische Welt«, und lediglich auf dem Wege der Analogie und aus den ihr zugrundeliegenden Postulaten läßt sich Weiterreichendes erahnen. »Für dieses Erdenleben selbst aber stellt jeder Moment von neuem die Aufgabe, aus der gewesenen Historie die kommende zu formen.«[260] An diesem Punkt fügte Troeltsch eine Anmerkung hinzu, in der er auf Paul Tillichs »Kairos« vom August 1922 verweist. Der Autor führe dort einen ähnlichen Gedanken aus, »indem er ihm den in der Georgeschule üblichen Namen des ›Kairos‹« gebe. Tillich wolle »den religiös erfüllten Sozialismus als Forderung des Kairos, und nicht als solche der Dialektik oder des Naturrechts begründen«[261]. Diese kurz vor Drucklegung eingeschobene Anmerkung ist nun nicht bloß ein weiterer Beleg für die unermüdliche Rezeptionsbereitschaft des manischen Viellesers Troeltsch. Sie ermöglicht es überdies, wie in einer Momentaufnahme, das Verhältnis des Berliner Geschichtsphilosophen zu seinem jungen Universitätskollegen näher zu bestimmen – markiert sie doch in ihrem beipflichtenden Duktus Troeltschs besondere Wertschätzung. Mit seinem geschärften Gespür für vielversprechende Neuansätze, die sich vom Hintergrundrauschen der immer neuen, immer gleichen Veröffentlichungen, Wortmeldungen und Strömungen abhoben, hatte Troeltsch den innovativen Charakter der Konzeption Tillichs erfaßt. Analog zum Weckruf »Revolution in der Wissenschaft«, die Troeltsch 1921 vor allem mit Friedrich Gundolf verbunden sehen wollte, war es jetzt der Wink in Richtung Tillich, der die Zeitgenossen aufmerken ließ. Mit Tillich hatte ein Theologe und Philosoph die Bühne betreten, der sich selbstbewußt – in respektvoller Konkurrenz zu Troeltschs Beschwörung einer »Kultursynthese« – anschickte, die politisch revolutionär gestimmte Gegenwart mit religiösem Gehalt zu füllen und umzugestalten.

Die Anmerkung Troeltschs ist ferner auch deshalb besonders zu beachten, da in ihr die Verbindung zwischen Tillichs »Kairos« und dem George-Kreis herausgestellt wird. Tillich selbst ignoriert diesen Bezug konsequent und vereinnahmt den Begriff wie das Konzept für seinen Originalitätsanspruch als Krisentheologe. Entsprechend kann Troeltschs Hinweis auch als eine zeitgenössische Korrektur zu Tillichs Quellen-Amnesie verstanden werden.

---

[259] Ebd., 698.

[260] Ebd. Vgl. mit dieser Aussage ebd., 66: »Wir leben wieder im Ganzen, Beweglichen, Schöpferischen und verstehen die Verantwortung des Moments und der persönlichen Entscheidung.«

[261] Ebd., 698f. Anm. 370a.

Umgekehrt dokumentiert die Anmerkung, wie präzise der sich rastlos in der
Berliner Vielgeschäftigkeit des Politik-, Kultur- und Wissenschaftsbetriebs Auf-
reibende den George-Kreis registrierte, als Herausforderung, die es unabhängig von Sympathie oder Abneigung ernst zu nehmen galt. »Ernst Troeltsch«,
bemerkt Kurt Nowak denn auch mit Verweis auf dessen Äußerung über Spengler im Vorwort des »Historismus«, »in die Krise des Historismus in einer gi-
gantischen Materialschlacht verwickelt, ist den Anliegen der Kritiker weit
entgegengekommen, sogar dort noch, wo er ein Literatentum am Werk
sah, dem Willen und Fähigkeit zu gelehrter Durchdringung der Probleme
abging.«[262] Wie sich aus der im »Historismus«-Labyrinth verborgenen Anmerkung, im Wissen um Generationenbruch und Habitusdifferenz ein gemeinsames Nachdenken über Kultursynthese und Kairos hätte entwickeln können,
darüber ist freilich nur zu spekulieren. Troeltschs jäher Tod am 1. Februar 1923
ließ den zu erwartenden direkten Dialog gar nicht erst beginnen. Doch die
Auseinandersetzung mit dem Werk des Verstorbenen gewann nun für Tillich
entscheidende Orientierungsfunktion, gerade auch bei dem Versuch, den Kairos angemessen zu profilieren. Und sie führte zu einem Rollenwechsel: Der di-
stanzierte Bewunderer und »ganz besondere« Schüler ernannte sich selbst zum
kritischen Erben.

Der erste Kontakt Tillichs zu Troeltsch verdankte sich, ganz unspektakulär,
der vom kollegialen Comment gebotenen Erkundigung des noch unerfahre-
nen Berliner Privatdozenten nach dem Vorlesungsturnus des Groß-Ordinarius.
Troeltschs Antwortbrief vom 14. Mai 1919, der sich im Harvarder Tillich-
Nachlaß erhalten hat, greift dann unversehens ins Grundsätzliche aus:

»Für Ihre freundlichen Worte danke ich Ihnen bestens. Ich habe meine besten Schüler
im Kriege verloren u[nd] bin sehr froh, wenn sich deren [...][263] finden. Im Übrigen bin
ich selbst immer noch derartig im Lernen u[nd] Suchen begriffen, daß wir uns alle ge-
trost Mitschüler nennen dürfen an der großen Aufgabe einer Erfrischung u[nd] Erneuerung des grundsätzlichen u[nd] dabei insbesondere des kulturphilosophischen
Denkens.«[264]

Wie zum Beweis dieser Verbundenheit, die sich auch im konkreten Engagement für den Einzelnen bewährte und der etwa Tillichs enger Freund Richard

---

[262] NOWAK, Die »antihistoristische Revolution«, 136.
[263] Textverlust.
[264] Ernst Troeltsch an Paul Tillich, 14.5.1919 (Harvard). —Vgl. auch TROELTSCH, Historismus und seine Probleme, VIII. – Ähnliche Motive, beglaubigt durch die langjährige freundschaftliche und auch in politischen Tages- wie Grundsatzkonflikten erprobte Verbundenheit
mit Troeltsch, finden sich im Urteil Friedrich Meineckes, das er nach der Lektüre von Tillichs Studie »Die religiöse Verwirklichung« 1929 in einem Brief an seine Lieblingstochter
Sabine fällte: »Es ist so etwas wie ein verjüngter Troeltsch, mit derselben Kraft der Überschau
über ein bunt zerrissenes Gesichtsfeld, mit derselben tiefen Leidenschaftlichkeit des moder-

Wegener die Möglichkeit verdankte, das Pfarramt aufgeben und in eine Ministeriallaufbahn wechseln zu können,[265] orientierte sich Tillich bereits in seiner ersten Vorlesung über »Das Christentum und die Gesellschaftsprobleme der Gegenwart« im Sommer 1919 stark an Troeltschs »Soziallehren«. Noch in der Eröffnungsstunde weist er sein Publikum auf dieses Werk hin, das in der Theologie »Epoche gemacht« habe. »Es hat zum ersten Male die Zusammenhänge zwischen christlicher Ethik und gesellschaftlicher Entwicklung, die wechselseitigen Bedingtheiten und die tiefen Probleme, die sich daraus ergaben und noch ergeben, mit voller Klarheit erfaßt. Es hat den soziologischen Gesichtspunkt in die Theologie eingeführt [...].«[266] Im September 1919 bewertete Tillich in seinem Beitrag zum Wingolf-Rundbrief dieses frühe Hauptwerk Troeltschs entsprechend als »das große theologische Buch seit Harnacks Dogmengeschichte, das für jeden [...], der an der Weiterentwicklung der Theologie teilnehmen will, unumgänglich notwendig ist«[267]. Lernen ließ sich vom berühmten Älteren aber auch als akademischer Lehrer: Margot Hahl erinnerte Troeltschs Diktion »im Kolleg später [an] die Art, wie Tillich seine Kollegs hielt. Beide waren ungeheuer intensiv, sprudelnd lebendig, bereit, die gleiche Sache in immer neu gefundenen Definitionen neu zu formulieren, jedes Novum mit ins Kolleg zu nehmen [...].«[268] Tillich besuchte sogar »verschiedene Sitzungen der geschichtsphilosophischen Seminare« – und ließ Troeltsch im Gegenzug, ganz ritualkonform, »einige Sonderdrucke zukommen«[269].

---

nen Religiosen, der es so sehr viel schwerer hat, zur Einheit und zum Absoluten zu kommen, als der primitive Religiose es hatte, weil er so sehr viel mehr sich Widerstrebendes mit einander vereinigen muß« (Friedrich Meinecke an Sabine Rabl, 28.12.1929, in: MEINECKE, Ausgewählter Briefwechsel, 126). Die biographischen Bezüge zwischen Troeltsch und Tillich problematisiert RUDDIES, Troeltsch und Tillich, 410f. Zu einer grundlegenden Verhältnisbestimmung zwischen Troeltsch und Tillich jenseits vordergründiger Kontrasteffekte und vorschneller Wertungen vgl. v. a. PANNENBERG, Problemgeschichte, 332–349, sowie CLAYTON, Tillich – ein »verjüngter Troeltsch«.

[265] Richard Wegener an Hannah Tillich, 27.9.1966 (Harvard): »1919 im März brachte Troeltsch mich ins Preuß. Unterrichtsministerium, ich verzichtete auf mein kirchliches Amt.«

[266] TILLICH, Das Christentum und die Gesellschaftsprobleme, 30; vgl. 63, 85–88, 98–111.

[267] TILLICH, Beitrag zum Wingolfrundbrief, 144. – Zur Bewertung der »Soziallehren« s. auch TILLICH, Ernst Troeltsch [Nachruf, Vossische Zeitung], 250; und DERS., Troeltsch. Versuch einer geistesgeschichtlichen Würdigung, 649f.

[268] HAHL, Meine Erinnerungen an Tillich, 148; vgl. TILLICH, Impressionen und Reflexionen, 548.

[269] GRAF, Polymorphes Gedächtnis, 30. In der »Einleitung in die Geschichtsphilosophie« nimmt Tillich nicht nur auf den »Historismus«, sondern auch auf Troeltschs Geschichtsphilosophievorlesung Bezug, »die er im Wintersemester 1921/22 teils selbst gehört, teils durch Berichte und Mitschriften Margot Hahls genau verfolgt hatte« (ebd., 31). Vgl. in diesem Kontext die Erwähnung der Vorlesung Troeltschs bei: TILLICH, Ernst Troeltsch [Nachruf, Vossische Zeitung], 251. Dem widerspricht allerdings eine andere Behauptung Tillichs, er habe nie eine Vorlesung von Troeltsch gehört, s. dazu ebd., 249, sowie DERS., Vorlesungen über

Gelegenheit, den Geist der Gemeinsamkeit jenseits solch konventionellen akademischen Gabentausches in Wort und Tat zum Ausdruck zu bringen, bot sich dann Anfang Februar 1923 aus traurigem Anlaß: Noch »sehr bewegt«[270] von der Todesnachricht, verfaßte Tillich einen Nachruf auf Troeltsch für die »Vossische Zeitung«, dem später eine längere Würdigung in den »Kant-Studien« folgte. Schon der aktualitätsgebundene Nekrolog vom 3. Februar bot mehr als nur routiniert abgerufenes Pathos und mündet in Selbstverpflichtung und Appell: »Daß wir auf dem Wege, den er bereitet hat, weitergehen, getrieben von der gleichen Sehnsucht nach der neuen Schöpfung, getragen durch die Einheit von Wissenschaftsernst und Lebensspannung, wie er sie in sich trug, das soll der Dank sein, den wir ihm abstatten.«[271]

Als Ausdruck dieses Programms, das gebotene Pietät und subtile Beerbungsstrategie elegant miteinander verband, ist 1923 wohl auch die Widmung des Bandes »System der Wissenschaften nach Gegenständen und Methoden« zu deuten. Tillich bemüht sich in dieser hochkomplexen, aber nicht in aller Konsequenz durchgearbeiteten Schrift um eine wissenschaftstheoretische Klärung des Verhältnisses von Theologie und Philosophie, ihre Lokalisierung im Wissenschaftskanon, und legt die Grundlagen für spätere Theoriebildungen. »Ich finde«, schrieb Hannah Werner-Gottschow, Tillichs spätere Frau, am 6. Februar 1923, »das Buch wird großartig, von einer Schärfe und Anschaulichkeit und von einer unerbittlich konsequenten Durchführung des Gedanklichen, die mir alle Bewunderung abringt. Es hat sich im Lauf der Wochen immer mehr gestaltet und ist jetzt eine Sache geworden, die meiner Ansicht nach einen Erfolg haben muß, da sie [...] die Grundlegung für die vielen Einzelbestrebungen ist, die jetzt auftauchen.«[272] Ostern 1923 wies Tillich selbst dann in seinem Vorwort auf die Wirkung hin, die Troeltschs »Arbeit auf die geistigen Grundlagen«[273] seines Buches gehabt habe. Und noch in seiner Dresdener Dogmatikvorlesung (1925–1927) nimmt Troeltsch eine prominente Stellung ein: als Theologe, der »die Möglichkeit einer Dogmatik überhaupt nicht mehr« anerkenne, wie Til-

---

die Geschichte des christlichen Denkens, 191: Hier kennzeichnet Tillich Troeltsch als seinen Lehrer »in ganz besonderem Sinn«, obwohl er »niemals eine Vorlesung von ihm gehört« habe. Demgegenüber berichtet Graf in seiner minutiösen Rekonstruktion der frühen Memorialstrategien nach Troeltschs Tod: Tillichs »Freundin Margot Hahl, die von 1919 bis 1923 in Berlin evangelische Theologie studierte und mehrere Semester lang Troeltsch-Vorlesungen besuchte, hat mir in mehreren ausführlichen Gesprächen zu Beginn der achtziger Jahre des letzten Jahrhunderts jedoch erzählt, daß ihr Freund sie häufig in Troeltschs Vorlesungen begleitet habe« (GRAF, Polymorphes Gedächtnis, 30).

[270] Hannah Werner-Gottschow an Margot Hahl, 6.2.1923 (Harvard).

[271] TILLICH, Ernst Troeltsch [Nachruf, Vossische Zeitung], 251f. Vgl. dazu auch den Kommentar von GRAF, Polymorphes Gedächtnis, 30–33.

[272] Hannah Werner-Gottschow an Margot Hahl, 6.2.1923 (Harvard).

[273] TILLICH, System der Wissenschaften, 115.

lich durchaus beeindruckt resümiert. Troeltsch habe »reinen Tisch gemacht, das ist sein Verdienst. Die Reste, die die liberale Theologie stehen ließ, hat er beseitigt. Für ihn gibt es nur Religionsgeschichte und Religionsphilosophie, eventuell noch Metaphysik.«[274]

Daß die polarisierte theologische Zeitstimmung den Rang dieser Leistung allerdings kaum noch wahrzunehmen erlaubte, war Tillich nur allzu bewußt – hatte er doch in Marburg, kurz zuvor, selbst eindrücklich »die ersten radikalen Auswirkungen der neuen Orthodoxie auf die Theologiestudenten« erlebt:

»das theologische Denken befaßte sich nicht mehr mit kulturellen Problemen. Theologen wie Schleiermacher, Harnack, Troeltsch, Otto wurden verachtet und verworfen, soziale und politische Gedanken aus der theologischen Diskussion verbannt. Der Gegensatz zu meinen Berliner Erlebnissen war überwältigend, zuerst deprimierend, dann anfeuernd – ein neuer Weg mußte gefunden werden.«[275]

Dieser Herausforderung war sich bereits Troeltsch quälend bewußt gewesen, sein »Historismus« war als Vermächtnis an die kommenden Pfadfinder zu lesen – doch wie sehr konnte man in einer sich täglich verändernden Welt noch auf diesen gelehrten Wegweiser vertrauen? Tillich suchte nach einer Antwort und besprach 1924 in der »Theologischen Literaturzeitung«[276] Troeltschs letzte, monumentale Problembilanz, die er »für das wichtigste Werk zur geistigen Lage der Gegenwart«[277] hielt. »Gesättigtheit mit geschichtlicher Anschauung in aller Schärfe der philosophischen Begriffsbildung«[278]: Darin erkennt der Rezensent Tillich die Größe von Troeltschs Denken. Verständlicherweise erwähnt er seine eigene Nennung im Kontext von George-Kreis und Kairos nicht, stellt aber gleich zu Beginn die Absicht heraus, »an der Fortführung der von Troeltsch angeregten Probleme mitzuarbeiten«[279]. »Historismus ist für Troeltsch«, so führt Tillich aus, »ein Kampfbegriff, der von vornherein dem Naturalismus gegenüber die volle Gleichberechtigung der historischen Wirklichkeit zum Ausdruck bringen will.« Tillich markiert nun die gegenwärtige Kultursynthese als den »einen wirklichen Maßstab«, an dem sich die Historie zu orientieren hat. »Nicht ein abstrakter Wert, sondern die individuelle, schöpferische Wertverwirklichung

---

[274] TILLICH, Dogmatik-Vorlesung (Dresden 1925–1927), 2.
[275] TILLICH, Autobiographische Betrachtungen, 69.
[276] TILLICH, Historismus und seine Probleme. Die Zitate folgen dem Wiederabdruck in den Gesammelten Werken.
[277] MÜLLER, Privatdozent in Berlin, 547.
[278] TILLICH, Historismus und seine Probleme, 206.
[279] Ebd., 204. – In »Auf der Grenze« formuliert TILLICH: »Für die Kirchengeschichte und für das prinzipielle Problem der historischen Kritik bedeutete Ernst Troeltsch meine endgültige Befreiung von allen vermittlungstheologischen und apologetischen Resten« (Auf der Grenze, 32).

ist die Lösung, sowohl des Wert- wie des Geschichtsproblems.«[280] Es ergebe sich daraus eine Form historischer Objektivität, die eine neue Zukunft wirklich werden lasse. Als Grundproblem hebt Tillich pointiert die Unmöglichkeit hervor, »ein allgemeingültiges Entwicklungsziel mit der historischen Individualität zu vereinigen«[281]. Troeltsch gelinge mit dem Gedanken der individuellen Totalität ein entscheidender Fortschritt über Heinrich Rickert hinaus.[282] Nun sei es möglich, auch »eine Gruppe von Wirklichkeiten zu erfassen, die weder der einen noch der anderen Seite des Gegensatzes zugehören, sondern die immer zugleich individuelle und generelle Elemente in sich tragen. Es ist die Gruppe der *Gestalten*, die auf diese Weise zu charakterisieren wäre.«[283]

Mit der Aufnahme des Gestaltbegriffs leitet Tillich zum Kernpunkt seiner kritischen Weiterführung Troeltschs über. In handschriftlichen Notizen zur Vorlesung »Einleitung in die Geschichtsphilosophie«, deren Abfassungszeit auf 1923 oder 1924 eingegrenzt werden kann, bemerkt Tillich bündig: »Der Begriff der Totalität ist unklar. Denn 1. sind es keine Totalitäten, sondern offene Entwicklungen; 2. sind das, was Troeltsch meint, Gestalten. Dieser Begriff fehlt ihm. Er ist aber der centrale ontologische Begriff überhaupt.«[284] Keine grundstürzend neue Erkenntnis: Denn in der zeitgenössischen, vor allem philosophischen, aber auch psychologischen Debatte besaßen Überlegungen zur ›Gestalt‹ schon seit geraumer Zeit einen hohen Stellenwert. Der Rang dieses Begriffs innerhalb des George-Kreises ist bereits benannt worden. Tillichs Vorlesung selbst weist entsprechende Bezüge allerdings nicht explizit aus. Er verzichtet auch auf eine traditionsgeschichtliche Verankerung, diskutiert weder die antike Verwendung des Konzepts noch die theoretische Aufladung im Deutschen Idealismus und die Arbeiten Max Wertheimers.[285] Wichtig war ihm allein die Troeltsch-Korrektur: Bei Totalitäten handelt es sich Tillich zufolge um Gestalten – biologische, psychologische und soziologische. Ernst Troeltsch erkenne jedoch nicht die differenzsensible Leistungskraft der Gestaltgruppe

---

[280] TILLICH, Historismus und seine Probleme, 205. Vgl. dazu auch den frühen Beleg für die Verwendung des Begriffs »Kultursynthese« bei TILLICH, Die prinzipiellen Grundlagen, 255.

[281] Ebd., 206.

[282] Tillich bestimmt an anderer Stelle als das Ziel des »Historismus« Troeltschs Willen, »den Rickertschen Gegensatz von formalem Wertsystem und individueller Wirklichkeit zu überwinden« (TILLICH, Troeltsch. Versuch einer geistesgeschichtlichen Würdigung, 651).

[283] TILLICH, Historismus und seine Probleme, 207.

[284] TILLICH, Einleitung in die Geschichtsphilosophie, 431.

[285] Zu Tillichs Verwendung der »Gestalt« vgl. die recht allgemein gehaltenen Ausführungen von JAHR, »Gestalt« als Schlüssel zur Metaphysik im Frühwerk Tillichs, bes. 112–116, die Aufnahme von Gedanken Schellings. – Vgl. auch unter Bezug auf den Gestaltbegriff in Georg Simmels »Goethe« von 1913 VOIGT, »Die Tragödie des Reiches Gottes«?, 68f.; vgl. zudem GROPPE, Macht der Bildung, 330–333: »Das Gestalt-Konzept als Bildungstheorem«. Groppe verweist auf die besondere Relevanz der Ausprägung des Gestaltbegriffs in Ernst Cassirers

und –methode und blockiere damit befreiende Einsichten im Zentrum seiner Problemanalysen: Mit der Erfassung des Gestaltbegriffs ergäben sich ja insbesondere für die Geschichtslogik wichtige Folgen,[286] denn die individuelle Totalität sei dann nicht mehr »die für das historische Geschehen maßgebliche Kategorie«[287]. Troeltsch spreche zwar »von dem Durchbruch des geschichtlichen Geistes durch alles psychologisch und soziologisch Typische«, aber es sei gerade »dieser entscheidende Durchbruchscharakter der historischen Dynamik«, der »über die Kategorie der individuellen Totalität«[288] hinausführe. In Anwendung auf die materiale Geschichtsphilosophie ermögliche der Gestaltbegriff eine Problementlastung. Die universalgeschichtliche Fragestellung lasse sich, folgert Tillich, dahingehend zuspitzen, daß historische Zusammenhänge »nur insoweit möglich« seien, »als Gestaltzusammenhänge vorliegen«. Eine »übergreifende Geschichtsbetrachtung«[289] gäbe es nur, wenn sie identifiziert werden könnten. In der »Einleitung in die Geschichtsphilosophie« hält Tillich fest: »Die Entwicklungen der Geschichte sind Sinnentwicklungen, und hier erhebt sich wieder die Frage nach der Richtung des Sinnes, die Frage nach der Art der historischen Dynamik und die Idee einer Universalgeschichte. Dieses ist das Hauptproblem der materialen Geschichtsphilosophie, die Frage nach der letzten Sinndeutung der Geschichte überhaupt.«[290]

Obwohl Tillich bei Troeltsch noch »einen Rest unüberwundener Abhängigkeit [...] von dem physikalisch bedingten neukantischen Denken«[291] erkennt, machten doch seine Ideen gegenwärtiger Kultursynthese und schöpferischer Individualität, seine »fundamentale Umgestaltung der Wertlehre durch den Gedanken der Wertrelativität und individuellen Wertrealisierung« überhaupt erst

---

»Hölderlin und der deutsche Idealismus« (1916). – 1912 erschien Max Wertheimers Habilitationsschrift »Experimentelle Studien über das Sehen von Bewegung«, mit der er die sogenannte Gestaltpsychologie begründete. Wertheimer und Tillich waren in Frankfurt am Main Kollegen und führten gemeinsame Veranstaltungen durch. Sie trafen sich dann im Exil in New York wieder, wo Wertheimer an der New School for Social Research Philosophie und Psychologie lehrte. In seinem Systementwurf erwähnt TILLICH im Hinblick auf Anregungen zum Gestaltbegriff einzig Alexander Rüstow, »der das Wort selbst mehr im phänomenologischen Sinne« (System der Wissenschaften, 154 Anm. 8) gebrauche. – Im Rahmen einer Theorie der Gestaltbildung nimmt immer noch Herders »Plastik« normativen Rang ein: HERDER, Plastik. Einige Wahrnehmungen über Form und Gestalt aus Pygmalions bildendem Traume.

[286] Siehe TILLICH, Historismus und seine Probleme, 207f.

[287] Ebd., 208.

[288] Ebd. – Zu Deutungsdimensionen des sowohl von Troeltsch als auch von Tillich verwendeten Begriffs »Durchbruch« vgl. CLAYTON, Tillich – ein »verjüngter Troeltsch«, 279f.

[289] TILLICH, Historismus und seine Probleme, 208.

[290] TILLICH, Einleitung in die Geschichtsphilosophie, 431.

[291] TILLICH, Historismus und seine Probleme, 208.

»dem geschichtsphilosophischen Geist [...] die Bahn frei«[292]. Troeltsch habe sich jedoch, so Tillich schließlich einschränkend, nicht hinreichend gegen den Vorwurf abgesichert, einem lähmenden historischen Relativismus ohne Rücksicht auf dessen fatale Nebenwirkungen intellektuelle Reputation zu verleihen. Er verzichte zu Unrecht auf eine metaphysische Geschichtsschau, »wenn er bei *der empirischen Wirklichkeit des Europäismus*« verharre. Mit Verweis auf eine Andeutung Troeltschs in der Geschichtslogik erkennt Tillich in dem Gedanken, daß es sich bei den geschichtlichen Begriffen um Symbole handelt, die eigentliche auswegweisende Einsicht im Hauptwerk des Verstorbenen. »Geschichtsmetaphysik im echten Sinne ist *Geschichtssymbolik*. Sie schaut in repräsentativen, symbolkräftigen Wirklichkeiten der Geschichte einen Sinn alles Geschehens an, der frei ist von relativistischen Belastungen und in unmittelbarer Einheit steht mit einem Ethos, das selbst im Unbedingten wurzelt.«[293] Troeltschs Lebenswerk findet, konstatiert Tillich, seinen tiefsten Sinn darin, unter geschichtsmetaphysischer Perspektive, in die Geschichtswissenschaft und -philosophie transformiert werden, an die »Pforten«[294] ethisch-prophetischer Haltung geführt zu haben. Doch ist dies ein Bild der Begrenzung, des »Nicht weiter«, kein Bild der Erfüllung: Die »tiefe Tragik von Troeltschs Lebenswerk«, so Tillichs Resümee im »Versuch einer geistesgeschichtlichen Würdigung«, lag darin, »daß er auch in der letzten, gewaltigsten Anstrengung, das Unbedingte im Bedingten zu finden, schließlich versagte«[295].

In der »Einleitung in die Geschichtsphilosophie« präzisiert Tillich noch deutlicher als in der »Historismus«-Rezension den Zusammenhang zwischen Gestalt und Metaphysik. Zwar ist die »Gestalt, die Urgegebenheit, [...] die Voraussetzung der Gültigkeit aller Gesetze und aller Entwicklungen«, »doch geht die Entwicklung nicht in der Gestalt auf. So kommt es schließlich zu der großen Antinomie der Gestalt, die [sic!] Wurzel der Raum- und Zeitantinomie, die schließlich hinführt zu der Antinomie des göttlichen Handelns, in Ewigkeit heilig zu sein und sich in das Werden und die Neuschöpfung zu begeben. – So

---

[292] Ebd., 209.
[293] Ebd., 210.
[294] Ebd., 211.
[295] TILLICH, Troeltsch. Versuch einer geistesgeschichtlichen Würdigung, 652. Zur Entstehungsgeschichte dieses Textes vgl. GRAF, Polymorphes Gedächtnis, 32 Anm. 18. – Der von Tillich exponierte Gedanke des Tragischen findet sich, ohne Quellennachweis, 1936 bei HOLMSTRÖM, Das eschatologische Denken der Gegenwart, 138 f., wieder: »Der Bankrott des Historizismus in dem Denken von Ernst Troeltsch dürfte letztlich auf den unüberwindlichen Schwierigkeiten beruhen, die sich bei der Durchführung des von ihm hartnäckig beibehaltenen Programms ergeben, aus dem faktisch Gegebenen direkt das normativ Gültige ablesen zu können. [...] ›Der Historismus und seine Überwindung‹ kann nicht verbergen, daß es Troeltsch nicht gelungen ist, mit seiner Problemstellung das Problem des Historizismus zu überwinden. Darum der tragische Totaleindruck.«

treibt das logische Problem auch hier zu einem Religiös-Metaphysischen,
Theologischen.«[296] Die Notizen Tillichs zu seiner Vorlesung enden an dieser
Stelle. Mit der Kennzeichnung des Antinomieproblems als Teil des Raum-Zeit-
Verhältnisses, das in eine Antinomie des Handelns Gottes überführt wird, markiert Tillich unter der Leitperspektive des Gestaltbegriffs den Übergang zur
eigenen Theoriebildung, die sich in ihrer Sinnspitze auf den Begriff des »Kairos« fixiert. Gestalt und Kairos sind diejenigen Termini, mit deren Hilfe Tillich
eine selbständige Kritik am Historismus üben will.

Unter dem Titel »Die Umstellung der Debatte« liegt ein im Jahr 1922 zu ver-
ortender Text Tillichs vor, der Kontroversen des »Kairos-Kreises« spiegelt. Tillich differenziert hier zwischen einer handelnden und einer intuitiven Stellung
zur Geschichte. Die »intuitiv-historicistische« kennzeichnet er als wertfrei und
gottlos, »sie vergißt, daß sie selbst durch die Geschichte geformt ist und in der
ästhetisierenden Entleertheit über den Wassern schwebt und dadurch nichts
wahrhaft sieht«. Der positive Gegenentwurf lebt von den Handlungsimpulsen
des theoretischen und praktischen Willens, aus ihm stammt alle »große Geschichtsschreibung«[297]. Mit dieser aktiven Geschichtsbemächtigung verbunden
ist der Gedanke des »sich als individuelle Schöpfung« realisierenden Schaffens.
»Hier entpuppt sich das Gestaltgeheimnis als das Geheimnis des unableitbar
Individuellen, der schöpferischen Neusetzung.« Während der Neukantianismus das einzelne nur als quantitativ bestimmte Annäherung an ein absolutes,
konkretes Ziel verstand, kann demgegenüber »nur das *Unbedingte* mit unbedingtem oder heiligem Willen« gewollt werden. Die sich zu diesem Unbedingten ergebende Distanz bestimmt Tillich als »Gnade, klassisch ausgedrückt,
individuelle Gestalt«. Die »historischen Gestalten« will er nicht als »Verunstal-
tungen« begriffen wissen, sie sind vielmehr »individuelle begnadete und zugleich verurteilte Gestalten«. Das gegenwärtige Handeln erscheint als Wirkung
einer werdenden Gestalt; »oder: das Heilige gewinnt Realität durch uns, oder:
ich bin berufen, die Gnade bricht sich durch«. An dieser Stelle führt Tillich
den Kairos ein: »Die Frage, ob dieser Kairos einmal oder öfter oder immer ist,
hängt ab von der mehr aktiven oder mehr religiösen Einstellung.« Eine aktiv
ausgerichtete Einstellung sieht den gegenwärtigen Kairos als entscheidend an;
für die religiöse dagegen »ist *immer* Kairos, da er eine Hinwendung zum
Unbedingten ist«[298]. Dort, »wo eine gesamte Geisteslage sich zu Gott wendet«,
erkennt schließlich die geschichtsphilosophische Einstellung den Kairos. Die
Gnade umfaßt in diesem Fall den einzelnen ganz und gar, so daß er zu seiner

---

[296] TILLICH, Einleitung in die Geschichtsphilosophie, 431. Vgl. DERS., System der Wissenschaften, 229.

[297] TILLICH, Umstellung der Debatte, 329.

[298] Ebd., 330.

Zeit nicht in einem »prophetischen Widerspruch« stehen muß. Tillich konstatiert eine Labilität des Kairos in seiner Spannung zwischen Bedingtem und
Unbedingtem: »er bereitet sich immer vor, und er tendiert zum aktiven Verhalten auf die Gegenwart oder eine *bestimmte* Vergangenheit (Christus), die dadurch Gegenwart wird«[299]. Unter der Perspektive von werdender Gestalt,
Berufung und Gnade besteht allerdings kein als notwendig zu betrachtender
Gegensatz zwischen den Zeitebenen.

Ihre Zuspitzung erhalten diese Überlegungen im Modell des Religiösen Sozialismus – einer Verheißungskonstruktion, deren zwei Spielarten Tillich prägnant voneinander unterscheidet: »Entweder gleich heilige Gemeinschaft als
Reich Gottes, dann unveränderlich. Oder eine konkrete, unserm Kairos durch
unser Schicksal aufgegebene Schöpfung, die ebenso unter der Gnade wie unter
dem Gericht steht.« Der vom Kairos bestimmte Religiöse Sozialismus ist diejenige Form, die Tillich mit Verve vertreten möchte. Er ist vom »Durchbruch
des Unbedingten« geprägt, der »als das Gemeinschaft stiftende Element [...] die
Grundlage eines möglichen Sozialismus« ist. Wie bereits in der Auseinandersetzung Tillichs mit Troeltsch kommt auch an dieser Stelle das Symbol zum
Einsatz; denn die Gemeinschaft bedarf bestimmter Symbole, »und dadurch wird
die Beziehung auf die historischen Symbole eine ernsthafte Angelegenheit«[300].
Das Kairos-Bewußtsein ist, so Tillich schließlich, Schicksalsbewußtsein. Dieses
ist »die einzige schöpferische Kraft; denn sie besagt ja, a) daß das Unbedingte
sich in besonderer Form realisieren will, b) daß es sich durch uns realisieren
will, c) daß eine individuelle Gestalt, die Gnade im Werden ist.«[301]

Die Rede von der Gestalt bleibt in Tillichs Sprachgebrauch relativ unspezifisch, wird von ihm jedoch als vielversprechendes Versatzstück einer neuen,
endlich problemadäquaten Zeitdeutungsrhetorik gerade in ihrer auratischen
Unschärfe als Definitionsersatz in ganz unterschiedlichen Zusammenhängen
und mit kaum kaschiertem Wirkungskalkül, dem leicht ermüdenden Blend-
effekt geborgter Bedeutsamkeit verwendet. So kann er zu Beginn eines Textes
von 1923 festhalten: »Der religiöse Sozialismus als universale Bewegung, als *Gestalt*.«[302] Aus dieser Eingangsbemerkung leitet er dann die Notwendigkeit einer
ebenfalls universalen Problembehandlung ab, die sich nicht etwa nur auf öko-
nomisch-technische Phänomene oder nur auf ethische beschränken darf; auch
eine »religiöse Grundposition«[303] muß stets definiert werden. Tillich bezieht

---

[299] Ebd., 331.
[300] Ebd., 334. – Zu einer Kritik am Symbolverständnis des frühen Tillich vgl. RINGLEBEN,
Symbol und göttliches Sein.
[301] TILLICH, Umstellung der Debatte, 334.
[302] TILLICH, Der religiöse Sozialismus als universale Bewegung, 351.
[303] Ebd.

den Kairos auf den Religiösen Sozialismus, den er als zeitgeschichtlich gegebenen, historisch besonderen Moment erkennt, als eine Durchbrechung bisheriger Kontinuität, die die Verwirklichung und Durchsetzung einer neuen
Gesellschaftsordnung ermöglichen kann. Unter der Prämisse einer Fortführung von Troeltschs »Historismus« übernimmt der Kairos die Zuspitzung der
am Entwicklungsbegriff geübten Kritik auf die tatsächliche historische Lage, es
erweist sich an ihm die Praxisrelevanz, die Notwendigkeit der geforderten »Tat«.
Der Kairos des Religiösen Sozialismus tritt an die Stelle der »europäischen Kultursynthese«. Er ist die konkrete Übertragung der in der Gestalt manifest gewordenen Universalität auf die einmalige geschichtliche Situation.

Bemerkenswert ist, daß der Kairos unter einer wissenschaftstheoretischen
Perspektive in den Hintergrund tritt, ja sogar gänzlich verschwinden kann. Dies
zeigt sich an Tillichs »System der Wissenschaften nach Gegenständen und Methoden« von 1923, in dem zwar der Gestaltbegriff prominent vertreten ist, der
Kairos jedoch fehlt. »Für eine echte Gestalt ist maßgeblich der lebendige Funk-
tionszusammenhang und ihre Abgeschlossenheit gegen jede andere Gestalt.«[304]
Der Gestaltbegriff, so Tillich in seinem Wissenschaftssystem, bildet die Voraussetzung für die Begriffe Gesetz und Folge. »Er enthält beide in sich; denn jede
Gestalt ist ein Einzelnes und ein Allgemeines, jede Gestalt grenzt sich ab durch
ihren individuellen Charakter gegen jede andere und ist zugleich durch ihre
Gestaltgesetze maßgeblich für alle gleichartigen Gestalten.«[305] Der Gestaltzusammenhang ist kreisförmig und »stellt ein geschlossenes System dar«. Ein allumfassender Gestaltbegriff läuft auf einen allgemeinen Gesetzesbegriff zu, je
konkreter er wird, »desto näher kommt er einem individuellen Folgebegriff«.
Beim Allgemeinsten und Besondersten handelt es sich nicht um »Wirklichkeiten, sondern Ideen.« Tillich resümiert: »Das Problem der Gestalterkenntnis ist
weitaus das Wichtigste in der gegenwärtigen Systematik. Es ist dazu berufen,
den Gegensatz von individualisierender und generalisierender Begriffsbildung
zu überwinden. Er kann aber nur gelöst werden durch Betrachtung der Gegenstände selbst.«[306] Die Anwendung auf die »*geschichtliche* Wirklichkeit« ist
bestimmt durch die Gestaltindividualität, die ein Element enthält, das nicht in
einen allgemeinen Gesetzeszusammenhang aufgelöst werden kann »und doch
vollkommen denkbestimmt ist. Eine solche Wirklichkeit ist die geistig-schöp-
ferische.« Das Schöpferische ist eine Setzung in der Zeit; »es durchbricht die
Gleichzeitigkeit des Räumlichen und schafft die Zeitfolge, die etwas anderes
ist als der physikalische Zeitverlauf«[307]. Tillich markiert an dieser Stelle exakt

---

[304] TILLICH, System der Wissenschaften, 125.
[305] Ebd., 135.
[306] Ebd.
[307] Ebd., 137.

denjenigen Punkt, an dem der Kairos als Inbegriff schöpferischer, den Zeitverlauf durchbrechender Individualität zu situieren wäre.

Wenn Tillich den Religiösen Sozialismus als Gestalt bezeichnen kann, dann
ist dies dem Universalanspruch der Gestalt zu verdanken, der die Grenzen wissenschaftlicher Disziplinen souverän ignoriert und auch die Soziologie erfaßt.
Als deren Objekt ist unter Einbeziehung von Biologie und Psychologie der
»Sozial-Organismus« anzusehen: »Auch die Soziologie steht [...] unter dem Gestaltbegriff. Der soziale Organismus ist ein Gestaltzusammenhang.«[308] Der Religiöse Sozialismus erhält, so ließe sich aus dieser Aussage Tillichs ableiten, der
Gestalt »Sozialismus« ihre besondere, individuelle Prägung durch den religiös
abgeleiteten Kairos und wird so zu einer eigenen Gestaltindividualität. Unter
der Voraussetzung, daß von der kosmischen Gestalt nicht wie bei allen anderen Gestalten als Erfahrungsgegenstand gesprochen werden kann, sondern sie
als vorausgesetzt und nicht als gegeben anzusehen ist, faßt Tillich zusammen:
»Der Gestaltcharakter des Kosmos wird durchkreuzt von dem Folgecharakter
des unendlichen Schöpfungsaktes. Darin offenbart sich die Dialektik von Denken und Sein in ihrer letzten Tiefe: Die Gestalt wird durchbrochen von der
Geschichte.«[309] Ohne Namensnennung, aber mit direktem Bezug auf Troeltsch
kennzeichnet Tillich die Idealkonstruktion »individueller Totalität« als unzureichend. »Eine individuelle Totalität ist eine Gestalt. Aber die historische Folge
ist gerade die Durchbrechung der individuellen Gestalt.« Eine Folgereihe ist
niemals Totalität; sie ist unabgeschlossen, sowohl hinsichtlich des Unendlichen,
aus dem sie kommt, als auch im Blick auf das Unendliche, in das sie sich hin-
einbewegt. Individuelle Gestalten tragen die Folgereihen. »Aber historisch werden diese Objekte erst dadurch, daß in ihnen sich Sinnfolgen verwirklichen, die
nach allen Richtungen über sie hinaus gehen.«[310] Sinnerfüllter Folgezusam-
menhang ist das Erkenntnisziel der Historie. Der universalen Gestalt entspricht
eine universale, kosmische Geschichte, die wie diese als Idee vorauszusetzen ist.
»Die universale, geisttragende, individuell-schöpferische Gestalt ist das höchste
metaphysische Symbol, – aber es ist ein Symbol.«[311] Dabei ist zu betonen, daß
Tillich im Vorstellungsraum seiner Rede von individueller Gestalt jede Gestalt
als »ursprüngliche Setzung« begreift, wobei er diese Einsicht als Ergebnis
»eine[r] bewußte[n] Rückwendung zu der *schöpferisch-urständlichen Weltauffas-
sung*« kennzeichnet. Die »geisttragende Gestalt«[312] ist Ausdruck höchster schöpferischer Form. In Anwendung auf das Verhältnis von Geist und Geschichte

---

[308] Ebd., 155. Vgl. zur Soziologie ebd., 162–166.
[309] Ebd., 167.
[310] Ebd., 184.
[311] Ebd., 185. Vgl. ebd., 230–233.
[312] Ebd., 196.

ergibt sich wiederum die hier von Tillich terminologisch nicht als Kairos bezeichnete, aber intendierte Folgerung: »*Geschichtsbewußtheit* ist Erfülltsein mit den Kräften und Spannungen des Geschichtsprozesses und Bewußtsein um die schöpferische Bedeutung des gegenwärtigen Augenblicks.«[313]

Neben der Hervorhebung des tiefen Paradoxiecharakters, der die Metaphysik bestimmt, die in ihrem Bestreben, das Unbedingte zu erfassen, stets auf das Bedingte verwiesen bleibt, und der Kennzeichnung der metaphysischen Symbole, die »von der Begriffsbildung der Wissenschaft«[314] abhängig sei, ist es der Theonomiegedanke, auf den Tillich seine Überlegungen zulaufen läßt. »Theonomie ist Wendung zum Unbedingten um des Unbedingten willen.« Demgegenüber ist die Autonomie auf das Bedingte gerichtet. Die Theonomie gebraucht die »bedingten Formen, um in ihnen das Unbedingte zu erfassen«. Theonomie und Autonomie stehen in einer dialektischen Spannung zueinander. Tillich hebt allerdings heraus, »daß nur in der Einheit beider Richtungen alle Sinnerfüllung möglich ist: Autonomie für sich treibt zur leeren gehaltlosen Form, Theonomie für sich zum formlosen Gehalt.« In manchen Geisteslagen überwiegt die Theonomie, in manchen die Autonomie. »Der Kampf von Theonomie und Autonomie ist die tiefste Triebkraft des schöpferischen Geistprozesses; er ist der dialektische Stachel der Geschichte, der sie nie zur Ruhe kommen läßt.«[315] In einer »Schlußbetrachtung« nimmt Tillich Stellung zum Gegenwartsstreit um Selbstverständnis wie Weltverantwortung der Wissenschaft und warnt dabei unter ausdrücklicher Nennung der Lebensphilosophie vor der großen Gefahr, daß die Wissenschaft zu einer »Weltanschauungslehre« mutiert, die »den metaphysischen Symbolen den Schein wissenschaftlicher Gültigkeit« verschafft. Das Unbedingte wird dann unzulässig zum Bedingten herabgewürdigt, und die Wissenschaft »verliert überdies ihre eigene Würde, den ihr zukommenden Geltungscharakter«. Fern solcher Fehlwahrnehmung wirkt die Metaphysik hingegen, so Tillich, nur »durch die Gesamthaltung [...] auf die Wissenschaft, und nur durch die Darbietung von Symbolen die Wissenschaft auf die Metaphysik. Das ist der wahre, mit der Autonomie vereinte theonome Lebenssinn der Wissenschaft.«[316]

---

[313] Ebd., 200.
[314] Ebd., 231.
[315] Ebd., 245.
[316] Ebd., 261.

1.2.2. *»Grundlinien des Religiösen Sozialismus. Ein systematischer Entwurf«*

Die Darstellungsformen wechseln, auch die Intensität der Problemzuspitzung und die Bestimmung der Feindbilder – was bleibt, sind die Fixsterne am Begriffshimmel, die der Autor Tillich freilich, je nach situativem Kontext, unterschiedlich hell erstrahlen läßt. Zum festen Aufgebot gehören stets das Dämonische, die Theonomie, der Kairos. Mit seinen Ende 1922 entstandenen und 1923 als August/Oktober-Nummer der »Blätter für religiösen Sozialismus« erschienenen »Grundlinien des Religiösen Sozialismus« legt Tillich als – so der Untertitel – »systematischen Entwurf« eine Zusammenfassung der entscheidenden Anliegen und Aussagen seines politisch-religiösen Programms vor und markiert damit zugleich seine Position unter den theologischen Aufbruchsdenkern der Zeit.[317] Den Ausgangspunkt bildet die Differenzierung zweier auf die Gegenwart ausgerichteter Grundhaltungen. Tillich hebt eine »sakramental-geschichtsunbewußte« und eine »rational-geschichtskritische« voneinander ab. Während jene die Geschichte als Mythos begreift und »durch das Bewußtsein um die Gegenwart des Göttlichen bestimmt«[318] ist, basiert diese nicht auf Gehalt und Weihe, sondern auf Form und Recht; ihr Movens ist »der titanische weltgestaltende Wille, der das Heilige, dessen Gegenwart er verloren hat, durch Formschöpfung wiederherstellen will«. Dieses Unterfangen ist aber zum Scheitern verurteilt. In bloß reflektierendem Gegenwartsbezug wird das angestrebte Zukünftige, zu dessen Gunsten das Gegenwärtige entleert wird, nicht nur nicht geschaffen, sondern sogar verhindert. Von diesen konträren Modellen der Weltwahrnehmung distanziert sich als »Einheit und höhere Form« ein Drittes, eben der Religiöse Sozialismus, und vertritt »die profetische Haltung« in Ausrichtung auf das gesollte Heilige. Die Profetie ist dabei weder als seherische Ausdeutung eines Künftigen Mantik, noch in Forderung eines Künftigen Ethik, sie erfaßt vielmehr »das Kommende, Gesollte, aus dem Lebenszusammenhang mit dem Gegenwärtigen, Gegebenen«[319]. Tillich kennzeichnet sie als eine konstante sozialanthropologische Daseinsfunktion religiösen und geistigen Zuschnitts. Als »die religiöse Einheit von Ethos und Geschichtsmetaphysik« spannt sie einen Bogen vom einzelnen, über Kreise und Bewegungen bis hin zur Masse. Der

---

[317] Diesem Text wurde 1999 die Edition einer handschriftlichen Frühfassung von 1922 – »Die religiöse Erneuerung des Sozialismus« – an die Seite gestellt, auf die an einigen Stellen zurückgegriffen werden kann.

[318] TILLICH, Grundlinien des Religiösen Sozialismus, 106. Der erste Abschnitt dieses Textes, ebd., 106–108, trägt die Überschrift »Die innere Haltung des religiösen Sozialismus«. In der von Erdmann Sturm edierten Vorfassung entspricht ihr die Überschrift »Die religiös-sozialistische Grundhaltung: die Prophetie« (DERS., Religiöse Erneuerung des Sozialismus, 311), wobei bemerkenswert ist, daß der Begriff »Prophetie« hier den gestrichenen Ausdruck »der Kairos« ersetzt.

[319] TILLICH, Grundlinien des Religiösen Sozialismus, 107.

Religiöse Sozialismus ist auf diese Profetie fixiert. »Sie ist im Sozialismus selbst da, wenn auch vielfach verzerrt durch Reflexion, Rationalismus und Taktik.« Die Profetie wird von Tillich zum Maßstab aller religiös-sozialistischen Rede erhoben. Rationalität ist notwendig, aber es darf nicht übersehen werden, »daß die Gegenwart des Unbedingten das Prius alles bedingten Handelns« ist, »daß der unbedingte Sinngehalt das Prius aller Sinnformen, daß das Wachsen der Gestalt das Prius aller Gestaltung ist«[320].

Exakt an diesem Punkt, bei der Nennung von Unbedingtem, Sinn und Gestalt, kommt Tillich auch hier wieder auf den Kairos zu sprechen. Er wird als »Inhalt der profetischen Geschichtsschau« gekennzeichnet und »bedeutet den mit unbedingtem Gehalt und unbedingter Forderung erfüllten Zeitmoment«. Der Kairos ist weder Zukunftsweissagung noch reine Forderung oder Ideal, sondern »erfüllte[r] Zeitmoment, in dem das Gegenwärtige und Zukünftige, das gegebene und das geforderte Heilige sich berühren, und aus dessen konkreten Spannungen die neue Schöpfung hervorgeht, in der heiliger Gehalt sich verwirklicht in der gesollten Form«[321]. Unter direktem griechischen Zitat von Markus 1, 15 identifiziert Tillich, nach seinem vorangegangenen indirekten Verweis auf die paulinische Formulierung von der Neuschöpfung (vgl. 2 Kor 5, 17)[322], diese Stelle als Sinn des Kairos-Bewußtseins. Sakramentale Haltung und kritische werden in diesem Bewußtsein, »im Geist der Profetie«[323], geeint.

In den »Grundlinien« wie zuvor, allerdings weniger nachdrücklich, im »Kairos«-Aufsatz erprobte der leidenschaftliche Abgrenzungsdenker Tillich sein virtuoses Distinktionstalent auch noch an einem anderen Schlüsselbegriff, der Theonomie. In Anknüpfung an die markinische Wendung »Reich Gottes« erkennt Tillich zunächst deren unbedingten Gehalt und unbedingte Form im Ausdruck »Gott ist Alles in Allem«. Dabei handelt es sich jedoch um eine Idee, die »von der Wahrheit des Wirklichen«, nicht von der Idee selbst spricht. »In der Wirklichkeit finden sich eine Reihe schöpferischer Synthesen von Form und Gehalt, in denen sich die ewige Idee, die absolute Synthesis offenbart.« Eine derartige »konkrete Synthesis« wird mit dem Begriff »Theonomie« gekennzeichnet. »Sie ist der Inhalt der profetischen Geschichtsschau, sie ist die Schöpfung, die im Kairos zugleich als gegeben und als gefordert (als nahe herbeigekommen) erlebt wird.« Wenn das Unbedingte als tragender Grund die Formen des Geistigen und Sozialen erfüllt, kann dieser Zustand Theonomie

---

[320] Ebd., 108.

[321] Ebd.

[322] Dieser Verweis fehlt in der frühen Fassung noch, s. TILLICH, Religiöse Erneuerung des Sozialismus, 314.

[323] TILLICH, Grundlinien des Religiösen Sozialismus, 108.

genannt werden. Sie ist »die Einheit von heiliger Form und heiligem Gehalt in einer konkreten Geschichtslage«[324]. Die Wirklichkeit wird dadurch gleichermaßen heilig und gerecht.

Schon im »Kairos«-Aufsatz, energischer und konzentrierter dann in den »Grundlinien« umkreiste Tillich die Frage: Was trennt die Theonomie von der Utopie?[325] Als Fundament dieses Klärungsversuchs dient wiederum der Antagonismus zweier Zeitordnungsmuster: Dem »sakramental-geschichtsunbewußten« Gegenwartsverständnis wird eine jenseitige Utopie mit sakramentaler Gottesherrschaft als konkretem Ideal zugeordnet, dem »rational-geschichtskritischen« eine diesseitige Utopie, das vollendete Vernunftreich. Der Jenseitsbezug, so Tillich, droht das Bedingte, das Jenseits zu Gunsten des Unbedingten zu entwerten. »Die Wirklichkeit ist die Stätte der Offenbarung des Unbedingten, in der individuellen wie in der universalen Geschichte.« Die diesseitige Utopie ist deshalb zurückzuweisen, weil sie die Natur nicht antastet und »auf irrationaler Naturbasis einen rationalen Gesellschafts- und Geistesbau errichten will«[326]. Sie übersieht dabei die Unmöglichkeit einer Verwirklichung der unbedingten Form als solcher; denn diese bleibt »letzte Abstraktion, rein ideeller Richtungspunkt«[327]. Da jedoch alles Wirkliche konkret ist, hebt sich der Religiöse Sozialismus als Theonomie von der Utopie dadurch ab, »daß sein Ziel individuell-schöpferisch, konkret-geschichtsgeboren ist«. Die Theonomie basiert auf irrationalem Naturgrund, dem sie schöpferisch ihre »individuelle Formgebung abringt«[328]. Das Dämonische ist der Inbegriff widerstreitender, zerstörerischer Formen. Es steht dem Göttlichen entgegen. Erst aus dieser Konfrontation aber entsteht – Kultur: »In jeder Kultur mischen sich göttliche und dämonische Formen.«[329] Religion und Kultur sind deshalb nicht einfach identisch, sondern befinden sich in Spannung zueinander, ziehen sich wechselseitig an, stoßen sich aber nicht minder heftig gegenseitig ab.[330]

Der Religiöse Sozialismus, der die Theonomie als Ziel anstrebt, hat sich mit dem ihm Widerstreitenden auseinanderzusetzen. Dabei ist der »Kampf der Re-

---

[324] Ebd., 109. Tillichs Theonomiebegriff geht zurück auf seinen Vortrag »Über die Idee einer Theologie der Kultur« (1919), hier 84f.

[325] Vgl. dazu Bloch, Geist der Utopie, 432, wo der Kairos als Moment »tätig einzugreifen«, und zwar »geschichtsphilosophisch zurecht, zu Recht« gedeutet wird.

[326] Tillich, Grundlinien des Religiösen Sozialismus, 109. – Zur Abgrenzung von Kairos und Utopie vgl. v. a. auch Ders., Kairos. Ideen zur Geisteslage der Gegenwart, 175f., und zur Utopiekritik Ders., Eschatologie und Geschichte, 112.

[327] Tillich, Grundlinien des Religiösen Sozialismus, 109.

[328] Ebd., 110.

[329] Ebd. Vgl. Tillich, Religiöse Erneuerung des Sozialismus, 317: »*Dämonie ist das religiöse Ergriffensein von Mächten, die in ihrer Ungeformtheit zerstörerisch wirken.*«

[330] In seinem Aufsatz »Kirche und Kultur« prägte Tillich 1924 dann den formelhaft pointierten Satz: »Dem Wesen nach sind Kirche und Gesellschaft eins; denn der tragende Gehalt

ligion [...] gegen die gegengöttliche Religion, gegen das Dämonische gerich-
tet«. Um dieses angemessen verstehen zu können, ist vorab sein allgemeines
Wesen zu ergründen. Tillich erkennt diesen Wesenskern in einem destruktiven
Impuls, einem auf Vernichtung gerichteten Wollen: Das Dämonische zielt darauf ab, die unbedingte Form zu zerstören. Doch erhält es nur äußerst selten die
Gelegenheit, diesen Trieb ganz ungebrochen auszuleben, gewinnt es Ge-
schichtsmächtigkeit nie in reiner Form, sondern stets nur in einem komplexen
Spannungsfeld antagonistischer Kräfte. Die unmittelbar sakrale Geisteslage etwa
ist durch eine Mischung von Göttlichem und Dämonischem geprägt. Erhebt
sich das Göttliche über das Dämonische als »Zersprengung der sakramentalen
Unmittelbarkeit«, kann von Theokratie gesprochen werden. Tillich will sie nicht
als Herrschaftsform, sondern als den Versuch einer Überwindung dämonischer
Heiligkeiten verstanden wissen. So ist, wie jüdischer Profetismus oder Calvi-
nismus, der Religiöse Sozialismus eine »theokratische Bewegung«[331], und nur
vom Anspruch des Unbedingten her kann der gegenwärtige Kairos des revolutionären Aufbruchs nach Krieg und Machtwechsel entschlüsselt werden. Die
»Dämonien der sakralen Geisteslage« sind zu bekämpfen, so wie auch »die neu
hereingebrochenen naturalen Dämonien«, insbesondere im Bereich von Wirtschaft und nationaler Idee. Gleichzeitig ist dabei um »die Offenbarung eines
neuen geistigen Gehaltes«[332] zu ringen. Auch auf dem Weg der religiösen Sozialisten, wie Tillich ihn an seinem Berliner Schreibtisch visionär trassiert, wird
dieses ferne Ziel nur in Etappen zu erreichen sein: zunächst die autonome
Form, die zwar zu rationaler Vollendung vordringen kann, nicht jedoch zu
»schöpferischer Erfüllung«, dann erst die autonome Form, die einen theonomen Gehalt umschließt. In seinem »Kairos«-Aufsatz von 1922 kennzeichnet
Tillich mit dem spenglereskem Gestus des Universalhistorikers die Autonomie
als das zeitüberdauernd tragende Geschichtsprinzip schlechthin. Als Tendenz
zumindest ist sie immer vorhanden; »sie stößt und drängt unter der Decke jeder
theonomen Geisteslage«. Die Auseinandersetzung zwischen Theonomie und
Autonomie prägt die Weltgeschichte. An dieser Stelle bringt Tillich erneut den
Krisen-Gedanken zum Einsatz; denn der Entscheidung, welches der beiden
Prinzipien sich siegreich durchzusetzen vermag, gehen ungeheure Krisen voran,

---

der Kultur ist die Religion und die notwendige Form der Religion ist die Kultur« (TILLICH,
Kirche und Kultur, 110). – Vgl. das Urteil KARL BARTHS, Lehre vom Wort Gottes (KD I/1),
75: »Nach dem Kriege hat dann *P. Tillich*, unverhältnismäßig viel blutleerer und abstrakter
denkend als Kutter und Ragaz, an die Stelle des Sozialismus gleich die profane Kultur überhaupt gesetzt und diese mit dem Vorzeichen prophetischer Bedeutsamkeit versehene Profa-
nität im allgemeinen der Kirche gegenüber als systematisches Prinzip aufgerichtet und
geltend gemacht.«

[331] TILLICH, Grundlinien des Religiösen Sozialismus, 112.
[332] Ebd., 114.

in denen »der weltgeschichtliche Kairos gegeben« ist. In diesem Kairos »werden Jahrtausende der Menschheitsgeschichte bestimmt«[333].

Das Ziel einer Durchsetzung des theonomen Gehalts ist den »Grundlinien« zufolge nicht die Zerstörung irrationaler Kräfte, sondern die gleichen Elemente, die das Dämonische ins Vernichtende wendet, sollen für das Göttliche beansprucht werden. »Das entspricht der Idee des Kairos, der ja auch nicht auf rationale Utopie oder mystische Weltvernichtung geht, sondern auf neue schöpferische Erfüllung der Formen mit einem Gehalte, der getragen ist von Macht und Eros, aber hindurchgegangen ist durch den Gehorsam gegen die unbedingte Form und darum nicht dämonisch, sondern göttlich ist.« Daß der Gehalt neu durchbrechen kann, verdankt sich dem Schicksal und der Gnade, nicht der Arbeit, und dabei ist der »Glaube an den Kairos [...] der Ausdruck für das Bewußtsein, in einem solchen Schicksal zu stehen, von einem neuen Durchbruch des Unbedingten berührt zu sein«[334]. Entsprechend bestimmte Tillich 1922 den »Sinn des Kairos eindeutig« als »das Hereinbrechen einer neuen Theonomie auf dem Boden einer autonom gelösten oder aufgelösten Kultur«[335]. Und er ließ keinen Zweifel daran, wer berufen sei, diese Erkenntnis sowohl theoretisch zu fundieren als auch ihre Bewährung im politisch-religiösen Alltagshandeln zu demonstrieren; denn: »Der religiöse Sozialismus ist eine Gemeinschaft von solchen, die sich im Bewußtsein des Kairos verstehen und um das Schicksal, um die Gnade der Theonomie ringen.«[336]

Die frühe Entwurfsfassung der »Grundlinien« endete dagegen noch mit anderer Zielrichtung: Der Berliner Privatdozent wollte sein Programm nicht primär als Grundlagenreflexion verstanden wissen, sondern als Manifest mit dem Anspruch, Menschen in ihrer politischen Orientierungsnot Wegweisung zu bieten. Seine Fixierung auf einen scharf konturierten Gesellschaftsentwurf begründet Tillich daher auch mit dem Hinweis auf ganz alltägliche Leiderfahrung: Die Vorkämpfer für den Sozialismus seien »die stärkste unter dem Dämonischen leidende Schicht«, und die sozialistische Bewegung gebe »trotz aller stärksten dämonischen Elemente« den »stärkste[n] Stoß gegen die Dämonie«[337]. Dem Sympathiebekenntnis korrespondiert ein Ablehnungsexkurs. Auch die geistespolitischen Gegner werden im Kontext der Standortbestimmung vorgeführt, allen voran die Liebhaber romantischer Regressionsphantasien: Nur in diesem Entwurf, und nicht in den ausgeführten »Grundlinien«, beteiligt sich Tillich am kontroversen Romantik-Diskurs der frühen zwanziger Jahre mit

---

[333] TILLICH, Kairos (1922), 65.
[334] TILLICH, Grundlinien des Religiösen Sozialismus, 128.
[335] TILLICH, Kairos (1922), 66.
[336] TILLICH, Grundlinien des Religiösen Sozialismus, 129.
[337] TILLICH, Religiöse Erneuerung des Sozialismus, 327.

einer schroffen Absage an all jene Zeitzeichenleser, die Rettung aus den Ori-
entierungskrisen der Moderne von subjektiv-geistiger Form oder individualistisch verabsolutiertem Gefühl erwarten. Der nur allzu naheliegenden
eskapistischen Versuchung einer Rückkehr ins 19. Jahrhundert stellt er den Religiösen Sozialismus als »die eschatologische Bewegung, der sich das Urchristentum anschloß«, entgegen und propagiert ihn als den »Weg, der zwischen
Romantik und Rationalismus geht«, den »Weg der Prophetie«[338]. In seinem
»Kairos«-Aufsatz von 1922 hebt Tillich deutlich auch die Differenz zwischen
Sozialismus und Religiösem Sozialismus hervor; dieser will radikaler und auch
revolutionärer sein, beabsichtigt, die Kritik noch weiter zu forcieren: »Er will
den Sozialismus auf die Höhe des Kairosglaubens führen, weil er glaubt, daß im
Sozialismus als tiefster Wille die Wendung zum Unbedingten enthalten ist.«[339]

1963 nahm Tillich in den bereits angeführten »Vorlesungen über die Geschichte des christlichen Denkens« noch einmal zum Dämonischen in seiner
Relevanz für den Religiösen Sozialismus Stellung: »In den zwanziger Jahren,
als wir zuerst mit diesem Begriff arbeiteten, war er in dem Sinn, in dem wir ihn
gebrauchten, noch unbekannt; nur im Zusammenhang mit dem Glauben an
Geister war er im Umlauf.«[340] Dieser späte Kommentar Tillichs simplifiziert
jedoch nicht nur die von ihm selbst in frühen Jahren vorgetragene Interpretation des Dämonischen, sondern auch den Wortgebrauch jener Zeit samt seiner
begriffsgeschichtlichen Rückbindung. Als Geisterglauben wird zumal Rudolf
Otto in seinem sprachgewaltigen Großessay über »Das Heilige«, einer Lieb-
lingslektüre intellektueller Sinnsucher zwischen den Kriegen, der Tillich im
Einzelnen mehr verdankt, als er angibt,[341] das Dämonische kaum verstanden
haben wollen. Um jenseits solch vordergründiger Lesart die Tiefendimensionen des Begriffs auszuloten, genügte ja noch vor aller religionswissenschaftli-
chen Expertise ein Griff ins Klassikerregal, ein Blick nach Weimar. Im zwanzigsten Kapitel »Das Heilige in der Erscheinung« nimmt Otto »Goethes Dämonisches« auf[342] und rezipiert die Gespräche mit Eckermann, in denen Goethe
bemerkt: »Das Dämonische [...] ist dasjenige, was durch Verstand und Vernunft
nicht aufzulösen ist.«[343] Und: »Es wirft sich gern an bedeutende Figuren [...],

[338] Ebd.
[339] TILLICH, Kairos (1922), 71.
[340] TILLICH, Vorlesungen über die Geschichte des christlichen Denkens, 197.
[341] Vgl. etwa auch OTTOS Rede (Das Heilige, 196) von »den Momenten der ›Erfüllung‹
der Zeit«, von der »»Anschauung des Ewigen im Zeitlichen‹ in reinem Gefühle« und vom
›Ewigen Heiligen‹.
[342] Siehe ebd., 172f.; vgl. darüber hinaus die Auseinandersetzung mit einer Passage zum
Dämonischen aus dem 20. Buch von Goethes »Dichtung und Wahrheit«: GOETHE,
Aus meinem Leben. Dichtung und Wahrheit, 175–177.
[343] ECKERMANN, Gespräche mit Goethe, 455.

auch wählt es sich gerne etwas dunkele Zeiten. In einer klaren prosaischen Stadt, wie Berlin, fände es kaum Gelegenheit sich zu manifestieren.«[344]

Dieser Einschätzung der Dämoniepräsenz in Berlin dürfte Tillich aus seiner Perspektive der frühen 1920er Jahre wohl widersprochen haben. Doch hatte Goethe nicht nur Geister im Sinn. So fragte ihn Eckermann, der zustimmenden Antwort gewiß: »Erscheint nicht auch [...] das Dämonische in den Begebenheiten?«[345] Mehr noch: Der Dichter schreibt dem Dämonischen positive Tatkraft zu; rein negativ gerichtete Kräfte, etwa Gestalt und Charakterprofil des Mephistopheles, lassen sich daher mit dem Begriff nicht angemessen erfassen. Genaueres über das Dämonische kann Goethe, resümiert Otto, allerdings nicht mitteilen – »woran er es erfühle und woran er es als dasselbe wieder erkenne [...], vermag er nicht anzugeben«. Er wird »vom ›bloßen Gefühl‹, das heißt von einem *dunklen* Prinzip a priori geleitet«[346].

Doch nicht nur bei seinem Marburger Fakultätskollegen hätte sich Tillich über die Sinnfacetten des Dämonischen kundig machen können. Denn noch vor Otto hatte Friedrich Gundolf 1916 in seiner monumentalen »Goethe«-Deutung Spielarten dämonischen Selbst- und Weltverständnisses in Goethes Leben und Werk vergegenwärtigt und zugleich den so geöffneten Assoziationsraum auf die Begriffe Kairos und Augenblick ausgedehnt. Vor diesem wissenschaftsgeschichtlich gut ausgeleuchteten Hintergrund wirkt es um so befremdlicher, wenn Tillich 1962 in »Auf der Grenze« mit ganz unbefangenem Urheberstolz und nicht frei von standestypischer Intellektueneitelkeit behauptet: »Ein wichtiger, der Kairoslehre zugehöriger Begriff ist der des Dämonischen, den ich in einer besonderen Schrift über ›Das Dämonische, ein Beitrag zur Sinndeutung der Geschichte‹ entwickelt habe und der in der dort geprägten Bedeutung in die theologische und geistesgeschichtliche Diskussion übergegangen ist.«[347] Da Tillich die vieldiskutierten Bücher von Gundolf und Otto bestens vertraut waren und begründeter Amnesieverdacht als Erklärung für seine Version der Begriffsgeschichte ausscheidet, läßt sich mit vorsichtiger Kritik zumindest von einem ausgeprägten Fall retrospektiver Rezeptionslenkung sprechen. Diese zeitlebens gepflegte Neigung zum Verwischen der eigenen Lektürespuren blieb im übrigen auch den Zeitgenossen durchaus nicht verborgen. Unter den Tillich-Lesern der ersten Stunde hat wohl kein anderer derartige Manöver so klar durchschaut wie Kurt Leese. In aller Freundschaft und ohne jeden wohlfeilen Entlarvungsgestus verstand er es immer wieder, in souveräner Beiläufigkeit hinter den funkelnden Originalitätsfassaden von Tillichs Prosa die verschwiegenen Quellen hervortreten zu lassen.

---

[344] Ebd., 478.
[345] Ebd., 456.
[346] OTTO, Das Heilige, 182.
[347] TILLICH, Auf der Grenze, 48.

1.2.3. Resonanzen: Kurt Leese liest Tillich

Kurt Leeses Verbindung zu dem nur ein Jahr älteren Paul Tillich reicht weit in gemeinsame Studententage zurück.[348] Im Berliner Sommersemester 1909 waren sich beide erstmals begegnet, und aus der zufälligen Seminarbekanntschaft entwickelte sich, unter Einbeziehung Richard Wegeners, schnell eine enge, lebenslange Freundschaft, die gerade in den frühen Jahren, insbesondere wohl dank gemeinsamer Denk- und Deutungsleidenschaft für den Deutschen Idealismus symbiotische Züge annahm. Nach seiner Promotion zum Lic. theol. – 1912 mit der Arbeit »Die Prinzipienlehre der neueren systematischen Theologie im Lichte der Kritik Ludwig Feuerbachs«[349] bei Erich Schaeder in Kiel – folgten für Leese Kriegsteilnahme und Pfarrtätigkeit zunächst in Vorpommern, dann in Hamburg. In einer Vielzahl größerer und kleiner Studien setzte er sich weiterhin intensiv mit der idealistischen Philosophie auseinander, befaßte sich eingehend mit der Theosophie und übte vor allem auch heftige Kritik am protestantischen Kirchenwesen.

Leese, der immer mehr in ein Schüler-Verhältnis zu Tillich trat und sich aus dem Schatten seines Freundes zeitlebens nicht lösen konnte, verfolgte dessen intellektuelle Entwicklung mit großer, bei aller Sympathie aber durchaus kritischer Aufmerksamkeit. In der »Christlichen Welt« veröffentlichte er im Juni 1923 einen umfänglicheren Aufsatz zur »Geschichtsphilosophie des religiösen Sozialismus«, in dem er Tillich die Hauptrolle spielen läßt: Erst von Tillich werde der Religiöse Sozialismus »in den Brennpunkt einer umfassenden geschichtsphilosophischen Betrachtung« gerückt. Seinem »Kairos«-Aufsatz im »Tat«-Sonderheft vom August 1922 sei anzumerken, »daß er die gedankliche Hauptleistung darstellt, um die sich die anderen gruppieren«[350]. Schelling und Hegel, Kant, Kähler, Troeltsch und Max Weber seien die Leitgestirne am Lehrerhimmel des Freundes. Leese führt in seiner Studie die als Fundament des religiös-sozialistischen Programms erkannte Geschichtsphilosophie Tillichs auf das Theoriegebäude Hegels zurück, dessen »Riesengestalt« im Hintergrund auch der Kairos-Rhetorik stehe. Wenn Tillich den Schicksalsglauben prominent herausstelle, nehme er einen Angelpunkt der Hegelschen Geschichtsdeutung auf. Spreche Tillich von »Paradoxie«, sei er der dialektischen Grundhaltung

---

[348] Zu Leese vgl. die instruktive Studie von KNUTH, Der Protestantismus als moderne Religion.

[349] Tillich und Wegener waren die Opponenten bei Leeses Promotionsdisputation am 22. Juli 1912 (Leeses Thesen in: DERS., Prinzipienlehre, 61 f.). 1927 wurde Leese bei Ernst Cassirer mit der Arbeit »Von Jakob Böhme zu Schelling. Eine Untersuchung zur Metaphysik des Gottesproblems« zum Dr. phil. promoviert.

[350] LEESE, Geschichtsphilosophie, 372.

des Idealismus verpflichtet, die Hegel »zur vollendetsten Meisterschaft« ausgebildet habe. »Ja selbst der Kampf von Theonomie und Autonomie, nach Tillich das Thema der Geistesgeschichte, ist in dem Aufrißplan der Geschichtsphilosophie Hegels vorgebildet.« So analysiert Leese die Gedankenwelt Tillichs und benennt die von diesem selbst eher sporadisch ausgewiesenen ideen- und theoriegeschichtlichen Bezüge, vor allem auch die Abhängigkeiten. Mit einer gewissen Lust an der Provokation des kongenialen Philosophieinterpreten Tillich bemerkt der Freund knapp und treffend: »Mögen diese Zusammenhänge Tillich mehr oder minder bewußt sein, er ist gleichwohl ein originaler Denker, der die Schwächen Hegels nicht nur erspäht, sondern sie auch wirklich überwindet. Er befreit vor allen Dingen das dialektische Prinzip aus seiner inneren Unmöglichkeit, in die es sich bei Hegel festgerannt hat.«[351] Doch damit nicht genug. Spreche Tillich vom Irrational-Schöpferischen, nehme er, ob ausgewiesen oder nicht, Schelling, Nietzsche und Otto auf, wodurch es ihm mit einer gewissen Eleganz gelinge, die bei Hegel dominierende logische Idee hinter sich zu lassen und dem »Zwang einer starren Systematisierung des Geschichtsprozesses«[352] zu entgehen.

Mit massivem Nachdruck wendet sich Leese jedoch gegen die Zuspitzung des Tillichschen Konzepts »auf die konkrete zeitgeschichtliche Situation der sozialistischen Parteibildung im Rahmen des marxistischen Klassensozialismus«[353]. Der empirische Sozialismus sei alles andere »als tiefster Wille zur Wendung ins Unbedingte«[354]. Die Fixierung auf die »Not des Proletariats« hält Leese für einseitig und stellt ihr die umfassende »religiöse Menschheitsnot« entgegen. Ermutigung für dieses von vielerlei Vorbehalten, seelischen Trägheitsmomenten und politischen Gruppenegoismen gehemmte Umdenken meint er darin erkennen zu können, daß sich »eine ›neue Sozialistenfront‹« herausbilde, die sich grundsätzlich gegen die Existenz von Klassen wende, um so den anachronistisch gewordenen Klassenkampf zu liquidieren. Den Trägern eines derartigen Sozialismus, die aus einer »von allem bisherigen Parteihader angewidert[en]« »Schar von Gläubigen« bestünden, gehe es »um die Zukunft der Volksgemeinschaft«. Mit nachgerade prophetischem Blick und klarsichtigem Verständnis der zeitgenössischen politisch-sozialen Bewegungsprozesse hebt Leese im Jahr 1923 heraus:

»Daran, ob diese Schar zu einer dynamischen Massenbewegung anschwillt, hängt möglicherweise das Schicksal des Sozialismus. Das mag der Haltung des Kairos nicht entsprechen, wie Tillich sie meint. Das mag zögernder, abwartender, leiser und vor-

---

[351] Ebd.
[352] Ebd., 383.
[353] Ebd.
[354] Ebd., 384.

bereitender sein, als der Kairosglaube der religiösen Sozialisten. An der geschichtsphilosophischen Grundhaltung Tillichs, an seinen tiefen Einsichten in die Bedeutung und das Wesen der Masse ändert das nichts.«[355]

1929 widmet Kurt Leese seine ambitionierte Studie zur »Philosophie und Theologie im Spätidealismus« Paul Tillich »in Arbeitsgemeinschaft«. Leese prägte den Begriff »Spätidealismus«[356], um diejenigen Konzepte zu kennzeichnen, die sich von Hegel abgrenzten und den Idealismus kritisch weiterentwickeln wollten. In den Fokus geraten dabei Friedrich Wilhelm Joseph von Schelling und Immanuel Hermann Fichte, vor allem aber Christian Hermann Weiße mit seinem systematischen Hauptwerk »Philosophische Dogmatik oder Philosophie des Christentums« (1855–1862).[357] In Abgrenzung von Hegel verfocht Weiße einen differenzierten Theismus und zeigte sich insbesondere auch in Fichtes »Zeitschrift für Philosophie und spekulative Theologie« als später Vertreter idealistischer Theoriebildung.[358] Leeses Abhandlung ist im vorliegenden Kontext deshalb relevant, weil er die Wurzeln von Tillichs Kairos-Begriff im Spätidealismus verankert sieht. Tillich selbst hat diese Bezüge in seinem Werk nicht näher erörtert, sondern in eine Wolke der Unschärfe gekleidet. Somit präzisiert Leese über seinen Aufsatz von 1923 hinaus auch in seinem »Spätidealismus« Tillichs Theoriebildung. Weißes »erste Tat« sei es gewesen, »die ›Würde des Zeitbegriffs‹, d. h. die inhaltlich bewegte Geschichte als freie Schöpfung des Geistes wieder« entdeckt zu haben. »In ihr strömt das unabsehbar reiche Pleroma der gesamten Wirklichkeitsfülle. [...] *Der Kairos stieg ihm zu metaphysischer Würde empor.*« Gleichwohl habe Weiße Kronos und Kairos noch nicht präzise differenziert, vielmehr erschien ihm die Zeit mit dem Raum als denknotwendige metaphysische Kategorie. Der sich offenbarende Gott durchwirke mit seinem Leben und Wesen Raum und Zeit, obgleich beide ihm »äußerlich und wesensfremd gegenüberstehende Formen«[359] seien. Von grundlegender Relevanz sei für Weiße ein Satz Schellings aus seinen »Aphorismen zur Naturphilosophie« von 1806: »Die wahre Ewigkeit ist aber nicht die Ewigkeit im Gegensatz der Zeit, sondern die die Zeit selbst begreifende und in sich als Ewigkeit setzende Ewigkeit – nicht das Seyn im Gegensatz des Werdens, sondern das Seyn in der ewigen Einheit mit dem ewigen Werden.«[360] Der Deutsche Idealismus verfüge, so Leese, über ein ganz eigenes Kairos-

---

[355] Ebd., 384f.

[356] Vgl. LEESE, Spätidealismus.

[357] Zum Spätidealismus und zur Weiße-Interpretation vgl. auch LEESE, Religion des protestantischen Menschen, 390–393.

[358] Zu Weiße vgl. CHRISTOPHERSEN, Weiße.

[359] LEESE, Spätidealismus, 50.

[360] SCHELLING, Aphorismen zur Naturphilosophie, 729f. (Nr. CCXVIII).

Bewußtsein, das geprägt sei durch die Autonomie und den »Durchbruch zur
›Breite der Gottheit‹«[361]. Das Sein erweise sich immer nur prozessual-eschato-
logisch als ein Sein im Werden,[362] das bedeutet, anders gewendet: Weiße bestimmt die Geschichte als Offenbarungsgeschichte, und zwar ohne das Postulat
ihrer prinzipiellen Begreifbarkeit zu opfern, da die vorzeitige Resignation des
Menschen in dieser Schicksalsfrage mit einem Verzicht auf das Denken selbst
einhergehe. Offenbarungsgeschichte sei grundsätzlich auf Vollendung ausge-
legt, ohne daß der Endzustand dem Gehalt nach als »Vollendetheit« erscheine.
Das Unendliche entziehe sich der Begreifbarkeit. Leese gelangt zu einer zentralen Einsicht:

> »Hegels im letzten Grunde *geschichtsverschlossene Dialektik* der reinen, absoluten Vernunft
> [...] ist im Spätidealismus zur *geschichtsoffenen Dialektik* von Notwendigkeit *und* Freiheit,
> von Vernunft *und* Offenbarung, von Logos *und* Kairos geworden. Mit diesem schon
> von Schelling entscheidend in Angriff genommenen, irrational-dynamischen Durch-
> bruch in eine neue Freiheit schöpferischen Werdens beginnt und schließt Weißes Phi-
> losophie des Christentums.«[363]

Aus dieser Perspektive mußte Leese in Tillich einen legitimen Erben des Spätidealismus erkennen. Daß die nachgetragene Herkunftsgeschichte dem Genie-
nimbus des Freundes ein wenig von seinem Glanz nahm, war ihm dabei gewiß
bewußt. Doch konnten wohl nur die wenigsten Leser eine derart subtile Deu-
tungsrivalität zwischen Autor und Interpret auch in ihren ganz speziellen
konkurrenzpsychologischen Tiefendimensionen erfassen. Weitaus leichter wahrnehmbar war dagegen Konfliktpotential anderen Kalibers, wie es der religiös-
sozialistische Alltag reichlich bereithielt.

1.2.4. Spannungsspezialisten: Der Kairos-Kreis

Der Berliner Kairos-Kreis war, wie allein schon aus den »Blättern für religiösen Sozialismus« immer wieder hervorgeht, alles andere als homogen und kein
Hort konsensorientierter Gelassenheit. Stets aufs neue kam es zu harten posi-
tionellen Auseinandersetzungen, Eifersüchteleien, Kränkungen, Animositä-
ten, wechselseitigen Überbietungsszenarien, Trennungen und Versöhnungen.

---

[361] LEESE, Spätidealismus, 241.
[362] Vgl. ebd., 244.
[363] Ebd., 252. Vgl. mit Bezug auf die Leistung des Hegelschen Dialektikbegriffes LEESE,
Geschichtsphilosophie Hegels, 311: »Das Prinzip der Dialektik ist das Flüssigwerden der Gegensätze, die Idee des Überganges, wie es das Lebendige zeigt, die Dialektik daher im
Grunde ein *rationaler Notbehelf,* der Fülle des geistig-geschichtlichen Lebens Herr zu werden,
sie übersehbar, sie formulierbar zu machen, sie im Begriff zu bannen und gleichzeitig doch
wieder den toten Begriff zu sprengen und zu verlebendigen.«

Günther Dehn etwa verließ den Kreis als einer der ersten noch in der Grün-
dungsphase. Er näherte sich immer stärker, durch den Tambacher Kongreß »erweckt«, der Dialektik Karl Barths an, klagte heftig über die Kirchenferne der
Kairos-Beschwörer, aber auch über die mangelnde praktische Umsetzung der
Welterlösungsphantasien seiner Freunde. Schon früh markierte Dehn zunächst
eher sorgsam beschwiegene Konsensgrenzen des unkonventionellen Bundes:
Die intensive Beteiligung jüdischer Mitstreiter verhinderte zwar von vornherein klerikal-christliche Festlegungen, schloß aber zugleich jenes ganz prärefle-
xiv-selbstverständliche Miteinander aus, das sich allein aus gleichgestimmten
Sozialisationserfahrungen und einem gemeinsamen Milieuhintergrund ergibt.
Auch die unterschiedliche akademische Provenienz der Teilnehmer, die Mischung von Theologen, Ökonomen und Philosophiekundigen, bereicherte die
Debatten nicht nur, sondern ließ permanent Theorieschwächen der Wortführer erkennbar werden, die von den Betroffenen nicht immer affrontfrei zu kom-
pensieren waren. Im Durcheinander der Meinungen, Richtungen und
Ansprüche auf Deutungshoheit bildete Tillich die zentrale Integrationsfigur.
Ohne seine kongeniale Begabung, vielfach intuitiv die Absicht des Gegen-
übers zu erfassen und sie, sei es auch gegen dessen Willen, ins Produktive zu
überführen, aber auch ohne seine zeitanalytischen Fähigkeiten zur religionsphilosophischen, theologischen und soziologischen Durchdringung der be-
drängenden Problemlagen wäre der Kreis wohl noch im Gründungsjahr von
der Konfliktfreudigkeit besonders aktiver Mitglieder gesprengt worden. Ein
solches Auseinandergehen im Streit immer wieder zu verhindern, gelang Tillich gerade dank seiner eigenen extremen Empfindlichkeit und Emotionalität.
Er verfügte über die seltene Gabe, einerseits voller Konzentration und Aufmerksamkeit im Dialog präsent zu sein, sich aber andererseits im selben Augenblick zu distanzieren; unmittelbare Zugewandtheit und schroffe Abwendung
korrespondierten und ließen das Bild eines vielfältigen Spannungen unter-
worfenen Individualisten entstehen, der jedem noch so suggestiv formulierten
»Wir« einen unverwechselbaren Ego-Vorbehalt einzuschreiben verstand. Auch
Tillich publiziert etwa in den »Blättern« Mennickes; er erscheint aber als seltsam »abwesend«, gilt von Anfang an als zu schwierig. Nicht einmal in Tambach
war er dabei, er achtet auf Abstand. Die religiösen Sozialisten mögen ihm zu
schlicht, wohl auch zu spießig aufgetreten sein. Doch ist die oft gestellte Frage,
ob Tillich antibürgerlich gewesen sei, schwer zu beantworten, denn er sprengt
die Maßstäbe gesellschaftlicher Ordnungsmuster, Lebensstilschablonen und
Rollenkonventionen. Deutlich ist zumindest, daß seine antibürgerlichen
Affekte sich nicht in »proletarischen« Formen auslebten, sondern mehr den
Gestus des Bohemiens verraten. Dies führte aber gerade auch aus der Außenperspektive dazu, daß dem Kairos-Kreis zumal die Ernsthaftigkeit des Umgangs
mit der tatsächlichen sozialen Lage und Notsituation abgesprochen wurde –

ohne daß der Vorwurf des »Salonsozialismus« explizit erhoben werden mußte, blieb er doch stets präsent, in der öffentlichen Diskussion wie im vertraulichen Kulissengespräch.

Über all diese Irritationen, über die Habitusdifferenzen, das Unverständnis der teils böswilligen, teils indolenten Umwelt und die internen Mikrodramen des Alltags können Intellektuelle, konnten auch die Kreismitglieder nicht schweigen. Dem Archivsucher und Quellenfahnder eröffnen sich daher – erschließt er sich die weitverzweigten, durch die Vertreibung vieler Akteure ins Exil internationalisierten Nachlaßfelder – reiche Schätze, gerade der Briefkommunikation: Stimmen längst verstummter Gespräche flackern wieder auf und ermöglichen, wenn auch hochgradig fragmentarisch, eine Rekonstruktion der aus Zuneigung und Eifersucht, Interesse und Aversion gewebten Beziehungsgeflechte. In eilig hingeworfenen Notizen, empörten Rechtfertigungsschreiben, disparaten Korrespondenzsplittern verdichten sich dann, der Nachlaßverborgenheit entrissen, noch einmal hochkomplexe, emotional abgründige Prozesse der Annäherung, Konkurrenz und Entfremdung. So richtete Alexander Rüstow am 28. Oktober 1925 einen Brief an Mennicke:

»Als Löwe und ich vor nun 3 Jahren zum ersten Mal aus dem Kreise ausschieden, da war eine zweijährige Debatte vorausgegangen, die sich im wesentlichen um meinen Gegensatz gegen Tillichs metaphysische Theologie gedreht ~~hatte~~ und diesen Gegensatz mit aller Gründlichkeit, Schärfe, Klarheit und Leidenschaft herausgearbeitet hatte. Wenn Ihr die Verbindung mit uns dann doch wieder aufnahmet, so mußtet Ihr, ~~wie mir scheint~~, doch wohl nach reiflicher Überlegung zu dem Ergebnis gekommen sein, trotz dieses Gegensatzes ein Zusammenarbeiten und gemeinsames Auftreten mit uns für möglich und fruchtbar zu halten. Die Entscheidung darüber lag deshalb zunächst bei Euch, weil aus Gründen der Systemstruktur (um es technisch auszudrücken) unser Gegensatz bei Tillich eine zentralere Stelle einnimmt als bei mir. Daß der Gegensatz von meiner Seite her unverändert und unvermindert fortbestand und fortbesteht, daran zu zweifeln hattet Ihr keinerlei Anlaß; eher schon hatte Tillich sich etwas zu mir hin entwickelt, z B durch Übernahme des Gestaltbegriffs, aber auch das betraf ja nicht seine zentrale Position.«[364]

Doch nun habe sich, so Rüstow schwer enttäuscht, die Lage noch einmal massiv verschlechtert, ja sei von Mennickes und Tillichs Seite »unvermittelt und schroff ins negative«[365] gewendet worden.

Tillich habe einen stillschweigend existierenden Nichtangriffspakt gebrochen. Datum, Ort und Anlaß der Aufkündigung ließen sich präzise benennen: Es war die Reaktion auf einen Vortrag gewesen, den Rüstow am 24. Oktober

---

[364] Alexander Rüstow an Carl Mennicke, 28.10.1925 (BA Koblenz, N 1169 [Nachlaß Alexander Rüstow], Nr. 208, 39).
[365] Ebd.

1925 im Rahmen der »Akademischen Arbeitswoche des Kreises der ›Blätter für religiösen Sozialismus‹ vom 18. bis 25. Oktober 1925« in Berlin gehalten hatte. Die Zusammenkunft stand unter dem Leitthema »Die gegenwärtige Lage und der religiöse Sozialismus«, Rüstow sprach über »Die gesellschaftliche Lage der Gegenwart in Deutschland«[366]. Nach dem Angriff Tillichs und massiven Attacken Mennickes im Anschluß an die Arbeitswoche kommt Rüstow zu der Einsicht, daß es nunmehr für ihn ausgeschlossen sei, »noch einmal mit Tillich gemeinsam vor die Öffentlichkeit zu treten«[367]. Genau dies hatte Mennicke, erkennbar gereizt, in einem vergleichsweise aggressiv gehaltenen Schreiben Rüstow am 28. Oktober 1925 auch als die Meinung Tillichs, Heimanns und Wolfers' übermittelt. Rüstow habe sich während der Arbeitswoche in Darstellungsart und Diskussionsstil »unpädagogisch« verhalten. Entscheidender sei aber: »Dass Sie die fundamentale Differenz in der Deutung unserer Welt- und Lebenssituation als religionsphilosophisch kennzeichnen konnten, hat uns alle aus der Tiefe her aufgeregt.« Die »Ueberwindung des rationalistischen Atheismus des 18. und 19. Jahrhunderts« sei eigentlich die »zentralste Angelegenheit« der führenden Kreismitglieder. »Für uns sind allen Ernstes die Tillichschen Formulierungen nicht nur Religionsphilosophie, sondern Ausdruck des religiösen Grundverhältnisses, das für uns schlechthin entscheidende Lebensbedeutung hat.«[368] Da an diesem Punkt ein grundlegender Dissens zu Rüstow bestehe, sieht Mennicke keine Möglichkeit für eine Zusammenarbeit mehr, im Gegenteil: er wolle leidenschaftlich gegen ihn kämpfen.

»Meine Religionsphilosophie mit ihrer grundsätzlichen Ablehnung jeder Theologie und Metaphysik«, verteidigt sich Rüstow seinerseits im Entwurf eines Rechtfertigungsschreibens an Heimann vom 28. Oktober, »ist Euch seit langem bekannt«[369]. Die erregte Aussprache nach seinem Vortrag habe er als unnötig empfunden. »Der Eindruck der unausgesprochenen Spannung trotz aller Gemeinsamkeiten wäre viel richtiger und wie ich glaube als complexio

---

[366] Vgl. die Ankündigung der Arbeitswoche in den »Blättern für religiösen Sozialismus« 6, Nr. 7/9, Juli/September 1925, 72, und den Abdruck des Vortrags ebd., 7, Nr. 3, Mai/Juni 1926, 51–72. In einer Fußnote bemerkt MENNICKE, ebd., 67, daß »eine kurze, aber lebhafte Debatte« dem Vortrag folgte, »die den Anwesenden zum Bewußtsein brachte, daß in dieser grundsätzlichen Betrachtung die übrigen Glieder unseres Kreises mit Rüstow nicht einig gehen«. Vgl. dazu MENNICKE, Die Wendung zur Praxis.
[367] Alexander Rüstow an Carl Mennicke, 28.10.1925 (BA Koblenz, N 1169 [Nachlaß Alexander Rüstow], Nr. 208, 42).
[368] Carl Mennicke an Alexander Rüstow, 27.10.1925 (BA Koblenz, N 1169, Nr. 208, 46f.) – zu dieser Einsicht war Rüstow bereits in Berlin gelangt: »Daß ich es Tillich und Euch gegenüber nicht zum Ausdruck brachte, geschah, weil ich […] nichts tun wollte, um die persönliche Spannung noch zu verschärfen« (ebd.).
[369] Alexander Rüstow, Briefentwurf [wohl an Eduard Heimann, kurz vor oder am 28.10.1925] (BA Koblenz, N 1169, Nr. 16, 20).

oppositorum ungleich fruchtbarer gewesen«[370]. Auch Heimann läßt die Sache nicht auf sich beruhen und kommentiert von Hamburg aus am 12. November 1925:

»Wenn Du Dich mit Aplomb zum Atheismus bekanntest, nachdem Tillich soeben die Fragestellung Theismus/Atheismus als überholt zurückgewiesen hatte; wenn Du die Religionsphilosophie, die sehr Vielen in unserem doch annähernd zur Hälfte theologischen Kreise doch sehr am Herzen liegt [...] mit verächtlicher Handbewegung zur Seite schobst; wenn Du bei Tillichs Formulierungen Dich nur mit Mühe erinnertest, dass Du leider auch einmal Philosophie studiert habest, diesen Jargon aber nicht mehr zu verstehen vorgabst, so erschien mir und anderen die Einheit im Kreis dadurch gesprengt.«[371]

Rüstow leugne jede Form von Transzendenz und verlange reine Empirie, schaffe sich aber durch seinen konsequenten Rückzug auf die Prähistorie einen »Transzendenzersatz«, der mehr sei als bloße Tatsachenforschung und in dieser Funktion somit »Glaubensersatz«[372].

Die Explosion des Jahres 1925 hatte sich im Verborgenen schon seit längerem angebahnt: Skepsis gegenüber Tillich und seiner Art des Philosophierens wie der Selbstdarstellung wuchs mit der Zeit nicht nur bei Rüstow, sondern insbesondere auch bei Wolfers und Löwe. Schon vor dem Erscheinen des entscheidenden »Tat«-Aufsatzes im August 1922 ließ Adolf Löwe in grundsätzlicher Kairos-Unsicherheit Alexander Rüstow wissen, daß ihn Tillichs Text »schwer enttäuscht« habe.

»Die ganze Deduktion läuft auf eine verschleierte Unklarheit hinaus [...] und daraus auf einen logischen Sprung aus dem Relativismus heraus. Die letzte Frage würden wir beantworten: Möglicherweise ist der konkrete Inhalt der Botschaft ein Irrtum, sicher ist die gegenwärtige Stunde nicht ›der‹ Kairos (Tillich überträgt die Redensart ›5 Minuten bis 12‹ in die Metaphysik). Kein Irrtum ist aber, dass es einen ›richtigen‹ Inhalt der Botschaft gibt und dass es unsere Sache ausschliesslich ist, für seine Erkenntnis u. seine Erfüllung zu leben.«[373]

Die von Löwe aufgenommene rhetorische Schlußfrage Tillichs lautete: »Ist es möglich, daß die Botschaft vom Kairos ein Irrtum ist?«[374] Und die unmittelbare Antwort, die der Fragende selbst gab, fiel ihm »nicht schwer: Die Botschaft ist immer ein Irrtum; denn sie sieht das in unmittelbarer Nähe, was ideal be-

---

[370] Ebd., 21.
[371] Eduard Heimann an Alexander Rüstow, 12.11.1925 (BA Koblenz, N 1169 [Nachlaß Alexander Rüstow], Nr. 16, 23).
[372] Ebd., 24.
[373] Adolf Löwe an Alexander Rüstow, 9.7.1922 (BA Koblenz, N 1169, Nr. 208, 20).
[374] TILLICH, Kairos (1922), 71.

trachtet nie Wirklichkeit wird, real betrachtet, sich in langen Zeiträumen erfüllt und oft erst nach langen Zeiträumen offenbar wird.«[375]

Aber die Vorbehalte der philosophisch dilettierenden Nationalökonomen gegenüber dem aus ganz anderen, tieferen Quellen Schöpfenden blieben trotz allem von Respekt grundiert und wichen immer wieder der Faszination. Tillich seinerseits wußte sehr genau um die Wichtigkeit des ›fremden‹ Blicks auf theologisch-philosophisch allzu Vertrautes und suchte die dem Kreis bereits halb Entfremdeten zurückzugewinnen. Emissäre sondierten dann zunächst die Chancen für einen Neubeginn. So diskutierte Eduard Heimann 1924 mit Alexander Rüstow über das geplante Kairos-Jahrbuch: »Ich soll Dich und Loewe im Auftrage von Tillich fragen«, schreibt Heimann am 18. Juli, »ob Ihr an dem von ihm herausgegebenen Kairos-Jahrbuch mitarbeiten wollt.« Tillich wünsche dringend,

»Euch – oder einen von Euch – zu gewinnen, aber er wagte den Versuch bisher nicht, weil er fürchtet, es Euch nicht zumuten zu können. Ich sagte ihm aber, dass ich das sehr töricht finde: Wenn Ihr glaubt ablehnen zu müssen – was, wie Du siehst, bei uns volles Verständnis finden würde – so seid Ihr noch immer genau [dies]elben, die Ihr zuvor waret, und wir auch; und wenn Ihr ja sagt, umso besser.«[376]

Als Erscheinungsdatum wird das erste Viertel des Jahres 1925 anvisiert. Rüstow signalisierte seine grundsätzliche Bereitschaft, und Heimann zeigt sich am 22. Juli zunächst erfreut, schränkt seine Begeisterung aber zugleich deutlich ein; denn es gäbe durchaus Klärungsbedarf:

»Natürlich müsst Ihr Redefreiheit haben, aber andererseits kann das Jahrbuch, als erste gemeinschaftliche Kundgebung vor der feindlichen Aussenwelt, nicht der Ort sein, innere Controversen zu erledigen; wenn strittige Punkte berührt werden, so muss das in voller Aufrichtigkeit geschehen; aber der Zweck des Ganzen ist in erster Reihe die Darstellung einer *gemeinsamen Grundhaltung* vor Leuten, die davon noch nichts wissen. Daher würde ich, – um ein extremes Beispiel zur Verdeutlichung zu fingieren –, falls ich Herausgeber wäre, Bedenken tragen, einen Aufsatz aufzunehmen, dessen Inhalt eine Abschlachtung Tillichs wäre.«[377]

---

[375] Ebd., 71 f. Tillich fährt, ebd., 72, fort: »Und die Botschaft vom Kairos ist nie ein Irrtum; denn wo sie als Botschaft vom Unbedingten her verkündigt wird, da ist der Kairos schon da; es ist nicht möglich, daß er verkündigt wird, ohne schon im Keime da zu sein.«

[376] Eduard Heimann an Alexander Rüstow, 18.7.1924 (BA Koblenz, N 1169, Nr. 16, 29). Wie behutsam es das fragile Beziehungsgefüge auszubalancieren galt, verrät ein Nachsatz Heimanns (ebd.): »Ich hätte tactischer Weise vielleicht an Loewe schreiben sollen, der möglicherweise um eine Nüance eher zu einem Ja in der Lage ist als Du; [...].«

[377] Eduard Heimann an Alexander Rüstow, 22.7.1924 (BA Koblenz, N 1169, Nr. 15, 53). Vgl. Paul Tillich an Alexander Rüstow, 23.7.1924 (ebd., 200): »Ich habe vor einigen Tagen den Vertrag mit Reichl unterschrieben. Absolut freie Meinungsäußerung ist selbstverständ-

Heimann und Tillich seien sich in der Absicht, Rüstow und Löwe zum Jahrbuch hinzuzuziehen, einig gewesen, trotz aller »Gegnerschaft und Kritik«. Die
Grenze der Auseinandersetzungen lasse sich theoretisch nicht bestimmen, es
sei »einfach eine Tactfrage«. Tillich denke hierin vielleicht »weiterziger«; aber:

»Es darf dem Leser nicht sinnlos erscheinen, dass man sich zu gemeinsamer Kundgebung vereinigt; tritt die einheitliche Grundauffassung deutlich hervor, so wird eine innere Auseinandersetzung nur die Lebendigkeit und Aufrichtigkeit der Bemühung
zeigen. Wir dürfen nie vergessen – haben das nämlich damals etwas vergessen! – wie
nahe wir einander wirklich stehen.«[378]

Rüstow »implicite, Löwe expressis verbis construiert einen Gegensatz zwischen
Tillich und mir«[379], stellt Heimann befremdet fest und erwähnt noch eine bi-
zarre Kongreß-Episode:

»in Holland nahmen mich die Barthianer (Loew und Dehn) für Barth gegen T. in Anspruch, und ich hatte meine liebe Not[,] ihnen klar zu machen, dass mein Unkraut
nicht nur psychologisch, sondern auch logisch auf T's Mist gewachsen ist [...]. Mein
Begriff des ›Leidens‹ ist doch überhaupt nichts anderes als die Übersetzung des Kairos
aus dem Geschichtsphilosophisch-Dramatischen ins Ethisch-typische, meiner Natur
mehr Entsprechende.«[380]

Eines meint Heimann klar sehen zu können: »so sehr sind Elemente des Tillichschen Denkens in Eure oppositionsfreudigen Köpfe eingedrungen, dass Ihr
die Herkunft schon ganz vergesst«[381]. Damit aber unterschätzte Tillichs erge-
benster Bewunderer dann doch das Objektivierungsvermögen seiner eigensinnigen Mitstreiter. In einem undatierten Briefentwurf bekennt Rüstow,
vermutlich – wie der Überlieferungskontext nahelegt – gegenüber Heimann:

»Ich bin mir sehr wohl bewußt, wieviel Anregung u Klärung ich der 2jährigen Diskussion mit Tillich verdanke. Aber die Forderung der Geschichtsbewußtheit in Denken
und Handeln war für mich der rote Faden seit Beginn meiner geistigen Entwicklung,
und eine meiner wesentlichen Abweichungen von Tillich beruht gerade darauf, daß
mir sein Kairosbegriff – den ich meinerseits deshalb auch nie verwandt habe –
zu metaphysisch und zu wenig historisch-morphologisch ist, und wenn ich den Terminus theonom gelegentlich mit Dank von ihm übernommen habe, so war mir doch

---

liche Voraussetzung für alle Mitarbeiter. Ebenso selbstverständlich ist es andererseits, worauf
ja auch Heimann schon hinweist, dass vor allem das erste Heft keine direkte namentliche Polemik enthält, und dass, wo Polemiken später vorkommen, das auf der gemeinschaftlichen
Basis geschieht [...].«

[378] Eduard Heimann an Alexander Rüstow, 22.7.1924 (BA Koblenz, N 1169, Nr. 15, 53).
[379] Ebd.
[380] Ebd., 53f.
[381] Ebd., 54.

der Gegensatz religionsgebundener und rationalistisch aufgeklärter Zeiten schon lange vorher zentral, und auch hier wieder reduziert mir Tillich alles viel zu sehr auf seine apriorisch-metaphysische Polarität von Form und Gehalt.«[382]

1.2.5. Kairos und »soziale Dämonie«: »Sinndeutung der Geschichte«?

Allerdings ging Tillich auch selbst durchaus nonchalant mit Phänomenen der Begriffs-Osmose um. So brachte es der Privatdozent 1923 fertig, einen Essay über »Die Kategorie des ›Heiligen‹ bei Rudolf Otto« zu publizieren, ohne Ottos Bewertung des Dämonischen auch nur zu streifen. Weitere Gelegenheiten, die eigene intellektuelle Kreativität durch den Hinweis auf Anregungen und Anleihen im Religionsdiskurs der Zeit zu relativieren, blieben gleichfalls ungenutzt[383] – obwohl Tillich in der Folgezeit seine Gedankengänge weiter präzisierte, die Kette einschlägiger Veröffentlichungen keineswegs abriß und die Erprobung suggestiver Leitbegriffe im Jahr 1926 in vier zusammenhängenden Texten kulminierte: »Kairos. Ideen zur Geisteslage der Gegenwart«, »Kairos und Logos. Eine Untersuchung zur Metaphysik der Erkenntnis«, »Die religiöse Lage der Gegenwart« und »Das Dämonische. Ein Beitrag zur Sinndeutung der Geschichte«.

Die beiden erstgenannten Arbeiten bilden die programmatischen Einleitungsaufsätze zu dem von Tillich herausgegebenen ersten, »Kairos. Zur Geisteslage und Geisteswendung« betitelten Sammelband des Kairos-Kreises, der ursprünglich als fulminante Auftaktpublikation am Beginn einer »Jahrbuch«-Reihe stehen sollte; allerdings folgte dem »Kairos« 1929 lediglich ein zweiter Band. Tillich eröffnet seine »Ideen«-Präsentation mit der Frage nach einem Ort, der eine verantwortungsvolle Rede von der »Geisteslage der Gegenwart« ermöglichen könne. Oswald Spengler, als ›Ortskundiger‹ umraunt und vielgefeiert, liefere diese Orientierung jedenfalls nicht: Die Prognosen des selbsternannten Untergangspropheten sagten mehr über dessen eigenes geistiges

---

[382] Alexander Rüstow, Briefentwurf [wohl an Eduard Heimann, 1924] (BA Koblenz, N 1169, Nr. 15, 50). – Zum Kairos-Jahrbuch und seiner Entstehung vgl. aus verlagsgeschichtlicher Perspektive SENG, Weltanschauung, 271–277. Reichl habe »nach der Trennung von Keyserling und seiner ›Schule der Weisheit‹« (ebd., 277) engen Anschluß an Tillich gesucht. Ende 1932 wurden Tillichs Kairos-Bände vom Verlag J. C. B. Mohr (Paul Siebeck) übernommen (s. 532 Anm. 22). Vgl. REICHLS Bücherbuch. Siebzehntes Jahr 1926: darin als Einleitungsaufsatz, 6–14: TILLICH, Die geistige Welt im Jahre 1926; und ebd., 15–17: Die Entwicklung der Verlagstätigkeit: »ein neuer Kreis junger Theologen und Philosophen bringt unter Führung von *Paul Tillich* die Bücherreihe *Kairos*, deren erstes Buch *Zur Geisteslage und Geisteswendung* soeben erschienen ist« (ebd., 17), vgl. dazu die ausführliche Ankündigung auf S. 50 und das Tillich-Portrait zwischen den Seiten 72 und 73.

[383] Auch TILLICHS Kollegen-Würdigung »Der Religionsphilosoph Rudolf Otto« (1925) und seine Schrift »Das Dämonische« thematisieren die Ideenkonkurrenz nicht.

Koordinatensystem aus als über die krisenhaften Gegenwartskonstellationen und seien ein verantwortungsloses, wenn auch »interessantes Zwischenspiel, nicht mehr«[384]. Ganz anders Troeltsch: Sein Bemühen um eine Überwindung des Historismus ziele, so Tillich, auf eben jene neue Standortbestimmung, sei doch der Historismus Ausdruck für eine der Geschichte gegenüber unverantwortliche Stellung; aber:

> »Es kann kein Zweifel sein: Troeltsch, und das heißt die Zeit, deren Ausdruck er war, hat den Historismus nicht überwunden, hat den Ort nicht genannt, von dem aus er überwunden *ist*. Überwunden *ist*, nicht überwunden werden kann oder wird: denn es handelt sich nicht um etwas, das von irgendeiner Zeit getan werden kann, sondern um etwas, das zu jeder Zeit schon getan ist und zu dem sich jede Zeit hinfinden kann und muß.«[385]

Sich über die Epoche des Historismus verächtlich oder fortschrittsgläubig zu erheben, erscheint Tillich deshalb als unangemessener Gegenwartsstolz. Gerade im Eingeständnis, nicht zur Überwindung fähig zu sein, und in entsprechender Verzweiflung »liegt vielleicht das Finden, dem wir auf Grund dieser Verzweiflung Ausdruck geben können«. Es muß dabei ein Ort ausgemacht werden, der sich jeder Standpunkthaftigkeit entzieht, auf dem deshalb überhaupt nicht gestanden werden kann. Dieser Ort muß jeden Standpunkt erschüttern, ihn aufheben und seine indolenten und absolutheitssatten Inhaber zur Verantwortung ziehen. »Nur das schlechthin Unzugängliche, Unvergleichliche, Unbedingte befreit vom Historismus und stellt die Zeitbetrachtung unter die unentrinnbare Verantwortung.«[386] Früh schon hatte Tillich seine ambivalente Haltung gegenüber dem großen Vorgänger im Kampf mit dem Historismus-Problem eingenommen und formuliert. 1924 war in der »Theologischen Literaturzeitung« seine Kurzrezension von Troeltschs postum publiziertem Band »Der Historismus und seine Überwindung« erschienen, in der er diese, »sich durch hervorragende Klarheit und Durchsichtigkeit« auszeichnenden Vorträge als Zeugnis dafür rühmt, »wie Troeltsch bis zum letzten Augenblick mit dem Zentralproblem seines Lebens gerungen hat, der Überwindung des Relativismus«. Jedoch werde auch hier dieses Ziel nur beschrieben. Troeltsch gelinge es nicht, die immanente Betrachtungsweise zu durchbrechen, so werde »kein Standpunkt erreicht, von dem aus der Historismus wirklich unten liegt«[387]. Der große Geschichtsphilosoph führe lediglich an die Grenze, an der sich der Durchbruch realisieren läßt. In der Auseinandersetzung mit dem »Gemeingeist«

---

[384] TILLICH, Kairos. Ideen zur Geisteslage der Gegenwart, 172. – Zu Tillichs Kritik an Spengler vgl. insbesondere auch DERS., Religiöse Lage der Gegenwart, 79.

[385] TILLICH, Kairos. Ideen zur Geisteslage der Gegenwart, 172.

[386] Ebd.

[387] TILLICH, [Rez.] Troeltsch, Historismus und seine Überwindung, 234.

kommt Troeltsch in seiner »Überwindung« zu einer Aussage, die Tillich als »Schlußbekenntnis«[388] liest: »Die Geschichte ist innerhalb ihrer selbst nicht zu transzendieren und kennt keine Erlösung anders als in Gestalt gläubiger Vorwegnahme des Jenseits oder verklärender Steigerungen partieller Erlösungen.«[389] Noch 1962 betont Tillich, daß es Troeltsch unmöglich war, den »Bann des historischen Relativismus« hinter sich zu lassen, da er zu sehr an seinem idealistischen Ausgangspunkt hing, den Tillich »trotz weitgehender Übereinstimmung in den Problemstellungen« ablehnt. Dieses Scheitern war freilich nicht primär individuelles Versagen, sondern vielmehr der Preis für ein Leben in der Windstille weltgeschichtlicher Ruhezeit: »Der Durchbruch durch den Historismus gelang erst nach einer Generation, die selbst vor letzte geschichtliche Entscheidungen gestellt war.«[390]

Im Sammelband des Kairos-Kreises aus dem Jahr 1926 wird noch an einer anderen Stelle dezidiert und mit programmatischem Impetus auf Troeltsch rekurriert. Christian Herrmann, ein mit Tillich eng befreundeter Troeltsch-Schüler, rezensiert den »Historismus und seine Überwindung« in einer abschließenden »Bücherschau«, deren Ziel es ist, »an einigen Werken der Philosophie und der Geisteswissenschaften unserer Zeit ihr inneres Sehnen abzulauschen«[391]. »Die junge Generation der Philosophierenden« weiß sich, betont Herrmann, Troeltsch »aufs tiefeste verpflichtet, denn er hat die allerersten Grundlagen gelegt, auf denen weitergebaut werden kann, wenn auch vielleicht alles von ihm dem Gericht der Geschichte verfällt«[392]. Mit Nachdruck hebt der Rezensent dann die These hervor, daß es in Verbindung mit dem verantwortungsbereiten, zur Entschlossenheit führenden Gewissen stets eine »die jeweilige historische Situation gestaltende Tat« ist, die auf der Suche nach dem Absoluten weiterzuhelfen vermag. Besonders eindringlich verwiesen wird

---

[388] Ebd., 235.

[389] TROELTSCH, Historismus und seine Überwindung, 103f. Das Zitat folgt der Kritischen Gesamtausgabe. – Vgl. zum Kontext CHRISTOPHERSEN, »Das Jenseits ist die Kraft des Diesseits«.

[390] TILLICH, Auf der Grenze, 35. – Vgl. in diesem Zusammenhang RUDDIES, Troeltsch und Tillich, 412: »Anfang und Ende der theologischen Entwicklung Paul Tillichs sind in einer eindrücklichen Weise auf Ernst Troeltsch bezogen [...].« Clayton bemerkt zu Tillichs einschlägiger Aussage, daß Troeltsch »die negative Voraussetzung für jeden kommenden Aufbau« (TILLICH, Ernst Troeltsch [Nachruf, Vossische Zeitung], 249) sei: »Wie volltönend auch immer Tillichs Formulierungen zum Lob von Troeltschs Lebenswerk sind, das ändert nichts an der Tatsache, daß er es als völlig gescheitert betrachtet« (CLAYTON, Tillich – ein »verjüngter Troeltsch«, 267). Vgl. auch die Wertung, daß Tillich in seinem Lebenswerk versucht habe, »theologisch zwischen der ›Linie Kierkegaard-Barth‹ und der ›Linie Schleiermacher-Troeltsch‹ zu vermitteln«. Darin liege »nicht nur viel von Tillichs geistesgeschichtlicher Bedeutung, sondern auch etwas von seiner Bedeutung für jeden kommenden Aufbau« (ebd., 283).

[391] HERRMANN, Bücherschau, 467; vgl. zu Troeltsch, ebd., 468–470.

[392] Ebd., 468.

zudem auf die Rezeption des Kierkegaardschen »Sprungs«. »AberTroeltsch war
zuviel Historiker, als daß er diese Position hätte rein durchführen oder nur hätte
behaupten können.«[393] Das Unbedingte, so Herrmann, ließe sich, teilte man
Troeltschs tiefgegründete Skrupel, stets nur in Annäherung erreichen. Gerade
auch die Entscheidung des Gewissens müsse in Übereinstimmung mit der historischen Situation gebracht werden. Eben dieses Abwägende, Kompromiß-
bereite, die Selbstbescheidung im Schatten des Absoluten konnte der
stürmische Rezensent, gleichsam als Sprecher einer ganzen Generation, nur als
Kapitulation, als fatales Resignieren eines vor der Zeit müde Gewordenen
wahrnehmen: Troeltschs Bemühungen bleiben, kommentiert Herrmann,
»höchst unbefriedigend«. Die Auszeichnung des Kulturwertesystems mit Nor-
mativität und ihre Herleitung aus der verantwortlichen Persönlichkeit stuft er
als ehrenwerten ersten Schritt ein, der Wege aus der Relativität anzuzeigen vermöge, aber »die tiefste Vereinheitlichung von Ethik und Geschichtsphilosophie wird damit doch nicht erreicht«. Selbst von einer Annäherung läßt sich
kaum sprechen: »Die Metaphysik, welche die Voraussetzung zur wirklichen
Überwindung des Historismus wäre, ist von ferne geschaut und mehr erahnt
als deutlich ergriffen.«[394]

Wirklich Neues entsteht in der Zeit, so Tillich in seinen »Ideen zur Geisteslage der Gegenwart«, nicht durch den Versuch, etwas selbstbestimmt vollbrin-
gen zu wollen, sondern nur durch den prophetischen Geist. Er kann die Zeit
von der Ewigkeit her erschüttern und umwenden. Prophetischer Geist spottet
aller Fixierbarkeit, er ist weder erlernbar, noch läßt sich die durch ihn ausgelö-
ste vergangene Wirkung in all ihrer dramatischen Wucht, von der etwa das
Neue Testament berichtet, heute »für die Erschütterung selbst nehmen«. Er ist
auch nicht an bestimmte Orte oder gar Institutionen, beispielsweise die Kirche,
gebunden. Im Rückblick auf das 19. Jahrhundert erkennt Tillich in zwei
philosophischen Weltdeutungsmodellen ein Hervorbrechen prophetischen
Geistes, bei Marx und Nietzsche. Aber auch diese beiden virtuosen Christen-
tumsverächter, den Künder der Klassenkämpfe wie den »Zarathustra«-Be-
schwörer, zeichnet die Gebundenheit an einen Standpunkt aus, wobei es sich
immerhin um den höchsten handelt, »der damals zu erreichen war und vielleicht bis heute zu erreichen ist«. Die Adepten, all die Nachbeter und enthu-
siastischen Epigonen können dann freilich dieses Niveau nicht halten – nur
den zukunftsgewissen Impuls des Hinausdrängens über die erstickend engen
Horizonte der bürgerlichen Gesellschaft retten die selbsternannten Erben in
die Ebenen der modernen Welt: Auf Nietzsches furiose Entgrenzungsphanta-
sien berufen sich Lebensphilosophie, Expressionismus und Jugendbewegung,

---

[393] Ebd., 469.
[394] Ebd., 470.

schließlich auch, mit besonderem Recht, »Stefan George und seine Schule«[395]. Marx dagegen wird zum Hausheiligen aller in leidenschaftlicher, zukunftsgerichteter Spannung betriebenen Geschichtsphilosophie und beflügelt revolutionäre Temperamente von vielerlei Couleur und höchst unterschiedlich ausgeprägter politisch-praktischer Umsturzbegabung.

Vor diesem unübersichtlichen Tableau, nach dieser fehdefreudigen Erbengemeinschaft des 19. Jahrhunderts bringt Tillich nun die dialektische Theologie, mit dem ihr eigenen Krisis-Begriff, ins Spiel. Seine Kritik fällt, wie schon im »Kairos«-Aufsatz von 1922, massiv aus: Die dialektischen Theologen ignorieren die dämonischen Kräfte und verharren bei einem »abstrakten Nein«. Religiöser Individualismus und philosophischer Kritizismus kommen mit theatralischer Verwerfungsgeste als Überwinder der diesseitsfrommen Vätergeneration zusammen und erweisen sich vor dem Hintergrund einer mit alten Abgrenzungsstrategien nicht mehr kompatiblen Geisteslage als »ausgesprochen reaktionäre Bewegungen«. Mit ihrer ausschließlichen Fixierung auf das »Nein« rauben sie »dem konkret-prophetischen Kampf manche wertvolle Kraft« und halten ungewollt einen »Schild vor die Dämonen der Zeit«[396]. Demgegenüber stellt der Kairos den aller schützenden Selbsttäuschungen beraubten Menschen vor die unentrinnbare Entscheidung. Die mit letztem Ernst vollzogene Proklamation einer Zeit als Kairos bindet jeden Einzelnen unausweichlich in die Verantwortung ein, dieser Entscheidungssituation gerecht zu werden, verlangt ein konkret wagendes Ja und Nein.[397] Jahre später, 1929, greift Tillich dieses Schlüsselmotiv der Untrennbarkeit von Bejahung und Negation erneut auf und charakterisiert die Eigenart prophetischer Kritik, in Abgrenzung von einer mittels Maßstab urteilenden rationalen, als Verbindung eines unbedingten Neins »mit einem unbedingten Ja«[398]. Der Begriff »prophetisch« wird als Abstrahierung »von der einmaligen Erscheinung der israelitischen Prophetie« gekennzeichnet und meint »die aus dem ›Jenseits des Lebens‹ kommende Verkündigung der Krisis des Lebens«[399]. Die prophetische Kritik »stellt die Existenzfrage im letzten, unbedingten Sinne«. Sie unterscheidet sich darin von der rationalen Kritik, die nicht dazu fähig ist, »das Sein als solches« in Frage zu stellen, »sondern immer nur auf Annäherung des widerstrebenden an das wahre Sein dringen kann«. Die prophetische Kritik stellt die Begrenztheit der rationalen, autonomen heraus und verweist auf die Gnade, die allein eine »jenseits der kritischen

---

[395] TILLICH, Kairos. Ideen zur Geisteslage der Gegenwart, 173. – Zur Lebensphilosophie, die HERRMANN (Bücherschau, 471) unter dem Schlagwort »Pubertätsphilosophie« begräbt, vgl. TILLICH, Religiöse Lage der Gegenwart, 37.

[396] TILLICH, Kairos. Ideen zur Geisteslage der Gegenwart, 174.

[397] Vgl. ebd., 175.

[398] TILLICH, Der Protestantismus als kritisches und gestaltendes Prinzip, 128.

[399] Ebd., 128 Anm. 1.

Situation« stehende Erfüllung bringen kann. Die Gnade wiederum kritisiert die prophetische Kritik und bestreitet ihr »letztes Recht, das Sein aufzuheben«. Tillich bündelt seinen Gedankengang in einer kurzen Definition: »In der rationalen Kritik wird die prophetische konkret. In der prophetischen erhält die rationale ihre Tiefe und ihre Grenze, ihre Tiefe durch die Unbedingtheit des Anspruchs, ihre Grenze durch die Gnade.«[400] Der Protestantismus wird schließlich in seiner Kritik als prophetisch gekennzeichnet, wobei die Rechtfertigung als der eigentlich kritische Begriff gilt. Protestantische Kritik ist im Vollsinn prophetisch, da durch sie die rationale Kritik zu ihrer Tiefe und Grenze getrieben wird. Die Kritik überwiegt im Protestantismus die Gestaltung. Allerdings wird dieses Dominanzverhältnis dadurch ausgeglichen, daß die »Gestalt der Gnade [...] Voraussetzung der prophetischen Kritik«[401] ist; ja genereller noch gilt: Ohne Gestalt keine Krisis und keine Kritik.[402] Mit deutlich existentialistischem Duktus profiliert Tillich diese Einsicht dann überraschend abrupt gegen den Katholizismus und führt als wesentliche Leistung des Protestantismus seinen »Schritt zur Entgegenständlichung des Heiligen und den Schritt zur persönlichen Entscheidung«[403] an.

Diese Überlegungen eröffnen als Zentrum eines Programm-Aufsatzes das zweite, wiederum von Tillich herausgegebene Buch des Kairos-Kreises »Protestantismus als Kritik und Gestaltung« und werden auf den Kairos hin zugespitzt:

>»Wegbereitung, d. h. vor allem Nichtbehinderung einer Gestalt der Gnade, die geeint ist mit der radikalen prophetischen und der konkreten rationalen Kritik, Wegbereitung aus dem Geist des ›Kairos‹ und damit aus dem Prinzip des Protestantismus: das ist die Aufgabe, die vor uns steht und die in gleicher Weise gestellt ist der autonomen Kultur wie den christlichen Kirchen.«[404]

Tillichs Krisendiagnostik und fortschrittskritische Aufgabenbestimmung konzentriert sich freilich nicht allein auf die Dimension des Prophetischen. Seinsenergie gewann prophetischer Geist nie ohne einen Vorboten, sein bewahrendes, bergendes, auf Dauer gerichtetes Pendant, das Tillich als priesterlichen Geist bezeichnet. Erst die bürgerliche Gesellschaft, für den »Kairos«-Denker Hort agoniegleich in sich ruhender Endlichkeit, verlor die lebendige Beziehung zu beiden Geist-Dimensionen – und starb den Kältetod. Denn, so erläutert Tillich in seinen »Ideen zur Geisteslage«: »Das Priesterliche ist das mütterliche, tragende Prinzip, gleichsam die kosmische Wärme, deren Zusammen-

---

[400] Ebd., 131; bei Tillich hervorgehoben.
[401] Ebd., 134; bei Tillich hervorgehoben.
[402] Siehe ebd. und 142.
[403] Ebd., 148.
[404] Ebd., 148f.

ballung erst zu den prophetischen Spannungen und Ausbrüchen führt.« Ohne dieses Element, dessen Garant insbesondere der Katholizismus ist und das sich etwa auch in »kultischen Bewegungen«[405] beider Konfessionen findet, ist die Gesellschaft leer, ohne Tiefe und Substanz. Weil der Protestantismus einen »entscheidenden Sieg über den priesterlich-sakramentalen Geist« errang, ist er mitverantwortlich für diese Seinsprofanisierung. Der prophetische Geist lebt zwar in ihm, allerdings muß er sich auch priesterlich verwirklichen, um nicht abstrakt und intellektualistisch zu werden. Die »eigentliche Not des Protestantismus« erkennt Tillich darin, »daß er keine zulängliche priesterliche Verwirklichung gefunden hat und darum von dem Geist der bürgerlichen Gesellschaft überwältigt wurde«[406]. Es ist aber ein Charakteristikum dieser Gesellschaft, daß sie sich als dämonisch bestimmt erweist. Im kapitalistischen Wirtschaftssystem findet diese Dämonie ihren verführungsstarken Ausdruck – denn das Geheimnis ihrer Wirkung ist die Ambivalenz, eben jene Uneindeutigkeit, die auch den Kapitalismus kennzeichnet, der einerseits Leben ermöglicht und es andererseits zerstört: »Das ist das dämonische Bild. Es ist ein Symbol.«[407] Die Kraft der Rationalität reicht daher nicht aus, um den dämonischen Bann zu brechen; nur im Geist der Prophetie kann dem Dämonischen mit Aussicht auf Erfolg der Krieg erklärt werden. Im prophetischen, sich in Kontinuität zu Marx und Nietzsche wissenden Kampf gegen eine solch suggestionsmächtige, mancherlei Masken tragende Dämonie aber liegt zugleich »die Entscheidung über den Kairos, in dem wir stehen«. Der einzelne hat sich zu entscheiden, und es bleiben ihm weder »zeitferne Mystik« noch »zeitlose Paradoxie«[408] als Fluchtmöglichkeit. Aus eben dieser Entscheidungsnot heraus entstand der Religiöse Sozialismus. Er wendet sich im Kairos-Bewußtsein frei von jeglicher Bindung an Politik und Parteien gegen den dämonischen Geist der bürgerlichen Gesellschaft – »die prophetische Tat von Marx« vor Augen, der »diese Dämonie zuerst symbolkräftig gekennzeichnet« hat, wodurch ein gewaltiger Kampf ausgelöst wurde, den prophetische Leidenschaft trug. Die Entscheidung, dem Respekt vor den sozialistischen Ahnen zum Trotz, den Sozialismus als Gegner im Weltanschauungskampf herauszufordern, »kann sich nun«, behauptet Tillich, »von unseren prinzipiellen Voraussetzungen aus vereinigen mit einer Entscheidung für die von Nietzsche herkommenden Bewegungen«[409]; konkret nennt er den Kreis um Stefan George, die Lebensphilosophie und die Jugendbewegung.

---

[405] TILLICH, Kairos. Ideen zur Geisteslage der Gegenwart, 177.
[406] Ebd., 178.
[407] Ebd., 180.
[408] Ebd., 179. – Zu Tillichs Nietzsche-Rezeption vgl. KLEFFMANN, Nietzsches Begriff des Lebens, 410–499.
[409] TILLICH, Kairos. Ideen zur Geisteslage der Gegenwart, 180.

Allerdings wird bereits dieser Text aus dem Jahr 1926 von anklingenden Zweifeln durchzogen, reflektiert Tillich doch gegen Ende: »Es ist als ob ein Reif gefallen wäre auf all die Dinge, von denen hier gesprochen ist [...].«[410] Seine Gegenwart sieht er geprägt von einem allumfassenden prophetiefeindlichen Realismus, und die bürgerliche Gesellschaft erweist sich in ihrer dämonischen Kraft als weithin resistent gegen die Macht kritischer Mahnungen. Es bleibt die Arbeit an konkreter, realer Lage. Der stumpfe, gegenwartsfixiert-zukunftsblinde Realismus der Alltagspragmatiker einer im trostlosen Hier und Jetzt befangenen Gesellschaft ist in einen gläubigen Realismus umzugestalten, der nicht in der Endlichkeit ruht, sondern sich dem Ewigen gegenüber offen zeigt. »Und vielleicht ist dieses das letzte, was wir heute, in dieser Stunde, vom Kairos, vom Kommen der Ewigkeit in die Zeit schauend und fordernd sagen können.«[411] In seinem für »Reichls Bücherbuch« verfaßten kleinen Aufsatz »Die geistige Welt im Jahre 1926« führt Tillich unter Aufnahme von Motiven der »neuen Sachlichkeit« seinen Gedanken des gläubigen Realismus weiter aus.[412] Dieser neue, vom Joch der Fortschrittsgläubigkeit und fataler Diesseitsfixierung befreite Realismus »enthält doch dieses, daß er an die Stelle der horizontalen, vorwärtstreibenden Linie die vertikale nach oben und nach unten weisende, in die Ewigkeit und Dingtiefe führende Linie setzt«[413]. Die Sachhingabe tritt dabei gegenüber dem Subjektiven dynamisch in den Vordergrund. Der Grundzug des Realismus verleiht auch diesem Text eine Ausrichtung, die den in früheren Jahren noch deutlich spürbaren revolutionären Impetus, die mit Pathos eingeforderte Umwandlung der Gesellschaft im Sinne des Religiösen Sozialismus zurücktreten läßt: »Der Wille, die Spannung in der letzten Tiefe fühlbar zu machen und dadurch ebenso die Utopie wie den beruhigten Fortschritt zu überwinden, treibt den religiösen Sozialismus, dessen Stimme um so mehr verstanden wird, je mehr die Enttäuschung an der Utopie zu falscher resignierter Beruhigung verleitet.«[414]

In »Das Dämonische. Ein Beitrag zur Sinndeutung der Geschichte« legt Tillich eine nach eigener Angabe nur widerwillig zustande gekommene Bünde-

---

[410] Ebd., 181.

[411] Ebd. – Zu Tillichs Charakterisierung der »bürgerlichen Gesellschaft« des 19. Jahrhunderts vgl. v. a. auch TILLICH, Religiöse Lage der Gegenwart, 32–36. Vgl. ebd., 46 und 80, zudem die Aufnahme der Rede vom »gläubigen Realismus« und ebd., 56, einen erkennbar resignativen Duktus.

[412] Zu Tillichs Bewertung der »neuen Sachlichkeit« s. besonders TILLICH, Welt im Jahre 1926, 119.

[413] Ebd., 115.

[414] Ebd., 117. Vgl. auch Tillichs Schlußsatz: »Denn das Jahr 1926, es ist im Geistigen ein Jahr der Beruhigung, der Müdigkeit, der Resignation und – des Atemholens, der verborgenen Schöpfung« (ebd., 120).

lung seiner Gedanken zum Dämonischen vor. »Es ist eine merkwürdige Erfahrung«, kommentiert Tillich selbstreferentiell: »Einer Rede über das Dämonische folgt Wildheit oder Leere oder beides: Der Dämon rächt sich dafür, daß er gekennzeichnet ist.«[415] Tillich markiert sehr deutlich den formzerstörenden Charakter des Dämonischen, das sich in seiner Tiefe als dialektisch erweist; denn immer wirken in ihm zwei Kräfte zugleich – Formschöpfung und Formzerbrechung: »Wo das Zerstörerische fehlt, kann von überragender Macht, von Genialität, von schöpferischer Kraft geredet werden, nicht von Dämonie.«[416] Umgekehrt ist Zerstörung ohne Schaffung von Form Fehler oder Zerfall, nicht aber Dämonie. Ein besonderes Augenmerk erfährt die »soziale Dämonie«[417]. Sie zeigt ihre Auswirkungen an geistig-sinnhafter Gestaltung, und nicht »im Chaos, sondern in der höchsten, symbolkräftigsten Form einer Zeit ist die soziale Dämonie zu suchen«[418]. Persönlichkeit und sozialem Zusammenhang gilt der Angriff des Dämonischen. Indem es das Schöpferische zerstört, zeigt sich sein sündhafter Charakter, jedoch ohne daß dämonische Form und Sünde gleichgesetzt werden könnten. Dem christlichen Bekenntnis wohnt die Einsicht inne, daß das Dämonische von Gott überwunden worden ist, wodurch »die Möglichkeit besteht, sich dem Gott zu nahen, der es in Wahrheit ist«[419]. In der Sphäre des Sozialen wird das Dämonische jedoch in der Regel übersehen und mit ihm »die eigentümliche Dialektik der großen, die soziale Wirklichkeit tragenden Mächte«. Nur Schöpfung und Begnadung sind in der Lage, das Dämonische zu überwinden. Und eben dies, die Bekämpfung der »Dämonien einer Zeit«, erhebt Tillich in den Rang einer »unabschiebbaren religiös-politischen Pflicht«. Als Ergebnis kann er daher festhalten: »*Das Politische erhält die Tiefe eines religiösen Tuns. Das Religiöse erhält die Konkretheit eines Kampfes mit ›Geistern und Mächten‹.*«[420] Die Anwendung dieser Deutung auf die bereits ein wenig stagnierende Kairos-Konjunktur lieferte dann Carl Mennicke nach, der Anfang des Jahres 1927 in seinen »Blättern« zu der Einsicht fand, daß es innerhalb der Geschichte keine »neutrale Sphäre« geben könne, sondern geschichtliche Erkenntnis allein in der Spannung zwischen Dämonischem und Göttlichem zu gewinnen sei. Es verstehe sich deshalb von selbst, daß »der Gedanke des Kairos, d. h. der Gedanke einer konkreten Deutung der gegebenen Zeitlage eine verstärkte Wucht bekommt«[421].

---

[415] TILLICH, Das Dämonische, 99.
[416] Ebd., 102.
[417] Ebd., 107.
[418] Ebd.; bei Tillich hervorgehoben.
[419] Ebd., 115.
[420] Ebd., 120.
[421] MENNICKE, Rückblick und Ausblick [II.], 4.

Tillichs Studie »Kairos und Logos« hatte zuvor den Überlegungen der Kairos-Denker die bis dahin allenfalls improvisierend herbeizitierte historische
Tiefendimension erschlossen und eine je nach Diskurslage auszugestaltende
Herkunftserzählung kreiert. Wollten all die in den »Blättern« und andernorts
verkündeten Thesen und Prognosen mehr sein als bloße Augenblicksgeburten,
heute publiziert, morgen vergessen, mehr als bloße Spiegeleffekte intellektueller Zeitgeistergriffenheit, bedurften sie dringend eines traditionsbeglaubigten
Seriositätsnachweises. Tillich differenziert nun zu diesem Zweck zwei Linien
der Geistesgeschichte, beide lassen sich seit der Renaissance verfolgen: »eine
Hauptlinie«, die als »die eigentliche Schicksalslinie« angesehen werden kann
und Nikolaus von Kues mit Descartes, Spinoza und Kant verbindet, sowie »eine
Nebenlinie«, die »mehr eine Drohung als ein Schicksal« zu nennen ist. In Jakob
Böhme findet sie eine Symbolgestalt von rätselhaft zeitenthobener Strahlkraft
und sie läuft – stets ausgerichtet auf Mystik und Naturphilosophie und gleichfalls schon beginnend in Spätmittelalter und Renaissance – über die Romantik, die einen Verschmelzungsversuch mit der Hauptlinie unternimmt, über
Schelling, Schopenhauer, Nietzsche bis hin zur Lebensphilosophie. Die Hauptlinie ist »durch die methodische Selbstbestimmung und das Vorherrschen der
griechischen Natur- und Weltbetrachtung«[422] charakterisiert. Die Philosophie
des Abendlands hat sich im Wesentlichen dieser Linie, die von »gestaltende[r]
Kraft in Technik und Gesellschaft«[423] sowie experimenteller Überprüfbarkeit
dominiert wird, angeschlossen. Das innerste Wesen der Nebenlinie ist dagegen
die Metaphysik. Ihre Kennzeichen sind nicht wissenschaftliche Methode und
Experiment, sondern sprunghafte Entwicklung und steter Neubeginn. Wer ihr
folgt, faßt die Welt »als Schöpfung, Widerstreit und Schicksal«[424] auf. Schaffen-
der Prozeß, nicht ewiges Gestaltgesetz prägt Naturwirklichkeit und menschliche Kultur. Die Geschichte wird als »ein einmaliges unableitbares Geschehen«
verstanden, »das unter keinem Gesetz steht, das nicht Ausdruck irgendeiner Gestalt oder Form ist«. Wie in anderen Texten zuvor verbindet Tillich auch hier
den Kairos-Gedanken mit der Gestalt: Zeit in qualitativer Füllung ist »in diesem dynamischen Schöpfungsdenken [...] allentscheidend«, und er konstatiert:
»Wir nennen diesen erfüllten Augenblick, diesen als Schicksal und Entschei-

---

[422] TILLICH, Kairos und Logos, 269. – Vgl. auch die Aufnahme der »Nebenlinien« in
TILLICHS »Philosophie und Schicksal«, 315f.
[423] TILLICH, Kairos und Logos, 270.
[424] Ebd., 271. – Vgl. zur Metaphysik auch TILLICH, Religiöse Lage der Gegenwart, 45–47.
Er stellt dort fest: »Eine ständig wirksame Form ist die über Marx von Hegel herkommende
utopische Geschichtsmetaphysik des Sozialismus. Sie ist die Veranlassung gewesen zu ge-
schichtsmetaphysischen Gedanken, wie sie in größerer Nähe zu der bürgerlichen Fort-
schrittsmetaphysik und noch stark beeinflußt vom romantischen Sozialismus Ernst Troeltsch
in seinem ›Historismus‹ angedeutet hat« (ebd., 46).

dung uns entgegentretenden Zeitmoment *Kairos*.« Dem »wesensmäßigen Verhältnis«[425] von solcherart zeitzentriertem Kairos-Denken und zeitlosem Logos-
Denken gilt dann die weitere Aufmerksamkeit, die zunächst von der eher
rhetorischen Frage, ob es eine grundsätzliche Askese dem Kairos gegenüber
gibt, geleitet wird. Die Antwort fällt, wie zu erwarten, negativ aus: »es kann
keine Askese gegenüber der Forderung des Kairos, kein Ausweichen vor der
Entscheidung geben«[426]. Diese Entscheidung ist auf das Unbedingte ausgerichtet; wird zu ihm vorgedrungen und die Entscheidung gleichzeitig konkret
gehalten, kann überhaupt erst in einem eigentlichen Sinn von Geschichte gesprochen werden. Auch für die Individualität ergeben sich Konsequenzen, denn
will sie mehr sein als »Spielart eines Allgemeinen«, will sie »schlechthin bedeu-
tungsvoll sein«, dann »muß sie [...] als konkrete Urentscheidung, als Entscheidung im unbedingten Sinn«[427] gefaßt werden. Dem Unbedingten muß mit
einer inneren Haltung begegnet werden, »die Freiheit und Schicksal zugleich ist, und aus der das Handeln ebenso quillt wie das Erkennen«[428]. Der
erkennende Mensch steht mit den Dingen vor dem Unbedingten in einer
Schicksalsgemeinschaft. Ansätze zu dieser Einsicht beobachtet Tillich in
Lebensphilosophie und Phänomenologie sowie auch in der neuen »Geschichtsbetrachtung, die mit dem Vorurteil zu den Dingen kommt, daß sie den
Erkennenden etwas angehen, und sich bemüht, bis zur Tiefenschicht der Dinge
vorzudringen, da, wo sie Schicksalsbedeutung haben. Derartiges findet sich zum
Teil in der Diltheyschen und Georgeschen Schule.«[429] In seiner kleinen Monographie »Die religiöse Lage der Gegenwart« hebt Tillich mit Bezug auf die
wissenschaftsbeflissenen Schüler Georges pointiert hervor, daß diese »die historische Schau unter dem Einfluß der dichterischen Intuition« auf »eine höhere Ebene«[430] stellten. So erkennt Tillich einen unmittelbaren religiösen
Einfluß in der Verwendung des Mythos als Deutungsschlüssel in Ernst Bertrams
Vorrede zu seinem »Nietzsche«; »große geistige Gestalten« werden dort »in der
geschichtlichen Schau zu mythischen Charakteren«. Das historische Verstehen
des anschauenden Geistes zeigt diesen hier nicht »als eine leere Tafel, die eine
fremde, feststehende Wirklichkeit deutlich oder undeutlich aufnimmt«. Vielmehr versteht ein Geist den anderen, und gleichzeitig findet eine Deutung,

---

[425] TILLICH, Kairos und Logos, 272.
[426] Ebd., 275.
[427] Ebd., 277.
[428] Ebd., 280.
[429] Ebd., 282f. – Zu beachten ist im Vergleich auch insbesondere TILLICHS Urteil über den
Rang der Lebensphilosophie in: Die religiöse Lage der Gegenwart, 44. Er betont dort nachdrücklich die phänomenologische Einsicht, daß nur »Hingabe und Intuition [...] zum Ziel
führen« können.
[430] Ebd., 40. Vgl. auch zu Dilthey, ebd., 40f.

eine Sinnverleihung statt. Das »historische Erkennen wird zu einer Lebens-
funktion, zur Sinnerfüllung des Vergangenen im Gegenwärtigen und des Gegenwärtigen im Vergangenen«. Der Geist wird schöpferisch. Und noch eine
weitere Ebene ist im Spiel, wenn die historische Schau des Wesens als mythisch
gekennzeichnet wird. »Mythisch heißt ja symbolisch: für das Ewige. Eine historische Gestalt mythisch sehen, heißt, sie als Ausdruck eines in die Tiefe des
Ewigen reichenden Lebensgehaltes sehen, heißt schließlich, sie religiös
sehen.«[431]

Wahrheitserkenntnis bleibt für Tillich dabei an Entscheidung und Schicksal
gebunden, sie ist im Kairos begründet. Diese Einsicht lebt von einem spezifischen Verständnis der Idee: In sich unendlich, begründet sie die gegen Hegel
formulierte Ablehnung von Geradlinigkeit und Abgeschlossenheit der Dialektik. Tillich propagiert aber »kein Ja zur Sinnlosigkeit«. Vielmehr steht die Idee
im Schicksal, und das Erkennen dieser Idee »ist Schicksal der Idee in der Existenz, ist ein Ausdruck, eine Existenzform ihres Schicksals. Dialektik ist der
Versuch, von diesem Kairos aus das Schicksal der Ideen zu begreifen.« Dabei
weiß sich dieser Versuch in ein Gesamtschicksal eingebunden, wie auch umgekehrt »das Gesamtschicksal an ihn gebunden ist und in ihm neu zur Wirklichkeit kommt«. In der hier vorliegenden »Wechselwirkung des Verstehens von
Gegenwärtigem und Vergangenem, von Eigenem und Fremdem verwirklicht
sich die Einheit von Kairos und Logos«[432]. Um dem möglichen Relativitäts-
vorwurf zu entgehen, führt Tillich den Gedanken ein, daß der absolute Standpunkt, auf dem nicht gestanden werden kann, ein »Wächter« ist, »der das
Unbedingte schützt« und »eine Verletzung der Unbedingtheit durch einen bedingten Standpunkt abwehrt«. Tillich spricht von einem »gläubigen Relativismus« als von demjenigen »Relativismus, der den Relativismus überwindet«[433].
Der sogenannte Wächterstandpunkt befindet sich in einem permanenten
Kampf gegen Versuche der Setzung eines Standpunktes als unbedingt. »Aber der
Wächter ist zugleich der, der auf das Heiligtum hinweist, das er bewacht.« Für
die Wahrheitsfrage sieht Tillich damit durchgeführt, »was im Grundprinzip
des Protestantismus, dem Prinzip der Rechtfertigung aus Glauben, enthalten
ist: Dieses nämlich, daß im Zusammenhang des Daseins eine anschaubare
Verwirklichung des Heiligen nicht vorhanden ist, daß alles Dasein dem Unbedingten gegenüber zweideutig bleibt.«[434] Erst vom protestantischen Wächterstandpunkt aus erhält auch der Kairos-Gedanke seine letzte Erfüllung. Genau

---

[431] Ebd., 41.
[432] TILLICH, Kairos und Logos, 293.
[433] Ebd., 294.
[434] Ebd., 295. – In Tillichs konsequenter Betonung der Rechtfertigungslehre zeigt sich
der Einfluß seines Lehrers Martin Kähler. Vgl. dazu TILLICH, Rechtfertigung und Zweifel.

dann, wenn ein Moment der Zeit in seiner Ausrichtung auf das Unbedingte erkannt wird, kann er mit Recht Kairos genannt werden. »Eine Zeit derart ansehen, heißt, sie in ihrer Wahrheit ansehen.«[435] Die Rede vom Wächter verdeutlicht dabei, daß wahre Erkenntnis keine absolute ist, sondern eine »aus dem Kairos, also aus dem, was Schicksal der Zeit ist, aus dem, worin die Zeit getragen ist, vom Unbedingten«. Ein solch dynamischer Wahrheitsgedanke kann die Konfrontation von absolut und relativ überwinden: »Denn der Kairos, der Schicksalsmoment des Erkennens ist absolut, insofern er in diesem Augenblick vor die absolute Entscheidung für oder wider die Wahrheit stellt, und er ist relativ, sofern er weiß, daß diese Entscheidung nur als konkrete Entscheidung, als Zeitschicksal möglich ist. So dient der Kairos nicht der Verhüllung, sondern der Offenbarung des Logos.«[436]

Insbesondere die Rede Tillichs vom »Gesamtschicksal« erfährt noch im Erscheinungsjahr des Aufsatzes, 1926, eine kritische Aufnahme in Friedrich Gogartens Monographie »Ich glaube an den dreieinigen Gott. Eine Untersuchung über Glauben und Geschichte«, die der vom Verfasser festgestellten »fortschreitenden Verwandlung«[437] der Theologie in Geschichtsphilosophie Einhalt zu gebieten sucht. Wenn der Mensch sich, konstatiert Gogarten mit Blick auf Tillich, nicht mehr am Wort der Kirche und seiner Zugehörigkeit zu ihr orientiert und »das Wissen um die Geschichtlichkeit seines Lebens und Tuns« nicht länger aus dieser Verbindung schöpft, schafft er sich »zum Ersatz eine Geschichtsphilosophie«. Einmal selbstgewiß in ihrem Besitz, begegnet er jedoch dem Leben in all seinen Dimensionen und individuellen wie kollektiven Vollzugsformen nur noch verzerrt von Ansprüchen, im Wortsinn ›anspruchsvoll‹, und nicht verantwortlich, so daß Gogarten diese Haltung als Verantwortungslosigkeit identifiziert. Er bestimmt sie näher als »Sucht nach Geschichtsphilosophie, die als eine Pest nachgerade unser heutiges geistiges Leben vergiftet

---

[435] TILLICH, Kairos und Logos, 295.

[436] Ebd., 296. – Eine Entsprechung findet dieses Ergebnis späterhin in Tillichs Frankfurter Antrittsvorlesung »Philosophie und Schicksal«, in der er davon spricht, daß der Logos in den Kairos aufzunehmen ist, »die Geltung in die Zeitenfülle, die Wahrheit in das Zeitschicksal« (TILLICH, Philosophie und Schicksal, 318; bei Tillich hervorgehoben). Im Bild einer Stufenfolge, deren eines Ende die Physik, deren anderes die normative Geisteswissenschaft bildet, ordnet Tillich jenem den Logos, diesem den Kairos zu, wobei kein Punkt existiert, an dem nur der Logos oder nur der Kairos vorhanden ist. Seit der griechischen Philosophie, die sich »gehorsam dem Logos und doch getragen von ihrem Kairos« vollzog, bestimmen Logos und Kairos die Erkenntnis. So sieht sich auch die gegenwärtige Zeit vor die Aufgabe gestellt, »dem Logos zu dienen aus der Tiefe unseres in Krisen und Katastrophen sich ankündigenden neuen Kairos. Je tiefer wir darum im Schicksal stehen, im eigenen und gesellschaftlichen, desto mehr wird unsere Denkarbeit Schicksalscharakter und darum Wahrheit haben« (ebd., 319).

[437] GOGARTEN, Ich glaube an den dreieinigen Gott, [V].

und es verfaulen läßt«. Sie macht »die Geschichte zu einem Spiel der Geist-
reichigkeit« und »ist der eigentliche Ausdruck für die tiefe Gottlosigkeit, die
das heutige Tun und Denken auch da beherrscht, wo man ihr mit ernstester Gedankenarbeit und Geschichtdeutung beizukommen sucht«[438]. Anfang 1927
nahm Carl Mennicke Bezug auf diese Schmähreden gegen die Geschichtsphilosophie und kommentierte zugleich Gogartens Zeitauffassung: »In der Barth-
Gogartenschen Theologie ist von Zeitlage keine Rede. Kairos ist einzig die
Fülle der Zeit, in der der Christus erschienen ist. [...] Für diese Betrachtung
sind alle geschichtsphilosophischen Deutungen, alle Berücksichtigungen einer
Zeitlage, wie überhaupt alle philosophischen Deutungen der Welt ein Ausweichen.«[439] Der Gogarten gegenüber angeschlagene Ton fällt scharf aus: So
attackiert Mennicke die »hochmütig-willkürliche Trennung von Gott und
Welt«, der eine »ebenso willkürliche eindeutige Manifestierung der Offenbarung an die Erscheinung Christi« entspreche. Und er legt noch einmal nach: »Es
ist ja überhaupt richtiger verblasener Intellektualismus, der so unewig, so
zeitbestimmt und zeitbeschränkt wie möglich ist, anzunehmen, durch eine
›richtige Theologie‹, durch jene zwingende dialektische Logik des neuprotestantischen Denkens könne man Menschen in die Wirklichkeit der unaus-
weichlichen Begegnung und Entscheidung hineinstoßen.«[440]

Daß für Gogarten in seiner Kritik an Tillich auch Ernst Troeltsch, als Schat-
tengestalt im Hintergrund, präsent war, wird kaum zu bezweifeln sein: Gerade
der Dorndorfer Pfarrer zählte sich ja zu den berufenen Nachfolgern, Fortset-
zern, wohl auch Überwindern des »Historismus«-Deuters, der sich der theologischen Wissenschaft seiner Zeit entfremdet hatte. Ganz ungewiß aber war
zum Zeitpunkt dieser verdeckt ausgetragenen Kontroverse zweier eigensinni-
ger Troeltsch-Schüler, ob Tillich, wie zur Bestätigung von Gogartens Argwohn,
auch mit seiner Gelehrtenbiographie das Erbe des gemeinsamen Lehrers bekräftigen würde.

---

[438] Ebd., 181. – Eine späte Antwort auf diese disqualifizierende Äußerung Gogartens plaziert der Angegriffene 1934 in seinem »Offenen Brief«, der Emanuel Hirschs Diagnose der
»geistigen Lage« attackiert. Tillich verweist hier auf Gogartens Kennzeichnung der »Kairos-
Philosophie als ›Pest der Geschichtsphilosophie‹« und fragt maliziös, ob Gogarten Hirschs
»Abart derselben« aufgrund des »politischen Bündnisses mit mehr Gnade aufnehmen« werde
(TILLICH, Theologie des Kairos, 148). Zu Gogarten vgl. im vorliegenden Zusammenhang
bes. GRAF, Gogartens Deutung der Moderne.
[439] MENNICKE, Rückblick und Ausblick [II.], 5.
[440] Ebd., 6.

1.2.6. Sondierungen: Tillich schreibt Erich Seeberg

Noch als Tillich bereits in Marburg lehrte, trug er sich mit dem Gedanken, nach Berlin zurückzukehren, und zwar auf »ein ausserétatsmässiges Extraordinariat für Religionsphilosophie und Kulturethik«. Fördernden Rat fand er in dieser Angelegenheit bei Reinhold Seeberg, mit dem er sich in einem persönlichen Gespräch verständigte. In einem Brief vom 5. November 1924 wurde Tillich dann dem Berliner Großordinarius gegenüber konkreter: »In Marburg sind gerade die genannten Dinge durch Heidegger, Natorp, Heiler, Otto so völlig ausreichend belegt, dass ich mir eigentlich überflüssig vorkommen würde, während hier [sc. in Berlin] in keiner der beiden Fakultäten diese Troeltsch'schen Fächer vertreten sind.«[441] Doch das Argument drang nicht durch, die informelle Bewerbung fand keine entschlossenen Unterstützer. Die Möglichkeit, nach Berlin zu wechseln, blieb für Tillich allerdings noch über Jahre hinweg eine mehr oder minder realistische Option. 1928 hoffte er, die – schließlich Wilhelm Lütgert zufallende – Nachfolge von Reinhold Seeberg antreten zu können, und sondierte nicht ohne Geschick das Fakultätsterrain. Im Juli urteilte Erich Seeberg in einem Brief an Rudolf Hermann daher durchaus im Ton angenehmer Überraschung: »Ich habe hier den Besuch von Herrn Tillich gehabt. Ich habe sehr viel Nöte mit der Nachfolge meines Vaters, wo die Dinge ganz ungeklärt sind [...]. Tillich ist sehr begabt, versponnen, weich, Ästhet, etwas Theologe der Bohème, aber immerhin.«[442]

Die persönliche Begegnung war durch intensive Korrespondenz vorbereitet worden: In kaum kaschierten Bewerbungsbriefen an Seeberg junior schildert Tillich ausführlich seine Motivationslage, nimmt dabei auch Stellung zu seinem eigenen theologischen Standpunkt und skizziert in wohlgesetzten Worten sein Verhältnis zu Reinhold Seeberg, dem er persönlich und sachlich mit einem »Gefühl der Verehrung« gegenüberstehe. Es seien zuallererst Seebergs Arbeiten zum Mittelalter, die er nicht zuletzt als Grundlage seiner eigenen Auffassung dieser Epoche besonders schätze. »Ebenso danke ich ihm die Grundlage meiner Vorlesung über Geschichte der protestantischen Theologie, insonderheit das Lutherverständnis, in welchem ich mich ihm sehr viel verwandter fühle als Holl auf der einen und Gogarten auf der anderen Seite. Seine Dogmatik ist für mich ein Werk ständiger Benutzung und Auseinandersetzung, besonders in dem grundlegenden Teil, an dem ich jetzt selbst arbeite.« Bei aller Nähe gelte es jedoch auch den Unterschied festzuhalten:

---

[441] Paul Tillich an Reinhold Seeberg, 5.11.1924 (BA Koblenz, N 1052 [Nachlaß Reinhold Seeberg], 121).

[442] Erich Seeberg an Rudolf Hermann, 8.7.1928, in: WIEBEL (Hg.), Hermann – Seeberg. Briefwechsel, 95f.; hier 95.

»Ich bin zuerst durch den kritischen Radikalismus von Troeltsch und dann durch den religiösen Radikalismus von Barth hindurchgegangen, und von da aus muss die Stellung zu den einzelnen Problemen anders aussehen; aber ich glaube, dass in meiner prinzipiellen Stellung [...] etwas enthalten ist von dem, was Ihr Vater einmal meinte, als er das Programm der ›modernen positiven Theologie‹ aufstellte. Jedenfalls habe ich gefunden, dass er, wie kaum ein anderer unter den älteren Theologen für die modernsten Dinge und Probleme Verständnis hat.«

Aufgrund vieler persönlicher Gespräche mit Seeberg senior gibt sich Tillich überzeugt, daß, sollte er zum Nachfolger erkoren werden, »der Abbruch der Tradition nicht so gross ist, wie er vielleicht erscheinen könnte, dass er vielmehr dem entspricht, was durch die Geschichte, die unsere Generation erlebt hat an Zerbrechen und Neuanfangen, bedingt ist«.

In seinem Brief schildert Tillich jedoch auch ein konkretes Unbehagen gegenüber der gegenwärtigen Lage in Theologie und Kirchenpolitik; denn seit seinem letzten Semester in Marburg beobachte er

»das orthodox-werden der Barthischen Bewegung mit steigender Sorge. Es ist mir ein Schmerz, dass die tiefe Erschütterung, die sie auch auf mich ausgeübt hat, sich bei den jüngeren Studenten zum grossen Teil ausläuft in eine neue, höchst unerschütterte und theologisch oft recht ungebildete Orthodoxie. Wenn es möglich wäre, könnte man von hier aus fast Sympathieen zum älteren Liberalismus bekommen. Aber das ist natürlich nicht mehr möglich, und so stehen wir hier vor einer völlig neuen Situation, der wir nicht nur, wie wir es tun, theologischen, sondern irgendwann einmal auch aktiven Ausdruck geben müssen.«

Tillich konstatiert als »besonderes Negativum des Barthianismus [...], dass er in vielen jüngeren Kräften die sozialethische Initiative gebrochen« habe. »Auch hier finde ich, dass wir über diese Krisis hinaus die Tradition der älteren sozialethischen Arbeit aufnehmen und auf einen durch das Zeitenschicksal gebotenen völlig neuen Boden stellen müssen. Das ist ja schließlich der Sinn meiner ganzen religiös-sozialistischen Bemühungen.«[443] Mit dem Hinweis auf die Sozialethik stellt Tillich gegenüber Erich Seeberg ohne Zweifel einen Bezug zu dessen Vater Reinhold her. Es entsteht dabei eine deutliche Ambivalenz im Aussagegehalt; denn Tillich distanziert sich an diesem Punkt nicht von den gegen die Weimarer Republik gerichteten Bestrebungen Reinhold Seebergs,[444] sondern versucht vielmehr, eine, wie auch immer näher zu bestimmende, gemeinsame Basis theologischer Arbeit in der Gegenwart zu schaffen.

---

[443] Paul Tillich an Erich Seeberg, 21.6.1928 (BA Koblenz, N 1248 [Nachlaß Erich Seeberg], 37).

[444] Vgl. zur antirepublikanischen Position Reinhold Seebergs mit ihren Affinitäten auch zur NS-Ideologie GRAF/TANNER, Sozialidealismus, 366–370; sowie KAUFMANN, Die Harnacks und die Seebergs, bes. 214–216.

Im Kontext der Debatten um die Seeberg-Nachfolge wurde Tillich insbesondere mangelnde Kirchlichkeit vorgeworfen. Auch Erich Seeberg muß offenbar solche Vorbehalte artikuliert haben, denn Tillich versucht in einem Brief vom 1. November 1928 die für ihn prekäre Lage zu entschärfen: Er könne die Bedenken durchaus nachvollziehen, sehe sie jedoch »wesentlich darin begründet«, sich »zwar lebensmäßig von der Kirche her, aber arbeitsmäßig zu der Kirche hin entwickelt« zu haben. »Diese zweite Entwicklung ist unserer Lage gemäß sehr lang und mühsam. Aber ich halte sie für fruchtbarer als den selbstverständlichen Einsatz in der kirchlichen Situation.«[445] Nachdem sich herausgestellt hatte, daß Carl Heinrich Becker ihn in Berlin aufgrund kirchlicher Widerstände nicht durchsetzen konnte, zeigte sich Tillich getroffen: »Damit ist die tiefe Spannung, in der ich seit Pfingsten mich befinde, gelöst. Das ist eine Erlösung, wenn auch eine negative. Denn ich entnehme daraus, daß eine theologische Fakultät, zum mindesten in Alt-Preußen für mich nicht in Frage kommt.« Als Konsequenz ergebe sich für ihn, teilt er Erich Seeberg mit, »nicht innerlich, wohl aber der Arbeitsrichtung nach« eine Hinwendung zur Philosophie. »Natürlich bedeutet das, wenn ich richtig gesehen habe, eine schwere Krise für mich. [...] Besonders leid tut es mir, daß auf diese Weise die erhoffte Zusammenarbeit mit Ihnen nicht Wirklichkeit werden kann.«[446] Nur vier Tage später konstatiert Tillich, wiederum gegenüber Seeberg, mit direktem Bezug auf das Vorbild Ernst Troeltsch: »Daß mein ›Daimonion‹ unbedingt für die Theologie steht, wissen Sie ja. Ich würde mit demselben Bruch wie Tröltsch zur Philosophie übergehen. Aber ich würde es tun, wenn es keinen anderen Weg gäbe, in eine mir angemessenere Situation zu kommen.« Sein Vater habe ihm jedoch von einer Unterhaltung mit dem Berliner Alttestamentler Ernst Sellin im Kirchensenat berichtet, in der sich dieser »sehr freundlich geäußert und zum Ausdruck gebracht« habe, »daß weder er noch der P.[reußische] O.[ber] K[i]r.[chenrat] gegen mich an sich Stellung nehme, sondern nur für diese Stelle, daß sie es im Gegenteil bedauern würden, wenn ich den Weg von Tröltsch ginge.«[447] Der kirchliche Widerstand bezöge sich wohl vor allem auf

---

[445] Paul Tillich an Erich Seeberg, 1.11.1928 (BA Koblenz, N 1248, 37).
[446] Paul Tillich an Erich Seeberg, 2.12.1928 (BA Koblenz, N 1248, 37).
[447] Paul Tillich an Erich Seeberg, 6.12.1928 (BA Koblenz, N 1248, 37). – Vgl. schließlich auch Paul Tillich an Erich Seeberg, 19.12.1928 (BA Koblenz, N 1248, 37). Tillich nimmt in diesem Schreiben zu der Kritik Stellung, daß eine seiner Leipziger Vorlesungen nicht überzeugend gewesen sei. »Der Vorwurf des ›Dürr‹ und ›hoch‹ bezieht sich sicher auf die erste Hälfte meiner Vorlesung über ›Die religiöse Erkenntnis‹, deren zu grosse Abstraktheit ich dann selbst bemerkte, und abstellte. Ich rede seitdem völlig frei [...] und schon dadurch weder abstrakt noch dürr, sondern wie man mir immer wieder sagt, und zwar gerade von Seiten von Pfarrern, unmittelbar aus dem Leben heraus, wenn auch nicht aus der Schicht, in der man Anekdoten erzählt. Die Zahl meiner Hörer in Dresden beträgt jetzt etwa hundertundzwanzig, obgleich höchstens ein Dutzend Religion als Wahlfach haben, also bei mir

Prüfungsfragen. Trotz derartiger Lichtblicke: Tillich blieb der Weg nach Berlin auf eine ordentliche Professur versperrt, nicht nur im Winter 1928, sondern auch vier Jahre später, schon im Schatten kommender Katastrophen, als der inzwischen in Frankfurt Lehrende noch einmal versuchte, mit Seebergs Hilfe sein Lebensziel, einen Berliner Lehrstuhl, zu erreichen. In der Zwischenzeit waren Marburger und Bonner Berufungspläne gescheitert, einen Ruf nach Halle hatte Tillich 1931 dann selbst abgelehnt. Nun, im November 1932, sondierte er in reflexionsfreudigen Briefen an den starken Mann der Berliner Fakultät die Aussichten für einen Wechsel in die Reichshauptstadt, skizzierte aber zugleich als Kulisse eigener Karriereambitionen auch die Lage innerhalb der Systematischen Theologie überhaupt und nannte mögliche Kandidaten für die in absehbarer Zeit frei werdenden Lehrstühle von Arthur Titius und Wilhelm Lütgert. Wie ernst es dem Kandidaten mit seinem Anliegen war, verrät gleich zu Beginn der Versuch, die eigene Biographie retrospektiv ein wenig zu begradigen:

»Was zunächst die Chancen für mich betrifft, so beurteile ich sie natürlich genau so negativ wie Sie. Trotzdem einen kleinen Beitrag zur Legendenbildung: Ich war in der ganzen Ministerzeit Grimmes zweimal bei ihm, einmal, wo wir uns persönlich begrüssten und gar nichts Sachliches besprachen, und das zweitemal acht Tage vor seinem Sturz, wo ich ihn als Dekan der hiesigen Fakultät veranlaßt habe, zwei vorgeschlagene Ordinarien zu ernennen, die beide politisch rechts eingestellt sind, aber bedeutende Männer sind. Der einzige, übrigens erfolglose, Beeinflussungsversuch war ein Brief gegen die Aufhebung der Emeritierung.«

Tillich geht dann zu einer Positionsbestimmung über, in der er scharfe Distanzierung von Karl Barth mit Kirchenkritik verknüpft:

»Zur Sache selbst bin ich der Meinung, dass die Dinge sich seit der Zeit, wo wie Barth sich einmal ausdrückte, zwischen ihm und mir eine unterirdische Arbeitsgemeinschaft bestand, gründlich geändert haben. Die Dialektik ist eindeutig zur Orthodoxie übergegangen. Die evangelische Kirche ist durch diese wie durch andere Entwicklungen in Gefahr, endgültig zu einer Sekte zu werden. Denn während der Katholizismus durch seine politische Macht und Wirksamkeit trotz der völligen Verhärtung seiner Lehre in ständiger Wechselwirkung mit der autonomen Kultur steht, hat der Protestantismus, wenigstens auf deutschem Boden, Kulturbedeutung allein durch seine wissenschaftliche Theologie errungen. Ich erlebe es ständig, wie selbst von den wohlwollenden Krei-

---

hören müssen. In Leipzig ist die Zahl immer über dreissig gewesen, beträgt jetzt fünfzig, obgleich ich überhaupt keine Pflichthörer habe. Davon gehören die Hälfte anderen Fakultäten an, die andere Hälfte sind Theologen. Nach dem Urteil meiner Kollegen sind meine Hörer die wenigen, verhältnismässig regen und interessierten unter den Leipziger Studenten, meistens ältere Semester, Doktoren, Pfarrer usw. Dieses zum Faktischen. – Das ›Sich-Rühmen-Müssen‹ ist eine böse Sache!«

sen aller geistig in Frage kommenden Schichten des Volkes die Entwicklung des Protestantismus als völlig hoffnungslos angesehen wird, und zwar wegen der ~~völligen~~ Ausscheidung des autonomen und liberalen Elements in der letzten Entwicklung.«

Mit Blick auf die Zukunft der Berliner Fakultät übt sich Tillich in der Rolle des
Unheilspropheten. Im Falle einer Übernahme der »liberale[n] Professur« durch
einen »Dialektiker«, die »durchaus in der Konsequenz alles dessen, was in den
letzten zehn Jahren geschehen ist«, läge, sei mit einer »auf unabsehbare Zeit
sich auswirkenden sektenhaften Absperrung und Verhärtung des deutschen Protestantismus« zu rechnen. »Ich muss Ihnen gestehen«, bekennt Tillich,

»dass ich persönlich mit jedem Jahr mehr Respekt vor der wissenschaftlichen Anstän-
digkeit, Sauberkeit und Wahrhaftigkeit des alten Liberalismus bekomme, wovon die
jüngere Theologengeneration, so weit ich ihr direkt und indirekt begegne, kaum mehr
eine Ahnung hat. Das Totschreien des Liberalismus, an dem sich der jüngste Theolo-
giestudent, wie der älteste Generalsuperintendent beteiligen, ist in Wirklichkeit Sehnsucht nach dem, was Spengler zweite Religion oder Fellachisierung genannt hat. Es ist
die Unfähigkeit, die Verantwortung der Autonomie auf sich zu nehmen. Nun bin ich
der Meinung, dass zum mindesten einzelne Persönlichkeiten wie im früheren so in dem
kommenden Mittelalter das autonome Element durchretten müssen. Jedenfalls müssen
wir dafür kämpfen, solange wir noch einen Rest von Möglichkeiten dazu haben.«

Als praktische Folgerung empfiehlt Tillich, keine Dialektiker auf die Liste zu
setzen, und falls sich dies als unrealistisch erweise,

»die Sache bis zum Abgang von Lütgert herauszuschieben und dann gleichzeitig eine
liberale und eine dialektische Besetzung vorzunehmen. Lassen sich die Dialektiker nicht
vermeiden, so würde ich unter allen Umständen *Gogarten* ausschließen, der wie ich
neulich hörte, infolge seiner autoritativen Verhärtung selbst bei seinen Freunden und
Anhängern Kopfschütteln erregt. Jedenfalls finde ich, dass er als Hauptvertreter der systematischen Theologie in Deutschland schlechterdings nicht in Frage kommt. Systematisch der beste ist zweifellos *Brunner*, aber *Barth* hat durch seine menschliche Breite
und seine geschichtliche Wirkung den ersten Anspruch auf Nennung.«

Doch auch die liberale Richtung unterzieht Tillich einer strengen Wertung:

»*Wobbermin* ist äusserst langweilig, und sein psychologischer Zirkel philosophisch völlig antiquiert. Dem gegenüber ist *Stephan* viel beweglicher und moderner, obgleich er
auch keine durchschlagende Kraft hat. Ich würde darum eher für Stephan als für Wobbermin sein. *Wehrung* kommt in Frage, obwohl er keine sehr eindrucksvolle selbständige systematische Position hat.«[448]

---

[448] Paul Tillich an Erich Seeberg, 24.11.1932 (BA Koblenz, N 1248, 37).

Sich selbst bringt Tillich dann noch einmal am 11. Dezember 1932 als Nachfolger von Titius ins Spiel, mit dem Vorschlag, sich als Religionsphilosophen
beziehungsweise Religionswissenschaftler auf »eine ordentliche oder ausseror-
dentliche etatsmässige Professur in der theologischen Fakultät, die als Verbin-
dungsprofessur zur Philosophie gedacht ist und die alte Pfleiderersche Tradition
fortsetzt«[449], berufen zu lassen. Dem Oberkirchenrat könne ja mit einem Vertrag entgegengekommen werden, der ihn, Tillich, nur als philosophischen Prü-
fer vorsehe und zudem seinen Verzicht auf dogmatische Vorlesungen festhalte.[450]

Ob der Adressat dieser so spontan wirken wollenden Gedankenspiele das
nicht nur eigennützige Engagement des Kollegen angemessen zu würdigen
wußte, mag wohl bezweifelt werden. Doch bevor Erich Seeberg die gerade begonnene Korrespondenz über Zukunftsszenarien gezielt forcieren oder ver-
schleppen konnte, wurden alle Planungsphantasien von einer Wirklichkeit
überholt, die Tillichs Wort vom »kommenden Mittelalter« einen ganz ungeahnten Prophetenklang verleihen sollte.

---

[449] Paul Tillich an Erich Seeberg, 11.12.1932 (BA Koblenz, N 1248, 37).

[450] Zur Frage eines möglichen Berliner Rufes für Tillich vgl. Erich Seeberg an Rudolf
Hermann, 22.11.1932, in: WIEBEL (Hg.), Hermann – Seeberg. Briefwechsel, 152f.; Erich
Seeberg an Rudolf Hermann, 22.12.1932, in: ebd., 154f.; sowie Erich Seeberg an Rudolf
Hermann, 30.12.1932, in: ebd., 155f.

2. Präsentische Eschatologie, oder: Existentialismus und Kairos

Um zu einer stärkeren Konturierung des von Tillich entfalteten Kairos-Verständnisses zu gelangen, bietet es sich an, eine weitere theologische Konzeption kontrastierend heranzuziehen, die ebenfalls in betont kritischer Abgrenzung vom Historismus entstanden ist, und zwar die prägnanten Standortbestimmungen Rudolf Bultmanns. Gleichzeitig wird bei der Erörterung Bultmanns auch Martin Heidegger Berücksichtigung finden, ein anderer, besonders profilierter Konkurrent der um Tillich gescharten Kairos-Emphatiker im Zeitdeutungswettstreit der zwanziger Jahre.

Wenn Paul Tillich 1929 vom existentiellen Grundzug prophetischer Kritik sprechen konnte[1] oder ihm von Emanuel Hirsch 1934 der Vorwurf gemacht wurde, seine Ausführungen zur dynamischen Wahrheit seien existentialphilosophisch ungenügend,[2] so sind dies nur zwei von vielen Belegen, die auf die Rezeption des »heimlichen Königs im Reich des Denkens« (Hannah Arendt) gerade auch in der deutschsprachigen Theologie zwischen den Kriegen verweisen. Er habe versucht, bemerkt Tillich mit Bezug auf Heidegger gegenüber Hirsch, »existentialgeschichtliche Kategorien aus einer Analyse der Bedrohtheit unserer geschichtlichen Existenz zu erheben«[3]. Hirsch seinerseits charakterisierte in der »Geistigen Lage« die Existentialphilosophie mit der Feststellung: »Die Überwindung des Historismus und Skeptizismus liegt nicht im Überschweben der geschichtlichen Gebundenheit und Gestaltetheit des lebendig Fragenden, sondern in der tiefen Leidenschaft seines Fragens, das an seiner Existenz Existentialität überhaupt, d. h. in seinem Dasein das Sein erschließt.«[4] Heideggers Terminologie, sein Denkweg und speziell seine ganz eigenständige Kairos-Rezeption spiegeln sich indes nicht nur in gelegentlichen Allusionen im Kontext theologischer Binnendiskurse, sondern gewinnen in einem besonders exponierten Fall, dem Rudolf Bultmanns, geradezu Werkgestalt verändernde Wirkung.

---

[1] Siehe TILLICH, Protestantismus als kritisches und gestaltendes Prinzip, 131.
[2] Siehe HIRSCH, Christliche Freiheit und politische Bindung, 194.
[3] TILLICH, Theologie des Kairos, 157.
[4] HIRSCH, Geistige Lage, 46.

2.1. Rudolf Bultmann

Nach einem Extraordinariat für Neues Testament in Breslau war Bultmann im Sommer 1920 dem früh verstorbenen Wilhelm Bousset als Ordinarius in Gießen gefolgt, wechselte dann jedoch bereits zum Wintersemester 1921/22 auf den Lehrstuhl Wilhelm Heitmüllers in Marburg. Hier gewann er, eingebunden in einen Kreis intellektuell hochkarätiger Gesprächspartner aus benachbarten Fakultäten, bald schon Rang und Ruhm einer weit über die engeren Universitätsgrenzen hinaus wirkungsmächtigen, auch international hochgeachteten Gelehrtenpersönlichkeit. Als Grundproblem, gleichzeitig aber auch als wesentliche Stärke seines Werkes kann die innere Verzahnung und Geschlossenheit seiner Denkwelten und Deutungskonstrukte angesehen werden. Der Neutestamentler Bultmann war immer auch Systematischer Theologe und umgekehrt. In der Theologischen Fakultät pflegte er engen Kontakt mit seinem alttestamentlichen Kollegen Gustav Hölscher und dem Neutestamentler Hans von Soden. Mit Wilhelm Herrmanns Nachfolger Rudolf Otto kam es zu erheblichen Spannungen. Dagegen war Bultmann Paul Friedländer, dem Klassischen Philologen, freundschaftlich verbunden, und zu den Philosophen Hans-Georg Gadamer, Gerhard Krüger und Karl Löwith wie auch zu dem Stefan George verpflichteten Literaturwissenschaftler Max Kommerell ergaben sich menschlich wie wissenschaftlich gleichermaßen stimulierende Austauschbeziehungen.

In Marburg hatte Bultmann konsequent begonnen, ein eigenständiges theologisches Profil zu entwickeln, dessen Konturen sich immer markanter von der »liberalen Theologie« seiner Lehrer abhoben. Maßgeblich für diese Bestimmung des eigenen Standorts wurde seine Annäherung an die dialektische Theologie und insbesondere die Rezeption von Karl Barths »Römerbrief«, zumal der zweiten Auflage von 1922. In der »Frankfurter Zeitung« würdigte Bultmann 1926 Barths frühes Hauptwerk im Rahmen einer Analyse der zeitgenössischen evangelisch-theologischen Wissenschaft als reinen »Ausdruck des Protestes gegen den herrschenden theologischen Betrieb«[5]. Attackiert werde der Historismus, durch den der Glauben zu einem Phänomen weltlichmenschlichen Zuschnitts geworden sei. Demgegenüber wende sich der Blick Barths, Friedrich Gogartens und anderer wieder auf die in Jesus Christus begründete Offenbarung. Bultmann selbst zählte sich zu jenem Zeitpunkt zu den Repräsentanten dieser Richtung und hob besonders die Zurückweisung jeglicher Bemühungen hervor, das Christentum »als Prinzip einer kulturschöpferischen geistigen Macht« zu verstehen. Die »zentralen theologischen Probleme« stünden wieder im Mittelpunkt: »die Entscheidung über das, was Theologie

---

[5] BULTMANN, Wissenschaft, 160.

sei, kann nicht von außerhalb der Theologie gefällt werden, und die Theologie kann sich ihre Probleme und Begriffe nicht von einer allgemeinen Kultur- oder Geisteswissenschaft geben lassen«[6].

Programmatisch hatte sich Bultmann vor einem breiteren Fachpublikum bereits 1924 mit dem Aufsatz »Die liberale Theologie und die jüngste theologische Bewegung« neu positioniert. Einerseits – darin typisch für die Krisenerfahrung seiner Generation – elementar verunsichert durch Deutschlands Niederlage im Weltkrieg, die revolutionären Unruhen, Versailles und die Gründung der Weimarer Republik, andererseits ergriffen von den theologischen und philosophischen Absetzbewegungen gegenüber Historismus und liberaler Theologie, bemühte er sich um eine mehr als nur zeitgeistkompatible Haltung jenseits wohlfeiler Thesenangebote. Diese Position gewann er zunächst in Abgrenzung von Jesusbild und -frömmigkeit seiner Lehrer, die einer »Selbst-Illusion« gefolgt seien. Auch den »historischen Jesus« der liberalen Theologie meinte er als »Symbolisierung ihres eigenen geistigen Gehaltes«[7] entlarven zu können. Für ihren »tiefste[n] Fehler« hielt Bultmann 1920 »die Verwechslung eines religiös gefärbten Moralismus mit ethischer Religion«[8] – so seine Formulierung im auf der Wartburg gehaltenen Vortrag »Ethische und mystische Religion im Urchristentum«, den Paul Wernle als »Tiefpunkt der Entgleisung kritischer Methode«[9] empfand.

»Der Gegenstand der Theologie«, verkündete Bultmann 1924 apodiktisch, »ist Gott, und der Vorwurf gegen die liberale Theologie ist der, daß sie nicht von Gott, sondern von Menschen gehandelt hat.«[10] Der Mensch werde durch Gott radikal verneint und aufgehoben. Entscheidend für die Theologie sei ihre Ausrichtung auf das Wort vom Kreuz, dieses Zentrum erweise sich dem Menschen gegenüber als Skandalon, als ein Ärgernis, dem sich die liberale Theologie allerdings entziehen, das sie zumindest abschwächen wolle. Gleichwohl lägen herausragende Verdienste der nun abtretenden Theologengeneration darin, das historische Interesse gepflegt zu haben, wobei die besondere Leistung in der »Erziehung zur Kritik«[11] auszumachen sei, im Ernst radikaler Wahrhaftigkeit. In dezidierter Abgrenzung zu Adolf von Harnack betonte Bultmann als Ergebnis der Kritik, »daß die Welt, die der Glaube erfassen will, mit der Hilfe der wissenschaftlichen Erkenntnis überhaupt nicht erfaßbar wird«[12]. Historisches

---

[6] Ebd., 162.
[7] Rudolf Bultmann an Martin Rade, 19.12.1920, in: JASPERT (Hg.), Bultmanns Werk, 31.
[8] BULTMANN, Religion im Urchristentum, 44.
[9] Paul Wernle an Martin Rade, 13.2.1921, in: JASPERT (Hg.), Bultmanns Werk, 34.
[10] BULTMANN, Liberale Theologie, 2. Die zahlreichen Hervorhebungen in Bultmanns Texten werden im folgenden nicht übernommen.
[11] Ebd.
[12] Ebd., 4.

Denken könne dem Glauben kein Fundament liefern. Die liberale Theologie begehe in ihrer Geschichtsauffassung den Fehler, nicht nur die bloß relative Geltung ihrer Ergebnisse zu übersehen, sondern auch zu verdrängen, »daß alle geschichtlichen Erscheinungen, die dieser geschichtlichen Betrachtungsweise unterworfen werden, nur relative Größen sind, nur Größen innerhalb eines großen Relationszusammenhangs«. In ihm gebe es keinen Anspruch auf »absolute Geltung«, und »der historische Jesus« sei »eine Erscheinung unter anderen, keine absolute Größe«[13].

Mit direktem Bezug auf Ernst Troeltsch warf Bultmann der liberalen Theologie »Geschichtspantheismus« vor, dem »das Christentum als innerweltliche, sozialpsychologischen Gesetzen unterworfene Erscheinung« gelte. Hier handele es sich nicht um Theologie, »wenn wenigstens Gott der Gegenstand der Theologie ist und der Theologe als Christ redet«[14]. Als Ergebnis zeige sich eine Vergöttlichung des Menschen und der Versuch direkter Gotteserkenntnis. Bultmann verdeutlichte die Konsequenzen seiner Einsicht an der christologischen Frage. Aufgrund der Entfernung des Skandalons aus dem Christentum werde »nicht gesehen, daß Gottes Anderssein, Gottes Jenseitigkeit die Durchstreichung des ganzen Menschen, seiner ganzen Geschichte bedeutet«. Es werde der Versuch unternommen, eine Begründung für den Glauben zu liefern, »die sein Wesen zunichte macht, weil hier überhaupt eine Begründung versucht wird«[15]. Mit Barth unterstrich Bultmann den paradoxalen Charakter des Glaubens, der kein Bewußtseinszustand sei. Aus dieser Einsicht erschließe sich die Berechtigung einer »Polemik gegen alle Erlebnisreligion, gegen Frömmigkeit, Sündengefühl und Begeisterung«[16]. Bultmann ließ seine Abgrenzung von der liberalen Tradition auf die prägnante, für seine weitere Arbeit programmatische Schlußthese zulaufen: »Gegenstand der Theologie ist ja Gott, und von Gott redet die Theologie, indem sie redet vom Menschen, wie er vor Gott gestellt ist, also vom Glauben aus.«[17]

In deutlicher Wendung gegen Karl Barths Fixierung auf das offenbarende Wort Gottes wurde für Bultmann dann jedoch die Anthropologie zum Zentrum seiner Theologie. Konsequent kam er 1928 in einem Aufsatz zur »Bedeutung der ›dialektischen Theologie‹ für die neutestamentliche Wissenschaft« auf die Fundamentalstellung der Anthropologie zu sprechen. Ein theologischer Satz sei nicht dank der Begründung »durch ein zeitloses Prinzip der Wahrheit« wahr oder wegen eines »zeitlos gültigen Gehalt[s]«, sondern dann, wenn er eine

---

[13] Ebd.
[14] Ebd., 5.
[15] Ebd., 13.
[16] Ebd., 22.
[17] Ebd., 25.

Antwort »auf die Frage der jeweiligen konkreten Situation«[18] geben könne. Das Dasein des Menschen sei geschichtlich. »Geschichtlichkeit des menschlichen Seins« ist, »daß sein Sein ein Sein-Können ist. D. h. daß das Sein des Menschen seiner Verfügung entnommen ist, jeweils in der konkreten Situation des Lebens auf dem Spiele steht, durch Entscheidungen geht, in denen der Mensch nicht je etwas für sich wählt, sondern sich selbst als seine Möglichkeit wählt.«[19] Entsprechend hat die Interpretation eines neutestamentlichen Textes immer die Frage nach der Existenzauffassung zu stellen. Die menschliche Existenz ist unabgeschlossen und liegt nie als ein eindeutig bestimmbares Faktum vor. Der auszulegende Text vermag die Möglichkeit eines Existenzverständnisses zu erschließen – und bestätigt damit, »daß ich ein Vorwissen um meine Möglichkeiten habe«[20].

Dieses im Menschen existential verankerte Vorwissen konfrontiert Bultmann mit dem Wort Gottes in Gestalt des Kerygmas. »Jesus Christus begegnet dem Menschen nirgends anders als im Kerygma, so wie er dem Paulus selbst begegnet ist und ihn zur Entscheidung zwang.«[21] Hinter dieses Kerygma darf nicht zurückgegangen werden, es kann nicht als »Quelle« dazu dienen, etwa das Messiasbewußtsein oder die Innerlichkeit des »historischen Jesus« zu bestimmen. »Nicht der historische Jesus«, formulierte Bultmann 1929, »sondern Jesus Christus, der Gepredigte, ist der Herr.«[22] In der Predigt als Heilsgeschehen ereigne sich das »eschatologische Jetzt von Tod und Auferstehung Jesu«[23] als stets dem hörenden Menschen gegebene Möglichkeit zur eigenen seinsverwirklichenden Tat. In der Predigt werde dem Menschen die für ihn entscheidende Frage gestellt, ob er sich glaubend für das Leben oder den Tod entscheiden will. Im Duktus zeittypisch dezisionistischer Sprache hieß es dann 1933: »Das neue Leben ist eine durch das Heilsereignis geschaffene geschichtliche Möglichkeit und ist Wirklichkeit, wo es im Entschluß ergriffen wird.«[24] Von der Ausrichtung am Kerygma her gesehen, von der Überführung des Verkündigers in den Verkündigten, erschien es für Bultmann nur konsequent, »das Daß seiner Verkündigung«[25] als entscheidend anzusehen, nicht Jesu Persönlichkeit, sondern seine Person. Eine Christologie dieses Kerygmas ist dann »Explikation des glaubenden Verständnisses des neuen Seins«[26].

---

[18] BULTMANN, Bedeutung der »dialektischen Theologie«, 116.
[19] Ebd., 118.
[20] Ebd., 126.
[21] BULTMANN, Bedeutung des geschichtlichen Jesus, 208.
[22] Ebd.
[23] Ebd., 209.
[24] BULTMANN, Christologie, 259.
[25] Ebd., 266.
[26] Ebd., 267.

So scharf sich das wissenschaftliche Profil Bultmanns zeichnen läßt, so quellenbedingt vage bleiben die Umrisse des politischen Zeitgenossen. Gegen seinen eigenen Wunsch war Bultmann aufgrund eines Hüftleidens die Teilnahme am Ersten Weltkrieg verwehrt worden. Doch während andere Heimatkrieger die ›Zurücksetzung‹ mit martialischer Kompensationsrhetorik beantworteten, vermied es Bultmann, die unfreiwillige Distanz zum vielbeschworenen Fronterlebnis durch vaterländischen Verbalradikalismus auszugleichen. Zwar hatte auch er zunächst im Kriegsverlauf das Wirken Gottes auf Seiten des deutschen Kaiserreiches erkennen wollen, akzeptierte dann allerdings vergleichsweise illusionslos die Realitätsdimensionen der Katastrophe und wandte sich bald schon gegen eine theologische Ideologisierung des Kampfes.[27] 1928 urteilte er rückblickend, daß Kriegseindrücke ihn nicht zu einer »Revision« seiner »Daseinsbegriffe« gebracht hätten.[28] Das deutsche Demokratie-Experiment der Weimarer Republik fand in Bultmann, der eher auf der linksliberalen Seite des Parteienspektrums zu verorten war, einen engagierten Befürworter. Er stand der Deutschen Demokratischen Partei Friedrich Naumanns, Martin Rades und Ernst Troeltschs nahe, deren Kurs er auch in kirchenpolitischen Fragen, etwa in den Kontroversen um den Volkskirchenstatus der evangelischen Landeskirchen, stützte. Bultmanns parteipolitisches Engagement blieb allerdings – bei allem antirestaurativen Duktus seiner Stellungnahmen – verhalten. Zwar leitete er seit 1919 gemeinsam mit Wilhelm Gottschick die »Abteilung für Fragen der Religion und Weltanschauung« in der Jugendvereinigung der Deutschen Demokratischen Partei,[29] doch lassen sich Parteimitgliedschaften Bultmanns, über die zuweilen – auch mit Blick auf die SPD – spekuliert wurde, bisher nicht nachweisen. Während der NS-Diktatur gelang es ihm, einerseits nicht seines Lehrstuhls enthoben zu werden und sich doch andererseits deutlich vom herrschenden Regime abzugrenzen. So zählte sich Bultmann zur Bekennenden Kirche und bezog 1933 kritisch Position gegen den sogenannten Arierparagraphen.[30] Kein geschichtliches Phänomen könne, mahnte er 1941, als solches den Willen Gottes offenbaren.[31] Auch Bultmanns Entmythologisierungsprogramm läßt sich als eine dezidierte Destruktion nationalsozialistischer Mythologie und Ideologie lesen. Die unterschiedliche Bewertung der politischen Ereignisse führte 1933 zum Bruch mit dem langjährigen Weggefährten Friedrich Gogarten und zur Entfremdung vom Freund und Kollegen Martin Hei-

---

[27] Vgl. die Weltkriegspredigten, in: BULTMANN, Das verkündigte Wort.

[28] Rudolf Bultmann an Erich Foerster, in: SCHMITHALS, Brief, 72f. Der Krieg, so Bultmann, sei für ihn »kein erschütterndes Erlebnis« gewesen: »Natürlich unendlich viel Einzelnes, aber nicht der Krieg als solcher« (ebd., 73).

[29] Vgl. dazu v. a. EVANG, Bultmann, 73–80.

[30] BULTMANN, Arier-Paragraph; vgl. auch DERS., Aufgabe der Theologie.

[31] Vgl. BULTMANN, Die Frage der natürlichen Offenbarung, 92.

degger, die zeitlebens nicht mehr aufzuheben war, da sich Heidegger nach 1945 nicht zu der von Bultmann erwarteten Selbstkritik bereit fand.

Der enge Austausch mit dem nur wenig jüngeren Philosophen, insbesondere in den Jahren 1923 bis 1928, spiegelt sich in der existentialen Interpretation des Neuen Testaments wider,[32] wie sie zunächst Bultmanns Aufsatz zur »Eschatologie des Johannes-Evangeliums«[33] erprobte. 1928 in »Zwischen den Zeiten« veröffentlicht, sollte der Text die Forschungsgeschichte nachhaltig prägen. Den Ausgangspunkt der Argumentation Bultmanns bildet Joh 5, 21 ff. Hier wird »das Amt Jesu als das eschatologische« beschrieben, und zwar in Form eines Geschehens, »das sich schon jetzt vollzieht«. Als entscheidende Stellen werden Joh 5, 24; 5, 25; 3, 18f.; 8, 51 und 11, 25f. angeführt: »das Leben ist schon da; der Ungläubige ist schon gerichtet«[34]. Handelt es sich hier um »Spiritualisierung oder gar Mystik«[35]? Wird hier das Leben aus rein geistiger und innerlicher Perspektive verstanden? Es ist kein Ausgleich mit Joh 5, 28 f. und 6, 54 möglich, da diese Stellen vermutlich redaktionell sind. Eine Erklärung muß vielmehr von dem Dualismus des Evangeliums ausgehen, demzufolge das Leben als Gottes Sphäre dem Tod als Sphäre der Welt gegenübersteht. Wie aber, fragt Bultmann, wird der Begriff »Leben« im Johannesevangelium aufgefaßt und wie die Welt?

Gott gehört diesem Evangelium zufolge nicht zur Welt, Gott ist nicht die Welt, sondern er steht ihr gegenüber. Die Welt erhält eine Qualifizierung als Schöpfung, und der Mensch ist Welt. Der Mensch kann sich so, was er jedoch ablehnt (Joh 1, 5), »in seiner Geschöpflichkeit *verstehen*«[36]. Die Welt wendet sich als Schöpfung gegen Gott. »Die Welt ist«, formuliert Bultmann als Leser Heideggers, »die Menschheit im Sinne des ›man‹, das jeder ist, und das keiner ist.«[37] Es handelt sich um »die Welt des gesunden Menschenverstandes, der verfügbaren Möglichkeiten«[38]. Gott wird nicht als Schöpfer anerkannt, und die Menschen lassen sich nicht durch ihn bestimmen; »das Sein des Menschen ist Welt-sein«. Die Welt weiß sich als frei und sich selbst überlassen, was »Knechtschaft unter der Sünde« (s. Joh 8, 31–34) genannt werden kann. In Aufnahme von Joh 16, 7f. konstatiert Bultmann, daß der Unglaube als eigentliche Sünde

---

[32] Vgl. dazu v. a. GADAMER, Heidegger und die Marburger Theologie, bes. 175; MÖRCHEN, Bultmann und Heidegger.

[33] BULTMANN, Eschatologie des Johannes-Evangeliums, in: Zwischen den Zeiten 6, 1928, 4–22; erneut abgedruckt in: DERS., Glauben und Verstehen, Bd. 1. Die Zitate folgen dem Nachdruck.

[34] Ebd., 134.

[35] Ebd., 134f.

[36] Ebd., 136.

[37] Ebd. Bultmann verweist, ebd. Anm. 1, auf: HEIDEGGER, Sein und Zeit, § 27, 126–130.

[38] BULTMANN, Eschatologie des Johannes-Evangeliums, 137.

anzusehen ist. »Es zeigt sich also, daß das Weltsein des Menschen immer eine ergriffene Möglichkeit seiner selbst ist; kein Naturzustand, sondern ein Verfallensein.«[39] Es ist nicht möglich, mit menschlicher Kraft aus dieser selbstgewählten Isolation herauszukommen, aber es gibt ein Wissen um die Verfallenheit. Die Welt hätte »in der Möglichkeit, sich als Geschöpf zu wissen, [...] immer die Möglichkeit gehabt, das Wort aufzunehmen. Sie hat diese Möglichkeit nicht ergriffen«[40]. Das Ereignis der Offenbarung bringt der Welt zwei aktuelle Optionen: »1. Weltsein im neuen Sinne von Weltbleiben. Das Siegel aufdrücken dem Verfallensein; sich darauf festlegen, sich an sich selbst festhalten. 2. Nicht-Welt-sein, nicht ›aus der Welt sein‹ und ebendadurch in neuem Sinne ›aus‹ der Welt sein, nämlich heraus aus ihr; nicht mehr zu ihr gehören (15, 19; 17, 6. 16).« Maßgeblich ist, daß der Offenbarer, indem er kommt, eine Krisis bewirkt, in gewissem Sinn eine Scheidung, in der nur das aufgedeckt wird, was war: Sie »macht die beiden Möglichkeiten, die das Weltsein immer hatte, in neuem Sinne aktuell und qualifiziert dadurch das Festhalten an der Welt als Sünde«. Die beiden Möglichkeiten heben sich in der jeweils eigenen Weise, das Offenbarungswort zu hören, voneinander ab. »Die Krisis vollzieht sich in der Art der Reaktion auf die Offenbarung. Die Stunde kommt und ist schon da: eben, indem sie verkündigt wird.« Eine derartige Scheidung charakterisiert die Krisis als Gericht, als Verurteilung durch Gottes Zorn (s. Joh 3, 36). »Die beiden Möglichkeiten sind also als ergriffene Tod und Leben.«[41]

Daß hinter diesen Ausführungen ein entscheidendes, Intensität und sprachliche Gestalt der Deutung prägendes Lektüre-Erlebnis stand, verrät nahezu jeder Satz: 1927 war »Sein und Zeit« erschienen, und laut Bultmanns eigenem Zeugnis ist für ihn die Fundamentalontologie gerade des frühen Heidegger hermeneutisch von Belang gewesen, weil sie rein formale Bedeutung im Blick auf das menschliche Existenzverständnis besitzt und inhaltlich nicht festgelegt ist. Karl Löwith, kritischer Meisterschüler des Existenzphilosophen aus Marburger Tagen, kommentiert dazu treffend, daß Heidegger sich in seiner »Suche nach dem Einen, was not tut und darum notwendig ist, [...] vor allem an Kierkegaard« orientierte, »mit dem er jedoch nicht verwechselt sein wollte, denn das Motiv und Ziel seiner Existenzialphilosophie war ja kein ›Aufmerksammachen aufs Christliche‹, sondern eine ›formale Anzeige‹ der weltlichen Existenz«[42]. Diese These läßt sich mit einem Interpretationsansatz Tillichs aus dem Jahr 1931 vergleichen. Er kennzeichnet Heideggers »Existenzialien als Ausdruck der

---

[39] Ebd., 138.
[40] Ebd.
[41] Ebd., 139.
[42] LÖWITH, Mein Leben in Deutschland, 28. Vgl. auch ebd., 29f., zum Verhältnis Heideggers zu Bultmann.

Endlichkeit des Daseins« und erkennt »die eindrucksvollste Analyse der Krea-
türlichkeit«, die in theologischem Rahmen in die Schöpfungslehre gehöre.
Aber all dieses Philosophieren sei atheistisch, und er fügt zielsicher problema-
tisierend hinzu: »Ist Heideggers Philosophie als allgemeinphilosophische
Grundlage für mehrere mögliche Theologien zu benutzen, wie z. B. Bultmann
meint, oder ist sie Ausdruck eines eindeutigen Standpunktes, d. h. selbst Theologie? Es läßt sich nachweisen, daß das zweite der Fall ist. Daher auch die Art
seiner Wirkung.« Für Tillich ergibt sich im Anschluß an diese Feststellung die
Frage nach Allgemeinheit oder Geschichtlichkeit der Ontologie Heideggers;
wenn Geschichtlichkeit konstitutiv für den Menschen ist, »wieso kann diese
Kategorie selbst ungeschichtlich auftreten«[43]?

Bultmann wiederum hebt besonders die Kategorien der Ganzheit, der Eigentlichkeit, der Freiheit und – damit zusammenhängend – der Möglichkeit
und Entscheidung heraus, auch das »Vorlaufen« im Blick auf die Verwirklichung
des Seins. Mit seinem Programm der Entmythologisierung geht er später über
Heidegger bewußt hinaus, um Freiraum für eine existentiale Interpretation der
zentralen inhaltlichen Aussagen des Neuen Testaments zu gewinnen. Heidegger zufolge ist das Dasein des Menschen als ein Sein zum Tode zu betrachten.
Von ihm aus wird der Versuch unternommen, »die Frage nach dem Sinn von
Sein überhaupt« als »Grundfrage aller Ontologie«[44] zu beantworten. Mit dem
Tod wird das »In-der-Welt-sein« des Menschen beendet. Das Dasein verhält
sich in einem existentiellen Sein zum Tode. »Der Entwurf eines Sinnes von
Sein überhaupt kann sich im Horizont der Zeit vollziehen.«[45] Der Tod ist das
Ende aller Zeitlichkeit, das Ende allen Daseins. Indem »das Man« den Tod in
eine unbestimmte Zeit hinein verschiebt, wird ihm seine »Gewißheit« abgesprochen. »So verdeckt das Man das Eigentümliche der Gewißheit des Todes,
daß er jeden Augenblick möglich ist.«[46] Heidegger konkretisiert: »Der Tod als
Ende des Daseins ist die eigenste, unbezügliche, gewisse und als solche unbestimmte, unüberholbare Möglichkeit des Daseins. Der Tod ist als Ende des Daseins im Sein dieses Seienden zu seinem Ende.«[47] Der Tod ist diesem Verständnis
entsprechend die letzte Möglichkeit, die der Mensch wahrnehmen kann und
über die er nicht hinauszuschreiten vermag. Nach Heidegger ist es das Ziel des
daseienden Menschen, zu seiner Ganzheit zu gelangen. Diese erreicht er erst
dann, wenn er die Möglichkeit des Todes stets vorwegnimmt und sich im

---

[43] TILLICH, Bedeutung der gegenwärtigen philosophischen Diskussion, 380.
[44] HEIDEGGER, Sein und Zeit, § 45, 231. Die zahlreichen Hervorhebungen in Heideggers
Text werden im folgenden nicht übernommen.
[45] Ebd., 235.
[46] Ebd., § 52, 258.
[47] Ebd., 258f.

Vorlauf auf sie als eine ständig bestehende Möglichkeit existenzial begreift. »Die Geworfenheit in den Tod enthüllt sich ihm ursprünglicher und eindringlicher in der Befindlichkeit der Angst. Die Angst vor dem Tode ist Angst ›vor‹ dem eigensten, unbezüglichen und unüberholbaren Seinkönnen.« Die Angst »ist keine beliebige und zufällige ›schwache‹ Stimmung des Einzelnen, sondern, als Grundbefindlichkeit des Daseins, die Erschlossenheit davon, daß das Dasein als geworfenes Sein zu seinem Ende existiert«[48]. Der »Mut zur Angst« und die Sorge um das Ganz-sein-Können bestimmen das Dasein des Menschen. Heidegger bemerkt pointiert und in erkennbarem Rückgriff auf Kierkegaard: »Die Angst bringt nur in die Stimmung eines möglichen Entschlusses. Ihre Gegenwart hält den Augenblick, als welcher sie selbst und nur sie möglich ist, auf dem Sprung.«[49] Unter Ganzheit ist die Realisierung der je eigenen Möglichkeit zu verstehen, das Tun dessen, was sich vor meinem Tod – der Tod ist die absolute Vereinzelung – rechtfertigen läßt, was nur ich tun kann. In entschlossenem Handeln verwirklicht der Mensch seine Ganzheit. Er trifft Entscheidungen aus Angst und Sorge um sich selbst und folgt dem Ruf des Gewissens. Dies ist ein Kampf um die Erlangung von Eigentlichkeit, um die Realisierung des »Jemeinigen« gegenüber der Welt des Vorhandenen und des »man«. Die Freiheit zum Sein, zum Dasein in Ganzheit, erweist sich als Freiheit zum Tode. »Das Vorlaufen enthüllt dem Dasein die Verlorenheit in das Man-selbst und bringt es vor die Möglichkeit, auf die besorgende Fürsorge primär ungestützt, es selbst zu sein, selbst aber in der leidenschaftlichen, von den Illusionen des Man gelösten, faktischen, ihrer selbst gewissen und sich ängstenden Freiheit zum Tode.«[50]

In »Sein und Zeit« ist es dann vor allem der 74. Paragraph zur »Grundverfassung der Geschichtlichkeit«, in dem Heidegger in enger Verknüpfung mit der »Wiederholung«, ohne den Kairos-Begriff zu verwenden, die Frage nach dem Status des »Augenblicks« erörtert und apodiktisch bestimmt: »Das Dasein hat faktisch je seine ›Geschichte‹ und kann dergleichen haben, weil das Sein dieses Seienden durch Geschichtlichkeit konstituiert wird.« Heidegger will diese These in der Intention rechtfertigen, »das ontologische Problem der Geschichte als existenziales zu exponieren«[51]. Zuvor hatte er bereits die in der

---

[48] Ebd., § 50, 251.
[49] Ebd., § 68, 344. – Zu Heideggers Kierkegaard-Rezeption in »Sein und Zeit« vgl. bes. seinen Kommentar, ebd., § 45, 235 Anm. 1: »Im 19. Jahrhundert hat S. Kierkegaard das Existenzproblem als existenzielles ausdrücklich ergriffen und eindringlich durchdacht. Die existenziale Problematik ist ihm aber so fremd, daß er in ontologischer Hinsicht ganz unter der Botmäßigkeit Hegels und der durch diesen gesehenen antiken Philosophie steht. Daher ist von seinen ›erbaulichen‹ Schriften philosophisch mehr zu lernen als von den theoretischen – die Abhandlung über den Begriff der Angst ausgenommen.«
[50] Ebd., § 52, 266.
[51] Ebd., § 74, 382.

Zeitlichkeit gründende »Sorge« und die »vorlaufende Entschlossenheit« als
»Weise des eigentlichen Existierens« eingeführt. »So erweist sich im Grunde
die Interpretation der Geschichtlichkeit des Daseins nur als eine konkretere
Ausarbeitung der Zeitlichkeit.«[52] Mit der Entschlossenheit ist die Einsicht in das
eigene Schuldigsein verbunden. Im Paragraphen 62 formuliert Heidegger: »Das
Schuldigsein gehört zum Sein das Daseins selbst, das wir primär als Seinkönnen bestimmten.« Dieses Sein ist ein »Sein zum Ende«, als ein »Vorlaufen in den
Tod«[53]. Das Dasein tritt in der vorlaufenden Entschlossenheit »dem Tod unter
die Augen« und übernimmt so ganz »das Seiende, das es selbst ist, in seiner Geworfenheit«[54]. Unter diesen Voraussetzungen kann Heidegger den entscheidenden Schritt, der in die Richtung des Augenblicks führt, wagen; denn: »Die
entschlossene Übernahme des eigenen faktischen ›Da‹ bedeutet zugleich den
Entschluß in die Situation.«[55] Existentiale Analyse vermag zwar nicht zu er-
hellen, wozu »sich das Dasein je faktisch entschließt«, aber sie hilft zu enträtseln, »woher überhaupt die Möglichkeiten geschöpft werden können, auf die
sich das Dasein faktisch entwirft«[56]. Die Möglichkeiten, die sich die Existenz erschließt, lassen sich nicht vom Tod her bestimmen, allerdings gibt nur »das Frei-
sein für den Tod [...] dem Dasein das Ziel schlechthin und stößt die Existenz
in ihre Endlichkeit«[57]. Das Dasein kommt in der Entschlossenheit zurück auf
sich selbst, und sie gewinnt ihm »die jeweiligen faktischen Möglichkeiten eigentlichen Existierens aus dem Erbe, das sie als geworfene übernimmt«[58]. Das
Dasein existiert in der »Einfachheit seines Schicksals«[59], als solches ist es eingebunden in das Geschick seiner Generation. Heidegger bindet das Schicksal zurück an »die Seinsverfassung der Sorge, das heißt die Zeitlichkeit«[60], und stellt
auf diese Weise eine Verbindung zur Geschichtlichkeit her. An diesem Punkt
angelangt, formuliert Heidegger die Konsequenz für die Verhältnisbestimmung
von Zukunft, Vergangenheit und Augenblick:

»Nur Seiendes, das wesenhaft in seinem Sein zukünftig ist, so daß es frei für seinen Tod
an ihm zerschellend auf sein faktisches Da sich zurückwerfen lassen kann, das heißt nur

[52] Ebd.
[53] Ebd., § 62, 305.
[54] Ebd., § 74, 382.
[55] Ebd., 382f.
[56] Ebd., 383.
[57] Ebd., 384.
[58] Ebd., 383.
[59] Ebd., 384. – »Das in der Entschlossenheit liegende vorlaufende Sichüberliefern an das
Da des Augenblicks nennen wir Schicksal« (ebd., 386).
[60] Ebd., 385. – »Nur wenn im Sein eines Seienden Tod, Schuld, Gewissen, Freiheit und
Endlichkeit dergestalt gleichursprünglich zusammenwohnen wie in der Sorge, kann es im
Modus des Schicksals existieren, das heißt im Grunde seiner Existenz geschichtlich sein«
(ebd.).

Seiendes, das als zukünftiges gleichursprünglich gewesend ist, kann, sich selbst die ererbte Möglichkeit überliefernd, die eigene Geworfenheit übernehmen und augenblicklich sein für ›seine Zeit‹. Nur eigentliche Zeitlichkeit, die zugleich endlich ist, macht so etwas wie Schicksal, das heißt eigentliche Geschichtlichkeit möglich.«[61]

In der Zeitlichkeit des Daseins liegt die Möglichkeit, daß das existenziell bestimmte Seinkönnen, auf das sich das Dasein entwirft, »ausdrücklich aus dem überlieferten Daseinsverständnis« bezogen wird. Die Entschlossenheit, die auf sich zurückkommt, die sich überliefert, »wird dann zur Wiederholung einer überkommenen Existenzmöglichkeit«[62].

Bultmanns Heidegger-Rezeption läßt sich exemplarisch vertiefend an seiner Aneignung eben dieses Möglichkeitsbegriffes verdeutlichen: Der Glaube wird von Bultmann als ein stets neu zu vollziehendes Ereignis aufgefaßt, er ist kein Zustand. Im Glauben ist der Mensch frei zum Gehorsam, und er ist unterwegs zu dem, was schon, und dem, was noch nicht ist. Spricht Paulus vom Geist, so versteht er ihn recht eigentlich »als die im Glauben erschlossene faktische Möglichkeit eines neuen Lebens«. »Der ›Geist‹ wirkt nicht als eine Naturkraft, und er ist nicht zum Besitz der Glaubenden geworden, sondern er ist die faktische Möglichkeit des Lebens, die im Entschluß ergriffen werden muß.«[63] Deutlich ist im Sprachspiegel dieser Thesen der Heideggersche Dezisionismus zu erkennen. Im Glauben wird dem Menschen die Möglichkeit zu einem neuen Leben eröffnet, und es liegt an ihm, diese zu ergreifen. Bestimmt wird diese Entscheidung des Menschen dadurch, daß er sich existentiell durch das Wort der Bibel angesprochen fühlt. Er hat die Möglichkeit, die Relevanz des Wortes Gottes und des für ihn in Jesus Christus vollzogenen Heilsgeschehens für ein neues, seiner Bestimmung gerecht werdendes Leben aufzunehmen. Angesichts der hier vorgetragenen Interpretation der Heideggerschen Existenzialontologie erscheint als entscheidender Differenzpunkt der Todesbegriff: Während Heidegger ihn funktionsbestimmt in Hinblick auf die existentiale Ganzheit des Menschen und sein Zu-sich-selbst-Kommen versteht, kann Bultmann gemäß seiner neutestamentlich-theologischen Perspektive den Tod nicht wertfrei und funktionell betrachten, sondern versteht ihn, wenn auch durch den Kreuzestod Jesu überwunden, immer noch als der »Sünde Sold«. Durch die Verortung des Todes im Heilsgeschehen wird die Situation komplexer. Es ist aus christlicher Sicht der Tod eines anderen – der Tod Jesu Christi –, der den Menschen zu sich selbst, zu neuem Leben führt. Verantwortlich ist die Gottesgerechtigkeit,

---

[61] Ebd.
[62] Ebd.
[63] BULTMANN, Neues Testament und Mythologie, 15–53; hier 33. Die Zitate folgen der Fassung von 1948.

nicht die des Menschen. Die Bedeutung der Eigentlichkeit des je eigenen Todes wird also nur über diesen Umweg erschlossen und gewinnt zudem eine eschatologische Ausrichtung, die es verbietet – wie Heidegger – vom Tod als der »unüberholbaren Möglichkeit« zu sprechen.

»Sich auf sein Verfallensein festlegen«, formuliert Bultmann in seinem Eschatologieaufsatz von 1928,

»heißt sein eigenes Möglichsein preisgeben. Die Auffassung der Welt ist die, daß der Mensch jeweils Möglichkeiten hat. Sie vergißt, daß der Mensch jeweils selbst Möglichkeit ist, daß sein Sein ein Seinkönnen ist, daß der Mensch jeweils zur Entscheidung aufgerufen ist und auf dem Spiel steht. Die Welt weist solche Entscheidung ab; sie hat sich damit schon entschieden und damit ihr Sein als Seinkönnen abgeschnitten.«[64]

Mit diesem Schnitt verwirft sie zugleich ihre Zukunft; »denn sein können ist Zukunft haben«. Die Welt ist eine vergangene; sie bleibt beim Alten, alles, was sie hat, führt so nicht in die Zukunft. »Die Welt ist im Tode.«[65] Das Leben hat hingegen derjenige, der aus Gott lebt. Es ist aus der Welt nicht ableitbar und nicht verfügbar. Nur in der Offenbarung ist Gott vorhanden. Und erst durch die Sendung des Sohnes hat der Glaube für die Menschen den Charakter einer Möglichkeit erhalten. Bultmann behauptet: »Vorher kann vom Glauben gar nicht die Rede sein.«[66]

Die Stellungnahme zum Sohn ist der gegenwärtige Vollzug der Krisis. Aber sie geschieht gerade nicht beliebig als Sich-Verhalten zu irgendeiner Erlösungsidee oder irgendeinem Gottesgedanken; vielmehr steht eine bestimmte Gegenwart, ein bestimmtes Jetzt im Mittelpunkt, so daß es sich um »Stellungnahme zu einem geschichtlichen Faktum«[67] handelt. Es geht um ein Jetzt, das durch die Verkündigung jenes Faktums des Gekommenseins qualifiziert ist, um einen konkreten Bezug auf das Gekommensein Jesu, das ein Ereignis in der Welt, in der Geschichte ist und kein Seelenvorgang. Spiritualisierung und Verinnerlichung sind somit ausgeschlossen. Als Ergebnis konstatiert Bultmann: »Der Begriff des Glaubens ist also eschatologisch bestimmt; [...].« Der Glaube ist keine menschliche Haltung von zeitlosem oder beliebigem Charakter, keine Wesensbeziehung zum ewigen Gott. Es ereignete sich das Getroffenwerden von einem Wort in der Zeit, »je in einem Jetzt«, und: »Es gibt ein Zuspät!«, mahnt Bultmann angesichts von Joh 7, 34 und 8, 31. »Dem Jetzt des Gekommenseins des Offenbarers korrespondiert also genau das Jetzt der Wortverkündigung als eines jeweils geschichtlichen Faktums, das Jetzt der Gelegenheit: der

---

[64] BULTMANN, Eschatologie des Johannes-Evangeliums, 139.
[65] Ebd., 140.
[66] Ebd., 142.
[67] Ebd., 143. Die Kernstelle bildet für Bultmann Joh 3, 19.

Augenblick.«[68] In der Predigt des Wortes als einem konkreten Geschehen zeigt sich Jesus als Offenbarer und nicht in der Gestalt allgemein weltgeschichtlicher, umfassender Wirkungen. »Dies jeweilige Jetzt des Angesprochenseins, dieser Augenblick, ist das eschatologische Jetzt, weil in ihm die Entscheidung zwischen Tod und Leben fällt. Es ist die Stunde, die kommt und im Angesprochensein da ist.« Geltung gewinnt ein strenger Bezug auf Joh 1, 14. Das ansprechende und gehörte Wort ist dasjenige, das dieses Faktum verkündigt. Die Parusie hat stattgefunden. Äonenwende und kosmische Katastrophen können »nie etwas anderes sein, als was alle Tage in der Welt passiert«[69]. Die »Auferstehung aus den Gräbern [...] kann nichts anderes mehr sein, als wie man jeden Morgen vom Schlaf erwacht«[70]. Mit scharfer Zurückweisung der Apokalyptik konstatiert Bultmann: »Das Entscheidende ist geschehen.«

»Das Leben ist kein Zustand« und Jesu Kommen als »das eschatologische Faktum« etwas anderes als der Dreißigjährige Krieg. »Vielmehr: das menschliche Sein hat seine Eigentlichkeit im Sein-können wiedergewonnen; es ist, sofern es im Leben ist, immer ein Sein-können, deshalb immer neue Entscheidung und nie verfügbar [...], sondern Zukunft.« Das Leben muß immer neu gewählt werden und ist nicht selbstverständlich, woraus sich als Quintessenz ergibt: »Deshalb ist jenes Jetzt des ›das Wort ward Fleisch‹ immer da im Jetzt der Verkündigung, im Augenblick.«[71] Bultmann benennt den doppelsinnigen Charakter der Sendung Jesu als Faktum: Zum einen ist sie Faktum der konkreten Geschichte, ein vergangener Vorgang, den die Erinnerung als vergegenwärtigte Vergangenheit wahrnimmt. Zum anderen besteht die Möglichkeit, von der gegenwärtigen Sendung zu sprechen – es liegt eine Rede im Aorist, d. h. Präteritum, oder im Perfekt, als Gegenwart, vor.[72] Der Unglaube macht aus dem perfektischen Präsens Da-sein das Präteritum des Vergangenseins. Zur Verfügung stehen demnach nicht nur historische Wirkungen und betrachtende Erinnerung, sondern das eschatologische, d. h. das geschichtliche Ereignis. »Die echte Form der Vergegenwärtigung des geschichtlichen Faktums Jesus ist also nicht die historische Erinnerung und Rekonstruktion, sondern die Verkündigung.«[73] Den Parakleten identifiziert Bultmann als das Wort, das in der Gemeinde gepredigt wird. Leben bedeutet entsprechend »die Bestimmtheit des jeweiligen Jetzt durch das Wort, sofern es im Glauben gehört wird«, die »neue Möglichkeit meines Seins als eines Sein-könnens, als Zukunft habend«[74].

---

[68] Ebd., 144.
[69] Ebd.
[70] Ebd., 144f.
[71] Ebd., 145.
[72] Vgl. die Belegstellen ebd., 146 Anm. 1.
[73] Ebd., 146.
[74] Ebd., 147.

Mit anderen Worten: Das Leben ist »kein Zustand, kein Dahaben von etwas
Gegenwärtigem, Zeitlosem, sondern das als echte Gegenwart aus der Zukunft
bestimmte Sein im Augenblick«[75].

In den Abschiedsreden zeigt sich »das Da der Offenbarung als Gegenwart
trotz ihrer scheinbaren Vergangenheit, ihrer Vergangenheit für den Unglau-
ben«[76] als Kernthema. Erkennbar wird eine Mystik ausschließende Distanz zwi-
schen dem Verherrlichten und den Seinen. Die Glaubenden gehören zwar nicht
mehr zur Welt, sind aber noch in ihr; sie leben in der Hoffnung, so Bultmann.
In dem Jetzt der Verherrlichung des Menschensohnes (s. Joh 3, 1) beginnt die
Zukunft, die von der Vergangenheit losreißt. Es kommt entscheidend auf den
Parakleten an, auf die Wortverkündigung; denn die Offenbarung ist nicht im
Vorhandenen gegeben. Der Erhöhte ist als der Erniedrigte der Offenbarer. »Die
Offenbarung ist eine indirekte; das Jetzt der Jünger behält immer den Charak-
ter der Krisis, des Entweder–Oder: der Welt verfallen oder das Leben ergrei-
fen.«[77] Das Bleiben in Christus definiert Bultmann als »ein Im-Jetzt-Haben des
Vergangenen« oder ein »Festhalten an der Entschlossenheit des Glaubens«[78].
Das Liebesgebot verdeutlicht, daß die Ausrichtung auf die Zukunft notwendig
ein Tun mit sich bringt, das den Charakter einer seinsverwirklichenden Tat hat.
»Glaubt er, so liebt er eben damit schon. Denn der Glaube ist ja das Ergreifen
seines Seinkönnens, ist Vorwegnahme seiner Zukunft in der Entschlossenheit.«[79]
Das Bleiben ist ein Strukturmoment des Glaubens. Die Zukunft ist in ihm aufgrund der geschichtlichen Offenbarung ergriffen. Und das Erkennen
(s. Joh 8, 31) erhält einen existentiellen Sinn, da die Wahrheit Erschlossenheit
ist, die Wirklichkeit Gottes. Zugleich ist auch das Erkennen ein Strukturmoment des Glaubens; denn es ist ein Verstehen, es ist »die Selbstverständlichkeit,
in der man den Offenbarer und sich selbst versteht und nicht mehr zu fragen
braucht, sondern in der ›Offenheit‹ [...] steht. Damit aber steht man im ›Leben‹,
im ›Frieden‹ (14, 27; 16, 33), in der ›Herrlichkeit‹ (K. 17), und die Welt ist überwunden (1. Joh 5, 4f.).«[80]

Vor dem Hintergrund des von Bultmann souverän vergegenwärtigten johanneischen Eschatologieverständnisses ist für eine noch prägnantere Verhältnisbestimmung der Begriffe »Augenblick« und »Krise« ein weiterer Text des
Marburger Theologen zu berücksichtigen: »Die Krisis des Glaubens«, 1931 erschienen und ursprünglich für eine Vorlesung zur Staatsbürgerkunde konzipiert. Erneut erkennbar Heidegger verpflichtet, kennzeichnet Bultmann den

---

[75] Ebd., 147f.
[76] Ebd., 148.
[77] Ebd., 149.
[78] Ebd., 149f.
[79] Ebd., 150.
[80] Ebd., 152.

Glauben als »je meine Sache«, die nie Besitz sein kann, sondern stets Entschluß sein muß. Die konstante Krise des Glaubens ist der immerwährende Kampf, den der Eigenwille »gegen den Anspruch des Augenblicks«[81] führt. Denn der Eigenwille akzeptiert die Grenze, die durch die ins Leben rufende, den Willen beugende göttliche Kraft gesetzt wird, nicht. Vor diesem Konflikthorizont verknüpft Bultmann den Augenblicksgedanken mit dem christlichen Liebesgebot. Die Liebe ist »die Sache je des Augenblicks, meines Augenblicks«[82]. Dann, wenn »im christlichen Gottesglauben der Anspruch des Augenblicks als der Anspruch des Du, als Forderung der Liebe verstanden« wird, »ist deutlich, daß seine Krisis der konstante Kampf des Hasses gegen die Liebe ist, und daß diese Krisis in jeder Begegnung mit dem Du akut wird«[83]. Der Glaube hat über einen reinen Individualbezug hinaus eine gesellschaftliche Ausrichtung und sieht sich sowohl durch die moderne Natur- als auch durch die Geschichtswissenschaft bedrängt. Der historische Jesus wird Gegenstand der Kritik, und die Einordnung des Christentums in eine allgemeine Religionsgeschichte läßt es »zu einer relativen Erscheinung unter anderen«[84] werden.

Bultmanns Antwort auf die von ihm im Licht der christlichen Heilsbotschaft mit hoher exegetischer Virtuosität skizzierten krisenhaften Erschütterungen fällt apodiktisch aus: Es kennzeichnet den christlichen Glauben, es ist das Ärgernis des Christentums, daß, obwohl der historisch aufgeklärte Blick die Relativität nahelegt, gerade das relative historische Phänomen als »bestimmte Verkündigung«, als »Gottes Wort« behauptet wird. »Und diese Krisis ist eine konstante.«[85] Unabhängig von den tatsächlich geschehenen Ereignissen – »es möge gewesen sein wie es wolle« – steht fest, daß von Gott gehandelt wurde. Durch »dieses Handeln Gottes« ist das dem Menschen jetzt »begegnende Wort des göttlichen Urteils und der Vergebung legitimiert«. Daß »dieses Wort und seine Verkündigung Gottes Tun sei, steht jenseits der historischen Beobachtung«[86]. Die Krisen, in die der Glaube gestürzt wird, führen nur dazu, daß die konstante und oft verborgene Glaubenskrisis offen zu Tage tritt. Dadurch wird die Suche nach dem Wesen dieses Glaubens befördert und die Entscheidungsfrage für oder gegen ihn deutlich. Sie ist eine Willensfrage, keine des Wissens, eine »der Offenheit für den Augenblick«, und sie kann »deshalb auch durch keine Wissenschaft entschieden werden«[87].

---

[81] BULTMANN, Krisis des Glaubens, 13.
[82] Ebd., 14.
[83] Ebd., 13f.
[84] Ebd., 16.
[85] Ebd., 17.
[86] Ebd., 16.
[87] Ebd., 17. – Vgl. zu diesem Text Bultmanns: FUCHS, Hermeneutik, 91–96. Zum Dezisionismus im zeitgenössischen Kontext vgl. KROCKOW, Entscheidung.

Die existentialphilosophische Engführung von Bultmanns Eschatologie-Konzeption, besonders in den kleineren Veröffentlichungen aus den Anfangsjahren seiner Heidegger-Rezeption, ist unübersehbar. Auffällig wirkt dabei, daß Bultmann – so wie auch Heidegger in »Sein und Zeit« – den Terminus »Kairos« nicht explizit verwendet. Seine Rede vom Augenblick ist allerdings offen für diesen Begriff. In dem erstmalig 1941 erschienenen Johanneskommentar konstatiert Bultmann in Anbetracht von Joh 7, 6: »Der καιρός ist der aus dem Fluß der Zeit (χρόνος) herausgehobene entscheidende Zeitpunkt des Handelns.« Auch der Welt ist es bekannt, »daß jedes bedeutungsschwere Handeln und Geschehen seinen καιρός hat«, aber er verweist eben nicht auf einen später eintreffenden Augenblick, eine künftige Gelegenheit, sondern der Standpunkt der Welt wird grundsätzlich abgewiesen. Von ihrer Position aus läßt sich »das Jetzt der Offenbarung überhaupt nicht bestimmen«. Die »Welt kennt überhaupt kein Jetzt echter Entscheidung. Ist ihr καιρός immer da, so ist er in Wahrheit nie da, und in all ihrem Handeln wird nie etwas entschieden, weil immer schon alles entschieden ist; sie ist ja ›im Tode‹.« Wenn allerdings der Offenbarer handelt, liegt ein die Welt preisgebendes eschatologisches Geschehen vor. Für ihn gilt der weltliche Standpunkt nicht. Der »echte καιρός« ist »der Augenblick der Entscheidung für oder wider die Welt«[88], wie es der folgende Vers 7 zum Ausdruck bringt. In seinem Zusammenhang von Kairos und Handlungsaspekt sieht Bultmann den Ursprungssinn des »entscheidenden Augenblicks« gewahrt.[89] »Wer den καιρός, der durch die Begegnung des Offenbarers gegeben ist, erkennt, der ruft den Haß der Welt hervor, da sich für ihn die Augenblicke, die für die Welt wichtig sind, zur Bedeutungslosigkeit nivellieren.«[90] Jesus führt der Welt ihre bösen Werke, an denen »sich keine Entscheidung vollzieht«, vor Augen, und der Haß der Welt trifft ihn, denn »sein Handeln« gibt »diese[r] Welt den echten καιρός [...], weil die Offenbarung die Welt in ihrer Geschlossenheit und Sicherheit in Frage stellt«[91]. Jörg Frey weist die existentialtheologische Interpretation des καιρός durch Bultmann zurück, der »in den

---

[88] BULTMANN, Evangelium des Johannes, 220.

[89] Bultmann hält, ebd. Anm. 2, fest: »Joh 7, 6 ist der καιρός [...] der eschatologische Zeitpunkt, jedoch im Sinne des Evglisten, nämlich so, daß Jesu Wirken als das eschatologische Geschehen gedacht ist [...]; deshalb kann καιρός hier auch den ursprünglichen Sinn des entscheidenden Augenblicks für das Handeln behalten.«

[90] Ebd., 220f.

[91] Ebd., 221. – Vgl. aus gegenwärtigem exegetischen Blickwinkel die im Vergleich mit Bultmanns Kommentar recht blaß anmutende Auslegung von Wilckens: »Im Leben der Nichtglaubenden gibt es keine so herausgehoben-›erfüllte‹ Zeit (V 8) – ein Augenblick ist wie der andere ›gleich-gültig‹« (WILCKENS, Evangelium nach Johannes, 129). Vgl. auch SCHNELLE, Evangelium nach Johannes, 142: »In der unaufhaltsam dahinströmenden Weltzeit erwächst immer ein durch die Umstände motivierter Zeitpunkt zum Handeln, Jesu καιρός hingegen ist Gottes einmaliges Handeln an ihm im Kreuzesgeschehen.«

Terminus [...] zu Unrecht die Kategorie der Entscheidung«[92] eintrage. Völlig zu Recht – und gestützt auf akribische Wortfeldanalysen James Barrs – warnt Frey davor, den καιρός-Begriff semantisch zu überfrachten.[93] Vor diesem kritisch ausgeleuchteten Hintergrund wird daher die eigentliche theologische Leistung der Bultmannschen Auslegung nicht in einer Interpretation gefunden werden können, die der vermuteten ursprünglichen Intention des Evangeliums zu widersprechen scheint. Es entsteht vielmehr der Eindruck, daß ihm das Johannesevangelium als Anlaß zur Verdeutlichung eines höheren existentialtheologischen Sinns dient, für den sich das Evangelium allerdings auch als durchaus offen erweist. Die besondere, bleibende Eindrücklichkeit der Bultmannschen Rezeption kann entsprechend in der Kongenialität ihrer Ausdeutung dieser Offenheit gesehen werden, in der das Johannesevangelium die Grenzen seines unmittelbaren historischen Entstehungskontextes aufhebt.

Über die Exegese und Theologie des Johannesevangeliums mit ihrer heftig umstrittenen redaktionskritischen Ausscheidung futurisch-eschatologischer respektive apokalyptischer Elemente hinaus, bringt Bultmann seine existentialtheologisch aufgeladene Interpretation des Kairos auch in der Auslegung des 2. Korintherbriefes mehr als nur beiläufig zum Ausdruck. Dieser paulinische Brief enthält, neben dem dritten Kapitel des Schreibens an die Römer, mit seiner doppelten Nennung des Kairos in Kapitel 6, 2 eine der zentralen Stellen für die Deutung dieses von Paulus im Rahmen seiner Soteriologie gezielt herausgehobenen Terminus. Die Annahme der Versöhnungsbotschaft wird, so Bultmann, »nie zur Vergangenheit, sondern muß als echter Entschluß stets neu vollzogen werden«, denn die alte, mit Christus in den Tod gegebene Welt ist »nie ein für alle mal still gelegt«, sie muß vielmehr »immer wieder in den Tod gegeben werden«. Anläßlich des eschatologischen νῦν in 2 Kor 5, 16, »das sich in der Predigt jeweils zeitlich konkretisiert« (s. 2 Kor 6, 2), bemerkt Bultmann, daß dieses »grundsätzlich jenseits des Zeitverlaufes steht; denn dieser ist im Grunde selbst mit dem ›Alten‹ abgetan«[94]. 2 Kor 6, 2 besagt, so sein Kommen-

---

[92] FREY, Johanneische Eschatologie, Bd. 2, 209 Anm. 6. Vgl. auch ebd. die kritische Abgrenzung von DELLING, Art. καιρός, und BAUMGARTEN, Art. καιρός. – Auch Bultmanns Auslegung des νῦν in Joh 5, 25 und 4, 23 (s. BULTMANN, Evangelium des Johannes, 139f., 194f.) kommentiert Frey als »am frühen Heidegger orientierten [...] Anachronismus« (FREY, Johanneische Eschatologie, Bd. 3, 377), der die Sache verfehle. Vgl. auch DELLING, Zeitverständnis des Neuen Testaments, dort bes. zum καιρός 74–90, 142–160.

[93] Siehe FREY, Johanneische Eschatologie, Bd. 2, 209 Anm. 6, mit Bezug auf BARR, Biblical Words for Time, 62f. In seiner Abhandlung »The Semantics of Biblical Language« betont BARR: »It is surely clear that the attractiveness to modern biblical theology of the *idea* of a time of decision, or of a time as the area of God's work and decisive intervention, has led to a maximizing of the sense ›critical, decisive time‹ for καιρός [...]« (ebd., 226).

[94] BULTMANN, Exegetische Probleme des zweiten Korintherbriefes, 311. Vgl. in diesem Zusammenhang KÜMMEL, Bultmann als Paulusforscher, bes. 187.

tar zur Stelle, daß die prophetische Weissagung jetzt erfüllt ist; »jetzt; d. h. das Geschehen in Christus ist das eschatologische Geschehen. Ja noch mehr: dieses Jetzt ist Gegenwart in der apostolischen Predigt in dem Augenblick, da die Predigt die Hörer trifft [...].«[95] Oder, noch weiter zugespitzt, in Bultmanns prägnanter Formulierung aus seinem Paulus-Artikel von 1930: »Das Ereignis der Predigt ist selbst das eschatologische Heilsereignis (II Kor 6, 1f.).«[96]

In seinen vom 7. Februar bis 2. März 1955 in Edinburgh gehaltenen Gifford Lectures stellt Bultmann im Rahmen einer kritischen Auseinandersetzung mit dem Historismus als »die Paradoxie« christlicher Verkündigung, christlichen Glaubens heraus, »daß das eschatologische Geschehen« nicht apokalyptisch im Sinne einer hereinbrechenden Katastrophe kosmischen Ausmaßes, sondern als »ein Geschehen innerhalb der Geschichte«[97] aufzufassen ist. Darin, daß der Glaubende entweltlicht, der Welt entzogen, existiert und doch in der Welt und der Geschichtlichkeit, liegt die »Paradoxie christlicher Existenz«[98]. Für die Sicht des Historismusproblems ergibt sich auf dieser Grundlage folgende, am Ende der Lectures stehende Konsequenz: »Wir haben gesehen, daß der Mensch diese Frage nicht beantworten kann als die Frage nach dem Sinn der Gesamtgeschichte. Denn der Mensch steht nicht außerhalb der Geschichte. Aber jetzt können wir sagen: Der Sinn der Geschichte liegt je in der Gegenwart, und wenn die Gegenwart vom christlichen Glauben als die eschatologische Gegenwart begriffen wird, ist der Sinn der Geschichte verwirklicht.«[99] Die Beschäftigung mit dem Historismus durchzieht überdies eine Vielzahl von Bultmanns Rezensionen und Sammelbesprechungen, insbesondere der 1920er Jahre.[100] 1926 betonte Bultmann in seinem zusammenfassenden Artikel »Die evangelisch-theologische Wissenschaft in der Gegenwart«: »Alle Theologie schien sich in Geschichtswissenschaft aufzulösen; die eigentlich systematische Theologie, die Dogmatik oder Glaubenslehre wurde zu einer Art

---

[95] BULTMANN, Der zweite Brief an die Korinther, 169.

[96] BULTMANN, Art. Paulus, 1039. Vgl. damit BORNKAMM, Art. Paulus, 187: »Der Apostel verweist darum nicht auf ein Gestern, sondern ruft das Heute der Heilszeit aus (2 Kor 5, 18–6, 2) [...].«

[97] BULTMANN, Geschichte und Eschatologie, 180. »Jesus Christus ist eschatologisches Ereignis nicht als ein Faktum der Vergangenheit, sondern als der jeweils hier und jetzt in der Verkündigung Anredende« (ebd., 181).

[98] Ebd.

[99] Ebd., 184.

[100] Vgl. dazu jetzt die Zusammenstellung von Matthias Dreher und Klaus W. Müller: BULTMANN, Theologie als Kritik. Ausgewählte Rezensionen und Forschungsberichte. Neben dem Nachdruck repräsentativer Einzeltexte erschließt dieser Band Bultmanns Rezensionen vollständig, alphabetisch und chronologisch in ausführlichen Verzeichnissen, s. ebd., 523–638. Beachte ergänzend: Rudolf BULTMANN (1884–1976). Nachlaßverzeichnis, bearb. von Harry Waßmann u. a., Wiesbaden 2001.

Kulturphilosophie [...].«[101] Der Relativismus erweist sich in der neuen Marburger Existenz-Perspektive als das entscheidende Problem, über dessen hochreflektierte Analyse auch Troeltsch nicht hinausgekommen sei. Initiiert durch Karl Barth stellte sich dann die dialektische Theologie kompromißlos und mit aggressivem Abrechnungsgestus gegen die liberal-theologische Tradition, flankiert von einer Kierkegaard-Renaissance, beide antihistoristisch entflammt vom Protest gegen den Ausweis des Glaubens als eines weltlich-menschlichen Phänomens. Der Widerspruch war und ist »gegen den Idealismus« und sein Geschichtsbild gerichtet, das »in der Geschichte das Zeitlose, die Idee, als das Wesentliche sieht und nicht das konkrete zeitliche Geschehen und die konkrete Verbundenheit von Du und Ich, in der menschliches Dasein sich erst konstituiert«[102]. Als eine »wirkliche Dialektik innerhalb der Theologie« zeichnet Bultmann jedoch Tillichs Religionsphilosophie aus. Im »Anschluß an Motive des deutschen Idealismus, speziell an Schelling und Hegel« entwerfe Tillich »mit starker konstruktiver und spekulativer Begabung«[103] sein System.

Doch Bultmann sah Tillich, der 1924/25 sein Fakultätskollege in Marburg gewesen war, wesentlich kritischer und wußte seine Bemerkungen von 1926 bald schon zu relativieren. Als er sich im Juni 1928 mit Karl Barth eingehend über Freund und Feind verständigte und Konfliktlinien im eskalierenden Kampf um die dogmatische Deutungshoheit skizzierte, ließ er keinen Zweifel daran, in welchem Lager der Kairos-Propagandist zu verorten sei: »Aber die Tillich, die Berneuchener und weiter die Gundolfianer und Max Schelers Wertphilosophie (von der freilich auch positiv zu lernen ist!), – in diesen Gestalten begegnet heute doch ernstlich der (seinem Wesen nach freilich immer gleiche) Gegner.«[104] Diese Perspektive prägte ein halbes Jahr später dann auch Bultmanns Sondervotum, das er am 27. Januar 1929, im Vorfeld der Wiederbesetzung des Lehrstuhls von Rudolf Otto, erstellte. Die Mehrheit der Fakultät – Heinrich Hermelink (Dekan), Karl Bernhard Bornhäuser, Gustav Hölscher, Friedrich Niebergall, Friedrich Heiler, Rudolf Otto – hatte Tillich auf Platz zwei ihrer Vorschlagsliste gesetzt. Die siebenseitige Listenbegründung würdigt seine »starke spekulative Kraft« und »grosse anregende Wirkung« wie auch eine »ungewöhnliche Offenheit für die allgemeine kulturelle Gegenwartslage«. Er habe zwar »noch kein abschliessendes theologisches Werk vorgelegt, aber seine Schrift ›System der Wissenschaften‹ (1923) und seine ›Religionsphilosophie‹

---

[101] BULTMANN, Evangelisch-theologische Wissenschaft in der Gegenwart, 157.
[102] Ebd., 161.
[103] Ebd.
[104] Rudolf Bultmann an Karl Barth, 8.6.1928, in: BARTH/BULTMANN, Briefwechsel 1911–1966, 81–83; hier 83. – Zum menschlichen wie wissenschaftlichen Verhältnis der einstigen Marburger Kollegen vgl. ausführlich CHRISTOPHERSEN, Bultmann und Tillich.

(1925) fördern wichtige Prinzipienfragen der Theologie und beweisen seinen umfassenden Bewältigungsdrang gegenüber der wissenschaftlichen Lage in der Gegenwart«. Durch das von ihm herausgegebene Kairos-Jahrbuch sei Tillich »weithin über theologische Kreise hinaus bekannt«[105] geworden.

Bultmann weist Tillich jedoch in seinem Sondervotum als Kandidaten nachdrücklich zurück. Er könne nur dort in Frage kommen, wo es eine zweite Professur im Fach Systematik gebe, dies sei in Marburg allerdings nicht der Fall. Dem von Bultmann ebenfalls abgelehnten Gießener Otto-Schüler Heinrich Frick gegenüber zeichne sich Tillich zwar zweifellos als »eine an sprühendem Temperament und origineller Sehweise [...] überlegene Persönlichkeit« aus, und dem Gutachten der Fakultät stimme er zu, wenn darin Tillichs außergewöhnliche Begabung als vielseitig-spekulativer Anreger in kulturellen Gegenwartsfragen betont werde; aber er könne »nicht anerkennen, dass in seiner Arbeit wirklich echte theologische Motive wirksam«[106] seien. Tillich habe »kein wirkliches Verhältnis zur dogmatischen Tradition«, er kenne diese »auch nur ungenügend, und seine Arbeit besteht in einer Umdeutung der theologisch-dogmatischen Sätze in eine spekulative Religionsphilosophie«[107]. Doch Bultmann wird noch deutlicher: »Tillich ist ein produktiver Geist, aber kein eigentlich wissenschaftlicher Kopf.« Ästhetische Motive und Konstruktionsbemühungen seien für ihn kennzeichnend. »Mit fabelhaftem Instinkt greift

---

[105] Theologische Fakultät der Universität Marburg an den Preußischen Minister für Wissenschaft, Kunst und Volksbildung, 30.1.1929, GStA PK Berlin, I. HA, Rep. 76 V a, Sekt. 12, Tit. IV, Nr. 5, Bd. 6, Bl. 272–275; hier Bl. 273. – Der durch Krankheit von den abschließenden Beratungen ausgeschlossene Hans Freiherr von Soden unterstützte das Votum der Fakultätsmehrheit für Heinrich Frick als Erstplazierten, wandte sich aber gegen Tillich und bevorzugte für den zweiten Listenplatz Friedrich Karl Schumann (von Soden an den Minister für Wissenschaft, Kunst und Volksbildung, 5.2.1929, ebd., Bl. 299).

[106] BULTMANN, Sondervotum, 292.

[107] Tillichs lückenhaften und assoziativen Umgang mit theologischer Traditionsbildung monierte auch Georg Wünsch, seit 1926 a. o. Professor in Marburg und vom Dekan zu einem eigenen Votum im Berufungsverfahren aufgefordert: »Gefahren sehe ich in seiner Unterwertung der theologischen Tradition, deren Inhalt in seinen Arbeiten so gut wie keine Rolle spielt, ja die er bewusst beiseite schiebt, ferner gerade in seinem faszinierenden Formtalent, das imstande ist, geringen materialen Gedankengehalt in einem grossen eindrucksvollen Formgebilde darzustellen« (Georg Wünsch, Vorschläge zur Besetzung des Lehrstuhls für systematische Theologie an der Universität Marburg/Lahn, 5.1.1929, GStA PK Berlin, I. HA, Rep. 76 V a, Sekt. 12, Tit. IV, Nr. 5, Bd. 6, Bl. 282f.). Grundsätzlich ist Wünsch von Tillich jedoch sehr angetan: »Mir ist Prof. Tillich bekannt aus seinen zahlreichen grösseren und kleineren Veröffentlichungen, aus Vorträgen und persönlichen Gesprächen. Danach zeigt er eine geradezu geniale Begabung für abstraktes philosophisches Denken, für glänzende und trotz des Abstrakten ästhetisch eindrucksvolle Formulierung, für Neubildung von treffenden Begriffen und für Einfühlung in die geistig religiöse Lage ausserkirchlicher, namentlich grosstädtischer, gebildeter Kreise, auch des geistig erwachten Proletariats. Die

er Gedanken und Stimmungen des modernen Geisteslebens auf und mit fabelhafter Geschicklichkeit konstruiert er ein System, dieses unter neuen Eindrücken schnell modifizierend und bereichernd.« Bultmann hält es für typisch, wie Tillich »in der letzten Zeit unter dem Einfluß der ontologischen Untersuchungen Heideggers eine angeblich theologische Ontologie entwirft«. Diese zeige deutlich, »dass Tillich die von ihm aufgegriffenen Gedanken und Schlagworte nicht wirklich durchdacht hat«[108]. Als Quellenbelege für seine These führt Bultmann Tillichs Vortrag »Über gläubigen Realismus« (1928)[109] und »das Manuskript seiner Dogmatik, das der Fakultät vorgelegen hat«[110], an. Über verborgenere Motive für die Vehemenz der Ablehnung kann dagegen nur spekuliert werden – und so mag hier dahingestellt bleiben, inwieweit sich in dem Vorwurf eines falschen Heidegger-Verständnisses Bultmanns Interesse an der Behauptung eigener Originalität in der Rezeption von Heideggers Fundamentalontologie spiegelt. Der Kampf zwischen Bultmann und Tillich um die Interpretationshoheit theologischer Heidegger-Adaption fand jedenfalls noch 1963 ein spätes Nachspiel: In einem Interview wurde Tillich nach seinem Treffen mit Heidegger gefragt, das im Jahr zuvor in Freiburg stattgefunden hatte, und am Ende auch danach, ob Heidegger sich über Bultmann geäußert habe. Die Antwort:

»Ja, er hat also gesagt, Bultmann hat mich im Grunde nicht verstanden und darauf sagte ich, er konnte es auch nicht, weil er kein Ontologe ist, sondern immer im Gegensatz auch zu mir, einen anti-ontologischen Standpunkt eingenommen hat, und hat, das sagte ich dann zu Heidegger, er hat Sie, Heidegger, psychologisiert, wenigstens zum grossen Teil. Und Heidegger nahm es zur Kenntnis und akzeptierte es.«[111]

Bedeutung Tillichs scheint mir darin zu liegen, dass er versucht, eine diesen Kreisen verständliche und sie packende Sprache zu sprechen – ein Versuch, der allerdings erst zum Teil gelungen ist, aber in gewissen Kreisen schon bedeutsame Anregungen gegeben hat. Damit zeigt sein Denken eine ausgesprochene individuelle Eigenart. Dass es nicht fertig ist, kann bei der Weite der gestellten Aufgabe kein Vorwurf sein. – Allerdings beziehen sich diese Vorzüge zunächst auf seine Religionsphilosophie; ob sie sich auch auf theologischem Gebiete auswirken, muss die Zukunft zeigen. Sein Vortrag ›Rechtfertigung und Zweifel‹ ist theologisch nur als ein nicht ganz gelungener Versuch zu werten. Über die Bedeutung seiner im Entstehen begriffenen ›Dogmatik‹ kann ich nicht urteilen, da ich nur kurzen Einblick in eine Inhaltsangabe hatte. Ich darf allerdings die Vermutung aussprechen, dass sie Interesse und Beachtung finden wird.«

[108] BULTMANN, Sondervotum, 293.

[109] Den Vortrag hatte Tillich 1927 an den Universitäten Marburg, Tübingen und Halle gehalten.

[110] BULTMANN, Sondervotum, 293.

[111] Bericht über eine Unterhaltung Paul Tillichs mit Martin Heidegger 1962 in Freiburg, [von Unbekannt] aufgenommen auf Tonband in Santa Barbara am 7.3.1963 (Typoskript, Harvard).

Ausführlich hatte Bultmann 1929 in seinem Sondervotum einen Gegenvorschlag begründet, der zunächst Gogarten und nach ihm Karl Barth als geeignete Kandidaten für die Nachfolge Ottos benennt.[112] Aus der so prägnanten wie differenzierten Vergegenwärtigung zweier Persönlichkeiten und Programme sei hier nur die Einschätzung herausgehoben, »dass Gogarten der echteste Schüler von E. Troeltsch ist, der die Aporien, in die Troeltschs Arbeit hineingeführt hatte, ernst genommen und sozusagen am eigenen Leibe durchlebt hat«[113]. In Anbetracht von Tillichs Prätention, gegenüber Troeltsch die Rolle des vollendungswilligen Erben einzunehmen, und Bultmanns ferventer Ablehnung von Tillichs Wissenschaftsstil muß auch diese überdeutliche Hervorhebung Gogartens als implizite Kritik an Tillich mitgelesen werden. Daß hier ein eskalationsbereites Konkurrenzverhältnis theologischer Nachlaßverwalter vorlag, war Bultmann im übrigen schon früh bewußt geworden: Unter dem Eindruck von Tillichs Vortrag über »Das Unbedingte und die Geschichte« hatte er am 11. Juni 1923 in einem Brief an Gogarten eine kritische Analyse des vielversprechenden Redners entfaltet und zugleich leichte eigene Unsicherheit im Urteil bekennen müssen: Anders als von ihm bislang angenommen sei Tillich doch »zentral theologisch interessiert«. »Er scheint mir ähnlich wie Sie selbst von Troeltsch auszugehen.«[114] Gerhard Krüger habe in der sich an den Vortrag anschließenden Diskussion »die innere Übereinstimmung« zwischen Tillich und Gogarten herauszuheben versucht. Während Bultmann widersprochen habe, sei von Paul Natorp Zustimmung gekommen. Tillich selbst habe mehr auf der Seite von Krüger gestanden. Bultmann kommentiert: »Ich sehe nicht ganz klar; doch glaube ich, daß bei gleicher Erfassung des Problems und also gleicher Tendenz doch im Ansatz der Antwort eine fundamentale Differenz liegt. D. h. seinem [sc. Tillichs] Begriff der Krisis liegt der gleiche Wille zugrunde[,] über den Standpunkt der Immanenz und das Denken in Relationen hinauszukommen; und doch ist der Begriff der Krisis nur in

---

[112] Die Fakultät wandte sich in ihrer Mehrheit gegen Bultmanns Präferenz für Barth und Gogarten: »Die in dem Sondervotum von unserem Kollegen Bultmann vorgeschlagenen Herren Gogarten und Barth lehnen wir einmütig ab«, GStA PK Berlin, I. HA, Rep. 76 V a, Sekt. 12, Tit. IV, Nr. 5, Bd. 6, Bl. 272–275; hier Bl. 274 (30.1.1929).

[113] Bultmann, Sondervotum, 294.

[114] Rudolf Bultmann an Friedrich Gogarten, 11.6.1923, in: Bultmann/Gogarten, Briefwechsel, 31–36; hier 33. Gogarten bedauert, ebd., daß Tillichs »starke formale Begabung ihn zu reichlich schneller synthetischer Konstruktion verführt, worunter [...] die letzte Erfassung der Problematik leidet«. Die Angabe des Herausgebers Göckeritz auf Seite 33 Anm. 5, der Vortrag Tillichs »Das Unbedingte und die Geschichte« sei unveröffentlicht, ist zu korrigieren; der Text wurde 1999 publiziert, in: Tillich, Religion, Kultur, Gesellschaft, Teil I, 335–350. Bultmann erkannte eine starke Berührung des Schlußteils dieses Vortrags mit Tillichs »Kairos«-Aufsatz aus dem »Tat«-Sonderheft. Vgl. dazu besonders die Seiten 348–350 des Vortrags, die den Eindruck Bultmanns bestätigen.

Begriffen des Idealismus gefaßt.« Tillich behaupte zwar, von Hegel abzuweichen, und zu bestreiten sei auch nicht, »daß es etwas anderes sein *soll*«, er, Bultmann, »sehe aber nicht wie«[115].

2.2. Martin Heidegger

Heidegger, mit Tillich aus Marburger Zeiten, wenn auch nur flüchtig, persönlich bekannt, begegnete der inflationären Verwendung des Kairos als semantischer Allzweckwaffe in den Frohbotschaften des Religiösen Sozialismus mit Spott – so etwa in einem Brief an Karl Löwith aus der zweiten Hälfte der 1920er Jahre: »Von Scheler schrieb er mit bitterer Strenge, er ›erneuere‹ zur Abwechslung Eduard v. Hartmann, während andere Gebildete nebst dem *Logos* noch ein ›Ethos‹ und einen ›Kairos‹ herausgäben.« Heideggers Kommentar: »›Und was wird der Witz der nächsten Woche sein? Ich glaube, ein Tollhaus hat einen klareren und vernünftigeren Innenaspekt als diese Zeit‹.«[116] Tillich bemühte sich dagegen, allem Hohn zum Trotz, konsequent um eine sachgemäße Rezeption Heideggers und förderte insbesondere auch in Frankfurt die Auseinandersetzung mit dessen Existenzphilosophie.[117] Wie irritierend stark die Wirkung, wie schillernd der Eindruck war, den Heideggers Philosophie zwischen effektverliebtem Wortgeklingel und atheistischer Existentialität provozierte, illustriert eine Erinnerung Tillichs, 1962 heraufbeschworen vom Wiedersehen mit dem eigensinnigen Gesprächspartner von einst: Bei der Freiburger Begegnung, die – von Hannah Arendt vermittelnd vorbereitet – auf Einladung Heideggers zustande gekommen war und der behutsamen Wiederannäherung nach drei Jahrzehnten sprachloser Entfremdung dienen sollte, kam das Gespräch auch auf ein Treffen im Frankfurt der frühen dreißiger Jahre.[118]

---

[115] Rudolf Bultmann an Friedrich Gogarten, 11.6.1923, in: BULTMANN/GOGARTEN, Briefwechsel, 31–36; hier 34. – Bultmann zitiert aus TILLICHS »Kairos«-Aufsatz (Die Tat 14, 1922/23, 336): »Die Krisis vollzieht sich durch Neuschöpfung; und in der Neuschöpfung ist mehr als bloße Krisis; es ist Realisierung des Unbedingt-Wirklichen, wenn auch in der Form des Bedingten, die zu neuer Krisis treibt.« – Aufmerksam nahm Bultmann auch die Auseinandersetzung zwischen Tillich und Karl Barth sowie Gogarten über »Kritisches und positives Paradox«, die 1923 in den »Theologischen Blättern« ausgetragen wurde, zur Kenntnis (s. TILLICH, Paradox; K. BARTH, Paradoxie; GOGARTEN, Zur Geisteslage der Theologen). Vgl. dazu Friedrich Gogarten an Rudolf Bultmann, 27.11.1923, in: BULTMANN/GOGARTEN, Briefwechsel, 50f.; und vor allem: Rudolf Bultmann an Friedrich Gogarten, 22.12.1923, in: ebd., 51–56; hier 54f.: »Ich glaube[,] man kann den Gegensatz zwischen Tillich und Barth so formulieren, daß Tillich den Glauben zur wissenschaftlichen ὑπόθεσις machen will und Barth die theologische Aussage zum Glaubensakt.«

[116] LÖWITH, Mein Leben in Deutschland, 28.

[117] Vgl. nur TILLICHS »Existential Philosophy« von 1944.

[118] Zum Verhältnis zwischen Arendt, Heidegger und Tillich vgl. CHRISTOPHERSEN/SCHULZE, Chronologie eines Eklats; sowie DIES. (Hg.), Arendt – Tillich. Briefwechsel.

Im Haus von Kurt Riezler habe Heidegger zum ersten Mal seinen Vortrag »Vom Wesen der Wahrheit« präsentiert. Am Morgen des nächsten Tages sei Tillich mit ihm am Main spazieren gegangen und habe zu ihm gesagt: »›Was Sie heut getan haben, war die pietistische Predigt eines Atheisten, Sie haben alle die Kategorien, die ich von meiner Jugend her aus der pietistischen Predigt kenne, haben Sie angewandt, aber Ihr Gott war der Gott des Atheismus‹«. Heidegger habe sich an dieses Gespräch nicht erinnern können und zeigte sich überrascht, »aber er bestritt auch nicht, genau so wenig wie damals in Frankfurt, was zwischen uns passiert ist«[119].

Von Tillichs näherem akademischen Umfeld wurde dieses ressentimentfreie Eingehen auf Heidegger allerdings mit großer Skepsis zur Kenntnis genommen. Vor allem Adorno zeigte sich zunehmend befremdet. Tillich hatte den genialisch-vielseitigen jungen Gelehrten bereits kurz nach Amtsantritt in Frankfurt kennengelernt und ihm für die Habilitation ein Kierkegaard-Thema angeboten. Adorno akzeptierte – auch weil er sich, so einer seiner Biographen, »keine Illusionen« darüber machte, daß es für ihn zu Tillich »kaum eine Alternative«[120] gab. Im »Gutachten über die Arbeit von Dr. Wiesengrund« hob Tillich dann 1931 besonders die Gegenwartsrelevanz der Habilitationsschrift hervor: Mit ihr liege endlich eine »philosophische Interpretation«[121] desjenigen Denkers vor, der sowohl die dialektische Theologie als auch »die sogenannte Existential-Philosophie (Heidegger)« mit den »entscheidenden Begriffe[n]«[122] versorgt habe. Adorno, »ebenso Gegner der Existentialphilosophie wie der dialektischen Theologie«, suche »beide zu treffen, indem er ihnen Kierkegaard entreißt«[123]. Der so Gewürdigte revanchierte sich freilich ohne übertriebene Dankbarkeitsrücksichten; mehr noch: Argwohn beherrschte fortan Adornos Tillich-Lektüre, kulminierend in einem verächtlichen Kommentar vom Juni

---

[119] Bericht über eine Unterhaltung Paul Tillichs mit Martin Heidegger 1962 in Freiburg, [von Unbekannt] aufgenommen auf Tonband in Santa Barbara am 7.3.1963 (Typoskript, Harvard).

[120] MÜLLER-DOOHM, Adorno, 167. Vgl. auch ebd., 186, zum Angebot Tillichs an Adorno, bei ihm seine Habilitationsschrift über Kierkegaard zu schreiben; sowie 194 zur Begutachtung der Arbeit durch Horkheimer und Tillich.

[121] TILLICH, Gutachten über die Arbeit von Dr. Wiesengrund, 338. – Das im Anschluß an Tillichs Bewertung verfaßte Zweitgutachten wurde von Max Horkheimer erstellt; es findet sich jetzt ediert in: ADORNO. Eine Bildmonographie, 108–112.

[122] TILLICH, Gutachten über die Arbeit von Dr. Wiesengrund, 337.

[123] Ebd., 338; vgl. 341. – Zu beachten ist auch ebd., 344, Tillichs Würdigung der Aufnahme des Kierkegaardschen ›Sprungs‹ durch Adorno: »Wichtig auch der Nachweis, daß Geschichte in die Konstellation nicht wirklich eingeht, daß der in der Innerlichkeit sich vollziehende Sprung nicht zur Geschichte führen kann, sondern nur zur abstrakten Zeitlichkeit überhaupt. Gedanken, die entscheidende Einwände sowohl gegen die christologische Begründung der dialektischen Theologie als auch gegen die Begründung der Geschichtsphilosophie durch Heidegger enthalten.«

1936: »Tillich hat mir einige ganz dumme Theorien über einen ›historischen Existenzbegriff‹ erzählt. Er gehört im Grunde zu den Heideggers, fühlt sich aber durch uns erwischt und sucht nach einem Loch, in das er schlüpfen kann.«[124]

Tillichs Beschäftigung mit Heidegger wurde in Frankfurt jedoch auch Gegenstand eher humorvoller Reaktion. So datiert vom 28. Februar 1930 ein, von Tillich aufgehobenes, »Ohne Sein und Zeit« überschriebenes maschinenschriftliches Journal für eine Semesterabschlußfeier mit szenischer Darbietung – der Verfasser läßt sich nicht mehr bestimmen.[125] Dieses originelle Dokument, in dem Tillich und eine Reihe seiner Kollegen, wie Gelb, Goldstein, Riezler, Wertheimer, Horkheimer und Pollock, zum Gegenstand ironischer Betrachtung werden, spiegelt das produktive, oft beschriebene Ausnahmeklima an der Universität Frankfurt vor den allmählich einsetzenden Angriffen der nationalsozialistischen Hexenjäger.[126] Teil des Heftes ist ein »Philosophisches Wörterbuch«, in dem auch der »Kairos« einen eigenen Eintrag hat:

»Die einen verstehen darunter die Zeit, die immer gerade vergangen ist, die andern glauben, es sei die griechische Uebersetzung für theologische Propaganda. Um den Kairos kennen zu lernen, tut der junge Student am besten daran, geschichtsphilosophische Seminare zu besuchen, wo der Kairos je und je zuhanden ist. Er soll auch in Parteiversammlungen und besonders in der berühmten ›unsichtbaren Kirche‹ erscheinen. Zu näherer Auskunft ist der Apostel Paulus und im Bedarfsfall Herr Dr. Horkheimer bereit.«

Die Darbietungen des Festes endeten mit einem »Abendgesang«, der den Zusammenhang von Sein, Zeit und Kairos ergründet:

»Wenn du einmal im Kairos stehst, / dann sag es mir. / Wenn du einmal spazieren gehst, / begegne mir. / Wenn du auch philosophisch bist, / sei nicht zu tief. / Vergnüge dich mit Mächtigkeit, / Gelegenheit ist weit und breit. / Verliebe dich mit Mächtigkeit, / denn das ist produktiv. / [...] Gestalten, seid drum voller Freud, / heut ohne Sein und Zeit!«

Weder über der treffsicheren Nonchalance studentischer Begriffsaneignung noch über dem höhnischen Wort vom »Witz der Woche« sollte freilich vergessen werden, daß Heidegger sich einst als Freiburger Privatdozent intensiv um

---

[124] Theodor W. Adorno an Max Horkheimer, 25.6.1936, in: ADORNO/HORKHEIMER, Briefwechsel 1927–1969, Bd. 1: 1927–1937, 162–172; hier 165. – Zum Verhältnis von Tillich und Adorno vgl. STURM (Hg.), Adorno contra Tillich, bes. 253–255. Sturm bemerkt ebd., 255: »Horkheimer und noch stärker Adorno haben zweifellos Tillich zu denen gezählt, die sich im Idealismus angesiedelt haben und eine metaphysische Geschichtsverklärung betreiben.«

[125] Ohne Sein und Zeit, 28.2.1930 (Harvard, Box 802 B).

[126] Vgl. nur die Beschreibung bei PAUCK/PAUCK, Tillich, 123–129; sowie MÜLLER-DOOHM, Adorno, bes. 217f.

eine eigenständige Bewertung des Kairos bemüht hatte. Sie läßt sich auf eine
im Wintersemester 1920/21 als erster Teil einer »Phänomenologie des religiösen Lebens« zweistündig gehaltene Vorlesung zur »Einführung in die Phänomenologie der Religion« zurückverfolgen, von der zunächst Otto Pöggeler
berichtete.[127] In »Der Denkweg Martin Heideggers« weist Pöggeler darauf hin,
daß sich der Philosoph im Rahmen dieser Vorlesung »auf die ›faktische Lebenserfahrung‹« bezog, die in den paulinischen Briefen zum Ausdruck kommt.
Besondere Bedeutung gewann für ihn 1 Thessalonicher 4, 13 ff. mit seiner Rede
von der Wiederkunft Christi. Heidegger hob heraus, daß Paulus die Parusie
nicht mit Zeitangaben versah, ja diese zurückwies und vielmehr von der »Plötzlichkeit« spricht.[128] Paulus »gibt nicht ›chronologische‹, sondern ›kairologische‹
Charaktere«, so Heidegger. »Der Kairos stellt auf des Messers Schneide, in die
Entscheidung. Die kairologischen Charaktere berechnen und meistern nicht

---

[127] Siehe Pöggeler, Denkweg Heideggers, bes. 36f.; Lehmann, Christliche Geschichtserfahrung, 161 Anm. 4, hält zur Frage nach der Authentizität der Angaben Pöggelers fest, daß
»Heidegger Pöggelers Buch als ganzes billigte. Ich darf mich selbst auf entsprechende Gespräche mit M. Heidegger beziehen, die zwar über Pöggelers Bericht hinaus keine wesentlichen Aspekte mehr brachten, aber auch keinen Anlaß boten, die Ausführungen Pöggelers
in ihrer Haupttendenz in Frage zu stellen.« – Eine postume Edition der Vorlesung, deren Text
weit knapper gefaßt ist als die Erinnerungen Pöggelers, liegt als Teil der Heidegger-Ge-
samtausgabe seit 1995 vor. Zum Kairos vgl. dort v. a. 119f., 150f. Zu Heideggers Kairos-
Verständnis vgl. v. a. Sheehan, Heideggers »Introduction«; Gawoll, Über den Augenblick;
Ó Murchadha, Zeit des Handelns; Maggini, Historical and Practical Kairos; sowie Falkenhayn, Augenblick und Kairos, bes. 172–185.
[128] Zum apokalyptischen, »plötzlichen« Erscheinen vgl. Mk 13, 33–37; Mt 24, 42–44 und
Lk 12, 39f. – Die »Plötzlichkeit«, deren philosophiegeschichtliche Verankerung in Platons
Parmenides (156 d–e) zu finden ist, wurde sowohl für Kierkegaards Augenblicksbegriff als
auch für Jaspers und Heidegger relevant. Vgl. dazu Jaspers, Psychologie, und Pöggeler, Heidegger in seiner Zeit, 68: »Für Platon bleibt das Plötzliche ein atopon; das Umschlagen der
Grundbegriffe hat keinen Ort in der Zeit, weil es das Inderzeitsein an eine Grenze führt,
nämlich auf das Ewige bezieht. Dagegen faßt Kierkegaard diese Grenze als das Jetzt, um dieses Jetzt als Augenblick zu deuten.« Im Rekurs auf 1 Kor 15, 52 und die dortige Rede vom
Weltende »im unteilbar Kurzen, im Augenwurf«, betont Kierkegaard, daß Paulus damit auch
ausdrückt, »daß der Augenblick empfähig (kommensurabel) ist für die Ewigkeit, sofern nämlich der Augenblick des Untergangs im gleichen Augenblick die Ewigkeit ausdrückt« (Kierkegaard, Begriff Angst, 89 Anm. **). Pöggeler kommentiert im Vergleich von Platon und
Kierkegaard: »Zur Erinnerung tritt die Wiederholung, die als Reue zum Sprung führt. Die
experimentierende Dialektik Platons geht in eine existenzielle Dialektik über […]« (Pöggeler, Heidegger in seiner Zeit, 69). Vgl. auch ebd. den Verweis auf Aristoteles und Kierkegaard. Vgl. dazu auch Moltmann, Der »eschatologische Augenblick«; Theunissen, Art.
Augenblick. – Zum platonischen Verständnis des ἐξαίφνης vgl. Beierwaltes, Ἐξαίφνης –
Kierkegaards vielschichtiges Augenblicksverständnis erschließt sich vor allem über die
ausführlichen Erörterungen in: Kierkegaard, Begriff Angst, bes. 82ff. (dort auch die Abgrenzung von Platon); ders., Augenblick, bes. 95–99, 266f., 326f.; in dieser Schrift steht die
publizistische Relevanz des Augenblicks im Zentrum; als »Fülle der Zeit«, die Berührung
von Zeit und Ewigkeit, tritt er in den »Philosophischen Brocken« auf den Plan: »Solch ein

die Zeit; sie stellen vielmehr in die Bedrohung durch die Zukunft.« Derartig bestimmte Charaktere »gehören in die *Vollzugs*geschichte des Lebens, die nicht objektiviert werden kann«[129]. Über eine Beschreibung der Geschichte durch ihre Inhalte hinaus und in Wendung gegen Hegels »objektiven Geist« gibt Heidegger den Vollzug als Eigenart urchristlicher Lebenserfahrung an. Sie ist »gerade deshalb eine faktische und historische, eine Erfahrung des Lebens in seiner Tatsächlichkeit, weil sie im Vollzugssinn, nicht im Gehaltssinn die dominante Struktur des Lebens sieht«[130]. Wenn der Mensch versucht, in chronologischer Berechnung das »plötzlich einbrechende Ereignis« zu fixieren oder es »durch gehaltsmäßige Charakterisierungen« festzulegen, »täuscht er sich über die Tatsächlichkeit des Lebens« und »stellt [...] das, was sein Leben bestimmen soll als das immer Unverfügbare, ab als das Gesicherte, Verfügbare«[131]. Der kairologische Charakter weiß deshalb, wie Karl Lehmann unterstreicht, um die existentielle Dringlichkeit seiner Haltung, »in der Ankunft des Kairos geht es um buchstäblich *alles*, um Heil oder Unheil«[132]. Aus dieser Perspektive leuchtet auch die Entschiedenheit ein, mit der Heidegger später in »Sein und Zeit« zu einer Zurückweisung des Versuches gelangt, »aus dem vulgären Zeitverständnis« Augenblick und Ewigkeit zu bestimmen, weil es hier »grundsätzlich aus-

---

Augenblick ist eigener Art. Er ist freilich kurz und ein zeitlich Ding wie der Augenblick es ist, vorübergehend wie der Augenblick es ist, vorübergegangen, wie der Augenblick es ist, im nächsten Augenblick, und dennoch ist er entscheidend, und dennoch ist er erfüllt von dem Ewigen« (ebd., 16). Zum aktuellen Stand der Kierkegaard-Forschung vgl. Dietz, Kierkegaard im Licht der neueren internationalen Forschung; Deuser, Art. Kierkegaard; Schröer, Art. Kierkegaard; sowie Falkenhayn, Augenblick und Kairos, bes. 181–185. – Zum Status der »Plötzlichkeit« im 20. Jahrhundert vgl. Bohrer, Plötzlichkeit, bes. 43–67, und mit Bezug auf Ernst Jünger ders., Ästhetik des Schreckens.

[129] Pöggeler, Denkweg Heideggers, 36.

[130] Ebd., 36f.

[131] Ebd., 37. – In seinem »vor der Marburger Theologenschaft« 1924 gehaltenen Vortrag »Der Begriff der Zeit« weist Heidegger den Theologen als »rechte[n] Sachkenner der Zeit« aus, gesetzt den Fall, daß der Glaube an Gott die Möglichkeit zur Einsicht in jene Ewigkeit ist, in der »die Zeit ihren Sinn findet« (ebd., 5) und die mit Gott identifiziert werden kann. Die Theologie behandelt das Dasein des Menschen als zeitliches Sein vor Gott, d. h. in seinem »Verhältnis zur Ewigkeit«. Außerdem richtet sich der Glaube auf etwas aus, »das in der Zeit geschah« (ebd., 6). Heidegger verweist auf Gal 4, 4; Mk 1, 15 und Eph 1, 9f. Für den Philosophen gelte hingegen, daß er nicht glaube. Frage dieser »nach der Zeit, dann ist er entschlossen, die Zeit aus der Zeit zu verstehen bzw. aus dem ἀεί, was so aussieht wie Ewigkeit, was sich aber herausstellt als ein bloßes Derivat des Zeitlichseins« (ebd.).

[132] Lehmann, Christliche Geschichtserfahrung, 143. Vgl. auch, ebd., 145, Lehmanns kurze Hinweise auf eine Strukturverwandtschaft paulinischer Theologie mit Passagen zur Angst in »Sein und Zeit«. – Vgl. die von Heidegger in »Sein und Zeit« vorgenommene Verbindung von Plötzlichkeit und Furcht: »Sofern ein Bedrohliches in seinem ›zwar noch nicht, aber jeden Augenblick‹ selbst plötzlich in das besorgende In-der-Welt-sein hereinschlägt, wird die Furcht zum *Erschrecken*« (ebd., § 30, 142).

sichtslos bleiben muß, *aus diesem Jetzt* das zur eigentlichen Zeitlichkeit gehörige ekstatisch-horizontale Phänomen des *Augenblicks* aufzuklären oder gar ab-
zuleiten«[133].

---

[133] HEIDEGGER, Sein und Zeit, § 81, 427 mit Anm. 1. Vgl. dazu MÖRCHEN, Bultmann und
Heidegger, 249f.; HEIDEGGER, Grundprobleme der Phänomenologie, 405–412, bes. 409: »Die
zur Zeitlichkeit des Daseins gehörige Gegenwart hat nicht ständig den Charakter des Augenblicks, d. h. das Dasein existiert nicht ständig als ein entschlossenes, vielmehr ist es zunächst und zumeist unentschlossen, in seinem eigensten Seinkönnen ihm selbst verschlossen
[...].« – Zu beachten ist auch Heideggers Auszeichnung des qualitativen Charakters »des historischen Zeitbegriffs« gegenüber einem quantitativen: HEIDEGGER, Zeitbegriff in der Geschichtswissenschaft (1916), 431. Vgl. dazu die, gerade auch für den George-Kreis relevanten
Differenzierungen DILTHEYS in seinen »Entwürfe[n] zur Kritik der historischen Vernunft«:
Das Leben wird bestimmt von der »Zeitlichkeit«. Der »Ausdruck ›Lebensverlauf‹« kennzeichnet den Zusammenhang. »Zeit ist für uns da, vermöge der zusammenfassenden Einheit
unseres Bewußtseins« (ebd., 192). Aber der einfache Zeitverlauf, »das rastlose Vorrücken der
Gegenwart«, erschöpft das Zeiterlebnis nicht. Die Zeit, der mit Realität erfüllte Moment, ermöglicht neben dem quantitativen auch einen qualitativen Zeitbegriff, der gleichermaßen
für Vergangenheit, Gegenwart und Zukunft gilt. »Das Erleben ist ein Ablauf in der Zeit, in
welchem jeder Zustand, ehe er deutlicher Gegenstand wird, sich verändert, da ja der folgende
Augenblick immer sich auf den früheren aufbaut, und in welchem jeder Moment – noch
nicht erfaßt – Vergangenheit wird« (ebd., 194).

3. Die »Stunde des Volkes«, oder:
Das Kollektiv auf der Suche nach sich selbst

3.1. Paul Tillich und Emanuel Hirsch

»War nicht doch alles Romantik, Rausch, Utopie?«[1] Paul Tillichs skeptische
Selbstbefragung von 1926 liest sich im Rückblick wie eine Vorahnung kommenden Unheils. Doch auch wer die Offenheit des Auslegungshorizonts verteidigt und darauf verzichtet, dem Theologen divinatorische Gaben zu
attestieren, wird zum späten Zeugen von Ernüchterungsprozessen: War Tillichs
Einsicht in das Scheitern des Religiösen Sozialismus zunächst kaum mehr als
ein jäher Blitz der Desillusionierung, so verfestigte sich der frühe Zweifel während der Agonie der Weimarer Republik zunehmend zur Gewißheit. Die individuelle Neuorientierung war freilich nicht zu trennen vom gesellschaftlichen
Schicksal. Aufstieg, Machtübernahme und die bald schon ihre Terrorpotentiale
entfaltende Herrschaft des Nationalsozialismus prägten das Lebensklima und die
Gedankenarbeit spannungssensibler Intellektueller mit besonderer Intensität,
provozierten die einen zu direkter Reaktion, andere zu verschlüsselten Botschaften und tastenden Versuchen der Selbstvergewisserung. Nicht nur die politischen Positionen von einst waren zu überprüfen, auch Freundschaften sahen
sich vielfach ungeahnten Belastungsproben ausgesetzt. In den menschlich
komplexen Freund-Feind-Konstellationen um Tillich nahm nicht erst in diesen Jahren Emanuel Hirsch eine Schlüsselstellung ein. Getragen von dem Bewußtsein tiefer Verbundenheit begleitete er seit der Studienzeit als Vertrauter
wie als schonungsloser Kritiker die persönliche und die wissenschaftliche Entwicklung seines Freundes – gleichermaßen irritiert und affiziert von dessen
unkonventionellem Lebens- und Denkstil. Kennengelernt hatten sich Hirsch
und der zwei Jahre ältere Tillich 1907 als Mitglieder des »Wingolf«. Aus wech-
selseitigem Wohlwollen erwuchs bald eine enge Freundschaft, die nicht zuletzt
von gemeinsamer Begeisterung für die idealistische Philosophie Fichtes beflügelt wurde. Auch die akademischen Qualifikationsarbeiten der beiden
Hochbegabten spiegeln diese Leidenschaft für die intellektuell faszinierenden Übergangszonen zwischen Philosophie und Theologie: Hirsch wurde 1914
mit einer Arbeit zum Thema »Fichtes Religionsphilosophie im Rahmen der

---

[1] TILLICH, Kairos. Ideen zur Geisteslage der Gegenwart, 181.

philosophischen Gesamtentwicklung Fichtes« in Göttingen promoviert. 1915
schloß sich die Habilitation mit der 1920 veröffentlichten Studie »Christentum
und Geschichte in Fichtes Philosophie« an. Eine entscheidende Prägung erfuhr Hirsch zudem durch seinen Berliner Lehrer Karl Holl.[2] Tillich seinerseits
legte im Frühjahr 1909 das Erste Theologische Examen ab, nachdem er zum
Winter 1907 von Halle nach Berlin gewechselt war. Im Anschluß an einen
Vortrag über »Die Freiheit als philosophisches Prinzip bei Fichte« wurde er am
22. August 1910 mit einer Arbeit zum Thema »Die religionsgeschichtliche Konstruktion in Schellings positiver Philosophie, ihre Voraussetzungen und Prinzipien« in Breslau zum Doktor der Philosophie promoviert. Maßgeblich für
Tillichs Auseinandersetzung mit Schelling und Fichte war der Einfluß von Fritz
Medicus, der jedoch nicht die Rolle des Doktorvaters übernahm, sondern sie
Eugen Kühnemann überließ. Die theologische Promotion folgte am 22. April
1912 in Halle: Mit einer Arbeit über »Mystik und Schuldbewußtsein in Schellings philosophischer Entwicklung«, betreut von den Gutachtern Wilhelm Lütgert – er war der Doktorvater – und Ferdinand Kattenbusch, erwarb Tillich
den Licentiaten-Titel. Im Sommer 1916 habilitierte sich der als Feldprediger
an der Westfront für Deutschlands Waffensieg Kämpfende dann in Halle mit
seiner Abhandlung »Der Begriff des Übernatürlichen, sein dialektischer Charakter und das Prinzip der Identität, dargestellt an der supranaturalistischen
Theologie vor Schleiermacher«.[3]

Auch der von Hans-Walter Schütte edierte, sieben Stücke umfassende Briefwechsel zwischen Tillich und Hirsch aus den Jahren 1917/18 veranschaulicht
eindrücklich, wie sehr die Beschäftigung mit dem Deutschen Idealismus und
das Ringen um einen selbst erarbeiteten theologischen und religionsphilosophischen Standpunkt die frühe Phase dieser Gelehrtenfreundschaft prägte.[4]
Doch bietet die Edition kaum mehr als eine isolierte Momentaufnahme. Wichtige Aspekte der hochemotionalen Verbindung zweier – menschlich wie wissenschaftlich – außergewöhnlicher Theologen geraten erst in den Blick, wenn
die einschlägige Korrespondenzüberlieferung im Harvarder Tillich-Nachlaß in
ihrer ganzen Breite rezipiert wird; und das heißt konkret: 16 bislang unpubli-

---

[2] Zu Hirschs Abhängigkeit von Holl vgl. LOBE, Prinzipien der Ethik, 38–75.

[3] Zu Tillichs akademischem Qualifikationsweg vgl. ausführlich und erstmals unter Do-
kumentation des einschlägigen Archivmaterials CHRISTOPHERSEN/GRAF, Neukantianismus,
Fichte- und Schellingrenaissance; sowie DIES. (Hg.), Korrespondenz zwischen Fritz Medicus und Paul Tillich.

[4] SCHÜTTE, Emanuel Hirsch – Paul Tillich. Im einzelnen handelt es sich um folgende sieben Briefe: Tillich an Hirsch, 12.11.1917; Tillich an Hirsch, Dezember 1917; Hirsch an Tillich, [1917/18], Entwurf; Tillich an Hirsch, 20.2.1918; Tillich an Hirsch, 9.5.1918; Hirsch
an Tillich, 22.5.1918; Hirsch an Tillich, 7.7.1918. Die Originale befinden sich in den jeweiligen Nachlässen. Der Harvarder Tillich-Nachlaß enthält auch Kopien der Schreiben an
Hirsch. – Zu Schüttes Hirsch-Deutung vgl. DERS., Christliche Rechenschaft.

zierte oder allenfalls in kurzen Ausschnitten veröffentlichte Briefe Hirschs an
Tillich aus dem Zeitraum 1919 bis 1963 sind im Kontext einer wissenschaftsgeschichtlichen Beziehungsanalyse zu berücksichtigen und geistesarchäologisch
zu entschlüsseln.[5] Gar nicht zu übersehen ist dabei gleich zu Beginn des Kor-
respondenzzeitraums ein tiefgreifender Konflikt um die Bewertung des verlorenen Weltkriegs. So massiv ist der Wahrnehmungswiderspruch, so vermint das
Gefühlsterrain, daß Hirsch, wie er am 14. Mai 1919 schreibt,[6] trotz aller
Freundschaft eine Verständigung in diesem Punkt kaum möglich erscheint.
Zwar sei er selbst nicht unmittelbar am Kriegsgeschehen beteiligt gewesen,
habe sich aber durch Berichterstattung und Bildmaterial stets eingehend informiert. Er achte Tillichs soldatische Kriegserfahrung, erwarte umgekehrt aber
auch, daß dieser die Toten ehre, die für den unfreiwillig Daheimgebliebenen
den Krieg zu einer heiligen Angelegenheit werden ließen. Hirschs Bruder Hans
gehörte zu den Gefallenen, zwei enge Freunde ebenso. Ihre stille Hingebung
in den Tod sei ein Werk letzter Aufopferung, das aus sich selbst heraus nicht
böse sein könne und das Tillich nicht schänden dürfe.

Auch dem »utopistischen Sozialismus« seines Freundes gegenüber meldet
Hirsch Bedenken an. Er kritisiert vor allem die latente Gewaltbereitschaft des
Revolutionspropheten. Das in der retrospektiven Ächtung des Krieges so vehement Verneinte werde nur allzuleicht als Mittel im politischen Zukunfts-
kampf gebilligt, ganz wie einst bei den Wiedertäufern der Reformationszeit.
Hirsch kann sich nicht vorstellen, daß Tillich »als Verkünder einer kleinen mystischen Sonderkirche vornehmer, weltabgeschiedner Geister« enden wolle, als
Prediger einer »Sekte der Hochkulturellen«. Auf dieses fragwürdige Ziel arbeite jedoch hin, wer – wie Tillich – die Kirche in ihrer gegenwärtigen Gestalt
aufhebe, die Sondergemeinschaft aber nicht. Auch sei noch völlig ungeklärt,
wie sich das Kulturproblem im Licht des »Führer«-Gedankens lösen lasse. In
der bisherigen Weltordnung sei für ihn Raum gewesen, als Kern aristokrati-
scher Verantwortungsbereitschaft. Zwar habe Nietzsche den Aristokratie-
Begriff durch sein »Übermenschen«-Gerede verdorben. Doch schließe sich
auch jetzt noch der »wahre Aristokrat [...] innerlich zusammen mit der Plebs,
er will sie führen, er fühlt sich verantwortlich für sie. Es gibt nicht nur Skla-
venaufstände in der Geschichte, sondern auch Fahnenflucht der Führer in die
Selbstgenügsamkeit eines Sonderdaseins.« Im Gegensatz zu Nietzsche habe die
christliche Kirche eine lebenskluge Lösung des Problems menschlicher Ge-
meinschaftsordnung vorgelegt, da sie »alle als Brüder sich ansehn hieß und
doch jeder großen Persönlichkeit den Platz gab zu verantwortungsbewußtem

---

[5] Ein bei Pauck/Pauck, Tillich, 324 Anm. 44, mit dem Archivort Harvard angegebener
Brief Hirschs an Tillich vom 16.10.1948 ist dort gegenwärtig nicht mehr nachweisbar.
[6] Emanuel Hirsch an Paul Tillich, 14.5.1919 (Harvard).

Regiment«. Besorgt argwöhnt Hirsch, daß Tillich von seiner revolutionsent-
flammten Entourage lediglich zu Anregungszwecken »aesthetisch-genüsslich
mißbraucht« werde. Doch: »Nicht was man an tiefsinnigen Problemen hat, sondern was das Leben und die Gesinnung beherrscht, das ist persönlich ernst.«[7]
Im Juli 1919 stellt Hirsch klar, daß er – »ich bin von allen Deinen Freunden am
weitesten mit Dir gegangen und glaube Dich immer am besten verstanden zu
haben« – nicht mehr gewillt sei, Tillich auf seinem religiös-sozialistischen Weg
zu folgen. Es habe sich ein zu starker Gegensatz zwischen ihnen entwickelt,
der in Gewissensurteilen gründe. Damit zerrinne »ein Traum von geistiger Gemeinsamkeit und Verbrüderung«[8]. Trotzdem wolle er aber die Freundschaft mit
Tillich, der sich voll und ganz auf ihn verlassen könne, aufrecht erhalten. Ein
Jahr darauf, im Oktober 1920, kündigt Hirsch sein Buch »Deutschlands Schicksal. Staat, Volk und Menschheit im Lichte einer ethischen Geschichtsansicht«
an, das er dem Freund demnächst schicken werde. In ihm sei der Gegensatz
enthalten, der beide trenne. Er wisse, daß Tillich sich über diese Schrift ärgern
werde, bitte ihn aber darum, sie dennoch zu lesen.[9]

Hirschs »Schicksals«-Deutung war ein Therapieversuch. Nach Jahren hoch-
emotionalisierter Fixierung auf fanatisch verteidigte Feindbilder und dem
Trauma einer nahezu identitätsvernichtenden Niederlage galt es zumal für
frontverschonte, von keinerlei Heldenruhm zehrende Heimatkrieger wie
Hirsch, Wege zur seelischen Stabilisierung zu finden. Um die eigene Lebens-
zeit seit dem August 1914 nicht widerstandslos verloren geben zu müssen, bot
es sich gerade für wortmächtige Geistesarbeiter an, die Kriegsthematik in Be-
wältigungsliteratur zu transformieren. So wurde für den Theologen Emanuel
Hirsch die Sinnbestimmung von Krieg und Frieden vor dem Hintergrund der
Weltkriegsniederlage eine Lebensaufgabe, der er sich fortan mit nahezu obses-
siver Intensität widmete und ohne deren kritische Würdigung sich seine Haltung in den politisch-theologischen Konfliktlagen der Zwischenkriegszeit nicht
angemessen wahrnehmen und vergegenwärtigen läßt. Trauma wie Therapie
betrafen zunächst ganz unmittelbar den einzelnen und sein Überleben, bezogen ihre geschichtsmächtige Strahlkraft und massenmagnetische Aufladung
allerdings vom Schicksal des Kollektivs – und förderten Vergemeinschaftungs-
modelle von mancherlei Art. Auch Hirsch agierte keineswegs isoliert, sondern blieb eingebunden in Prozesse akademischer Gruppenbildung, nutzte die
Thermik einer zeitbedingten Themenkonjunktur, erschrieb sich – theologiegeschichtlich betrachtet – einen Spitzenplatz unter den Exponenten der »Lutherrenaissance«. Seinen Mitstreitern, besonders aber ihm selbst dienten

---

[7] Ebd.
[8] Emanuel Hirsch an Paul Tillich, 5.7.1919 (Harvard).
[9] Siehe Emanuel Hirsch an Paul Tillich, 8.10.1920 (Harvard).

Begriffe wie »Nation«, »Volk«, »Vaterland« oder »Schicksal« in dichter Vernetzung dazu, die in ihrer Totalität unerträgliche Katastrophe der deutschen Niederlage durch eine bestimmte Form der Kriegsvorstellung perspektivisch zu relativieren. Im Februar 1922 kommentierte Karl Barth diesen Zusammenhang mit Verweis auf Hirsch:

»Gefährlicher ist, daß im *Vordergrund* unserer scheinbar so weltabgelegenen Diskussionen die politische Frage spukt, die er mit unheimlicher Leidenschaft behandelt, die Worte ›Schuldlüge‹, ›Schmachfriede‹, ›Feindbund‹ etc. beständig die Luft durchbrausen, und daß *das* die ›konkrete Situation‹ ist, an der ihm so gelegen ist und für die er in der Bibel durchaus ein ›gutes Gewissen‹ sucht [...].«[10]

Stand in der Weimarer Republik zunächst der Revanchegedanke im Vordergrund, so vertraten die kämpferischen Theologen, Hirsch allen voran, auch in den Jahren der nationalsozialistischen Herrschaft eine dezidiert kriegsbejahende Position, die nicht zu trennen war von der Zustimmung zur gewaltbereiten Aggressionspolitik der »deutschen Revolution« und einer mehr oder minder massiven Unterstützung des NS-Regimes. Zugleich boten die theologischen Zeitsinnsucher, wenn auch vom Primat des Krieges ausgehend, elaborierte Überlegungen zu einem möglichen, ethisch verantwortbaren Frieden, der jedoch als Siegel seiner gerechten Bestimmungen die Signatur des »deutschen Wesens« tragen sollte. Zentralgedanken der Lutherrenaissance wie »Berufsethos« und »Zwei-Reiche-Lehre« dienten dabei als Fundament für weitgespannte, die professionsbedingte Allzuständigkeit des Theologen ausspielende Reflexionen über Ideal-, Real- und Machtpolitik. Friedensvorstellungen im Zeichen nationaler Prädominanz verbanden sich bei Hirsch allerdings mit einem starken Affekt gegen den Pazifismus. Schon als Privatdozent in Bonn hatte er 1918 einen kleinen Aufsatz zu diesem Thema publiziert, der in den »Wingolfs-Blättern«, aber auch als Separatdruck erschienen war. Gott, so die riskante geschichtstheologische These, lasse auch Völker nicht ewig leben, es gebe ein »Recht des Weltreiches im rechten geschichtlichen Augenblick«[11]. Immer wieder müsse Gott die Menschheit umpflügen, um die allgemeinen Ideen in ewiger Bewegung zu halten. In den Weltreichen sei aber kein erstrebenswertes Ideal zu erkennen, sie erwiesen sich vielmehr als »zerstörend und zersetzend«. Nicht zufällig offenbare sich »die Schöpferkraft des menschlichen Geistes in jungen aufstrebenden Nationalstaaten stets am stärksten, in Weltreichen stets am kümmerlichsten«. Das tiefste Unrecht des Pazifismus macht Hirsch deshalb darin aus, daß dieser − blind begeistert für das Recht und seine Allherrschaft − »das

---

[10] Karl Barth, Rundbrief, 26./27.2.1922, in: BARTH/THURNEYSEN, Briefwechsel, Bd. 2, 41−53; hier 46.
[11] HIRSCH, Der Pazifismus, 10.

Aufblühen eines großen Volkes in einem machtvollen, ganz in sich
gegründeten Staate«[12] nicht angemessen würdige.

Vehemente Kritik am Pazifismus durchzieht 1920 dann auch »Deutschlands
Schicksal«. Die Friedensideologie mit ihrem eifernden Pathos der Kriegs-
ächtung stünde, so Hirsch, gegen »die Lebenswirklichkeit der selbständigen Nationalstaaten«[13]. Scharf wendet sich der kämpferisch gestimmte Geschichts-
ethiker und universalhistorisch argumentierende Pamphletist gegen England:
»Der englische Welt-Imperialismus fällt praktisch mit dem einzigen Pazifismus,
der auf Erden möglich ist, zusammen.«[14] Weltreiche seien aber nur »geschichtliche Erscheinungen mit negativem Vorzeichen. Sie bedeuten einen Winter, in
dem das schöpferische Leben schlummert.«[15] Vor dieser eher grobschlächtigen
Feindbildkulisse entfaltet Hirsch eine »Rechtfertigung des Krieges«[16] nebst
einer »Ethik des kämpfenden Soldaten«. Nicht als eigenmächtiges Individuum,
sondern als Amtsperson trete dieser in seiner Uniform in Erscheinung, legitimiert durch die »unmittelbare Ausübung der zwingenden Staatshoheit im Auftrage der Gesamtheit«[17]. Für den Staat seinerseits ergebe sich: »Der Wille, ein
Staat zu sein, ist ohne den Willen, gegebenenfalls auch einen Krieg zu führen,
nicht denkbar.«[18] Der Krieg sei Bestandteil göttlicher Schöpfungsordnung und
notwendige Erscheinungsform geschichtlichen Lebens. Sowohl den Gedanken
eines Verteidigungskrieges, wie ihn nicht zuletzt Martin Luther vertrat, als auch
die vor allem von Hugo Grotius entfaltete Legitimationstheorie eines Rechts-
krieges weist Hirsch als untauglich zurück. Der Krieg lasse sich keiner rechtli-
chen Betrachtung unterwerfen, er sei ein Streit um Macht, nicht um Recht,
»Lebensansprüche der Völker und Staaten« gelte es durchzusetzen. So trete der
Krieg »erst wahrhaft als Potenz der Menschheitsgeschichte«[19] in Erscheinung.
Der sich daraus für Hirsch ergebende Spitzensatz lautet: »Der Krieg aber [...]
ist der Vollstrecker der Geschichte und ihrer dem Recht widersprechenden lebendigen Gerechtigkeit.«[20] Nur folgerichtig sei daher 1815 wie 1870/71 die
Niederlage Frankreichs gewesen. Die deutsche Demütigung im Weltkrieg aber
will Hirsch wider alle Wahrnehmungszwänge des Faktischen nicht akzeptieren,
er hofft auf neue Selbstbesinnung durch Korrektur von Schwächen und Feh-
lern. In Aufnahme Fichtes gelangt er zu der Behauptung: »Freiheit und Pflicht

---

[12] Ebd., 11.
[13] HIRSCH, Deutschlands Schicksal, 85.
[14] Ebd., 87; bei Hirsch hervorgehoben.
[15] Ebd., 90.
[16] Ebd., 93.
[17] Ebd., 94.
[18] Ebd., 95.
[19] Ebd., 100.
[20] Ebd., 101; bei Hirsch hervorgehoben.

sind mehr wert als das Leben, welches vielmehr nur um dieser beiden willen
da ist; mithin darf, nein muß der Staat seiner Freiheit und seiner Pflicht das
Leben seiner Bürger aufopfern.«[21] Und umgekehrt findet in der Preisgabe des
eigenen Lebens die Persönlichkeit ihre Vollendung. In Anspielung auf den Weltkrieg, zumal auf die erbitterten innenpolitischen Grabenkämpfe um den richtigen, den ›deutschen‹ Weg zum Sieg und zum Frieden, betont Hirsch, daß er
einen nur »lau und ohne den Willen alles zu tun und zu opfern« ausgetragenen
Entscheidungskampf aus religiöser Perspektive als Frevel einstuft. »Wenn Krieg
wirklich eine Frage an Gott ist, ja ein Kampf mit dem Gott, der prüfend an die
Grundpfeiler des nationalen Daseins schlägt, dann ist er ein unausdenkbares
Wagnis.« Die Friedenszeit der Weimarer Republik erscheint in dieser Sicht als
Vorbereitungsphase für den nächsten Waffengang: »Wir müssen einen sich ganz
aufopfernden Willen nun in die Aufgabe der Wiedererstehung zu neuem Leben
legen. Jeder Sonderwille, jede Lust zu weltbeglückenden Experimenten hat un-
terzugehen in der nationalen Pflicht.«[22] Entscheidend wird für Hirsch die Wie-
dererlangung voller nationaler Souveränität. Hinzu tritt in harscher Kritik an
den sich ausbildenden politischen Strukturen der Weimarer Republik die Zurückweisung des »nicht passenden demokratisch-parlamentarischen Verfas-
sungssystem[s]«, das dem Deutschen Reich lediglich aufgezwungen worden
sei. Das Land werde durch »ausländisches Ausbeutungskapital« überfremdet, die
eigenen wirtschaftlichen Kräfte dürften sich nicht frei entfalten. Deutschland
habe sein nationales Eigenleben verloren, sei nur noch eine »Ententekolonie
mit stark beschränkter Selbstverwaltung«[23]. Der Friede von Versailles erweise
sich mittlerweile als lebensbedrohend. Werde aber die Geschichte als Tat lebendigen Willens aufgefaßt und nicht als notwendiger Prozeß, so könne ge-
folgert werden: »Es gibt für einen großen Willen in der Geschichte kein
dunkles Verhängnis über und außer ihm. Er ist im Entscheidenden sich selbst
sein Schicksal.«[24] Jede Entwicklung in der Geschichte werde durch die Tat gebrochen, Geschichte sei nicht als Ort des absoluten Lebens zu identifizieren –
sie müsse, so formuliert Hirsch, als durch den Ewigkeitsgedanken begrenzt
gesehen werden. Irdisch-natürliches und ethisch-religiöses Leben gingen in der
Geschichte ineinander über, wobei im ethisch-religiösen »eine unmittelbare
Beziehung zum ewigen Jenseits der Geschichte verborgen«[25] liege. Den wesentlichen Grundzug seiner »theistisch-ethische[n] Geschichtsansicht« sieht
Hirsch in der »Hingabe an Staat und Nation«, dem Versuch, in den Herzen des

---

[21] Ebd., 105.
[22] Ebd., 109.
[23] Ebd., 142.
[24] Ebd., 147.
[25] Ebd., 62f.

Volkes »den Glauben zu wecken an den in den Gewissen sich lebendig bezeu-
genden Herrn der Geschichte«; denn: »Der am Diesseits klebende Sinn wird
finden, daß es töricht ist, noch irgend etwas an unsre Zukunft zu wagen.« Er-
greife aber das Gewissen das Unsichtbare, dann wachse »der Gehorsam, der bereit ist, mutig und opferbereit den langen mühseligen Weg des leidenden
Widerstandes zu wandern, der allein unser Volk wieder hinaufführen kann in
die Höhe«[26].

Im Juni 1921 tritt dann ein ganz anderes Thema in den Mittelpunkt der Debatten zwischen Hirsch und Tillich. Vom fürsorglichen Freund in Bonn erfährt
Tillich, daß mehr als nur maliziöses Gerede im Umlauf sei, dem man unbedingt
entgegentreten müsse. »Das Gerücht lautet so: ›Die Heiligkeit der Ehe ist in
den Kreisen der Berliner R[eligiösen] S[ozialisten] nicht unangetastet geblieben, weder theoretisch noch praktisch. Z. B. huldigt der RS Tillich einem Wei-
berkommunismus.‹ Es sind nicht beliebige Leute, und gleichgültige, sondern
solche, denen man glaubt, die solches sagen.«[27] Zu diesem Zeitpunkt hält
Hirsch die Angelegenheit noch für eine böswillige Verleumdung, deren eilfer-
tige Agenten aus der von Tillich eingereichten Scheidung Profit ziehen wollten.[28] Er bietet sich deshalb an, bei der Unterbindung dieses Gerüchtes
behilflich zu sein. Von einer gerichtlichen Auseinandersetzung rät Hirsch ab.
Ein Urheber der üblen Nachrede lasse sich »bestimmt fassen« und dann auch
zu einer Entschuldigung, vor allem aber zum Widerruf seiner Behauptungen
bewegen. In den Folgemonaten muß Hirsch allerdings konsterniert zur Kenntnis nehmen, daß die Gerüchte keineswegs als Produkte einer kruden Denun-
ziantenphantasie abzutun waren, sondern durchaus realitätsnah eine Seite von
Tillichs facettenreicher Persönlichkeit und schillernder Lebenswelt erfaßten.

Wie verstört der in Liebesdingen eher prüde Freund in Bonn von dieser
Entdeckung war, verraten seine Briefe, mit denen er im Juni 1921 ratend versuchte, Tillich auf den Pfad der Tugend und zugleich aus Privatdozentennöten
in die akademische Erfolgsspur zu bringen.[29] Entscheidend für »einen Mann«
sei »die Sache«: »Um der Richtigkeit der Sache willen aber darfst Du keine im
eigentlichen Sinne aktual-erotische Freundschaft mit Frauen haben [...].«[30]
Da solche Freundschaften nun jedoch offenbar bestünden, empfehle sich für

---

[26] Ebd., 165f.

[27] Emanuel Hirsch an Paul Tillich, 11.6.1921 (Harvard).

[28] Die Scheidung von Paul Tillich und seiner Frau Margarete, geb. Wever, wurde am 22.
Februar 1921 vollzogen. Am 22. März 1924 heiratete Tillich Hannah Werner-Gottschow.

[29] Emanuel Hirsch an Paul Tillich, 26.6.1921 (Harvard).

[30] Emanuel Hirsch an Paul Tillich, 14.6.1921 (Harvard). – Eingehend erörtert Hirsch mit
Tillich sein eigenes Konzept für den Umgang mit Frauen, seine Vorstellungen über die Ehe.
Siehe dazu Emanuel Hirsch an Paul Tillich, 21.6.1921 (Harvard). Vgl. auch die Aufnahme
dieser Aspekte bei PAUCK/PAUCK, Tillich, 94f.

Tillich gewiß der Wechsel von der Theologischen in die Philosophische Fakultät.[31] Oft führe ja ein äußerer Anstoß auf den rechten Weg, versichert Hirsch beschwörend – und verweist auf die eigene Biographie: Tillich habe ihn vor Jahren nach Göttingen ›gestoßen‹ und ihm so die akademische Laufbahn geöffnet; dies werde er dem Freund niemals vergessen. Nun aber verkehren sich die Rollen, und Hirsch wird zum Ratgeber: Der Fakultätswechsel sei nicht nur aus Moralerwägungen geboten, Tillich habe vielmehr, sobald er erst bekannt geworden sei, als Philosoph gute, »vielleicht sogar glänzende Aussichten«, »als Theologe keine«[32]. Und auch eine Ortsveränderung könne dem in der ablenkungsintensiven Metropole allzu Umschwärmten nur guttun. Zwar sei Tillich, so räumt Hirsch neidlos ein, ihm geistig überlegen, doch habe der Ältere dafür das große Problem mangelnder Konzentration: »Ich wünschte Dich aus Berlin heraus als philosophischer Ordinarius in eine Kleinstadt.«[33] Tillichs späteren Wechsel nach Marburg dürfte der wohlmeinende Berater daher vermutlich auch ein wenig als Erfolg seines Zuredens empfunden haben – wenngleich nur als halben, denn der Freund etablierte sich 1924 ja als außerordentlicher Professor für Systematische Theologie an der Philippina. Nicht verborgen bleibt Hirsch allerdings auch, daß die noch so eindringliche Beschwörung alter Verbundenheit einen geistigen Entfremdungsprozeß unter Freunden nicht aufhalten kann. Am 27. Januar 1922 bedankt er sich für die Zusendung von Tillichs »Masse und Geist« mit der Einsicht: »Mein Haupteindruck ist der, wie schwer die Auseinandersetzung geworden ist. Unsere Gedankenbildungen sind nun beiderseits so stark durchgeführt, daß sie einander immer fremder werden; die gemeinsame Voraussetzung ist schwer zu finden.«[34]

Aus den 1920er Jahren sind gegenwärtig keine weiteren Briefe von Hirsch an Tillich nachweisbar. Der Kontakt brach allerdings nicht ab, das lebendige Interesse an den Wegen, Umwegen, Irrwegen des anderen überstand auch Phasen der kalkulierten Distanznahme, vor allem aber bezeugen vielerlei Texte, nicht zuletzt wechselseitige Rezensionen, wie intensiv beide immer noch das Bedürfnis nach Klärung der eigenen Position im langvertrauten Dialog empfanden. Die Freundschaft zwischen Hirsch und Tillich bietet so, gerade auch aus theologiegeschichtlichem Blickwinkel, ein menschlich-akademisches Schauspiel von hoher Aussagekraft und intellektueller Brisanz: Die Partner verstanden es, in einem stets produktiven Dauergespräch sich sowohl ihrer Gemeinsamkeiten zu versichern als auch sachliche Kritik und persönliche Differenzen mit großer Offenheit zu thematisieren. Tillich und Hirsch

---

[31] Auch den Austritt aus dem »Wingolf« legt Hirsch dem Freund nahe.
[32] Emanuel Hirsch an Paul Tillich, 28.6.1921 (Harvard).
[33] Emanuel Hirsch an Paul Tillich, 10.7.1921 (Harvard).
[34] Emanuel Hirsch an Paul Tillich, 27.1.1922 (Harvard).

fanden im jeweils anderen ein kongeniales Gegenüber und blieben sich trotz heftiger Auseinandersetzungen der früh entdeckten, menschlich wie theologisch fest fundierten gemeinsamen Basis bewußt. Nicht zuletzt der sich schließlich aus der scharf kontrastierenden Einstellung zum Nationalsozialismus 1934 ergebende öffentlich durchlebte Dissens ist nur vor dem Hintergrund dieser intensiven Verbundenheit zweier schwieriger Theologentemperamente angemessen zu beurteilen.

Die Entscheidungskonstellation im Schatten der heraufziehenden »deutschen Revolution« hatte Tillich schon Jahre zuvor mit dramatischen Akzenten angedeutet und 1931/32 in einem Vortrag die Dimension der Herausforderung benannt: »Die gegenwärtige Lage der protestantischen Theologie ist nicht die Lage einer sich gleichmäßig weiterentwickelnden Wissenschaft [...]. Sondern es ist die Frage der Existenz einer protestantischen Theologie, um die gerungen wird.«[35] Diese Auseinandersetzung vollziehe sich gerade auch unter soziologischer Prämisse in der Begegnung mit gesellschaftlicher Wirklichkeit, die Tillich auf »das Hervorbrechen der Vital-Sphäre in ihrer ausdrücklich heidnischen Form«[36] zulaufen läßt. Reales Heidentum und christlicher Humanismus träten einander gegenüber, und innerhalb der protestantischen Theologie, genannt werden Althaus und Hirsch, herrsche Unsicherheit darüber, wie der heidnisch-christliche Gegensatz zu bestimmen sei. Die Rede vom Existenzkampf, die Beschwörung von Krisen und Katastrophen traf eine weitverbreitete Stimmung der Zeit und spiegelte, bei aller rhetorischen Inszenierungsfreude des akademischen Festredners, durchaus die Alltagsrealität im Deutschland der Notverordnungen und Straßenschlachten. Gesellschaftliche Wirklichkeit: das war der Aufstieg des Nationalsozialismus, das Wetterleuchten von Gewalt und Bürgerkrieg am politischen Horizont, in dessen Widerschein auch jede Reflexion über »die geistige Situation der Zeit« gebannt war. Für Tillich vollzog sich in diesem Klima existentieller Unsicherheit zugleich ein ganz persönlicher Ablösungs- und Entzauberungsprozeß: Der Religiöse Sozialismus verlor für ihn den Glanz imaginierten Gelingens. Desillusionierung und neue Standortbestimmung, individuelles und gesellschaftliches Schicksal in schwer zu entflechtender Verknüpfung, das Wechselspiel starker Affekte auf der Emotionsskala zwischen Enttäuschung und Erwartung, die Konkurrenz zweier Freunde um die Deutungshoheit über das deutsche Gegenwartsprofil im Zeichen des »Kairos« – all das verlieh dann zumal der 1934/35 öffentlich ausgetragenen Auseinandersetzung Tillichs mit Emanuel Hirsch ihre besondere biographische Dramatik und theologiegeschichtliche Bedeutung. In ihr fokussieren sich – ausgelöst durch Hirsch, der in der Machtübernahme der NSDAP unter Adolf

---

[35] Tillich, Gegenwärtige Lage der Theologie, 393.
[36] Ebd., 398.

Hitler die »Stunde des Volkes« erkannte – die konträren Haltungen der beiden Theologen zum Nationalsozialismus und eskaliert zugleich der Konflikt um Ursprung und Ausgestaltung der »Kairos«-Lehre. Allein schon der unbestrittene intellektuelle Rang der Kontrahenten hätte, so meint man, ihrem »offenen« Briefwechsel zeitüberdauernde Aufmerksamkeit sichern müssen. Doch fand sich bis heute kein adäquater Echoraum, in dem sich das verklungene Streitgespräch noch einmal hätte vergegenwärtigen lassen.[37] Eine sachbezogene Würdigung des Streits zwischen Tillich und Hirsch wird angesichts der bisherigen wissenschaftsgeschichtlichen Rezeption, die in der Regel[38] den Konflikt ignoriert, marginalisiert oder nur pauschal erörtert, stärker auf den inneren Zusammenhang zwischen politischen, theologischen und philosophischen Aspekten in Argumentation und Sprache der Kombattanten zu achten haben.[39] Gerade am Beispiel Emanuel Hirschs läßt sich zeigen, wie vorschnell viele theologiegeschichtliche Interpretationsversuche unausgesprochen das Deutungsmodell der intellektuellen Persönlichkeitsspaltung bemühen, um in der retrospektiven Rangzuweisung den politischen Zeitgenossen und den theologischen Meisterdenker als zwei völlig unabhängig voneinander agierende Personen auftreten lassen zu können. Konkreter: Man leugnet nicht die bizarren politischen Einlassungen des Göttinger Gelehrten, seine emphatischen Sympathiebekundungen für das nationalsozialistische Regime, aber dispensiert sich, als Theologiehistoriker, im selben Atemzug von einer ernsthaften Beschäftigung mit ihnen und zieht sich auf das vermeintlich minenfreie Terrain der Fachwissenschaft zurück. Ulrich Barth führt dieses enthistorisierende Trennungsdenken, repräsentativ für die große Mehrzahl der Hirsch-Exegeten, eindrucksvoll vor, wenn er formuliert: »so irritierend jene Zeitgebundenheiten

---

[37] Der Auseinandersetzung zwischen Tillich und Hirsch ist eine größere Monographie von A. James Reimer gewidmet, die im englischsprachigen Original 1989 und übersetzt 1995 unter dem Titel »Emanuel Hirsch und Paul Tillich. Theologie und Politik in einer Zeit der Krise« erschien. Reimer unternimmt darin eine biographische Verortung der bis 1907 zurückreichenden Freundschaft zwischen den beiden Protagonisten, um sich anschließend dem theologischen Konflikt zu widmen. Recht unvermittelt läßt Reimer dann aber seine Arbeit auf eine Verteidigung Karl Barths zulaufen: »Our study suggests but does not demonstrate [...] that Barth's more classical dogmatic theology was not an escape into supernaturalism, as charged by Tillich and Hirsch, but was precisely an attempt to develop normative theological-dogmatic criteria relevant for historical and political action« (REIMER, Debate, 356). Trotz vieler wertvoller Einzelinformationen ist Reimers Arbeit sowohl hinsichtlich der bewertenden Analyse als auch im Hinblick auf eine Fülle an neu erschlossenem Material ergänzungsbedürftig.

[38] Eine Ausnahme bildet neben Reimers Studie die instruktive Arbeit von SCHJØRRING, Theologische Gewissensethik, vgl. dort zu Tillich und Hirsch 295–298.

[39] In dieser Hinsicht bleibt etwa der Hirsch-Artikel von EILERT HERMS in der RGG[4] unspezifisch. Ein Verweis auf den Nationalsozialismus entbindet nicht von einer Analyse der wechselseitigen Strukturzusammenhänge.

des Hirschschen Denkens fraglos sind, so wenig vermögen sie, dessen gedank-
liches Niveau ernsthaft zu relativieren.«[40] Diese Behauptung wendet sich dezidiert gegen – heute ihrerseits zeitgeistkonforme – Pauschalisierungen wie
Robert P. Ericksens »Emanuel Hirsch – Der Nazi-Intellektuelle«[41] und ist insofern als Abkehr von ideenpolitisch wohlfeiler Entlarvungsrhetorik nur zu
begrüßen. Doch gerät die tendenziell euphemistische Formel der »Zeitgebundenheit« nur allzuleicht in Apologie-Verdacht, wenn gar nicht erst der Versuch
unternommen wird, Hirschs Argumentationsführung textanalytisch präzise auf
das Wechselspiel politischer und theologischer Intentionen und Aversionsmu-
ster hin zu untersuchen. Analog gilt diese Gefahr für Vertreter des Religiösen
Sozialismus wie für Protagonisten der dialektischen Theologie, und es ist nach
Strukturparallelen zwischen den zunächst so gegensätzlich wirkenden Gruppierungen zu fragen.[42] Daß in all diesen Fällen die »perspektivische Ver-
engung auf die Jahre 1933/34«[43], die Arnulf von Scheliha in seiner Studie über
»Emanuel Hirsch als Dogmatiker« Christof Gestrich vorwirft, lediglich ein
theologiegeschichtliches Zerrbild erzeugen kann, wird in der Fach-
diskussion kaum noch bestritten werden. Es kommt aber nun darauf an, die
notwendige Gegenbewegung, also die Entgrenzung des Zeit- und Interpreta-
tionshorizonts, nicht als bloßes Ablenkungsmanöver erscheinen zu lassen: Das
legitime Interesse an einem wie auch immer zu deutenden Zusammenhang
zwischen Hirschs Parlamentarismuskritik, seiner Verehrung für Adolf Hitler
und seinen theologischen Reflexionen ist nicht mit dem Hinweis abzuschwä-
chen, daß auch andere Phasen von Leben und Werk des Gelehrten Aufmerksamkeit verdienten. Theologiegeschichtlicher Forschung sollte es daher nicht
um eine Verschiebung der Erkenntnisinteressen gehen, sondern um ihre Er-
weiterung – in beiden Richtungen der Zeitachse: zurück bis zum Ersten

---

[40] U. BARTH, Christologie Hirschs, 10. Vgl. BIRKNER, Art. Hirsch, der ebd., 392, unter Bezug
auf Hirschs »Geistige Lage« und »Deutschlands Schicksal« eher verschleiernd als erhellend
festhält: »In beiden Büchern sind die zeitbezogenen Ideale und Irrtümer in weite geschichtliche und systematische Erörterungszusammenhänge eingebettet.« Vgl. zudem
SCHNEIDER-FLUME, Politische Theologie Hirschs, bes. 144–164.
[41] ERICKSEN, Theologen unter Hitler, 167; zu Hirsch s. dort bes. 167–267.
[42] Vgl. dazu etwa TANNER, Fromme Verstaatlichung des Gewissens, 59–100: »Die Delegi-
timierung der Weimarer Reichsverfassung in der protestantischen Theologie«, bes. 71–73,
100. Vgl. auch SCHNEIDER-FLUME, Politische Theologie Hirschs, 115; sowie BAYER, Theologie, 196: »Der gemeinsame Grundsatz und die strukturelle Ähnlichkeit der theologisch-
politischen Entwürfe von Hirsch und Tillich beruhen auf der Überzeugung, daß Gott die
Geschichte gestaltend und fordernd durchdringt.« Vgl. zudem NOWAK, Gottesreich – Geschichte – Politik, und DERS., Religiöser Sozialismus; sowie: SCHOLDER, Kirchen und das
Dritte Reich; DERS., Neuere deutsche Geschichte.
[43] SCHELIHA, Hirsch als Dogmatiker, 456 Anm. 84, mit Bezug auf GESTRICH, Neuzeitliches
Denken, 143–165. – Vgl. die übertrieben heftige Polemik gegen U. Barth und Scheliha bei
ALWAST, Theologie im Dienste des Nationalsozialismus, 221 f.

Weltkrieg und näher zur Gegenwart hin. Denn auch das Verhalten politisch exponierter Intellektueller nach 1945 verdient noch genauere Untersuchung, nicht zuletzt mit Blick auf Theologen und ihre ganz unterschiedlichen Optionen im Umgang mit der eigenen Biographie; auch sie, vielleicht sogar: gerade sie hatten sich, nicht anders als Martin Heidegger, Ernst Jünger oder Carl Schmitt, mit der Frage von Gewissensprüfung und – öffentlicher – Selbstkritik auseinanderzusetzen. Im Kontext der vorliegenden Arbeit aber gewinnt der Blick auf die »Urkatastrophe« des vergangenen Jahrhunderts besondere Bedeutung.[44] Denn der Erste Weltkrieg markiert eben nicht nur den Untergang des alten Europa als Zäsur der politischen Geschichte, sondern gilt längst auch als Zentralereignis für Mentalitätshistoriker und die Archäologen der »intellectual history«. Wer den Untergang der »Welt von Gestern« bewußt miterlebt hatte, war gezeichnet für sein Leben. Die Intellektuellen unter diesen traumatisierten Zeugen des Großen Krieges aber hatten immerhin die Chance, Kompensationsstrategien für den Verlust von Daseinssicherheit und innerweltlichem Urvertrauen zu erproben. Die Spuren dieser Bewältigungsversuche gerade auch in Werken der Fachwissenschaft wurden freilich lange Zeit kaum beachtet. Scheliha skizziert daher überzeugend ein Forschungsdesiderat, wenn er programmatisch fordert, »wesentliche Teile der Theologiegeschichte des 20. Jahrhunderts nicht von 1933/34 aus zu deuten, sondern, jedenfalls für Hirsch, von der Weltkriegserfahrung aus«[45]. Zu welch vielversprechenden Ergebnissen eine solche Neujustierung der wissenschaftshistorischen Rekonstruktionsperspektive beitragen kann, haben ganz besonders die weit ausgreifenden Forschungen zur Exilliteratur schon seit geraumer Zeit demonstriert. Theologen allerdings nahmen die einschlägigen Einzelstudien und großangelegten Projekte bislang kaum zur Kenntnis. Das Rezeptionsdefizit mag mancherlei Ursachen haben; es hängt gewiß nicht zuletzt auch mit der stark biographisch orientierten Selbsthistorisierung eines Faches zusammen, von dessen Vertretern nur vergleichsweise wenige nach 1933 den Weg ins Exil gewählt hatten. So fehlte der Schülergeneration bei der mehr oder minder pietätvollen Vergegenwärtigung ihrer Lehrer im klassischen »Leben-und-Werk«-Schema die unmittelbare Begegnung mit dieser Problemdimension. Um so dringlicher erscheint es, aus größerem Abstand, von persönlichen Befangenheiten und Wahrnehmungsblockaden weitgehend befreit, nun auch den Zusammenhängen von theologischen Deutungsmodellen und Exilerfahrung nachzugehen.[46] Besonderes

---

[44] Vgl. dazu Trillhaas, Hirsch in Göttingen, 58.

[45] Scheliha, Hirsch als Dogmatiker, 456.

[46] Als ersten, wenngleich ausgesprochen fragmentarischen Versuch vgl. den von Wolf-Friedrich Schäufele und Markus Vinzent herausgegebenen Sammelband »Theologen im Exil« (2001).

Augenmerk verdienen im Kontext der Disziplingeschichte zumal die zeitgenössischen Debatten über Aufstieg und Wirkung von Faschismus und Nationalsozialismus, über angemessene Antworten auf die totalitäre Herausforderung
und die Suche nach einem eigenen, gegenwartsadäquaten Profil im Weltanschauungskampf. Präzise, begriffsgeschichtlich orientierte Textanalyse wird hier
immer wieder auf die Theologisierung politischer Sprachmuster stoßen und
semantische Transferstrategien beobachten können, die Politik und Theologie
in ihrem konkurrenzgeschärften Sinnstiftungsanspruch aufs engste miteinander
verbanden.

Weltkriegserfahrung und Exil, Politisierung der Theologie und theologische
Überhöhung politischer Aufbrüche im Medium suggestiven Sprachzaubers:
Das sind, formelhaft zugespitzt, Leitmotive auch für die Deutung von Biographie und Schriften Paul Tillichs. Ohne das Krisenerlebnis der Weltkriegs- und
Revolutionswirren ist sein Kairos-Begriff nicht zu verstehen, ohne das stimulierende Ineinanderströmen theologischer und politischer Visionsenergien hätte
später »Die sozialistische Entscheidung« nicht jene Brisanz gewinnen können,
die zur Beschlagnahmung durch die Nationalsozialisten führte und der Schrift
damit, wie sich sagen ließe, ihren ganz eigenen »Kairos« raubte; und noch in der
ersten Zeit des Exils, in der Auseinandersetzung mit Emanuel Hirsch, bleibt
jenes Changieren zwischen den semantischen Sphären des Politischen und der
Theologie als Subtext des Konflikts gegenwärtig. Tillichs Beispiel zeigt allerdings auch mit aller Deutlichkeit, wie fatal es wäre, im Zentrum der Interpre-
tationsperspektive lediglich die Jahreszahlen zu wechseln, 1933/34 also durch
1914/18 zu ersetzen. Zu fragen ist vielmehr nicht nur in seinem Fall nach Entwicklungslinien, nach der je individuellen (werk-)biographischen Verhältnisbestimmung von Kontinuitäten und Brüchen, von Abkehr und Beharren,
Selbstrevision und Neuanfang. Erst der Blick auf die prozeßhafte Abfolge theologischer Gesamtkonstellationen, die insbesondere an neuralgischen Punkten
des Übergangs – wie etwa, als extremes Beispiel, der Entscheidung für ein
Leben im Exil – quellenkritischer Detailprüfung bedürfen, erst dieser nicht
mehr auf ein einziges Schlüsseldatum fokussierte Blick erlaubt es dann auch, die
Emanuel Hirsch attestierte »irritierende Zeitgebundenheit« nicht zu eliminie-
ren, sondern zu interpretieren.

3.1.1. Emanuel Hirsch: »Die gegenwärtige geistige Lage«

1934 erschien in Göttingen bei Vandenhoeck & Ruprecht Hirschs Standortbestimmung unter dem gravitätische Seriosität wie national-revolutionäre Er-
griffenheit signalisierenden Titel »Die gegenwärtige geistige Lage im Spiegel
philosophischer und theologischer Besinnung. Akademische Vorlesungen zum
Verständnis des deutschen Jahrs 1933«. In einem auf den 30. Januar 1934 da-

tierten Geleitwort betont Hirsch, daß es für den Menschen, obwohl er durch
Beobachtung und Wahrnehmung vielfältige Kenntnis von einzelnen gegenwärtigen Geschehnissen und Tatbeständen gewinnt, dennoch »kein eigentli-
ches Wissen von der Gegenwart selbst« gibt. Die Gegenwart bleibt etwas
Unenthülltes; erst indem es sich in das Kommende hinein verwirklicht, zeigt
es »sein letztes Gesicht«. Ein objektives Wissen von der Gegenwart besitzen allein Gott und die Engel.

> »Indem der Mensch sich wagend zu einem bestimmten Augenblick verhält, Gehalt und
> Sinn dieses Augenblicks aus eignem Mut heraus aussprechend, setzt er sich der wirk-
> samsten und treffendsten aller Widerlegungen aus, der durch das kommende Gesche-
> hen, und diese Widerlegung ertappte ihn nicht auf einem beliebigen Irrtum, sondern
> träfe ihn in seinem entscheidungshaften Wollen selbst, d. h. im Kern seiner geschicht-
> lichen Menschlichkeit. Insofern ist der reflektierende Mensch mit dem Akte grenz-
> überschreitenden Deutens und Verstehens genau in der Lage des handelnden Menschen.
> Seine Reflexion ist Handlung. Und dies mehr als je in der Wende, die mit dem Jahre
> 1933 eingesetzt hat.«

Hirsch hebt die Prägung seines bisherigen Schaffens durch »eine Zeit der Erschütterungen, der Wandlungen, des ständigen Umbruchs« hervor, die »endlich
nun«[47] in den neuen Anfang der Geschichte seines Volkes gemündet ist. Aus
dieser Zeitbestimmung ergibt sich die Forderung, das Denken als Grenzüberschreitung zu verstehen, die eine neue Wirklichkeit erschließt. Dieses neue
Denken, das sich jetzt gegen Widerstände durchgesetzt hat und Schutz vor dem
›bedrohenden Bolschewismus‹ gewährt, weiß sich eingebunden in einen größeren Zusammenhang; denn »mit dem ganzen deutschen Volkstum hat auch
der deutsche Geist heute allein Existenz und Wirkungsmöglichkeit in dem vom
Führer und seiner SA getragnen und gehaltnen neuen Gemeinwillen«[48].

Diese einleitenden Gedanken formulierte Hirsch fünf Monate vor den
Mordaktionen vom 30. Juni 1934, denen neben Ernst Röhm viele weitere hohe
SA-Funktionäre zum Opfer fielen, mithin zu einem Zeitpunkt, als sich das nationalsozialistische Regime unter Adolf Hitler in seiner Konsolidierungsphase
befand – und selbsternannte akademische Berater bei den neuen Machthabern
noch auf wohlwollendes Gehör hoffen konnten. So sind Hirschs »Vorlesungen« als Bewerbungstext zu lesen: Der Göttinger Ordinarius wollte sich als
Wortführer einer das neue System unterstützenden Theologie profilieren. Dieser Versuch war jedoch nicht frei von der nur mühsam kaschierten Enttäuschung eines sich übergangen Fühlenden. Schon am 14. April 1933 hatte er
Tillich gegenüber geklagt, daß er ganz ohne Einfluß sei: Und er habe doch

---

[47] HIRSCH, Geistige Lage, 3.
[48] Ebd., 4.

»gedacht, 14 Jahre treuer und leidenschaftlicher Kampf für das neue Deutschland«[49] müßten sein Wort und seinen Rat gefragt erscheinen lassen. Zudem
sah sich Hirsch – förderndes Mitglied der SS seit dem 1. November 1933, seit
dem 1. Juli 1934 Mitglied des Nationalsozialistischen Lehrerbundes (NSLB)
und Parteimitglied seit 1937[50] – mit der Behauptung konfrontiert, jüdischer
Abstammung zu sein. Um diesem seit längerem schon kursierenden Gerücht
entgegenzutreten, sprang ihm 1934 Wilhelm Stapel, der einflußreiche nationalprotestantische Publizist, zur Seite.[51] Im ersten Juli-Heft der von ihm und
Albrecht Erich Günther herausgegebenen Monatsschrift »Deutsches Volkstum«
wandte er sich gegen »Falsche Verdächtigungen«, um »immer wieder erzählte
Legenden (hoffentlich endgültig)«[52] zu zerstören – neben Hirsch werden als
Opfer ähnlicher Unterstellungen auch der 1909 verstorbene Schriftsteller Ernst
von Wildenbruch, Walter Flex, der 1917 gefallene literarische Heros der Jugendbewegung, sowie der Frankfurter Wirtschaftssoziologe Heinz Marr genannt. »Bald«, so Stapel, »heißt es von diesem, bald von jenem, er sei Jude. Das
Gerücht schleicht umher, geflüstert, mit Ah! und Hm! hm! aufgenommen und
weitergegeben, bis der Betreffende es endlich erfährt.« Wahrscheinlich werde es,
spekuliert Stapel, »von Juden selbst aufgebracht«, die womöglich »den Ruhm
des eignen Volkes erhöhen« wollen, oder »jüdische Kreise« hängen »einem
Deutschen den Juden aus Rache an«. Jedoch »auch von deutscher Seite werden falsche Verdächtigungen aufgebracht«, oft lediglich gestützt auf einen verkehrt gedeuteten Namen. Überdies verwechselt derjenige, der »nicht fest in der
Rassenkunde ist, [...] leicht dinarische und jüdische Nasen«[53]. So werde Emanuel Hirsch »jüdische Abstammung angehängt. Grund: sein Name und dinari-
scher Einschlag in den Gesichtszügen.« Aber, kommentiert der eifrige
Ehrenretter: »Der Name Hirsch braucht nicht auf den Judennamen Hersch
zurückzugehn, es gibt auch deutsche Hirsche.« Stapel verbürgt sich persönlich
für den Diffamierten und stellt klar: »Ich habe die sehr weit zurückgehende
Ahnentafel von Emanuel Hirsch, sowohl nach den väterlichen wie nach den
mütterlichen Vorfahren, durchgesehn. Nicht nur die evangelische Konfession
seit Jahrhunderten, sondern auch die Berufe und Lebensstellungen schließen
jüdisches Blut mit Sicherheit aus.« Am Ende steht ein Appell: »Wir müssen uns

---

[49] Emanuel Hirsch an Paul Tillich, 14.4.1933 (Harvard).
[50] Diese Angaben bei Assel, Der andere Aufbruch, 262 Anm. 106. Hirsch habe Stapel am
10. März 1938 mitgeteilt, die Aufnahme in die NSDAP bereits 1933 beantragt zu haben, aber
aufgrund der am 1. Mai 1933 verhängten Aufnahmesperre erst 1937 Vollmitglied der Partei geworden zu sein. Zu Hirschs theologischer Entwicklung im Kontext der »Lutherrenaissance« vgl. ausführlich ebd., 164–263.
[51] Zu Stapel vgl. Christophersen, Art. Stapel.
[52] Stapel, Falsche Verdächtigungen, 568.
[53] Ebd.

die ungeprüfte Annahme und Weitergabe von Verdächtigungen, die zur Pathologie aufgeregter Zeiten gehört, abgewöhnen.«[54]

Hirsch seinerseits überwand immer wieder die Momente der Irritation und unternahm in seinen Vorlesungen zur »gegenwärtigen geistigen Lage« den Versuch, das nationalsozialistische Regime aus theologischer Perspektive nachhaltig zu stützen. Seine Gegenwart bezeichnet er als die »deutsche Wende«[55]. Sie muß in einem untrennbaren Zusammenhang »mit dem *ganzen Ernste des Religiösen*«[56] verstanden werden; denn

»jede menschliche Gottesbegegnung trägt diese wunderliche Spannung in sich, *einmal* mit einem bestimmten Besonderen uns zu berühren und so den geschichtlichen Augenblick mit seinem Inhalte zu heiligen, und *dann* mit dem gleichen Hauche über das Besondere und den Augenblick hinauszureißen in das Verborgne Gottes, das sich uns entzieht, das allein als ein geschichteüberwindendes Geheimnis uns ergreift«[57].

Der Mensch befindet sich so auf der Grenze zwischen der Unverfügbarkeit Gottes und seiner geschichtlichen Wirklichkeit. »Kein denkendes Aufhellen eines geschichtlichen Augenblicks ist echt, wenn es nicht so sein Ziel findet als Frage, als Ruf an das Geschlecht, dem dieser Augenblick gegeben ist.«[58]

In einer »Die Theologie in der Zeitenwende (1914–1932)« betitelten Vorlesung sieht Hirsch die gerade vergangenen Kriegs- und Krisenjahre vor die dramatische Alternative »Umbruch zu Neuem oder Untergang« gestellt. In

---

[54] Ebd., 569. – Vgl. zur Debatte um Hirschs Abstammung ERICKSEN, Theologen unter Hitler, 255f.; hier wird ein Memorandum der Göttinger Fakultät vom Juli 1934 zitiert, in dem Hirsch mit Belegen aus seiner Ahnentafel nachdrücklich vor den »unwahren Gerüchten« (ebd., 255) in Schutz genommen wird. Vgl. auch ASSEL, »Barth ist entlassen ...«, 460–462. Assel weist darauf hin, daß der eigentliche Anlaß für die öffentliche Diskussion über eine mögliche jüdische Herkunft von Hirsch eine Bemerkung Karl Barths in seiner im »Deutschen Volkstum« 1932 erschienenen »Antwort an Emanuel Hirsch« gewesen sei. BARTH schrieb, ebd., 391: »Den mit Personen und Verhältnissen weniger bekannten Lesern darf ich versichern, daß das rechtsrheinische Basel [...], wo meine Väter hausten, den Wettbewerb mit Berlin, wo Herr Hirsch das Licht der Welt erblickte, wenn es *darauf* ankäme, sicher mit mindestens gleich glücklichen Aussichten aufnehmen würde.« Hirsch und Stapel gaben sich entsetzt (der eigentliche Geburtsort von Hirsch war Bentwisch/Westprignitz) und deuteten den Verweis auf »Berlin« als provokanten Hinweis auf eine jüdische Abstammung. Assel geht davon aus, daß Stapel, der diese Verdächtigungen schon lange gekannt habe, vor 1931 den Kontakt zu Hirsch gemieden hatte, »weil er den Gerüchten seiner jüdischen Herkunft Glauben schenkte« (ASSEL, »Barth ist entlassen ...«, 461 Anm. 50). Mit seinem Abstammungsnachweis für das »Deutsche Volkstum« habe Hirsch beabsichtigt, »die Standards der SS« (ebd., 462 Anm. 54) zu erfüllen.

[55] HIRSCH, Geistige Lage, 26.

[56] Ebd., 42.

[57] Ebd., 42f. – Zur Rede vom »geschichtlichen Augenblick« vgl. auch HIRSCH, Deutsches Volkstum, 42.

[58] HIRSCH, Geistige Lage, 43.

dieser Lage ist Einsatz gefordert, und nur die als Wagnis verstandene Hinwendung zu Gott, der als Frage existiert, kann zu einer richtigen Antwort führen.
Jetzt, so der Göttinger Redner, wird die Entscheidung zwischen Verzweiflung
oder Begnadung gefällt. »Aber dies Wagnis selber [...] steht in einem heiligen
Muß, das unverfügbar ist.«[59] Vom Herbst 1914, als die Hoffnung auf einen
schnellen Sieg im Weltkrieg zerbrach, bis hin zur Machtergreifung Hitlers ran-
gen Todes- und Lebenszeichen miteinander. Diese zwei Jahrzehnte waren eine
Zeit der Krise und Wende, der Erschütterung, die von allen wahrgenommen,
aber unterschiedlich aufgefaßt und verstanden wurde. Auch die deutsche evangelische Theologie, zerrissen und mutlos wie sie war, befand sich auf der Suche
nach einem neuen Weg ins Evangelium. »Wurde diese Aufgabe mit echter Leidenschaft ergriffen, so bedeutete sie eine Umpflügung des ganzen theologischen Denkens, die sich bis in die eigentliche Forschung hinein auswirken
mußte: wir sehen vergangne Geschichte neu vom Grunde her, wenn gegenwärtige Geschichte vom Grunde her sich an uns und um uns vollzieht.« Das
Verhältnis der Theologie »zum allgemeinen geistigen Leben des Volks« wan-
delte sich. Plötzlich waren unter dem Druck vielfältiger innerer wie äußerer
Not alle ›Volksgenossen‹ durch »ein gemeinsames religiöses Schicksal« verbunden, und so fand sich selbst der Theologe mitten in die »Feuerlinie des Entscheidungskampfes« gerufen, der um die »volkliche, staatliche und geistige
Haltung und Zukunft« entbrannte. Erst diese Frontstellung aber verlieh ihm
das Recht zu reden und zu mahnen: »Nur indem er sich entscheidungshaft zum
in der Frage stehenden geschichtlichen Geschehen dieser Wendezeit verhielt,
hatte er Vollmacht zur Durchleuchtung unsrer volklichen und menschlichen
Lage vom Evangelium her.«[60]

Hirsch sieht das neue theologische Denken »innerhalb des reformatorischen
Christentums«[61] durch zwei wechselseitig aufeinander bezogene Elemente bestimmt: Zum einen durch eine radikal gegenwartsorientierte, von allen Kon-
ventionslesarten befreite Lektüre des Neuen Testaments, ausgehend von Paulus,
zum anderen durch eine Rückbesinnung auf Luther jenseits aller oberflächli-
chen Erinnerungsroutine. Paulus und das ganze Neue Testament konfrontieren
den Menschen mit der Entscheidung zwischen Glaube und Unglaube. Diesen
Zusammenhang hat geschichtliche Forschung jedoch relativiert; »das sachlich-
persönliche Gestelltsein durch die Botschaft« trat in den Hintergrund, oder, so
die Botschaft noch im Mittelpunkt stand, wurde sie verwandelt »in religiöse
Weltanschauung und Biographie«. Jetzt aber haben die allgemeinen Erschütterungen der Zeit für eine erneute Revision gesorgt: »das sachlich-persönliche

---

[59] Ebd., 103.
[60] Ebd., 104.
[61] Ebd.

Gestelltsein« steht wiederum im Zentrum – ohne indes die Preisgabe wissen-schaftlichen Denkens zu erzwingen. Der Entscheidungswille habe zwar die Wissenschaft auf eine ihr angemessene Stellung begrenzt – und darin sei ein Gewinn zu sehen –, doch gerade die historisch-kritische Methode erweise sich, so Hirsch, als kompatibel mit »der neuen entscheidungshaften Haltung«. Durch die Verbindung beider ist sogar ein doppelter Fortschritt erreicht worden: Die historische Forschung hat ein »kirchliches Heimatrecht«[62] gewonnen, und der »Sachgehalt der neutestamentlichen Verkündigung« läßt sich nunmehr, indem neue Gesichtspunkte und Fragen aufgeworfen werden, angemessen erkennen, so daß die »Eigengestalt des neutestamentlichen Denkens von der Mitte der Verkündigung her auch geschichtlich viel schärfer und bestimmter denn bis-her verstanden werden konnte«[63].

Ausgangspunkt dieser Gedankengänge ist die Einsicht, daß sich Gott der Welt gegenüber trotz ihrer Verlorenheit als treu erweist. Für den glaubenden Menschen wird so aus Sinnlosigkeit Sinn und aus Hoffnungslosigkeit Hoff-nung, sein Blick öffnet sich auf das kommende Gottesreich. In den Mittel-punkt der neutestamentlichen Botschaft tritt damit die Eschatologie, verstanden als Entgegensetzung von gegenwärtiger und kommender Weltzeit, sie präfor-miert alle anderen Gegenüberstellungen, wie etwa Gesetz und Evangelium, Tod und Leben. In dieser Verhältnisbestimmung erkennt Hirsch eine »unge-heure Gegenwartsnähe«[64]; denn alles Zersetzende und zum Untergang Drän-gende wurde zum indirekten Zeugen der neutestamentlichen Botschaft. Für den Menschen, der sich »im Bruch der Zeiten« befand, insbesondere für den-jenigen, der an »Volk und Geschichte« verzweifelte, ergab sich ein »Sinner-schließen, Verständlichmachen des Evangeliums«. Nicht mehr die an das Gesetz gebundene Geborgenheit einer ungetrübten Gotteskindschaft als Ausdruck einer »befriedeten Heilsgewißheit« war im heftig angefochtenen christlichen Selbstverständnis dominant, sondern etwas Schwierigeres, Widerspruchsvolle-res: »die Benutzung der Gedanken und Kategorien eines dem Nihilismus zu-treibenden Auflösungsbewußtseins als Ausdruck wunderhaften christlichen Glaubens und Hoffens im Gericht, eben das ist in der geschichtlichen Stunde das Vollmächtige gewesen«[65].

Hirsch verbindet seine Überlegungen mit einer Kritik der Existentialtheo-logie und der dialektischen Theologen. Sein Hauptvorwurf lautet:

»Theologie wurde weitgehend zur Daseinserhellung vermöge abstrakter Begriffe. Die Existenz des Menschen und der göttliche Ursprung, die Zeit und die Ewigkeit, das

---

[62] Ebd., 105.
[63] Ebd., 106.
[64] Ebd.
[65] Ebd., 107. – Vgl. in diesem Kontext auch ALTHAUS, Die letzten Dinge.

Endliche und das Unendliche, das wurden die Scheidungen, unter denen das christliche Denken sich auszusprechen suchte. Der Augenblick der Entscheidung, die Qualifizierung der endlichen Existenz durch das Wort Gottes u. dgl., das wurden die Bestimmungen, mit denen man das Verhältnis des Christlichen zum Humanen durchzuklären suchte.«

Nachdem diese theologische Haltung zunächst durchaus den Anforderungen des allgemeinen Zeitbewußtseins entsprochen hatte, prägte sie jedoch bald eine immer abstraktere Begrifflichkeit aus und stellte das »Bedürfnis der Sicherung gegen humanes Mißverständnis«[66] so sehr in den Mittelpunkt, daß der sprachliche Ausdruck seine Unmittelbarkeit verlor. Als Errungenschaft der dialektischen Theologie wird allerdings vermerkt, daß sie den Blick auf die Beziehung des Christlichen zum Humanen gelenkt hat, statt bei der Verhältnisbestimmung von Religion und Naturwissenschaft zu verharren. Darüber hinaus ist, so Hirsch, die von Kierkegaard inspirierte Hervorhebung »des entscheidungsetzenden Augenblicks als der Mitte der Geschichte«[67] fundamental, da sie eine historistische Auffassung von Wesen und Wahrheit des christlichen Glaubens verhindert.

Als weiterer Strang im Reflexionsgeflecht tritt ein neues Lutherverständnis hinzu, dessen wesentliche Grundlagen von Hirschs Lehrer Karl Holl gelegt wurden. Geprägt sieht Hirsch das zukunftsfähige Lutherbild durch eine »Paradoxie aus der Rechtfertigungslehre« – das *simul iustus et peccator*. »So wurde ihr [sc. der Erneuerung Luthers] das Entscheidende an Luther, daß er das Evangelium, die Botschaft von dem Gotte, der den Sünder, gerade den Sünder, zu seinem Kinde will, auf den Boden der urchristlichen Verkündigung des Gerichts über alles Menschenwesen gestellt und damit erst die unergründliche, unbegreifliche Tiefe des Evangeliums enthüllt hat.«[68] Daraus ergeben sich zwei Konsequenzen: Durch den Gerichtsernst und das Erbarmen Gottes wird der Mensch zunächst in die Verantwortung gestellt – für sich selbst und für das Ganze. Gefordert sind Verwirklichung des Vollkommenen und gehorsames Dienen. Gott wird so zu einem in der Wirklichkeit wirksamen »Druck«. Hirschs besonderes Eschatologieverständnis knüpft hier an: »Die Spannung der eschatologischen Gegensätze tritt als ein Gegenwärtiges in den Menschen dadurch, daß er das christliche Gottesverhältnis als die unabschließliche gespannte Einheit von Versöhnungsglaube und Gehorsamszucht empfängt.« Diesen Zusammenhang integriert Hirsch in die Geschichtswende und die allgemeine Erschütterung, durch die sie sich auszeichnet. Eine ernsthafte, durch Gericht

---

[66] HIRSCH, Geistige Lage, 107.
[67] Ebd., 108.
[68] Ebd., 109.

und Gnade bestimmte Gottesbegegnung will Hirsch immer dann erkennen, wenn diese »dem Menschen ein Ruf zur neuen Gestaltung des allgemeinen Lebens werde«. Das Christliche gewinnt so zugleich einen unmittelbaren Bezug zur Ethik unter der Perspektive »der Zucht und Entbindung zu geschichtlicher Tat«: »Hier war ein Ursprung *neuen Denkens über die Geschichte*, der eigne innere Nähe zu Kierkegaards Kategorien der Entscheidung und des Augenblicks besaß, und somit eine Möglichkeit, in die Arbeit am Geschichtsbegriff, die vom neutestamentlichen Einsatz her geschah, mit eigner Dialektik in antipathetischer Sympathie hineinzugreifen.«[69]

Hinzu kommt, zweitens, eine Neubestimmung von Gottes- und Christusbild, die sich zuspitzt in der Frage nach dem Verhältnis von Gottesoffenbarung und aneignendem menschlichen Glauben. Das Wort Gottes ist nur in menschlichem Erkennen, in Aufnahme, Aneignung und Rede gegeben, ist nur dort wirksam. Daraus ergeben sich Konsequenzen für eine neu zu denkende Verhältnisbestimmung von Christlichem und Menschlich-Geschichtlichem. Der emphatische Rückgriff auf Luther gewinnt dabei ganz eigene Dynamik als »eine Erregungs- und Umbildungsmacht in der abstrakten dialektischen Reflexion über das Göttliche und das Menschliche«[70]. Erneut bedient sich Hirsch in diesem Zusammenhang des Paradoxiebegriffs. Denn in der selbstquälerisch zweifelnden und verwirrten Zeitenwende das wunderhafte göttliche Offenbarungswort »allein in der Ungesichertheit menschlichen Empfangens besitzen zu wollen«, ist eine Steigerung jener Paradoxie, aus der die evangelische Theologie bereits seit ihren reformatorischen Anfängen Impulse der Verunsicherung wie der Zuversicht gewinnt und die nichts anderes ist als das Wagnis des Menschen, trotz chaotischer Erschütterung seiner inneren wie äußeren Existenz sich bei der Suche nach Rettung allein auf den Glauben zu gründen. »Paradox« ist ein zentraler Terminus Kierkegaards, und Hirschs Betrachtungen sind durchzogen von Bezügen auf das Werk des dänischen Philosophen, dem er nahezu prophetischen Rang zuerkennt: »In einem christlichen Denken, das alle wesentlichen Fragen der Zeitenwende schon in sich trug, hatte er ein neues Verständnis des echt Christlichen auszudrücken gesucht, und damit wirklich neues Testament und ursprüngliches Luthertum in junger zukunftsträchtiger Gestaltung erweckt, die nun erst recht begriffen werden konnte.«[71]

Doch beschränkt sich Hirsch nicht auf eine – auch in ihrer polemischen Eskalationsenergie an Kierkegaard geschulte – Auseinandersetzung mit der Nachkriegstheologie, insbesondere der dialektischen Theologie und der

---

[69] Ebd., 110.

[70] Ebd., 111.

[71] Ebd., 111f. Vgl. auch ebd., 158. – Zu Hirschs Rezeption der dänischen Existentialismus-Ikone vgl. auch seine späteren ausführlichen Erörterungen: Geschichte der neuern evangelischen Theologie, 433–491; sowie: Wilke, Kierkegaard-Rezeption.

»Lutherrenaissance«, sondern betritt die Bühne der »zerrissene[n] Wirklichkeit«[72] und fragt: »Wie hat sich das junge theologische Wollen in der in *Volk,
Staat und allgemeiner Geistigkeit* wirksamen Lage konkret zurechtgefunden?« Wer
so fragt, will kritisieren, eine Abrechnung vorbereiten, Versagen feststellen.
Hirschs kaum zu entkräftender Vorwurf richtet sich gegen eine bestimmte
Ausprägung des Existentialismus und die dialektische Theologie. In ihrer begrifflichen Abstraktheit, das heißt: mit der Loslösung der Begriffe von der Wirklichkeit, hätten beide vor der Herausforderung versagt, eine angemessene
Antwort auf die entscheidenden Existenzfragen des Zeitenbruchs zu finden.
Eine solche Antwort aber muß dringender als je zuvor gefordert und gefunden werden, denn schließlich ist im Unterschied zur Vorkriegslage »ein zer-
reißendes Moment von *außerhalb* der Theologie« – der November 1918 und
Versailles – als Katalysator der ein ganzes Volk lähmenden Orientierungsnot
wirksam geworden. Vor Hirschs Göttinger Hörsaaltribunal stehen sich nun
»*Theologie der Krise*« und »*junge[s] nationale[s] Luthertum*«[73] gegenüber. Als semantische Scheidemünze zur Bestimmung von schuldhaftem Versagen und lo-
benswerter Deutungstat dient der selbsternannten Schiedsinstanz der
Eschatologie-Begriff: Wolle die Krisentheologie »von einer eschatologisch bestimmten Stellung zur Lage her die ethische Stellung, das Verständnis des Wegs,
finden und begrenzen«, so gebe das junge nationale Luthertum »eschatologischer Betrachtung nur Raum innerhalb einer ethischen Bindung, innerhalb
des Gehorsams des, das man als das durch die Stunde vom Herrn der Geschichte Aufgegebne zu erkennen meinte«[74]. Allein dieses Luthertum vermochte jedoch unter den Bedingungen, die das Jahr 1918 diktiert hatte, eine
angemessene Antwort zu artikulieren, den nötigen Bezug zum »Volkstum« herzustellen, in dem die einzige Rettungsmöglichkeit liegt. »Im Volkstum, da ist die
Grenze, mit der des Schöpfers Wille und Leben das menschlich-geschichtliche
Leben bindet und entbindet.«[75] Der nationale Kampf erhält so eine Legitimi-
tätsgrundlage, die die »Theologie der Krise« nicht zu geben vermag. »Volk und
Staat«[76] werden zu den dominierenden Größen der Lebenssinnstiftung, und es
gilt: »Evangelische Theologie und Kirche, und die gegenwärtige Stunde in Volk
und Staat, sie gehören zusammen.«[77] Der Nationalsozialismus ist für Hirsch
keine lediglich politische Bewegung, sondern ein Wille zur Erneuerung, »der
aus einer das ganze Menschsein umfassenden Geschichts- und Volkskrise her-

---

[72] Hirsch, Geistige Lage, 112.
[73] Ebd., 114.
[74] Ebd.
[75] Ebd., 117.
[76] Ebd., 131.
[77] Ebd., 134 und in Wiederholung auf 135; vgl. 153.

ausgebrochen ist«[78]. In ihm ist »mit dem Bewußtsein der heiligen Grenze des Menschseins [...] das Letzte und Höchste, das dem ganzen Menschsein zum Schicksal wird, wirksam«[79]. Der neue, so noch nicht dagewesene deutsche Mensch soll durch ihn geschaffen werden. Die »neue deutsche Volksordnung« dient diesem Ziel, mit dem sich das deutsche evangelische Christentum in Übereinstimmung zu bringen hat – vorbehaltlos, wie Hirsch abschließend verkündet. Denn er weiß: »Wir evangelischen Christen können dankbar und ehrlich hingegeben und mitschaffend und -tragend Ja sagen zu der Bewegung, die unsern volklich-staatlichen Nomos und Logos von grund auf verwandelt.«[80]

3.1.2. *Paul Tillich: »Offener Brief an Emanuel Hirsch«*

In einem Offenen Brief – »Die Theologie des Kairos und die gegenwärtige geistige Lage« – wandte sich Tillich von New York aus an Emanuel Hirsch. Als Veröffentlichungsort für das auf den 1. Oktober 1934 datierte Schreiben wählte er die von dem Neutestamentler Karl Ludwig Schmidt herausgegebenen »Theologischen Blätter«[81]. Schmidt hatte 1919 die Schriftleitung der »Kartell-Zeitung. Organ des Eisenacher Kartells Akademisch-Theologischer Vereine« übernommen, die er nach langjährigen, nervenaufreibenden Bemühungen 1922 in die »Theologischen Blätter« überführen konnte. Mit diesem Aufsatz-, Rezensions- und Mitteilungsorgan wurde Schmidt zu einem der einflußreichsten Gestalter theologischer Öffentlichkeit. Massiv trat er mit seiner Zeitschrift nationalsozialistischer Ideologiebildung und Machtakkumulation entgegen.

Tillich und Schmidt kannten einander aus gemeinsamen Berliner Jahren und der Mitarbeit Schmidts im Kairos-Kreis. Auch der Deißmann-Schüler hatte sich nachdrücklich für die gesellschaftsumbildenden Bestrebungen des Religiösen Sozialismus eingesetzt. So stellte er in Mennickes »Blättern« im Mai 1921 Überlegungen zum »liberale[n] Staatsgedanke[n] in seiner Abgrenzung gegen Konservatismus und Sozialismus« an, die seinen Standpunkt kennzeichnen: »Wir alle«, hält er mit konfessorischem Unterton fest, »sind nicht nur solche, die sich mit sozialen Problemen beschäftigen, Kenner dieser Dinge sein wollen, sondern vor allem solche, die Bekenner der sozialen und sozialistischen Probleme sind.«[82] Die Revolution vom November 1918 habe lediglich dazu

---

[78] Ebd., 142f.
[79] Ebd., 143.
[80] Ebd., 153.
[81] TILLICH, Theologie des Kairos, in: Theologische Blätter 13, 1934, Nr. 11, 305–328, erneut abgedruckt in: DERS., Briefwechsel und Streitschriften. Die Zitate folgen dem Nachdruck.
[82] K. L. SCHMIDT, Der liberale Staatsgedanke, 17.

geführt, daß das Alte kollabiert sei. »Den Sozialisten ist etwas in den Schoß gefallen, was in keiner Weise mit den Kräften des Sozialismus errungen ist. Der
Konservatismus der früheren Epoche ist nicht besiegt worden, sondern in sich
selbst zusammengebrochen.« Diese »Konkursmasse« wurde jedoch in die politische Obhut von Sozialisten überführt, die überhaupt nicht dazu in der Lage
gewesen seien, tief »in das Wesen des Sozialismus«[83] einzudringen, ob nun aus
Unfähigkeit oder Zeitmangel. Schmidts Verhältnis zu Tillich war von einer
Kombination aus Distanz und Nähe geprägt. Lange schon von Kriegsverlet-
zungen und Krankheiten gezeichnet, starb Schmidt am 10. Januar 1956. Fünf
Wochen nach seinem Tod kondolierte Paul Tillich dem Sohn des Verstorbenen
und erinnerte sich dankbar einer tiefen Verbundenheit: »I met him last in 1948
in Basel. He was a great help to me in the early years of my career, then again
when Hitler threw us out and he was in real danger. In spite of his strong de-
pendence on Karl Barth, he was always very much interested in my theological work.«[84] Gut vier Jahrzehnte hatte diese Theologenfreundschaft überdauert.
Tillich und Schmidt waren einige Jahre gemeinsam in Berlin als Privatdozenten tätig gewesen und absolvierten die ersten Etappen auf dem akademischen
Karriereparcours nahezu im Gleichschritt: Schmidt, fünf Jahre jünger, hatte bereits im Oktober 1913 eine Assistentenstelle bei Adolf Deißmann erhalten, auf
die er nach kriegsfreiwilligem Fronteinsatz und schwerer Verwundung 1916
wieder zurückkehrte. 1918 habilitierte er sich mit einer formgeschichtlich weg-
weisenden Arbeit zum Thema »Der Rahmen der Geschichte Jesu. Literarkritische Untersuchungen zur ältesten Jesusüberlieferung« und übernahm im
Sommer 1921 als Nachfolger Rudolf Bultmanns eine ordentliche Professur in
Gießen.[85]

Tillich mußte ein wenig länger auf seinen ersten Ruf warten. Der Habilitation vom Sommer 1916 folgten im Februar 1919 der Wechsel von Halle nach
Berlin und eine intensiv genutzte Zeit als Privatdozent, doch erst im Sommersemester 1924 erhielt Tillich in Marburg eine außerordentliche Professur
für Systematische Theologie – und verdankte dies auch Karl Ludwig Schmidt,
»der dort für den alten Freund seinen Einfluß geltend«[86] gemacht hatte. Der
enge Kontakt zwischen beiden spiegelt sich vor allem auch in der regen Mitarbeit Tillichs an Schmidts »Theologischen Blättern«. Schmidt förderte und
forderte von Beginn an nicht allein den Rezensenteneifer des Freundes. So er-

[83] Ebd., 18.

[84] Paul Tillich an Martin Anton Schmidt, 15.2.1956 (Harvard).

[85] Zur Biographie Schmidts vgl. die detaillierte Studie von MÜHLING, Schmidt, hier zunächst 13–41. Vgl. auch CHRISTOPHERSEN, Art. Schmidt. Eine, allerdings gerade im Hinblick
auf die Veröffentlichungen Schmidts in den »Theologischen Blättern« unvollständige Bibliographie hat MARTIN ANTON SCHMIDT vorgelegt.

[86] MÜHLING, Schmidt, 41 Anm. 146.

schienen von Tillich im ersten Jahrgang 1922 gleich sieben Beiträge: Ein Artikel zum hundertsten Geburtstag Albrecht Ritschls, einer über »Das theologische Ergebnis des Berliner Anthroposophischen Hochschulkursus«, eine »Einführung in die Bibliothek Warburg«, Rezensionen über Feldkellers »Graf Keyserlings Bekenntnisweg zum Übersinnlichen« und Eduard Sprangers »Der gegenwärtige Stand der Geisteswissenschaften und die Schule« sowie schließlich zwei Besprechungen von Arbeiten seines Freundes Emanuel Hirsch.

Schmidt und Tillich blieben auch nach dem Ende ihrer gemeinsamen Berliner Zeit in engem Kontakt, der sich zu Beginn der 1930er Jahre unter dem Druck der Gegenwartskrise noch einmal intensivierte. Beide waren über die wechselseitigen Pläne wohlunterrichtet und tauschten sich über Projekte, Personalien, aber auch ganz private Sorgen in großer Offenheit aus. Am 3. November 1933 erreichte Tillich New York, zugleich war dies der letzte Tag Schmidts in Bonn – die Schweiz wurde für dreiundzwanzig Jahre sein Zufluchtsland. Doch bis der Emigrant einen neuen Lehrstuhl fand, verging quälend viel Zeit.[87] Noch am 3. Mai 1935 zeichnete ein Brief an Tillich nicht ohne Erbitterung düstere Zukunftsperspektiven:

»Zum Herbst ist nun das Ordinariat für NT in Basel zu besetzen. Mein einziger Konkurrent ist – Martin Dibelius. Während Bultmann und v. Soden erklärt haben, sie wollten in Deutschland weiter kämpfen, betreibt Dibelius, der bis jetzt keine einzige Sache etwa für die Bekenntniskirche unterschrieben hat, der sich vielmehr eines ›braven‹ Verhaltens im Sinne etwa einer Außenpolitik à la Neurath befleißigt, seine Berufung nach Basel. Ursprünglich war ich der einzige Kandidat in Basel. Jetzt ist es aber so weit, daß nach der Meinung der Basler auch andere deutsche Theologen von einem gewissen Ruf gewonnen werden können. Und Dibelius hat eine gewisse Resonanz bei den ›Liberalen‹, wobei wohl auch noch immer stärker werdende Angst mitspielt, Karl Barth und mich zusammen in Basel zu haben. Für meine Person war ich nun drauf und dran, lieber dauernd im Pfarramt zu bleiben.«[88]

Zum Wintersemester konnte Schmidt jedoch sein Amt als Nachfolger von Karl Gerold Goetz antreten.

1936 unternahm Tillich im Frühjahr und Sommer eine fünfmonatige Europareise, die ihn auch in die Schweiz führte. Joseph Houldsworth Oldham, der für die »Oxford Ecumenical Conference« als Organisator fungierte, hatte ihn als Mitglied der Vorbereitungskommission engagiert, und in diesem Zusammenhang mußte Tillich vor allem in London tätig werden. Wichtiger aber – und ein wesentlicher Reisegrund – war für ihn die Möglichkeit zu Abstechern nach Genf, auch um dort zusammen mit Paul Althaus, Hanns Lilje, Martin

---

[87] Vgl. Pauck/Pauck, Tillich, 147, und Mühling, Schmidt, 163–173.
[88] Karl Ludwig Schmidt an Paul Tillich, 3.5.1935 (Harvard).

Dibelius und anderen deutschen Theologen am »III. Ökumenischen Seminar (28. Juli – 15. August)« teilzunehmen.[89] Im Juni kam es zu einer Begegnung mit Karl Ludwig Schmidt in Basel. In seinem »Travel Diary« notiert Tillich unter dem 26. Juni 1936, er sei zu Schmidt gegangen, und sie hätten sich bis zwei Uhr morgens unterhalten. »I am astonished to discover that Schmidt has reverted to a primitive orthodoxy of inspiration […]. He considers the virgin birth a photographically demonstrable fact; the same with the rest of the miracles, because the Bible says so – such as the empty tomb and others.«[90]

Das heftige Befremden seines Gastes war Schmidt keineswegs entgangen, und er bemühte sich, den aufgebrochenen Gegensatz gleichermaßen zu konturieren wie zu entschärfen: »Sollten wir uns, bevor Sie wieder über den großen Bach zurückfahren, nicht doch noch einmal treffen und sprechen?«, insistiert er in einem Brief vom 8. Juli 1936 und betont, sich nicht als »ein ›Großinquisitor der kommenden Schrift-Orthodoxie‹« zu verstehen. Auf Tillichs Frage hin versucht Schmidt sich auch an einer methodischen Begründung seiner eigenen Position und verweist dafür auf seinen 1935 in der Dezembernummer der »Theologischen Blätter« erschienenen Aufsatz »Die jungfräuliche Geburt Jesu Christi«: »Gerade in diesem Aufsatz denke ich nicht daran, ›historisch-empirisch alle Wunder und Mythen als Fakta im photographischen Sinne zu rechtfertigen‹.« Damit stelle er sich bewußt auch gegen Karl Barth, der ihm ohnehin »mit seiner ungeklärten Bejahung des ganzen Wortes Heiliger Schrift mutatis mutandis wie ein 150%iger NSDAP-Mann« vorkomme. Schmidt selbst bejaht

»alle überlieferungsgeschichtlichen Schwierigkeiten, und zwar auch gegen den biblischen Bericht und auch gegen das Bekenntnis. M. E. bedeuten die bei mir von Fall zu Fall festgehaltenen Positionen mit 80 bis 90% mehr als die absonderlichen von anderen bejahten 100 oder gar 150%! Entscheidend bleibt zur Sicherung eines möglichen und (theologisch) notwendigen Maximum die Unterwerfung – (pistis besagt eine *solche* Unterwerfung!) – unter das Messias-Geschehnis! Im Gegensatz zur Naturwissenschaft und zur Philosophie bejahe ich also (sogar zum Schrecken von Karl Barth) das Naturwunder und die ›Geschichtslosigkeit‹ des geschichtlichen Israel kata sarka, das nur als das Israel kata pneuma = Kirche zu verstehen ist (letzteres dann nicht zum Schrecken von Karl Barth, der mit mir im – jetzt noch vorhandenen Judentum den einzigen Gottesbeweis zu sehen geneigt ist). Meine seit Jahren betriebenen Studien über die Kirche Alten *und* Neuen Testaments haben mich immer mehr fest gemacht in dieser Position.«[91]

---

[89] Zu Tillichs Europa-Aufenthalt 1936 vgl. den Abschnitt »XVI. Europäisches Intermezzo. 1936 und 1937«, in: TILLICH, Lebensbild in Dokumenten, 254–274; sowie PAUCK/PAUCK, Tillich, 198f., und TILLICH, A Historical Diagnosis.

[90] TILLICH, Travel Diary, 119.

[91] Karl Ludwig Schmidt an Paul Tillich, 8.7.1936 (Harvard).

Ein demnächst im »Theologischen Wörterbuch zum Neuen Testament« erscheinender großer Artikel zur »ekklesia« führe dies aus.[92] Schmidt wagt daher eine Vorhersage in eigener Sache: »In die Gefilde einer ›bloßen Exegese‹, von der her ich nur behandelte, was sozusagen einmal gewesen ist, dürfte ich damit nicht abzuschieben sein.«[93] Doch nicht nur der theologische Dissens unter Freunden drohte zu eskalieren. Auch der politische Druck auf Schmidt verschärfte sich weiter: Als Mitarbeiter am »Wörterbuch« wurde er 1937 suspendiert, und der Verlag wollte sogar, was durch eine »persönliche Intervention [Gerhard] Kittels« allerdings verhindert wurde, den »schon gesetzten Ekklesia-Artikel zurückziehen«[94]. Am 4. März 1937 folgte ein weiterer Schlag, als Schmidt von der Reichsschrifttumskammer die Herausgabe der »Theologischen Blätter« verboten wurde. Doch verfehlte der Einschüchterungsversuch seine Wirkung: Dem Zugriff des Zensors und der deutschen Strafverfolgung entzogen, ließ Schmidt seine Zeitschrift, wenn auch unter wachsenden Schwierigkeiten, von Basel aus weiter erscheinen.[95]

Persönliche Verbundenheit und theologiepolitisches Kalkül sprachen demnach gleichermaßen dafür, die Auseinandersetzung mit dem regimetreuen Fachkollegen Hirsch 1934 in den »Theologischen Blättern« zu inszenieren. Blieb noch die Frage der Angriffsform zu klären. Tillich war sich zunächst unsicher gewesen, ob das Polemik und Beziehungsabbruch signalisierende Genre des Offenen Briefs mit seiner gattungstypischen Verbindung persönlicher und sachlicher Gesichtspunkte für die Antwort auf Hirschs »Vorlesungen« wirklich angemessen wäre. Er suchte deshalb den Rat einiger enger Freunde und konnte spürbar erleichtert am 1. Oktober 1934 Alfred Fritz berichten, daß der Brief an Hirsch allenthalben positiv aufgenommen worden war: Karl Ludwig Schmidt habe »mit verschiedenen maßgebenden Leuten aus Deutschland gesprochen, und man war allgemein der Meinung, er *müßte* in dieser Form veröffentlicht werden«[96]. Tillich betont, daß es ihm bei der Kritik an Hirsch nicht um seine

---

[92] K. L. SCHMIDT, Art. καλέω κτλ.

[93] Karl Ludwig Schmidt an Paul Tillich, 8.7.1936 (Harvard).

[94] MÜHLING, Schmidt, 194, s. dazu auch ebd., 220–223. Vgl. SCHMIDTs auf diesem Artikel basierende Arbeit »Die Polis in Kirche und Welt« (1939/1940). – Zu Gerhard Kittel vgl. CHRISTOPHERSEN, Art. Kittel.

[95] Zum Verlust der »Theologischen Blätter« vgl. MÜHLING, Schmidt, v. a. 186, 196f., sowie: KANTZENBACH, »Theologische Blätter«. – Vgl. auch Schmidts Äußerung vom April 1935: »Die Untersuchung gegen die ThBl, deren Ergebnis Ende März nach einer Mitteilung von Hinrichs vorliegen soll, ist immer noch in der Schwebe. Hinrichs verlangt in immer neuen Briefen, daß ich für alle Fälle meinen – Nachfolger in der Schriftleitung nennen soll. Z. Zt. antworte ich gar nicht, nachdem ich vorsorglich festgestellt habe, daß ich das Verfügungsrecht über den Titel ›Theologische Blätter‹ habe. Demgemäß werde ich erst mal auf diesem Verfügungsrecht beharren« (Karl Ludwig Schmidt an Paul Tillich, 26.4.1935 [Harvard]).

[96] Paul Tillich an Alfred Fritz, 1.10.[1934], in: TILLICH, Briefwechsel und Streitschriften, 84–86; hier 85.

eigene Person gehe, sondern um die mit seinem »Namen verbundene Kairos-
Lehre, die [...] in der ganzen theologischen Welt bekannt ist als Ausdruck des
religiösen Sozialismus«. Programmatisch hält er fest: »Was ich mit dem Brief
will, ist nichts anderes als der Versuch, sie ihm [sc. Hirsch] zu entreißen, historisch und systematisch. Das geht aber nicht ohne Enthüllung der wirklichen historischen Zusammenhänge, und das wieder geht nicht, ohne persönliche
Dinge zu berühren.«[97] Tillich sieht sich in eine »existentielle Kampfsituation«
gestellt. Er sei es seinen Schülern und denjenigen, »die zwei Jahre zurückden-
ken können«, schuldig, sich unmittelbar zu äußern; denn: »Sie sind und müssen verwirrt sein über diese ›Wiederauferstehung‹ der *Kairos*-Lehre.«[98] Es falle
ihm zwar schwer, Hirsch weh zu tun, doch sei dieser »jetzt mehr als ein Professor; er ist ein Symbol. Er ist Symbol für alles, wozu ich Nein sagen muß.«[99]
In diesem Fall sei »das Persönliche selbst das Sachliche«, resümiert Tillich am 14.
September 1934 in einem Brief an Hermann Schafft und bekennt: »Das vollständige Zusammenbrechen der Persönlichkeiten ist eine der schrecklichsten
Sachen der Gegenwart.«[100] Demgegenüber komme es darauf an, so Tillich in
einem anderen Brief, »unter Verzicht auf falsche Synthesen, die unser aller Ver-
führung sind, unseren Ort als Geistige« zu retten. »Wie nötig das ist«, fährt er
fort, »zeigt mir das geistige Schicksal von Emanuel Hirsch, dessen letzte Schriften und Briefe mir beweisen, daß er nicht seine religiöse und wissenschaftliche,
wohl aber seine geistige Existenz schlechthin verloren, sie dem Dämon des faschistischen Machtwillens geopfert hat.«[101]

Wie schreibt man einen Offenen Brief, wenn der Adressat durch Jahrzehnte
ein vertrauter, loyaler, wenn auch schwieriger Freund war? Tillich teilt Hirsch
zunächst sein »großes Erstaunen« mit: Wer hätte erwartet, daß in den Göttinger Ausführungen zur »geistigen Lage«, »um die neue Wendung der deutschen
Geschichte theologisch zu deuten, alle entscheidenden Begriffe des vierzehn
Jahre lang« von Hirsch »bekämpften und nun äußerlich überwundenen Gegners« verwendet werden. In dieser Begriffsübernahme erkennt Tillich den »Gebrauch und Mißbrauch der [...] Kairos-Lehre«[102], die er mit seinem Namen

---

[97] Ebd.
[98] Ebd., 85f.
[99] Ebd., 86.
[100] Paul Tillich an Hermann Schafft, 14.9.[1934], in: ebd., 227–229; hier 228.
[101] Paul Tillich an Unbekannt [etwa Sommer 1934], in: DERS., Lebensbild in Dokumenten, 221–224; hier 224.
[102] TILLICH, Theologie des Kairos, 143. – Vgl. in diesem Zusammenhang Paul Tillich an
Kurt Leese, [1934], in: DERS., Briefwechsel und Streitschriften, 302–304; hier 303: Tillich
konstatiert im Hinblick auf Leeses »Rasse – Religion – Ethos«: »Wichtig und sehr ernst ist
mir folgendes: Du benutzest meine Begriffe ›Kairos‹ und ›Dämonisierung‹.« Dies wäre ihm
anderthalb Jahre zuvor nicht aufgefallen, doch: »Jetzt gehört es zu den Dingen, die ich unter

verbunden weiß. Das Ergebnis einer derart unverfrorenen Anleihe am Religiösen Sozialismus ist die Entleerung und Umbiegung des Kairos-Gedankens durch Auslöschen seines »prophetisch-eschatologischen Elements«[103]. Tillich zeigt sich verwundert, daß Hirsch hier nicht den griechischen Begriff verwendet, sondern Ersatzterminologie bemüht – schließlich habe er doch auch von Wilhelm Stapel den »Nomos« entlehnt und sogar von der Grenze als »Horos« gesprochen.[104] Der Briefschreiber erläutert dann seine eigene Differenzierung einer sakramentalen und einer prophetischen Haltung als »Unterscheidung zwischen der Heiligsprechung eines in Raum und Zeit Gegebenen und dem Heiligen, das im Sinne der Reichsgottesverkündigung Jesu ›nahe herbeigekommen ist‹, also zugleich verheißen und gefordert ist«[105]. Dieses eschatologische Moment bildet einen zentralen Bestandteil der Kairos-Lehre, ob in urchristlicher oder religiös-sozialistischer Gestalt. Die Theologie des Kairos positioniert Tillich daher zwischen der »des jungen nationalen Luthertums und der dialektischen Theologie«. Während sich diese durch eine abstrakt-sakramentale Akzentuierung auszeichnet und jene durch eine dämonisch-sakramentale, vertritt die Kairos-Theologie beiden gegenüber »die prophetisch-urchristliche Paradoxie, daß das Reich Gottes *in* der Geschichte kommt und doch *über* der Geschichte bleibt«. Vor diesem Hintergrund erhebt Tillich seinen zentralen Vorwurf gegen Hirsch: »*Du verkehrst die prophetisch-eschatologisch*

---

eine klare ethische Norm stellen muß und mit Schmerz um Deinetwillen notiere – es sei denn, daß Du Dich auf Emanuel Hirsch berufen willst, der seine *ganze* neue Schrift mit meinen Begriffen bestreitet und sich dann hinter der Vorbemerkung versteckt, daß er niemand zitieren will.« Vgl. damit Leese, Rasse – Religion – Ethos, 10: »Bezeichnen wir die Offenbarung Gottes im konkreten Weltgeschehen, bezeichnen wir den Durchbruch des Ewigen in die Zeit als den ›Kairos‹, so gibt es nicht nur den einen und einzigen Kairos ›Christus‹, wie uns die christliche Theologie alten und neuen Fahrwassers belehren will, sondern gerade Kairos, die Zeit, kann immer und überall (*semper et ubique*) ›erfüllt‹ sein, wann und wo es der Gottheit gefällt.« Vgl. zusätzlich zum Kairos ebd., 12, und zur »Dämonie« ebd., 97. Vgl. in diesem Zusammenhang auch Ders., Das Problem des »Arteigenen« (1935). Es sei, so betont Leese kurz zuvor in »Rasse – Religion – Ethos« (10), im Hinblick auf nationalsozialistische Ideologiebildungsversuche ein religiöser Kitsch zu erkennen, hinter dem das Bemühen stecke, »einer Auszehrung an echt religiöser Substanz« dadurch zu begegnen, »daß man ihr [...] eine ›artgemäße deutsche Religion‹ substituiert«. Dabei müßten dann »[d]ie Worte ›artgemäß‹ und ›arteigen‹, die einen tiefen und wuchtigen, aber nicht gerade leicht und mühelos zu ermittelnden Sinn haben, [...] nicht selten dazu herhalten, ein seichtes, niveaulos-bramarbasierendes, religiös verbrämtes Geschwätz zu einem ›Werk der Befreiung der deutschen Seele von artfremdem Glauben‹ aufzubauschen«. Die Hoffnung, den eigentlichen Sinn des »Arteigenen« doch noch retten zu können, ließ den Hamburger Religionsphilosophen auch nach dem Zweiten Weltkrieg trotz aller Verfänglichkeit auf diesem Begriff beharren (vgl. Knuth, Leese, 117).

[103] Tillich, Theologie des Kairos, 145.
[104] Vgl. Stapel, Der christliche Staatsmann.
[105] Tillich, Theologie des Kairos, 151f.

gedachte Kairos-Lehre in priesterlich-sakramentale Weihe eines gegenwärtigen Gesche-hens.«[106] Damit stelle Hirsch sich zwar »auf den Boden der religiös-sozialisti-schen Deutung des bürgerlichen Zeitalters«, die entscheidende Differenz bestehe jedoch darin, daß der Religiöse Sozialismus »die Gegenwart als ein Ringen um das Kommende« verstand, »in dem es für die Theonomie mehr Niederlagen als Siege gab und in dem ein gläubiger Realismus [...] davor be-wahrte, romantisierend in irgend einem Ereignis die Erfüllung zu sehen«[107]. Hirsch dagegen erhebe die absolute Wertung geschichtlicher Ereignisse – ab-lehnend das Jahr 1918, zustimmend 1933 – zu theologischer Gültigkeit und verwechsele Propaganda und Theologie. Die Machtergreifung erhalte, folgert Tillich, für Hirsch einen heilsgeschichtlichen Rang. Zudem verkenne der Göt-tinger Zeitgeistverstärker im Rahmen seines Absolutheitsdenkens den dialek-tischen Charakter des Dämonischen und ersetze gläubigen Realismus durch bruchlosen Enthusiasmus.[108]

Eine weiterführende Konfliktlinie markiert Tillich mit der Frage, ob »das Zeitgeschehen eine Offenbarungsquelle neben den biblischen Urkunden«[109] sei. Seine Antwort gründet er auf die Einsicht, daß es sich bei der Offenbarung um einen Korrelationsbegriff und nicht um einen Ausdruck »objektivierenden Denkens« handelt: »Sie ist nur, insofern sie als Offenbarung für jemand sich verwirklicht. Aber [...]: Wenn sie ist, d. h. sich korrelativ verwirklicht, ist sie ex-klusiv.« Andere Offenbarungen kann es neben ihr nicht geben, lediglich »an-dere Situationen, von denen der Mensch in die Offenbarungskorrelation eintritt«. Tillich formuliert als Sinnspitze: »Offenbarung ist das, dem ich als letz-tem Kriterium meines Denkens und Handelns mich unbedingt unterworfen weiß. Der Kairos, die geschichtliche Stunde, kann darum nie von sich aus Of-fenbarung sein.«[110] Zudem betont Tillich unter Rückgriff auf die von ihm in den »Grundlinien des Religiösen Sozialismus« vorgenommene Differenzierung zwischen einem »*Reservatum*« und einem »*Obligatum religiosum*«[111], daß Hirsch nur ein Obligatum ohne Reservatum kenne, daß er zwar dem Individuum,

---

[106] Ebd., 152. – Zu Tillichs Interpretation des Sakramentalen im Verhältnis zum Prophe-tischen vgl. DERS., Natur und Sakrament (1930), bes. 167f. Tillich definiert, ebd., 167: »*Sa-kramental sind alle Gegenstände und Vorgänge, in denen das Seins-Jenseitige in einem Seienden gegenwärtig angeschaut wird.*« Das Heilige wird als gegenwärtig eingestuft. »Die prophetische Kritik löst die unmittelbare Verbindung von heilig und gegenwärtig. Das Heilige ist in er-ster Linie das Geforderte.«
[107] TILLICH, Theologie des Kairos, 152f.
[108] Vgl. ebd., 155.
[109] Ebd., 160.
[110] Ebd., 161.
[111] Vgl. TILLICH, Grundlinien des Religiösen Sozialismus, 110; vgl. darüber hinaus auch den aus dem Jahr 1923 stammenden Text: Der religiöse Sozialismus als universale Bewe-gung; hier 352.

nicht aber der Kirche ein Reservatum zugestehe. Damit untergrabe Hirsch die Kirche und mache sie »ohnmächtig gegenüber den Weltanschauungen oder Mythen, die den totalen Staat tragen«. Der Religiöse Sozialismus löse demgegenüber niemals das Religiöse restlos im Sozialistischen auf; denn »auch abgesehen von dem Kairos« sei »die Kirche etwas«. »Du hast das *Obligatum* übernommen, aber das *Reservatum* preisgegeben – der Vorwurf, der im Grunde das Thema meines ganzen Briefes ist.«[112] Das, was von Tillichs Position aus schließlich gefordert ist und allein drohende Enttäuschung zu verhindern vermag, heißt gläubiger Realismus – ihm sollten sich die Enthusiasten zuwenden.[113]

Vom 12. November 1934 liegt ein Schreiben Karl Bernhard Ritters an Tillich vor, in dem sich der Leiter der »Michaelsbruderschaft« für den Offenen Brief an Hirsch bedankt, der »ein erfreulicher Beitrag zur Klärung der Fronten« sei:

»Insbesondere bin ich Dir dankbar, dass Du die Sorgen, die auch uns der Bekenntnisfront gegenüber immer bewegt haben, obwohl wir von Anfang an beigetreten sind, zum Ausdruck bringst. Die Geschichtsfremdheit, die gewisse nominalistische Starre des Westens, der ganz unter dem Einfluss Karl Barths steht, hat uns oft Not gemacht. Auf der andern Seite sprichst Du ja selbst ganz klar aus, dass es jetzt zunächst gilt, überhaupt das Eschaton zu retten.«[114]

Nur einen Tag später teilt Eduard Thurneysen dem von Ritters Angriff nichts ahnenden Barth seinen Eindruck mit, den er von Tillichs Hirsch-Offensive gewonnen hatte. Über der Lektüre habe er »eine eigentlich restlos *gute* Stunde verlebt«. Er habe den Brief

»einfach restlos mit Freude gelesen. Natürlich bleibt Tillich, wer er ist, aber das zugegeben – was für eine neue Einsicht, was für eine offene und tapfere Sprache Emanuel gegenüber! Wie nah kommt er an dich, an uns heran! Wie gut die einfache Wendung zur Schrift hin als einziger Offenbarungsquelle, so unbegründet es auch im sonstigen theologischen Zusammenhang drin anmuten mag! Ein Ninive des Modernismus tut

---

[112] TILLICH, Theologie des Kairos, 174.

[113] Vgl. in diesem Zusammenhang auch TILLICHS Kritik an Hirsch in seinem zeitgleich mit der »Theologie des Kairos« verfaßten Aufsatz »Der totale Staat und der Anspruch der Kirchen«; zu Hirsch: 131 f. (eine englische Fassung erschien in der Zeitschrift »Social Research«). Mit Blick auf Hirschs Rede vom »Volksmythos« und den darin implizierten Kairos-Gedanken betont Tillich: »Der Sieg dieses Mythos und der Wirklichkeit, aus der er hervorgeht, über alle entgegenstehenden Mächte ist die ›heilige Stunde‹ des Volkes, die mit Enthusiasmus und unbedingter Hingabe ergriffen werden muß, ist Fülle der Zeit im religiösen Sinn des Wortes« (ebd., 132). Die in der Textfassung der »Gesammelten Werke«, nach der hier zitiert wird, auf Seite 131 abgedruckte Fußnote ist falsch. In den »Theologischen Blättern« veröffentlichte 1934 nicht etwa Hirsch einen Text zur ›gegenwärtigen geistigen Lage‹, sondern Tillich publizierte dort seine Antwort auf Hirsch.

[114] Karl Bernhard Ritter an Paul Tillich, 12.11.1934 (Harvard).

Buße unter dem Druck der Verfolgung! Wa? Oder siehst du es anders? Auch daß er
seine religiös-soziale Stellung selber nicht preisgibt trotz aller offensichtlichen Niederlage nach außen, daß er sein politisches Urteil nicht revidiert, daß er am Ausweichraum
festhält, daß er Hirsch auf der ganzen Front aufrollt – wie gut das alles! Oder nicht?«[115]

Thurneysen läßt deutlich werden, daß er durchaus Strukturparallelen zwischen
Religiösem Sozialismus und Nationalsozialismus erkennt, wenngleich er sich
mit dem Begriff des »Ausweichraums« sachlich nicht festlegt, sondern seine Argumentation in der Schwebe hält. Frontverläufe in unübersichtlichem Ge-
schichtsterrain sind allerdings immer der Perspektivität unterworfen – mögen
die eigentlichen Kampfhandlungen auch längst beendet sein. Und so bleibt für
Ernst Wolf noch 1957, im »Barmen«-Artikel der dritten Auflage der »Religion
in Geschichte und Gegenwart«, die ganz besondere Konstellation Hirsch-Til-
lich nur im Blickwinkel einstiger Schlachtordnungen wahrnehmbar, wenn er
zur ersten These der Erklärung vom 31. Mai 1934 kommentierend festhält: »Es
handelt sich um Abwehr einer theologia gloriae in Gestalt prot. Geschichts-
und Kairostheologie mit ihrer Nomoslehre (Volksnomos) auch außerhalb der
deutsch-christlichen Vergröberungen.«[116] Was auch immer Wolf mit dieser Formulierung beabsichtigte: Der direkte Bezug auf den Kairos-Begriff suggerierte
dem hellhörigen Leser deutlich genug, daß sich die Verwerfung der »falsche[n]
Lehre, als könne und müsse die Kirche als Quelle ihrer Verkündigung außer
und neben diesem einen Worte Gottes auch noch andere Ereignisse und
Mächte, Gestalten und Wahrheiten als Gottes Offenbarung anerkennen«[117], zumindest indirekt auch auf Tillich bezogen habe.

---

[115] Eduard Thurneysen an Karl Barth, 13.11.1934, in: BARTH/THURNEYSEN, Briefwechsel,
Bd. 3, 753–756; hier 754.
[116] WOLF, Art. Barmen, 877.
[117] THEOLOGISCHE ERKLÄRUNG [Barmen], 115. – Vgl. in diesem Zusammenhang auch Wolfs
Hinweis auf eine ›lutherische Geschichtstheologie in engerem Sinne‹, für die er mit Blick
auf die 1930er Jahre in der von ihm herausgegebenen »Evangelischen Theologie« 1946/47
als »[b]ezeichnend auch innerhalb des ›bekenntnistreuen‹ Luthertums« TOBIAS PÖHLMANNS
28seitigen Text »Theologie der Geschichte. Gott und die Geschichte« von 1934 anführt.
Pöhlmann behandelt in dieser Broschüre, deren Vorwort auf Juni 1934 datiert ist und die als
18. Heft der von Christian Stoll herausgegebenen Reihe »Bekennende Kirche« erschien,
den »kairos germanikos« als »Gottesstunde«. »Daß die deutsche Stunde«, betont Pöhlmann,
»aktuell im höchsten Grade ist, braucht nicht erst lange begründet zu werden; denn wir erfahren diese ihre Aktualität bei lebendigem Leibe und mit lebendiger Seele« (ebd., 17). Aber
diese Stunde dürfe nicht absolut gesetzt werden. »Wer auf biblischem Grunde steht, glaubt
und weiß, ist im Glauben dessen gewiß, daß dieser germanische Kairos kein Werk von Menschen, sondern ein Werk Gottes ist. Die deutsche Stunde ist ohne Zweifel eine Gottesstunde.
[...] Wir empfinden sie als ein Gnadengeschenk unseres Gottes« (ebd., 18). Gott erweise
seine Macht; »er erhält dadurch das deutsche Volk in seinem Bestande, er hält seinen Zorn
in einer gewaltigen Systole an, so daß auch uns damit ein Aufatmen gegeben ist« (ebd., 19 f.).

Eine unmittelbare Reaktion auf seine Hirsch-Kritik erhielt Tillich aus seinem alten Frankfurter Umfeld von Gertrud (»Gertie«) Siemsen und Franz Steinrath. Beide hatten für ihn als Hilfskräfte beziehungsweise Hilfsassistenten gearbeitet. »Dass Sie uns Ihren Aufsatz in den theologischen Blättern sandten«, schreibt Siemsen am 19. Dezember 1934, »hat uns sehr gefreut. Das Exemplar, das St.[einrath] bekam, ist jetzt ganz unansehnlich geworden – vom-in-der-Tasche-tragen, lesen, weiter-geben.«[118] Auch Steinrath dankt Tillich für den Offenen Brief, aber: »Nicht nur dafür, daß Sie ihn uns geschickt, sondern vor allem dafür, daß Sie ihn geschrieben haben. Denn für ›uns‹ ist er ja wohl geschrieben od. doch wenigstens veröffentlicht worden. Er zeigt uns zweierlei Wichtiges. Erstens, daß Sie uns nicht vergessen haben und zweitens, daß Sie den Zusammenhang mit der deutschen Realität nicht verloren haben.« Von sich selbst will Steinrath nicht viel berichten, zumindest aber doch so viel, daß die unsichere wirtschaftliche Lage das Arbeiten ungeheuer erschwere – man lebe »buchstäblich von einem Tag auf den anderen«[119].

Die »deutsche Stunde« müsse sich als »eine Stunde Jesu Christi und des heiligen Geistes« (ebd., 26) erweisen. Vgl. späterhin, allerdings ohne Verwendung des Kairos, DERS., Dreierlei Offenbarung, bes. 21–26.

[118] Gertrud Siemsen an Paul Tillich, 19.12.1934 (Harvard).

[119] Franz Steinrath an Paul Tillich, 19.12.1934 (Harvard). – Im Bundesarchiv Berlin befinden sich unter der Korrespondenz des Kurators Kurt Riezler mit dem Ministerium einige Angaben zu Siemsen und Steinrath. Am 4.5.1929 teilt Riezler mit, daß Tillich Gertrud Siemsen (*1908) als Hilfskraft einstellen wolle. Unter dem 19.12.1929 erinnert der Kurator daran, die Zusage an Tillich jetzt einzulösen, die Studenten Franz Steinrath und Harald Poelchau »als Hilfsassistenten anzunehmen und ihnen je die Hälfte der Bezüge eines außerplanmäßigen Assistenten zu bewilligen« (R 4901, Nr. 1750 [Univ. Frankfurt: Die Dozenten bei der Phil. Fak.] Bl. 29f.). Tillich richtete am 1.8.1932 an das Kuratorium ein Verlängerungs-Ersuchen für Steinrath und Siemsen; Begründung: »Die Arbeit wächst quantitativ und qualitativ, da die Studenten der philologischen und historischen Fächer in wachsendem Maasse dem philosophischen Seminar zuströmen« (ebd., Bl. 56). Tillich und Wertheimer beantragten am 27.1.1933 eine weitere Verlängerung für beide um ein halbes Jahr; und Riezler versuchte am 1.2., das Vertragsende auf März 1935 festzulegen (ebd., Bl. 57). Steinrath wurde jedoch zum 30.6.1933 aufgrund von § 4 des »Gesetzes zur Wiederherstellung des Berufsbeamtentums« entlassen; Siemsen, 1933 im Fach Psychologie promoviert, schied zum 31.1.1934 aus und nahm eine Stelle als Redaktionssekretärin bei einer Zeitschrift an, bevor sie zunächst in Frankfurt, dann in Berlin für die »Silumin-Gesellschaft« arbeitete. 1945 bekamen Siemsen und Harald Poelchau eine uneheliche Tochter. 1947 wurde Siemsen schließlich Oberlehrerin im Berliner Frauengefängnis. Engagiert wirkte sie an der Übersetzung der Tillich-Gesamtausgabe mit. Zu Poelchau vgl. v. a. HARPPRECHT, Poelchau, dort zu Siemsen bes. 66f., 178–186, 220f.; POELCHAU, Die Ordnung der Bedrängten, bes. 24–28. Poelchau studierte in Marburg bei Tillich, wechselte dann nach Berlin, wo er in Kontakt zu Mennicke trat, der »einen Kreis von jüngeren Industriearbeitern gesammelt« hatte. »Wir haben dort«, erinnert sich Poelchau, »mehr Einsichten gewonnen als auf der Universität, weil Mennicke versuchte, das Zufällige, das die Teilnehmer aus Fabrik und Politik, Gewerkschaft und Aufstiegsmöglichkeit, Kollegialität und Beziehung der Geschlechter berichteten, in seiner typischen Bedeutung und aus seinem ökonomischen und sozialen

Wenige Wochen später meldete sich auch Tillichs alter Freund Richard »Dox« Wegener in einem Brief zu Wort:»Was den Fall Mane anbetrifft«, kommentiert der Weggefährte von einst abgeklärt und in durchaus scharfer Wendung gegen den Religiösen Sozialismus der Berliner Nachkriegszeit,»so sind prinzipiell die Kairostheologen von 1933 nicht ›schlechter‹ als die von 1919; wenn man überhaupt schon aus der gänzlichen Ueberzeitlichkeit in die Zeit hineinsteigt, auch wenn es und grade wenn es der erfüllte ›Augenblick‹ ist.« Tillich werde dieser Aussage wohl kaum zustimmen, mutmaßt Wegener.

»Aber vielleicht folgendem: der Kairos-Theologe muss auf jeden Fall dem Kairos an der Klinge bleiben; er muss, wenn er nicht aktiv eingreifen kann, wenigstens die Atmosphäre des Kairos einatmen und in diesem Sinne möchte ich sagen: der Emigrant hat zu allen Zeiten Unrecht, wegen seiner Abseitigkeit. Sind nicht also Eure 50%igen Diskussionen abseitig – sie können für Deutschland nichts bedeuten. Und so meine ich denn: (ceterum censeo): Du musst schon am 1. April zurückkommen, um dem Kairos an der besagten Klinge zu bleiben. Schliesslich bist Du an die 50; wenn Du der Zeit aus dem Kairos heraus noch etwas sagen willst, was für die jetzt werdende Jugend von irgend welchem Wert sein soll, so komm eilend herüber.«

Tillich könne als Emigrant den ›deutschen Kairos‹ somit gar nicht angemessen erfassen, ja befinde sich in »kairoswidrige[r] Abseitigkeit«. Wegener stellt seinerseits im unmittelbaren Zugriff auf die zentrale Problematik des Konfliktes mit Hirsch Prophetie und priesterliche Weihe gegenüber. Je älter er werde, desto mehr mißtraue er dem Propheten, »desto mehr schlage ich mich auf die Seite des Priesters, der weiser, milder, heidnischer ist. Er hats auch nicht so mit

---

Zusammenhang zu erklären« (ebd., 28). 1931 wurde POELCHAU mit einer Arbeit über »Die Sozialphilosophischen Grundlagen der deutschen Wohlfahrtsgesetzgebung« bei Mennicke und Tillich in Frankfurt promoviert. Die Studie erschien 1932 in der »Sozialpädagogischen Schriftenreihe« des Potsdamer Alfred Protte Verlags unter dem Titel »Das Menschenbild des Fürsorgerechts. Eine ethisch-soziologische Untersuchung«. In seiner Funktion als Herausgeber der Reihe hat Carl Mennicke, der 1931 in Frankfurt ordentlicher Professor für Pädagogik geworden war, der Studie Poelchaus ein kritisches Vorwort vorangestellt. Mennicke distanziert sich vor allem von Poelchaus Versuch, »das Menschenbild der sozialistischen Gruppe mit der organologischen Auffassung christlichen Gepräges in Verbindung« zu bringen, indem er betone, »daß der sozialistische Gemeinschaftsgedanke dem christlich-konservativen Begriff des Organischen so ähnlich strukturiert sei, ›daß man hier nicht eine neue Anthropologie annehmen kann, sondern im Sozialismus nur eine lebendige Verschmelzung zwischen dem bürgerlichen Autonomiegedanken und dem Bewusstsein des Aufeinanderangewiesen-seins sehen‹ müsse« (MENNICKE, Vorwort des Herausgebers, 2). Aus sozialistischer Perspektive liege aber nun gerade, hält Mennicke dem entgegen, eine »Einschränkung des Autonomiegedankens zugunsten der Solidarität« vor, die »mit christlich-organologischen Voraussetzungen nichts zu tun« habe, vielmehr »absolut sui generis, d. h. begründet in einer vollkommenen eigenen Anthropologie« (ebd., 3) sei. Zu seiner Frankfurter Tätigkeit vgl. die Schilderung in DERS., Zeitgeschehen, bes. 169–183.

der unbedingten Forderung und mit der Ethik. Ganz allgemein religionshisto-
risch ist es ja sowieso unmöglich, der priesterlichen Weihe zu gunsten des prophetischen Fanatismus jeden Wert abzusprechen; im Gegenteil«. Allerdings stehe
es »auf protestantischem Boden« um die Weihe des Priesters schlecht. Dies sei
»aber der erbsündige Geburtsfehler des Protestantismus und insofern sind wir
seit Luther absolut verkorkst, da hilft kein Beten mehr, und insofern ist Mane
kein ›rechter‹ Protestant; und insofern begeht er einen Raub, als die Kairos-
Theologie wohl dem Profetentyp reserviert werden muss. Doch gibt es wohl
auch eine ›Weihe‹ des großen Augenblicks und durch den selben.«[120]

Kurz vor Weihnachten 1935 spitzt Wegener sein Mißtrauen gegenüber Tillichs Kairos-Kompetenz noch einmal zu:

»Lieber, ich glaube den Unterschied von ›schlechter Aktualität‹ und kairoshaftem
Schicksal noch wohl unterscheiden zu können, so billig kannst Du mich nicht wider-
legen. An Cafes beider Arten, bzw irgend einer Art kann ich nicht mehr glauben. Das
Wissen um die Dinge bekommt man *nur* wenn man – wenn auch mit Schmerzen und
grade dann – mitten drin und zwar arbeitend steht. Im Cafe ist man immer – unver-
antwortlich. Im Cafe fehlt wie man sich auch guerieren mag, das *Werk* und die Verantwortung für ein Werk; die allgemeine Verantwortung vor Gott und der ›Weltgeschichte‹, die sich der bedeutend redende Cafetier beilegen darf, ist eine schlechte Allgemeinheit. Auch der Schmerz ist nicht so konkret, so wenig wie die Lust.«[121]

3.1.3. Emanuel Hirsch: »Christliche Freiheit und politische Bindung«

Im zweiten Dezember-Heft des »Deutschen Volkstums« meldet sich Ende 1934
Wilhelm Stapel zu Wort und fokussiert all seine nicht zu ermüdende polemi-
sche Angriffslust auf Tillichs Offenen Brief. Er setzt mit einer Attacke auf
Schmidt ein: »Unser alter Spezialgegner aus der Zeit des Kultusministers
Grimme, der einst sozialdemokratische Theologieprofessor *Karl Ludwig Schmidt*
in Bonn, nunmehr in der *Schweiz* [...], leitet noch immer die ›Theologischen
Blätter‹ in *Leipzig*.« Mit Tillich, der »infolge des Umschwungs der Dinge nach
Nordamerika ausgewandert« sei, habe jetzt ein »anderer Günstling Grimmes«
in dieser Zeitschrift »den seit dem Kriege als ›Nationalisten‹ bekannten Theologieprofessor *Hirsch*-Göttingen« angegriffen und ihre Jugendfreundschaft dazu
benutzt, »dem nationalen Theologen per Du Sottisen zu sagen«. Doch Stapels
Polemik zielt noch auf einen anderen, brisanteren, gleichsam die Satisfak-
tionsfähigkeit der Gegner betreffenden Aspekt der Auseinandersetzung –
auf Schmidts Emigration in die Schweiz und Tillichs Weg in das amerikanische

---

[120] Richard Wegener an Paul Tillich, 6.1.1935 (Harvard).
[121] Richard Wegener an Paul Tillich, 22.12.1935 (Harvard).

Exil: »Über die Grenze her. Emigranten-Theologie, Import via Leipzig. Man
wird immer ungenierter.«Von Hirsch habe er erfahren, daß die Antwort bereits
vorliege, aber erst 1935 publiziert werden könne: »Natürlich nicht in einer
Zeitschrift, die Emigranten zur Verfügung steht.«[122]

Die von Stapel angekündigte Reaktion Hirschs ließ dann tatsächlich nicht
lange auf sich warten. Unter dem Titel »Christliche Freiheit und politische Bindung. Ein Brief an Dr. Stapel und anderes« verknüpfte er einen als unmittelbare Antwort auf Tillichs Angriffe konzipierten Offenen Brief an Wilhelm
Stapel vom 16. November 1934 mit zwei weiteren Texten zur Standortbestimmung: einer in Auseinandersetzung mit dem dänischen Theologen Eduard
Geismar geführten »ökumenische[n] Zwiesprache« zum Thema »Kreuzesglaube
und politische Bindung« sowie drei abschließenden Thesenreihen, die »die Voraussetzungen« seiner »Stellung gegen Tillich und gegenüber Geismar rein auf-
bauend«[123] darlegen sollten. Hirsch versteht seine Positionierung, wie er in
einem dem Brief vorangestellten »Geleit« vom »Bußtag 1934« bemerkt, als »Abrechnung des volksgebundenen Geschichtsdenkens neuer deutscher Geistigkeit mit der frei schwebenden kritischen Prophetie, die als eine Art Geleitengel
mit auf dem Zug des Marxismus durch Deutschland war und ihn vergebens auf
leidlich verantwortliche Bahnen zu lenken suchte«[124]. Gegenüber Geismar betont Hirsch mit Bezug auf das ›deutsche Geschehen‹, und darin ist eine für das
Verständnis seiner Marxismuskritik wesentliche Pointe zu erkennen: »daß uns
[sc. das deutsche Volk] Hitler und der Nationalsozialismus vor dem Untergang
unsers Volkstums und unsrer christlich-deutschen Kultur in den Bolschewismus
gerettet hat«. Sollte der Nationalsozialismus zusammenbrechen, drohe erneut
»die bolschewistische Gefahr«[125].

---

[122] STAPEL, [Zu Tillich, Theologie des Kairos, 1934].
    [123] HIRSCH, Christliche Freiheit und politische Bindung, 6. – Zu Geismar vgl. SCHJØRRING,
Theologische Gewissensethik.
    [124] HIRSCH, Christliche Freiheit und politische Bindung, 5. – Vgl. in diesem Zusammen-
hang die antisemitischen Äußerungen Hirschs zur »Judenemanzipation« und zum Marxismus in der ersten Vorlesung der »Geistigen Lage«: »So verstanden ist sowohl die
Judenemanzipation wie die verhängnisvolle [...] Art ihres Gebrauchs durch die Judenschaft
ein bezeichnender Ausdruck der Gesamtkrise, in die die geistige Lage wie die wirklichen
Verhältnisse hineingeraten waren. [...] Wenn später das Geschichtsgedächtnis der Menschheit sich des 19. Jahrhunderts erinnern wird, wird man den Marxismus so als Ergebnis einer
deutsch-jüdischen Mischehe und als Beleg der inneren Unmöglichkeit der Judenemanzipation auf dem Boden christlicher Volkstümer verstehen, den Bolschewismus vielleicht sogar
als eine ungläubige Abart jüdischer Religion bezeichnen« (DERS., Geistige Lage, 24).
    [125] HIRSCH, Christliche Freiheit und politische Bindung, 55. – Vgl. in diesem Kontext
Hans Lietzmann an Emanuel Hirsch, 9.1.1935, in: ALAND (Hg.), Glanz und Niedergang,
796 f.: »Lieber Freund, es ist Tatsache, daß wir beiden nicht mehr übereinstimmen in dem
Urteil über das, was gut und böse – ja was anständig und unanständig ist. Ich habe das bitter empfunden in unsern letzten Gesprächen, und ich empfinde es immer wieder, wenn ich

Schwer getroffen hatte Hirsch der kaum verhohlene Plagiatsvorwurf Tillichs: Fern jeder intellektuellen Redlichkeit plündere der Göttinger Herold der »deutschen Revolution« stillschweigend die Begriffsspeicher und Ideenarsenale seiner Gegner, wie zumal die Aneignung des von Jaspers und Tillich selbst entfalteten Konzepts der »Grenze« schlagend beweise. [126] Gegen die Unterstellung, besonders suggestive Elemente seiner nationalsozialistisch begeisterten Unterstützungsrhetorik für das neue Regime fremden Arbeiten entlehnt zu haben, wehrt sich Hirsch nun mit dem Hinweis auf die eigene intensive Fichte-Rezeption, aus der bereits seine Dissertation hervorgegangen sei. [127] Auch das Begriffspaar Autonomie und Theonomie sei keineswegs eilfertig aus zeitgenössischer Literatur übernommen worden; hier unterschlage vielmehr Tillich wider besseres Wissen die gemeinsame Traditionsbindung: Um die Rolle dieser beiden Termini, so Hirsch, in seinem »Verständnis der deutschen Geschichtswende« zu erläutern, wolle er »jetzt nicht lange klarmachen, daß darin auch für Tillich fremde Züge geistesgeschichtlicher Schau stecken (er weiß es selbst)«. Tillich und sich selbst verortet Hirsch in den weitläufigen Filiationskontexten der idealistischen Geschichtsphilosophie, und er verweist, nicht ohne seine Habilitationsschrift von 1914 gebührend zu erwähnen, als begriffsgeschichtliche Hauptreferenz auf Fichtes Rede davon, »daß das Ringen zwischen Verstand und Glaube, das heißt Autonomie und Theonomie, den Rhythmus des geschichtlichen Geschehens und die Gliederung der Zeitalter hergibt« [128].

---

von Deinen Taten höre oder lese. Die Welt, in der ich mit der alten Generation, mit Holl, Harnack, K. Müller lebe, ist für Dich bekämpfenswert samt der Kirche, die in ihr wurzelt.«

[126] Vgl. vor allem JASPERS, Psychologie der Weltanschauungen, 108–117 und 229–280, mit ihrer Rede von der »Grenzsituation« und der programmatischen Rezeption des Kierkegaardschen Augenblicks unter Berücksichtigung Platons. Vgl. auch DERS., Geistige Situation der Zeit, hier bes. 14–19 (»Herkunft der gegenwärtigen Lage«) und 19–24 (»Situation überhaupt«). Vgl. in diesem Kontext auch Heideggers Jaspers-Rezeption: PÖGGELER, Heidegger in seiner Zeit, bes. 65–67. Siehe zum Zusammenhang TILLICH, Theologie des Kairos, 147; sowie HIRSCH, Geistige Lage, 32–36; beachte auch, ebd., 34, den George-Bezug.

[127] Siehe HIRSCH, Christliche Freiheit und politische Bindung, 18. Die Dissertation von 1913/14 trägt den Titel »Fichtes Religionsphilosophie im Rahmen der philosophischen Gesamtentwicklung Fichtes«; vgl. DERS., Christentum und Geschichte in Fichtes Philosophie, 1920.

[128] HIRSCH, Christliche Freiheit und politische Bindung, 21. Vgl. zur Aktualität und zum Problemprofil des Idealismus bei Tillich und Hirsch: SCHÜTTE, Hirsch – Tillich. Briefwechsel. – Zum Autonomie- und Theonomiebegriff bei Hirsch vgl. v. a. HIRSCH, Leitfaden zur christlichen Lehre, § 44, 63–65, und § 88, 169–171; Hirsch konstatiert ebd., 171: »Das hier Gesagte ist der Maßstab des Urteils über den *deutschen Idealismus*. Er hat die Einheit von Theonomie und Autonomie als das ihm kostbarste Stück des christlichen Glaubens ergriffen und ist dadurch christlich tiefer als manche über ihn die Nase rümpfende Theologie.« Vgl. dazu GRAF, Theonomie, 27f. – Zu Tillichs Fichte- und Schelling-Rezeption vgl. die instruktive Arbeit von DANZ, Religion als Freiheitsbewußtsein.

Zur Sprache kommt aber auch der Kairos-Begriff, der in »Die gegenwärtige geistige Lage« zwar bereits erwähnt, nicht jedoch zur Kennzeichnung des eigenen Geschichtsverständnisses eingesetzt wurde. Jetzt hebt Hirsch zunächst den Ursprungskontext des magischen Motivs hervor: »Die Meinung, in der großen Krise euramerikanischer Kultur wagend für eine kommende gegen eine untergehende Welt Stellung genommen zu haben, hat den Begriff des *Kairos*, der von Gott gegebenen fordernden geschichtlichen Entscheidungsstunde, erzeugt.« Er ist das Produkt einer Konkurrenzsituation: Denn im theologischen Richtungsstreit beanspruchte nicht nur eine selbsternannte Gottes-Avantgarde den Alleinvertretungsanspruch für die »zukünftige Welt«. Auch Hirsch kommt nicht umhin, dem Religiösen Sozialismus, der »Geschichtsphilosophie des theologischen Marxismus«, das terminologische Erstgeburtsrecht zu bestätigen. Freilich strahlte, nach Hirsch, das genuin Theologische, der Geist, der hier ausnahmsweise einmal in den sonst so materialistisch-sterilen Marxismus eingedrungen war, so stark aus, daß auch der Gegner im Richtungskampf noch von ihm profitierte: Das »junge nationale Luthertum« befreite sich im Ringen mit den religiösen Sozialisten aus bürgerlicher Enge, und seine geistigen Führer waren »lebendig genug [...], um sich ehrlich an den Nationalsozialismus als die geschichtliche Gestalt der von ihnen geforderten Entscheidung und als den Einsatz eines neuen deutschen Geschichtsalters zu geben«[129].

Hinter wortreicher Polemik und wohldosierter Empörungsrhetorik, mit der Hirsch das Plagiatsverdikt zurückweist, verbirgt sich am Ende eine recht unspektakuläre Rückzugsstrategie. Kairos, Augenblick, Geschichtswende: Das alles sind für Hirsch Begriffe, die als terminologisches Allgemeingut in die Wortwelten der Aufbruchsdiskurse nach 1918 gehören und die er selbst bereits Anfang der zwanziger Jahre verwendet hatte, wenn es sich nicht bei bestimmten Formeln ohnehin um »Selbstaussagen des deutschen Geschehens von 1933«[130] handelt. Hirsch konstatiert: »Meine Verantwortung liegt allein darin, daß ich mit dem Anspruch strenger und wahrhaftiger geistiger Rechenschaft ein ausdeutendes nachverstehendes Ja zu dieser Selbstauffassung der Bewegung entwickle.«[131] Die dem Kairos nahe Terminologie begreift er als »Erbgut aus der die Geschichte verstehenden Philosophie, bei der Tillich und ich gemeinsam als Schüler das ABC des Denkens gelernt haben«[132]. Seine Aufnahme des Dä-

---

[129] HIRSCH, Geistige Lage, 121. – Vgl. dazu die Aufnahme dieser Interpretationsfigur in: DERS., Christliche Freiheit und politische Bindung, 47. Vgl. zudem GESTRICH, Neuzeitliches Denken, 154.

[130] HIRSCH, Christliche Freiheit und politische Bindung, 22.

[131] Ebd., 22f.

[132] Ebd., 23. – Hirsch bemerkt ebd.: »Muß ich [...] erst noch darlegen, daß die Begriffe ›Stunde‹, ›Augenblick‹, ›Geschichtswende‹, ›Entscheidung‹, ›Tat‹, ›gegenwärtige geschichtliche Forderung‹ (auch Pflicht, Aufgabe, Ruf usw.) zu dem eisernen Bestand meines Ge-

monischen sieht Hirsch durch Kierkegaard vorgegeben, und er versteht es im Gegensatz zu Tillich lediglich im Sinne einer zerstörerischen Empörung, die sich gegen Bindung und Nomos richtet. »Eine alles auf Gesetz, Bindung und Zucht stellende Lebensanschauung muß den Tillichschen Begriff des Dämonischen als irgendwie krank empfinden.«[133]

Nach Selbsterklärung und Selbstverteidigung wendet sich Hirsch schließlich den Tiefenschichten des Kairos zu und benennt wie in einem Anflug von Verständigungsbereitschaft vorab die hermeneutische Grundidee, die ihn mit Tillich verbindet: die Einsicht nämlich in die uneingeschränkte Geschichtsbedingtheit jeglichen Begriffs nach Inhalt und Form. »Diese zugleich aufbauende und kritische Dialektik von Wahrheit und Geschichte, als Stachel und Unruhe zur Neugestaltung des Verhältnisses von Wahrheit, Wissenschaft und Begriff [...], ist ihm wie mir als das philosophische Grundfragmal unsrer Generation erschienen.«[134] Während Hirsch in seinem Begriff von der Rechtfertigungswahrheit und vom Logos jedoch das Ergebnis eigener Überlegungen sieht, erkennt er in Tillichs Rede von der dynamischen Wahrheit lediglich eine existentialphilosophisch ungenügende Entsprechung. Tillich habe den Logos-Gedanken leider gar nicht verstanden: »Ich hatte heimlich gehofft«, berichtet Hirsch im Ton des enttäuschten Seelenretters, »er würde in meinem Begriff des Logos einen legitimen Einsatz zur Lösung des Fragmals finden, und ich könnte ihn so, vermöge der untrennlichen Verknüpfung dieses Logosbegriffs mit der Geistigkeit des deutschen Umbruchs, hinüberreißen in die neue deutsche Zeit und damit für Deutschland einen lebendigen Denker zurückgewinnen.« Den entscheidenden Grund für das Scheitern dieser Bemühungen erkennt Hirsch in den differierenden Reaktionen auf das »Fragmal«: Weil hier Übereinstimmung, ja auch nur wechselseitiges Verständnis nicht zu erzielen war, unterscheiden sich die Rede von ›Geschichtswende‹, ›Augenblick‹, ›Stunde‹ und Tillichs Kairos-Lehre »bis in die Wurzel«[135].

Hirsch identifiziert in Abgrenzung von Tillich die ›volkhafte Bindung‹ seines Geschichtsdenkens nicht allein als Definitionszentrum der eigenen

---

schichtsdenkens gehören, seitdem ich als Schriftsteller hervorgetreten bin?« Als Beweis dient ihm seine kleine Abhandlung »Deutschlands Schicksal« aus dem Jahr 1920. Dort finden sich etwa folgende Passagen, die Hirschs Behauptung stützen: Die »*freie Tat*« ist »genau so Kategorie geschichtlichen Erkennens [...] wie der Notwendigkeit gründende Entwicklungsbegriff« (ebd., 45). Oder: »Die Pflicht des Augenblicks ist immer größer als alle Kraft unsers angespannten Willens. Auch wenn nicht so unermeßlich Schwieriges verlangt wird wie jetzt von uns Deutschen die Wiederaufrichtung, – die Aufgabe, *einem gegebenen Moment zu höchster Gestalt und Wirkung zu helfen*, bleibt immer nur annähernd lösbar« (ebd., 46f.; Hervorhebungen von mir, A.C.).

[133] Hirsch, Christliche Freiheit und politische Bindung, 25.
[134] Ebd.
[135] Ebd., 26.

Positionsbestimmung in den Orientierungsnöten nach 1918, sondern geradezu als maßgeblichen Punkt der Unterscheidung von Freund und Feind im Intellektuellenkreis. Und die Anwendung des Distinktionskriteriums auf den konkreten Streitfall folgt sofort: Tillich sei durch marxistisches Denken so massiv beeinflußt gewesen, »daß er blind wurde für die eigentliche bindende und schöpferische Mitte alles irdisch-politischen Geschehens, für Volk und Staat als die Geschichtsmacht«. Die von Tillich vertretene »Dreiheit von Wissenschaft, Technik und Wirtschaft« zeige sich als dieser Macht unterworfen, weil sie »nicht in dem gleichen primären Sinne Gesetz des Daseins ist wie Volk und Staat«[136]. Bereits in »Deutschlands Schicksal« habe er, Hirsch, dagegen sein Augenmerk nicht auf die Krise der Kultur, sondern auf »die deutsche Krise zum Tode« gerichtet, und auch jetzt wolle er die »Zerstörung des volkhaften Nomos und damit des heiligen Gesetzes des Lebens«[137] thematisieren. Die verpflichtende Tiefe dieses Nomos sei wiederzuentdecken, »so daß die Grenze gegen Gott darinnen aufbricht«. Die »deutsche Geschichtswende« beende das krisenhafte Zeitalter für den gesamten Kulturkreis, nicht bloß für eine Nation. Eine Übertragung des innerweltlichen Auferstehungsimpulses und Befreiungselans auf »andere Volkstümer« sei jedoch nur möglich, wenn sich dort eine entsprechende Wiederentdeckung des Volkhaften in »gleicher Ursprünglichkeit« vollziehe; dann aber lasse sich prophezeien: »Die zu einer Geschichte zusammengeflochtenen christlichen Völker werden in ihren Geschichtsumbrüchen ihre Schicksalsgemeinschaft bewähren.« Von diesem exklusiven Standpunkt aus bezichtigt Hirsch Tillich einer »falschen Internationalität des Denkens und Lebens«, die »durch ufer- und haltlos werdende weltgeschichtliche Umblicke«[138] charakterisiert sei. Die Kairos-Lehre könne lediglich als eine ›unverbindliche Umrahmung‹ »sicherer und verpflichtender Erkenntnis der begrenzten Geschichtswirklichkeit, in der ich stehe und die mir meine Aufgabe stellt«, angesehen werden; Tillichs undifferenzierte Rede vom Kairos verkenne dagegen Horos und ›volkhaft‹ bestimmten Nomos. Erst der »die universale Überschau brechende und bedingende Beziehungspunkt im Gesetz volklich-staatlichen Lebens« gebe, so Hirsch, seinem eigenen von einem »unbedingten Primat des Politischen«[139] getragenen Geschichtsdenken den erforderlichen Halt. Konträr zeige sich Tillich in seiner prophetischen Haltung, mit der er am Geschichtsprozeß partizipieren wolle, als »frei schwebender Einzelner«. Mit wohl innerlich gerechtfertigter, aber nicht streng beweisbarer Intuition betreibe er eine »Überschau über den ganzen strömenden Lebenszusammenhang der Welt« und

---

[136] Ebd., 26f.
[137] Ebd., 27.
[138] Ebd.
[139] Ebd., 28.

verleihe so der »edelste[n] Gestalt des Individualismus und Intellektualismus der abgelaufnen Geschichtsepoche«[140] Ausdruck. Damit aber hat Hirsch den äußersten Punkt des rhetorischen Entgegenkommens erreicht und markiert nun erneut das unüberwindlich Trennende. Als »deutsche Lutheraner« könnten er selbst und Stapel einen derartigen Individualismus, der auch durch die Hinwendung zum Marxismus nicht aufgehoben werde, nur verneinen; denn: »Die natürlich-geschichtliche Daseinsverflochtenheit ist uns mehr als Schicksal, das der prophetischen oder sonstigen freien Entscheidung sich darbietet.« Es gebe ein anzuerkennendes »Gesetz der Wirklichkeit«[141] in Gestalt verpflichtender göttlicher Schöpfungsordnung. Im »Wagnis« habe sich der Mensch auf Gott zu beziehen, so daß sich »das von Stunde und Lage Gebotne im freien Geführtwerden durch den göttlichen Geist zeigen läßt«[142]. Bereits in »Die gegenwärtige geistige Lage« hatte Hirsch, was hier vertiefend hinzugefügt werden kann, »das Ringen zwischen Historismus und Metahistorik«[143] auf der einen und Nietzsche auf der anderen Seite als den schärfsten Spiegel der geistigen Krise bestimmt. Der Historismus zieht »das Ergebnis aus der Geschichte des neueren Geistes durch die Bankrottanmeldung des Erkennens den eine Entscheidung fordernden unbedingten Setzungen gegenüber«. So entfaltete die fatale »Formel, daß die Wahrheit Parteisache sei«, nicht nur im Bereich von Gesellschaft und Politik ihr relativistisch zersetzendes Potential. Denn: »Von dieser *Sphinx des Historismus* ist das deutsche philosophische Denken des Vorkriegsalters verzaubert worden.«[144] Nietzsches Willen zur Macht identifiziert Hirsch als »Selbstmord der an ihrem Königstraum verzweifelten neueren Philosophie«, und er gelangt zu dem Ergebnis: »Mit der *Krise des Historismus* zusammen ist Nietzsche so für unser Geschlecht die Feuerlohe geworden, die uns die Rückkehr zu Philosophie und Weltanschauung des in der großen Krise ablaufenden Geschichtsalters versperrt.«[145]

Vor diesem effektvoll illuminierten Epochenpanorama wendet sich Hirsch dann noch einmal dem umstrittenen Zentralbegriff zu und betont in seinem Offenen Brief an Stapel mit Nachdruck, die Kairos-Formel gezielt vermieden zu haben. In Tillichs Rezeption dieses Begriffs erkennt er eine »Umkehrung des biblischen Sinnes des Kairos und des kierkegaardischen Sinnes des Augenblicks«, die er in ihrer »noch versteckt individualistischen Geisteshaltung«[146]

---

[140] Ebd.
[141] Ebd., 29.
[142] Ebd., 30.
[143] HIRSCH, Geistige Lage, 14.
[144] Ebd., 15; Hervorhebungen von mir, A. C.
[145] Ebd., 16; Hervorhebungen von mir, A. C. Vgl. damit die scharfe Zurückweisung dieser Nietzschekritik durch TILLICH, Theologie des Kairos, 158.
[146] HIRSCH, Christliche Freiheit und politische Bindung, 30.

nicht nachvollziehen kann. Auch auf Tillichs Vorwurf, das Geschichtlich-Irdi-
sche mit einer priesterlich-sakramentalen Weihe auszuzeichnen, nimmt Hirsch
Bezug und weist ihn unter Betonung des Lutherschen Freiheitsbegriffes zurück:
»Es ist eine Heiligung aus dem in Gott freien Glauben dessen, der sich gebun-
den weiß, und nicht aus einer vom Mystagogen herabgeholten magischen
Gnade.« Luthers Verhältnisbestimmung von Gesetz und Evangelium hebt mit
der Überwindung des Gesetzes durch das Evangelium die Bindung an das Ir-
disch-Geschichtliche hinsichtlich des Heils auf. »Die göttliche Liebe, die mir im
Glauben sich schenkt, ist nicht gebunden an das mich umfangende göttliche
Walten in Gesetz und Geschichte.«[147] Das, was »werden soll, ist nicht Gottes
Reich, sondern das Reich der Deutschen, gebaut unter demütiger Anbetung des
Herrn der Geschichte«[148]. Die Geschichte ist keine zweite Offenbarungsquelle.
Ihm, bemerkt Hirsch, mit Karl Barth und »Barmen« und entgegen seiner Be-
tonung »der lutherischen Lehre von den zwei Reichen« das Gegenteil zu un-
terstellen, habe dazu geführt, daß »nun der Kairosphilosoph und die
Bekenntniseiferer und Ketzerverfolger in Einer Front«[149] stehen.

In drei Thesenreihen, mit denen der Band »Christliche Freiheit und politische Bindung« schließt, präzisiert Hirsch noch einmal seine Position im Kai-
ros-Deutungsstreit – nunmehr im Licht der Offenbarung Gottes in Gesetz und
Evangelium. Auf der Basis der reformatorischen Einsichten in das Verhältnis
von Wort und Glaube betont Hirsch: »Offenbarung ist dem Glauben rufende
gegenwärtige Rede Gottes.« Wenn die Offenbarung lediglich als in früheren
Zeiten geschehene und in urkundlichen Quellen dokumentierte Wahrheits-
mitteilung aufgefaßt werde, handele es sich um ein »vom biblischen und reformatorischen Christentum« aus gesehen falsches Verständnis. Die redende
Offenbarung Gottes geschehe in Gesetz und Evangelium, und dieser Zweiheit
sei die Einteilung in eine allgemeine und eine besondere Offenbarung (eine na-
türliche und übernatürliche) unterzuordnen. Hirschs für den weiteren Gedankengang zentrale Leitthese lautet: »Dem zum Hören Gottes gerufenen
Menschen wird die ganze Wirklichkeit um ihn und in ihm zur göttlichen Rede
an ihn.«[150] Gottes Weg mit der Geschichte des Menschen ist in der Schwebe
zwischen Grund und Ziel gehalten. Die Wahrheit der Offenbarung Gottes entzieht sich einer einfachen Festlegung in gegliederten Lehrsätzen, vielmehr ist
sie »ewige Wahrheit einer unvollendeten Geschichte«, die auf eine Verwand-

---

[147] Ebd., 38. Vgl. HIRSCH, Geistige Lage, 163: Wir spüren, »daß hinter der paradoxen
Koppelung des Zeitlichen und Ewigen ein uns Verborgner steht, der frei ist zu und in allem.
Weil Er da ist, als Ewigkeit in Zeit und Ewigkeit über Zeit, darum verfangen wir uns nicht
in diesem Widerspruch, sondern leben und blühen aus ihm«.
[148] HIRSCH, Christliche Freiheit und politische Bindung, 39.
[149] Ebd., 45.
[150] Ebd., 76.

lung und eine Vollendung der irdischen Geschichte hinausläuft. In der Wirklichkeit begegnet dem Menschen das sich offenbarende Gesetz Gottes. Dadurch wird er zu Verantwortung und Gehorsam gerufen. »Nur soweit die Wirklichkeit selbst uns so als Gesetz Gottes enthüllt wird, ist uns Gott eine Wirklichkeit.«[151] Die Evangeliumsoffenbarung stellt den Menschen unter die befreiende göttliche Vergebung. Die Wirklichkeit erfährt auf diese Weise eine Auszeichnung als Gabe göttlicher Güte, der der Mensch dankend zu begegnen hat. Die Offenbarung des Evangeliums »wird dadurch ein die Heiligung aus Gott gewährendes gnädiges Ja zu Volkstum und Geschichte als den uns gegebnen Möglichkeiten, Gott zu erkennen und ihm zu dienen«[152]. Von dieser Position aus zieht Hirsch eine Linie zum Volksnomos; denn während private Lebensordnungen und Weltanschauungen lediglich als »Notbehelfe in Zeiten der Erkrankung des gemeinen Wesens«[153] einzustufen sind, kann eine »[e]chte Weltanschauung« als Logos bezeichnet werden, eine »echte Lebensordnung« als »der Nomos eines Volkes oder Geschichtskreises«. Gerade der Reichtum und die Lebendigkeit von Logos und Nomos ermöglichen eine jeweils unterschiedliche individuelle Anteilhabe, nur hat diese »sich gliedhaft in das Ganze des Logos und Nomos«[154] einzufügen. Zudem bleibt eine Differenz zwischen übergeschichtlicher verborgener Kirche des Geistes und besonderer irdischer Schicksalsgemeinschaft bestehen, so daß es eine »christliche Weltanschauung und christliche Lebensordnung als echten Logos und Nomos einer irdischen Schicksalsgemeinschaft nicht geben« kann. Die Kirche bildet aber auch keine selbständige »Weltanschauung und Lebensordnung«, die dem Logos und dem Nomos irdischer Schicksalsgemeinschaften entgegenstehen, sondern wirkt auf diese ein und tätigt »ein christliches Mitweben«[155].

Mit seiner Lehre vom Volksnomos greift Hirsch, wie auch von ihm selbst bekundet, auf Gedankengänge Wilhelm Stapels zurück, die dieser ausführlich in seinem Buch »Der christliche Staatsmann« entfaltet hatte. Unter Aufnahme von Arbeiten des Altphilologen Hans Bogner zum Nomos-Begriff[156] konstruierte Stapel 1932 in seinem staatstheoretischen Hauptwerk in Kombination mit einem ausgeprägten Reichsgedanken die Vorstellung eines Volksnomos. Er lieferte damit der um eine Verbindung von Heiden- und Christentum bemühten nationalsozialistischen Ideologiebildung einen breit rezipierten, zentralen Baustein. Das neutestamentliche und damit christliche Gesetzesverständnis biete nicht nur die Erfüllung des alttestamentlichen, sondern auch jeglicher Gesetze

---

[151] Ebd., 77.
[152] Ebd., 79.
[153] Ebd., 80.
[154] Ebd.
[155] Ebd., 81.
[156] Vgl. v. a. BOGNER, Die verwirklichte Demokratie (1930).

anderer Völker. Metaphorisch kennzeichnet Stapel die Fülle der Nationalgötter als »Krypta« des »christlichen Domes« der Erlösung. Kein Volk könne ohne nach dem Sündenfall erforderlich gewordenen Nomos existieren, jedes verdanke ihm seine eigentliche Konstitution. In ihm gelange die Gerechtigkeit Gottes zur Ausprägung. Der »Nomos Germanikos« verleihe der deutschen Nation ihren Charakter. Der Volksnomos sei die Verkörperung der »Volkssittlichkeit«, er garantiere die Herrschaftsordnung und, wie Stapel in Aufnahme von Carl Schmitts politisch-theologisch einschlägiger Differenzierung postuliert, die Möglichkeit zur Unterscheidung zwischen Freund und Feind. Rassenideologischer Terminologie verpflichtet, engt der sendungsbewußte Publizist mit der gravitätischen Attitüde des »Praeceptor Germaniae« den Wirkungsbereich des Volksnomos, des ›natürlich sittlichen Gebotes‹, auf die Reichweite der ›biologischen Struktur der Volksgemeinschaft‹ ein.[157] Neben Hirsch nahmen insbesondere Friedrich Gogarten, Paul Althaus, Werner Elert, Heinz-Dietrich Wendland, aber auch Missionstheologen wie Gerhard Rosenkranz und Bruno Gutmann, die den Nationalgeist der Bekehrung durch das Christentum aussetzen wollten, Elemente des Volksnomos-Gedankens auf.[158] Dagegen stieß die Volksnomos-Lehre, identifiziert als Ausdruck natürlicher Theologie und unzulässige Ineinssetzung von Politik und Glaube, Wille Gottes und geschichtlicher Wirklichkeit, auf den entschiedenen Widerstand Karl Barths und der Barmer Theologischen Erklärung.

Neben und gegen Hirsch war es unter den profilierteren protestantischen Universitätstheologen vor allem Friedrich Gogarten, der zunächst in »Einheit von Evangelium und Volkstum?« das Jahr 1933 für grundsätzliche, in mehr als einem Sinn zeitbewußte (kirchen-)politische Überlegungen genutzt wissen wollte. »Die Forderung der gegenwärtigen Stunde an die evangelische Kirche«, proklamiert Gogarten, »kann nicht nur durch eine Änderung der Verfassung der verschiedenen deutschen Landeskirchen und ihres Verhältnisses zueinander erfüllt werden. Der Ruf nach der Reichskirche meint mehr als eine äußere Zusammenfassung und einheitliche Verfassung der deutschen evangelischen

---

[157] Vgl. entsprechend STAPEL, Der christliche Staatsmann, bes. 171–185, 206–216; vgl. dazu die kritische, auch Hirsch berücksichtigende Aufnahme bei TILGNER, Volksnomostheologie, bes. 88–130, 136–157; sowie im Hinblick auf Stapel: KEINHORST, Stapel, 10–16; und SCHMALZ, Kirchenpolitik.

[158] Vgl. WENDLAND, Volk und Volkstum, bes. 159–175; dort wird auch eine Verbindung von Volksnomos und Volkskirche hergestellt: »In der Kirche wird der Zusammenhang zwischen Christus und dem Volksnomos lebendig und gegenwärtig wirksam. Darum sprechen wir hier von Volks-Kirche« (ebd., 171). Wendland differenziert: »Vielmehr bedeutet Volks-Kirche uns ein Unterschiedensein von Volk und Kirche, und auf dem Grunde dieses Geschiedenseins eine Verbundenheit von Volk und Kirche« (ebd., 172). Vgl. auch ALTHAUS, Die deutsche Stunde der Kirche; ROSENKRANZ, Der Nomos Chinas und das Evangelium; TILGNER, Volksnomostheologie; NOWAK, Evangelische Kirche und Weimarer Republik.

Kirchen.«[159] Im politischen Ereignisraum, in der evidenten Kontrasterfahrung der Revolutionen von 1918 und 1933 zeige sich nunmehr deutlich, daß die menschliche Existenz vom lebendigen »Wir« der Volksgemeinschaft »total erfüllt« werde, »und daß es nichts in ihr gibt, was sich der Einwirkung dieses Ereignisses entziehen könnte. Dieses Ereignis besteht darin, daß der deutsche Staat im Begriff ist, mit seiner nationalen Erneuerung sein Wesen als Staat zu erfüllen.«[160] Es manifestiere sich eine politische Entwicklung von »elementare[r] Gewalt« unaufhaltsam, weil »Staat und Volk die Grundlagen und Grundfesten der menschlichen Existenz sind«[161]. Der Volksnomos erhält eine tragende Funktion in dem neuentfachten Vollendungsprozeß, denn »das Gesetz des Volkes, über das der Staat wacht«[162], gebe und ermögliche das Leben. Diese historisch beglaubigte Wahrheit könne aber nur dann deutsche Alltagswirklichkeit werden, wenn »in unserm Volk wieder ein hartes Gesetz gilt und eine strenge Sitte entsteht, die die Menschen innerlich und äußerlich zur Einheit des Volkes und seines Volkstums zusammenbindet. Denn die Not der Stunde fordert die vorbehaltlose Einheit um der inneren und äußeren Selbstbehauptung unseres Volkes willen. Erst da, wo der gleiche strenge sittliche Geist ein Volk beherrscht, erlangt es die innere Einheit, die das festeste Fundament für seine Existenz ist.« Die »Einheit von Evangelium und Volkstum«[163] sei »in demselben Augenblick« berechtigt, »wo man sich klarmacht, daß sie von nichts anderem redet als von der Einheit von Gesetz und Evangelium. Denn das Gesetz ist uns in unserem Volkstum gegeben. Hier kann ich Stapel nur schlechtweg zustimmen.«[164] Im Hinblick auf die Sittlichkeit sei die Gemeinschaft dem Individuum vorgeordnet. Für den Christen ergebe sich die klare Einsicht und Aufgabe: »Gerade weil wir heute wieder unter dem totalen Anspruch des Staates stehen und darum unter der Forderung des Gesetzes, ist es, menschlich gesprochen, wieder möglich, den Christus der Bibel und seine Herrschaft über uns zu verkündigen.«[165]

1934 stellt Gogarten die Frage »Ist Volksgesetz Gottesgesetz?« Dabei fußt er in seinen Gedankengängen auf einer Verortung der reformatorischen Gesetzesauffassung im Kontext des Schriftverständnisses und betont, daß sich die Bibel denen selbst auslege, »die aus der gewissensmäßigen Bedrängnis durch das, was sich ihnen als das ›Gebot der Stunde‹ aufdrängt, nach dem Worte Gottes fragen«[166]. Ethisch formuliert begegne Gottes Gesetz dem Menschen in

[159] GOGARTEN, Einheit von Evangelium und Volkstum?, 5.
[160] Ebd., 8.
[161] Ebd., 9.
[162] Ebd., 16.
[163] Ebd., 17.
[164] Ebd., 18.
[165] Ebd., 24.
[166] GOGARTEN, Ist Volksgesetz Gottesgesetz?, 9.

einzelnen Geboten, »in den Forderungen des Staates, des Volkes und der
Sitte«[167]. In Replik auf Widerspruch gegen seine Gesetzesinterpretation gelangt
Gogarten schließlich zu der Einsicht, »daß die Gesetzeserfahrung, ohne die es
keinen Glauben gibt, nicht ohne weiteres die ist, die wir heute am Staatsgesetz
und am Volksnomos machen können«. Es sei ihm jedoch auch bewußt, »daß es
zu dieser Gesetzeserfahrung nicht im leeren, im geschichtslosen Raum kommt.
Gott ist unser ewiger Herr, aber es hat ihm gefallen, es in Zeit und Geschichte
zu sein. Er ist unser Herr in seiner ewigen Gottheit. Aber er fordert uns in der
Larve irdischer Herrschaft und irdischer Ansprüche.«[168] Im Herbst 1933 war es
aufgrund der Volksnomosadaption Gogartens zur Auflösung der seit 1923 von
Georg Merz herausgegebenen Zeitschrift »Zwischen den Zeiten« gekommen.
Gogarten habe sich mit seiner Identifikation von Gottes- und Volksgesetz, klagt
Karl Barth den Göttinger Kollegen an, »die entscheidende These der Deutschen Christen zu eigen gemacht. [...] Ich anerkenne ohne weiteres, daß Gogartens ganzer Weg ihn in höchster Folgerichtigkeit dazu führen mußte, sie
gutzuheißen. [...] Ebenso folgerichtig ist aber auch von meiner Seite die glatte,
zornige Ablehnung jener These.«[169] Stapels Volksnomostheorie stuft Barth als
»vollzogenen Verrat am Evangelium« ein. »Ich meine, daß dieser Satz nun doch
wieder und viel schlimmer, weil viel grundsätzlicher und viel konkreter als in
der Ära Harnack–Troeltsch, die Aufrichtung des Menschgottes des 18. und 19.
Jahrhunderts bedeute.«[170]

---

[167] Ebd., 10.

[168] Ebd., 32.

[169] K. Barth, [Abschied von »Zwischen den Zeiten«], 316.

[170] Ebd., 317. – Thurneysen schloß sich Barths konsequenter Ablehnung vorbehaltlos an
und fragte ([Abschied von »Zwischen den Zeiten«], 324): »Darf es sein und geschehen, daß
unter theologisch gemeinter Berufung darauf [...]: daß Gottes Stimme nicht nur in seinem
Worte, sondern auch und vor allem in dem Geschehen der Geschichte zu hören sei – ich
frage: darf es geschehen, daß mit dieser Berufung die Kraft und Wahrheit dessen, was unser
Gott uns in seinem Worte sagt und nur dort sagt, ergänzt, flankiert und damit verdunkelt, ja
verdorben wird durch Erkenntnisse und Urteile, die ganz und gar aus dem Raume des po-
litisch-geschichtlichen Geschehens der Gegenwart herausfließen?« 1937 profiliert Gogarten in seiner Streitschrift »Gericht oder Skepsis« (9) noch einmal seine Position und hält
unter Aufnahme von Karl Barths und Gerhard Kittels »Ein theologischer Briefwechsel«
(1934, 7) resigniert fest: »Jede Bezogenheit der kirchlichen Verkündigung auf den geschichtlichen Augenblick wird darum kurzerhand auf Grund des Theologumenons abgetan,
daß ›aus diesem ›geschichtlichen Augenblick‹ eine zweite Offenbarungsquelle und ein zweiter Offenbarungsgegenstand gemacht und als eigenmächtig geformtes und gegossenes Gottesbild in der Kirche aufgerichtet‹ wird«. Rudolf Bultmann bekundete in einem Brief an
Gogarten vom 18.4.1937 (Bultmann/Gogarten, Briefwechsel, 211–213; hier 212) sein völ-
liges Unverständnis gegenüber einer »Gleichsetzung des Volksnomos mit dem Gesetz Gottes«. Vgl. im vorliegenden Kontext auch Busch, Barths Lebenslauf, 236, mit Bezug auf 1933:
»Zu seinem Kummer und Entsetzen sah Barth nun sogar einen Teil seiner Freunde, mit
denen er 1919 in Tambach und dann in ›Zwischen den Zeiten‹ einen neuen Aufbruch ge-

3.1.4. Die Sekundanten: Wilhelm Stapel und Karl Ludwig Schmidt

Schon im Februar 1935 reagierte Wilhelm Stapel auf Hirschs Standortbestimmung – und nutzte gleichfalls das mit der eigenen Ambivalenz kokettierende Genre des Offenen Briefes. »An Herrn Professor Hirsch in Göttingen« adressiert er zunächst den Dank für das entgegengebrachte Vertrauen und kommentiert dann mit wohlig zelebriertem Widerwillen: »Tillich hätte es verdient, mit äußerster Schärfe gezüchtigt zu werden. Ich habe nie eine Schrift, nicht einmal einen Aufsatz von ihm zu Ende lesen können – sein Deutsch ist nicht nur sprachlich, sondern geradezu *menschlich* unangenehm.« Doch dem Polemikspezialisten Stapel gelang es mühelos, in der Auseinandersetzung noch infamere Töne anzuschlagen. Mit der Veröffentlichung seines Briefes an Hirsch habe sich Tillich in einer »*menschlich* peinlichen« Art gezeigt, als »ein Jugendfreund«, der »nach der Distanzierung durch die Kampfjahre den andern anfällt«. Er entbehre so »jener letzten Scham, die, in allem Ethos und Nomos zuinnerst beschlossen, gerade auch dem Christen eigen sein sollte«[171]. »Ein verquollenes Gewoge von Gedanken«, so Stapels Urteil über Tillichs Stil, »wühlt in einer nie ganz klaren Logik und in einer verblasenen Bildhaftigkeit vor uns vorüber, und ein Dampf von intellektueller Eitelkeit schwebt über dem Ganzen.« Tillich habe »offenbar zuviel jüdisches Feuilleton, zuviel Werfel, Zweig u.s.w. geschluckt«. Der Kreis, den er in Frankfurt um sich gesammelt habe, »unterschied sich kaum von der Zuhörerschaft eines jüdischen Philosophen oder Soziologen«. Wäre es Tillich möglich gewesen, schulbildend zu wirken, »so würde die nächste Generation eine gemauschelte Theologie erlebt haben«[172].

Dieser effektvoll in Szene gesetzte Haßausbruch besaß eine lange Vorgeschichte, die weit in die hochschul- und theologiepolitischen Berufungsscharmützel der Weimarer Republik zurückzuverfolgen ist. Tillich sei, bemerkt Stapel, als religiöser Sozialist und SPD-Mitglied vom sozialdemokratischen Kultusminister Adolf Grimme in sein Frankfurter Amt eingesetzt worden.[173] An dieser Stelle verfälscht der Publizist allerdings die akademische Ereignisgeschichte, denn nicht Grimme, der erst 1930 Minister wurde, sondern Carl

---

wagt hatte, und auch einen Teil seiner Schüler und Hörer sich an jener Gleichschaltung beteiligen oder sie doch wenigstens ruhig hinnehmen.« Zur Auflösung von »Zwischen den Zeiten«: ebd., 242f. Georg Merz war nicht dazu bereit, die harsche Kritik Barths und Thurneysens an Gogarten mitzutragen.

[171] STAPEL, An Herrn Professor Hirsch in Göttingen, 154.

[172] Ebd.

[173] Stapels Methode, seinen Gegnern Parteigebundenheit zu attestieren, war bereits erprobt: Im Juli 1932 hatte er Karl Ludwig Schmidt gegen die Faktenlage vorgehalten, von Grimme aus politischen Gründen 1929 seinen Bonner Lehrstuhl erhalten zu haben, vgl. dazu Stapel unter der Abteilung »Zwiesprache«, in: Deutsches Volkstum, 1. Juliheft 1932, 555 f.; 1. Augustheft 1932, 642–644; sowie 1. Oktoberheft 1932, 819 f.

Heinrich Becker förderte Anfang 1929 neben anderen maßgeblich Tillichs Wechsel von Dresden nach Frankfurt.[174] Tillich, der Nutznießer radikaldemokratischer Hochschulpolitik als Protegé von Stapels Lieblingsfeinden Becker und Grimme, war in den Projektionsphantasien seiner Widersacher freilich nicht zu trennen von Tillich, dem religiösen Sozialisten, dem gefährlich eloquenten Theologie-Verderber. Dieser Schreckensgestalt nationalprotestantischer Untergangsvisionen hatte sich Stapels Zeitschrift schon geraume Zeit vor den Attacken im Umfeld der Hirsch-Kontroverse angenommen; die Invektiven waren das Werk eines Wiederholungstäters, denn die Tillich-Schmähung gehörte schon seit Jahren zum Repertoire auf den Bühnen konservativer Kampfpublizistik: Bereits im Juni 1931 war Tillich im »Deutschen Volkstum« angegriffen worden. Ein hinter dem Pseudonym »Thomas Thomassen« verborgener Autor hatte ohne den Anspruch übergroßer Originalität die gängigen Feindbildfacetten reproduziert:[175] Der Religiöse Sozialismus wurde als »hirngeborene Programmreligion« und »Tod jeder Religion« diffamiert; eine religiöse Absicherung des Marxismus unternehmen zu wollen, sei »Mißbrauch der Religion«. »Wäre es nicht vielmehr eine religiöse Tat, den Marxismus mit Stumpf und Stiel auszurotten?« Als »Zeichen der Zeit« wertet es der verschwörungstheoretisch inspirierte Verfasser, »daß der ›religiöse Sozialismus‹ zur preußischen Staatsreligion und Normalphilosophie aufsteigen konnte«. Er durchdringe vom Kultusministerium aus die Fakultäten und besitze in Tillich »zugleich seinen Propheten, Mystagogen und Normaldogmatiker«. Fehlender religiöser Gehalt werde durch religiöse Modeworte ersetzt. Denn Tillich sei nicht mehr als ein »aalglatter Dialektiker, Wortkünstler und Schönredner über Religion, über alles und jedes, wie es eben dem Bedürfnis der Zeit entspricht«[176].

---

[174] Vgl. die vom 28. März 1929 datierende Mitteilung des Preußischen Ministers für Wissenschaft, Kunst und Volksbildung [Ministerialdirektor Werner Richter] an Paul Tillich, daß er »zum ordentlichen Professor in der Philosophischen Fakultät der Universität zu Frankfurt a/M. ernannt« worden sei, in: TILLICH, Lebensbild in Dokumenten, 181–183; hier 182 (Original in Harvard, Box 802 A). Ministerialrat Wolfgang Windelband, Sohn des Philosophen Wilhelm Windelband und als habilitierter Historiker Honorarprofessor an der Berliner Universität, hatte Tillich bereits am 21. Februar 1929 geschrieben: »Ich freue mich, Ihnen mitteilen zu können, daß mein Herr Minister Ihnen den durch die Emeritierung von Prof. Cornelius frei gewordenen ordentlichen Lehrstuhl an der Universität Frankfurt zu möglichst baldiger Übernahme anbietet. Mit meinem Glückwunsch zu dieser Berufung verbinde ich die Bitte, sich am Sonnabend, den 2. März um 10,30 Uhr bei Herrn Ministerialdirektor [Werner] Richter einfinden zu wollen, der selbst die Verhandlungen mit Ihnen zu führen wünscht« (Harvard). Vgl. auch Windelband an Tillich, 14.3.1929; 18.3.1929 (»Ich habe mich sehr gefreut, die Annahme des Rufs von Ihnen zu bekommen«) (ebd.). Zum Hintergrund der Berufung vgl. v. a. HAMMERSTEIN, Geschichte des Philosophischen Seminars, bes. 283, 287.

[175] THOMASSEN, Der Prophet des »religiösen Sozialismus«.

[176] Ebd., 479.

Im Dezember des Jahres 1931 kommentiert Stapel dann rückblickend: »Ich sah keinen Grund, den Beitrag zurückzugeben, vielmehr schien (und scheint) es mir auch für Tillich selbst heilsam – wenn nicht für seine Seele, so doch für sein Deutsch –, daß er zwischen den vielen Lobeserhebungen, an denen es ihm nicht fehlt, auch einmal einen andern Ton vernähme. (Ich selbst habe mich nie über Angriffe beklagt.)«[177] Das Pseudonym sei für den Verfasser, der mit Tillichs Schriften, deren Wirkung und »vermutlich auch Tillich selbst« bekannt sei, nur deshalb gewählt worden, »weil der mächtige preußische Kultusminister der Beschützer Tillichs ist«. Seit 1930 schrieben im »Deutschen Volkstum« Autoren auch unter fingiertem Namen »*als Abwehr gegen die persönlichen Verfolgungen*, denen unsre Mitarbeiter unter Umständen von mächtigen Parteigenossen Tillichs ausgesetzt sind«.[178] Stapel seinerseits fügt eine längere kritische Auseinandersetzung mit Otto Piper, Karl Barths Nachfolger in Münster, an: »Die Tillichianer wehren sich übrigens auch selbst in der Zeitschrift ›Neuwerk‹.«[179] Piper hatte dort im Sommer 1931 für Tillich Partei ergriffen. Zwar sei damit zu rechnen gewesen, kommentiert er in einigen kurzen Bemerkungen über »Das ›Deutsche Volkstum‹ und der religiöse Sozialismus«, daß »nach der theologischen Wendung Stapels und seines Kreises« auch »das Problem des religiösen Sozialismus« in ihr Blickfeld gerate, aber nun werde nicht »mit Ernst und Sachlichkeit« an die Angelegenheit herangegangen: »Was uns statt dessen vor-

---

[177] STAPEL, Alles um Tillich, 974.
[178] Stapel kann sich hier darauf beziehen, daß Tillich 1929 der SPD beigetreten war.
[179] STAPEL, Alles um Tillich, 975. – Mit Emil Blum, Günther Dehn, Heinrich Frick, Alfred Dedo Müller, Alfons Paquet, Otto Piper, Wilhelm Thomas und Wilhelm Wibbeling gehörte Tillich von 1931 bis zum Frühjahr 1933 zum Herausgeberkreis des von Hermann Schafft seit 1931 federführend verantworteten »Neuwerk«. Das erste Heft des 13. Jahrgangs ließen die Genannten mit einem programmatischen Geleitwort, das Schafft verfaßt hatte, beginnen: »Die Unterzeichneten haben sich, zum Teil aus verschiedenen Lagern herkommend, in neuer Form zu gemeinsamer Arbeit am ›Neuwerk‹ zusammengefunden. Der Neuwerkkreis verdankt seinen Ursprung jener stürmischen Zeit nach dem Kriege, in der wir auf einen entscheidenden Durchbruch aus letzter Tiefe, auf eine Neugestaltung unseres gesamten Lebens hofften. Wir sind uns darüber klar, daß es zu solch rascher, entscheidender Wendung an keiner Stelle gekommen ist. Die Hoffnung, daß über allem Lärm der miteinander kämpfenden Machtgruppen, über allen alten und neuen Interessen und Ideologien (auch den frommen) ein letztes stummachendes, zu radikaler Besinnung und Wendung führendes Wort öffentlich vernommen würde, hat sich nicht erfüllt. Wir sehen vielmehr auf der einen Seite weiterhin ein Erstarren in alten unwahren Gegensätzen und ein Steckenbleiben in unfertigen Anfängen, auf der anderen Seite das Hochkommen leidenschaftlicher Massenbewegungen, die von uns ernsteste Beachtung erfordern, an deren Vollmacht zu rechtem Aufbau aber niemand von uns ernstlich glauben kann.« Trotz allem bestehe der Kreis auf seiner alten Einsicht, daß »in der Wirklichkeitserfassung, zu der das Evangelium führt, die Richtung zu neuer Gestaltung gezeigt ist«. Es gehe um radikale, durchgreifende soziale Erneuerung, die auch von dem Gefühl getragen werde, verantwortlich zur Neugestaltung kirchlichen Lebens beitragen zu wollen. – Zum »Neuwerkkreis« vgl. BLUM, Neuwerk-Bewegung, bes. 33–36.

gesetzt wird, ist ein törichtes Gerede über die angebliche Herrschaft des religiösen Sozialismus in Preußen und eine perfide Verunglimpfung der Person und der Leistungen Tillichs, offenbar als Rache dafür, daß Thomassen Tillichs Gedanken nicht zu folgen vermag.« Gewiß dürfe über Tillichs Religionsphilosophie und Theologie kontrovers diskutiert werden, und auch schwerwiegende Einwendungen hätten als Leserreaktion ihr Recht. Doch mißachteten die Angriffe im »Deutschen Volkstum« alle Formen seriöser Auseinandersetzung unter sachorientierten Gegnern. In seiner Replik wendet sich Stapel dann gerade gegen diesen Versuch, alle Konfliktparteien und eben auch das »Deutsche Volkstum« auf eine ernsthaft argumentierende Streitkultur zu verpflichten: »Siehe da! Aber diese Herren _Epigonen_ überschätzen sich. Ich erlaube mir, den religiösen Sozialismus _der Gegenwart_ für eine Angelegenheit enger intellektueller Zirkel zu halten, die ohne geistesgeschichtliche Bedeutung sind. Tümpel, die von der Überschwemmung des Stromes zurückgeblieben sind und die allmählich eintrocknen.« Die Auseinandersetzung speziell mit Tillich will er denjenigen überlassen, die »härtere Sprachnerven«[180] besitzen.

Wilhelm Stählin und Karl Bernhard Ritter, die – wie Stapel zutreffend bemerkt – gemeinsam mit Tillich der »Berneuchener Konferenz« angehörten, hätten von ihm den Ausdruck seines Bedauerns über den Tillich-Artikel von Thomassen gefordert, doch komme dies nicht in Frage. Statt dessen druckt Stapel die Erklärung der beiden Theologen ab: Tillich sei als ›Prophet des religiösen Sozialismus‹ bezeichnet und damit »dem Gelächter des Lesers« preisgegeben worden. Gegen diese »Entgleisung« sei einzuschreiten.

»Wir sind nicht religiöse Sozialisten und wir stehen der von Paul Tillich vertretenen Theologie je länger desto mehr mit starken Bedenken gegenüber. Aber wir verdanken Paul Tillich wesentliche Hilfe zur theologischen Klärung und wissen uns durch die von ihm ausgehenden Anregungen in besonderem Maß verpflichtet, das Evangelium in das Zeitgeschehen hineinzustellen und als den großen Angriff Gottes auf die Welt, wie sie ist, verständlich zu machen.«[181]

Das Schlagwort ›Religiöser Sozialismus‹ eigne sich nicht dazu, Tillich anzugreifen und ihn zu verspotten.

Drei Jahre später erforderte es in Deutschland dann weitaus mehr Mut, öffentlich für den Angegriffenen einzutreten. Alte Ressentiments bezogen nun neue Vernichtungsenergien aus staatlich approbierten Diffamierungsstrategien, Andeutungen reichten aus, um Feindallianzen zu beschwören – Stapel führte es vor: In seinem Offenen Brief vom Februar 1935 stuft er es als »bemerkens-

---

[180] Siehe OTTO PIPER, Das »Deutsche Volkstum« und der religiöse Sozialismus, in: Neuwerk 13, 1931, 3. Heft, August – September, 192. STAPELS Replik: Alles um Tillich, 975.
[181] RITTER/STÄHLIN, Erklärung, 975.

wert« ein, »daß sich auch nicht-theologische Kreise, und zwar jüdische«[182], für die Auseinandersetzung zwischen Tillich und Hirsch interessieren. Als Beleg dient, ohne weiteren Kommentar, ein Beitrag der »Jüdischen Rundschau« vom 1. Januar 1935. In dem namentlich nicht gezeichneten kurzen Artikel wird unter der Überschrift »Priester und Prophet‹. Eine theologische Diskussion« auf die Kontroverse eingegangen: »Die Diskussion innerhalb der evangelischen Theologie in Deutschland geht uns Juden, die wir dabei Außenseiter sind, in doppelter Hinsicht an.« Zum einen, da »gelegentlich von der *Judenfrage* und von der Stellung des Alten Testaments die Rede ist«, zum anderen, »weil die-selben Probleme einer Scheidung religiöser und politischer Kategorien *auch für das Judentum* höchst aktuell sind«. Neben Tillichs Unterscheidung von prie-sterlicher und prophetischer Haltung hebt der unbekannte Verfasser mit Blick »auf die Rassenfrage« besonders den Vorwurf heraus, daß sich Hirsch nicht vom »Rassenhaß« distanziere. Gerade dieses Echo aber ließen selbst Tillichs engste Freunde lieber verhallen, wie das Beispiel Karl Ludwig Schmidts zeigt, der in den »Theologischen Blättern« im Januar 1935 einige besonders vielsagende Reaktionen der einschlägigen theologischen Periodika vorstellte[183] und Tillich am 25. Februar 1935 mitteilte: »Bei meinem Bericht über das Echo Ihres Of-fenen Briefes habe ich mit Absicht die ›Jüdische Rundschau‹ vom 1. 1. 35 fort-gelassen. Man kann nicht gut auch noch die jüdische Frage mit behandeln. Stapel hat dafür gleich das jüdische Organ genannt. Das mag zunächst auf sich beruhen.«[184]

Im März 1935 liefert Stapel im »Deutschen Volkstum« unter der festen Ru-brik »Zwiesprache« einen Nachtrag zu seinem Brief an Hirsch vom Vormonat. Er weist den von Schmidt erhobenen Denunziationsvorwurf entschieden zu-rück[185] und unterstellt seinerseits Schmidt und Tillich die Denunziation Hirschs: »Sie machen die gegen den ›Hitlerismus‹ eingestellten Geister des In- und Auslands gegen ihn mobil.« Wenn Schmidt es zurückweise, ein »Günstling Grimmes« gewesen zu sein, könne er als »Gesinnungsgenosse Grimmes« be-zeichnet werden. »Aber wir wollen auch hinzufügen, daß er ein ›Günstling‹ des preußischen Kultusministers Becker war. Sollte Schmidt den Ausdruck tadeln, so möchte ich ihn erinnern, daß er selbst einem mir bekannten Herrn eine volle Stunde lang vorgeprahlt hat, was er alles bei Becker durchzusetzen ver-möge. Auch wir, Herr Professor, stehen mit Enthüllungen zu Diensten.« Der Nachtrag Stapels findet ein Ende im erneuten Verweis auf den Emigrantensta-tus Schmidts und den gleichwohl ungebrochenen Einfluß des Gegners: »Karl

---

[182] STAPEL, An Herrn Professor Hirsch in Göttingen, 154.
[183] K. L. SCHMIDT, Zum offenen Brief Paul Tillichs an Emanuel Hirsch.
[184] Karl Ludwig Schmidt an Paul Tillich, 25.2.1935 (Harvard).
[185] Siehe K. L. SCHMIDT, Zum offenen Brief Paul Tillichs an Emanuel Hirsch.

Ludwig Schmidt war eine Säule des Weimarer Systems. Er wirkt jetzt aus dem sicheren Ausland in die theologisch-*politischen* Kämpfe in Deutschland herein. Sobald wir uns zur Wehr setzen, präsentiert er sich dem Weltgewissen mit der Maske des Märtyrers. Der Fall ist klar.«[186]

Schmidt kommentiert diesen erneuten Angriff dann nicht mehr öffentlich, sondern macht seinem Zorn nur in einem Brief an Tillich Luft. Harsch kritisiert er hier die Zusammenarbeit von Hirsch und Stapel, die in der Bundesgenossenschaft von Hirsch und Holl eine frühere Parallele habe, »auftretend in derselben ›Hanseatischen Verlagsanstalt‹, loben [sie] sich gegenseitig in die Höhe«. Allerdings erkenne jeder Kundige sofort, daß es sich bei derartigen »Bündnissen um nichts anderes als um politische Verbindung und Verfilzung« handelt, »die durch allerlei Pseudotheologie, deren Meister gerade Stapel ist, vernebelt zu werden droht«. Um denjenigen, die weniger wachsam seien, »in solchem wüsten Nebel« Klarheit zu verschaffen, sei die Aufrüttelung »durch echte Kampfworte« nötig, die gerade auch Tillich zur Verfügung stünden. »Unsereiner ist solchen Kampf und solchen Dienst der Sache schuldig.« Schmidt fügt hinzu, daß es die Absicht von »Stapel und Genossen« sei, »den ThBl durch das traurige Mittel der politischen Denunziation – dabei hat Hirsch immerhin noch ein bißchen mehr Hemmungen als der im Grunde hemmungslose Stapel – den Garaus« zu machen. Die einzig mögliche Reaktion: »wir müssen uns wehren, ohne uns auch nur einen Augenblick zu verkriechen«[187].

Bereits durch seinen Hinweis auf Rezensionen und Stellungnahmen hatte Karl Ludwig Schmidt in den »Theologischen Blättern« die herausgehobene Relevanz der Debatte zwischen Tillich und Hirsch für das Selbstverständnis von Theologie und Kirche in ihrem Verhältnis zum Nationalsozialismus betont. Nun zieht er Tillich gegenüber eine erste Bilanz:

»Es wird immer deutlicher, daß es gut und richtig und damit notwendig war, über das [...] Echo genau zu berichten. Bevor Hirsch mit seiner ›Antwort‹ auf den Plan getreten ist, habe ich dafür gesorgt, daß urbi et orbi klar gemacht wird, wie unsagbar einsam – wirklich mit Recht einsam – Hirsch dasteht, wenn doch ganz und halb verständige Theologen in so großem Ausmaß Ihnen zustimmen. Diese bemerkenswerte Phalanx kann jetzt nicht mehr wegdisputiert werden. Daß jetzt mancher auf Stapels und Hirschs neueste Ergüsse hin es mit der Angst zu tun kriegen mag, braucht einen nicht weiter zu beschäftigen.«[188]

Tillichs Standpunkt findet zunächst in der Tat breite Unterstützung. Der Schriftleiter des »Neuen Sächsischen Kirchenblattes« Karl Aé etwa schreibt am

---

[186] STAPEL, Nachtrag zu »An Herrn Professor Hirsch in Göttingen«.
[187] Karl Ludwig Schmidt an Paul Tillich, 25.2.1935 (Harvard).
[188] Ebd.

25. November 1934, der »Offene Brief« an Hirsch sei »ein Meisterstück Tillichscher Geistesdialektik«, ebenso aber »auch ein Stück Tillichscher Selbstdarstellung und Neuaufzeigung seiner Kairoslehre in Position und Grenze«. Tillich
habe recht, wenn er sich gegen die Absolutsetzung eines geschichtlichen Au-
genblickes wende. »Nur *Ein* Augenblick ist von dieser Begrenzung und Be-
schränkung ausgenommen: die Heilsgeschichte, in der die Zeit ›erfüllt‹ ist, die
Zeit Jesu Christi von 1–33.«[189] Auf Tillichs Frage nach weiteren Resonanz-
effekten konnte Schmidt dann am 17. Dezember 1934 mit neuen Einzelheiten antworten:

»Das Echo Ihres Offenen Briefes an Hirsch? [Adolf] Deißmann hat mir am 28. 11. dies
geschrieben: ›... ist eine der interessantesten theologischen Erscheinungen des ganzen
Jahres. Gut, daß Du ihn bringen konntest.‹ (Ich hatte von Deißmann sehr lange gar
nichts mehr gehört und ich habe auch gar keine Lust, von ihm etwas zu hören oder gar
mit ihm Briefe zu wechseln. Er benimmt sich denkbar schlapp und hat sich sogar dazu
hergegeben, einen Aufruf für Hitler als den Schirmherrn der deutschen Wissenschaft zu
unterschreiben.)«[190]

Auch von Hermann Mulert habe er eine Reaktion erhalten, berichtet Schmidt.
In der »Christlichen Welt« hatte sich der Kieler Systematiker über Tillichs »Offenen Brief« geäußert[191] und spielte Schmidt gegenüber am 14. Dezember 1934
darauf an: »›Mit dem Druck des Tillichschen Briefes haben Sie etwas sehr gutes
getan; Sie sahen wohl schon, wie sehr ich ihn sogleich benutzt habe.‹«[192] Aber
auch die Gegner blieben nicht stumm: In der »Deutschen Theologie« positioniert sich im Heft der Monate Februar/März 1935 der Schriftleiter der Zeitschrift, der Tübinger Kirchenhistoriker Hanns Rückert – wie Hirsch ein
Schüler Karl Holls –, nachdrücklich und prononciert an der Seite Hirschs und
entwickelt eine eigenständige Stellungnahme zur theologischen Begründung
des Treueids auf Hitler. Sein Beitrag »Echte Probleme und falsche Parolen«,[193]
die ausführlichste Reaktion eines namhaften zeitgenössischen Theologen auf
Tillichs Wortmeldung, rief wiederum Karl Ludwig Schmidt, der gleichfalls Ziel

---

[189] Aé, [Kommentar zu]: Tillich, Die Theologie des Kairos, und Hirsch, Die gegenwärtige
geistige Lage, 754.
[190] Karl Ludwig Schmidt an Paul Tillich, 17.12.1934 (Harvard). Schmidt war in Berlin
Assistent des Neutestamentlers Adolf Deißmann gewesen.
[191] Mulert, Ein Brief aus Amerika. – Vgl. dazu die Kritik von Stapel, [Zu Tillich, Theologie des Kairos, 1934].
[192] Karl Ludwig Schmidt an Paul Tillich, 17.12.1934 (Harvard). Schmidt zitiert aus Mu-
lerts Brief an ihn.
[193] Rückert, Echte Probleme und falsche Parolen. – Zu Rückert unter der Perspektive
des Nationalsozialismus vgl. besonders: Siegele-Wenschkewitz, Geschichtsverständnis;
Bräuer, »Gehorsam gegen den in der völkischen Geschichte wirkenden Gott«; sowie v. a.
auch Hamm, Hanns Rückert als Schüler Karl Holls.

des Angriffs war, mit einer scharfen Zurückweisung in den »Theologischen
Blättern«[194] auf den Plan.

Aber nicht nur unter den teilnehmenden Beobachtern in der theologisch-
kirchlichen Publizistik, sondern auch in führenden Tageszeitungen fand die
Debatte zwischen Tillich und Hirsch Aufmerksamkeit. Willy Beer äußerte sich
am 17. März 1935 im »Berliner Tageblatt« zu Hirschs »Christlicher Freiheit«, für
die er deutliche Sympathien erkennen läßt: »Hirschs glücklicher Natur, auf die
der neue politisch-religiöse Elan ungeheuer befreiend und lösend gewirkt hat,
ist es nun gegeben, die entscheidende Frage nach der Existenz des Christentums im Nationalsozialismus mit einem undogmatischen Ja zu beantworten.«
Der Rezensent stellt die großen Gemeinsamkeiten der Antagonisten heraus,
die er in der Wende »gegen eine überrationalistische Philosophie«, dem von
beiden geteilten »Denkgrund in Fichte und Schelling«, dem »große[n] Erlebnis Kierkegaards« und allen den »Stationen, die zur Krisenphilosophie, zur Kairos-Lehre Tillichs und schliesslich auch zur Nomos-Lehre Hirschs hinführten«,
ausmacht. Entzweit worden sei diese profunde Übereinstimmung erst durch
die divergenten Entscheidungen für Orientierungskollektive: durch Tillichs
»Hingabe an die marxistische Massenbewegung« und Hirschs »Hingabe an das
Volk«. Hirschs Publikation erfrische »die versteinerte Diskussion der kirchenpolitischen Fragen durch eine eigenwillige und kräftige Beweisführung [...];
ein so problemreicher und sicherer Denker wie Emanuel Hirsch braucht allerdings ebenbürtige Gefolgschaft.«[195]

Bereits einen Monat zuvor hatte am 17. Februar 1935 ein namentlich nicht
genannter Korrespondent der »Basler Nachrichten« wohlwollend Tillichs
»Offenen Brief« erörtert – und Erscheinungen in ein überraschendes Nahver-
hältnis zusammengedacht, die in der parteipolitisch fixierten Wahrnehmung
feindlich getrennt wirken mußten: »In dem Ringen um die geistig-religiöse
Fundamentierung der nationalsozialistischen Revolution in Deutschland ist
eine Stimme ganz zum Schweigen gebracht worden – die des religiösen Sozialismus, ja, sie ist heute schon fast vergessen.« Es böte sich ein Vergleich mit
den Deutschen Christen an, so daß eine Bewegung, die sich sozialer Fragestellung verdanke, einer solchen gegenüberstehe, die sich national begründe. Das
Politische sei dabei vom Religiösen nicht zu trennen. Gerade Tillich lege einen
klaren Beweis dafür vor, »daß die Deutschen Christen die gleichen Ansatz-
punkte, ja die gleichen oder doch ähnliche Begriffsbestimmungen haben, die
schon die religiösen Sozialisten vor zehn Jahren hatten«[196].

---

[194] K. L. SCHMIDT, Zur Auseinandersetzung.
[195] BEER, Kontroverse: Tillich – Hirsch.
[196] ANONYMUS [Korr.]: Der religiöse Sozialismus. Vgl. auch die Rezeption dieses Artikels
in der »Neuen Zürcher Zeitung«, 19.2.1935.

3.1.5. Paul Tillich: »Um was es geht. Antwort an Emanuel Hirsch«

Tillich reagierte im Mai 1935 in den »Theologischen Blättern« auf Hirschs Kritik. Er kam damit einer Aufforderung Schmidts nach, der es im Februar 1935 »als eine selbstverständliche Notwendigkeit« bezeichnet hatte, *sofort* in den ThBl eine kräftige Antwort auf Hirschs ›Antwort‹« zu geben, und zwar »unter Einbeziehung eines ebenso kräftigen Hiebes auf den Allerweltsschimpfer Stapel«[197]. Schmidt hatte Tillich auch seine eigene Bewertung von Hirschs »Christlicher Freiheit« zukommen lassen: »Zum Ganzen kann man nur sagen, daß er [sc. Hirsch] die Sache vernebelt und seine eigene Person demütig-hochmütig beweihräuchert. Sein Kampf gegen Ihre Zitate ist eine in der Sache gegenstandslose Mikrophilologie. Daß er, um nicht als von Ihnen abhängig zu erscheinen – halb gibt er's in allerlei Ihnen gewidmeten laudationes zu –, ruft er Fichte als Ihren und seinen gemeinsamen Meister an [...]. Das ist ein Kniff, der sein Kneifen verdecken soll.« Besonders allergisch reagiert Schmidt darauf, daß sich Hirsch im Geleitwort zu Beginn als ›krummen Zivilisten‹ darstellt, »der vermittelst des durchaus weiblichen Gerätes der Schreibmaschine am geschichtlichen Geschehen Anteil« nehme und nunmehr »in beinah militärische Lagen«[198] gerate, so daß er mit einem gedruckten Brief als Gewehr das von Tillich auf ihn eröffnete Schützenfeuer zu beantworten habe. »Unerfindlich ist«, so Schmidt, »warum die Schreibmaschine ein ›durchaus weibliches Gerät‹ sein soll. Ach, ich möchte einmal Hirsch gesehen haben, wenn er neben mir in Rußland einen blutigen Sturmangriff hätte mitmachen sollen! Warum muß dieser keifende ›krumme Zivilist‹ so kriegerisch tun?«[199] Diese Äußerung Schmidts ist deshalb besonders aufschlußreich, weil sie aus zeitgenössischem Blickwinkel einen spezifischen Aspekt der Weltkriegserfahrung beleuchtet. Einem Frontsoldaten, der im Kampf schwer verwundet wurde, erscheint der rhetorische Umgang Hirschs mit dem Krieg, an dem er selbst aufgrund seines Augenleidens gar nicht teilnehmen konnte, als verlogen und nicht authentisch.[200] Entsprechend gereizt hatte Schmidt bereits 1932 in der Debatte um den »Fall Dehn« reagiert, als er zu Beginn des Jahres in den »Theologischen Blättern« darauf hinwies, daß Hirsch gar nicht »felddienstfähig« oder auch nur für einen anderen »Soldatendienst« tauglich gewesen sei – und daher als Kritiker anders beurteilt werden müsse als etwa der ebenfalls in Göttingen lehrende Theologe Hermann Dörries, der sich als Soldat des Ersten Weltkriegs gegen Dehn gewandt hatte. Schmidt verwies auf seine eigenen Erfahrungen an der Front und seine Verwundungen, um schließlich zu fragen, ob »wirklich der

---

[197] Karl Ludwig Schmidt an Paul Tillich, 25.2.1935 (Harvard).
[198] HIRSCH, Christliche Freiheit und politische Bindung, 5.
[199] Karl Ludwig Schmidt an Paul Tillich, 25.2.1935 (Harvard).
[200] Vgl. zum Urteil Schmidts über den Ersten Weltkrieg MÜHLING, Schmidt, 19f.

Theologe ›als ehemaliger Frontsoldat‹ vom Katheder oder von der Kanzel aus sprechen«[201] solle? Schmidts Verhältnis zu Emanuel Hirsch hatte sich indes bereits 1930 erheblich abgekühlt, als der Göttinger verhindern konnte, daß Schmidt sein Nachfolger als verantwortlicher Redakteur der »Theologischen Literaturzeitung« wurde. Ein weiterer Markstein auf dem Weg von kritischer Kollegialität hin zu Entfremdung und Feindseligkeit wurde dann ein Jahr später die von Hirsch und Paul Althaus verfaßte Erklärung »Evangelische Kirche und Völkerverständigung«[202], in der sich, wie auch im »Fall Dehn«, die zunehmende Militarisierung und Nationalisierung der theologischen Richtungskämpfe der ausgehenden Weimarer Republik spiegelt.[203]

Für die »Theologischen Blätter« erbittet sich Schmidt nun von Tillich als Antwort auf die »Christliche Freiheit« »eine knappe, lapidare, scharfe Abfuhr für den herumspringenden, herumzappelnden, kreischenden Hirsch«. An das Ende seines Briefes stellt Schmidt die Mitteilung eines persönlich gehaltenen Leserechos, das er am 21. Februar 1935 von Theophil Wurm aus Stuttgart erhalten hatte. Der Württembergische Landesbischof bedankte sich darin ausdrücklich für die Zusendung des »Offenen Briefes« Paul Tillichs und kommentierte:»Ich kann aus der Erfahrung der kirchlichen Praxis der entscheidenden These nur zustimmen. Wer hätte gedacht, daß wir einmal ein solches Repetitorium der Kirchen- und Dogmengeschichte bekommen würden wie heute? Keines der Probleme der Vergangenheit bis auf das Verhältnis der Confessoren und Lapsi bleibt und [sic!] erspart; aber das ist auch das Große neben dem vielen Kleinen und Niederdrückenden.«« Schmidt seinerseits versieht den rhetorischen Überschwang des Kirchenführers dann allerdings mit einer skeptischen Brechung, wenn er hinzufügt: »Wurm hat hier mehr gesagt, als er selbst schafft. Zum mindesten ist er in der Gefahr des turificatus, wenn nicht gar des libellaticus. Aber solche Leute wie den Wurm, der nun weitab ist von Hirsch, muß man stärken. Und dazu sollen Sie helfen.«[204]

Bevor Tillichs Reaktion auf Hirsch im Druck erscheinen konnte, war allerdings erst noch der angemessene Umgang mit Wilhelm Stapel zu klären. Für einen deutschen Ordinarius konnte der Vielschreiber kaum als ›satisfaktionsfä-

---

[201] K. L. SCHMIDT, Zum Fall Dehn, 94. Vgl. dazu DÖRRIES/HIRSCH, Zum halleschen Universitätskonflikt; HIRSCH, Offener Brief an Karl Barth; K. BARTH, Antwort an Emanuel Hirsch; HIRSCH, Antwort an den Herausgeber [Wilhelm Stapel].

[202] Die Erklärung von Althaus und Hirsch wurde mehrfach abgedruckt; vgl. die im vorliegenden Kontext entscheidenden Druckorte: ALTHAUS/HIRSCH, Evangelische Kirche und Völkerverständigung. Eine Erklärung, in: Theologische Blätter 10, 1931, 177–179; sowie auch unter der Überschrift »Zur Hamburger Tagung der Weltfriedenschristen«, in: Deutsches Volkstum, Juli 1931, 544f.

[203] Vgl. dazu auch MÜHLING, Schmidt, 92, 109–116; SCHJØRRING, Theologische Gewissensethik, 169–177.

[204] Karl Ludwig Schmidt an Paul Tillich, 25.2.1935 (Harvard).

hig‹ gelten. Doch waren Wirkungskreis und Resonanzradius des »Deutschen Volkstums« zu groß, als daß Stapel sich schlichtweg hätte ignorieren lassen. Einerseits war Schmidt daher der Auffassung, daß »die Zuständekomplexe in der deutschen evangelischen Theologie und Kirche so sein« sollten, »daß Sie und ich uns mit einem Herrn Stapel gar nicht erst einlassen.« Andererseits war ihm jedoch auch bewußt: »[D]er Mann hat nun einmal einen großen Einfluß, den es zu brechen gilt. Wenn das äußerlich nicht gelingt – damit muß natürlich nach Lage der Dinge gerechnet werden –, so bedeutet das so etwas wie finis theologiae et ecclesiae. Man muß sich da schon etwas pathetisch ausdrücken.«[205] Tillich wählte dann jedoch einen Mittelweg, behandelte Stapel lediglich in einer Fußnote und verdeutlichte, daß es dem Niveau seiner Auseinandersetzung mit Hirsch abträglich wäre, sich mit Stapel näher zu beschäftigen, so daß er es dabei belassen wolle, sein »Bedauern über die Wahl des Adressaten auszudrücken«[206]. Noch vor dem Erscheinen der Antwort berichtete Schmidt, daß der Verleger der »Theologischen Blätter« gegen die Fußnote protestiert habe, sich aber nicht durchsetzen konnte; nun sei zu befürchten, daß »in Anwendung plumper Gewalt das Erscheinen«[207] der Antwort zu verhindern versucht werde. Doch zeigte sich der Herausgeber Schmidt kämpferisch: »Daß ich in dieser Einzelsache nicht nachgegeben habe, hat grundsätzliche Bedeutung: Seit Jahren schwelgen die Leute im Dritten Reich in Akten der Taktik und Feigheit, und das alles ohne den erstrebten Erfolg: wenn nach der Tagespresse, gegen die jetzt der allgewaltige frühere Feldwebel Hitlers Max Amann vorgegangen ist, nun auch noch die Zeitschriften dran kommen, so helfen solche Akte der Angst und – Feigheit doch nichts. Sit aut non sit!«[208] Dem Verleger gegenüber begründete Schmidt sein Vorgehen damit, daß es nicht möglich sei, bei »der Liaison Hirsch-Stapel« von Stapel abzusehen, habe dieser sich doch »so unerhört gemein gegen Tillich benommen, daß man wirklich nicht so tun kann, als sei überhaupt nichts seitens dieses Schmähers und Verleumders geschehen. Solche Vogel-Strauß-Methode möchte noch angehen, wenn Stapel irgendwer ohne Resonanz wäre. Das ist er aber nicht.« Tillich müsse zumindest die Möglichkeit erhalten, »eine kurz abschüttelnde Bewegung zu machen«[209]. Schmidts Einsatz erfolgte allerdings durchaus auch in eigener Sache. Denn im Konflikt um Tillichs Wendung gegen Stapel war stets

---

[205] Ebd.

[206] TILLICH, Um was es geht, in: Theologische Blätter 14, 1935, 117–120; erneut abgedruckt in: DERS., Briefwechsel und Streitschriften, hier 218. Die Zitate folgen dem Nachdruck.

[207] Karl Ludwig Schmidt an Paul Tillich, 26.4.1935 (Harvard).

[208] Karl Ludwig Schmidt an Paul Tillich, 3.5.1935 (Harvard).

[209] Karl Ludwig Schmidt an die J. C. Hinrichs'sche Buchhandlung in Leipzig, 2.5.1935 (Harvard).

zugleich die Drohung präsent, Schmidt die Schriftleitung der »Theologischen Blätter« zu entziehen, wenn nicht gar die Zeitschrift insgesamt einzustellen. Die Unübersichtlichkeit der Intrigenlage nutzend, rät der gewiefte Taktiker daher seinem Verleger, Stapels Drohpotential auch nicht zu überschätzen: »Wie groß bei all seiner Resonanz sein wirklicher Einfluß ist, erscheint mir nicht klar verrechenbar. Es könnte auch sein, daß Stapel, der etwas vom 150%igen NSDAP-Mann an sich hat, in unserm konkreten Fall nicht durchdringt.«[210] Mit diesem Hinweis auf den schwer bestimmbaren Status Stapels innerhalb des sich konsolidierenden nationalsozialistischen Herrschaftssystems mit seinem polykratischen Machtgefüge und den einander überlagernden Einflußzonen trifft Schmidt durchaus einen relevanten Realitätsaspekt, da Stapel auch innerhalb des Regimes nicht unumstritten war und sich als Publizist langfristig nur aufgrund seiner intensiven Verbindungen zu Walter Frank und dessen »Reichsinstitut für Geschichte des neuen Deutschlands« halten konnte.

Schmidt meinte überdies, in Weltwahrnehmung und Aktionsstrategie seiner nationalsozialistischen Gegner eine innere Logik ausmachen zu können: »Hirsch und Genossen – wir wollen hier mal von Hitler selbst ganz absehen – handeln aber nun mal im Verein mit dem Thersites Stapel ganz folgerichtig, wenn sie unsereinen für einen Staatsverbrecher halten.« Bei aller grundsätzlichen Zustimmung zu Tillichs Ausführungen verschwieg Schmidt jedoch auch gewisse Vorbehalte nicht: Es gebe, beobachtet er, zwischen Tillich und Hirsch »Imponderabilien, über die ein Dritter nicht reden kann, gegen die er nur seine Skepsis anmelden kann«. Tillichs Urteil erscheint ihm noch zu schwankend, es unterscheide noch zwischen Hirsch und Stapel. Demgegenüber stellt Schmidt pointiert heraus, daß er selbst auch Hirsch für einen ›ganz hoffnungslosen Fall‹ halte:

»Peinlich ist und bleibt, daß er sich die Solidarität seitens des Herrn Stapel gefallen läßt, um mich einmal ganz vorsichtig auszudrücken. Ob Hirsch auch nur ein bißchen belehrbar ist? Ich glaube, daß es mehr als ein Imponderabile ist, wenn ich das für völlig aussichtslos halte. Dieser ganze Spuk verschwindet erst mit dem Zusammenbruch der ganzen – Hitlerei, vorher nicht. Solange diese Hitlerei existiert, gibt es zu viele geschäftige Theologen, die diesen ›Führer‹ bald unter-, bald überinterpretieren.«[211]

In seinem kurzen Text »Um was es geht. Antwort an Emanuel Hirsch« hebt Tillich schließlich noch einmal nachdrücklich sein zentrales Anliegen hervor – hier, worüber sich Hirsch verwundert zeigt,[212] einig mit Barth: Er wolle vor allem den »dämonisierten Sakramentalismus« abwehren, »wie er in der

---

[210] Ebd.
[211] Karl Ludwig Schmidt an Paul Tillich, 26.4.1935 (Harvard).
[212] Siehe HIRSCH, Christliche Freiheit und politische Bindung, 17.

deutsch-christlichen Theologie enthalten ist und dem Hirsch mit jedem Wort Vorschub geleistet hat«. Tillich möchte das Priesterlich-Sakramentale nicht grundsätzlich beseitigt wissen, das »sakrale Element« dürfe jedoch nicht »zur Schaffung von Ideologien und Weihung von Machtgebilden mißbraucht«[213] werden. Auch wer diese Position in ihrer negativen Ausrichtung durchaus teilte, konnte hier Differenzierungsbedarf anmahnen. So fragte Karl Bernhard Ritter am 12. November 1934 mit kritischem Blick auf Tillichs vermeintliche Unterbewertung des Sakramentalen: »Gibt es nicht ein sakramentales Denken, das im Zeichen des Kreuzes steht, also die prophetische Spannung in sich aufgenommen hat und darum als christlicher Sakramentalismus von allem heidnischen Weihen der Natur oder des gegenwärtigen Augenblicks zu unterscheiden ist? Was an Hirsch verwerflich ist, scheint mir dieses Ableiten ins Heidnisch Sakramentale zu sein.«[214]

Tillichs Argwohn gegen allgegenwärtige Sakralisierungstendenzen speiste sich jenseits solcher Orientierungsmuster allerdings auch noch aus einer anderen Wahrnehmung: Indem Hirsch seine Reichelehre als Gegenüberstellung zweier scharf kontrastierender Sphären entwirft, das eine Reich ausschließlich auf die Innerlichkeit des Individuums und das andere genauso exklusiv auf die politische und soziale Ordnung fixiert, entzieht er, so Tillich, diese Ordnungen einer Kritik, die der Reich-Gottes-Erwartung entspringt. Die Kairos-Lehre ist von dieser dualistischen Konstruktion scharf abzugrenzen und bleibt eingebunden in die Einsicht, daß sich das »Verhältnis von Theologie und Politik [...] niemals durch ein ›und‹« kennzeichnen läßt, sondern die Theologie immer als »›Theologie der Politik‹«[215] auf ihrer kritischen Funktion beharren muß.

3.2. Der Kairos als kritisches Moment einer »Theologie der Politik«, oder: »Sozialistische Entscheidung« und »Revolution von rechts«

Wie das Dämonische und die Theonomie ist auch das dritte zentrale Theorieelement des Religiösen Sozialismus, der auf die Gegenwart ausgerichtete Zeitbegriff Kairos, in seiner Funktion und Wirkungsgeschichte nie losgelöst zu denken von der sich wandelnden, zunehmend politisierten Debattenlage seiner Revitalisierungszeit. Besonders anschaulich läßt sich an diesem Fallbeispiel eine alte Einsicht mit neuer Evidenz beleben: Begriffsgeschichte ist immer auch Zeitgeschichte. Ein einziger Tag kann Geschichte in Begriffen bannen, aber auch der Geschichte von Begriffen eine zuvor ungeahnte Dimension verleihen. Das zentrale, nicht nur die Weltgeschichte im 20. Jahrhundert, sondern auch die

---

213 TILLICH, Um was es geht, 215.
214 Karl Bernhard Ritter an Paul Tillich, 12.11.1934 (Harvard).
215 TILLICH, Um was es geht, 216f.

Resonanzräume und Deutungskoordinaten des »Kairos« ganz neu determinie-
rende Datum ist der 30. Januar 1933. Was an diesem Tag, als Regierungswech-
sel getarnt, im Schein der Fackelzüge begann, führte in seiner Konsequenz auch
zu Beschlagnahme, Verbot und Verbrennung von Tillichs Schrift »Die sozialistische Entscheidung« und zwang den Autor selbst ins Exil.[216]

Tillichs »Sozialistische Entscheidung« bietet mehr als nur eine weitere programmatisch zugespitzte Positionsbestimmung, die 200 Seiten verstehen sich als
die Summe des Religiösen Sozialismus. Geschrieben zu einem Zeitpunkt, an
dem noch nicht ›entschieden‹ war, wem das Erbe der in Agonie versinkenden
Republik einmal zufallen würde, ist diese Schrift das Dokument eines letzten
nachdrücklichen Zukunftsentwurfs aus dem Geist religiös motivierter politischer Tatbereitschaft, der mit den Gegnern eines »gläubigen Realismus« ins Gericht geht. Gegen Kleinmut, Resignation, Fatalismus setzt Tillich im Vorwort,
datiert auf den 9. November 1932, Parolen der Hoffnung: »[...] der Weg des
Sozialismus ist mühselig in jedem Schritt; aber er ist siegreich, wenn er die
Mühsal auf sich nimmt in sehender und wagender Erwartung.«[217] Die Auflagenhöhe wurde auf 3000 Exemplare festgesetzt. Der mit dem Potsdamer Alfred
Protte Verlag geschlossene Vertrag vom 12. November 1932 bestimmte in seinem sechsten Paragraphen, daß »[d]ie Herstellungsarbeiten und die Propagan-
damaßnahmen [...] gemeinsam durchgesprochen und in beiderseitigem
Einverständnis durchgeführt«[218] werden sollten. Tillich zeigte das Buch im Dezember-Heft der »Neuen Blätter für den Sozialismus«, die ebenfalls im Protte
Verlag erschienen, selbst an: »Die Schrift wendet sich gleichzeitig an die gegenwärtigen Träger des Sozialismus und an die kommenden, die für ihn gewonnen werden sollen.«[219]

Bislang läßt sich nur eine einzige Besprechung nachweisen. Ende 1933, im
4. Heft (Oktober/Dezember) der Zeitschrift »Evangelisch-sozial. Mitteilungen

---

[216] Vgl. dazu PAUCK/PAUCK, Tillich, 139. Siehe zudem Tillichs Schilderung der Bücher-
verbrennung, deren Augenzeuge er in Frankfurt war, in: TILLICH, Läuterndes Feuer. – Das
Erscheinungsdatum der »Sozialistischen Entscheidung« liegt zwischen dem 14. und dem
20. Januar 1933 (s. Deutsche Nationalbibliographie 92, 1933, Reihe A: Neuerscheinungen
des Buchhandels, 152, Nr. 221: ausgegeben am 21. Januar 1933).

[217] TILLICH, Die sozialistische Entscheidung (1933), 288. Die Schrift erschien 1933 in der
Reihe »Die sozialistische Aktion, Heft 2, Schriftenreihe der Neuen Blätter für den Sozialismus« im Alfred Protte Verlag, Potsdam. – Einige Exemplare wurden bereits Weihnachten
1932 verteilt; diese Angabe bei STURM, Textgeschichte zu: Tillich, Die sozialistische Entscheidung, 273. – Die Zitate richten sich nach der Edition in den »Main Works«.

[218] Verlagsvertrag [für Paul Tillich, Die sozialistische Entscheidung], Potsdam, 12.11.1932;
vgl. den Entwurf vom 24.10.1932 (Harvard, Box 802 A). – Zum Protte Verlag vgl. TRIP-
MACKER, Potsdamer Verlage, 254f.; sowie DERS., Der Potsdamer Verleger Alfred Protte.

[219] TILLICH, [Selbstanzeige] Die sozialistische Entscheidung, 667. Diese Anzeige wird auch
wiedergegeben bei STURM, Textgeschichte zu: Tillich, Die sozialistische Entscheidung, 273f.

des Evangelisch-Sozialen Kongresses«, also Monate nach dem Verbot des Buches, publizierte Kurt Herberger aus Leipzig eine Rezension – und konnte so
zugleich in einem Akt zeichenhafter Solidarität seine Verbundenheit mit dem
bedrängten Autor bekunden. Herberger, ein ehemaliger Hörer Tillichs, wurde
am 29. Juli 1935 in Leipzig mit einer kurzen Arbeit zum Thema »Historismus
und Kairos. Die Überwindung des Historismus bei Ernst Troeltsch und Paul
Tillich« promoviert.[220] Der Erstgutachter war Theodor Litt, das zweite Gutachten erstellte Hans Freyer. So ist Herbergers sympathetische Beschäftigung
mit dem Sozialismus gewiß nicht nur zufällig aufs engste verbunden mit dem
politischen Konservatismus seiner Gutachter – eine Kombination ideologisch
vermeintlich brückenlos getrennter Positionen, die in ihrer Ambivalenz auch
Tillichs »Sozialistische Entscheidung« passagenweise prägt. Herbergers Schrift
erschien 1935 selbständig und zugleich in den »Theologischen Blättern« der
Monate Juni bis August – der Abdruck in der Zeitschrift Karl Ludwig Schmidts
kann angesichts der Debatte zwischen Hirsch und Tillich über Wesen und Mißbrauch des »Kairos« als Unterstützung der Position Tillichs angesehen werden.
    In seiner Rezension stellt Herberger umgehend einen Bezug zur Gegen-
wartssituation her:

»Wenn heute die sozialistische Arbeiterschaft von aller politischen und öffentlichen Tätigkeit ausgeschaltet ist, so muß und mag man diese Stille zur Besinnung nutzen, zu der
das Tillichsche Buch die Anleitung gibt. Auf der anderen Seite wird der Nationalsozialismus mehr und mehr durch den Zwang der wirtschaftlichen Tatsachen auf die Probleme des Sozialismus gestoßen. Ihm gilt Tillichs Buch mit seiner Aufforderung zu
einer neuen Entscheidung für den Sozialismus in gleicher Weise.«

Der Nationalsozialismus erfülle »seine historische Mission«, wenn er sich »als die
von gesunden Lebenskräften getragene Korrektur des marxistisch-rationali-
stisch abstrakten und agitatorisch verzerrten alten Sozialismus« bewähre. »Ein
in politische Romantik verhüllter Imperialismus würde uns an den Abgrund
führen.« Demgegenüber könne »[e]in machtvoller sozialistischer Nationalismus [...] den Neubau Europas vorbereiten. Daß die große Selbstkorrektur der
Geschichte, die wir erleben, ihre Aufgabe nicht verfehlt, muß die leidenschaftliche Sorge der christlichen Kirche sein.« Grundsätzlich gelte: »Das christliche
Liebesgebot auf die Gegenwart angewendet, heißt Sozialismus.« Es sei jedoch,

---

[220] Aus dem der selbständig erschienenen Fassung beigefügten Lebenslauf geht hervor,
daß Herberger (geb. am 30. April 1904) vom Sommer 1931 bis zum März 1933 »als wissenschaftlicher Hilfsarbeiter bei dem Generalsekretariat des ›Evangelisch-Sozialen Kongresses‹ in Leipzig« beschäftigt war. Zum April 1933 wechselte er als Hilfsgeistlicher nach
Leipzig-Probstheida, wo er dann im Dezember 1934 die Stelle des zweiten Pfarrers übernahm.

damit die evangelische Kirche wieder »Volkskirche« werde, unbedingt eine
Rückbesinnung auf die weithin vergessenen Pionierleistungen Adolf Stoeckers,
Friedrich Naumanns und der ihnen Nachfolgenden erforderlich und in der
»täglichen Kleinarbeit« der Kirche fruchtbar zu machen. »Tillichs Entscheidung
für den Sozialismus«, so Herberger, »sei ganz besonders den jungen Theologen zur Auseinandersetzung und Orientierung empfohlen, denen es ernst ist
um die innere Gewinnung der ehemals marxistischen, jetzt zwangsweise zur
Kirche zurückkehrenden oder noch abseits stehenden Arbeiterschaft.«[221] Auch
in seiner Dissertation von 1935 kommt Herberger auf Tillichs »Sozialistische
Entscheidung« zu sprechen. Die Schrift erscheint neben den der Auseinandersetzung mit Hirsch gewidmeten Texten »Theologie des Kairos« und »Um was
es geht« im Literaturverzeichnis, und der Doktorand nimmt am Ende seiner
Untersuchung ausdrücklich auf sie Bezug. Der Schlußsatz der Dissertation befindet sich inhaltlich dann auch auf einer Linie mit der Rezension:

»Theonomie bedeutet praktisch-politisch, um nach der Wiedergabe der metaphysischen Position, der Sinnprinzipien- und -materiallehre des Tillich'schen Systems die
konkret-praktisch-politische Norm nur anzudeuten, die Erfüllung der aus der kapitalistischen Weltbeherrschung erwachsenden universalen sozialistischen Gerechtigkeits-
und Friedensforderung durch ursprungsverbundene, gehaltkräftige Wirtschafts- und
Völkergemeinschaften, durch die allein die Welt vor ihrer Selbstzerfleischung bewahrt
wird.«[222]

An dieser Stelle verweist Herberger in einer Anmerkung auf »Die sozialistische
Entscheidung«, aber auch auf Eduard Heimanns Schriften »Die sittliche Idee des
Klassenkampfes« (1926), »Soziale Theorie des Kapitalismus« (1929), »Kapitalismus und Sozialismus« (1931) sowie auf Hermann Hellers »Sozialismus und Nation« (1931), die »Souveränität« (1927) und schließlich die »Neuen Blätter für
den Sozialismus«. Der Schluß der Anmerkung widmet sich unter Verweis auf
die »Spektatorbriefe« Troeltsch, der ebenfalls »als Hauptprobleme der Gegenwart wirtschaftlich den Sozialismus, geistig die Erfüllung der autonomen Kultur mit einer neuen Religiosität« sehe. »In dem christlichen Begriff der Liebe
kann man das Prinzip von ihm angedeutet finden, das Tillichs Kairoslehre in
einem umfassenden System entfaltet.«[223]
    Besondere Relevanz gewinnt »Die sozialistische Entscheidung« gerade auch
im Kontext der Frage nach dem Kairos: Zum einen markiert sie explizit wie
auch zwischen den Zeilen einen Moment des Übergangs. Noch ist der Glaube

---

[221] HERBERGER, [Rez.] Tillich, Sozialistische Entscheidung.
[222] HERBERGER, Historismus und Kairos, 26. – Die Zitate richten sich nach der selbständig erschienenen Fassung.
[223] Ebd., 26 Anm. 25. – Zu Herbergers Rezension vgl. auch GRAF, »Old harmony«?, 395.

an den Kairos des Religiösen Sozialismus nicht ganz erloschen, doch durchzieht den Subtext des Buches bereits diskret, aber deutlich eine Ahnung vom Scheitern dieser Hoffnung. Zum anderen zeichnet sich Tillichs Wortmeldung im – vorerst – letzten Winter der Demokratie in Deutschland durch die Kritik an einer im Bann herbeigeschriebener Apokalyptik stehenden politischen Romantik aus. Orientiert am Begriff des Ursprungsmythos und ohne direkten Verweis auf Carl Schmitt, dessen »Politische Romantik« in zweiter Auflage 1925 erschienen war, entwickelt Tillich eine eigenständige Definition: »Die politische Romantik ist [...] die Gegenbewegung gegen Prophetie und Aufklärung auf dem Boden einer Geistes- und Gesellschaftslage, die durch Prophetie und Aufklärung bestimmt ist.«[224] Hinsichtlich ihrer Erscheinungsformen differenziert Tillich zwei Typen, die sich verbinden, aber einander auch entgegenstellen können: eine konservative und eine revolutionäre Form. Während die konservative auf den Versuch zurückzuführen ist, »die geistigen und gesellschaftlichen Reste der Ursprungsbindung gegen das autonome System zu verteidigen, wenn möglich auch Rückbildungen zu bewirken«, beabsichtigt die revolutionäre, »in zerstörendem Angriff gegen das rationale System den Boden für neue Ursprungsbindungen zu erobern«. Einer weiteren Präzisierung dient die Abhebung einer transzendenten von einer naturalistischen Form. Jene hält am Ursprungsmythos »in der überlieferten religiösen Gestalt«[225] fest; diese unternimmt eine lebensphilosophische Begründung des Ursprungsmythos, wodurch der mythische Charakter in seinem eigentlichen Sinn entfernt wird. Es ist die Absicht revolutionärer Romantik, deren Kennzeichen das Dynamische ist, etwas »neu entspringen«[226] zu lassen, wohingegen die konservative auf eine Wiederfindung des Ursprünglichen abzielt. Grundstürzend neu waren all diese Oppositionsfiguren freilich nicht – und aufmerksame Leser mochten sich angesichts der effektvoll in Szene gesetzten Konstrukte an ein noch relativ frisches Lektüreerlebnis erinnert fühlen. Denn in der Differenzierung von »konservativer« und »revolutionärer« politischer Romantik ist Tillich, wie er selbst ganz gegen seine Gewohnheit eingesteht, Hans Freyers 1931 bei Eugen Diederichs erschienener »Revolution von rechts« verpflichtet.[227]

---

[224] TILLICH, Sozialistische Entscheidung, 307; bei Tillich hervorgehoben. – Vgl. zu Tillichs Verständnis der politischen Romantik STROHM, Theologie im Schatten politischer Romantik, bes. 42–46.

[225] TILLICH, Sozialistische Entscheidung, 308.

[226] Ebd., 309.

[227] Vgl. Tillichs Hinweis auf Freyer ebd., 307 Anm. 29. – Zu Freyer vgl. v. a. KRUSE, Historisch-soziologische Zeitdiagnosen; MULLER, Enttäuschung und Zweideutigkeit, bes. 300–316. Muller hebt, ebd., 302, hervor, daß Freyer seit dem Herbst 1933 einen »Prozeß der ›Selbstgleichschaltung‹« forcierte, der allerdings schon bald von Enttäuschung überlagert wurde, die in Zusammenhang mit den Ereignissen vom 30. Juni 1934 gebracht werden könne (vgl. ebd., 304f.). In seiner Monographie »The Other God That Failed« verweist

Die strukturellen Gemeinsamkeiten zwischen Tillichs »Sozialistischer Entscheidung« und Freyers Revolutions-Szenario liegen im antibürgerlichen Duktus, in der Verbindung revolutionärer Programmatik mit einem Volksgedanken,
der die Aufhebung von Klassengegensätzen propagiert, und in der Exposition
dezisionistischen Verschärfungsdenkens. »Man kann«, hält Freyer in einleitenden Überlegungen seiner konzisen Programmschrift fest, »eine geschichtliche
Bewegung nicht vorbereiten wie eine Theateraufführung. Denn es gibt kein
Textbuch, nach dem sie spielen wird; erst indem sie geschieht, findet sie ihre
Sprache.«[228] Der Prozeßcharakter geschichtlicher Entwicklung fordert somit
von den Akteuren Sprachgestaltung als Wirklichkeitsgestaltung. Die »Revolution von rechts« will Freyer als Beitrag zu eben dieser Einwirkung auf die
Gegenwart verstanden wissen, als Versuch auch, die Dynamik der sich entwik-
kelnden Bewegung zu erfassen und zu begreifen. Dabei ist höchste Aufmerksamkeit verlangt; denn, so Freyer im Kairos-Ton: »Jede Gelegenheit kann auch
verpaßt werden, jede Kraft auch irrelaufen. In einem bestimmten Moment muß
die selbstläufige Entwicklung zur gewollten Aktion, das Geschehen zum Entschluß, die Bereitstellung zur Front potenziert werden.«[229] Energisch ruft Freyer

---

MULLER, 154f., insbesondere auch auf die Zusammenarbeit zwischen Tillich und Freyer in
Leipzig sowie auf die herausgehobene Funktion des Leuchtenburgkreises für eine Verbindung nationaler und sozialistischer Kräfte, gerade auch vor dem Hintergrund der Jugendbewegung. Muller macht zudem deutlich, daß Freyer seinen Ruf nach Leipzig, wo er 1925
den ersten Lehrstuhl für Soziologie erhielt, Robert Ulich und Carl Heinrich Becker verdankte, die in ihm einen Kompromißkandidaten zwischen Oswald Spengler und Othmar
Spann auf der einen und Max Adler auf der anderen Seite erkennen wollten (vgl. ebd., 138–
141). Zum Zusammenwirken von Tillich und Freyer vgl. v. a. die Hinweise auf den Leuchtenburgkreis und die »Neuen Blätter für den Sozialismus« bei ÜNER, Soziologie als ›geistige
Bewegung‹, 9–13. Tillich war mit einem Lehrauftrag als Professor an Freyers Soziologischem
Institut tätig, zusammen mit dem Sprachwissenschaftler und Soziologen Gunther Ipsen, dem
Religionswissenschaftler Joachim Wach und dem Staatsrechtler Hermann Heller (vgl. ebd.,
12f.). Besonderen Stellenwert besaß in Leipzig auch die Erwachsenenbildung, es gab eine
Reihe von Arbeiterbildungsstätten, aber auch die Fichte-Hochschule. Hermann Heller war
Koordinator im Volksbildungsamt und hatte das »Seminar für freies Volksbildungswesen«
begründet, institutionell verankert am Lehrstuhl von Theodor Litt. »In diesem Seminar standen, nicht zuletzt durch die Verknüpfung mit Freyers Institut, soziologische Fragestellungen
im Vordergrund, allerdings wieder mit der betont ethischen Zielsetzung, Orientierungshil-
fen im verwirrenden Nebeneinander der Weltanschauungen zu liefern« (ebd., 14). Freyer
und Tillich hielten hier Seminare (Tillich »über die ›geistige und religiöse Lage des Arbeiters‹« [ebd.]). Am Institut Freyers habe es einen starken Gemeinschaftsbezug gegeben, der sich
den Idealen der Jugendbewegung verpflichtet wußte. Zur entscheidenden Diskussionsplatt-
form wurden die »Blätter für Deutsche Philosophie« der »Deutschen Philosophischen Gesellschaft«. Hier veröffentlichte TILLICH 1928, im ersten Jahrgang, seinen Aufsatz »Das
religiöse Symbol« (1, 1928, 277–291).
[228] FREYER, Revolution von rechts, 7.
[229] Ebd., 5. – Zur unmittelbaren Aufnahme des Begriffs »Kairos« bei FREYER vgl. 1936
»Die politische Insel«, 34: »Kann nicht wirklich die Idee, wenn sie mit Kraft verkündet wird

die von ihm schreibend begleitete Revolution zu »rücksichtsloseste[r] Klarheit
über sich selbst« auf. Nur so sei sie dazu in der Lage, sich »von den politischen
Kräften der alten Rechten, mit denen sie mannigfach verhakt ist«, zu befreien,
um nicht »irgendeinem monarchistischen oder kleinbürgerlichen Karren als
Vorspann zu dienen«[230]. Niemals wird die nur prozeßhaft-dynamisch zu denkende Revolution endgültig mit einer ihrer gegenwärtigen Erscheinungsformen identifiziert werden können. Es bleibt also eine Differenz zur jeweiligen
Aktualität gewahrt. In den Revolutionen spalte sich »die Realität in eine klare
Zweiheit, zwischen deren Seiten es keine Neutralität«[231] geben könne. Mit Pathos und Säbelrasseln beschwört Freyer die Auflösung der Individualität im
Kollektiv: »Wenn die Geschichte sich eine solche Lage erzeugt hat, gibt es keinen Appell an die Privatperson mehr, weder an ihre Bescheidenheit noch an
ihren Egoismus. Denn dann ist die Person nicht mehr privat, sie ist mit Haut
und Haaren zum Träger des neuen geschichtlichen Prinzips geworden: ganz
Stand, ganz Klasse, ganz Volk, ganz diejenige Front, die in Revolution steht.
Dann ist die Zeit zerrissen in Ja und Nein, die Gegenwart in konkrete Vergangenheit und konkrete Zukunft aufgespalten, die Gesellschaft aus einem Plural
ehrbarer Interessen zum Schlachtfeld zweier Welten geworden.«[232] Das 19. Jahrhundert habe sich selbst »liquidiert«[233], und in Kenntnis dieses Prozesses müsse
endlich auch der Gedanke verabschiedet werden, daß Revolutionen stets »eine
unterdrückte Gesellschaftsklasse«[234] als Träger benötigen. Alle Revolutionen
seien zwar bislang von links ausgegangen, müßten nun aber samt und sonders

---

und die glückhafte Stunde findet, ganze Völker und selbst die unedle Masse zu heroischen
Entschlüssen fortreißen? Wird aber zu ihrer Wirkungsmacht nicht nur der Kairos, sondern
auch eine Schar bereiter Menschen hinzugedacht, die schon vorher um einen großen Führer geeint war, so wird der Weg der Verkündigung und Überzeugung zu einem wahrhaft
königlichen Weg, der sehr wohl in ein neues Reich hineinführen kann.«

[230] FREYER, Revolution von rechts, 5. Vgl. SIEFERLE, Technik als Rüstung, 184, zur Politik-
wahrnehmung in Freyers »Revolution von rechts«: »Die NSDAP war [...] nur *ein* Element
eines umfassenden völkischen Aufbruchs, und zwar nicht einmal das wichtigste und erst
recht nicht das entscheidende. Die angestrebte Revolution sollte viel tiefer greifen, als es der
vulgären und naiven Hitlerbewegung möglich war. Die NSDAP wurde lediglich als ›wirkliche Bewegung‹ aufgefaßt, die als Element einer sich in revolutionärer Transformation be-
findlichen Gegenwart nicht ignoriert werden durfte. Sie kämpfte an derselben Front, war
jedoch weit davon entfernt, die legitime Führungskraft zu bilden.« Mit Hitlers Ernennung
zum Reichskanzler habe sich die ersehnte Revolution realisiert, aber auch »in diesem ersten
Jahr der Plastizität und des revolutionären Aufbruchs« sei es durchaus möglich gewesen, »die
NSDAP als bloß kontingentes, zu überwindendes Vehikel eines tiefergehenden nationalen
Aufbruchs zu sehen. [...] Aufgrund der Offenheit der Lage konnten der Bewegung auch
eine Reihe von Konzessionen gemacht werden« (ebd., 191).
[231] FREYER, Revolution von rechts, 11 f.
[232] Ebd., 18.
[233] Ebd., 25.
[234] Ebd., 38.

als »geschichtlich erledigt«[235] gelten. Es sei das Volk selbst, in dem »die revolutionäre Dialektik der Gegenwart«[236] gefunden werden könne. Freyer erkennt
im revolutionären Prinzip weder Struktur, Ordnung noch Aufbau. »Sondern es
ist reine Kraft, reiner Aufbruch, reiner Prozeß.«[237] Das Volk habe seine »geschichtliche Aufgabe«[238] zu ergreifen und den Staat auf konkrete Verpflichtungen festzulegen. Es entstehe dann ein »Staatssozialismus«. Dies bedeute, »daß
das Kraftfeld des Volks von den heterogenen Querschlägen der industriellen
Gesellschaft freigemacht wird, und daß dadurch das Volk, Herr seiner Welt, zum
politischen Subjekt, zum Subjekt seiner Geschichte wird.«[239] Freyer bemüht
sich im Zeitdeutungskampf als teilnehmender Beobachter der »Revolution von
rechts« um eine Position jenseits des überholten Entschärfungsdenkens, das die
Vermittlung suchte und die Extreme mied: »Man braucht nicht Nihilist zu sein,
um radikal zu sein. Gegenwärtigkeit ist nicht mehr Kompromiß, und Zukünf-
tigkeit nicht mehr Utopie, sondern beides fällt zusammen, wie in allen Epo-
chen, in denen wirklich etwas geschieht.«[240]

Ein Jahr vor der Veröffentlichung der »Revolution von rechts« hatte Freyer
in seiner umfassenden Theorieschrift »Soziologie als Wirklichkeitswissenschaft«
einen Realitätsbezug der soziologischen Disziplin konturiert, der ihn auch mit
Tillich verbindet. In der ihr gestellten Aufgabe, »die gegenwärtige Gesellschaftsordnung zu begreifen«, werde die Soziologie »unweigerlich auf den *Willensgehalt* der Gegenwart zurückgeworfen. Die ›Dialektik‹ der gegenwärtigen
Gesellschaftsordnung, ihre ›Entwicklungstendenzen‹, ihre ›Bewegung‹ − alles
das bedeutet, auf seine Substanz reduziert, reales Wollen realer Menschengrup-
pen in realen Situationen.«[241] Freyer stuft es als »eine der grundlegenden und
unverlierbaren Errungenschaften des Historismus« ein, »erkannt zu haben: daß
das Bild des Vergangenen von der Gegenwart her geformt wird, daß die ›Geschichte‹ aus dem Willensgehalt der Gegenwart ihre kategoriale Struktur be-

---

[235] Ebd., 39.
[236] Ebd., 49.
[237] Ebd., 53.
[238] Ebd., 64.
[239] Ebd., 67. − Zu diesen Aussagen vgl. FREYER, Ethische Normen und Politik [1930], 117:
»Für uns ist die Geschichte nicht vollendet, sondern sie läuft in Gegenwart und Forderung
aus, sie läuft durch unsern Willen hindurch weiter.« Freyer betont mit Blick auf die Anforderungen des Momentes: »Was in einer bestimmten geschichtlichen Stunde der Entwicklung der Volkskräfte und der Erfüllung ihres geschichtlichen Sinns dient, das gilt, das ist
politische Pflicht. Die Flüchtigkeit der geschichtlichen Gelegenheiten macht diese Pflicht
sogar besonders prägnant; [...]. Mit anderen Worten: es gibt das politisch Richtige als ein
autonomes Gebiet von Gütern und Pflichten, gegründet in dem Wertgehalt der geschichtlichen Lagen, sich konkretisierend zu lauter einzelnen Forderungen einzelner Stunden, die
grundsätzlich eindeutig sind und immer ein ganz bestimmtes Etwas fordern« (ebd., 121).
[240] FREYER, Revolution« von rechts, 72.
[241] FREYER, Soziologie als Wirklichkeitswissenschaft, 304.

zieht. Von ihrem Ende her: von dem noch nicht Geschichte Gewordenen gestaltet sich die Geschichte.«[242] Nur derjenige, der gesellschaftlich etwas wolle,
könne auch soziologisch etwas sehen. Indem sich die Soziologie der gesellschaftlichen Wirklichkeit aussetze, sei sie an deren besondere Eigenart gebunden. Als »geschichtliches Geschehen« springe diese Wirklichkeit »jederzeit im
Moment des Jetzt in menschliches Wollen um. Der Hiatus zwischen Gegenwart
und Zukunft wird nicht durch dinghafte Entwicklungen, sondern durch den
Willen überbrückt. Der Funke, der diesen Stromkreis schließt, ist nicht eine
Gegenstandsreihe, die auf Grund bisheriger Erfahrungen nach naturwissen-
schaftlicher Art theoretisch erkennbar wäre, sondern ist freie menschliche
Praxis.«[243] Die Thesen und Theorieangebote in der »Soziologie als Wirklichkeitswissenschaft« schreiben Reflexionsansätze aus Freyers frühen Schriften fort.
In seinem »Antäus« etwa, der »Grundlegung einer Ethik des bewußten Lebens«
von 1918, huldigte der Autor, ergriffen vom Tat-Impuls der Lebensphilosophie
und jugendbewegt, dem Imperativ aktionsbereiter Weltbemächtigung: »Die
große Formel unsres Lebens ist gesetzt und Schicksal. [...] Innerhalb dieser Linien aber führt uns das Spiel der Momente von Erlebnis zu Erlebnis, von Forderung zu Forderung, von Tat zu Tat. Das einfache Schema erfüllt sich mit der
Mannigfaltigkeit der lebendigen Lagen. Zeit und Welt zerfällen es in lauter
harte, leibhaftig-tatsächliche Augenblicke, die sich mit einem gewissen Silber-
klang zu einer Kette reihen; und jeder ist ein Appell an unsre Freiheit.«[244] In
einer Wendung von aphoristischer Prägnanz erprobte der Autor schließlich
auch sein Talent als Gegenwartsdiagnostiker: »Vielleicht bewältigt jede Lage zu
viel, als daß wir eine Lage ganz bewältigen können.«[245]

1935 war von diesem rhetorischen Zögern des Zeitendeuters nur noch
wenig zu spüren. Am 7. Mai hielt Freyer in der Bibliotheca Hertziana einen
Vortrag zum Thema »Das geschichtliche Selbstbewußtsein des 20. Jahrhunderts«[246] und gelangte zu Einsichten, die bisherige Linienführungen noch einmal bündeln. Nur mit den »Kategorien des Aufbruchs und der Entscheidung
ist Geschichte Geschichte«[247], betont der Leipziger Soziologe in deutlicher
Abgrenzung gegen ein organologisches Geschichtsverständnis, das eine historische Form in stiller Wachstumsharmonie aus der anderen hervorge-
hen läßt; Entscheidungen, die aus Situationen auftauchen, erwachende oder
erweckte Willenskräfte bestimmen die Bewegungsgesetze von Vergangenheit,

---

[242] Ebd., 305.

[243] Ebd., 307.

[244] FREYER, Antäus, 99.

[245] Ebd., 88.

[246] Vgl. hierzu den kurzen, aber prägnanten Bericht in LÖWITH, Mein Leben in Deutschland, 87f.

[247] FREYER, Das geschichtliche Selbstbewußtsein, 18.

Gegenwart und Zukunft. Schon vor und während des Krieges sei zu beobachten gewesen, »dass in den Wissenschaften, die es mit der Geschichte zu tun
haben, ein neues Geschlecht von Begriffen geboren wurde«, und zwar zunächst,
wegweisend für andere, in Theologie und Philosophie, die Freyer besonders
würdigt, dann aber auch im Staatsrecht, der Soziologie und der Geschichtswissenschaft. »Begriffe wie Gegenwart, Augenblick, Entscheidung, Existenz,
Verantwortung, Begegnung, Wirklichkeit begannen das Feld zu beherrschen.
Sie gingen auf einmal neu auf, erlangten eine neue Bedeutung und einen neuen
Glanz [...]« und befreiten die »Geschichte aus den Denkformen Fortschritt,
Entwicklung, Dialektik. In ihnen wurde der Gedanke wiedergeboren, dass die
Geschichte die Welt der Taten ist.« Allmählich wanderten die erlösenden Be-
griffe von der Wissenschaft aus in die Praxis ein und wurden als »Jugend, Tat,
Wille, Kraft in der faschistischen Terminologie«, als »Aufbruch, Einsatz, Front,
Erwachen in der Sprache des Nationalsozialismus«[248] prägnant. Im Strahlungs-
raum der neuen Sprache habe sich dann mit schlagender Evidenz erkennen
lassen, wie abstrakt, wie unwirklich die zäh tradierte Gegenüberstellung von
»konservativ« und »revolutionär« als Chiffren der zeitbeherrschenden Ideolo-
giesysteme sei. »Es sind vielmehr geistige Potenzen, die grade vermöge der
Spannung, die zwischen ihnen herrscht, zusammenstreben und die, wenn sie
sich vereinigen, eine unerhörte politische Stosskraft in sich haben.« Doch nicht
nur das Denken über die Geschichte habe sich verändert, »vielmehr sei ein ver-
ändertes geschichtliches Sein, ein neuer Aggregatzustand des geschichtlichen
Denkens selbst«[249] entstanden. Als entscheidende Pointe ergibt sich für Freyer,
»dass *die Zeit* [...] wieder ein lebendiges Wesen geworden ist: tief, schöpferisch,
voll weiterwirkender Ansätze«[250]. In prononcierter Aufnahme religiöser Meta-
phorik kennzeichnet Freyer schließlich die Zeit als »tätig, wie Gott tätig ist,
denn sie ist tätig in seinem Dienst. Echte Anfänge werden in ihr gemacht.«[251]
Auch die Geschichte erfahre eine Umwertung, denn nur »eine Gegenwart, die
selbst in der geschichtlichen Bewegung steht, hat einen Zugang zur Geschichte«[252]. Und nur derjenige kennt die Geschichte wirklich, der sie tut.

Eine Fülle der von Freyer virtuos variierten Motive findet sich auch bei Til-
lich. Drei Elemente seien es, so der Frankfurter Ordinarius für Philosophie und
Soziologie, »in deren Zusammenwirken der Sozialismus gründet: die Kraft des
Ursprungs, das Zerbrechen der Harmonie, die Richtung auf das Geforderte.
Im sozialistischen Prinzip findet sich ein Ja zu der Voraussetzung der politi-
schen Romantik, der Macht des Ursprungs, ein Ja zu der Voraussetzung des

---

[248] Ebd., 19.
[249] Ebd., 21.
[250] Ebd., 25.
[251] Ebd., 26.
[252] Ebd., 27.

bürgerlichen Prinzips, der Brechung der Ursprungsbindung durch die unbedingte Forderung, ein Nein zu dem metaphysischen Kern des bürgerlichen Prinzips, dem Harmonieglauben.«[253] Der Erwartungsbegriff fasse die drei Ebenen zusammen und verleihe ihnen somit Symbolcharakter: »Der Sozialismus tritt mit dem Symbol der Erwartung gegen Ursprungsmythos und Harmonieglauben. Er hat Momente beider in sich, aber er geht über beide hinaus.«[254] Über das Erwartungssymbol stellt Tillich eine Verbindung der sozialistischen Bewegung mit der Prophetie her, in der die drei Momente gleichfalls zusammenfielen: »Die Ursprungsbindung, und zwar in vaterreligiöser Form, die Brechung der Ursprungsbindung durch die unbedingte Forderung, die Erfüllung des Ursprungs, nicht in einer harmonisch gedeuteten Gegenwart, sondern in einer verheißenen Zukunft. Das bedeutet: Das sozialistische Prinzip ist dem Gehalt nach prophetisch, der Sozialismus ist eine prophetische Bewegung, aber auf dem Boden einer Wirklichkeit, in der der Ursprungsmythos gebrochen und das bürgerliche Prinzip zur Herrschaft gekommen ist. Sozialismus ist Prophetie auf dem Boden einer autonomen, auf sich selbst gestellten Welt.«[255]

Die sozialistische Erwartung erhalte durch das sozialistische Prinzip einen Inhalt, der ihren inneren Widerspruch auflöse. Dabei gelte es, den wahren Ursprungssinn zu fokussieren; denn: »Das Geforderte ist nicht eine abstrakte Norm der Gerechtigkeit jenseits des Ursprungs, sondern es ist die Erfüllung des Ursprungs selbst.« Auch in einer durch den Sozialismus zu schaffenden klassenlosen Gesellschaft habe sich die »Macht des Ursprungs« auszudrücken, müßten »der Boden, das Blut, die Gruppe« wirken, Traditionen und Symbole, die jedem verständlich seien. »Eben diese Kräfte sind es, die gegenwärtig der Klassenherrschaft widerstehen, im Proletariat wie bei den revolutionären Ursprungsgruppen, und durch die allein die klassenlose Gesellschaft verwirklicht werden kann.«[256] Der Sozialismus könne nur dann in der Gesellschaft siegreich sein, wenn es unter seinen kampfbereiten Kadern »vorstoßende, radikal opferwillige Gruppen« sowie »einzelne von überragender Mächtigkeit« gebe. »Die innere Differenzierung der sozialistischen Bewegung, die Bildung von Vortrupps und Führern, ist darum nur vom Standpunkt eines dem bürgerlichen Prinzip verfallenen abstrakten Sozialismus aus zu bedauern.«[257] Der Gedanke »an den faschistischen Elite-Begriff« liege nahe, und Tillich stellt heraus, daß dieser »nicht an sich – sondern durch seinen Mißbrauch im Faszismus für den Sozialismus unbrauchbar geworden« sei. »Er wird dort im Sinne eines ungebrochenen Ursprungsmythos verwendet: die Elite steht nicht unter der Gerechtigkeitsforde-

---

[253] TILLICH, Sozialistische Entscheidung, 360; bei Tillich Hervorhebungen.
[254] Ebd.; bei Tillich Hervorhebungen.
[255] Ebd.; bei Tillich Hervorhebungen.
[256] Ebd., 382.
[257] Ebd.

rung, sondern ist Trägerin eines bürgerlich-klassenbegründeten Feudalismus.«[258]
Psychologisch betrachtet habe der Sozialismus am Proletariat Aufklärungsarbeit
geleistet, es sei ihm jedoch – so Tillich – nicht gelungen, »den Unterschied
zwischen den Sachen selbst und ihrem ideologischen Mißbrauch deutlich zu
machen«. Ursprungsmächte und -symbole seien als Herrschaftsinstrumente der
Klassengesellschaft bekämpft worden. Dabei habe man es aber versäumt, »ihren
ursprünglichen, echten Gebrauch und ihre Bedeutung für menschliches Sein
und kommende Gesellschaft aufzuzeigen. Auf diese Weise entstand jene Ur-
sprungsfremdheit, die das Proletariat äußerlich kennzeichnet und die doch im
Widerspruch steht zu seinem Kampf gegen die Verdinglichung.«[259] Nur wenn
die revolutionäre Gruppe eine Lage vorfinde oder schaffe, in der das Volk sie als
»Trägerin übergreifender Gerechtigkeit« empfinde, werde sie siegreich sein; an-
dernfalls könne sie »zwar durch einen Handstreich die Machtapparatur in die
Hand bekommen«[260], Macht selbst lasse sich so allerdings nicht begründen.[261]

Tillich wendet sich schließlich auch der »nationale[n] Idee« zu, die ebenfalls
nicht durch einen Hinweis auf ihren tagtäglich praktizierten Mißbrauch zu erledigen sei. »Sie ist ursprungsmächtig und hat darum Anspruch auf Erfüllung,
nicht auf ungebrochene Bestätigung, aber auch nicht auf Zersetzung. Boden,
Blut, Tradition, soziale Gruppe, alle Ursprungsmächte sind in der Nation vereinigt.« Die Prophetie sucht das Volk als Anknüpfungspunkt, »um es zugleich
zu brechen und zu bestätigen. Die Prophetie geht immer auf die Menschheit,
aber sie geht immer aus vom Volk gerade darin die Einheit von Ursprung und
Ziel bewährend, die für sie typisch ist.«[262] Genau diese Leistung kann von der
konservativen Form politischer Romantik nicht erbracht werden. Zwar sei sie
in der Lage, »auf militärischer Grundlage für eine begrenzte Zeit die Macht«
zu gewinnen, könne diese aber auf Dauer nicht halten. Die revolutionäre Form
politischer Romantik stehe demgegenüber vor der Entscheidungsmöglichkeit,
ihren Übergang in die konservative Form zu vollziehen oder aber »sozialistisch
zu werden, die spezifisch romantischen Elemente abzustreifen und ihre
ursprungsmythischen Kräfte in die prophetische Bewegung der Gegenwart,
den Sozialismus, einzuordnen«[263]. An dieser Stelle expliziert Tillich noch einmal die Differenz zwischen Ursprungsmächten und Ursprungsmythos, denn
der Mythos sei als Kreislauf von Geburt und Tod zugunsten der Mächte zu

---

[258] Ebd., 382 Anm. 77.
[259] Ebd., 387; bei Tillich Hervorhebungen.
[260] Ebd., 389; bei Tillich Hervorhebungen.
[261] Der am 20. Juli 1932 von Reichskanzler Franz von Papen vollzogene Staatsstreich
gegen die preußische Regierung ist der »Sozialistischen Entscheidung« als Faktum vorauszusetzen.
[262] TILLICH, Sozialistische Entscheidung, 398; bei Tillich Hervorhebungen.
[263] Ebd., 406.

durchbrechen, dürfe nur in dieser gebrochenen Form, »enthüllt in seiner Zweideutigkeit, in das politische Denken eingehen«[264].

Die Dichtung erweist sich als eine Form, die ursprungsmythischem Bewußtsein mehr entspricht als etwa die Philosophie. Sie ist allerdings dadurch begrenzt, daß sie das, was ist, nur ausdrückt. Zwar können dies auch Forderungen
sein, zu einer selbständigen Zielbestimmung oder Begründung gelangt sie jedoch nicht. Diese Aufgabe übernimmt als politische Bewegung die politische
Romantik. Die revolutionäre Romantik bezieht sich zu Recht häufig auf Nietzsche, hat er doch »den vitalen Werten, und zwar der animalischen Stufe, den
höchsten Rang zugesprochen«[265]. Auf ihn und seinen Kampf gegen die bürgerliche Gesellschaft lassen sich »die meisten Symbole« politischer Romantik
zurückführen.

Mit einer näheren Kennzeichnung der Dichtung, die nicht fordert, nicht begründet, sondern ›hinstellt‹, gelangt Tillich zur konservativen Form. Vor Drama,
Epos und Roman vermöge die Lyrik, der politischen Romantik unmittelbaren
Ausdruck zu verleihen. An die erste Stelle der politisch-romantischen Dichter-
Hierarchie wird Stefan George gesetzt. Seine Anhänger seien bereits »durch
die ursprungsmythische Fassung der Idee der Jüngerschaft zu politischer Romantik geneigt«, und der »Meister« wie sein Kreis bereichern den romantischen Motivfundus nicht nur um das priesterliche Element, sondern fügen ihm
auch den »Gnadengedanke[n], die Esoterik der Erwählten« und »die kultisch-
hierarchische Haltung« hinzu. Tillich betont jedoch den unechten Charakter
dieser priesterlichen Tradition, sie »ist aus dem Archaischen ins Humanistische
übersetzt«, wodurch sich »archaistische Züge« ergäben. Auch »die Esoterik
gründet sich stärker auf Absicht und Reflexion (also exoterische Kräfte), als es
echter Esoterik zukommt«. Werde in der Georgeschule der Mythos vom Dichterischen ins Wissenschaftliche übertragen, so »entsteht der Widerspruch eines
Logos, der Mythos schaffen soll«[266]. In Entsprechung zu den Elementen des
Priesterlich-Esoterischen ordnet Tillich den George-Kreis dem konservativen Typ politischer Romantik zu.[267] Ohne einen »prophetischen Exoterismus«

---

[264] Ebd., 293; bei Tillich Hervorhebungen.
[265] Ebd., 317.
[266] Ebd., 318.
[267] Vgl. auch die Beurteilung Georges in: TILLICH, Religiöse Lage der Gegenwart, 51 f.,
wo er als »wichtigste dichterische Erscheinung der Zeit« eingestuft wird. Georges »Vereinigung von klassischem mit katholischem Geist in strengster Formung war einer der macht-
vollsten Proteste gegen den Geist der bürgerlichen Gesellschaft mit ihrer Gleichmachung,
Verflachung und Entgeistigung« (ebd., 51). Auch Georges Werk und Wirkung fehlt allerdings, ganz wie seinen Gegnern, ein umfassender, gemeinschaftsbildender, religiöser Gehalt.
Obwohl seine Jünger ihn dazu stilisieren, ist George nicht »Symbol und Überwinder« der
Gegenwart. Zu sehr mangelt es ihm an »Universalität und nach außen gerichtete[r] Kraft der

gelange dagegen die revolutionäre Romantik nicht zu einem Sieg. »Es ist nun interessant zu sehen, wie die politische Romantik infolge ihrer Ablehnung echter Prophetie sich einen Ausdruck verschafft, den man im Anschluß an eine ältere Literaturform apokalyptisch nennen könnte.«[268] Tillich verweist zur näheren Bestimmung der Apokalyptik auf die spätjüdische – in heutiger Terminologie frühjüdische – Literatur, die Johannesoffenbarung, aber auch pauschal auf antike Werke und eine Weiterführung der einmal ausgeprägten Grundmotive wie der kommunikativen Vermittlungsmuster über mittelalterliche Sekten bis hin zur Gegenwart. Als einendes Kennzeichen nennt er die genaue Beschreibung des Herannahens und der Erscheinungsformen einer unmittelbar bevorstehenden Weltkatastrophe. Tillich fügt hinzu, daß die »Weissagungen des ›Tatkreises‹ über den Untergang der liberalen und kapitalistischen Welt [...] in wissenschaftlicher Verhüllung die gleiche Struktur haben«[269]. Die »moderne, profane Apokalypse« komme nicht umhin, in den Formen und Masken der Wissenschaft aufzutreten. Ohne eine derartige »Verhüllung« entbehre »der Mythos auf autonomem Boden« seiner Glaubwürdigkeit. Auf diese Weise werde die »politische Apokalypse« zum angemessensten Ausdruck politischer Romantik. So erklärten sich eben auch der Einfluß der Zeitschrift »Die Tat« oder »die Bedeutung des Rufes nach dem Dritten Reich«. »Wissenschaft und Dichtung, vereinigt zu revolutionärer Kritik und apokalyptischer Hoffnung: das ist die geistige Ausdrucksform der revolutionären Romantik und eine politische Waffe von starker, wenn auch vorübergehender Wirkung.«[270]

Inmitten der romantisch inspirierten Zeichenleser der Weimarer Endzeit deutet der Kairos-Denker Tillich die Apokalyptik ihrem Wesen nach als Enthüllung zukünftiger Ereignisse, als ein der Prophetie unterzuordnendes Phänomen. Im Gegensatz zum Propheten, der dem Volk die göttliche Forderung verkündet, bleibe die dualistisch angelegte Gerichtsbotschaft des Apokalyptikers abstrakt.[271] Seinen Prophetiebegriff führt Tillich auf die Höhepunkte der Prophetie des Alten Testaments zurück[272] und gelangt zu einer Definition des Verhältnisses von Prophetie und Sozialismus: Das »Ineinander von Forderung und

---

prophetischen Persönlichkeit«. Der Dichter »ist eine Quelle priesterlichen Geistes für viele, nicht aber prophetischen Geistes für alle« (ebd., 52).

[268] TILLICH, Sozialistische Entscheidung, 319. – Als »wirksamste geistige Ausdrucksform« politischer Romantik habe sich gegenwärtig, so Tillich 1932/33, eine »ekstatisch-revolutionär erregte Apokalyptik« (ebd., 316) erwiesen.

[269] Ebd., 319 Anm. 39.

[270] Ebd., 319. – Zur näheren Verortung der Monatszeitschrift »Die Tat« vgl. HÜBINGER, Kulturkritik und Kulturpolitik, 99–101; ULBRICHT, Massenfern und klassenlos, 393f., und vor allem: HANKE/HÜBINGER, Von der »Tat«-Gemeinde zum »Tat«-Kreis.

[271] Siehe TILLICH, Sozialistische Entscheidung, 413f., und auch DERS., Geist des Sozialismus und der Kampf gegen ihn, 434.

[272] Siehe TILLICH, Sozialistische Entscheidung, 363 Anm. 66.

Verheißung charakterisiert alle prophetische Erwartung. Es ist maßgebend auch für die sozialistische Erwartung und kennzeichnet sie unzweideutig als prophetisch.«[273] Ein Bezug auf die Apokalyptik wiederum ergibt sich dort, wo Tillich kurz auf den Kairos zu sprechen kommt. Er betont, daß der Sozialismus, wenn er in den Alltagswelten von Politik und Gesellschaft erreicht ist, nicht das Ende für den Sozialismus als Erlösungsvision bedeute. Es gebe zwar eine geschichtliche Abhängigkeit vom Gedanken des Tausendjährigen Reiches, aber über die Form des Utopischen gehe der sozialistische Glaube hinaus – jener Glaube, um dessen »Durchdringung und Reinigung« sich der Religiöse Sozialismus besonders bemühe. Durch »die Idee des ›Kairos‹« habe er »die Grenzen, aber auch Recht und Sinn der konkreten Erwartung deutlich zu machen versucht«[274]. Und auch die Schlußbemerkung der »Sozialistischen Entscheidung« weiß sich dieser doppelten Perspektive verpflichtet: »Nur die Erwartung kann den Tod überwinden, mit dem das neue Aufbrechen des Ursprungsmythos das Abendland bedroht. Erwartung aber ist das Symbol des Sozialismus.«[275]

Erwartung, Prophetie, Apokalyptik: Das war als Dreiklang reiner Zukunftsmusik freilich nur Weckruf für wenige und vermochte die Bourgeoisie als dissonantes Signal kommenden Unheils kaum noch zu beunruhigen. Auch wenn Tillichs eigener Lebensstil – trotz aller Lust an der Grenzüberschreitung – bürgerlichen Konventionen verpflichtet blieb, übt der Frankfurter Ordinarius doch aus religiös-sozialistischer Perspektive radikale Kritik am historischen Versagen seiner eigenen Herkunftsschicht: »Das deutsche Bürgertum hat die demokratischen Forderungen seines Prinzips niemals durchgekämpft.« Durch Fixierung auf Innerlichkeit und die Verbindung des Militärisch-Konservativen mit dem Ökonomisch-Imperialistischen in der nationalen Idee habe es die »tragenden Gruppen der politischen Romantik für sich gewonnen«. Vor allem sei es dem Bürgertum gelungen, »die Empörung der mittleren Schichten, deren ökonomische Enteignung durch die Nachkriegsentwicklung jedem deutlich wurde, von sich auf das Proletariat« abzulenken: »Die Furcht vor der Proletarisierung wurde in Kampfwille gegen das Proletariat umgewandelt.«[276] Allerdings bestehe, so Tillich in unmittelbarem Bezug auf die chaosnahe innenpolitische Lage zur Zeit seiner abschließenden Arbeiten am Manuskript im Oktober/November 1932, »die Möglichkeit, daß diese widerspruchsvolle Konstellation sich auflöst und die revolutionäre politische Romantik in den Gruppen, die dann noch zu ihr stehen, gemeinsam mit dem Proletariat eine antikapita-

---

[273] Ebd., 363; bei Tillich hervorgehoben.

[274] Ebd., 383. Vgl. auch ebd., 394: »Der Protestantismus hat die Möglichkeit, unter dem neutestamentlichen Begriff des ›Kairos‹ das sozialistische Prinzip in sich aufzunehmen.«

[275] Ebd., 407; bei Tillich hervorgehoben.

[276] Ebd., 320f.; bei Tillich Hervorhebungen.

listische und antifeudale Haltung einnimmt. Diese Entwicklung würde beschleunigt werden, wenn es der konservativen Form der politischen Romantik gelingen würde, sich mit Hilfe des Militärs und der Präsidialgewalt an die
Stelle zu setzen, die der Nationalsozialismus erkämpfen wollte.« Und Tillich
konkretisiert seine Situationsanalyse noch:

»Es ist erbitternd für den Nationalsozialismus zu sehen, wie ihm die Früchte seiner An-
strengungen und seines Impulses von einer Gruppe weggenommen werden, die nur
durch diesen Kampf, an dem sie sich selbst nicht beteiligt hatte, zur Macht kommen
konnte. Das Bürgertum läßt die revolutionäre Bewegung in dem Augenblick im Stich,
wo es mit ihrer Hilfe die Macht des Sozialismus gestürzt hat. Das kann nur zur Folge
haben, daß der Nationalsozialismus sich auf den zweiten Teil seines Namens besinnt
und ernsthafte antikapitalistische Aktionen unternimmt. Damit wäre die Möglichkeit
eines Zusammenschlusses von ursprungsnahen Gruppen und Proletariat in der kommenden Periode des Sozialismus wenigstens grundsätzlich ermöglicht. Doch sind die
Dinge zu sehr im Fluß, als daß sie zu bestimmten Erwartungen berechtigen.«[277]

---

[277] Ebd., 321 Anm. 41. – Eine herausgehobene Rolle in Tillichs politischen Integrations-
versuchen spielt der »Hofgeismarkreis«, der eine nationale Ausrichtung der Sozialdemokratie propagierte. Tillich orientiert sich hier besonders an Hermann Heller, dem Juristen und
Antipoden Carl Schmitts, wie sich etwa auch an der Aufnahme des Staatstheoretikers in der
absichtsvoll relativ verweisasketisch angelegten »Sozialistischen Entscheidung« (302 Anm. 23)
zeigt. HELLER stellte in den Mittelpunkt seiner Überlegungen den Nationsbegriff, den er,
durchaus in Entsprechung zu Tillich, mit Blut, Boden und Ursprungskräften verbunden sieht
(vgl. »Sozialismus und Nation« 1925 [²1931]; zu Heller und seiner Rezeption der Nationa-
litätentheorie Otto Bauers vgl. v. a. VOGT, Nationaler Sozialismus und Soziale Demokratie,
93–98). Der überaus streitbare Jurist publizierte nicht nur in den »Neuen Blättern für den
Sozialismus«, sondern war, 1932 nach Frankfurt berufen, wie Tillich Mitglied des interdis-
ziplinären Arbeitskreises, der sich – versammelt um den Kurator der Universität Kurt Riezler – mit der gebotenen selbstironischen Distanz als »Weisheitsseminar« bezeichnete (vgl.
dazu PAUCK/PAUCK, Tillich, 127). Ein später Reflex der Gesinnungsfreundschaft, die Tillich
und Heller verband, findet sich in einem Rundbrief, den Fritz Borinski am 17.6.1984 an die
›Veteranen‹ des »Leuchtenburgkreises« richtete: »Mein letztes Seminar [an der Universität
Leipzig], Sommersemester 1933, behandelte Ernst Jünger und Paul Tillich, ›Der Arbeiter‹ und
›Die sozialistische Entscheidung‹. Dann wurde ich zum 1.8.1933 aus politischen und Ras-
segründen entlassen. Ich hatte mich in den letzten Jahren mit dem Leuchtenburgkreis, aber
auch mit meinen Freunden in der Volkshochschulbewegung, mit dem Arbeitskreis der
›Neuen Blätter für den Sozialismus‹ und mit der grossen Abwehrbewegung der ›Eisernen
Front‹ gegen den Faschismus eingesetzt. Es war mehr als blosse defensive Abwehr, als theoretische Diskussion oder brutale Gewalt (Saalschlachten). Es war der entschlossene Versuch
einer Erneuerung des Sozialismus und der Demokratie aus den Kräften der Jugend. Aber der
Versuch kam zu spät. Hermann Heller und Paul Tillich zeigten Ansätze der Überwindung
des Faschismus in ihren Büchern ›Europa und der Faschismus‹ (2. Aufl. 1931) und ›Die sozialistische Entscheidung‹ (Januar 1933). Aber diese Bücher kamen auch zu spät, um erneu-
ernd zu wirken« (IfZ München, ED 340 [Nachlaß Fritz Borinski], Box 2). In einer
undatierten Notiz gibt Borinski an: »Meine politische + gesellschaftliche Haltung + Zielsetzung wurde weitgehend durch H. Heller, Hans Freyer + Paul Tillich geprägt, die in den
20er Jahren in Leipzig lehrten« (ebd.).

Mit dieser nüchternen Einsicht in die Offenheit unkalkulierbarer politischer
Entwicklungen unterscheidet sich Tillich vorteilhaft von vielen anderen akademischen Prognostikern jener Jahre. Hier räsoniert kein unbeteiligter Kathe-
derprophet über ausgeklügelte Zukunftsszenarien, sondern ein aktiv Planender
durchdenkt die Voraussetzungen eines ganz konkreten Politikwechsels. Tillich
sah, wie andere religiöse Sozialisten auch, die akute Krise der NSDAP als
Chance für Rochaden im Spiel der Kräfte und Allianzen. Trieb Hitlers Partei
unter dem Druck von Wahlniederlagen und zerfallen im Streit um eine Beteiligung an der Regierung Kurt von Schleichers tatsächlich auf die Spaltung zu,
dann galt es, den linken Flügel der Nationalsozialisten aufmerksam im Auge
zu behalten, der in Gregor Strasser seine Identifikationsfigur besaß. Auch Tillich beteiligte sich daher an intensiven Gesprächen, in denen die Möglichkeiten einer Kooperation, wenn nicht sogar des Zusammenschlusses mit dem Kreis
um Strasser ausgelotet werden sollten. Hitlers Sieg im parteiinternen Macht-
kampf zwang dann jedoch Ende 1932 den Rivalen zur Niederlegung aller
Ämter und entmutigte damit zugleich die Sondierungsversuche religiös sozialistischer Bündnisstrategen.[278]

Die von vielerlei Vorbehalten grundierte Diskussion über Aussichten und
Risiken einer Verbindung SPD-naher sozialistischer und linker *national*sozialistischer Kräfte bildet allerdings nicht erst den Hintergrund der »Sozialistischen
Entscheidung«, sondern spiegelte sich zuvor bereits deutlich in den von Tillich, Eduard Heimann und Fritz Klatt herausgegebenen »Neuen Blättern für
den Sozialismus. Zeitschrift für geistige und politische Gestaltung«.[279] Als
Schriftleiter fungierte August Rathmann, der 1981 im Rückblick gegenüber
Fritz Borinski betonte, »in der Tat noch eine ganze Weile die Illusion« gehegt
zu haben, »dass mit den linken Nationalisten mit starker sozialistischer Tendenz

---

[278] Zur Rolle Strassers vgl. etwa LONGERICH, Die braunen Bataillone, bes. 161.

[279] Zum entstehungsgeschichtlichen Kontext der »Neuen Blätter«, dem Mitarbeiter-
kreis – unter eingehender Berücksichtigung Tillichs – und den Annäherungsversuchen an
Strasser vgl. VOGT, Nationaler Sozialismus und Soziale Demokratie, bes. 125–154, 360–369;
DERS., Der Antifaschismus der sozialdemokratischen Jungen Rechten. Vgl. auch MULLER,
The Other God That Failed, 154f.; sowie MOMMSEN, Sozialdemokratie, bes. 129f.; WINK-
LER, Der Schein der Normalität, bes. 653–660; und BREIPOHL, Religiöser Sozialismus, 61.
Breipohl kommentiert bereits 1971, daß von den »Neuen Blättern« in Hoffnung auf eine
Kursänderung der NS-Strategen die Meinung vertreten worden sei, »eine Annäherung an
den linken Flügel der NSDAP« käme durchaus in Frage. – Die Auflagenhöhe der »Blätter«
lag zunächst bei etwa 5.000 bis 6.000 Exemplaren, nach der Machtübernahme durch die Nationalsozialisten dann kurzfristig bei bis zu 10.000 Exemplaren; diese Zahlen bei MARTINY,
Die Entstehung und politische Bedeutung der »Neuen Blätter«, 375 Anm. 11. Martiny betont, daß »keine sozialdemokratische Zeitschrift ein auch nur annähernd vergleichbares öf-
fentliches Echo« (ebd., 375) besaß. Vgl. aber auch die vorsichtigeren, die Auflage auf konstant
3.000 Exemplare schätzenden Angaben bei VOGT, Nationaler Sozialismus und Soziale Demokratie, 145 Anm. 152.

gemeinsam literarisch eine innere Opposition möglich sein könnte. Aber zunächst konnte ich ihre Bedingung, Mitglied der NSDAP zu werden – in hoher Gruppierung, ohne weitere Verpflichtung – nicht akzeptieren, und dann wurden diese, dem System lästigen Linken systematisch beseitigt.«[280] Wie intensiv die Vordenker des »Blätter«-Kreises einerseits um klare Grenzmarkierungen bemüht waren, andererseits aber auch im Zeichen einer konstruktiv zu begleitenden Zeitenwende immer wieder Grenzöffnungen einforderten, läßt sich repräsentativ-exemplarisch an einer Debatte zwischen Gustav Radbruch, Paul Tillich und Hendrik de Man zeigen, die 1932 unter der Überschrift »Der Sozialismus und die geistige Lage der Gegenwart« das Januarheft der »Neuen Blätter« dominiert. Der Jurist und einstige SPD-Justizminister Radbruch stellte dort die These auf, daß der Sozialismus »nicht an den Glauben, an den Trieb, an das Blut, an die Rasse, an den Führer« gebunden sei, sondern vielmehr »an die Vernunft [...], mit Hegel an die Vernunft in den Dingen, an die Vernunft, der noch die Unvernunft wider Willen und Wissen dienen muß«[281]. Gegen diese eindimensionale, die Definitionshoheit über Leitbegriffe im Zeitdeutungskampf allzu bereitwillig preisgebende Selbstverortung erhebt Tillich energisch Einspruch: Der Sozialismus glaube durchaus, und zwar »an das kommende Reich der Gerechtigkeit, in religiöser Sprache: an die Gottesherrschaft, die das Ziel aller Geschichte ist. Der Sozialismus glaubt also; er ist ein starker, vielleicht der stärkste Glaube unserer Zeit.« Es sei gefährlich, diesen Sachverhalt zu kaschieren, sowohl aus der Innen- als auch der Außenperspektive. Es könnten »Glaubenskräfte, die an sich zu ihm gehören, gegen ihn aufstehen«[282], und auf diese Weise beginne »ein falscher und überflüssiger Kampf« um die scheinbare Vernachlässigung der »tieferen Schichten des menschlichen und gesellschaftlichen Seins«[283]. Aber Tillich geht noch weiter: »Hat wirklich der Sozialismus mit Begriffen, wie Blut, Rasse, Führer (man könnte sie noch reichlich vermehren), *gar* nichts zu tun? Freilich gegen die Art, wie diese Begriffe heute geistig verzerrt und politisch mißbraucht werden, kann es nur eine entschlossene Abwehr geben. Aber nichts kann mißbraucht werden, was nicht ursprünglich sinnvoll gewesen wäre. So auch jene Begriffe.« Der Sozialismus mache es sich zu leicht, wenn er diese Schlagworte einfach ablehne, »wenn er sich damit begnügen würde, sie als bloße Ideologien mittelständischer, vom proletarischen Schicksal bedrohter Gruppen zu enthüllen«. Dies sei zwar auch

[280] August Rathmann an Fritz Borinski, 19.6.1981 (IfZ München, ED 340 [Nachlaß Fritz Borinski], Box 2).

[281] RADBRUCH/TILLICH/DE MAN, Der Sozialismus und die geistige Lage der Gegenwart, 13. Für Radbruch lebt im Sozialismus vor allem der »Optimismus des tatenfrohen 18. Jahrhunderts« weiter (ebd., 14).

[282] Ebd.

[283] Ebd.,15.

eine notwendige und richtige Aufgabe, sie erfasse die Herausforderung aber nicht in ihrer ganzen Schärfe.

»Denn in diesen Worten ist die Frage gestellt, auch an den Sozialismus gestellt, was eigentlich Leben ist, die Frage, ob nicht die Auffassung des Lebens, wie sie der Sozialismus von der bürgerlichen Denkweise übernommen hat, eine Verkürzung, ja Zerstörung des Lebendigen bedeutet. Auch wenn man sich streng vor jeder Romantik hütet, ist es nicht eine Pflicht für den Sozialismus, zum mindesten auf das zu hören, was Nietzsche zu sagen hat.«

Jenseits solch lebensphilosophischer Besinnung aber sieht Tillich seine Überlegungen und Bedenken gegen Radbruch, ohne es weiter auszuführen, auch durch »soziologische Tatsachen«[284] gestützt.

Als Dritter im Bunde mischt sich Hendrik de Man in den Disput ein: Es sei die heutige Aufgabe des Sozialismus, auf die Weise, in der »Marx im vorigen Jahrhundert die romantische Mystik des frühbürgerlichen Liberalismus entlarvt« habe, jetzt »die romantische Mystik des spätbürgerlichen Antiliberalismus« bloßzustellen; »er muß der angeblichen Revolution von rechts zeigen, daß sie mehr ›von rechts‹ ist als ›Revolution‹. Auch wenn sie als Revolution beabsichtigt ist, bedeutet sie in Wirklichkeit bloß eine neue Form der Reaktion. Denn stärker noch als ihr Haß gegen die kapitalistische Gegenwart ist ihre Furcht vor der sozialistischen Zukunft.«[285] Als entscheidenden Schritt zur Befriedung des auf fatale Weise falsch justierten Konflikts zwischen Radbruch und Tillich empfiehlt der belgische Sozialist, »daß man die Gegensätze Vernunft und Glauben oder Geist und Blut überhaupt als falsche Gegensätze erkennt. Hier gilt nicht das Entweder-oder, sondern das Sowohl-als-auch. Nur daß dabei das am höchsten steht, was allgemeingültig ist: das Recht, das zwischen gut und böse, die Vernunft, die zwischen wahr und unwahr entscheidet.«[286] Genau diese hier angedeutete Syntheselösung versucht Tillich dann in seiner sozialistischen Entscheidungsschrift zu übernehmen – allerdings in bewußter Abgrenzung von de Man, den er als Beförderer einer im »jüngeren Kreis der ›Neuen Blätter‹« vertretenen Haltung auf dem »Weg eines voluntaristischen, ethischen Sozialismus« sieht. Dieser Position gegenüber will Tillich den »wirklichen Marx«[287], erlöst von allen späteren Verzerrungen, reaktivieren, um den Sozialismus von den falschen »bürgerlichen Elemente[n]«[288] zu befreien, die ihm seit dem 19. Jahrhundert anhingen.

---

[284] Ebd.
[285] Ebd., 16.
[286] Ebd., 17.
[287] Tillich, Sozialistische Entscheidung, 285.
[288] Ebd., 286.

Paul Tillich war sich stets bewußt, daß es eine Magie der Begriffe gibt, ein semantisches Aufladungspotential, das durchschlagende Wirkung und gesellschaftsprägende Kraft entfalten kann. Aus dieser Einsicht heraus ist es nur konsequent, wenn er den ersten Jahrgang der »Neuen Blätter« im Januar 1930 mit einem »Sozialismus« überschriebenen Programmtext beginnen läßt, der vor allem den Status von Begriffen im Blick hat. Diese seien »lebendig, solange sie die Kraft haben, neue Inhalte aufzunehmen. Neue Inhalte aufnehmen heißt nicht, die alten abstoßen, heißt nicht, sich von den Ursprüngen losreißen, aus denen der Begriff einmal geboren ist.« Bei der Aufnahme neuer Inhalte gehe es um etwas ganz anderes, sie bedeute: »Die Macht eines Begriffes und durch ihn hindurch die Macht seines Ursprunges daran zu erweisen, daß er jede ihm drohende Erstarrung zu durchbrechen vermag.«[289] Die Botschaft ist eindeutig: »Wer den Sozialismus wieder zum Wagnis macht, der muß auch seine Begriffe wagen.« Lebendige Begriffe seien bestimmt durch ein »Stehenbleiben in sich und Sichtrennen von sich«. Entscheidend sei letztlich aber »allein die Macht, mit der ein Begriff die Wirklichkeit gestaltet und umgestaltet, weil er selbst aus der Wirklichkeit geboren ist. Unter diese und keine andere Entscheidung stellen wir die Begriffe des Sozialismus, die wir wagen und mit denen wir, ohne das Gegebene zu überspringen, vorstoßen wollen auf das Kommende.«[290]

3.3. Die Zeit der Illusionen und ihr Ende

Am 13. April 1933 wurde Tillich von seinem Amt als Professor in Frankfurt beurlaubt. Reichskommissar Bernhard Rust setzte ihn davon in Kenntnis.[291] Einen Tag später bereits wandte sich Emanuel Hirsch mit einem Brief an den Abgestraften. Zu seinem Schmerz habe er aus der Zeitung von der Beurlaubung erfahren: »Ich bedaure«, schreibt Hirsch mit Bezug auf »Die sozialistische Entscheidung«, »daß damit eine bei Dir schon in Deinem letzten Buch spürbare Hinüberentwicklung zum Nationalsozialismus, zu dem [Du] gehörst (auch wenn Du es noch nicht weißt) und dem Du ein kluger und verantwortlicher geistiger Führer hättest werden müssen, so jäh in Frage gestellt wird.« Hirsch

---

[289] TILLICH, Sozialismus, 1.

[290] Ebd., 3.

[291] Der Preußische Minister für Wissenschaft, Kunst und Volksbildung, Der Kommissar des Reiches Bernhard Rust an Paul Tillich, 13.4.1933 (Harvard). – In der »Frankfurter Zeitung« vom 14. April 1933 wurde eine Liste der Beurlaubten veröffentlicht: »Beurlaubte Professoren (Privattelegramm der ›Frankfurter Zeitung‹)/Berlin, 13. April. Nachdem durch das Gesetz zur Wiederherstellung des Berufsbeamtentums die gesetzliche Handhabe zum Eingreifen auch an den Hochschulen gegeben worden ist, sind durch den Reichskommissar für das preußische Kultusministerium Rust zunächst folgende Hochschullehrer mit sofortiger Wirkung beurlaubt worden: / Professor Bonn, Handelshochschule Berlin, Professor

appelliert in aller Herzlichkeit an Tillich, sich als »innerlich gelöster Mensch – nicht beirren zu lassen«, vielmehr sich »rein sachlich weiter [...] dahin zu bilden, wo« er hingehöre, »ins neue Deutschland«. »Bittere Existenzsorgen« brauche sich Tillich nicht zu machen, da er mit seinem »Kriegsdienst zusammen wohl an 20 Jahre Dienstalter haben« werde, so daß »wohl alles gut werden« könne. Abschließend bittet Hirsch ausdrücklich darum, daß Tillich doch die alte Verbundenheit auch unter den so spektakulär veränderten äußeren Bedingungen aufrechterhalten möge.[292] So unverstellt schrieb der Göttinger Freund nicht immer – und gerade in der spontanen Reaktion spiegelt sich beunruhigend deutlich die Ambivalenz von Tillichs Lebenslage. Zwar war er beurlaubt worden, nicht jedoch entlassen, und mit Blick auf eine Verwendbarkeit bestimmter Ideen im Dienst der ›neuen Zeit‹ war offenkundig – Hirschs Lektüre der »Sozialistischen Entscheidung« legt dies nahe – Interpretationsspielraum vorhanden.[293]

Cohn – Breslau, Professor Dehn – Halle, Professor Feiler, Handelshochschule Königsberg i. Pr., Professor Heller – Frankfurt a. M., Professor Horkheimer – Frankfurt a. M., Professor Kantorowicz – Bonn, Professor Kantorowicz – Kiel, Professor Kelsen – Köln, Professor Lederer – Berlin, Professor Loewe – Frankfurt a. M., Professor Loewenstein – Bonn, Professor Mannheim – Frankfurt a. M., Professor Marck – Breslau, Professor Sinzheimer – Frankfurt a. M., Professor Tillich – Frankfurt a. M. / Es sei selbstverständlich, so wird von zuständiger Stelle hinzugefügt, daß es sich hierbei lediglich um eine erste vorläufige Maßnahme handle und eine ganze Reihe weiterer Beurlaubungen usw. bevorstünden, sobald das Gesetz gemäß den Ausführungsbestimmungen in allen Einzelheiten bei den Hochschulen angewandt werden könne« (Frankfurter Zeitung, Nr. 282, 14.4.1933, Zweites Morgenblatt, 2).

[292] Emanuel Hirsch an Paul Tillich, 14.4.1933 (Harvard); vgl. auch die Erwähnung bei REIMER, Debate, 242.

[293] Dies ist auch in den Forschungsdebatten immer wieder gesehen worden. Kurt Nowak meinte insbesondere in Tillichs produktiver Aufnahme der »Ursprungsmächte« die gefährliche Tendenz erkennen zu können, »den faschistischen Irrationalismen von Blut und Boden eine gewisse Anerkennung zu zollen«, um zur Denkbarkeit einer »Kombination sozialistischer und romantisch-konservativer Elemente« (NOWAK, Evangelische Kirche und Weimarer Republik, 278) zu gelangen. Vgl. DERS., Gottesreich – Geschichte – Politik, bes. 81f., 92f.; sowie DERS., Religiöser Sozialismus, 111: »Ernüchternd sind [...] zwar nicht die politischen, aber manche anderweitige Verwandtschaften zwischen den Religiösen Sozialisten und den Deutschen Christen. Hier wie dort das gleiche Pathos der Unbedingtheit, hier wie dort die Versuchung zur Heiligung geschichtlicher Bewegungen, hier wie dort die Verweigerung demokratischer Grundtugenden gegenüber. Die religiös-theologische Überhöhung der eigenen politischen Option ordnete die Religiösen Sozialisten dem für die politische Kultur der Weimarer Republik so ungemein typischen Feld der Gruppen, Bünde und Bewegungen zu, die lediglich innerhalb ihrer eigenen Wert- und Normwelt diskussionsbereit waren und die Andersdenkenden ausgrenzten.« In der Frage der ideologischen ›Familienähnlichkeit‹ von Religiösem Sozialismus Tillichscher Prägung und Nationalsozialismus waren bereits zu Beginn der 1970er Jahre die Ergebnisse Renate Breipohls wegweisend, die zu der Einsicht kam, »daß in Tillichs Denken eine Affinität zu Teilen der faschistischen Ideologie vorliegt, die ihm die Annäherung zwischen dem Sozialismus und bestimmten Gruppen innerhalb des Nationalsozialismus [...] fruchtbarer erscheinen ließ als die zwischen den

Anders gesagt: Der »Fall« Tillich schien sich nicht recht zu fügen in jene po-
litdarwinistischen Verhaltensmuster, die ein Regimewechsel nach erbittert geführten Weltanschauungskämpfen neu belebte und die dem Sieger wenn auch
nicht das Recht, so doch die weithin gleichgültig akzeptierte Gelegenheit zur
Rache im Gewand des Verwaltungsaktes boten. Sollte wirklich auch der Autor
der »Sozialistischen Entscheidung« von dieser Logik des Abrechnungsdenkens
erfaßt werden, noch bevor Entscheidungen über den neuen Kurs nationalsozialistischer Wissenschaftspolitik überhaupt gefallen waren? Diese Frage wurde
auch in der breiteren Öffentlichkeit verhandelt. Am 17. April schrieb Tillichs
Schülerin und enge Freundin Nina Baring aus Dresden an Hannah Tillich und
nahm unmittelbar Bezug auf die vorläufige Beurlaubung.[294] Sie habe es »eben
im Grunde doch nicht für möglich gehalten, dass es Paulus wirklich treffen
könnte«. Allerdings habe sie »in *einer* Ecke« ihres »Herzens immer noch eine
ganz kleine Hoffnung, dass die in Aussicht gestellte ›Nachprüfung‹ der Beurlaubung doch noch eine Zurücknahme für Paulus bringt«. Einen Rückhalt für
diese Eventualität findet Baring in der »Täglichen Rundschau«, aus der sie zitiert. Sogar hier sei für Tillich Position bezogen worden. Was angesichts der na-
tionalkonservativen Kampfkontur des Blattes zunächst überraschen mag,
gewinnt gewisse Plausibilität bei einem Blick auf den Herausgeber: Denn Hans
Zehrer, Jahrgang 1899, der die »Unabhängige Zeitung für sachliche Politik,
christliche Kultur und deutsches Volkstum« seit 1932 leitete, war zwar als jung-
konservativer Erfolgspublizist und einer der Köpfe des »Tat«-Kreises republik-
weit bekannt geworden. Doch hatte er unmittelbar nach dem Ersten Weltkrieg
neben anderen Fächern zunächst in Berlin Theologie studiert und war nicht
nur mit Ernst Troeltsch, an dessen Seminaren er teilnahm, um sich geschichts-
theoretische Perspektiven in ihrer intellektuell anspruchsvollsten Form zu erschließen, sondern wohl auch mit Tillich persönlich bekannt. Wie dieser war

---

beiden zerstrittenen sozialistischen Parteien« (BREIPOHL, Religiöser Sozialismus, 220). Mit
großem Nachdruck wies zuletzt Friedrich Wilhelm Graf auf Aspekte einer partiellen NS-
Affinität Tillichs hin, die sich in seiner Annäherung an den Strasser-Flügel der NSDAP auch
nach außen hin dokumentiere; s. GRAF, »Old harmony«?, bes. 398. – Die Beurlaubung brachte
für Tillich finanzielle Engpässe mit sich. Bereits am 24. April 1933 richtete er ein Gesuch an
das Kuratorium der Universität Frankfurt, das drei Tage später abschlägig beschieden wurde:
»Hierdurch bitte ich um vorschussweise Auszahlung meiner mir für das Sommersemester
1933 zustehenden Kolleggeldgarantien. Infolge meiner Beurlaubung geht mir das regelmä-
ßig einkommende Kolleggeld verloren. Es ist mir infolgedessen unmöglich, im Laufe des Mai
diejenigen Summen zu zahlen, zu denen ich im Hinblick auf die Kolleggeldeinnahmen re-
gelmäßig verpflichtet bin. Ebenso unmöglich ist es mir, die im Hinblick auf das eingehende
Kolleggeld in den letzten Monaten vorgenommenen Anschaffungen besonderer Art zu be-
gleichen. Endlich bin ich infolge der Beurlaubung gezwungen, meine Wohnung zu kündi-
gen, meinen Haushalt aufzulösen und einen Umzug vorzunehmen« (UA Frankfurt, Abt. 14,
Nr. 133, 47).
[294] Nina Baring an Hannah Tillich, 17.4.1933 (Harvard).

Zehrer davon überzeugt, daß es gelingen müßte, unter Ausrichtung auf Gregor Strasser und Kurt von Schleicher, den linken Flügel der NSDAP produktiv mit anderen sozialistischen Kräften, nicht zuletzt den Gewerkschaften, zu verbinden. Vor diesem Hintergrund aber verliert auch jener unscheinbare, namentlich nicht gezeichnete Artikel in der »Täglichen Rundschau«, auf den Nina Baring sich bezog, den Charakter bloßer Pflichtberichterstattung: Am 14. April 1933 erschienen, teilt er, wie sein Pendant in der »Frankfurter Zeitung«, die »Beurlaubung von 16 Hochschullehrern« mit. In einigen wenigen kommentierenden Sätzen wird unter der Prämisse, »daß die personelle Neuordnung der Universitäten auf den Lehrgebieten beginnen muß, an denen der Staat ein besonderes Interesse hat«, Verständnis für die rigide Maßnahme bekundet. Der Schlußsatz weist Tillich jedoch ausdrücklich eine Sonderrolle zu: »Bedauerlich ist das Schicksal von *Tillich*, der in den Sturm der Sozialdemokratie verwickelt wurde, während seine geistigen Bemühungen in den letzten Jahren gerade darauf gerichtet waren, den Weg vom Marxismus zu einem *deutschen*, religiös begründeten Sozialismus zu eröffnen.« Deutlicher konnte ein Appell an die für eine Rücknahme der Beurlaubung zuständigen Instanzen wohl kaum formuliert werden.

Nur wenige Tage nach Emanuel Hirsch reagierte mit dem Marburger Georg Wünsch ein weiterer Theologe auf die Vorgänge um Tillich: »Anläßlich Ihrer Beurlaubung, die ich in der Zeitung las, möchte ich Ihnen nur sagen, daß ich mit großer Teilnahme an Sie denke. Ich wünsche Ihnen, eine ebenso befriedigende Wirksamkeit wie bisher recht bald zu finden. Ich selbst harre noch der Entscheidung, der man leider nur passiv entgegensehen kann.«[295] Drei Tage zuvor hatte Wünsch dem Rektor der Philippina seinen Rücktritt vom Amt des Dekans der Theologischen Fakultät mitgeteilt, »um einem reibungslosen Verhältnis zwischen Staat und Hochschule in der heutigen Lage nicht im Wege zu stehen«. Seine politische Haltung – Wünsch war seit dem 1. April 1929 SPD-Mitglied – könne nicht als Grund für eine Suspendierung angeführt werden, immer habe er sich »unter Verantwortung und oft unter Opfern für das Ziel der deutschen Volksgemeinschaft eingesetzt«[296]. Entsprechend unbehelligt blieb Wünsch im Hörsaal-Alltag: Am 3. Juni 1933 schrieb er an seinen religiössozialistischen Verbündeten Karl Thieme, der an der Pädagogischen Akademie im ostpreußischen Elbing seit 1931 eine Professur innehatte: »Mir persönlich geht es noch gut; eine Gefährdung wurde durch Schüler von mir, die haufenweise SA-Männer sind – alles sehr treffliche Leute – in eigenen Parteikreisen beseitigt. Ich arbeite ungestört mit Zulauf wie immer, vielleicht daß sich

---

[295] Georg Wünsch an Paul Tillich, 17.4.1933 (Harvard).
[296] Georg Wünsch an den Rektor der Universität Marburg, 14.4.1933, in: Wolfes, Wünsch, 122 (dort zitiert nach Wünschs Personalakte im Hessischen Staatsarchiv Marburg).

2 Dutzend abhalten ließen, dafür ist die Qualität um so besser. Sonstige Inanspruchnahme in Form von Vorträgen, Lesekreisen ist allerdings z. Zt. völlig ausgeschlossen. Das weiß ich zu ertragen.«[297] Die Antwort Thiemes fiel weniger zuversichtlich aus. Es sei schön, »dass wir beide gerade von unseren nationalsozialistischen Studenten geschützt worden sind. Bei mir hat es ja leider zur Erhaltung des Lehramts in Elbing nicht gereicht; [...] über die Zukunft ist noch nicht das Geringste entschieden.« Viel hänge für ihn davon ab, ob sich Friedrich von Bodelschwingh als Reichsbischofskandidat gegen den Königsberger Wehrkreispfarrer Ludwig Müller durchsetzen könne; denn in dieser Frage sehe er »die Entscheidung über das Lebensrecht der evangelischen Kirche; es erscheint mir als ein göttliches Gnadenzeichen, dass sie vor ein klares Entweder-Oder gestellt ist«[298]. Kurz darauf hatte Wünsch dann bereits wieder, im Jargon der Zeit formuliert, Tritt gefaßt und die eigene Biographie neu justiert: »Strich unter die Vergangenheit. Hellhörig sein für die Zukunft. Es ist meine feste Ueberzeugung, dass wir uns nicht in der Sache, wohl aber in der Wahl der Organisationen getäuscht haben.«[299] Dank dieser sehr speziellen Sensibilität, deren Preis Taubheit gegenüber dem Terror war, gelang es Wünsch dann auch – und dies wohl als einzigem unter den führenden religiösen Sozialisten der Weimarer Republik[300] –, sich mit dem nationalsozialistischen Regime so zu verständigen, daß er nicht aus dem Universitätsdienst entlassen wurde.[301]

---

[297] Georg Wünsch an Karl Thieme, 3.6.1933 (IfZ München, ED 163 [Nachlaß Karl Thieme], Nr. 101). – Schon im Mai 1931 hatte Wünsch Minister Grimme gegenüber eine seltsam diffuse Haltung im Hinblick auf nationalsozialistische Ideologiebildung erkennen lassen: »Schwierigkeiten mit rechtsradikalen Studenten, wie sie Günther Dehn in Halle hat, fürchte« er nicht. »Ich habe im Gegenteil den Eindruck, dass ich bei nationalsozialistischen Studenten zwar kaum Zustimmung, aber doch erhebliche Achtung geniesse. Einige davon (Theologen) hören meine Kollegs. Vielleicht ist es für Sie von Interesse zu hören, dass die organisierten Nationalsozialisten unter der hiesigen Studentenschaft immer noch anwachsen. Allerdings sind sie auf das Ganze gesehen ein kleiner Prozentsatz, reissen aber, wenn es darauf ankommt, die Mehrheit der Studentenschaft mit ins radikale Fahrwasser. In meiner studentischen Umgebung merke ich allerdings wenig davon« (Georg Wünsch an Adolf Grimme, 23.5.1931, GStA PK Berlin, VI. HA, Nachlaß Adolf Grimme, Nr. 2791).

[298] Karl Thieme an Georg Wünsch, 7.6.1933 (IfZ München, ED 163 [Nachlaß Karl Thieme], Nr. 101).

[299] Georg Wünsch an Karl Thieme, 10.6.1933 (IfZ München, ED 163 [Nachlaß Karl Thieme], Nr. 101). – Nowak, Evangelische Kirche und Weimarer Republik, 278, erkennt mit Blick auf 1933 »affinäre Tendenzen zu faschistischen Irrationalismen von Staat und Gesellschaft«, die »im Unterfutter« des »geschichtstheologischen und ethisch-politischen Denkens« Wünschs vorhanden seien.

[300] Vgl. Meier, Die Theologischen Fakultäten, 74.

[301] Vgl. die Charakterskizze bei Löwith, Mein Leben in Deutschland, 74: »Ein biederer Theologe war so naiv, daß er allen Ernstes im Unklaren war, ob ich oder meine Frau der volksfremde Teil sei. Er war bis 1933 Herausgeber einer tiefroten, christlich-marxistischen Zeitschrift gewesen und fürchtete entlassen zu werden. 1935 hatte er aber den Anschluß ge-

Mit Tillich verband den Marburger Sozialethiker ein doppeltes Konkurrenzverhältnis: Beide waren Hauptrepräsentanten unterschiedlicher religiös-
sozialistischer Strömungen und zugleich Bewerber um den Ehrenplatz des
legitimen Erben Ernst Troeltschs. So betonte Wünsch am 17. März 1930 gegenüber seinem Minister und Parteigenossen Adolf Grimme:»Als Schüler von
Troeltsch habe ich mich ganz systematisch darauf vorbereitet, die Brücke zwischen Theologie und Sozialismus zu bauen. Eine ganze Anzahl tüchtiger Studenten hört auf mich und versenkt sich mit Hingabe in das Studium der
sozialistischen Bewegung.« Ausdrücklich hält Wünsch als Vormann des »Bundes der religiösen Sozialisten Deutschlands« fest, das »Schwergewicht und die
eigentliche Leistung der Rel. Sozialisten« sei »im Bunde verkörpert«, »in denjenigen, die von ihrer aktiven Mitarbeit weiter nichts haben als Kampf und
Zurücksetzung in Kirche, Universität und Partei«[302]. In diesem, durchaus auch
universitätspolitisch hochbrisanten Kräftemessen erwies sich Tillich immer wieder als der wesentlich intelligentere Taktiker und ignorierte Wünsch mit erkennbarer Konsequenz, selbst wenn er ihn im Vorwort der »Sozialistischen
Entscheidung« kurz erwähnt.[303] Umgekehrt zeigte Wünsch jedoch deutliches
Interesse für den brillanten Rivalen, nicht zuletzt in seiner »Evangelischen Wirtschaftsethik« von 1927, in der er sich mit Tillichs »Blätter-«Aufsatz »Zum Problem der evangelischen Sozialethik« auseinandersetzte. Tillich vertrete hier »das
Recht des ›Allgemeinen‹ bei der konkreten Entscheidung so klar, scharf und
einsichtig, daß ich mich nur mit seinen Gedanken identifizieren kann. Er
schweigt sich freilich aus darüber, *was* denn nun dieses Allgemeine sei. [...] Tillich hat bis jetzt den ›Kairos‹-Gedanken so stark betont und ist selber bisher so
im Formalen verweilt, daß es Fernerstehenden immer noch schwer wird, seine
Gedanken von denen der Dialektiker zu unterscheiden.« Wünsch geht aber
noch weiter: »Der Formalismus ist nachgerade eine Krankheit des Protestantismus geworden, die vom melanchthonisierten Luthertum über Kant (Schleiermachers Ethik wurde wenig beachtet) und Herrmann bis in die neueste
Theologie dauernd Opfer fordert. Es bedarf eines kräftigen Ruckes, um aus
dieser verengten Lage herauszukommen.«[304] Der dialektischen Theologie wirft
Wünsch vor, die Möglichkeit einer evangelischen Sozialethik zu leugnen und
sich als »blind gegen die Fülle des Wirklichen und die in ihm feststellbaren
allgemeinen Zusammenhänge« zu erweisen: Menschen handelten aber nun

---

funden, indem er für sich den National*sozialismus* und nach außen den *National*sozialismus
betonte.« – Zu Wünsch vgl. NOWAK, Religiöser Sozialismus; WENZEL, Sozialismus aus christlichem Gewissen; WOLFES, Wünsch.

[302] Georg Wünsch an Adolf Grimme, 17.3.1930 (GStA PK Berlin, VI. HA, Nachlaß Adolf
Grimme, Nr. 2791).

[303] Siehe TILLICH, Sozialistische Entscheidung, 287 Anm. 6.

[304] WÜNSCH, Wirtschaftsethik, 268 Anm. 2.

einmal nicht »im luftleeren Raum, sondern inmitten einer durch Geschichte, Gemeinschaft und mancherlei Tatsachen bestimmten Situation, aus der die ›Entscheidung‹ nicht herausfallen kann«[305]. Dieser von den Betroffenen pathetisch forcierte Realitätsverlust besitzt freilich schon eine längere Vorgeschichte. Gleich nach dem Ersten Weltkrieg habe sich insbesondere der Religiöse Sozialismus in einem chaotischen Zustand präsentiert. »Die Potenz der Verwirrung zeigte die religiös-soziale Konferenz in Tambach in Thüringen, Herbst 1919, wo Karl Barth für die Anwesenden in Zungen redete und alle glaubten, ihn für die religiös-soziale Bewegung in Anspruch nehmen zu dürfen. Er hat später diese seine damaligen Anhänger kaum enttäuscht, weil sie nach Erkenntnis der Ungefährlichkeit der Revolution gerne wieder in das weltentrückte, an sich nicht unnötige, aber für sich allein lieblose Problematisieren zurückkehrten.«[306] Wünsch, der einst zusammen mit Otto Piper nach Tambach gereist war, hebt jetzt, da sich jenseits revolutionär inspirierter Höhenflüge und hochgemuter Programmrhetorik die internen Konfliktlinien klar abzeichneten, zwei Gruppierungen des Religiösen Sozialismus voneinander ab: die 1926 in Meersburg vereinigten Gruppen, »sehr bewegt, lebendig und zukunftsgläubig und wurzelnd tatsächlich im Arbeitervolke«[307], sowie demgegenüber »eine im wesentlichen intellektuelle und problematische lose Vereinigung, für die es bezeichnend ist, daß sie gar keine Aktion versucht, sich literarisch um einige schriftstellernde Menschen, deren Bücher und die ›Blätter für religiösen Sozialismus‹ schart und zu ›Arbeitswochen‹ zusammenkommt. Sie will nichts ›erreichen‹, sondern durch Aufrollen der sozialen und religiösen Problemlage den geistigen Boden auflockern, daß, wenn der ›Kairos‹, d. h. der gnadenvolle geschichtliche Moment kommt, die Gemeinde gesinnungsbereitet sei, ihn aufzunehmen.« Insbesondere auf Carl Mennicke richtete sich Wünschs kritisch-polemischer Fokus, er sei »stark mit Resignation geladen und die bedrückenden Gewichte der dialektischen Theologie und Ratlosigkeit des Zusammenbruchs noch nicht losgeworden. Da lebt nur halbe Gläubigkeit, geringe Freudigkeit und kaum Christlichkeit.«[308] Das beschworene Unbedingte ersetze keinen lebendigen Gott, es herrsche unbestimmte Allgemeinheit, die keine entschiedene Orientierung bieten könne. Die »literarischen Wortführer« seien Tillich, Mennicke und Heimann. »Der erste ist der systematische Denker, von dem die andern bis in die Begriffsbildung hinein abhängig sind.« Tillich präsentiere eine stark konstruierte Kulturphilosophie »mit glänzenden Durchblicken und virtuoser abstrakter Sprache«, die Wünsch allerdings, »was das

---

[305] Ebd., 267.
[306] Ebd., 534 Anm. 1.
[307] Ebd., 535.
[308] Ebd.

Verhältnis zur Sache betrifft, nicht immer verständlich« findet. »Mit dem, was man gemeinhin unter Sozialismus versteht, haben seine Schriften ebensowenig zu tun, wie mit dem, was man unter Christentum versteht.«[309]

In den religiös-sozialistischen Grabenkämpfen um Zeitdeutungshoheit will Wünsch ein der Wirklichkeit und der tatsächlichen Not entsprechendes Konzept entwerfen und greift dabei auf das Vokabular der eben noch geschmähten Konkurrenz zurück, auf die Begriffe Augenblick, Situation und Gegenwart.[310] Christentum und Sozialismus, hält er im ersten Jahrgang der von ihm seit 1929 herausgegebenen »Zeitschrift für Religion und Sozialismus« fest, hätten darin ein wesentliches gemeinsames Element, daß sie »nur dann lebendig« seien, »wenn sie gegenwartskräftig sind. Wer in ihrem Auftrag spricht, muß aus der Lage der Gegenwart heraus reden.« Gott spreche zum Menschen aus dem Leben heraus, und wer die Absicht habe, Gott zu verstehen, könne ihn entsprechend »nur aus dem Leben verstehen, aus dem ›konkreten Augenblick‹, in dem wir alle wurzeln.« Die Aufgabe seiner Zeitschrift sei es demnach, im Geist alttestamentlicher Prophetie »der Zeit den Puls zu fühlen, sie abzuforschen und abzuhorchen nach ihrem Rhythmus, um uns mit unserm Wollen in sie einzufügen; denn nur im Hören auf sie hat unser Wollen Wahrheit [...].«[311] Noch konkreter wird Wünsch schließlich 1936 in seiner »Evangelischen Ethik des Politischen«, in der er seine Programmschrift »Wirklichkeitschristentum« von 1932 fortschreibt und »das ›*Gesetz*‹ *der Situation*« heraufbeschwört. »Das Politische als der Kampf um die Lösung der entscheidenden Not ist immer situationsgebunden, d. h. was entscheidende Not ist, kann nicht abstrakt erdacht, sondern nur aus der realen Konstellation von geschichtlichen Kräften und ihren Auswirkungen erfühlt werden.«[312] Mit politischem Instinkt und Entscheidungskraft gehe es darum, Situationen zu präzisieren, die in sich niemals eindeutig seien.

In genau einer solch diffusen, zugleich existentiell bedrohlichen und entscheidungsträchtigen Situation befand sich auch Tillich nach seiner Beurlaubung. Schon kurz vor diesem Willkürakt des neuen Regimes hatte er sich an Erich Seeberg in Berlin gewandt und ihn um Unterstützung gebeten. Ein Besuch bei Seeberg in Ahrenshoop, den Tillich zusammen mit Karl Ludwig Schmidt geplant hatte, war nicht zustande gekommen:[313] »Wie Sie sich denken

---

[309] Ebd., 536 Anm. 2.
[310] Vgl. dazu auch Breipohl, Religiöser Sozialismus, 157.
[311] Wünsch, Gegenwart.
[312] Wünsch, Evangelische Ethik des Politischen, 511.
[313] Vgl. Erich Seeberg an Rudolf Hermann, 13.3.1933, in: Wiebel (Hg.), Hermann – Seeberg. Briefwechsel, 159–161; hier 160; sowie: Erich Seeberg an Rudolf Hermann, 10.4.1933, in: ebd., 162f.; hier 162.

können«, schreibt er am 19. März 1933, »ist die Frankfurter Universität, an der etwa ein halbes Dutzend linksgerichteter Professoren dozieren, Gegenstand heftiger politischer Angriffe. Auch ich bin davon nicht verschont. Teils wegen meines energischen Verhaltens als Senatsmitglied im vorigen Sommer (bei Gelegenheit des Ueberfalls von universitätsfremden S.A.gruppen auf die Universität) teils wegen meiner programmatischen Schrift ›Die sozialistische Entscheidung‹, die Weihnachten erschienen ist (ich weiss nicht, ob ich Sie Ihnen schon geschickt habe oder ob Sie sie sonst kennen).« In der anschließenden Kurzcharakteristik des Buches unterstreicht Tillich, daß es »ein umfassender Versuch« sei, »die beiden großen politischen Tendenzen ›die ursprungsmythische‹, die in der nationalen Bewegung wirkt, und die ›profetische‹, die den Hintergrund des Sozialismus bildet, zusammenzufassen. Es handelt sich also um den Versuch, einen zugleich profetischen und der deutschen Situation angemessenen Sozialismus zu schaffen.« Er sehe jetzt »die Gefahr, dass die Angriffe auf die Universität und auf mich persönlich erfolgreich sind, falls nicht Gegenkräfte eingesetzt werden. Mir ist nicht bekannt«, betont er,

»ob Sie direkt oder indirekt Beziehungen zu den gegenwärtig massgebenden Kreisen, namentlich im Kultusministerium haben, um dort meine wirkliche Stellung darlegen zu können. Aber vielleicht ist dies nicht einmal das wichtigste. Wichtiger ist, dass die Kirche resp. massgebende rechtsgerichtete Persönlichkeiten in der Kirche den Sinn und die Bedeutung der religiös-sozialistischen Bewegung in den letzten Jahrzehnten verständlich machen und deutlich erklären, dass die Existenz religiös-sozialistischer Professoren unmittelbar im Interesse der Kirche liegt. Vielleicht wäre es auch sinnvoll, darauf hinzuweisen, dass die Kirche ein Interesse daran hat, protestantische Theologen in philosophischen Lehrstühlen zu halten, um die philosophische Besinnung nicht ausschliesslich dem Katholizismus oder Humanismus zu überlassen.«

Ausgeschlossen sei es für ihn allerdings, »auch nur um Haaresbreite« von seiner bisherigen Position abzuweichen.

»Sie kennen mich ja gut genug, um zu wissen, dass davon keine Rede seien kann. Wenn ich Ihre Hilfe in Anspruch nehme, so tue ich es deswegen, weil ich für nötig halte, dass der Popanz Marxismus, nachdem er seine agitatorische Wirksamkeit gehabt hat, differenziert wird und die Arbeit zu seiner inneren Weiterbildung in die kommenden Bewegungen aufgenommen wird. Da den gegenwärtigen Regierungsträgern eine wirkliche Kenntnis dieser Dinge im allgemeinen fehlt, ist es nicht nur ein persönliches, sondern auch ein sachlich wichtiges Anliegen, das ich an Sie habe.«

Tillich kommt zu dem Schluß, daß die neuen Entwicklungen nun unter Umständen sogar zu gemeinsamer Arbeit mit Seeberg in Berlin führen könnten; »denn wenn man mich hier beseitigt, aber die Existenz in Deutschland ermöglicht, bliebe mir kaum etwas anderes übrig, als – eine Habilitation für Re-

ligionsphilosophie in Berlin zu versuchen.«[314] Die Frage, in welcher Form Seeberg sich bemüht hat, Einfluß auf Funktionsträger des neuen Regimes auszu-
üben, oder ob dieser Versuch gar nicht erst unternommen wurde, läßt sich
allerdings aus den Quellen bisher nicht beantworten.

Diese Ungewißheit betrifft auch den Plan Dietrich Bonhoeffers, der im April
1933 »auf Betreiben einiger seit Jahren der N.S.D.A.P. angehörender Studenten« und mit Hilfe Seebergs erreichen wollte, »daß die Berliner Fakultät ein
Wort zur wissenschaftlichen Bedeutung Paul Tillichs«[315] verlauten läßt. »Bereits am 18.4.1933 hatte Seeberg gegenüber [Rudolf] Smend geäußert, ›daß
[...] zu der ganzen ›Reform‹ [sc. an den Universitäten infolge der ›Machtergreifung‹], auch zu einigen Beurlaubungen (Tillich!) ein deutliches Wort bald
gesagt werden muß, ist mir sicher. [...] Ich meine überhaupt, daß die Zeit bald
da ist, wo ein richtiger Protest, sei es bei Hitler, sei es in der Presse, eingelegt
werden muß.‹«[316] Diese unübersichtliche Situation spiegelte sich zeitnah in
den Verhandlungen des außerordentlichen Evangelisch-Theologischen Fakultätentages in Berlin am 27. April 1933. Hier machte Emanuel Hirsch unmißverständlich deutlich, »Vollmachten seiner Fakultät zum Handeln, nicht zum
Debattieren« zu besitzen. Und Gogarten vertrat die Ansicht, daß es »sich beim
Nationalsozialismus nicht um Stimmung« handele, »sondern um etwas in der
ganzen Welt Vorgehendes: eine Umwälzung der Ordnung«. Hans Schmidt,
Halle, legte als Vorsitzender des Fakultätentages »einen vom Dekan der Fakultät Bonn übersandten Antrag vor, für Dehn und Tillich einzutreten. Er stellt
ihn aber mit Zustimmung der Versammlung nicht zur Debatte. Ein Wieder-
eintritt D. Dehns in seine Professur sei in Halle völlig unmöglich. Für Tillich,
der nicht Mitglied einer Theol. Fakultät und für den einzutreten zunächst nicht
Sache eines Theol. Fakultätentages sei, seien nachdrückliche Bemühungen an
anderen Stellen bereits mit Aussicht auf Erfolg eingeleitet.«[317] Auch diese Un-
terstützungsversuche lassen sich bislang nicht durch weiteres Archivmaterial
dokumentieren.

Am 4. April 1933 hatte sich Karl Barth an Bernhard Rust, der das Amt des
Preußischen Kultusministers kommissarisch verwaltete, gewandt und der na-
tionalsozialistisch geführten Regierung mit gewissen Einschränkungen seine
Loyalität bekundet. Karl Ludwig Schmidt hielt ihm daraufhin am 15. April 1933

---

[314] Paul Tillich an Erich Seeberg, 19.3.1933 (BA Koblenz, N 1248 [Nachlaß Erich See-
berg], 37).

[315] KAUFMANN, »Anpassung«, 229, mit Bezug auf: Dietrich Bonhoeffer an Erich Seeberg,
21.4.1933, in: BONHOEFFER, Berlin 1932–1933 (Werke, 12), 61f.

[316] KAUFMANN, »Anpassung«, 229 Anm. 567, unter Aufnahme von: Erich Seeberg an Rudolf Smend, 18.4.1933, Nachlaß Smend (Privatbesitz).

[317] Niederschrift der Verhandlungen des a. o. Fakultätentages in Berlin am 27. April 1933
(UA Göttingen, Theol. SA 0140, Mappe 1, 291–296). Zu diesem Fakultätentag vgl. MEIER,
Die Theologischen Fakultäten, 95–105.

vor: »[...] knapp und frei ist festzustellen, daß Sie in Ihrer Loyalitätserklärung gegenüber dem neuen Kurs etwas verharmlosen, was nie und nimmer eine Ver-
harmlosung verträgt, nämlich den − Faschismus, der von Zwangsläufigkeiten
lebt, die Ihnen nicht bekannt sind.«[318] Nur wenig später konfrontierte Schmidt
den Schweizer Kollegen mit einem konkreten Fallbeispiel für die gefährlichen
Spielräume der Uneindeutigkeit: »Nehmen wir einmal an: Tillich, der als
Kairos-Philosoph-Theolog dem neuen Kurs wahrhaftig näher steht, als das bei
Ihnen der Fall ist, Tillich, für den sich eine führende NSDAP-Studentin als
seine Schülerin bei den maßgebenden Instanzen eingesetzt hat, hätte auch
einen solchen Brief wie Sie an den Herrn Minister richten können, einen Brief,
der dann auf ›fruchtbaren Boden‹ gefallen wäre.« Deutlich markiert also auch
Schmidt mit direktem Verweis auf den »Kairos« die mögliche Nähe Tillichs
zum neuen Regime. Er fährt fort: Tillich »war jedenfalls nahe daran, neulich in
Berlin eigenbeinig in die Höhle des Löwen zu gehen, d. h. dem neuen Hoch-
schulreferenten Achelis einen Besuch zu machen. Da ich solche Gleichschal-
tungsmanöver und alles, was auch nur von ferne danach aussieht, ablehne, habe
ich Tillich dringend von seinem Vorhaben abgeraten. Er ist meinem Rat gefolgt.
Vielleicht hätte er sich sonst ›retten‹ können.«[319]

Bei der von Schmidt nicht namentlich genannten Schülerin Tillichs wird es
sich um Erika Vielhaber handeln.[320] Sie hatte sich im Frühjahr 1933 mit Nachdruck für ihren akademischen Lehrer eingesetzt und um Unterstützung für ihn
geworben. So schrieb sie am 21. April an Eduard Spranger:

»Als Fachschaftsleiterin der nationalsozialistischen Theologiestudentinnen ging ich zum
Kultusministerium und erfuhr dort, daß die Beurlaubung von Professor Tillich noch
keineswegs endgültig sei. Eine große Zahl von Berliner Theologiestudenten und verschiedene Frankfurter Schüler von Herrn Professor Tillich versuchen augenblicklich als
Nationalsozialisten dafür einzutreten, daß Professor Tillich uns als Hochschullehrer, den
wir trotz aller politischen Gegensätze sehr verehren, erhalten bleibt. Mit verschiedenen
Professoren der Theologischen Fakultät stehen wir bereits in Verbindung, es würde uns
aber von großer Bedeutung sein, wenn wir auch von Professoren der philosophischen
Fakultät unterstützt würden. [...] Voraussichtlich werden einzelne Vertreter, der hinter
uns stehenden Gruppen am kommenden Mittwoch Vormittag wieder im Kultusministerium empfangen.«[321]

---

[318] Karl Ludwig Schmidt an Karl Barth, 15.4.1933, in: Mühling, Schmidt, 141 f.; hier 142;
vgl. dort auch zum Kontext.

[319] Karl Ludwig Schmidt an Karl Barth, 24.4.1933, in: ebd., 245. − Der Physiologe Johann
Daniel Achelis war 1933/34 Ministerialrat im Preußischen Kultusministerium und dürfte als
Sohn des Leipziger Kirchenhistorikers Hans Achelis theologischen Anliegen gegenüber eher
aufgeschlossen gewesen sein.

[320] Erika Vielhaber, Jahrgang 1909, war in Frankfurt als Studentin für das Gymnasiallehr-
amt Schülerin Tillichs gewesen.

[321] Erika Vielhaber an Eduard Spranger, 21.4.1933, in: Horn, Unklare Fronten, 161.

Spranger antwortete umgehend, die nationalsozialistische Studentenschaft habe
es selbst gewollt, »dass in Deutschland eine allgemeine Gesinnungsprüfung«
stattfinde. Entsprechend seien nun die Folgen zu tragen, »auch um daraus zu lernen. Insbesondere werden die Theologiestudenten sich fragen müssen, wie weit
sie damit im Geiste des Christentums gehandelt haben.«[322] Spranger lehnte es
daher ab, sich das Ansinnen der Studenten zu eigen zu machen; wenn er überhaupt aktiv werde, könne er sich allenfalls vorstellen, ganz unabhängig von der
Initiative der Fachschaft einen Brief an den Minister zu schreiben.[323]

Wie eng die Bindung einzelner Studenten – und zumal Studentinnen – an
Tillich war, welche Erwartungen sich auf Worte und Taten des charismatischen
Lehrers richteten, verdeutlicht eindrucksvoll ein weiterer Brief Erika Vielhabers,
der sich im Harvarder Tillich-Nachlaß erhalten hat. Aus Berlin-Friedenau teilt
die offenbarungsfreudige Theologiestudentin ihrem einstigen Frankfurter Professor am 21. September 1934 zunächst mit, wie enttäuscht sie über Tillichs
Entscheidung sei, nicht, auch nicht besuchsweise, nach Deutschland zu reisen.
»Es wäre natürlich viel besser, Sie kämen doch und könnten sich einmal richtig persönlich orientieren [...].« Vielhaber setzt ihren Lehrer dann davon in
Kenntnis, »ein Semester lang ›Führerin‹ sämtlicher Berliner Studentinnen« gewesen zu sein – »wesentlich mehr Arbeit als die theologische Fachschaft, aber
auch viel befriedigender«. Besonders schwer falle ihr »die Auseinandersetzung
mit den klugen, überlegenen, persönlich edlen und fähigen Anhängern von
Nietzsche u. vor allem George, die so imponierend gradlinig und trotz einer gewissen Massenverachtung optimistischer und zielstrebig sind«. Sie könne gut
verstehen, daß Tillich im Geiste alles miterlebe und verfolge: »Es ist ja so wun-
derbar lebendig bei uns, ich wäre todunglücklich, wenn ich auch nur ein Jahr
aus unserem Deutschland wegmüßte, alle anderen Länder kommen mir tot
gegen uns vor.« Am Ende erwähnt Vielhaber schließlich auch Emanuel Hirschs
»Die gegenwärtige geistige Lage im Spiegel philosophischer und theologischer
Besinnung«. Sie habe das Buch »mit großer Spannung u. oft Aufregung gelesen. Es stammt doch nicht nur die Kairoslehre von Ihnen, viel mehr, es ist ganz
unbegreiflich, wie er das tun konnte. Und in dieser Weise.«[324]

---

[322] Eduard Spranger an Erika Vielhaber, 24.4.1933, in: ebd., 162.

[323] Die beiden Schreiben von Vielhaber und Spranger wurden im Jahr 2003 von Klaus-
Peter Horn ediert. In seinem Kommentar stellt er – auch unter Berufung auf Erinnerungen Vielhabers – die begründete Vermutung auf, Spranger habe seinen Brief an die Studentin
niemals abgeschickt und sich auch nicht bei Reichskommissar Rust für Tillich verwendet,
da er zu sehr mit der Wahrung seiner eigenen gefährdeten Position befaßt gewesen sei (vgl.
ebd., 166).

[324] Erika Vielhaber an Paul Tillich, 21.9.1934 (Harvard). Vgl. das Echo in einem Brief
Tillichs an Alfred Fritz, 1.10.[1934], in: TILLICH, Briefwechsel und Streitschriften, 84–86;
hier 85: »Am Tage nach Deinem Brief kam einer von Erika V.[ielhaber], in dem sie sich em-
pört über E.'s Verhalten – in seinem Buch mir gegenüber – äußert.«

Doch zurück in das Jahr 1933: Tillichs Situation in Deutschland wurde zunehmend bedrohlich. Freilich wuchs diese Bedrohung halb im Verborgenen und weckte nicht den instinktiven Fluchtreflex des Opfers. Im Gegenteil: Lange hegte der Beurlaubte die Illusion, daß ihn die Nationalsozialisten auf seinen Frankfurter Lehrstuhl zurückholen würden oder er an der Friedrich-Wilhelms-Universität zu Berlin wieder Systematische Theologie lehren dürfe. Wie viele andere deutsche Intellektuelle seiner Generation deutete er die »deutsche Revolution« zeitweilig auch als Chance, nun vielleicht doch religiös-sozialistische Sozialutopien realisieren und undogmatische Kräfte der politischen Linken mit den zukunftsorientierten Gruppen der völkischen Rechten zusammenführen zu können. Nur Anschauung vermochte hier Täuschung und Selbstbetrug zu bannen. Und Tillich gewann sie: Seine Frau jedenfalls berichtet in ihren Erinnerungen von einer Rede Hitlers, die ihr Mann in dieser Zeit miterlebte – mit einer Sondereintrittskarte konnte er unmittelbar an der Tribüne sitzen: »Er kam schaudernd nach Hause, entsetzt und beeindruckt von dem Dämon in Hitlers Augen. Seine Sensitivität ließ ihn den bösen Zauber dieses kleinen Mannes mit der unkultivierten Stimme erspüren und machte ihn hellhörig für die Brutalität, die hinter diesem bombastischen Theaterdonner steckte. Er ahnte die ungeheure Gefahr.«[325]

Von vielen Freunden insbesondere aus dem Umkreis des »Frankfurter Instituts für Sozialforschung« wurde Tillich in diesen Ahnungen bestärkt und gedrängt, Deutschland möglichst schnell zu verlassen.[326] Max Horkheimer erinnert sich, daß Tillich selbst zunächst nicht daran dachte, »aus Deutschland wegzugehen. Erst als ich Zitate aus seinen Schriften ihm vorlas, der *Religiösen Verwirklichung* und der *Sozialistischen Entscheidung*, kompromißlose Zitate, hat er nachgegeben.«[327] Die Schweiz bot sich als Zufluchtsort nicht an. Adolf Löwe berichtete am 8. August 1933 an Fritz Medicus, Tillichs einstigen Mentor aus den Studienjahren in Halle, der seit 1911 einen Lehrstuhl an der Zürcher Eidgenössischen Technischen Hochschule inne hatte, daß sein Freund und Kollege Tillich »zwar bis Ende September die formelle Entscheidung« über seine endgültige Entlassung abwarte, »sich aber selbst keine Illusionen« mache, und er kommentierte: »Sie werden es uns nachfühlen, daß wir nicht ohne bittere Empfindungen sehen, daß die durch Sprache und Kulturgemeinschaft uns verbundene Schweiz an ihrer generell ablehnenden Stellung zu den vertriebenen Wissenschaftlern festhält.«[328]

---

[325] H. TILLICH, Ich allein bin, 141.

[326] Vgl. dazu PAUCK/PAUCK, Tillich, 142.

[327] HORKHEIMER, Letzte Spur von Theologie, 271. Bei PAUCK/PAUCK, Tillich, 136, wird dieser Vorgang auf Februar 1933 datiert.

[328] Adolf Löwe an Fritz Medicus, 8.8.1933, in: CHRISTOPHERSEN/GRAF (Hg.), Die Korrespondenz Medicus/Tillich, 147; vgl. dazu auch DIES., Neukantianismus, bes. 74f.

Schließlich nahm Tillich das Angebot an, für zunächst ein Jahr an der Columbia University und am Union Theological Seminary in New York zu lehren. Eine entsprechende Mitteilung hatte ihn Ende Juni oder Anfang Juli 1933 in Saßnitz erreicht.[329] Gretel Karplus, die Begleiterin und spätere Ehefrau Theodor W. Adornos, berichtete Walter Benjamin leicht irritiert von Tillichs Aufenthalt an der Ostsee: »Mir bleibt nichts erspart, Paulus ist heuer auch auf Rügen in Saßnitz und wird uns natürlich besuchen, das ist nun einmal Bestimmung.«[330] Benjamin war ihr indes keine große Stütze im maliziösen Lamento, antwortete er doch von San Antonio auf Ibiza aus: »Den Paulus betreffend wartest Du jedenfalls ganz umsonst auf mein Mitgefühl; wenn ich das früher in dem gleichen Falle unerschöpflich aufbrachte, finde ich in diesem – der durch seinen Hintergrund ein so ganz anderer ist – viel eher Neid am Platze. Das Vergnügen, ihn jetzt in ein Verhör zu nehmen, scheint mir nicht der schlechteste Punkt eines Ferienprogramms.«[331] Trotz aller Vorbehalte: Tillich und Adorno führten auf Rügen intensive Gespräche, bittere auch, in denen Selbsttäuschungen, Hoffnungen, Illusionen zerstört wurden – als Tillich seinem so gar nicht schülerhaften Schüler mitteilen mußte, daß die für ihn erhoffte Beschäftigung in Genf nicht möglich sei.[332] Und noch ein weiterer unfreiwilliger Urlauber sah einer beängstigend ungewissen Zukunft entgegen: Carl Mennicke hatte die Tillichs nach Rügen begleitet. Am 24. April 1933 war auch er aus seiner Frankfurter Professur vorläufig beurlaubt worden. Nun verunsicherte es ihn, daß Eduard Heimann, der schon in die USA emigriert war, Tillich den Weg nach Amerika geebnet hatte, er selbst jedoch für derartige Unterstützungsmanöver offenbar zu unbedeutend war. Mennicke stellt in seinen Erinnerungen heraus, sich gut mit seinen Studenten, »auch mit den Nationalsozialisten unter ihnen«[333] verstanden zu haben. »Wie denn diese (teilweise sogar nationalsozialistisch angehauchten) Studenten auch durch eine Eingabe

---

[329] Vgl. PAUCK/PAUCK, Tillich, 142. – Vgl. auch Frank D. Frankenthal, Secretary of the Columbia University, 2.10.1933 (Harvard), Ernennung Tillichs als »Visiting Lecturer in Philosophy« an der Columbia University für 1200 Dollar (1. Juli 1933 bis 30. Juni 1934); ders., 16.8.1933 (Harvard): »Professor Paul Tillich University of Frankfurt am Main [...] Dear Professor Tillich: On the nomination of the Department of Philosophy and in cooperation with Union Theological Seminary, President Butler directs me to extend to you an invitation to be Visiting Lecturer in Philosophy at Columbia University for the academic year 1933–34«. Dreißig Vorlesungen seien in der Spring Session zu halten. Das Wintersemester bleibe frei »for the acceptance by you of invitations from other institutions and organizations for lectures and conferences«.

[330] Gretel Karplus an Walter Benjamin, 5.8.1933, in: G. ADORNO/W. BENJAMIN, Briefwechsel 1930–1940, 72–75; hier 74.

[331] Walter Benjamin an Gretel Karplus, um den 12.8.1933, in: ebd., 76–79; hier 76.

[332] Vgl. JÄGER, Adorno, 118.

[333] MENNICKE, Zeitgeschehen, 175.

an das Ministerium für mich eine Lanze gebrochen haben. Sie ahnten offenbar so wenig wie ich, wie radikal die Ausrottung aller weltanschaulich nicht
›zuverlässigen‹ Elemente (und damit die systematische Züchtung der Gesin-
nungslumperei) gemeint war.«[334] Im Winter 1932 habe er auf Bitten der sozialistischen Studentenschaft den Nationalsozialismus in einem Vortrag behandelt.
»Mit anderen war auch der Germanist Hans Naumann unter den Hörern. Er
sagte mir nach dem Vortrage wörtlich: wenn ich nicht schon Sympathien für
die Bewegung gehabt hätte, durch ihren Vortrag wären sie in mir erweckt worden.« Zwar habe er, so Mennicke dem Nationalsozialismus mit kompromißlo-
ser Ablehnung gegenübergestanden. »Aber es war mir nie schwer gefallen, auch
die extremste gegnerische Haltung positiv zu würdigen.« Deutlich stünde ihm
immer noch sein Grundvertrauen in Recht und Ordnung vor Augen: »Daß
man einfach ausgeschaltet werden würde, daran zu glauben weigerte ich
mich.«[335] Doch bei der bloßen Wahrnehmung der Schutzlosigkeit im Un-
rechtsstaat sei es nicht geblieben. Er habe seinen Platz nicht einfach räumen
wollen: »Ich war bereit, das Wort von der Volksgemeinschaft ernster zu nehmen
als die, die es im Munde führten. Ich habe es deshalb über mich gebracht, bei
beiden Ministerien gegen meine Entlassung schriftlich Protest einzulegen.
Mit der Berufung darauf, daß ich in meiner akademischen Lehrtätigkeit Erscheinungsformen und Probleme des Nationalsozialismus durchaus objektiv
[positiv][336] gewürdigt habe und daß mein Wirken für die Realisierung wirklicher Gemeinschaft mich dazu qualifiziere, für den neuen Versuch meine
Kräfte zur Verfügung zu stellen.«[337] Doch sei dieser Einspruch erfolglos geblieben. Auf der Rückreise von Saßnitz habe er einen letzten Vorstoß unternommen: »Ich ging persönlich auf beide Ministerien, um volle Gewißheit zu
erlangen, wie meine Aktien ständen. Im Kultusministerium war man ganz
abweisend. Kein Gedanke daran, daß ich je wieder eine pädagogische Dozen-
tur bekleiden könne.« Im Handelsministerium sei er zwar sehr freundlich empfangen worden, habe aber den Rat erhalten, »im Ausland nach einer geeigneten
Arbeitsmöglichkeit«[338] zu suchen. Mennickes Weg führte dann im September
1933 tatsächlich in die Niederlande, wo ihn im November 1941 die Gestapo
verhaftete; nach Gefängnisstationen wurde er zunächst in einem Arbeitslager
und schließlich bis zum April 1943 im Konzentrationslager Oranienburg-
Sachsenhausen inhaftiert.

Ob diese gleichermaßen von Hoffnung und Verzweiflung diktierte Route,
von der Inselzuflucht über Berliner Ministerialbüros ins Exil, mit all ihren un-

---

[334] Ebd., 176.
[335] Ebd., 177.
[336] Einschub in dieser Form bei Mennicke.
[337] Ebd., 185.
[338] Ebd., 186.

wägbaren Chancen und Gefahren im Gespräch der Freunde an der Ostsee ein
Thema war, entzieht sich platter Beweisbarkeit. In jedem Fall aber mußte sich
auch Tillich nach dem trügerischen Rügener Sommer-Idyll unter wachsender
Existenzangst Klarheit über realitätstaugliche Zukunftsperspektiven verschaffen.
Einige Zeit hielt er sich zunächst noch auf Spiekeroog auf, wo er endlich die
lang erwartete Nachricht des Ministers für Wissenschaft, Kunst und Volksbildung erhielt: »Auf Ihren Antrag vom 29. August d. Js. beurlaube ich Sie ohne
Gehalt für eine einjährige Vorlesungstätigkeit in New York vorbehaltlich der
Entscheidung auf Grund des Gesetzes zur Wiederherstellung des Berufsbeamtentums.«[339] Hannah Tillich berichtet von einer letzten Unterredung, die Tillich daraufhin in Berlin mit dem Staatssekretär des Kultusministeriums führte.
»Sie hatten ihn in Deutschland halten wollen.« Daraufhin habe »er zwei Fragen gestellt: ›Was geschieht mit den Juden?‹ und ›Wie stehen Sie zu unserer
modernen Kultur?‹ [...] Nach dem Gespräch hatte der Beamte Paulus vorgeschlagen, Deutschland für zwei Jahre zu verlassen.«[340] Wilhelm und Marion
Pauck interpretieren dieses Gespräch mit Wilhelm Stuckart um eine wichtige
Nuance anders: Tillich habe nach der Unterredung im Ministerium das »Empfinden« gehabt, »ein Auslandsjahr würde ihm materiell und persönlich gut tun«,
und sei der Auffassung gewesen, »danach [...] vielleicht sogar wieder seine alte
Stellung bekommen«[341] zu können. Er verwahrte sich, so seine Biographen,
ihnen gegenüber 1964 »[g]anz entschieden [...] gegen die Behauptung eines seiner Kollegen, [...] Bernhard Rust gesehen« zu haben; auch die Vermutung, »Rust
habe ihm eine Stellung angeboten oder habe ihn dazu überreden wollen, in
Deutschland zu bleiben«[342], treffe nicht zu. Doch bilden diese späten, vielerlei
Erinnerungsmutationen und hagiographischen Einflüssen ausgesetzten Zeug-
nisse keine tragfähige Grundlage, um die entscheidende Frage verläßlich beantworten zu können: Hat Tillich tatsächlich mit Rust gesprochen und, wenn
dies der Fall war, worüber? Die Quellenlage bleibt an diesem Punkt lückenhaft.
Selbst geschworene Feinde Tillichs wie Wilhelm Stapel konnten (oder wollten)
keine kompromittierenden Details in die Öffentlichkeit dringen lassen. In seinem Offenen Brief an Emanuel Hirsch blieb es bei raunenden Andeutungen:
Tillichs »selbstgestellte Aufgabe« sei es gewesen, »den Marxismus [...] philosophisch und religiös zu untermauern. Nach der Revolution machte er, wie ich
damals erfuhr, Versuche, sich dem Vaterlande zu erhalten. Da man aber seiner
Dienste fürder nicht bedurfte, wandte er sich nach New York.«[343] Doch nicht

---

[339] Der Preußische Minister für Wissenschaft, Kunst und Volksbildung an Paul Tillich,
9.9.1933 (Harvard).
[340] H. TILLICH, Ich allein bin, 149.
[341] PAUCK/PAUCK, Tillich, 144.
[342] Ebd., 314 Anm. 89.
[343] STAPEL, An Herrn Professor Hirsch in Göttingen, 155.

allein derlei diffuses Hintergrundgerede, mehr Gerücht als Information, stellt die lediglich indirekt überlieferte Aussage Tillichs von 1964 in Frage. Auch auf eine Erinnerung Adolf Löwes ist hinzuweisen, der mit erkennbarer Freude an der effektvollen Zuspitzung jene für viele so anstößig wirkende Begegnung ausmalt: »Rust machte Tillich ein Angebot: ›Herr Tillich‹, sagte er, ›jeder macht mal einen *faux pas*, wir wissen, daß Sie im Grunde zu uns gehören, ich möchte Ihnen den ersten theologischen Lehrstuhl an der Berliner Universität anbieten mit einer Bedingung, daß Sie die ›Sozialistische Entscheidung‹ widerrufen.‹ Und Paulus hat ihm ins Gesicht gelacht und gesagt: ›Sonst noch etwas?‹ und verließ ihn. Die Sache war sehr mutig von Tillich.« Sachlich unzutreffend ist jedoch zumindest der unmittelbar folgende Satz: »Er war entlassen [...].« Denn die Entlassung Tillichs erfolgte erst später. Zudem hält Löwe fest, daß »die Aufforderung vom ›Union Theological Seminary‹ in New York [...] erst Ende Oktober aus heiterem Himmel«[344] gekommen sei und nicht damit zu rechnen gewesen wäre. Auch hier trügt die Erinnerung. Ob sie andere Episoden, zumal die Begegnung mit Rust, zuverlässig gespeichert hat, muß dahingestellt bleiben.

Im Berliner Ministerium wurde Tillichs Fall zumindest eingehend geprüft, und Johann Daniel Achelis richtete am 27. September 1933 im Auftrag des Ministers eine Anfrage an das Frankfurter Universitätskuratorium: »Ich ersuche um umgehenden ausführlichen Bericht über die politische Betätigung des ordentlichen Professors Dr. Paul *Tillich*, gegebenenfalls unter Beteiligung der Gauleitung der NSDAP.«[345] Die Antwort des Kurators Amtsgerichtsrat August Wisser ließ nicht lange auf sich warten, sie erfolgte am 4. Oktober und konnte kein aktuelles Belastungsmaterial präsentieren:[346] »Ueber die politische Betätigung des Professors *Tillich* ist weder der Parteileitung noch mir näheres bekannt.« Der Kurator hatte sich »deshalb an den Rektor Herrn Professor Krieck

---

[344] Löwe, Erinnerung, 196. Die Herausgeberinnen des Bandes Renate Albrecht und Margot Hahl gehen mit Löwe von einer Begegnung aus und datieren sie auf »Sommer 1933« (ebd., 180).

[345] Der Preußische Minister für Wissenschaft, Kunst und Volksbildung [Ministerialrat Johann Daniel Achelis] an das Universitätskuratorium Frankfurt am Main, 27.9.1933 (UA Frankfurt, Abt. 14, Nr. 133, 50 r). Am 7. Oktober schrieb Achelis an das Kuratorium (UA Frankfurt, Abt. 14, Nr. 133, 51): »Ich bestätige meinen Drahterlaß vom 30. September 1933: ›Kuratorium Frankfurt a/M. Gehalt Tillich bis zur Entscheidung Beamtengesetz weiterzahlen. Für Kultusminister Achelis.‹ Unter Bezugnahme auf meinen Erlaß vom 9. September 1933 – U I 22941 – ersuche ich, Professor *Tillich* von der Weiterzahlung seiner Bezüge zu benachrichtigen. Professor Tillich nimmt seine Vorlesungen an der Columbia-Universität in New York erst im Frühjahr 1934 auf, seine Beurlaubung an der dortigen Universität bleibt jedoch bis zur Entscheidung auf Grund des Berufsbeamtengesetzes bestehen.«

[346] Der Kurator der Universität Frankfurt am Main, [August] Wisser, an den Preußischen Minister für Wissenschaft, Kunst und Volksbildung, Bernhard Rust, 4.10.1933 (Entwurf; UA Frankfurt, Abt. 14, Nr. 133, 50 v).

gewandt«, von ihm liege eine Stellungnahme bei. Dieses Dokument hat sich in den einschlägigen Archivbeständen bislang nicht auffinden lassen, aber sein Tenor geht indirekt aus dem Schreiben des Kurators hervor, denn Wisser betont: »Die Ansicht, dass Professor Tillich hauptsächlich für die jüdisch-marxistische Personalpolitik der hiesigen Universität verantwortlich sei, ist mir auch von anderer Dozentenseite bestätigt worden.« Weiterhin habe Krieck »drei Schriften betr. Tillich« überreicht, die der Kurator mit der Bitte um Rückgabe ebenfalls nach Berlin sendet. »In diesen Schriften sind die wesentlichen Stellen mit Rotstift hervorgehoben.« Bei den Texten handelte es sich, wie auf dem Briefentwurf handschriftlich vermerkt, neben der »Sozialistischen Entscheidung« um zwei Hefte des »Deutschen Volkstums« vom Juni und Dezember 1931. In beiden Nummern finden sich – oben bereits eingehend gewürdigte – massive Angriffe auf Tillich, deren Aggressor sich einmal hinter dem Pseudonym »Thomas Thomassen« versteckte,[347] im zweiten Fall aber als Wilhelm Stapel identifiziert werden kann, der Thomassens Attacke rückblickend rechtfertigte.[348] Indem die »Volkstums«-Hefte mit ihrer denunziatorischen Botschaft dem Minister übersendet wurden, entfaltete das kühl kalkulierte Zerstörungswerk des ebenso einflußreichen wie rücksichtslosen Publizisten Stapel im ›rechten Augenblick‹, als über die definitive Entlassung Tillichs zu entscheiden war, sein ganzes vernichtendes Potential.

Die Vergegenwärtigung der divergierenden Perspektiven auf Tillichs Orientierungsversuche im »deutschen Jahr 1933« läßt, so das Fazit dieser Umschau, ein uneinheitliches Bild entstehen. Tillich »wanderte tastend auf der Grenze«, kommentiert seine Frau die Lage vor dem Entschluß zur Emigration, »bis es zur Entscheidung kam. Dann wurde er zum Fels, der keinen Fingerbreit von seinem Standpunkt abwich.«[349] Diese Festigkeit gewann Tillich auch in Reaktion auf eine Reihe äußerer Ereignisse. Maßgeblich für die weitere Lebensplanung des nun schon über ein halbes Jahr Beurlaubten wurde zunächst seine auf der Basis von Paragraph 4 des »Gesetzes zur Wiederherstellung des Berufsbeamtentums« erfolgende offizielle Entlassung am 20. Dezember 1933. In der betäubenden Betriebsamkeit der New Yorker Winterwochen mit ihrer Fülle von Begegnungen, Vorträgen, Sondierungsgesprächen traf Tillich ein Brief aus Berlin, an seine Frankfurter Adresse gerichtet und von Staatssekretär Wilhelm Stuckart unterzeichnet, zwei knappe Sätze in kaltem Bürokratendeutsch: »Auf Grund von § 4 des Gesetzes zur Wiederherstellung des Berufsbeamtentums vom 7. April 1933 werden Sie hiermit aus dem Staatsdienst entlassen. Wegen

---

[347] Thomassen, Der Prophet des »religiösen Sozialismus«. Dazu oben, 204–206.
[348] Stapel, Alles um Tillich.
[349] H. Tillich, Ich allein bin, 150.

Regelung Ihrer Bezüge ergeht demnächst weitere Verfügung.«[350] Tillich war
sich bis zu dieser Nachricht nicht sicher gewesen, ob seine Entlassung tatsächlich erfolgen würde. In einem längeren Schreiben legte er nun am 20. Januar 1934 dem Berliner Ministerium gegenüber Widerspruch ein. Zu dessen
Verständnis ist der genaue Wortlaut des zugrunde liegenden Gesetzestextes notwendig. In der im Reichsgesetzblatt 1933 veröffentlichten Fassung teilt die
Reichsregierung in Paragraph 1 Absatz 1 mit, daß zur »Wiederherstellung eines
nationalen Berufsbeamtentums und zur Vereinfachung der Verwaltung [...] Beamte nach Maßgabe der folgenden Bestimmungen aus dem Amt entlassen werden, auch wenn die nach dem geltenden Recht hierfür erforderlichen
Voraussetzungen nicht vorliegen.« Der für Tillich entscheidende Paragraph 4
lautet: »Beamte, die nach ihrer bisherigen politischen Betätigung nicht die Ge-
währ dafür bieten, daß sie jederzeit rückhaltlos für den nationalen Staat ein-
treten, können aus dem Dienst entlassen werden. Auf die Dauer von drei
Monaten nach der Entlassung werden ihnen ihre bisherigen Bezüge belassen.
Von dieser Zeit an erhalten sie drei Viertel des Ruhegeldes (§ 8) und entsprechende Hinterbliebenenversorgung.«[351] Der Paragraph 8 bindet das Ruhegeld
an eine mindestens zehnjährige Dienstzeit. Tillich erhielt das Entlassungs-
schreiben am 9. Januar 1934, somit zunächst sein Gehalt bis einschließlich April
und danach die Versorgungsbezüge, über deren Höhe und Anrechnungszeiten
Verhandlungen geführt wurden, ab Mai 1934.[352]

Zu einer Reaktion auf diesen massiven Entrechtungsakt gezwungen, muß
Tillich sich des Briefes von Emanuel Hirsch erinnert haben, der ja bereits am
14. April 1933 die Düsternis eines Daseins als Verfemter aufzuhellen versucht
hatte. Die Reflexionen und Ratschläge des Göttinger Freundes erschienen dem
Entlassenen nun offenbar überzeugend genug, um sie in die eigene Strategie des
Auslotens aller Optionen zu integrieren. Nicht nur die Bewertung der »Sozialistischen Entscheidung« fand Eingang in Tillichs Argumentation pro domo,
sondern auch Hirschs Hinweise auf die besondere Bedeutung der aktiven Weltkriegsteilnahme und die Modalitäten der Pensionsberechnung. Es sei ihm mitgeteilt worden, schreibt Tillich in seinem Widerspruch an das Ministerium, sein
eigener »Fall« gelte nach Auffassung von Staatssekretär Stuckart als »minder
schwer und eine baldige günstige Entscheidung sei zu erwarten.« Auch habe er
sich »[a]uf schriftliche und mündliche Veranlassung von Herrn Ministerialdi-

---

[350] Der Preußische Minister für Wissenschaft, Kunst und Volksbildung [Staatssekretär Wilhelm Stuckart] an Paul Tillich, 20.12.1933 (Harvard).
[351] Gesetz vom 7. April 1933 zur Wiederherstellung des Berufsbeamtentums, in: Reichsgesetzblatt 1933, I, 175–177; hier 175.
[352] Vgl. dazu zunächst: Kuratorium der Johann Wolfgang Goethe-Universität Frankfurt am
Main an Paul Tillich, 1.3.1934; 21.4.1934; 17.5.1934; 20.9.1934 (Harvard).

rektor Gerullis [...] trotz mehrfacher Aufforderungen«[353] nicht zu Vortragsein-
ladungen ins Ausland begeben. Dokumentarisch belegen läßt sich diese Aussage
mit der Einladung für einen auf den 26. Mai 1933 festgesetzten Vortrag in der
»Philosophischen Gesellschaft der Stadt Zürich«. Unter dem 5. Mai 1933 hatte
Tillich den zuständigen Ministerialrat Georg Gerullis vorsorglich von dieser
Anfrage aus der Schweiz informiert:

> »Da ich aufgrund des Beamtengesetzes unter dem Gesichtspunkt der politischen Un-
> zuverlässigkeit beurlaubt bin, möchte ich keine endgültige Zusage geben, ehe ich nicht
> eine Unbedenklichkeitserklärung meiner vorgesetzten Behörde in den Händen habe.
> Ich muss befürchten, dass anderenfalls Mißdeutungen entstehen können. Ich wäre Ihnen
> darum dankbar, wenn Sie möglichst bald eine Mitteilung an mich ergehen lassen, ob
> die Annahme eines solchen Vortrages Ihrerseits auf Bedenken stösst oder nicht.«[354]

Eine Woche später reagierte Gerullis mit der Erläuterung: »Sie sind nur vorläufig beurlaubt. Die endgültige Entscheidung fällt in den nächsten Wochen.
Daher ersuchen wir Sie, die Entscheidung in Deutschland abzuwarten.«[355] Tillich seinerseits sagte am 17. Mai 1933 zu: »Ihrem Ersuchen entsprechend habe
ich meinen Vortrag in *Zürich* abgesagt und werde mich bis zur endgültigen
Entscheidung in Deutschland aufhalten.«[356]

In seinem Widerspruch gegen die Entlassung weist Tillich die ihm unter-
stellte ›nationale Unzuverlässigkeit‹ in der Sache zurück. »Da im Gesetz selbst
anerkannt ist, daß die zeitweilige Zugehörigkeit zur ehemaligen S.P.D. allein
kein Entlassungsgrund ist, liegt kein Grund für die Beurteilung meiner wissenschaftlichen und politischen Tätigkeit als national unzuverlässig vor.«[357] Vielmehr sei das Gegenteil der Fall, legt Tillich zunächst mit Verweis auf seine
freiwillige Weltkriegsteilnahme und das Eiserne Kreuz erster Klasse dar. »Ich
wurde«, so Tillich, »Mitbegründer des deutschen religiösen Sozialismus, allein
aufgrund meiner Erfahrungen in Schützengräben und Verbandplätzen mit
Mannschaften und Offizieren; habe als Theoretiker des religiösen Sozialismus
von Anfang an den Kampf gegen den dogmatischen Marxismus der deutschen
Arbeiterbewegung geführt und habe auf diese Weise den nationalsozialistischen
Theoretikern einen Teil ihrer Begriffe geliefert.«[358] Diese, ohne Zweifel in
hohem Maße taktisch motivierte Aussage Tillichs dem Ministerium gegenüber

---

[353] Paul Tillich an das Preußische Ministerium für Wissenschaft, Kunst und Volksbildung,
20.1.1934, in: PAUCK/PAUCK, Tillich, 156f.; hier 156.

[354] Paul Tillich an Ministerialrat [Georg Gerullis], 5.5.1933 (Harvard).

[355] Preußisches Ministerium für Wissenschaft, Kunst und Volksbildung, Ministerialrat
[Georg] Gerullis an Paul Tillich, 12.5.1933 (Harvard).

[356] Paul Tillich an Ministerialrat [Georg Gerullis], 17.5.1933 (Harvard).

[357] PAUCK/PAUCK, Tillich, 157.

[358] Ebd.

kann wie ein vorweggenommener Kommentar zu der Debatte mit Emanuel
Hirsch wenige Monate später gelesen werden. Die strukturelle Offenheit seines religiös-sozialistischen Welterklärungssystems, aber auch – bedingt durch
die Kriegserfahrung – seiner eigenen Biographie für die nationalsozialistische
Ideologie wird von Tillich an diesem Punkt selbst eingeräumt. Und noch weist
nichts darauf hin, daß er diese offensive Rekonstruktion seines intellektuellen
Lebenswegs bereits wenig später massiv revidieren sollte.

Seine »Sozialistische Entscheidung«, fährt Tillich fort, wurde »von den Vertretern des dogmatischen Marxismus als ein Kampfbuch gegen sie empfunden«, da in ihm »mit allem Nachdruck auf die naturgebundenen Kräfte im
menschlichen Sein« hingewiesen werde. Als Theologe habe er gleichzeitig »die
biblische Kritik an dem ungebrochenen Walten der natürlichen Kräfte« übernommen. Dies könne aber nicht als Absage an den Nationalsozialismus betrachtet werden, weil dieser sich ja »programmatisch auf den Boden des
positiven Christentums«[359] gestellt habe. In der Schlußpassage seines Briefes
betont Tillich dann, nach den früheren Signalen aus dem Ministerium von der
nunmehr erfolgten Entlassung völlig überrascht und verunsichert worden zu
sein: Gerade durch seinen »entschlossenen Willen, nicht Emigrant zu werden«,
sehe er sich »äußerlich schwer geschädigt«. Falls eine Revision der Entlassung
nicht in Frage käme, sei ihm an einem Aufschluß darüber gelegen, ob er »in den
nächsten Jahren mit Hülfe einer ausreichenden Pension« seine »seit einem Jahrzehnt begonnenen großen Arbeiten über Dogmatik und Metaphysik in deutscher Sprache und auf deutschem Boden zum Abschluß bringen kann, oder
ob« er »gezwungen werden soll, unter Verzicht auf diese Pläne in den Dienst
eines fremden Volkes und einer fremden Kultur zu treten«[360]. Erst einen Monat
später erhielt Tillich von Wilhelm Stuckart die nur wenige Zeilen umfassende
Ablehnung seines Revisionsantrags.[361]

Wie Tillich wurde auch sein einstiger Weggefährte Günther Dehn auf der
Basis des »Gesetzes zur Wiederherstellung des Berufsbeamtentums« aus dem
Universitätsdienst entlassen. Und auch Dehn unternahm einen letzten, verzweifelten Versuch, die neuen Machthaber von der Verfehltheit dieser Maßnahme zu überzeugen. Am 15. Dezember 1933 richtete er an Minister Rust die
Bitte um eine Rücknahme der Entfernung aus dem Staatsdienst und geht in
seinem Brief zunächst auf die Auseinandersetzungen um seine Person in Halle
ein, die sich an Vortragsthesen zum Thema »Kirche und Völkerversöhnung«

---

[359] Ebd.
[360] Ebd.
[361] Diese Antwort vom 15. Juni 1934 ebd., 158 (Original in Harvard). – Vgl. in diesem Zusammenhang MÜLLER-DOOHM, Adorno, 811 Anm. 270: »Nach Lehrstuhlvertretungen durch
Arnold Gehlen und Gerhard Krüger wurde 1935 mit Unterstützung Heideggers der op-
portunistische Hans Lipps Nachfolger auf dem vakanten Lehrstuhl von Tillich.«

aus dem Jahr 1928 entzündet hatten:[362] »Nachdem ich vor 2 Jahren, sehr gegen mein Wollen, Gegenstand eines Universitätskonfliktes geworden bin, der die weitesten Kreise der Öffentlichkeit bewegt hat, habe ich Verständnis dafür, wenn die mir vorgesetzte Behörde es, um der gegebenen Situation willen, für unmöglich hält, dass ich mein Amt als Universitätslehrer weiter ausübe.« Allerdings sei er der Ansicht, »dass der § 4 des Beamtengesetzes, durch den ich mit dem Makel politischer Unzuverlässigkeit behaftet werde, in meinem Fall nicht in Anwendung kommen kann, da die sachlichen Voraussetzungen mir dafür zu fehlen scheinen«. Um zu einer Begründung dieser rettenden These zu gelangen, holt Dehn etwas weiter aus und kommentiert biographische Entscheidungsstationen:

»Ich habe in den ersten Jahren nach dem Kriege mich in der Bewegung der religiösen Sozialisten betätigt, weil ich glaubte, dass von dorther eine Begegnung zwischen Kirche und Arbeiterschaft sich anbahnen könnte. Im Zusammenhang damit bin ich im März 1920 in die S.P.D. eingetreten, habe aber schon im November 1922 die Partei wieder verlassen, da ich die Verbindung mit ihr mit meinem politischen Gewissen nicht mehr vereinen konnte. Marxist oder Pazifist bin ich, obwohl man das Gegenteil behauptet hat, nie gewesen, auch nicht während meiner Zugehörigkeit zur S.P.D. die lediglich den Sinn hatte, meine christliche Solidarität mit dem notleidenden Volke zu bekunden. Vom religiösen Sozialismus habe ich mich dann auch sehr bald zurückgezogen, da ich den hier beschrittenen Weg der Politisierung der Religion als einen Irrweg erkannte. Seither habe ich mich mit betonter Absicht vom politischen Leben ferngehalten, habe nie einer Partei mehr angehört, auch niemals in einer politischen Versammlung gesprochen, sondern habe mich lediglich auf den mir zugewiesenen Arbeitskreis als Pfarrer beschränkt.«

Diese Selbstverortung bedeute für ihn allerdings keine »völlige Beziehungslosigkeit zum öffentlichen Geschehen«; denn da der Pfarrer verpflichtet sei,

»in seiner Verkündigung, in Predigten und Vorträgen, auch zu den öffentlichen Dingen Stellung zu nehmen, so kann das, was er sagt, ja auch nicht ohne politische Relevanz sein. Entscheidend ist für mich immer dabei gewesen, als Pfarrer selber nicht von einer politischen Ebene aus zu sprechen, sondern, soweit das möglich ist, von der des Wortes Gottes aus. In diesem Sinne habe ich gelegentlich in kirchlichen Kreisen über Themen weiteren Inhaltes gesprochen und so etwa auch zwei oder dreimal über das Verhältnis von Christentum und Krieg.«

An dieser Stelle kommt Dehn erneut auf die Hintergründe des Hallenser Universitätskonflikts zu sprechen, greift auf den hochumstrittenen Vortrag über »Kirche und Völkerversöhnung« zurück und relativiert die 1928 eingenom-

---

[362] Günther Dehn an den Preußischen Minister für Wissenschaft, Kunst und Volksbildung Bernhard Rust, 15.12.1933 (ZLB Berlin, Nachlaß Adolf Deißmann, Nr. 412).

mene Position. Seine Gegner hätten politisch mißverstanden, was er aus kirchlicher Perspektive habe sagen wollen:

»Für mich war mein damaliger Vortrag einfach Zeugnis eines evangelischen Theologen,
der von seiner christlichen Einsicht her das zum Ausdruck bringen musste, was er sagte.
Ich möchte dabei ausdrücklich bemerken, dass ich heute, nach den vertieften Erkennt-
nissen, die mir eine, durch die Zeitentwicklung veranlasste, dauernde Auseinandersetzung mit den hier vorliegenden Problemen verschafft hat, mich positiver über die
Beziehung zwischen Staat – Krieg und Christentum äussern würde, als es mir damals
möglich war, wo ich nur nach dem Stand der theologischen Debatte von 1928 urteilen konnte.«

Dehn vermag nicht zu erkennen, daß »der gegenwärtige Staat das Recht des
Theologen auf christliche Stellungnahme zu den Dingen des öffentlichen Lebens« verneine und die Verkündigungsfreiheit einschränke – »sowohl nach der
ausdrücklichen Erklärung des Führers als auch nach der bisher staatlicherseits
gehandhabten Praxis im gegenwärtigen Kirchenstreit«. Da kirchliche Lehrfrei-
heit anerkannt zu sein scheine, komme er zu der Bitte, seine Haltung »nicht politisch sondern kirchlich-theologisch verstehen zu wollen und mich, zumal da
ich tatsächlich nichts gesagt habe, was nicht auch ein offenbarungsgläubiger
Nationalsozialist, wenigstens dem Ansatz nach, anerkennen könnte, von der
Last des § 4 zu befreien, dessen Anwendung auf mich mich in meiner vaterländischen Ehre auf das Tiefste kränkt«. Abschließend plaziert Dehn noch ein
ganz konkretes Anliegen und erhofft sich die ministerielle Unbedenklichkeits-
erklärung für eine Verwendung im Kirchendienst. »Es bestimmen mich zu dieser Bitte zwei Erwägungen. Einmal der Wunsch, meine Kräfte im Dienst für
Kirche und Vaterland wieder einsetzen zu können. Zum andern der Umstand,
dass meine Pension, auf die [ich] glaube Anspruch zu haben [...], vermutlich
nicht ausreichen wird für die Erziehung meiner drei z. Zt. noch schulpflichti-
gen Söhne. Abgesehen von einer Pension oder Gehalt würden mir Mittel nicht
zur Verfügung stehen.« Ob mit oder ohne Unterstützung des Ministers: Dehn
konnte zunächst tatsächlich als Hilfsprediger in Berlin-Schöneberg amtieren
und so die unmittelbare Existenznot noch einmal abwenden, deren drohender
Schatten offenkundig der eigentliche Antriebsgrund seines Selbstrettungsver-
suchs gewesen war. Denn einen Tag vor dem Rechtfertigungsbrief an Rust
hatte Dehn seinem alten Mentor Adolf Deißmann mitgeteilt, daß er »gestern
bei Achelis auf dem Ministerium gewesen« sei, wo ihm als »fatale Überraschung« eröffnet wurde, keine Pensionsberechtigung zu haben; daraufhin wolle
er jetzt in Abstimmung mit Achelis dem Minister schreiben.[363]

---

[363] Günther Dehn an Adolf Deißmann, 14.12.1933 (ZLB Berlin, Nachlaß Adolf Deißmann, Nr. 412).

Zur gleichen Zeit versetzte auf der anderen Seite des Atlantiks die unge-
klärte Lage auch Tillich in tiefe Unruhe. In einem auf Januar 1934 zu datie-
renden Brief an Dolf Sternberger berichtet er: »Erst seit etwa 8 Tagen ist es so
weit, daß sich der erste ›Streifen am Horizont‹ zeigt, wenn auch nur ein sehr
schwacher. Es ist alles sehr schwer, auch ich selbst habe nichts Sicheres und
nicht viel und meine Zukunft ist nun nach der Entlassung ganz dunkel.« Im Februar wolle er seine Vorlesungen beginnen, und zwar über »Religionsgeschichte« und »Existential-Philosophie«, wofür er sich Sternbergers Dissertation
erbittet, falls diese inzwischen gedruckt sei.[364] Tillich schließt seinen Brief in
einem Ton, der die Ratlosigkeit des heimatlos Gewordenen ebenso erkennen
läßt wie den latenten Optimismus des zu immer neuen Aufbrüchen innerlich
schon Bereiten: »New York ist großartig und interessant, die menschlichen und
arbeitsmäßigen Möglichkeiten sind noch gering wegen der Sprache. Ob ich
hier oder in Deutschland oder sonst wo in der Welt bleibe, ist völlig unbe-
stimmt.«[365]

Um diesen prekären Zustand grenzenloser Ungewißheit ein wenig erträg-
licher werden zu lassen, versuchte Tillich sich ein möglichst genaues Bild über
die Situation in der Heimat zu verschaffen, insbesondere mit Hilfe seiner
Schwester Elisabeth Seeberger, die sich in Deutschland auch um Tillichs finanzielle Ansprüche gegenüber Universitätskuratorium und Ministerium küm-
merte.[366] Noch vor der Ablehnung seiner Revision teilt Tillich seiner Schwester
mit, daß er nun den Gedanken an eine »Existenz als Pensionär« prüfen müsse.
Allerdings hätten seine Vorlesungen großen Erfolg: »Vielleicht kann ich auch
noch ein weiteres halbes oder ganzes Jahr Urlaub in Berlin beantragen, um

---

[364] 1932 war Sternberger in Frankfurt am Main mit einer von Tillich als Doktorvater be-
treuten Dissertation zum Thema »Der verstandene Tod. Eine Untersuchung zu Martin Heideggers Existenzial-Ontologie« promoviert worden. Diese Arbeit erschien 1934; vgl. auch
den späten Wiederabdruck in Ders., Über den Tod, 69–264.

[365] Paul Tillich an Dolf Sternberger, [Januar 1934] (DLA Marbach, Nachlaß Dolf Sternberger).

[366] Vgl. Elisabeth Seeberger an das Preußische Ministerium für Wissenschaft, Kunst und
Volksbildung, 24.4.1934, mit der Bitte, das Universitätskuratorium zur Pensionszahlung an-
zuweisen (Harvard, Abschrift). Am 9. Mai informierte Ministerialrat Achelis sie im Auftrag
des Ministers darüber, daß ein Aufenthalt Tillichs in Amerika bis Ende 1934 »widerruflich«
genehmigt sei (Der Preußische Minister für Wissenschaft, Kunst und Volksbildung an Elisabeth Seeberger, 9.5.1934 [Harvard]). Am 16. November 1934 erhielt sie die Nachricht von
der Überweisung der Versorgungsbezüge Paul Tillichs »für die Zeit bis zum 31. Dezember
1934 auf ein Sperrmarkkonto, das die Verwendung der Gelder *nur im Inlande* zuläßt«. Die
Versorgungsbezüge könnten darüber hinaus nur dann gezahlt werden, »wenn Professor
Tillich wieder seinen dauernden Aufenthalt in Deutschland nimmt« (Der Preußische Minister für Wissenschaft, Kunst und Volksbildung, i.A. [Franz] Bachér, an Elisabeth Seeberger,
16.11.1934 [Harvard]).

noch klarer über die weitere Entwicklung zu sehen.«[367] Tillich überlegt deshalb, im Juni 1934 nach Deutschland zu kommen. Auch seinem engen Freund Hermann Schafft gegenüber äußert er im Frühjahr 1934, »sehr ernsthaft« zu planen, »Ende Mai eine Forschungsreise nach Deutschland zu machen, in der die vorläufige Entscheidung über mein nächstes Jahr oder die ganze Zukunft zu fallen hätte«[368]. Die Urteilsbildung wurde Tillich dann durch das Angebot, ihn »noch auf ein weiteres Jahr, also von Juli 34–Juli 35 zu behalten«[369], erleichtert. Der endgültige Bescheid datiert vom 21. Mai 1934. An diesem Tag teilte der Präsident des Union Theological Seminary Henry S. Coffin seinem ganz ungewöhnlich ausstrahlungsstarken und offenkundig integrationsbereiten Gastdozenten Tillich mit: »On behalf of the Board of Directors, may I extend to you a very cordial invitation to deliver two courses in the first semester in the academic year 1934–1935 in the sphere of the philosophy of religion and systematic theology. We have greatly appreciated the service you have rendered this year and are confident that with greater familiarity with English you will find yourself making an even larger contribution to our students in the coming year.«[370]

Waren mit Coffins Verlängerungsangebot die bedrohlichsten materiellen Existenzsorgen des Entlassenen vorerst abgewendet, so brachte vor allem ein langer, gegenwartsdiagnostisch überaus prägnanter und atmosphärisch dichter Brief aus Schweden im Spätsommer 1934 auch wichtige Aufschlüsse über die Lage in Deutschland nach der Mordwelle im Verlauf des sogenannten »Röhm-Putsches« und dem Tod Hindenburgs. Verfasser dieses Schreibens ohne Datum und Ortsangabe, dessen zeitgeschichtlicher Stellenwert kaum hoch genug eingeschätzt werden kann, war Tillichs einstiger Dresdener Kollege und Freund, der Kultur- und Religionsphilosoph Fedor Stepun.[371] Den großen Brief beginnt er mit einer Entschuldigung für sein langes Schweigen: Auf drei Rundschreiben, das letzte vom 1. Februar 1934, habe er ebensowenig reagieren können wie auf einen kurzen Brief Hannah Tillichs »mit einigen Gedanken

---

[367] Paul Tillich an Elisabeth Seeberger, [Frühjahr 1934; Harvard].

[368] Paul Tillich an Hermann Schafft, [Frühjahr 1934], in: TILLICH, Briefwechsel und Streitschriften, 225f.; hier 226.

[369] Paul Tillich an Elisabeth Seeberger, [Ende Winter 1934; Harvard; Fragment].

[370] Henry S.[loane] Coffin an Paul Tillich, 21.5.1934 (Harvard).

[371] Fedor Stepun an Hannah und Paul Tillich, [August 1934, nach dem 2.8.; Harvard]. Rechtschreibversehen werden bei der Wiedergabe nicht korrigiert, fehlende Kommata nicht ergänzt. – Stepun und Tillich hatten in Dresden enge Verbindungen zueinander geknüpft, die auch die Kriegswirren unbeschadet überstanden. In seinen Tagebüchern vermittelt Victor Klemperer eindrücklich Stimmungsbilder aus der Dresdener Zeit. So notierte er etwa zum 23. Dezember 1927 (KLEMPERER, Leben sammeln, 401f.): »Ein ziemlich offizielles Essen bei Blumenfelds. Der gutmütige Spamer, der merkwürdige Professor Stepun u. seine gute Frau Natascha, der seltsame Theologe Tillich, ganz Kopf, Erotik, Kälte, und seine ver-

über Kroners« – Richard Kroner war ebenfalls Kollege Tillichs in Dresden gewesen[372] – »und der Anfrage, ob es ratsam wäre das Paulus nach Deutschland
käme um sich eigens davon zu überzeugen was hier zu Lande vor sich geht.
Es war mir unmöglich von Deutschland aus diese Frage zu beantworten und
darum habe ich geschwiegen.« Erst jetzt, im Ausland, sei er zu einer Antwort
in der Lage. Die Tatsachen, vermutet Stepun, seien den Tillichs in Amerika vielleicht sogar besser bekannt als den Menschen in Deutschland, »die immer mehr
dazu verurteilt werden im Dunkeln zu waten und auf geratewohl zu raten«.
Eine Stimmungsbeschreibung könne er aber liefern. »Der Kreis der Menschen
mit denen man ganz aufrichtig sein kann wird immer weniger, die Kombination einer Gesellschaft von acht bis zehn Menschen immer unmöglicher; die
Dinge erinnern immer mehr und mehr an Rußland mit den Unterschied allerdings, dass ich den Kommunismus immer als schiksalsschweren Wahnsinn
empfunden habe, den Nationalsozialismus aber nicht umhin kann, als eine
Laune des Schiksals, als einen rasch montierten Wahnsinn zu erleben.«

Umgehend kommt Stepun auf die »Röhm-Revolte« zu sprechen, die »nicht
nur für uns, die der Partei fern stehen, sondern auch für P. G. und S. A. Mitglieder schließlich doch absolut unerwartet« kam und »unbegreiflich« war. Der
Versuch, die Hintergründe soziologisch zu verstehen, sei deshalb besonders

---

schwiemelt u. verboten aussehende Gattin Herta, Düsteres, occultistisch-erotisch orientiert,
die zweite Frau nach Scheidung von der ersten. Ich stand mit Tillich am Kamin. Es wurde
Kaffee gereicht. Frau Blumenfeld, wie immer nach etwas Wein angeheitert, will uns die
Milchkanne praesentieren u. geht an den Rauchtisch mit der brennenden Kerze. Dort steht
das Kännchen nicht. ›Welch komischer Irrtum – ich wollte die Milch aus der Kerze holen!‹
Sofort Tillich für mich, halblaut: ›O weh, Freud!‹ Ich – *so* müsse er das nicht auffassen. *Er:*
Doch – da stecke viel dahinter, man müßte die Frau psychoanalysieren, man könne nicht wis-
sen, wieweit sie befriedigt sei, etc. Er, Tillich könne nicht Religionsphilosophie treiben ohne
Psychoanalyse. (Und dieser Mann ist nicht nur Professor, sondern richtiger Geistlicher, hat
Holldacks Jüngstes getauft!). Nachher Verteilung auf drei Zimmer. Vorn musicierte Frau
Schaps, hinten plauderte ich mit Spamer über Frankfurt, Hatzfeld, Friedwagners Nachfol-
ger. Im Mittelzimmer, in halbdunkler Ecke Tillich u. Frau Blumenfeld im intimen Gespräch.
Gewiß psychoanalysierte er sie, u. beide regten sich dabei sicherlich ›wissenschaftlich‹ an.«
Zu Stepun vgl. v. a. die detaillierte Werkbiographie von CHRISTIAN HUFEN aus dem Jahr
2001. Dort finden sich auch eine Vielzahl von Tillich-Bezügen sowie die Aufnahme einiger
einschlägiger Korrespondenzfragmente, vgl. bes. 255–290. Hufen stellt, ebd., 227f., heraus,
daß Stepun Tillich »weder für einen Christen« gehalten habe, »noch nahm er dessen quasi-
religiöse Deutung sozialer und politischer Verhältnisse hin. Er lehnte die vom deutschen
Idealismus beeinflußte Theologie seines Kollegen als ›häretisch‹ ab und konnte mit dieser
Meinung [...] selbst Kroner beeinflussen.«
[372] Vgl. dazu KLEMPERER, Leben sammeln, 446, unter dem 1. Juli 1928: »Am 28., Kroner
wußte noch nichts, war bei Kroner eine Art Geheimsitzung der ›Logosclique‹. Das Wort ist
eben aufgetaucht, ich weiß nicht, wer es geschaffen hat. Das die Logosclique d. h. die gei-
steswissenschaftliche Gruppe in unserer Hochschule u. Abteilung: Kroner, Tillich, Janentzky,
Stepun, Spamer, ich.«

schwer gefallen, da »ausländische Presse« kaum greifbar gewesen wäre und »die deutsche so sehr lügt, dass man ihr auch dann nicht traut, wenn sie die Wahrheit redet«. Stepun kommentiert, »dass das ›Gerede‹ von der zweiten Revolution eine bestimmte Volkssehnsucht in sich schliesst«, und er merkt an: »Dass die Regierung den Versuch gemacht hat, die ganze Revolte aus dem soziologischen ins pathologische zu überführen schien mir Anfangs eine einfache Dummheit zu sein, doch habe ich später einsehen müssen, dass die Führerschaft die Mentalität des deutschen Spiessertums besser kennt als ich, und dass sie mit der zur Schau getragenen moralischen Entrüstung alle Metzger, Grünwarenhändler und Frisöre sehr rasch auf ihre Seite gekriegt hat.« Zunächst habe alles danach ausgesehen, als ob es zu einem »Sieg der Reaktion« kommen könnte, zu dem schon des öfteren prognostizierten »Bündnis von Reichswehr und Grosskapital«, jetzt, nach Hindenburgs Tod, sei die Lage aber wieder unklarer.[373]

Stepun äußert sich auch zum Dresdener Hochschulmilieu. Er habe zwischen 40 und 50 Hörer, aber »die, die da sind, sind meistens übermüdet weil sie durch den S. A. Dienst und den militärischen Pflichtsport wie auch durch politische Arbeitsgemeinschaften äusserst in Anspruch genommen sind«. Trotzdem bilde sich »gerade in der neusten Zeit unter dem Druck der politischen Verhältnisse eine Studentische Elite heraus, mit der es sich gut arbeiten« lasse. »Allmählich wird man des seichten politischen Geredes müde und tendiert einerseits zu einer wissenschaftlich vertieften Erkenntnis, andererseits zu einem vertieften Verständnis der politischen Situation der Gegenwart«. Stepun versichert, bei den Studenten mit seiner Darstellung von Vilfredo Pareto, Georges Sorel und Carl Schmitt »durchaus Anklang und Interesse gefunden« zu haben. Mit Pareto und dessen Idee eines »Kreislaufs der Eliten«, Sorel, dessen Hauptwerk »Über die Gewalt« 1908 erschienen war, und Carl Schmitt, der gerade zu diesem Zeitpunkt – als Autor des apologetischen Pamphlets »Der Führer schützt das Recht« – noch als »Kronjurist« des neuen Regimes gelten konnte, thematisierte Stepun drei intellektuell hochkarätige Vordenker des Faschismus und Nationalsozialismus. Doch nicht nur im Reich der Theorien und Theoretiker ließ sich Anregendes entdecken: »Auch stimmungsgemäß und stilistisch ist der neue nationalsozialistische Student durchaus sympathisch und in vielen Dingen dem schmissigen Chorbruder weitaus überlegen.« Außerdem gebe es immer noch die Möglichkeit, kontrovers zu diskutieren: Einem nationalsozialistischen Fachschaftsführer gegenüber habe er auf einer Semesterabschlußfreizeit etwa vom »Antisemitismus als dem Sündenfall der christlichen Welt« gesprochen. Zugleich konnte er sich gegen die Schmähung als ›Intellektualist‹ und ›Idealist‹ erfolgreich verteidigen. »Es wurde beschlossen, dass im nächsten Semester jeden

---

[373] Zum »Röhm-Putsch« vgl. v. a. MENGES, Art. Röhm; LONGERICH, Die braunen Bataillone, 206–219; zum Kontext dieses Briefes HUFEN, Stepun, 434–441.

Montag eine Kulturpolitische Diskussion mit einem anschliessenden gemeinsamen Mittagessen stattfinden sollte. Man schlägt vor, die weltanschaulichen
Grundlagen des Nationalsozialismus des genaueren zu studieren und die drei
Bücher ›Mein Kampf‹, ›Mythos des 20. Jahrhunderts‹ und das ›Dritte Reich‹
durchzuarbeiten.« Diese Sache lasse sich nicht ablehnen. »Du siehst Paulus, dass
wir hier einen nicht uninteressanten, aber recht schweren Stand haben vor
allem als Theologen und Soziologen.« Seine Haltung richte sich allein daran aus,
»seinen Mann zu stehen und das Richtige zu tun«. Er könne nicht beurteilen,
ob es für seine Frau Natascha und ihn aus rein praktischen Gesichtspunkten
besser sei, in Deutschland zu bleiben oder zu fliehen. »So befinde ich mich in
der angenehmen Situation eines innersten Überzeugtseins von der prästabi-
lierten Harmonie zwischen Anstand und Zweckmäßigkeit meiner Hand-
lungsweise. Mehr kann man wirklich nicht verlangen.«

Stepun liefert auch einen eingehenden Kommentar zur Lage von Richard
Kroner, der sich in Kiel Krawallen nationalsozialistischer Studenten ausgeliefert
sah und schließlich nach Frankfurt versetzt worden war.

> »Das grosse an seiner Haltung ist, dass er nicht zu einem semitischen Gegenspieler des
> Nationalsozialismus geworden ist. Er hat sich sein ganzes Leben lang als Deutscher ge-
> fühlt und lässt sich durch die äusseren Umstände nicht einreden, dass er Jude ist. [...]
> Auch verwechselt er nicht, wie die meisten durch das Beamtengesetz gemassregelten,
> Deutschland mit dem Nationalsozialismus; er fühlt und sagt es (mit gutem Recht), dass
> er mehr Deutscher ist als Rosenberg und Goebbels.«[374]

Der Brief Stepuns erreichte mit all den ambivalenten Botschaften, die er trans-
portierte, einen seelisch von vielerlei Verschattungen heimgesuchten Adressaten. Denn Tillich hatte sich in seinem Sommerurlaub auf Martha's Vineyard
Island noch intensiver als ohnehin schon Tag für Tag mit dem »neuen« Deutschland beschäftigt, der fremd gewordenen, Alpträume wie auch vielerlei Sehn-
süchte weckenden Heimat – und mit einem verlorenen Freund: »Eben habe ich
eine grosse Auseinandersetzung mit Emanuel Hirschs Buch fertig (nichts davon
sagen!)«, schrieb er seiner Schwester in einem undatierten Brief, noch ganz im

---

[374] Fedor Stepun an Hannah und Paul Tillich, [August 1934, nach dem 2.8.; Harvard]«. –
Vgl. auch Fedor Stepun an Paul Tillich, 27.3.1935 (Harvard), der polemisch kommentiert:
»Deinen Aufsatz gegen Hirsch habe ich mit Freude und völligem Einverständnis gelesen.
Vielleicht erinnerst Du Dich, dass nach dem Abend, wo Ulich, Emanuel Hirsch, Kroner
und Du (ich weiß nicht ob Hanna dabei war) bei uns waren, ich im Gegensatz zu allen sehr
wenig von Hirsch entzückt war. Ich habe schon damals festgestellt, dass er religiös nicht sehr
echt sei und dass er außerdem ganz bestimmt Jude sei. Beides hat sich als richtig herausgestellt, wobei bei dem zweiten Moment selbstverständlich nur dies wesentlich ist, dass Hirsch
immer bemüht war, sein Nichtariertum zu verbergen. Auch Kroner hat mir die Richtigkeit
meiner Diagnose durchaus abgestritten.«

Bann einer Erschütterung, die bis in die Tiefenschichten eines vielfach gefährdeten Lebens reichte:[375]

»Heute kam die Nachricht von Hindenburgs Tod und allem, was darauf folgte. Nach
hiesiger Zeit ist er Nachts um 3 gestorben. Ich habe kaum an der Stunde gezweifelt,
auch ehe ich sie las; denn genau um 3 gingen die Schatten des Todes durch meine Seele,
so daß ich aufwachte und Hannah weckte; ich erzählte ihr davon am Morgen und wir
warteten auf die Bestätigung; sie kam heut – – Es war wohl die alte Verbundenheit aus
4 Kriegsjahren und das alte Gefühl, das ich immer im Krieg und nachher bis heute
hatte: Dass wir eine zum Tode verurteilte Generation sind; und wer zufällig dem Krieg
entgangen ist, hat zu büssen, so oder so – – Meine Seele ist dunkler denn je; und wenn
ich noch weinen könnte, so täte ich es jede Nacht. Denn ich kann mich nicht loslösen
von Euch und allem anderen […].«[376]

Das Scheitern des Widerspruchs gegen seine Entlassung, die Verlängerung seines Lehrauftrags in New York, die Gleichschaltung oder Eliminierung innen-
politischer Konkurrenzkräfte in Deutschland, insbesondere der SA und auch
des linksorientierten Parteiflügels um Gregor Strasser im Kontext des sogenannten »Röhm-Putsches«, schließlich der Tod Hindenburgs – diese auf den ersten Blick ganz disparaten Ereignisse waren in ihrem kumulativen Effekt
maßgeblich dafür verantwortlich, daß Tillich zu einem entschiedeneren und
deutlicher ablehnenden Urteil über den Nationalsozialismus gelangte. Er akzeptierte nun den Umstand, vorerst nicht mehr in die Heimat zurückkehren zu
können, und nahm die scharfe Auseinandersetzung mit dem nationalsozialistischen Regime und seinen Trägerschichten auf. Die neue Entschlossenheit verdankte sich nicht zuletzt der Einsicht in das Scheitern der Bemühungen um
einen auch aktiv die Gesellschaft verändernden Religiösen Sozialismus, wie sie
1934 in Tillichs Bekenntnis prägnant zum Ausdruck kommt, »an dem Schicksal Deutschlands« die »grausame Desillusionierung über den geschichtlichen

---

[375] Am 14. September 1934 erwähnt Tillich in einem weiteren Brief, im Urlaub den
Hirsch-Text erarbeitet zu haben, so daß sich der entstehungsgeschichtliche Zusammenhang
recht exakt rekonstruieren läßt (Paul Tillich an Hermann Schafft, 14.9.1934, in: TILLICH,
Briefwechsel und Streitschriften, 227–229; hier 227).

[376] Paul Tillich an Elisabeth Seeberger, [unmittelbar nach dem 2.8.1934; Briefkopie, Har-
vard]. – Vgl. mit dieser Briefpassage die einschlägige Stelle im Brief Tillichs an Lily Pincus,
1934: »Es ist der zweite Tod, den ich hier erlebe; der erste begann in der Champagne-Schlacht
1915. Der erste war unvorstellbarer und drohender, dieser zweite ist feiner und bitterer. Das
Äußere ist mehr Anlaß als Ursache; denn äußerlich ist alles in Ordnung; guter Kolleganfang
[…]; aber das alles ändert nicht die Tatsache des Stehens im Tode, in der Notwendigkeit, die
Vergangenheit durchzuleben und durchzuleiden und die völlige Unfähigkeit, für mich selbst
einen neuen Sinn zu finden. Doch das ist unser aller Schicksal, die wir abgeschnitten sind
und zwischen ›nicht mehr‹ und ›noch nicht‹ stehen« (in: TILLICH, Lebensbild in Dokumenten, 218f.; hier 219).

Augenblick, in dem wir leben«[377], erfahren zu haben. Im Anschluß an diese nicht ohne Bitterkeit vollzogene Revision seiner Realitätswahrnehmung korrigiert Tillich auch sein Kairos-Verständnis durch eine Wende ins Theologische. Dieser Umschwung vollzog sich aus Tillichs eigenem Antrieb und war der notwendig gewordenen Neujustierung seines intellektuellen Standorts geschuldet, er ist zugleich aber auch als Reaktion auf Appelle von Freunden und Kollegen zu deuten, die jetzt primär theologisch orientierte Zeitkommentare von ihm erwarteten.

Deutschland, so schreibt Eugen Rosenstock-Huessy an Tillich, habe »das Joch seiner Endzeitexistenz noch einmal abgeschüttelt«, es denke »nochmals neuzeitlich-räumlich«. Von Tillich sei nunmehr keine philosophische, sondern eine theologische Antwort gefragt: »Es gibt eben beides: ein falsches Privileg der Theologen und ein falsches der Philosophen, und nach 1918 schien es wesentlicher, auf das des Theologen zu verzichten und das des Philosophen zu ertragen. Aber können Sie das jetzt noch?«[378] Wenn sich Tillich 1935 Rosenstock-Huessy gegenüber als Dialektiker kennzeichnet und diese Methode vom Intuitiven und Induktiven abgrenzt, betont er eine schon seine frühen Arbeiten, insbesondere auch die Habilitationsschrift charakterisierende, von Schelling geprägte Denkweise, die ihn »immer wieder zu Dualitäten, Antithesen und möglichen Synthesen«[379] führe. Nun liegt sie auch seiner verstärkten Betonung des Theologischen zugrunde, die er im Dialog mit Hermann Schafft, dem Weggefährten seit Studententagen, ein »entschlossenes Ja zu dem Kampf um die christliche Substanz« nennen kann. Dieses »schwer errungene« Bekenntnis drückt sich zugleich als »entschlossenes Nein gegenüber dem nazistisch-reaktionären System der Europäischen Selbstvernichtung« aus. Auch der Kairos-Gedanke findet Aufnahme im Programm der Neuorientierung, und zwar als das persönliche, dritte Element neben dem theologischen und politischen Denken; als »Pionierarbeit im Dienste einer lebendigen Kirche, die in die Zeit eingeht und darum über sie hinaus in die Zukunft missionieren kann, wir als Emigranten, innere und äußere, im Dienst dieser Mission, die vielleicht mehr Blutzeugen fordern wird als irgendeine frühere«[380].

Hermann Schafft, der im August 1935 für seine Person eine Verbindung mit den »Deutschen Christen« nicht völlig ausschließen und – selbst wenn sie taktisch motiviert seien – »die Bedeutung der Reden von Hess und Hitler mit

---

[377] Paul Tillich an Unbekannt [etwa Sommer 1934], in: ebd., 221–224; hier 224.

[378] Eugen Rosenstock-Huessy an Paul Tillich, 7.2.1935, in: TILLICH, Briefwechsel und Streitschriften, 271–275; hier 271.

[379] Paul Tillich an Eugen Rosenstock-Huessy, [Februar/März 1935], in: ebd., 275–288; hier 285.

[380] Paul Tillich an Hermann Schafft, [1935], in: ebd., 229–235; hier 234.

ihrem leidenschaftlichen Bekenntnis zum Frieden nicht«[381] unterschätzt wissen will, betont, daß Rosenstock-Huessys Mahnung an Tillich, »weniger sozialistisch als christlich theologisch« die »Aufgabe der Auseinandersetzung mit dem neuen Deutschland zu suchen, sehr wichtig«[382] sei. Zugleich bekundet er seine Zustimmung zur Schlußpassage von Hirschs »Offenem Brief« an Wilhelm Stapel, in der voreilige Festlegungen verworfen werden: »Tillichs Wort mir gegenüber«, hatte Hirsch orakelt, »ist darum trotz allem, was sachlich dazu zu sagen ist, noch kein endgültiges Wort zum jungen Deutschland selbst. So soll die Abrechnung mit dem Grundsätzlichen seiner Kritik von mir aus enden mit dem Offenlassen einer Frage.«[383] Schafft erwartete auf diese Frage allerdings nicht diejenige Antwort, die Hirsch sich erhoffte. Denn auch wenn der einstige religiöse Sozialist trotz Anfeindungen und Zwangspensionierung dem neuen Regime zeitweilig ein gewisses Verständnis entgegenbrachte, war er sich doch mit Tillich letztlich in der grundsätzlichen Ablehnung des nationalsozialistischen Staates einig.

Gerade auch im Hinblick auf kirchenpolitische Implikationen der neuen Kursbestimmung ist schließlich ein Kondolenzschreiben Tillichs an Erich Seeberg aussagekräftig, in dem er den Tod Reinhold Seebergs zugleich zum Anlaß nimmt für weitausgreifende Reflexionen über die Bezeugung der Wahrheit in Zeiten neuheidnisch-totalitärer Bedrohung: »Wie Sie mir zu der Freude einer Geburt geschrieben haben, so schreibe ich nun zum Schmerz eines Todes, des Todes Ihres von mir trotz aller sachlichen Gegnerschaft verehrten Vaters, dem ich wissenschaftlich und persönlich viel zu danken habe. Sie werden verstehen, dass ein leises Gefühl des Neides aufwacht bei einem solchen Sterben nach vollendetem Werk – bei dem Gedanken an das vorerst zerbrochene und geschändete eigene Werk. Ihr Vater wie auch meiner«, so Tillich Weihnachten 1935, »gehören zu den letzten einer Generation, eines Zeitalters in der das noch möglich war. Wir sind die erste Generation eines Zeitalters in dem es Wahrheit nur noch in der Form des Zeugnisses und des Standes der Verfolgung geben kann.« Tillich, zwei Jahre älter als sein Berliner Fachkollege, löst sich freilich bald von der pietätsverpflichteten Kondolenzrhetorik und geht zu einer kritischen Erörterung von Seebergs Rolle in den aktuellen kirchenpolitischen Positionskämpfen über. Der – nach Thomas Kaufmanns quellengestütztem Verdikt – »wohl zeitweilig einflußreichste Nationalsozialist und intriganteste Kollaborateur des Hitlerstaates unter den protestantischen Universitätstheologen«[384] sah sich als Akteur eines Entscheidungskampfes analysiert:

---

[381] Hermann Schafft an Paul Tillich, 18.8.1935, in: ebd., 235–245; hier 239 und 244.
[382] Ebd., 236.
[383] HIRSCH, Christliche Freiheit und politische Bindung, 47.
[384] KAUFMANN, Die Harnacks und die Seebergs, 188f.

»Ihr Stehen zur Minorität wird von mir geachtet. Aber es ist ja nur in der begrenzten kirchlichen Sphäre Minorität. In der umfassenderen staatlichen ist es Majorität oder zum mindesten Macht. Darum kann weder Minorität noch Majorität heute massgebend sein, sondern nur die Wahrheit selbst, von der ich, wie Sie wissen, glaube, dass sie heut an die Einheit des religiösen und sozial-antidämonischen Zeugnisses gebunden ist. Es ist Unheils-Prophetie über ein System von Systemen sich selbst absolut setzender Souveränitäten mit heidnischem Wertsystem, und einem Machtaufbau, der sich den Korrektiven der Wahrheit und Gerechtigkeit entzieht. Als ich von Ihnen ging, war etwas von diesem Gefühl in Ihnen. Ich weiss nicht, ob und wieweit es heut noch ist. Ich weiss aber dass Theologie heut ein leeres Wort ist, wenn sie aus einem anderen als aus dem Geiste des prophetischen Angriffs auf die ganze, nicht nur innerkirchliche Existenz getan wird.«[385]

---

[385] Paul Tillich an Erich Seeberg, [Weihnachten 1935], (BA Koblenz, N 1248 [Nachlaß Erich Seeberg], 37).

Ausstiegsszenarien

Nachdem sich herausgestellt hatte, daß an eine Rückkehr in das nationalsozialistisch regierte Deutschland nicht mehr zu denken war, ergab sich für
Tillich die Notwendigkeit der Integration in zunächst fremde Lebenswelten.
Das aber bedeutete weit mehr als nur die Neuausrichtung der rein wissenschaftlichen Arbeit, so wichtig die intensive Erschließung der ganz anderen
Traditionszusammenhängen und Bildungsvorstellungen verpflichteten philo-
sophisch-theologischen Kontexte zweifellos war. Denn sogar ohne forciertes
eigenes Zutun sah sich der Gelehrte – als eine der bald schon führenden Persönlichkeiten unter den öffentlich wahrnehmbaren Emigranten in den USA –
eingebunden in den Kampf gegen den Nationalsozialismus, in die Unterstüt-
zungsnetzwerke für andere Flüchtlinge und die theoretische Standortbestimmung der deutschen Emigration in Amerika. Politische Äußerung und
theologische Stellungnahme blieben somit aufs engste verknüpft und gewan-
nen Gestalt in einer kritischen »Theologie der Politik««, wie sie Tillich bereits
im Verlauf der mit Hirsch geführten Auseinandersetzung um den Kairos ein-
gefordert hatte.[1]

Der mit der Emigration in quälender Zwangsläufigkeit verbundene Ablö-
sungsprozeß von vielen seit Jahr und Tag als selbstverständlich hingenomme-
nen Koordinaten der eigenen Existenz vollzog sich auch in Tillichs Fall und
betraf nicht zuletzt die Freundschaft mit Emanuel Hirsch. Von 1935 stammt das
letzte bislang nachweisbare Glied der Korrespondenz-Kette zwischen Tillich
und Hirsch vor dem Zweiten Weltkrieg. Es handelt sich dabei um einen kurzen Glückwunsch von Rose und Emanuel Hirsch zur Geburt des Sohnes
René,[2] die Tillich ihnen per Anzeige mitgeteilt hatte. Hirsch betont zugleich,
daß sich die zwischen ihnen bestehenden »politischen und auch die persönlichen Gegensätze [...] nicht aus der Welt schaffen« ließen. »Sie bedeuten, daß das
Verstehen in allen vitalen großen Fragen unmöglich ist. Soweit es politische
Pflicht und Ehre der eigenen Arbeit mir möglich machen, will ich die persönliche Gemeinschaft wahren.«[3] Den Schlüsselbegriff der seit anderthalb
Jahrzehnten leidenschaftlich geführten protestantischen Zeitdeutungskämpfe

---

[1] TILLICH, Um was es geht, 216f.
[2] René Johannes Stefan Tillich wurde am 7. Juni 1935 geboren.
[3] Emanuel Hirsch an Paul Tillich, 10.7.1935 (Harvard). Diesen Brief präsentieren, allerdings mit einigen Transkriptionsversehen, auch PAUCK/PAUCK, Tillich, 316 Anm. 27.

sparte Hirsch bei dieser Gratulationsgelegenheit aus. Doch hinter den »vitalen großen Fragen« stand immer noch, unausgesprochen und gegenwärtiger denn je, der Kairos. In Tillichs Konflikt mit dem fremd gewordenen Freund wurde die Frage nach dem Zusammenhang von Kairos und politischer Gegenwartsdeutung zugespitzt auf das Problem religiöser Legitimierung politischer Entscheidungen, Zustände – und Akteure. Gerade im Kult der innerweltlichen Heilsbringer, der Tatmenschen, Kriegshelden und Befreier hatte sich bereits lange vor dem »deutschen Jahr 1933« und den Fanfaren seiner akademischen Herolde die allseitige Adaptionsfähigkeit der Kairos-Idee abgezeichnet. So attackierte Tillich mit der kritischen Feststellung: »Du verkehrst die prophetisch-eschatologisch gedachte Kairos-Lehre in priesterlich-sakramentale Weihe eines gegenwärtigen Geschehens«[4] zwar primär Emanuel Hirschs fehlgeleitete Versuche theologischer Politikbegleitung, doch trifft der Mißbrauchsverdacht implizit auch die von Friedrich Gundolf forcierte Konkretisierung des Kairos-Konzepts im hagiographischen Lobpreis »großer Männer«. Der entscheidende Unterschied zwischen dem politikberauschten Göttinger Systematiker und den selbsternannten Siegelbewahrern des »Geheimen Deutschland« besteht allerdings darin, daß Hirsch die »priesterlich-sakramentale Weihe« unmittelbar auf den Nationalsozialismus bezog, dessen metapolitischer Überhöhung sich George nachdrücklich widersetzte. Der gegen Hirsch gerichtete Affekt Tillichs entspringt somit in einem tieferen Sinn der Einsicht in eine fatale Wiederkehr: Zeichnete der Kairos einst im Verständnis des George-Kreises das Endliche als ewig aus, so übertrug sich nun, von Hirsch herbeigeschrieben, dieser ursprüngliche Weihebezug auf Hitlers Machtübernahme. Wenn Tillich indes Hirsch vorhält, die entstellte Kairos-Idee zur Sakralisierung geschichtlicher Vorgänge als Offenbarungsquelle zu mißbrauchen, wird diese Kritik dem Gegner nur bedingt gerecht. Denn auch Hirsch setzte Nationalsozialismus, Reich Gottes und Kairos keineswegs in eins, sondern betonte vielmehr den futurischen Aspekt, die letztliche Unverfügbarkeit des Willens Gottes. Es läßt sich also geradezu eine Strukturanalogie zwischen Tillichs und Hirschs Verwendung des Kairos beobachten – allerdings mit der wesentlichen Differenz, daß Hirsch an die Stelle des Religiösen Sozialismus den Nationalsozialismus setzte.

Hirsch sah Tillich erst 1948 wieder, als dieser ihn während seiner ersten Deutschlandreise nach dem Krieg besuchte. Wilhelm und Marion Pauck datieren den Besuch in Göttingen auf die Mitte des Monats Juni und stützen sich dabei auf Erinnerungen Tillichs und Gertraut Stöbers.[5] »Hirsch war«, so die

---

[4] TILLICH, Theologie des Kairos, 152.

[5] Der Brief Hirschs vom 16. Oktober 1948, aus dem die Paucks in ihrer verdienstvollen Tillich-Biographie zitieren, ist am von ihnen angegebenen Archivort Harvard gegenwärtig nicht mehr nachweisbar (s. PAUCK/PAUCK, Tillich, 324 Anm. 44).

Tillich-Biographen, »immer noch davon überzeugt, daß Hitler dazu berufen gewesen sei, das deutsche Volk zu einen. Seine zwangsweise Pensionierung mit stark gekürzten Versorgungsbezügen, eine Folge seiner pronationalsozialistischen Einstellung, erbitterte ihn. Aber trotz allem war er weiter ungemein produktiv, eine Leistung, die Tillich bewunderte.«[6] Die Wiederbegegnung zwischen Tillich und Hirsch fand, wie auch immer sie sich abgespielt haben mag, im Oktober 1948 einen bemerkenswerten Nachhall. Der Verleger Heinrich Mohn hatte über einen Mitarbeiter bei Hirsch sondieren lassen, wie es aus Sicht des Herausgebers um die Möglichkeit einer Neuauflage der Kierkegaard-Studien bestellt sei. »Es erwies sich dabei«, schrieb er am 14. Oktober 1948 an Tillich, »daß die Zensurbestimmungen Schwierigkeiten machen würden, da nach Verfügung der Militärregierung der Verleger für die politische Unbedenklichkeit des Herausgebers haftet. Ein Fragebogenverfahren wäre bei der fast völligen Erblindung von Herrn Professor D. Hirsch außerordentlich schwierig [...].« Mohn wollte deshalb den Versuch unternehmen, in Hamburg eine Ausnahmegenehmigung zu bekommen.

»Dazu nötig wäre ein befürwortendes Gutachten von einer Seite, die bei der Militärregierung den unbedingten Ruf der politischen Zuverlässigkeit hat. Herr Professor D. Hirsch berief sich auf ein Gespräch, das er mit Ihnen [...] im Sommer 1948 in Göttingen gehabt hat, in dem Sie ihm zusicherten, daß Sie bereit seien, ein Gutachten darüber zu schreiben, daß es im Interesse der theologischen Wissenschaft notwendig sei, wenn Bücher von Professor Hirsch, besonders die Kierkegaard-Studien erscheinen könnten.«

Tillich wird daher von Mohn »sehr herzlich« gebeten, »im Interesse der Wissenschaft und auch im Interesse von Herrn Professor D. Hirsch [...] ein solches Gutachten zu senden«. Sollte Tillich »darüber hinaus noch andere Möglichkeiten wissen, um eine schnelle Genehmigung für den Druck der Kierkegaard-Studien zu erreichen«[7], wären Mohn und Hirsch ihm sehr dankbar.[8] Ob Tillich tatsächlich ein entsprechendes Gutachten verfaßte, läßt sich bislang weder nachweisen noch ausschließen.

Der Kontakt zwischen Tillich und Hirsch brach auch nach diesen eher mühsamen Wiederannäherungsversuchen immerhin nicht völlig ab. So bedankt sich Hirsch am 3. Juli 1958 für die Zusendung des ersten Bandes der »Systematischen Theologie« (1955) und anderer Schriften. Seinerseits läßt er Tillich das »Hilfsbuch zum Studium der Dogmatik« und die Erzählung »Rückkehr ins Leben« zukommen und versichert, daß er sich über einen Besuch Tillichs sehr

---

[6] Ebd., 222.
[7] H.[einrich] Mohn an Paul Tillich, 14.10.1948 (Harvard).
[8] Zu Emanuel Hirsch im Kontext des Bertelsmann Verlags vgl. FRIEDLÄNDER u. a., Bertelsmann im Dritten Reich, bes. 190f., 199f., 298, 537.

freuen würde.[9] Wenige Tage darauf bestätigt Hirsch den Eingang zweier weiterer, von ihm nicht näher bezeichneter Texte und kündigt an, Tillich seine Abhandlung »Das Alte Testament und die Predigt des Evangeliums« von 1936 über den Verleger, das Buch erschien bei J. C. B. Mohr (Paul Siebeck) in Tübingen, zukommen lassen zu wollen. Diese Schrift rühre »an den tiefsten zwischen« Tillich und ihm »bestehenden theologischen Unterschied«. Hirsch präzisiert: »Soweit ich begriffen habe, siehst Du die biblische Religion als ein Schüler Martin Kählers als eine Einheit, während ich als Schüler Schleiermachers und Kierkegaards und Wilhelm Herrmanns einen tiefen Abgrund zwischen altem und neuem Testament sehe.« Auch »die christologischen und die geschichtsphilosophischen Unterschiede«, die zwischen ihnen bestünden, beruhten auf diesem Unterschied. »Ich empfinde mich in alledem mehr als Lutheraner, Du paßt mit Deiner Ansicht seltsam gut in die angelsächsische neokalvinistische Welt.«[10] Tillich antwortete Hirsch aus dem Hamburger Hotel »Reichshof« am 12. Juli 1958: »Hab herzlichen Dank für Deine Briefe und für die Zusendung Deiner Bücher, die alle angekommen sind. Ich werde freilich vor meiner Rückkehr nicht viel davon lesen können, da hier kaum eine Minute persönlichen Lebens übrig ist. Ich habe über die Möglichkeit nachgedacht Dich aufzusuchen, aber es sieht bis jetzt sehr schlecht damit aus. Sollte es möglich sein, dass ich auf meiner Fahrt nach Süden einen Zug überspringe, lasse ich es Dich rechtzeitig wissen.«[11] Schwer zu entscheiden, ob der zum theologischen Weltstar Aufgestiegene hier nur beiläufigen Einblick in Terminschwierigkeiten gewähren wollte oder ob ihm vor allem an gezielten Distanzierungsgesten lag. Als Hayo Gerdes Ende Juli 1962 Tillich brieflich bat, einen Beitrag für die geplante Festgabe zu Hirschs 75. Geburtstag zu verfassen,[12] fiel die Antwort jedenfalls denkbar kühl aus: »Professor Tillich bedauert es, dass er sich an der *Festschrift* zum 75. Geburtstag von Prof. Emanuel Hirsch nicht beteiligen kann. Fuer das kommende akademische Jahr hat er jetzt schon so viele Verpflichtungen, dass man fast ohne jede Uebertreibung sagen kann, dass jede Stunde besetzt ist.«[13] So erschien die Festschrift unter dem Titel »Wahrheit und Glaube« 1963 ohne einen Beitrag Tillichs.

In Göttingen freilich war die alte emotionale Intensität dieser schwierigen Nah- und Fernbeziehung durchaus nicht erloschen. Ein familiärer Trauerfall, der Tod von Tillichs Schwager Alfred (»Frede«) Fritz 1963, belebte noch ein-

[9] Emanuel Hirsch an Paul Tillich, 3.7.1958 (Harvard).
[10] Emanuel Hirsch an Paul Tillich, 9.7.1958 (Harvard).
[11] Paul Tillich an Emanuel Hirsch, 12.7.1958 (Harvard).
[12] Hayo Gerdes an Paul Tillich, 29.7.1962 (Harvard).
[13] Hildegard K. von Gumppenberg [Sekretärin Paul Tillichs] an Hayo Gerdes, 29.8.1962 (Harvard). Tillich hatte ihr die handschriftliche Notiz gegeben: »Leider unmöglich, da auf lange Zeit jede Stunde mit früheren Verpflichtungen besetzt ist.«

mal die tiefe Verbundenheit der beiden Theologen. Denn auch Hirsch war mit Fritz eng befreundet gewesen und hatte Tillichs früh verstorbene Schwester Johanna sehr verehrt. Jetzt, im Rückblick auf ein halbes Jahrhundert, fand er in großer Offenheit bewegende Worte des Gedenkens und des ganz ungeschützten Bekennens, für den toten Freund und für den lebenden:

»Er ist der einzige Mensch von denen, die hier in Deutschland leben, dem ich es zugestanden, daß er Dich ebenso mit ganzer Liebe umfaßt hat wie ich es tat und tue. Er war auch Bewunderer Deiner Wege und hatte darin etwas vor mir voraus, der da ebenso Kritiker wie Bewunderer war und ist. Aber Bewunderer sind billige Ware, und Du hast viel von ihr. Solche aber, die Dich lieben ... nur Deiner Schwester Johanna und Frede, natürlich auch Deinem Vater, habe ich zugestanden im Herzen, daß sie es ebenso taten wie ich.«[14]

Mit seinem Brief kündigt Hirsch zugleich an, daß Tillich vom Verlag de Gruyter »Das Wesen des reformatorischen Christentums« erhalten werde. »Du wirst daran leicht ermessen können, wie weit mein Weg der Entgröberung und Vereinfachung sich von Deinem der Allumfassung unterscheidet, und hoffentlich doch auch nicht verkennen, daß Jesus Christus auch solche Vereiner von Humanität und Christentum braucht wie mich.«[15] Kein Zweifel: Emanuel Hirsch wußte sehr genau um die besondere Qualität dieser immer schon gefährdeten Beziehung zweier Gottesdenker, in der egomaner Eigensinn und dialogbereite Offenheit, emotionale Nähe und politisch-intellektuelle Distanz einander zugleich bedingten und bedrängten. 1963 verweigerte er Marion Pauck, die auch ihn für die projektierte Tillich-Biographie interviewen wollte, ein Treffen: »Der Grund ist einfach der, dass in den Berührungen zwischen Paul Tillich und mir sich das Privat-Persönliche so sehr in alles Sachliche hineinschlingt, dass ich diejenigen Dinge, die nach meinem Empfinden von literarischem Takt nicht in eine öffentliche Biographie gehören, nicht sondern kann von dem Abstrakten und Allgemeinen, welches andre Menschen angeht.«[16]

Die erzwungene Emigration brachte für Tillich jedoch nicht nur grundlegende Verschiebungen innerhalb seines vielverzweigten Freundschaftssystems

---

[14] Emanuel Hirsch an Paul Tillich, 17.2.1963 (Harvard). – Auch Rose Hirsch richtete am 17. Februar 1963 einen Brief an Tillich und zitiert darin aus dem letzten Schreiben, das Hirschs von Fritz erhalten hatten: »Es war mir besonders schwer, dass ich diesmal Paulus nicht sprechen konnte, wenn er auch, wie wohl auch bei Euch anrief und man an seiner Stimme die alte Liebe und Freundschaft spürte. Ich sah ihn dann noch im Fernsehen und hörte ihn in der Paulskirche‹.«

[15] Emanuel Hirsch an Paul Tillich, 17.2.1963 (Harvard).

[16] Emanuel Hirsch an Marion Hausner (Pauck), 7.5.1963 (Harvard, Abschrift). – Zum heiklen Freundschaftsverhältnis von Hirsch und Tillich nach 1945 vgl. auch Trillhaas, Hirsch in Göttingen, 55, 58.

mit sich. Elementare Desillusionierungsprozesse erfaßten ihn, zumal nach Kriegsende, auch im Hinblick auf seine politischen Ambitionen, die in Amerika so wenig wie zuvor in Deutschland von übergroßen Selbstzweifeln geprägt gewesen waren. Dies blieb auch dem Federal Bureau of Investigation (FBI) nicht verborgen, wie aus der dort geführten Tillich-Akte hervorgeht. Mitten im Jagdfieber der McCarthy-Zeit fanden die Beziehungen des Professors zum Kommunismus die professionelle Aufmerksamkeit der Fahnder. So heißt es unter dem 17. Juli 1952, nun allerdings entwarnend: Tillich »had at one time been a Communist Party sympathizer and had many friends who where members of the Communist Party. […] Paul Tillich was now evidently out of sympathy with the Communist Party […].«[17] In den vierziger Jahren waren es dagegen noch die selbst- wie fremdbestimmten Verortungen im nationalsozialistischen Kontext, die das Überwachungsinteresse stimulierten:

»A daily log of the Acting Senior Patrol Inspector, US Immigration Border Patrol, Millbridge, Maine, dated 7/27/42 stated that Paul Tillich was a Professor at Union Theological Seminary, New York […]. According to this source, Tillich was in accord with the members of the Nazi Party, but disclaimed liking for Hitler or associates because he believed them ›pathological‹. He also felt that the Nazis were on the right track originally and that ›at the end of the war we will all be under a dictator government‹. He was reported to have advised students at the Seminary to register for the draft because it ›is the law of the country‹, but according to the ideals of Christianity, they should not fight or bear arms.«[18]

Vom 25. Januar 1963 ist ein zusammenfassendes Urteil auf eine Anfrage vom 7. Januar 1963 dokumentiert: »The files of this Bureau contain numerous references to Paul J. Tillich dating back into the 1930's. These references reveal Paul J. Tillich has been associated with many organizations but he was primarily known for his ›anti-Nazi‹ sympathies.« Eine abschließende Einschätzung Tillichs fällt schonungslos und wenig schmeichelhaft aus: »Dr. Tillich has been criticized for having associated with known communists and communist sympathizers and has been characterized as a communist sympathizer and ›fellow traveller‹. There is no evidence, however, that he was ever a member of the Communist Party. Dr. Tillich has also been described as a ›self-appointed leader who was going to settle world problems‹.«[19]

Mit dem Ende des Zweiten Weltkriegs, der sich allmählich manifestierenden Aufteilung Nachkriegsdeutschlands und dem Scheitern seiner politischen Bemühungen im »Council for a Democratic Germany« nahm Tillich zunehmend

---

[17] FBI-Akte, Paul Tillich (Washington, Kopie in Harvard), 3.
[18] Ebd., 22.
[19] FBI-Akte, Paul Tillich (Washington, Kopie in Harvard), 1f.

Abstand von politischem Engagement. Am 9. Januar 1948 schrieb er aus New York mit erkennbarer Resignation an den methodistischen Theologen Edgar Brightman nach Boston:

»Dear Dr. Brightman: The reasons for my not being a member of the American Association for a Democratic Germany are: 1) I was during the war the Chairman of the American Committee for a Democratic Germany, consisting of all groups of refugees and sponsored by the American Association. After Potsdam the Committee was split for the same reasons for which the Great Alliance has broken. So I decided to resign from the whole action. 2) There is no more Germany, but an American and a Russian colony, and this can be changed only by another war which to avoid was the purpose of my Committee. 3) I have resigned from all politics in order to be able to write my Systematic Theology. Many thanks! Cordially yours, Paul Tillich«[20].

Der Gedanke von der »heiligen Leere« trat nunmehr an die Stelle des zur Tat aufrufenden Kairos. »Das Politische«, so verkündet es bereits der Rundbrief vom 12. Oktober 1946, »ist mir unter dem Druck des weltgeschichtlichen Schicksals mehr eine Sache der Beobachtung als der Mitarbeit geworden.«[21] Als Kommentar zu dieser Selbsteinschätzung kann ein Resümee aus der FBI-Akte gelesen werden, in dem auch das Council nicht unberücksichtigt bleibt: »The organization was dissolved when members of the Council had realized their organization would never become a real factor in shaping of the post-war Germany's destiny.«[22]

In einem Rundbrief vom Juni 1947 nimmt Tillich darauf Bezug, daß die »›horizontale‹ Linie«, die zwischenmenschliche, gegenwärtig »vielleicht die einzige« sei, »in der die wenigen, die nicht bitter oder stumpf geworden sind, einen Lebenssinn finden können. Aber bedeutet das nicht den Verzicht auf jede Gestaltung, das einfache Waltenlassen der Zwangsläufigkeiten, die aus dem gegenwärtigen Moment das Gegenteil eines *Kairos* machen?«[23] Zu den alteuropäischen Adressaten dieses Sendschreibens aus der Neuen Welt gehörte auch Dolf Sternberger, in dessen Nachlaß sich ein Exemplar erhalten hat, das einen handschriftlichen Zusatz Tillichs trägt: »Wir sind alle hier in einer psychologisch fast unlösbaren Situation, einer Leere, von der ich manchmal sage, dass es eine ›heilige Leere‹ sein sollte.«[24] Ähnlich resignative Gedanken und Pathosformeln einer Lebenswende deuteten sich bereits vor Kriegsende an.

---

[20] Paul Tillich an Edgar Sheffield Brightman, 9.1.1948 (Harvard).
[21] Paul Tillich, Rundbrief vom 12.10.1946, in: DERS., Lebensbild in Dokumenten, 299–302; hier 300.
[22] FBI-Akte, Paul Tillich (Washington, Kopie in Harvard), 2.
[23] Paul Tillich, Rundbrief vom Juni 1947, in: DERS., Lebensbild in Dokumenten, 307–309; hier 308f.
[24] Paul Tillich, Rundbrief vom Juni 1947 (DLA Marbach, Nachlaß Dolf Sternberger).

Vom 28. Januar 1945 ist eine Diskussion zu dem denkbar großkalibrigen Thema
»Theorie und Praxis« dokumentiert, in der sich Max Horkheimer, Adolf Löwe,
Friedrich Pollock und Paul Tillich über den jeweiligen Standort ihrer Theo-
riebildung auseinandersetzten.[25] Dabei stand im Mittelpunkt des freund-
schaftlich-kontrovers geführten Gespräches die Frage nach Kontinuität und
Diskontinuität der eigenen Welterklärungsentwürfe seit den 1920er Jahren:
Welchen Einfluß hatte die sich wandelnde historische Gesamtkonstellation
unter dem Vorzeichen von Nationalsozialismus und Exil auf innerweltliche
Heilserwartungen und politische Deutungsambitionen einst glühend zu-
kunftsgläubiger Intellektueller? Horkheimer hält zu Beginn programmatisch
fest: »In dem Verhalten dessen, der heute etwas politisches tut, steckt ein un-
kontrollierbares Verhältnis zur nächsten geschichtlichen Phase. Wir haben den
Glauben daran verloren, daß die nächste Phase die Menschheit konstituiert.
Davon sind wir geheilt.«[26] Welche Haltung gilt es aber nun einzunehmen, fragt
er, angesichts der zu Grunde gehenden gegenwärtigen Welt? Vielleicht entstehe »etwas Neues, vielleicht etwas sehr Großes und sehr Gutes. Aber ist es unsere Rolle, da auch etwas mitzuschieben, oder haben wir andere Aufgaben?«[27]
Ihnen allen sei die Welt, in der sie standen, zerfallen. Es habe sich als Illusion
herausgestellt, daß das, was getan wurde, eine Ausrichtung auf das Wesentliche
und das Unbedingte hatte. »Die Überzeugung, daß man am richtigen Ort gestanden hat, ist zusammengebrochen. Heute zweifeln wir, ob wir jemals am
richtigen Ort standen. Alles, was man getan hat, ist fragwürdig geworden.«
Horkheimer geht dann zu einer Charakterisierung der Position Tillichs über
und legt als Sozialwissenschaftler Reflexionen von hohem theologiegeschicht-
lichen Rang vor, die zugleich auch die These einer Schwerpunktverlagerung
des Tillichschen Theoriezentrums vom Politischen auf das Theologische stützen: Tillich habe »das Unbedingte, im Gegensatz zu den zwanziger Jahren, wieder spiritualisiert. Er ist heute in seiner letzten religiösen Haltung viel mehr
traditionell christlich, als religiös-sozialistisch. Er macht viel weniger Konzessionen an das Utopische. Er ist zurückgekehrt zu einer viel strengeren dogma-
tisch-christlichen Haltung, er ist viel spiritualisierter und unhistorischer
geworden.«[28] Tillich vertikalisiere das Unbedingte und fordere, daß sich die
praktische Haltung stets an diesem Unbedingten zu orientieren habe. Pollock

---

[25] Theorie und Praxis. 28. Jaenner 1945. Diskussion. Horkheimer, Loewe, Pollock, Tillich
(Harvard, Box 206, Typoskript, 7 Seiten). Die Zitate richten sich nach der 1994 von Erdmann
Sturm vorgelegten Edition des Typoskriptes, die sich auf ein Exemplar im Marburger Til-
lich-Archiv stützt; s. Sturm (Hg.), Paul Tillich und Max Horkheimer im Dialog, 278–
281 (Kommentar), 295–304 (Text).
[26] Ebd., 295.
[27] Ebd., 296.
[28] Ebd.

fragt an dieser Stelle: »Wenn das alles so ist, warum konzentriert sich Paulus nicht darauf, seine Dogmatik zu schreiben?« Tillich entgegnet, es handele sich in ihrer Debatte um Nuancen. »Ich war nie ein primitiver Utopist und ich bin heute kein primitiver Absolutist.« Es sei, so betont er, zu einer »Katastrophe der Kairos-Hoffnung« gekommen, die ihn nun zu einer veränderten Sicht des Politischen führe. Seine Dogmatik trage dem »Council for a Democratic Germany« ähnliche Züge. Und nicht ohne eine gewisse Tendenz zur Selbsthistorisierung kommentiert Tillich: »Wenn ich damals noch glaubte, mit den Kategorien des religiösen Sozialismus eine fundamentale Wendung in der christlichen Theologie herbeizuführen, beschränkt sich heute meine Hoffnung darauf, den Amerikanern eine gut ausgearbeitete Theologie zu geben, die sie niemals hatten. 1920 war es anders, da wollte ich eine neue Periode des Christentums inaugurieren.« Sowohl sein Denken als auch sein Handeln sei nicht mehr das alte. »In beiden bin ich von der Paulus-Bekehrungs-Situation in eine skeptischere Saulus-Situation abgesackt.« In heiterer Resignation bringt Löwe schließlich die paradoxe Rollenverteilung auf eine geistreiche Formel: »Uns liegt im Grunde mehr an Deiner Dogmatik als dir.«[29]

Ohne im Detail den weiteren Verlauf der Debatte zu erörtern, ist aus ihrem Fortgang noch Tillichs autobiographisch orientierte, retrospektive Funktionsbestimmung des Religiösen Sozialismus herauszuheben. »Ich habe versucht, die reaktionären Kräfte der Lutherischen Kirche über das deutsche Volk zu brechen als Voraussetzung für die Veränderung. Auch habe ich versucht, die reformistischen Kräfte in der SPD zu brechen. Kirche und Partei haben mich dafür immer mißhandelt.«[30] Stets habe er sich in einer oppositionellen Haltung befunden. »Mit Pantheismus« – eine Unterstellung Horkheimers – »hat es nichts zu tun. Allerdings habe ich wiederholt, was die Propheten gesagt haben: Kairos ist hier, laßt uns handeln!«[31] Gegen Ende der Aussprache kommt wiederum Adolf Löwe zu einem ironisch intonierten Resultat: Die ganze Diskussion lasse sich in dem einen Satz bündeln, »daß Gott will, daß Tillich seine Dogmatik schreibt, während Beruf, Privatleben und Committee dazu führen, daß er und die anderen weiter mit der Stange im Nebel herumfahren.« Tillich reagiert auf diese freundschaftliche Provokation mit der grundlegenden, seinen politischen Einsatz für den Council rechtfertigenden These, daß die »Einsicht in die Existenz [...] ohne das gleichzeitige Eindringen in die Praxis«[32] unmöglich sei.

Die neu geordnete Welt wartete also auf neue Bücher. Viel sprach jedoch dafür, zunächst noch einmal die alten zu lesen, die der Frankfurter Freunde,

[29] Ebd., 297.
[30] Ebd., 298.
[31] Ebd., 299.
[32] Ebd., 303. – Zur Bedeutung des Council im vorliegenden Zusammenhang vgl. den Kommentar ebd., 278–280.

die der Gegner von einst, nüchterner nun, vor anderen Horizonten. Zugleich aber provozierte der in seiner lebensverändernden Dramatik gar nicht zu überschätzende Zwang zur Neujustierung des eigenen Denkens und Handelns auch eine mehr als nur wehmütig-nostalgische Re-Lektüre des eigenen Werks. Was war aufzugeben? Welche Manifeste ließen sich aus den Havarien früherer Hoffnungen noch bergen? Auch Paul Tillich antwortete implizit auf diese Fragen, als er 1948 seinen »Kairos«-Aufsatz, mehr als ein Vierteljahrhundert nach der Niederschrift 1922, in den Sammelband »The Protestant Era« aufnehmen ließ. Die entscheidende Differenz zwischen den beiden Fassungen liegt zunächst in einer Veränderung des Konzeptes von Autonomie und Theonomie. So formuliert Tillich nunmehr – im Rekurs auf nahezu gleichzeitige Überlegungen zur »Korrelation«[33]: »Theonomy is the answer to the question implied in autonomy, the question concerning a religious substance and an ultimate meaning of life and culture.«[34] Aber, wie John Clayton treffend betont, die angekündigte Theonomie erscheint hier eher als »ein Symbol der eschatologischen Hoffnung«. Die anschließende Frage, ob es sich dabei nur um einen Betonungswechsel oder vielmehr um »eine substantielle Veränderung«[35] handelt, läßt Clayton dann allerdings lieber unbeantwortet. Neben diesen Unterschied tritt eine deutlichere Prononcierung des christologischen Aspektes, der dem Kairos zukommt: »Kairos in its *unique* and universal sense is, for Christian faith, the appearing of Jesus as the Christ.«[36] Die sich hier bereits abzeichnenden Verschiebungen in der Kairos-Konzeption finden ihren vorläufigen programmatischen Abschluß dann in der betont christologischen Ausrichtung, die der Kairos 1951 im ersten Band der »Systematischen Theologie« erhält. Das Erscheinen Jesu Christi wird als »der ekstatische Augenblick der menschlichen Geschichte« charakterisiert. Aus diesem Grund ist er »ihre Mitte, die aller möglichen und wirklichen Geschichte den Sinn gibt«. Tillich präzisiert: »Der ›Kairos‹, der in ihm erfüllt war, ist die sinngebende Mitte der Geschichte.« Allerdings gilt dies nur für diejenigen, von denen er »als letztgültige Offenbarung« verstanden wird. In Rekurs auf 2 Kor 5, 17 faßt Tillich dieses gläubige Erkennen als »das Neue Sein«[37] zusammen. Der zweite Band von Tillichs theologischer ›Summe‹ rückt Neues Sein und Kairos dann sechs Jahre später in die paulinische Perspektive des »schon« und »noch nicht«. Die symbolhafte Rede von der

---

[33] Vgl. TILLICH, The Problem of Theological Method, 310–312. – Zu Tillichs Korrelationsmethode vgl. RINGLEBEN, Tillichs Theologie der Methode.

[34] TILLICH, Kairos (1948), 338.

[35] CLAYTON, Einführung in Tillichs Schriften zur Religionsphilosophie, 50. Vgl. damit auch DERS., Art. Tillich, 557.

[36] TILLICH, Kairos (1948), 338.

[37] TILLICH, Systematische Theologie, Bd. I, 163. – Vgl. DERS., Systematic Theology, vol. I, 152: »the New Being«.

Parusie Christi stellt eine Ergänzung zum »Symbol der Auferstehung« dar. Die Auszeichnung als Symbol ist dabei vor dem Hintergrund der Tillichschen »Korrelations-Methode« zu sehen, also im Sinne von Antworten auf in der Existenz des Menschen liegende Fragen.[38] Der Christ wird »in einen Zeitraum zwischen zwei *kairoi*, d. h. zwischen zwei Zeitmomente, in denen das Ewige in das Zeitliche einbricht«[39], gestellt und sieht sich in dieser Lage ganz persönlich, in seiner individuellen Existenz, wie auch als lediglich mitlebender Zeuge historischer Konstellationen unendlichen Spannungen ausgesetzt. Die pluralische Verwendung des Kairos kehrt schließlich auch 1963 im dritten Band wieder, wenn Tillich Christus als weltgeschichtliches Ereignis »den ›großen *kairos*‹, der die Mitte der Geschichte ein für allemal konstituiert hat«, nennt und davon immer neue, lediglich abgeleitete Kairoi unterscheidet. Er bestimmt sie als existentielle Begegnungen religiöser oder kultureller Gruppen mit »dem zentralen Ereignis«[40]. In Verbindung mit dem als Symbol eingestuften Reich Gottes, das in einen innergeschichtlichen, historisch dynamisierten Aspekt und einen übergeschichtlichen – hier »enthält es die Antworten auf die Fragen, die mit der Zweideutigkeit der geschichtlichen Dynamik gegeben sind«[41] – spezifiziert wird, setzt sich Tillich in einem eigenen Unterabschnitt mit dem Kairos und den Kairoi auseinander.

Doch nicht nur in der Systemarchitektur des späten theologischen Gesamtentwurfs, auch in den gleichfalls 1963 konzipierten »Vorlesungen über die Geschichte des christlichen Denkens« wird dem Kairos, den Tillich wie keinen anderen Begriff mit seinem Namen verbunden wissen wollte, ein exponierter Platz eingeräumt. Der Redner präsentiert dabei in bewährter, rezeptionslenkender Weise seine Charakterisierung des Religiösen Sozialismus, der sich zu Beginn der zwanziger Jahre im Rückgriff auf den biblischen Prophetismus gegen fortschrittsgläubige, utopische und transzendentalistische Geschichtsdeutungen gerichtet habe.[42] Der Augenblick, in welchem »die Geschichte – in einer konkreten Situation – soweit zur Reife gelangt ist, daß sie die zentrale Manifestation des Reiches Gottes aufnehmen kann«[43], ist der Kairos. Tillich konkretisiert: »Dieser Begriff ist häufig verwandt worden, seitdem ihn der

---

[38] Vgl. TILLICH, Systematische Theologie, Bd. I, 14 f., 73–80; Bd. III, 477; vgl. auch DERS., Das Neue Sein, 371: »Die Theologie hat die Aufgabe, [...] erneut klarzumachen, daß die religiösen Symbole und ihre theologische Ausformung einmal Antworten auf wirkliche Fragen der Menschen waren.«

[39] TILLICH, Systematische Theologie, Bd. II, 177. Vgl. DERS., Systematic Theology (1957), vol. II, 189. Vgl. zur Differenzierung zwischen »Kairos« und »Kairoi«: DERS., Kairos III (1958), 138.

[40] TILLICH, Systematische Theologie, Bd. III, 180. Vgl. ebd., 254.

[41] Ebd., 407.

[42] Siehe ebd.

[43] Ebd., 419.

Religiöse Sozialismus in Deutschland nach dem ersten Weltkrieg in die philosophische und theologische Diskussion eingeführt hat.«[44] Dies ließ sich jedoch
nur dann so selbstbewußt behaupten, wenn die bereits Jahre vor Tillichs robuster Begriffsbemächtigung einsetzende breite Aufnahme des Terminus »Kairos«
innerhalb des George-Kreises konsequent ignoriert wurde. Wird zudem gegen
Tillichs Beschweigen der Vorgänger und Konkurrenten mitbedacht, daß der
Kairos unter den Georgeanern hohen Systemrang besaß und theologisch-reli-
giös konnotiert war, kann von einer »Einführung« des Begriffs in die philosophische und theologische Debatte vollends keine Rede mehr sein. Die
unbestreitbare Leistung Tillichs war es allerdings – unter stillschweigender Ausblendung der terminologischen Vorgeschichte und bereits blühenden Be-
griffskonjunktur –, »die Theologie«, wie er betont, »an die Tatsache zu erinnern,
daß sich die Verfasser des Neuen wie des Alten Testaments der sich selbst tran-
szendierenden Dynamik der Geschichte bewußt waren«[45]. Wenn Tillich dann
aber zugleich für sich und seine Mitstreiter das Verdienst reklamiert, »die Philosophie auf die Notwendigkeit aufmerksam zu machen, sich mit der Geschichte zu befassen, nicht nur mit der logischen und kategorialen Struktur der
Geschichte, sondern auch mit ihrer Dynamik«[46], so mag dies zwar durchaus
dem vom Religiösen Sozialismus erhobenen Anspruch entsprechen, der zeitgenössischen philosophischen Debatte war diese Problemverschiebung jedoch
längst bekannt. Denn es wird kaum behauptet werden können, Gundolfs »Goethe« (1916) oder Bertrams »Nietzsche« (1918) seien seinerzeit nur von philo-
logischem Interesse gewesen. Es war beabsichtigt, fährt Tillich fort, mit dem
Kairos das »nach dem ersten Weltkrieg viele Menschen in Europa« bewegende
Gefühl auszudrücken, »daß eine Zeit gekommen sei, die ein neues Verständnis
für den Sinn der Geschichte und des Lebens enthalte«. Dieser Hinweis kommentiert gleichsam Tillichs einst so suggestiv inszenierte Kombination der Begriffe Krise und Kairos; denn das Kairos-Bewußtsein war zunächst auch
Krisenbewußtsein. »Gleich ob dieses Gefühl empirische Bestätigung fand oder
nicht – zum Teil fand es sie, zum Teil fand es sie nicht – der Begriff *kairos* selbst
behält seine Bedeutung und gehört in die systematische Theologie.«[47] Seinen
wichtigsten Rückhalt fand dieses späte Bemühen, den theologischen Rang des
Kairos auch unabhängig von seiner Zeitgebundenheit als Erkennungs-Chiffre
religiöser Sozialisten zu behaupten, in einem ambitionierten geschichtsphilosophischen Deutungsprogramm.

---

[44] Ebd., 419f.
[45] Ebd., 420.
[46] Ebd.
[47] Ebd.

Als Mittelpunkt wählt Tillich dabei die in der »Systematischen Theologie« bereits angeklungene Differenzierung zwischen dem einen »»großen *kairos*«« und den »relativen *kairoi*«, jenen Momenten zumal der Kirchengeschichte, in denen sich »das Reich Gottes in einem spezifischen Durchbruch manifestiert«. Fortwährend kommt es so zu einer neuen Offenbarung des großen Kairos, der als »Kraftquelle« die Kairoi nährt. Tillich bestimmt das Erkennen eines Kairos als Moment visionärer Entgrenzung. Der Kairos läßt sich nicht berechnen, experimentell herbeiführen, sondern erschließt sich existentiell und kann nur hernach korrigierender Analyse und Kommentierung unterzogen werden.[48] In ihm erweist sich die schöpferische Energie des prophetischen Geistes. Maßstab für eine Beurteilung der einzelnen Augenblicke und letztgültiges Entscheidungskriterium für ihre Deutung ist der eine, große Kairos. Mit ihm konfrontiert, entlarvte sich etwa der messianische Anspruch des Nationalsozialismus als dämonische Verzerrung. »Der Geist, auf den sich der Nationalsozialismus berief, war der Geist der falschen Propheten, die eine abgöttische Verherrlichung der Nation und der Rasse vertraten.«[49] Die Kairoi können dämonisch entstellt und falsch beurteilt werden, da das »Schicksal der Geschichte« das Erlebnis des Kairos bedingt. Eine Berechnung des Kairos muß deshalb scheitern. Auch wenn es Zeiten gibt, in denen das Kairos-Erlebnis zurücktritt, meint Tillich doch festhalten zu können: »Das Reich Gottes ist immer gegenwärtig, aber die Erfahrung von seiner die Geschichte erschütternden Macht ist es nicht. *Kairoi* sind selten, und der große *kairos* ist einmalig, aber zusammen bestimmen sie die Dynamik der Geschichte in ihrer Selbst-Transzendierung.«[50]

Bereits 1955 hatte Tillich »Das Neue Sein als Zentralbegriff einer christlichen Theologie« ausgewiesen – mit der realitätsklugen Einschränkung, daß das Neue Sein ein solcher Begriff erst noch werden soll und nicht schon ist. Gott, der sich offenbart, der Logos, als vernünftige Rede über die Mitteilung Gottes, und der Kairos, als richtiger Zeitmoment für den Theologen, zu seiner Gegenwart zu sprechen, werden einführend als Elemente der Theologie genannt. In dezidiert eschatologischer Ausrichtung kennzeichnet Tillich dann das Neue Sein als innergeschichtlich unerfüllbar.[51] Es befindet sich in einem permanenten Kampf, auch gegen die ihm selbst einwohnenden dämonischen Verzerrungen. »Die Geschichte läuft nach vorn, sie läuft unausweichlich und kann nicht zurück. Aber dies ›Vorn‹ ist nicht ein Vorn in der Zeit, dies Vorn ist wie eine Kurve, die,

---

[48] Vgl. TILLICH, Das Neue Sein, 371, wo »die Entdeckung der Existentialanalyse« als »Glücksfall für die Theologie« bezeichnet wird.
[49] TILLICH, Systematische Theologie, Bd. III, 422.
[50] Ebd., 422f.
[51] Vgl. damit die Rede von der »fragmentarischen Antizipation«; Erfüllung bleibt der Ewigkeit vorbehalten (s. TILLICH, Love, Power, and Justice, 639). Vgl. auch DERS., Kairos (1948), 338.

wenn sie sich zeitlich verwirklicht, immer nach oben hin angezogen wird und in die Ewigkeit übergeht.«[52] Neues Sein kann sich nur verwirklichen, wenn das Ewige in vertikaler Ausrichtung einbricht. Nur so ist drohender Sinnentleerung mit Erfolg zu begegnen. Tillich überführt auf diese Weise mit nunmehr deutlicher Reserve gegenüber einer vom Religiösen Sozialismus noch vehement geforderten innerweltlichen Erfüllung seinen ehemaligen Zentralbegriff »Kairos« in den des Neuen Seins. Die christologisch bestimmte Neuqualifizierung verdrängt bei allem auch politisch geprägten Gegenwartsbezug die Hoffnung auf eine diesseitige Realisierung des Kairos. Diese innerweltlich ernüchterte Zurückhaltung prägte auch schon Tillichs »Politische Bedeutung der Utopie im Leben der Völker« von 1951. Die selbstgestellte Frage nach der Möglichkeit, zu Beginn der fünfziger Jahre von einem Kairos zu sprechen, »wie es nach dem ersten Weltkrieg zweifellos in Deutschland möglich war«, beantwortet Tillich ausweichend: »Es ist eine Periode, in der der Kairos, die rechte Zeit der Verwirklichung, weit vor uns liegt in Unsichtbarkeit und ein Hohlraum, ein unerfüllter Raum, ein *Vakuum* um uns ist.«[53]

Von diesem Standpunkt der Leere aus entwickelte Tillich eine neue Kairos-Interpretation, die er 1963 in »Morality and Beyond« seiner Lesergemeinde präsentierte. Der Kairos erfährt hier eine auf den Liebesbegriff zulaufende Ethisierung. Alle großen geschichtlichen Umwälzungen werden, laut Tillichs These, von einem starken Kairos-Bewußtsein begleitet. »Therefore, ethics in a changing world must be understood as ethics of the *kairos*. The answer to the demand for ethics in a changing World is ethics determined by the *kairos*. But only love is able to appear in every *kairos*.«[54] Liebe realisiert sich »from *kairos* to *kairos*«[55] und bringt eine Ethik jenseits der Alternative absoluter und relativer Ethik hervor. Auf einer Linie mit diesen Ausführungen liegt auch die Entfaltung des Zusammenhangs von Theonomie und Liebe im dritten Band der »Systematischen Theologie«, in dem Tillich »ein theonomes Fundament für das moralische Gesetz« aufzeigen will. Es ist die Liebe, die »als *agape*«[56] das Gesetz enthält und es zugleich transzendiert. Anders als abstrakte Normen ist einzig die Liebe in der Lage, der konkreten Situation – und hier klingt der Kairos wieder an – gerecht zu werden: Die Liebe identifiziert sich »mit der einmaligen Situation, aus der die konkrete Forderung erwächst«. In der Überwindung von

---

[52] TILLICH, Das Neue Sein, 379f.
[53] TILLICH, Politische Bedeutung der Utopie, hier 578. Vgl. auch DERS., Kairos und Utopie, bes. 150–154.
[54] TILLICH, Morality and Beyond, 697. Vgl. ebd., 700: »Love demands laws and institutions, but love is always able to break through them in a new *kairos*, and to create new laws and new systems of ethics.«
[55] Ebd., 697.
[56] TILLICH, Systematische Theologie, Bd. III, 311.

Autonomie und Heteronomie läuft Tillichs Argumentation auf das christologisch begründete »Neue Sein« zu: »Wo Neues Sein ist, ist Gnade, und wo
Gnade ist, ist Neues Sein.«[57] Eingebunden bleibt diese Erkenntnis in die Verhältnisbestimmung von Zeit und Ewigkeit. »Ich könnte mir«, schreibt Tillich in
Aufnahme eines Bildes, das schon in »Das Neue Sein« begegnete, »eine Kurve
denken, die von oben kommt, sich abwärts und vorwärts bewegt bis zu einem
tiefsten Punkt, dem *nunc existentiale*, dem ›existentiellen Jetzt‹, und auf analogem
Weg zu dem zurückkehrt, vom dem sie herkommt, sich zugleich vorwärts und
aufwärts bewegend.« Das Zeitende im Ewigen wird dynamisch gedacht. Es ist
kein Augenblick, der sich im Rahmen physikalischer Messung bestimmen läßt,
»sondern ein Prozeß, der sich in jedem Augenblick vollzieht, ebenso wie der
Prozeß der Schöpfung«[58].

In seinem 2002 in der »Theologischen Realenzyklopädie« erschienenen Tillich-Artikel kommt John Clayton zu dem Ergebnis: »Tillichs bleibender Beitrag zum religiösen Denken liegt weniger im Gehalt seiner Gedanken, seien sie
nun philosophischer oder theologischer Natur, noch in den seinem theologischen Werk innewohnenden besonderen Korrelationen, sondern eher in der
ihm eigenen Gabe, die grundlegenden Anliegen seiner Generation zu erkennen, und in seinem ruhelos fragenden Geist, mit dem er die vor ihm liegenden Aufgaben in Angriff nahm.«[59] Der Hinweis auf Tillichs außergewöhnliche
Begabung als Problemseismograph erfaßt das Arkanum seiner intellektuellen
Ausstrahlung und Wirkungsgeschichte. Wie für die Begriffe Gestalt, Dämonisches, Theonomie und insbesondere Kairos aufgezeigt werden konnte, war Tillichs diskursiver Generationsbezug gerade in der Begriffsübernahme zudem
sehr viel enger, als von ihm selbst ausgewiesen und eingeräumt worden ist. So
kann es als eine besondere Pointe der Auseinandersetzung zwischen Tillich und
Hirsch angesehen werden, daß Hirsch nicht nur mit seinem Hinweis auf die
doch wohl längere Vorgeschichte des Terminus Theonomie einen wunden
Punkt des originalitätsstolzen Freundes ansprach, sondern daß auch hinsichtlich des von Tillich ebenfalls dezidiert beanspruchten terminologischen Ur-
heberrechts an der Kairos-Lehre die Untersuchung der zeitgenössischen
Begriffsgeschichte das Urteil Hirschs nachhaltig zu stützen vermag.

Karl Barth etwa berichtet am 22. April 1922 in einem Rundbrief aus Göttingen von einem Besuch Tillichs. Er sei ein Wingolfbruder Hirschs, der »ihn
sehr streng« beurteile. »Das Bemerkenswerteste an ihm ist sein ›antiorthodoxes
Ressentiment‹ und seine Geschichtsmythologie«. Tillich »redet viel von Bedingtem und Unbedingtem und weiß von unbedingten (›theonomen‹)

[57] Ebd., 314.
[58] Ebd., 474. Vgl. TILLICH, Das Neue Sein, 379f.
[59] CLAYTON, Art. Tillich, 561.

Perioden in der Geschichte, in denen dann auch ein unbedingtes Ethos Platz
zu greifen habe«. Er gehe davon aus, daß eine solche Periode gegenwärtig an-
breche. Barths »Römerbrief« stufe er als »ein wichtiges Symptom« ein. Tillich
zufolge »gelte es, in der Richtung einer Art Kulturbeseelung durch Errichtung
einer verbesserten sozialistischen Philosophie oder Theologie, dem ›Kairos‹ (*ein
in Berlin und bei den Stefan Georgianern beliebtes Stichwort*) durch unbedingten
Ernst gerecht zu werden«[60]. Schon diese Briefpassage belegt erneut, daß Tillich
der George-Bezug seines Kairos geläufig gewesen sein muß, auch wenn er ihn
durch einen Verweis auf das Neue Testament umgeht. Doch eine sehr persönliche, ja intime Rezeptionserfahrung kommt hinzu: Denn Stefan George besaß
für Tillich jenseits von allem Bildungswissen auch eine ganz besondere existentielle Relevanz, bildete die Dichter-Lektüre für den Berliner Privatdozenten doch einst noch vor der Scheidung von Margarete Wever eine Möglichkeit,
die Beziehung zu seiner zukünftigen Frau Hannah, die ihrerseits ambitionierte
Gedichte verfaßte, emotional entscheidend zu vertiefen. Mitten in schwerer
persönlicher Krise und Selbstfindungsnöten schrieb Tillich im November 1920
an Hannah Gottschow: »Ich habe gestern die Bände George gekauft, die mir
noch fehlen und arbeite schon an ihm, weil Dein Brief mir zeigte, daß er ein
Zugang zu Deinem Geist ist, der mir noch in vielem verborgen ist.«[61]

Daß Tillich mit dem Beharren auf der allem historistischen Relativierungs-
eifer entzogenen prophetisch-eschatologischen Dimension des Kairos unter
seinen zeitdiagnostisch aktiven Konkurrenten und Weggefährten keineswegs
als exzentrischer Selbstdenker auffiel, ist auch in der Wissenschaftsgeschichte
früh gesehen worden. Wolfhart Pannenberg etwa kennzeichnet den »antihisto-
rische[n] Affekt« Tillichs als einen ihn »mit den meisten Konzeptionen seines
Zeitalters« verbindenden Mangel an geschichtlich fundierter Nüchternheit in
den Höhenflügen revolutionär befeuerter Reflexion. Allzuoft wird »die Betonung der geschichtlichen Konkretheit der Offenbarung in den Aktualismus
geschichtlicher Begegnung und subjektiven Engagements verflüchtigt«. An »die
Stelle des historisch Konkreten« tritt »die gedankliche Konstruktion«[62]. Gerade
in der Christologie Tillichs, so Pannenberg, kommt diese enthistorisierende
Verschiebung zum Ausdruck. »Dabei hätte Tillichs Zurückführung des Religi-
onsbegriffs auf eine Analyse des Sinnbewußtseins die Möglichkeit eröffnet,
einen Bezug zur Geschichtlichkeit der Sinnerfahrung herzustellen, die eine so
große Rolle in Diltheys Hermeneutik gespielt hat.«[63] Mit seinem Verweis auf

---

[60] Karl Barth, Rundbrief, 2.4.1922, in: BARTH/THURNEYSEN, Briefwechsel, Bd. 2, 64–67;
hier 64; Hervorhebungen von mir, A.C.

[61] Paul Tillich an Hannah Gottschow, November 1920 (Harvard).

[62] PANNENBERG, Problemgeschichte, 347f.

[63] Ebd., 348. Zu Pannenbergs Dilthey-Rezeption vgl. vor allem auch PANNENBERG, Wissenschaftstheorie und Theologie, bes. 78–82.

Dilthey stellt Pannenberg die Problematik fehlender historischer Vermittlung in den Vordergrund. Dies Defizit führte etwa dazu, daß der Kairos Tillichs als prophetisch aufgeladener Orientierungsbegriff in seiner suggestiven Sinnstiftungskraft von der Möglichkeit politischer Umsetzung, die sich spätestens mit dem Jahr 1933 als Illusion erwies, abhängig wurde. Schwand die theologische Verankerung des Begriffs im göttlichen Handeln und damit die Absicherung gegen seine situative Instrumentalisierung im Dienst wechselnder Tagesinteressen, dann gewann das Zeitgeschehen unberechenbaren Einfluß auf die Deutungshoheit — wie sich besonders beklemmend in der Vereinnahmung der Kairos-Idee im Kontext nationalsozialistischer Herrschaftspanegyrik und Auratisierungsstrategien zeigen sollte. Mit Blick auf die konkrete Aneignung des semantisch schutzlos gewordenen und somit nun völlig auslegungsoffenen Kairos-Begriffs durch die akademische Propagandarhetorik erweist sich eindrücklich die analytische Prägnanz von Pannenbergs Schlußfolgerung: »Tillichs Begriff des unbedingten Sinngrundes entbehrte wegen der mangelnden Verbindung mit der Hermeneutik geschichtlicher Erfahrung allerdings der Beziehung auf die Zukunft der Geschichte, im Unterschied zu der Geschichtsphilosophie von Ernst Troeltsch.«[64]

Keine andere Theologengeneration hat so emphatisch auf der Autonomie des »Wortes Gottes« insistiert wie die sendungsbewußten Wortführer der liberalismuskritischen Antihistoristen und ihre offenbarungsfrommen Weggefährten und Sympathisanten. In ihren Kairos-Diskursen fällt freilich auf, daß der Bezug auf die neutestamentliche Überlieferung nur eine marginale Rolle spielt. Die sich daraus ergebenden elementaren Konsequenzen für die Auslegung des neutestamentlichen Kairos lassen sich unter Aufnahme einer Deutungsperspektive, die Ernst Fuchs in seiner »Hermeneutik« präsentiert hat, vergegenwärtigen. Unter explizitem Verweis auf Mk 1, 15 und 2 Kor 6, 2 konstatiert er: »*Jetzt* ist die Zeit des Wortes Gottes gekommen, jetzt hört! — das ist die neutestamentliche Grundaussage [...].«[65] Der Existenzgrund des Menschen ist die flüchtige Zeit, und daher kann eine existentiale Interpretation gar nicht davon absehen, den Menschen nach seinem Umgang mit der Zeit zu befragen. Versteht er sie als selbstverständlichen Besitz oder als fragiles ihm nur unter Vorbehalt anvertrautes Geschenk? Will er sie sich gefügig machen, seiner Eigenmacht anverwandeln, sie besitzen? Dann mißbraucht er sie: Die Tatsachenfixierung in der Geschichte, die Rede »von ›objektiven Heilstatsachen‹«, ist eine Einebnung der Zeit; denn ihr Gabecharakter wird verkannt.[66] Vor diesem Hin-

---

[64] Pannenberg, Problemgeschichte, 349.
[65] Fuchs, Hermeneutik, 155.
[66] Diejenigen, die von objektiven Heilstatsachen sprechen, »vergreifen sich an der Zeit, von der sie doch wissen, daß sie sie trotz allem nicht ›haben‹« (ebd., 156).

tergrund gelangt Fuchs zu einer Einsicht, die von maßgeblicher Relevanz für die theologische Interpretation des Kairos sein kann: »Das Wort καιρός kann ohne den Genitiv, der es konkret bestimmt, nicht verstanden werden, auch wenn dieser Genitiv oft nicht angegeben wird.« Es ist, so folgert Fuchs, die Gnade Gottes, die »Grund« konkreter Existenz werden will. »*Deshalb wird sie als Gnadenzeit zeitlich*. Und deshalb ist sie uns als *Mitteilung* tiefer *verständlich*, als es eine Idee wäre.«[67] In diesem Kairos der Gnade, läßt sich in Anknüpfung an Fuchs behaupten, begegnet dem Menschen der Zuspruch des göttlichen Heils als Ausdruck der Gerechtigkeit Gottes.

Zu betonen ist somit der Christologiebezug. Der Kairos-Begriff kann nicht aus sich selbst heraus gedeutet werden, sondern nur innerhalb des Kontextes von Reich Gottes und Umkehr, wie ihn das Markusevangelium programmatisch in Kapitel 1, Vers 15 an den Anfang stellt, nur in Beziehung zu den zentralen soteriologischen Termini, die Paulus an herausgehobener Stelle mit ihm verbindet. Auf dieser Grundlage ergibt sich einerseits die Zurückweisung einer isolierten, vom neutestamentlichen Kontext absehenden terminologischen Form der Überhöhung und andererseits der Widerspruch gegen jede Politisierung des Begriffes. Das Subjekt des Erlösungshandelns ist Gott. Er allein bestimmt die Neuqualifizierung des Seins im Kairos. Solange der Mensch und mit ihm die Welt auf ihre endgültige Vollendung warten, bleiben sie in der Gewißheit des Glaubens auf das Handeln Gottes, die Erwartung der Parusie Christi verwiesen – wann, wie und ob diese eintritt, entzieht sich jedoch der menschlichen Verfügung. Das Endliche sieht sich vom Ewigen bestimmt, ohne sich in seiner Unvollkommenheit mit ihm in eins oder an seine Stelle setzen zu wollen. Die systematisch-theologische Relevanz des Kairos-Begriffes ist demnach in einem Rückgriff auf das Neue Testament zu finden. Der Kairos bezieht die ihn näher bestimmenden Genitive mit Paulus aus dem Repertoire der Soteriologie und nicht etwa aus seinem jeweils unmittelbaren zeitgeschichtlichen Kontext. Er ist in die Heilsgeschichte Gottes mit der Welt eingebunden und nicht der Kairos der Welt, sondern Gottes – damit Ausdruck der überwundenen Vorläufigkeit menschlich-sündhafter Existenz, die in Christus eine neue Schöpfung (2 Kor 5, 17) ist.

Gewiß, in den Kairos-Debatten der zwanziger Jahre ist das Neue Testament implizit präsent. Aber deutlich tritt hervor, daß die Systematiker ihre Zeitdeutungskämpfe weithin unter Abstraktion von der exegetischen Diskussion führten. Es läßt sich darin eine spezifische Signatur des theologischen Antihistorismus erkennen: Die Bewegungsmetaphern von der Souveränität des Wortes Gottes bedürfen im theologisch erregten Krisenjahrzehnt gar nicht der

---

[67] Ebd.

differenzierten Anbindung an die Positivität der neutestamentlichen Überlieferung. Viel entscheidender ist es für die theologischen Verschärfungsdenker, ihren je besonderen Zeitdeutungspunkt als Kairos aufrufen zu können. Selbst in jenen Theologien, in denen die Überwindung der frommen Subjektivität und bürgerlichen Autonomie zu inszenieren versucht wurde, setzt sich ein starker menschlicher Gestaltungsanspruch durch.

Als Paul Tillich am 25. Juni 1956 von der Freien Universität Berlin den Ehrendoktor der Philosophie erhielt, ließ er im Rahmen einer Dankansprache Szenen seines akademischen Werdegangs Revue passieren. Der Blick zurück traf auch die Zeit vor dem Ersten Weltkrieg, er sah noch einmal die »Unfähigkeit der beiden Fakultäten«, der theologischen und der philosophischen, dem eigenen Anspruch gerecht zu werden, »insonderheit Wächter des Humanitätsideals« zu sein. Statt dessen dominierten »die Philosophie des Rückzugs und die Theologie der humanen Persönlichkeit ohne den göttlich-dämonischen Lebensgrund«. Und Tillich schließt einen Kommentar an, im Manuskript nicht mehr als ein Stakkato der Stichworte, die atemlos-assoziativ in Namen, in Chiffren noch einmal längst vergangene Hoffnungskonzepte heraufbeschwören, abgeklärt und reflektiert, ohne Zeitklage, ohne Zorn: »Das Ende dieser Dinge 1914. Durchbruchsversuche in meiner Berliner Privatdozentenzeit: Tröltsch, der Neue Humanismus, Realem [!] Humanismus, der Religiöse Sozialismus, die Theologie des Paradox. Die letztere allein siegreich, aber so, dass der Lebensgrund nicht mit dem Licht des allgemeinen Kulturbewußtseins verbunden war, und darum das Leben nicht formen konnte − − −«[68]. Keine Erfolgsbilanz also, kein ungetrübtes Dankbarkeitsglück des erfüllten Moments, keine Augenblicks-Euphorie mehr: Theodor W. Adorno, der wohl kongenialste unter Tillichs Schülern, suggestiven Sprachzaubers mächtig wie sein Lehrer, hatte einen präzisen Blick dafür, daß das Harren auf den Kairos oft enttäuscht wurde, sich als quälend und ausweglos erwies − ein »Warten auf Godot«. Als Leser Becketts, als Leser Tillichs brachte er diese Erfahrung in seiner »Ästhetischen Theorie« auf den Begriff des »negativen καιρός« − und fand damit eine Formel für das Trauma einer von Katastrophen mühsam belehrten Zeit: »Die Fülle des Augenblicks verkehrt sich in endlose Wiederholung, konvergierend mit dem Nichts.«[69]

---

[68] TILLICH, Rede zur Verleihung des Ehrendoktors der Philosophie, Berlin, Juni 1956 (Manuskript, Harvard; Box 206). Zu dieser Ehrung vgl. auch PAUCK/PAUCK, Tillich, 273.
[69] ADORNO, Ästhetische Theorie, 52.

Quellen- und Literaturverzeichnis

1. Verzeichnis der ungedruckten Quellen

BUNDESARCHIV BERLIN [BA Berlin]
R 4901: Reichsministerium für Erziehung, Wissenschaft und Volksbildung

EVANGELISCHES ZENTRALARCHIV BERLIN [EZA Berlin]
51: Ökumenisches Archiv
626: Nachlaß Friedrich Siegmund-Schultze

GEHEIMES STAATSARCHIV PREUSSISCHER KULTURBESITZ BERLIN [GStA PK Berlin]
I. HA, Rep. 76 V a: Preußisches Ministerium für Wissenschaft, Kunst und
Volksbildung
VI. HA, Nachlaß Carl Heinrich Becker
VI. HA, Nachlaß Adolf Grimme

ZENTRAL- UND LANDESBIBLIOTHEK BERLIN [ZLB Berlin]
Nachlaß Adolf Deißmann

UNIVERSITÄTSARCHIV FRANKFURT AM MAIN [UA Frankfurt]
Abt. 14: Kurator

UNIVERSITÄTSARCHIV GÖTTINGEN [UA Göttingen]
Theologische Fakultät

ANDOVER–HARVARD THEOLOGICAL LIBRARY [Harvard]
Nachlaß Paul Tillich

BUNDESARCHIV KOBLENZ [BA Koblenz]
N 1169: Nachlaß Alexander Rüstow
N 1248: Nachlaß Erich Seeberg
N 1052: Nachlaß Reinhold Seeberg

DEUTSCHES LITERATURARCHIV MARBACH AM NECKAR [DLA Marbach]
Nachlaß Dolf Sternberger

INSTITUT FÜR ZEITGESCHICHTE MÜNCHEN [IfZ München]
ED 340: Nachlaß Fritz Borinski
ED 163: Nachlaß Karl Thieme

2. Literaturverzeichnis

Der *Gebrauch der Abkürzungen* richtet sich nach Siegfried M. Schwertner, Theologische Realenzyklopädie. Abkürzungsverzeichnis, 2., überarbeitete und erweiterte Aufl. Berlin, New York 1994.

Adorno. Eine Bildmonographie, bearb. von Gabriele Ewenz, Christoph Gödde, Henri Lonitz und Michael Schwarz, Frankfurt am Main 2003.

Adorno, Gretel/Walter Benjamin. Briefwechsel 1930–1940, hrsg. von Christoph Gödde und Henri Lonitz, Frankfurt am Main 2005.

Adorno, Theodor W., Kierkegaard. Konstruktion des Ästhetischen [1933] (Gesammelte Schriften, 2) [1979], Darmstadt 1998.

–, Ästhetische Theorie (Gesammelte Schriften, 7) [1970], Darmstadt 1998.

–, /Max Horkheimer. Briefwechsel 1927–1969, Bd. 1: 1927–1937 (Theodor W. Adorno. Briefe und Briefwechsel, 4), hrsg. von Christoph Gödde und Henri Lonitz, Frankfurt am Main 2003.

Aé, Karl, [Kommentar zu]: Paul Tillich, Die Theologie des Kairos und die gegenwärtige geistige Lage [1934]; Emanuel Hirsch, Die gegenwärtige geistige Lage im Spiegel philosophischer und theologischer Besinnung [1934], in: Neues Sächsisches Kirchenblatt 40, 1934, 753–754.

Aland, Kurt (Hg.), Glanz und Niedergang der deutschen Universität. 50 Jahre deutscher Wissenschaftsgeschichte in Briefen an und von Hans Lietzmann (1892–1942), Berlin, New York 1979.

Althaus, Paul, Die letzten Dinge. Entwurf einer christlichen Eschatologie (Studien des apologetischen Seminars, 9), Gütersloh 1926.

–, /Emanuel Hirsch, Evangelische Kirche und Völkerverständigung. Eine Erklärung, in: Theologische Blätter 10, 1931, 177–178; textidentischer Abdruck unter der Überschrift »Zur Hamburger Tagung der Weltfriedenschristen«, in: Deutsches Volkstum [33], Juli 1931, 544–545.

–, Die deutsche Stunde der Kirche, Göttingen 1933.

Alwast, Jendris, Theologie im Dienste des Nationalsozialismus. Mentalitätsanalyse als Schlüssel zum Verständnis der Anfälligkeit von Theologen für den Nationalsozialismus. Eine sozialpsychologische Untersuchung der NS-Theologie von Emanuel Hirsch, in: Leonore Siegele-Wenschkewitz/Carsten Nicolaisen (Hg.), Theologische Fakultäten im Nationalsozialismus (Arbeiten zur kirchlichen Zeitgeschichte, B, 18), Göttingen 1993, 199–222.

Amelung, Eberhard, Art. Kairos II., in: Historisches Wörterbuch der Philosophie, Bd. 4, Basel, Darmstadt 1976, 668–669.

Anfänge der dialektischen Theologie, Teil 1: Karl Barth – Heinrich Barth – Emil Brunner (Theologische Bücherei, 17/1), hrsg. von Jürgen Moltmann [1962], 5. Aufl. München 1985; Teil 2: Rudolf Bultmann – Friedrich Gogarten – Eduard Thurneysen (Theologische Bücherei, 17/2), hrsg. von Jürgen Moltmann [1963], 4. Aufl. München 1987.

Anonymus, Bericht über Tambach, in: Allgemeine Evangelisch-Lutherische Kirchenzeitung 52, 1919, Nr. 43 [24.10.1919], 940–941.

Anonymus [Korr.], Der religiöse Sozialismus. Paul Tillich, Die Theologie des Kairos und die gegenwärtige geistige Lage [1934], in: Basler Nachrichten, Nr. 46, 17. Februar 1935, Literaturblatt.

Anonymus, [Rez.] Paul Tillich, Die Theologie des Kairos und die gegenwärtige geistige Lage [1934], in: Neue Zürcher Zeitung, 19. Februar 1935.

ASSEL, HEINRICH, Der andere Aufbruch. Die Lutherrenaissance – Ursprünge, Aporien und Wege: Karl Holl, Emanuel Hirsch, Rudolf Hermann (1910–1935) (Forschungen zur systematischen und ökumenischen Theologie, 72), Göttingen 1994.

–, »Barth ist entlassen ...«. Emanuel Hirschs Rolle im Fall Barth und seine Briefe an Wilhelm Stapel, in: Zeitschrift für Theologie und Kirche 91, 1994, 445–475.

BARR, JAMES, The Semantics of Biblical Language [1961], Oxford 1967; dt. Übers.: Bibelexegese und moderne Semantik. Theologische und linguistische Methode in der Bibelwissenschaft, München 1965.

–, Biblical Words for Time (Studies in Biblical Theory, 33), London 1962.

BARTH, HEINRICH, Gotteserkenntnis [1919], in: Anfänge der dialektischen Theologie, 1 [1962/1985], 221–255.

BARTH, KARL, Der Römerbrief, Bern 1919.

–, Der Christ in der Gesellschaft. Eine Tambacher Rede. Mit einem Geleitwort von Hans Ehrenberg, Würzburg 1920; die Rede erneut in: Anfänge der dialektischen Theologie, 1 [1962/1985], 3–37.

–, Der Römerbrief, 5. Abdruck der neuen Bearbeitung [1922], München 1929.

–, Von der Paradoxie des ›positiven Paradoxes‹. Antworten und Fragen an Paul Tillich, in: Theologische Blätter 2, 1923, 287–296.

–, Antwort an Emanuel Hirsch, in: Deutsches Volkstum [34], Mai 1932, 390–394.

–, Die Lehre vom Wort Gottes. Prolegomena zur Kirchlichen Dogmatik, Erster Halbband (Kirchliche Dogmatik, I/1) [1932], 6. Aufl. Zollikon-Zürich 1952.

–, [Abschied von »Zwischen den Zeiten«] [1933], in: Anfänge der dialektischen Theologie, 2 [1963/1987], 313–321.

–, /GERHARD KITTEL. Ein theologischer Briefwechsel, Stuttgart 1934.

–, Die Lehre von Gott. Erster Halbband (Kirchliche Dogmatik, II/1) [1946], 3. Aufl. Zollikon-Zürich 1948.

–, /EDUARD THURNEYSEN. Briefwechsel, Bd. 2: 1921–1930, hrsg. von Eduard Thurneysen, Zürich 1974; Bd. 3: 1930–1935, einschließlich des Briefwechsels zwischen Charlotte von Kirschbaum und Eduard Thurneysen, hrsg. von Caren Algner, Zürich 2000.

–, Briefe 1961–1968, hrsg. von Jürgen Fangmeier und Hinrich Stoevesandt, Zürich 1975.

–, /RUDOLF BULTMANN. Briefwechsel 1911–1966 [1971], hrsg. von Bernd Jaspert, 2., revidierte und erweiterte Aufl. Zürich 1994.

BARTH, ULRICH, Die Christologie Emanuel Hirschs. Eine systematische und problemgeschichtliche Darstellung ihrer geschichtsmethodologischen, erkenntnistheoretischen und subjektivitätstheoretischen Grundlagen, Berlin, New York 1992.

BAUMANN, GÜNTER, Der George-Kreis, in: Richard Faber/Christine Holste (Hg.), Kreise – Gruppen – Bünde. Zur Soziologie moderner Intellektuellenassoziation, Würzburg 2000, 65–84.

BAUMGARTEN, JÖRG, Art. καιρός, in: Exegetisches Wörterbuch zum Neuen Testament, Bd. 2, Stuttgart, Berlin u. a. 1981, 571–579.

BAYER, OSWALD, Theologie (Handbuch Systematischer Theologie, 1), Gütersloh 1994.

BEER, WILLY, Kontroverse: Tillich – Hirsch. Emanuel Hirsch: »Christliche Freiheit und politische Bindung«, in: Berliner Tageblatt, Nr. 130, 17. März 1935.

BEIERWALTES, WERNER, Ἐξαίφνης oder: Die Paradoxie des Augenblicks, in: Philosophisches Jahrbuch 74, 1966/1967, 271–283.

BERTRAM, ERNST, Nietzsche. Versuch einer Mythologie [1918], 7., durchgehend verbesserte und ergänzte Aufl. Berlin 1929.

BIRKNER, HANS-JOACHIM, Art. Hirsch, Emanuel, in: TRE, Bd. 15, Berlin, New York 1986, 390–394.

BLOCH, ERNST, Geist der Utopie [1918] (Werkausgabe, 16), Frankfurt am Main 1985.

BLUM, EMIL, Die Neuwerk-Bewegung: 1922–1933 (Kirche zwischen Planen und Hoffen, 10), Kassel 1973.

BÖSCHENSTEIN, BERNHARD/JÜRGEN EGYPTIEN/BERTRAM SCHEFOLD/WOLFGANG GRAF VITZ-THUM (Hg.), Wissenschaftler im George-Kreis. Die Welt des Dichters und der Beruf der Wissenschaft, Berlin, New York 2005.

BOGNER, HANS, Die verwirklichte Demokratie. Die Lehren der Antike, Hamburg 1930.

BOHRER, KARL HEINZ, Die Ästhetik des Schreckens. Die pessimistische Romantik in Ernst Jüngers Frühwerk [1978], Berlin, Wien 1983.

–, Plötzlichkeit. Zum Augenblick des ästhetischen Scheins, Frankfurt am Main 1981.

BONHOEFFER, DIETRICH, Berlin 1932–1933 (Bonhoeffer Werke, 12), hrsg. von Carsten Nicolaisen und Ernst-Albert Scharffenorth, München 1997.

BORNKAMM, GÜNTHER, Art. Paulus, in: RGG³, Bd. 5, Tübingen 1961, 166–190.

BRÄUER, SIEGFRIED, »Gehorsam gegen den in der völkischen Geschichte wirkenden Gott«. Hanns Rückert und das Jahr der nationalen Erhebung 1933, in: Joachim Mehlhausen (Hg.), … und über Barmen hinaus. Studien zur Kirchlichen Zeitgeschichte. Festschrift für Carsten Nicolaisen (Arbeiten zur kirchlichen Zeitgeschichte, B, 23), Göttingen 1995, 204–233.

BRAUNGART, WOLFGANG, Ästhetischer Katholizismus. Stefan Georges Rituale der Literatur (Communicatio, 15), Tübingen 1997.

BREIPOHL, RENATE, Religiöser Sozialismus und bürgerliches Geschichtsbewußtsein zur Zeit der Weimarer Republik (Studien zur Dogmengeschichte und systematischen Theologie, 32), Zürich 1971.

BREUER, STEFAN, Die ›Konservative Revolution‹ – Kritik eines Mythos, in: Politische Vierteljahresschrift 31, 1990, 585–607.

–, Anatomie der konservativen Revolution [1993], 2. Aufl. Darmstadt 1995.

–, Ästhetischer Fundamentalismus. Stefan George und der deutsche Antimodernismus, Darmstadt 1995.

BRUNNER, EMIL, Die Grenzen der Humanität [1922], in: Anfänge der dialektischen Theologie, 1 [1962/1985], 259–279.

–, Die Mystik und das Wort [1924], in: Anfänge der dialektischen Theologie, 1 [1962/1985], 279–289.

BULTMANN, RUDOLF, Glauben und Verstehen, 4 Bde., Tübingen 1933; 1952; 1960; 1965.

–, Ethische und mystische Religion im Urchristentum [1920], in: Anfänge der dialektischen Theologie, 2 [1963/1987], 29–47.

–, Die liberale Theologie und die jüngste theologische Bewegung [1924], in: ders., Glauben und Verstehen, Bd. 1, 1–25.

–, Die evangelisch-theologische Wissenschaft in der Gegenwart [1926], in: ders., Theologie als Kritik [2002], 156–166.

–, Die Bedeutung der »dialektischen Theologie« für die neutestamentliche Wissenschaft [1928], in: ders., Glauben und Verstehen, Bd. 1, 114–133.

–, Die Eschatologie des Johannes-Evangeliums [1928], in: ders., Glauben und Verstehen, Bd. 1, 134–152.

–, Die Bedeutung des geschichtlichen Jesus für die Theologie des Paulus [1929], in: ders., Glauben und Verstehen, Bd. 1, 188–213.

–, Sondervotum vom 27. Januar 1929 zur Nachfolge von Professor D. Rudolf Otto in Marburg, in: Bultmann – Gogarten. Briefwechsel 1921–1967 [2002], 291–297.

–, Art. Paulus, in: RGG², Bd. 4, Tübingen 1930, 1019–1045.

–, Die Krisis des Glaubens [1931], in: ders., Glauben und Verstehen, Bd. 2, 1–19.

–, Der Arier-Paragraph im Raume der Kirche, in: Theologische Blätter 12 (1933), 359–370.

–, Die Aufgabe der Theologie in der gegenwärtigen Situation, in: Theologische Blätter 12 (1933), 161–166.

–, Die Christologie des Neuen Testaments [1933], in: ders., Glauben und Verstehen, Bd. 1, 245–267.

–, Die Frage der natürlichen Offenbarung [1941], in: ders., Glauben und Verstehen, Bd. 2, 79–104.

–, Das Evangelium des Johannes (Kritisch-exegetischer Kommentar über das Neue Testament, 2) [1941], 21. Aufl. Göttingen 1986 [Hier zitiert nach der 16. Aufl. von 1959].

–, Exegetische Probleme des zweiten Korintherbriefes [1947], in: ders., Exegetica. Aufsätze zur Erforschung des Neuen Testaments, hrsg. von Erich Dinkler, Tübingen 1967, 298–322.

–, Neues Testament und Mythologie. Das Problem der Entmythologisierung der neutestamentlichen Verkündigung, in: Kerygma und Mythos. Ein theologisches Gespräch (Theologische Forschung, 1), hrsg. von Hans Werner Bartsch, Hamburg 1948, 15–53; Nachdruck, hrsg. von Eberhard Jüngel, 3. Aufl. Gütersloh 1988.

–, Geschichte und Eschatologie [1958], 2., verbesserte Aufl. Tübingen 1964.

–, Der zweite Brief an die Korinther (Kritisch-exegetischer Kommentar über das Neue Testament, Sonderband), hrsg. von Erich Dinkler, Göttingen 1976.

–, Das verkündigte Wort. Predigten – Andachten – Ansprachen 1906–1941, in Zusammenarbeit mit Martin Evang ausgewählt, eingeleitet und hrsg. von Erich Grässer, Tübingen 1984.

–, Theologie als Kritik. Ausgewählte Rezensionen und Forschungsberichte, hrsg. von Matthias Dreher und Klaus W. Müller, Tübingen 2002.

–, /FRIEDRICH GOGARTEN. Briefwechsel 1921–1967, hrsg. von Hermann Götz Göckeritz, Tübingen 2002.

Rudolf BULTMANN (1884–1976). Nachlaßverzeichnis (Nachlaßverzeichnisse der Universitätsbibliothek Tübingen, 2), bearb. von Harry Waßmann, Jakob Matthias Osthof und Anna-Elisabeth Bruckhaus, Wiesbaden 2001.

BURCKHARDT, JACOB, Über das Studium der Geschichte. Der Text der ›Weltgeschichtlichen Betrachtungen‹ auf Grund der Vorarbeiten von Ernst Ziegler nach den Handschriften hrsg. von Peter Ganz, München 1982.

BUSCH, EBERHARD, Karl Barths Lebenslauf. Nach seinen Briefen und autobiographischen Texten, München 1975.

CASSIRER, ERNST, Hölderlin und der deutsche Idealismus [1916], in: ders., Idee und Gestalt. Goethe, Schiller, Hölderlin, Kleist [1924], Darmstadt 1989, 115–155.

CHRISTOPHERSEN, ALF, Art. Kittel, Gerhard, in: RGG⁴, Bd. 4, Tübingen 2001, 1387.

–, /CLAUDIA SCHULZE, Chronologie eines Eklats. Hannah Arendt und Paul Tillich, in: Zeitschrift für Neuere Theologiegeschichte/Journal for the History of Modern Theology 9, 2002, 98–130.

–, /CLAUDIA SCHULZE (Hg.), Hannah Arendt – Paul Tillich. Briefwechsel, in: Zeitschrift für Neuere Theologiegeschichte/Journal for the History of Modern Theology 9, 2002, 131–156.

–, Art. Stapel, Wilhelm, in: RGG⁴, Bd. 7, Tübingen 2004, 1685–1686.

–, »So kam die Idee der Klassik in Verruf«. Paul Tillichs Goethe-Interpretation – mit einem Seitenblick auf T. S. Eliot, in: Romantik und Exil. Festschrift für Konrad Feilchenfeldt, hrsg. von Claudia Christophersen und Ursula Hudson-Wiedenmann, Würzburg 2004, 385–396.

–, /FRIEDRICH WILHELM GRAF, Neukantianismus, Fichte- und Schellingrenaissance. Paul Tillich und sein philosophischer Lehrer Fritz Medicus, in: Zeitschrift für Neuere Theologiegeschichte/Journal for the History of Modern Theology 11, 2004, 52–78.

–, /FRIEDRICH WILHELM GRAF (Hg.), Die Korrespondenz zwischen Fritz Medicus und Paul Tillich, in: Zeitschrift für Neuere Theologiegeschichte/Journal for the History of Modern Theology 11, 2004, 126–147.

–, Art. Weiße, Christian Hermann, in: RGG⁴, Bd. 8, Tübingen 2005, 1378–1379.

–, Rudolf Bultmann (1884–1976) und Paul Tillich (1886–1965), in: Friedrich Wilhelm Graf (Hg.), Klassiker der Theologie, Bd. II: Von Richard Simon bis Karl Rahner, München 2005, 190–222.

–, Art. Schmidt, Karl Ludwig, in: Neue Deutsche Biographie, Bd. 23, Berlin 2007, 203–204.

–, »Das Jenseits ist die Kraft des Diesseits«. Zur Entwicklung protestantisch-theologischer Transzendenzdeutung im 19. und 20. Jahrhundert, in: Lucian Hölscher (Hg.), Das Jenseits. Facetten eines religiösen Begriffs in der Neuzeit (Geschichte der Religion in der Neuzeit, 1), Göttingen 2007, 179–202.

CLAYTON, JOHN, Einführung in Paul Tillichs Schriften zur Religionsphilosophie, in: Paul Tillich, Writings in the Philosophy of Religion/Religionsphilosophische Schriften (Paul Tillich, Main Works/Hauptwerke, 4), hrsg. von dems., Berlin, New York 1987, 29–51.

–, Paul Tillich – ein »verjüngter Troeltsch« oder noch »ein Apfel vom Baume Kierkegaards«?, in: Horst Renz/Friedrich Wilhelm Graf (Hg.), Umstrittene Moderne. Die Zukunft der Neuzeit im Urteil der Epoche Ernst Troeltschs (Troeltsch-Studien, 4), Gütersloh 1987, 259–284.

–, Art. Tillich, Paul, in: TRE, Bd. 33, Berlin, New York 2002, 553–565.

DANZ, CHRISTIAN, Religion als Freiheitsbewußtsein. Eine Studie zur Theologie als Theorie der Konstitutionsbedingungen individueller Subjektivität bei Paul Tillich (Theologische Bibliothek Töpelmann, 110), Berlin, New York 2000.

DEHN, GÜNTHER, Großstadtjugend. Beobachtungen und Erfahrungen aus der Welt der großstädtischen Arbeiterjugend, Berlin 1919.

–, Das Problem der Arbeiterjugend, Sollstedt 1920.

–, Art. Mennicke, Karl, in: RGG², Bd. 3, Tübingen 1929, 2095.

–, Die alte Zeit – die vorigen Jahre. Lebenserinnerungen [1962], 2. Aufl. München 1964.

DELLING, GERHARD, Art. καιρός κτλ., in: Theologisches Wörterbuch zum Neuen Testament, Bd. 3, Stuttgart, Berlin u. a. 1938, 456–465.

–, Das Zeitverständnis des Neuen Testaments, Gütersloh 1940.

DEUSER, HERMANN, Art. Kierkegaard, Søren Aabye, in: RGG⁴, Bd. 4, Tübingen 2001, 954–958.

DIETZ, WALTER R., Kierkegaard im Licht der neueren internationalen Forschung, in: Philosophische Rundschau 46, 1999, 224–241.

DILTHEY, WILHELM, Entwürfe zur Kritik der historischen Vernunft, in: ders., Der Aufbau der geschichtlichen Welt in den Geisteswissenschaften (Gesammelte Schriften, 7) [1927], 4. Aufl. Stuttgart, Göttingen 1965, 191–291.

DÖRRIES, HERMANN/EMANUEL HIRSCH, Zum halleschen Universitätskonflikt. Erklärung vom 27. Januar 1932, in: Deutsches Volkstum [34], April 1932, 285–286.

ECKERMANN, JOHANN PETER, Gespräche mit Goethe in den letzten Jahren seines Lebens (Goethe, Sämtliche Werke, II/12; Bibliothek deutscher Klassiker, 167), hrsg. von Christoph Michel, Frankfurt am Main 1999.

EGYPTIEN, JÜRGEN, Entwicklung und Stand der George-Forschung. 1955–2005, in: Text + Kritik, Heft 168: Stefan George, München 2005, 105–122.

EHRENBERG, HANS, Die Tagung von Tambach. (Die religiös-soziale Frage), in: Christliches Volk 1919, Nr. 8–10.

EMBLEMATA. Handbuch zur Sinnbildkunst des XVI. und XVII. Jahrhunderts, hrsg. von Arthur Henkel und Albrecht Schöne [1967], Stuttgart, Weimar 1996.

ERICKSEN, ROBERT P., Theologen unter Hitler. Das Bündnis zwischen evangelischer Dogmatik und Nationalsozialismus, München, Wien 1986 [Orig.: Theologians under Hitler. Gerhard Kittel, Paul Althaus and Emanuel Hirsch, New Haven, London 1985].

ESSEN, GESA VON, Max Weber und die Kunst der Geselligkeit, in: Richard Faber/Christine

Holste (Hg.), Kreise – Gruppen – Bünde. Zur Soziologie moderner Intellektuellenassoziation, Würzburg 2000, 239–264.

EVANG, MARTIN, Rudolf Bultmann in seiner Frühzeit (Beiträge zur historischen Theologie, 74), Tübingen 1988.

FALKENHAYN, KATHARINA VON, Augenblick und Kairos. Zeitlichkeit im Frühwerk Martin Heideggers (Philosophische Schriften, 52), Berlin 2003.

FEURICH, WALTER, Die Auseinandersetzung zwischen den theologisch Liberalen unter der Führung von Carl Mensing und den Vertretern der frühen dialektischen Theologie unter Karl Fischer im Bund für Gegenwartchristentum in Sachsen, in: Herbergen der Christenheit [14] 1983/1984, 93–118.

FISCHER, KARL, Augustusburg 1921, in: Freie Volkskirche 9, 1921, 177–182.

–, Augustusburger Pfingsttagung 1921, in: Die Christliche Welt 35, 1921, Nr. 24, 436–437.

FREY, JÖRG, Die johanneische Eschatologie, Bd. 2: Das johanneische Zeitverständnis (Wissenschaftliche Untersuchungen zum Neuen Testament, 110), Tübingen 1998.

–, Die johanneische Eschatologie, Bd. 3: Die eschatologische Verkündigung in den johanneischen Texten (Wissenschaftliche Untersuchungen zum Neuen Testament, 117), Tübingen 2000.

FREYER, HANS, Antäus. Grundlegung einer Ethik des bewußten Lebens [1918], Jena 1922.

–, Ethische Normen und Politik [1930], in: ders., Preußentum und Aufklärung und andere Studien zu Ethik und Politik, hrsg. und kommentiert von Elfriede Üner, Weinheim 1986, 113–127.

–, Soziologie als Wirklichkeitswissenschaft. Logische Grundlegung des Systems der Soziologie, Leipzig, Berlin 1930.

–, Revolution von rechts, Jena 1931.

–, Die politische Insel. Eine Geschichte der Utopien von Platon bis zur Gegenwart, Leipzig 1936.

–, Das geschichtliche Selbstbewußtsein des 20. Jahrhunderts (Kaiser-Wilhelm-Institut für Kunst- und Kulturwissenschaft. Bibliotheca Hertziana in Rom. Veröffentlichungen der Abteilung für Kulturwissenschaft, 1. Reihe, Heft 3), Leipzig 1937.

FRIEDLÄNDER, SAUL/NORBERT FREI/TRUTZ RENDTORFF/REINHARD WITTMANN, Bertelsmann im Dritten Reich, München 2002.

FUCHS, ERNST, Hermeneutik [1954], 4., durchgesehene Aufl. Tübingen 1970.

GADAMER, HANS-GEORG, Martin Heidegger und die Marburger Theologie [1967], in: Otto Pöggeler (Hg.), Heidegger. Perspektiven zur Deutung seines Werks, 3., ergänzte Aufl. Weinheim 1994, 169–178.

GAWOLL, HANS-JÜRGEN, Über den Augenblick. Auch eine Philosophiegeschichte von Platon bis Heidegger, in: Archiv für Begriffsgeschichte 37, 1994, 152–179.

GEORGE, STEFAN, Der Siebente Ring [1907], 6. Aufl. Berlin 1922.

–, Der Stern des Bundes [1914], 5. Aufl. Berlin 1922.

Stefan GEORGE-Bibliographie 1976–1997, bearb. von Lore Frank und Sabine Ribbeck, Tübingen 2000.

GERDES, HAYO (Hg.), Wahrheit und Glaube. Festschrift für Emanuel Hirsch, Itzehoe 1963.

GESTRICH, CHRISTOF, Neuzeitliches Denken und die Spaltung der dialektischen Theologie. Zur Frage der natürlichen Theologie (Beiträge zur historischen Theologie, 52), Tübingen 1977.

GOETHE, JOHANN WOLFGANG VON, Aus meinem Leben. Dichtung und Wahrheit, in: Goethes Werke. Hamburger Ausgabe in 14 Bänden, hrsg. von Erich Trunz, Bd. 10. Autobiographische Schriften II, 9. Aufl. München 1989.

GOGARTEN, FRIEDRICH, Die Krisis der Kultur, in: ders., Die religiöse Entscheidung, Jena 1921,

32–35; Nachdruck von: Die Krisis unserer Kultur, in: Die Christliche Welt 34, 1920, Nr. 49, 770–777; Nr. 50, 786–791; erneut in: Anfänge der dialektischen Theologie, 2 [1963/1987], 101–121.

–, Zwischen den Zeiten [1920], in: Anfänge der dialektischen Theologie, 2 [1963/1987], 95–101.

–, Offenbarung und Zeit, in: ders., Von Glauben und Offenbarung. Vier Vorträge, Jena 1923, 20–40.

–, Zur Geisteslage der Theologen. Noch eine Antwort an Paul Tillich, in: Theologische Blätter 3, 1924, 6–8.

–, Ich glaube an den dreieinigen Gott. Eine Untersuchung über Glauben und Geschichte, Jena 1926.

–, Einheit von Evangelium und Volkstum?, Hamburg 1933.

–, Ist Volksgesetz Gottesgesetz? Zur Auseinandersetzung mit meinen Kritikern, Hamburg 1934.

–, Gericht oder Skepsis. Eine Streitschrift gegen Karl Barth, Jena 1937.

GRAF, FRIEDRICH WILHELM, Religion und Individualität. Bemerkungen zu einem Grundproblem der Religionstheorie Ernst Troeltschs, in: Horst Renz/ders. (Hg.), Protestantismus und Neuzeit (Troeltsch-Studien, 3), Gütersloh 1984, 207–230.

–, Theonomie. Fallstudien zum Integrationsanspruch neuzeitlicher Theologie, Gütersloh 1987.

–, Fachmenschenfreundschaft. Bemerkungen zu ›Max Weber und Ernst Troeltsch‹, in: Wolfgang J. Mommsen/Wolfgang Schwentker (Hg.), Max Weber und seine Zeitgenossen (Veröffentlichungen des Deutschen Historischen Instituts London, 21), Göttingen 1988, 313–336.

–, Die ›antihistoristische Revolution‹ in der protestantischen Theologie der zwanziger Jahre, in: Jan Rohls/Gunther Wenz (Hg.), Vernunft des Glaubens. Wissenschaftliche Theologie und kirchliche Lehre. Festschrift für Wolfhart Pannenberg, Göttingen 1988, 377–405.

–, Friedrich Gogartens Deutung der Moderne. Ein theologiegeschichtlicher Rückblick, in: Zeitschrift für Kirchengeschichte 100, 1989, 169–230.

–, /KLAUS TANNER, Lutherischer Sozialidealismus. Reinhold Seeberg 1859–1935, in: ders. (Hg.), Profile des neuzeitlichen Protestantismus, Bd. 2: Kaiserreich, Teil 2, Gütersloh 1993, 354–397.

–, Polymorphes Gedächtnis. Zur Einführung in die Troeltsch-Nekrologie, in: ders. (Hg.), Ernst Troeltsch in Nachrufen [2002], 21–173.

–, (Hg.), Ernst Troeltsch in Nachrufen (Troeltsch-Studien, 12), Gütersloh 2002.

–, Distanz aus Nähe. Einige Anmerkungen zum »Weber-Paradigma« in Perspektiven der neueren Troeltsch-Forschung, in: Gert Albert/Agathe Bienfait/Steffen Sigmund/Claus Wendt (Hg.), Das Weber-Paradigma. Studien zur Weiterentwicklung von Max Webers Forschungsprogramm, Tübingen 2003, 234–251.

–, »Old harmony«? Über einige Kontinuitätselemente in ›Paulus‹ Tillichs Theologie der ›Allversöhnung‹, in: Hartmut Lehmann/Otto Gerhard Oexle (Hg.), Nationalsozialismus in den Kulturwissenschaften, Bd. 2: Leitbegriffe – Deutungsmuster – Paradigmenkämpfe. Erfahrungen und Transformationen im Exil, Göttingen 2004, 375–415.

–, Wertkonflikt oder Kultursynthese?, in: W. Schluchter/ders. (Hg.), Asketischer Protestantismus [2005], 257–279.

GROPPE, CAROLA, Die Macht der Bildung. Das deutsche Bürgertum und der George-Kreis 1890–1933, Köln, Weimar, Wien 1997.

GROTEFELD, STEFAN, Friedrich Siegmund-Schultze. Ein deutscher Ökumeniker und Pazifist (Heidelberger Untersuchungen zu Widerstand, Judenverfolgung und Kirchenkampf im Dritten Reich, 7), Gütersloh 1995.

GUNDOLF, FRIEDRICH/FRIEDRICH WOLTERS, Einleitung der Herausgeber, in: Jahrbuch für die geistige Bewegung 3, 1912, III–VIII.

–, Goethe [1916], 5. Aufl. Berlin 1918.

–, George, Berlin 1920.

–, Caesar. Geschichte seines Ruhms, Berlin 1924.

HAHL, MARGOT, [Erinnerungen an Paul Tillich], in: P. Tillich, Impressionen und Reflexionen (GW 13), hrsg. von R. Albrecht, Stuttgart 1972, 548–550.

–, Meine Erinnerungen an Tillich als Privatdozent, in: P. Tillich, Lebensbild in Dokumenten. Briefe, Tagebuch-Auszüge, Berichte (GWE 5), hrsg. von R. Albrecht und M. Hahl, Stuttgart 1980, 147–151.

HAMM, BERNDT, Hanns Rückert als Schüler Karl Holls. Das Paradigma einer theologischen Anfälligkeit für den Nationalsozialismus, in: Thomas Kaufmann/Harry Oelke (Hg.), Evangelische Kirchenhistoriker im ›Dritten Reich‹ (Veröffentlichungen der Wissenschaftlichen Gesellschaft für Theologie, 21), Gütersloh 2002, 273–309.

HAMMERSTEIN, NOTKER, Zur Geschichte des Philosophischen Seminars der Johann Wolfgang Goethe-Universität während des Dritten Reichs, in: Hessisches Jahrbuch für Landesgeschichte 39, 1989, 271–310.

HANKE, EDITH/GANGOLF HÜBINGER, Von der »Tat«-Gemeinde zum »Tat«-Kreis. Die Entwicklung einer Kulturzeitschrift, in: Gangolf Hübinger (Hg.), Versammlungsort moderner Geister. Der Eugen-Diederichs-Verlag – Aufbruch ins Jahrhundert der Extreme, München 1996, 299–334.

HARPPRECHT, KLAUS, Harald Poelchau. Ein Leben im Widerstand, 2. Aufl. Reinbek bei Hamburg 2004.

HARTMANN, HANS, Zur inneren Lage des Christentums. Versuch einer Stellungnahme zum religiösen Sozialismus der »Schweizer«, in: Die Christliche Welt 35, 1921, Nr. 5, 84–88.

HEIDEGGER, MARTIN, Der Zeitbegriff in der Geschichtswissenschaft [1916], in: ders., Frühe Schriften (Martin Heidegger, Gesamtausgabe, I/1), hrsg. von Friedrich-Wilhelm von Herrmann, Frankfurt am Main 1978, 415–433.

–, Phänomenologie des religiösen Lebens. 1. Einleitung in die Phänomenologie der Religion (Wintersemester 1920/21), hrsg. von Matthias Jung und Thomas Regehly; 2. Augustinus und der Neuplatonismus (Sommersemester 1921), hrsg. von Claudius Strube; 3. Die philosophischen Grundlagen der mittelalterlichen Mystik (Ausarbeitung und Einleitung zu einer nicht gehaltenen Vorlesung 1918/19) (Martin Heidegger, Gesamtausgabe, II/60), hrsg. von Claudius Strube, Frankfurt am Main 1995.

–, Der Begriff der Zeit. Vortrag vor der Marburger Theologenschaft, Juli 1924, hrsg. von Hartmut Tietjen, Tübingen 1989.

–, Die Grundprobleme der Phänomenologie [1927] (Martin Heidegger, Gesamtausgabe, II/24), hrsg. von Friedrich-Wilhelm von Herrmann, Frankfurt am Main 1975.

–, Sein und Zeit [1927], 15., durchgesehene Aufl. Tübingen 1979.

HEIM, KARL, Die Weltanschauung der Bibel [1920], 4. Aufl. Leipzig, Erlangen 1924.

HEIMANN, EDUARD, Die sittliche Idee des Klassenkampfes und die Entartung des Kapitalismus, Berlin [1926].

–, Soziale Theorie des Kapitalismus. Theorie der Sozialpolitik, Tübingen 1929.

–, Kapitalismus und Sozialismus. Reden und Aufsätze zur Wirtschafts- und Geisteslage, Potsdam 1931.

–, Tillich's Doctrine of Religious Socialism, in: Charles William Kegley/Robert Walter Bretall, The Theology of Paul Tillich (The Library of Living Theology, 1), New York 1952, 312–325.

–, Vernunftglaube und Religion in der modernen Gesellschaft. Liberalismus, Marxismus und Demokratie, Tübingen 1955.

–, Theologie der Geschichte. Ein Versuch, Stuttgart, Berlin 1966.

HELLER, HERMANN, Sozialismus und Nation [1925], 2. Aufl. Berlin 1931.

–, Die Souveränität. Ein Beitrag zur Theorie des Staats- und Völkerrechts, Berlin 1927.

–, Europa und der Fascismus [1929], 2., veränderte Aufl. Berlin 1931.

HENRICH, DIETER, Konstellationen. Probleme und Debatten am Ursprung der idealistischen Philosophie (1789–1795), Stuttgart 1991.

HERBERGER, KURT, [Rez.] Paul Tillich, Die sozialistische Entscheidung, Potsdam 1933, in: Evangelisch-sozial. Mitteilungsblatt des Evangelisch-Sozialen Kongresses 38, 1933, Nr. 4 [Oktober–Dezember], 186.

–, Historismus und Kairos. Die Überwindung des Historismus bei Ernst Troeltsch und Paul Tillich, Marburg 1935; auch in: Theologische Blätter 14, 1935, Nr. 6, 129–141; Nr. 7/8, 161–175.

HERDER, JOHANN GOTTFRIED, Plastik. Einige Wahrnehmungen über Form und Gestalt aus Pygmalions bildendem Traume, in: ders., Schriften zu Philosophie, Literatur, Kunst und Altertum. 1774–1787, hrsg. von Jürgen Brummack und Martin Bollacher (Herder, Werke, 4), Frankfurt am Main 1994, 243–326; 997–1075 [Kommentar].

HERMS, EILERT, Art. Hirsch, Emanuel, in: RGG⁴, Bd. 3, Tübingen 2000, 1786–1787.

HERRMANN, CHRISTIAN, Bücherschau, in: P. Tillich (Hg.), Kairos [1926], 467–483.

HERZ, JOHANNES, Evangelisch-Sozialer Kongreß, in: Die Christliche Welt 34, 1920, Nr. 30, 469–472; Nr. 31, 482–485.

HEUSSI, KARL, Die Krisis des Historismus, Tübingen 1932.

HIRSCH, EMANUEL, Fichtes Religionsphilosophie im Rahmen der philosophischen Gesamtentwicklung Fichtes, Göttingen 1914.

–, Der Pazifismus, Mühlhausen (Thüringen) o. J. [1918].

–, Christentum und Geschichte in Fichtes Philosophie, Tübingen 1920.

–, Deutschlands Schicksal. Staat, Volk und Menschheit im Lichte einer ethischen Geschichtsansicht [1920], 2., durchgesehene und um ein Nachwort vermehrte Aufl. Göttingen 1922.

–, [Rez.] Paul Tillich, Religionsphilosophie [Sonderdruck aus: Max Dessoir (Hg.), Lehrbuch der Philosophie, Bd. II: Die Philosophie in ihren Einzelgebieten, Berlin 1925, 765–835], in: Theologische Literaturzeitschrift 51, 1926, 97–103.

–, Antwort an den Herausgeber, in: Deutsches Volkstum [34], Mai 1932, 394–395.

–, Die gegenwärtige geistige Lage im Spiegel philosophischer und theologischer Besinnung. Akademische Vorlesungen zum Verständnis des deutschen Jahrs 1933, Göttingen 1934.

–, Deutsches Volkstum und evangelischer Glaube, Hamburg 1934.

–, Offener Brief an Karl Barth. in: Deutsches Volkstum [34], April 1932, 266–272.

–, Christliche Freiheit und politische Bindung. Ein Brief an Dr. Stapel und anderes, Hamburg 1935.

–, Leitfaden zur christlichen Lehre, Tübingen 1938.

–, Geschichte der neuern evangelischen Theologie im Zusammenhang mit den allgemeinen Bewegungen des europäischen Denkens, Bd. 5 [1951], 5. Aufl. Gütersloh 1975.

HOLMSTRÖM, FOLKE, Das eschatologische Denken der Gegenwart. Drei Etappen der theologischen Entwicklung des zwanzigsten Jahrhunderts, Gütersloh 1936.

HORKHEIMER, MAX, Letzte Spur von Theologie – Paul Tillichs Vermächtnis [1966], in: ders., Gesammelte Schriften, Bd. 7: Vorträge und Aufzeichnungen 1949–1973, hrsg. von Gunzelin Schmid Noerr, Frankfurt am Main 1985, 269–275.

HORN, KLAUS-PETER, Unklare Fronten. Zwei Dokumente zur Situation an den Universitäten im Frühjahr 1933, in: Jahrbuch für Universitätsgeschichte 6, 2003, 161–168.

HÜBINGER, GANGOLF, Kulturkritik und Kulturpolitik des Eugen-Diederichs-Verlags im Wilhelminismus. Auswege aus der Krise der Moderne?, in: Horst Renz/Friedrich Wilhelm Graf (Hg.), Umstrittene Moderne. Die Zukunft der Neuzeit im Urteil der Epoche Ernst Troeltschs (Troeltsch-Studien, 4), Gütersloh 1987, 92–114.

HUFEN, CHRISTIAN, Fedor Stepun. Ein politischer Intellektueller aus Rußland in Europa. Die Jahre 1884–1945, Berlin 2001.

JÄGER, LORENZ, Adorno. Eine politische Biographie, München 2003.

JAHR, HANNELORE, »Gestalt« als Schlüssel zur Metaphysik im Frühwerk Tillichs, in: Gert Hummel (Hg.), God and Being/Gott und Sein. The Problem of Ontology in the Philosophical Theology of Paul Tillich/Das Problem der Ontologie in der philosophischen Theologie Paul Tillichs. Beiträge des II. Internationalen Paul-Tillich-Symposions in Frankfurt 1988, Berlin, New York 1989, 108–125.

JASPERS, KARL, Psychologie der Weltanschauungen [1919], 6. Aufl. Berlin, Heidelberg, New York 1971.

–, Die geistige Situation der Zeit [1931] (Sammlung Göschen, 1000), 4. Aufl. Berlin, Leipzig 1932.

JASPERT, BERND (Hg.), Rudolf Bultmanns Werk und Wirkung, Darmstadt 1984.

JUST, ALFRED, Die Religiös Sozialen, in: Evangelischer Volksdienst, Nr. 5, Oktober 1919.

KANTZENBACH, FRIEDRICH WILHELM, »Theologische Blätter«. Kampf, Krisis und Ende einer theologischen Zeitschrift im Dritten Reich, in: Zur Geschichte des Kirchenkampfes. Gesammelte Aufsätze II, hrsg. von Heinz Brunotte (Arbeiten zur Geschichte des Kirchenkampfes, 26/II), Göttingen 1971, 79–104.

KARLAUF, THOMAS, Stefan George. Die Entdeckung des Charisma, 3. Aufl. München 2007.

KAUFMANN, THOMAS, »Anpassung« als historiographisches Konzept und als theologiepolitisches Programm. Der Kirchenhistoriker Erich Seeberg in der Zeit der Weimarer Republik und des ›Dritten Reiches‹, in: ders./Harry Oelke (Hg.), Evangelische Kirchenhistoriker im ›Dritten Reich‹ (Veröffentlichungen der Wissenschaftlichen Gesellschaft für Theologie, 21), Gütersloh 2002, 122–272.

–, Die Harnacks und die Seebergs. »Nationalprotestantische Mentalitäten« im Spiegel zweier Theologenfamilien, in: Manfred Gailus/Hartmut Lehmann (Hg.), Nationalprotestantische Mentalitäten. Konturen, Entwicklungslinien und Umbrüche eines Weltbildes (Veröffentlichungen des Max-Planck-Instituts für Geschichte, 214), Göttingen 2005, 165–222.

KEINHORST, WILLI, Wilhelm Stapel – Ein evangelischer Journalist im Nationalsozialismus. Gratwanderer zwischen Politik und Theologie (Europäische Hochschulschriften, Reihe 31, 242), Frankfurt am Main, Berlin u. a. 1993.

KERKHOFF, MANFRED, Zum antiken Begriff des Kairos, in: Zeitschrift für philosophische Forschung 27, 1973, 256–274.

–, Art. Kairos I., in: Historisches Wörterbuch der Philosophie, Bd. 4, Basel, Darmstadt 1976, 667–668.

KIERKEGAARD, SÖREN, Der Augenblick. Aufsätze und Schriften des letzten Streits (Gesammelte Werke, 34), übersetzt von Hayo Gerdes, Düsseldorf, Köln 1959.

–, Der Begriff Angst. Vorworte (Gesammelte Werke, 11; 12), übersetzt von Emanuel Hirsch, Düsseldorf, Köln 1965.

–, Philosophische Brocken. De omnibus dubitandum est (Gesammelte Werke, 10), übersetzt von Hayo Gerdes, Düsseldorf, Köln 1967.

KINNEAVY, JAMES L./CATHERINE R. ESKIN, Art. Kairos, in: Historisches Wörterbuch der Rhetorik, Bd. 4, Tübingen 1998, 836–844.

KLEFFMANN, TOM, Nietzsches Begriff des Lebens und die evangelische Theologie. Eine Interpretation Nietzsches und Untersuchungen zu seiner Rezeption bei Schweitzer, Tillich und Barth (Beiträge zur historischen Theologie, 120), Tübingen 2003.

KLEMM, HERMANN, Karl Fischers theologischer Werdegang, in: Verantwortung. Festschrift für Gottfried Noth, Berlin 1964, 93–104.

KLEMPERER, VICTOR, Leben sammeln, nicht fragen wozu und warum. Tagebücher 1925–1932, hrsg. von Walter Nowojski, Berlin 1996.

KLUWE, SANDRA, Krisis und Kairos. Eine Analyse der Werkgeschichte Rainer Maria Rilkes (Schriften zur Literaturwissenschaft, 20), Berlin 2003.

KNUTH, ANTON, Der Protestantismus als moderne Religion. Historisch-systematische Rekonstruktion der religionsphilosophischen Theologie Kurt Leeses (1887–1965) (Beiträge zur rationalen Theologie, 14), Frankfurt am Main 2005.

KOLK, RAINER, Das schöne Leben. Stefan George und sein Kreis in Heidelberg, in: Hubert Treiber/Karol Sauerland (Hg.), Heidelberg im Schnittpunkt intellektueller Kreise. Zur Topographie der »geistigen Gesellligkeit« eines »Weltdorfes«: 1850–1950, Opladen 1995, 310–327.

KORSCH, DIETRICH, Dialektische Theologie nach Karl Barth, Tübingen 1996.

KOSELLECK, REINHART, Einleitung, in: Geschichtliche Grundbegriffe. Historisches Lexikon zur politisch-sozialen Sprache in Deutschland, hrsg. von Otto Brunner, Werner Conze und Reinhart Koselleck, Bd. 1, Stuttgart 1972, XIII–XXVII.

–, Stichwort: Begriffsgeschichte [2002], in: ders., Begriffsgeschichten. Studien zur Semantik und Pragmatik der politischen und sozialen Sprache, Frankfurt am Main 2006, 99–102.

KROCKOW, CHRISTIAN GRAF VON, Die Entscheidung. Eine Untersuchung über Ernst Jünger, Carl Schmitt, Martin Heidegger (Göttinger Abhandlungen zur Soziologie, 3), Stuttgart 1958; Neuausgabe (Theorie und Gesellschaft, 16), Frankfurt am Main, New York 1990.

KROEGER, MATTHIAS, Friedrich Gogarten. Leben und Werk in zeitgeschichtlicher Perspektive – mit zahlreichen Dokumenten und Materialien, Bd. 1, Stuttgart, Berlin, Köln 1997.

KRUSE, VOLKER, Historisch-soziologische Zeitdiagnosen in Westdeutschland nach 1945. Eduard Heimann, Alfred von Martin, Hans Freyer, Frankfurt am Main 1994.

KÜMMEL, WERNER GEORG, Rudolf Bultmann als Paulusforscher, in: B. Jaspert (Hg.), Rudolf Bultmanns Werk und Wirkung [1984], 174–193.

LANDFRIED, KLAUS, Stefan George – Politik des Unpolitischen, Heidelberg 1975.

LANDMANN, GEORG PETER, Stefan George und sein Kreis. Eine Bibliographie [1960], 2., ergänzte Aufl. Hamburg 1976.

LEESE, KURT, Die Prinzipienlehre der neueren systematischen Theologie im Lichte der Kritik Ludwig Feuerbachs, Leipzig 1912.

–, Die Geschichtsphilosophie Hegels auf Grund der neu erschlossenen Quellen untersucht und dargestellt, Berlin 1922.

–, Die Geschichtsphilosophie des religiösen Sozialismus, in: Die Christliche Welt 37, 1923, Nr. 24/26, 370–385.

–, Von Jakob Böhme zu Schelling. Eine Untersuchung zur Metaphysik des Gottesproblems, Hamburg 1927.

–, Philosophie und Theologie im Spätidealismus. Forschungen zur Auseinandersetzung von Christentum und idealistischer Philosophie im 19. Jahrhundert, Berlin 1929.

–, Rasse – Religion – Ethos. Drei Kapitel zur religiösen Lage der Gegenwart, Gotha 1934.

–, Das Problem des »Arteigenen« in der Religion. Ein Beitrag zur Auseinandersetzung mit der Deutschen Glaubensbewegung, Tübingen 1935.

–, Die Religion des protestantischen Menschen [1938], 2., neu bearbeitete und erweiterte Aufl. München 1948.

LEHMANN, KARL, Christliche Geschichtserfahrung und ontologische Frage beim jungen Heidegger [1966], in: Otto Pöggeler (Hg.), Heidegger. Perspektiven zur Deutung seines Werks, 3., ergänzte Aufl. Weinheim 1994, 140–168.

LEONHARDI, FRIEDRICH WILHELM, Die Pfingsttagung des Bundes für Gegenwartchristentum, in: Neues Sächsisches Kirchenblatt 27, 1921, 321–322.

LEPENIES, WOLF, Die drei Kulturen. Soziologie zwischen Literatur und Wissenschaft, München 1985.

LOBE, MATTHIAS, Die Prinzipien der Ethik Emanuel Hirschs (Theologische Bibliothek Töpelmann, 68), Berlin, New York 1996.

LÖWE, ADOLF, Erinnerung an ein Gespräch Tillichs mit Minister Bernhard Rust, in:

P. Tillich, Lebensbild in Dokumenten. Briefe, Tagebuch-Auszüge, Berichte (GWE 5), hrsg. von R. Albrecht und M. Hahl, Stuttgart 1980, 195–196.

Löwith, Karl, Mein Leben in Deutschland vor und nach 1933. Ein Bericht, Stuttgart 1986.

Longerich, Peter, Die braunen Bataillone. Geschichte der SA, Augsburg 1999.

Maggini, Golfo, Historical and Practical Kairos in the Early Heidegger, in: Journal of the British Society for Phenomenology 32, 2001, 81–92.

Marquardt, Friedrich-Wilhelm, Der Christ in der Gesellschaft: 1919–1979. Geschichte, Analyse und aktuelle Bedeutung von Karl Barths Tambacher Vortrag (Theologische Existenz heute, 206), München 1980.

Martiny, Martin, Die Entstehung und politische Bedeutung der »Neuen Blätter für den Sozialismus« und ihres Freundeskreises, in: Vierteljahrshefte für Zeitgeschichte 25, 1977, 373–419.

Maync, Harry, Die Entwicklung der deutschen Literaturwissenschaft. Rektoratsrede, gehalten am 13. November 1926, dem 92. Stiftungsfeste der Universität Bern, Bern 1927.

Meier, Kurt, Die Theologischen Fakultäten im Dritten Reich, Berlin, New York 1996.

Meier-Rust, Kathrin, Alexander Rüstow. Geschichtsdeutung und liberales Engagement (Sprache und Geschichte, 20), Stuttgart 1993.

Meinecke, Friedrich, Ausgewählter Briefwechsel (Werke, 6), hrsg. und eingeleitet von Ludwig Dehio und Peter Classen, Stuttgart 1962.

Menges, Franz, Art. Röhm, Ernst Julius Günther, in: Neue Deutsche Biographie, Bd. 21, Berlin 2003, 713–715.

Mennicke, Carl, Grundsätzliches zur religiös-sozialen Bewegung. Vortrag, gehalten auf der Arbeitskonferenz der Sozialen Arbeitsgemeinschaft Berlin-Ost, in: Das neue Werk 1, 1919/1920, 479–483.

–, Die Kirchenfeindschaft des Arbeiters, in: Die Christliche Welt 34, 1920, Nr. 5, 66–69.

–, Proletariat und Volkskirche. Ein Wort zur religiösen Lage (Tat-Flugschriften, 35), Jena 1920.

–, Die religiöse Verkümmerung des Fabrikarbeiters, in: Die Christliche Welt 34, 1920, Nr. 12, 183–184.

–, Unser Weg, in: Blätter für religiösen Sozialismus 1, [Ostern] 1920, Nr. 1, 1920, 1–4.

–, Auseinandersetzung mit Karl Barth, in: Blätter für religiösen Sozialismus 1, [Pfingsten] 1920, Nr. 2, 5–8.

–, Noch einmal: unser Weg, in: Blätter für religiösen Sozialismus 1, 1920, Nr. 3, 9–10.

–, Zur Überwindung des Intellektualismus [I.], in: Blätter für religiösen Sozialismus 1, [September] 1920, Nr. 4, 13–14.

–, Zur Überwindung des Intellektualismus [II.], in: Blätter für religiösen Sozialismus 1, [Oktober] 1920, Nr. 5, 17–19.

–, Zur Überwindung des Intellektualismus [III.], in: Blätter für religiösen Sozialismus 1, [Weihnachten] 1920, Nr. 6, 21–23.

–, Die große Kulturnot, in: Das neue Werk 2, 1920/1921, 19–22.

–, Der Stand der Debatte [I.], in: Blätter für religiösen Sozialismus 2, [Juni] 1921, Nr. 2, 21–24.

–, Der Stand der Debatte [IV.], in: Blätter für religiösen Sozialismus 2, [August] 1921, Nr. 8, 29–31.

–, Rückblick und Ausblick [I.], in: Blätter für religiösen Sozialismus 3, [Januar] 1922, Nr. 1, 1–3.

–, Zum Geleit, in: Die Tat 14, [August] 1922, Heft 5, 321.

–, Kairos und religiöse Entscheidung. Versuch einer Zusammenfassung, in: Blätter für religiösen Sozialismus 3, [November] 1922, Nr. 11, 41–44.

–, Religiöser Sozialismus. Tatsächliches und Grundsätzliches, in: Österreichische Rundschau 18, 1922, 1090–1103.

–, Was sollen wir denn tun?, in: Blätter für religiösen Sozialismus 4, [Januar] 1923, Nr. 1, 1–4.

–, Die Wendung zur Praxis, in: Blätter für religiösen Sozialismus 6, [Oktober] 1925, Nr. 10, 73–84.

–, Rückblick und Ausblick [II.], in: Blätter für religiösen Sozialismus 8, [Januar/März] 1927, Nr. 1/3, 1–19.

–, Vorwort des Herausgebers, in: H. Poelchau, Das Menschenbild des Fürsorgerechts [1932], 1–3.

–, Zeitgeschehen im Spiegel persönlichen Schicksals. Ein Lebensbericht, hrsg. von Hildegard Feidel-Mertz, Weinheim 1995.

MENSING, KARL, Vom Bund für Gegenwartchristentum, in: Die Christliche Welt 34, 1920, Nr. 33, 518–521.

MICHEL, ERNST, Der Weg zum Mythos, Jena 1919.

MÖRCHEN, HERMANN, Bultmann und Heidegger, in: B. Jaspert (Hg.), Rudolf Bultmanns Werk und Wirkung [1984], 234–252.

MOHLER, ARMIN, Die Konservative Revolution in Deutschland 1918–1932. Ein Handbuch [1950], 5. Aufl. Graz, Stuttgart 1999.

MOLTMANN, JÜRGEN, Der »eschatologische Augenblick«. Gedanken zu Zeit und Ewigkeit in eschatologischer Hinsicht, in: Jan Rohls/Gunther Wenz (Hg.), Vernunft des Glaubens. Wissenschaftliche Theologie und kirchliche Lehre. Festschrift für Wolfhart Pannenberg, Göttingen 1988, 578–596.

MOMMSEN, HANS, Die Sozialdemokratie in der Defensive: Der Immobilismus der SPD und der Aufstieg des Nationalsozialismus, in: ders., Sozialdemokratie zwischen Klassenbewegung und Volkspartei, Frankfurt am Main 1974, 106–133.

MÜHLING, ANDREAS, Karl Ludwig Schmidt. »Und Wissenschaft ist Leben« (Arbeiten zur Kirchengeschichte, 66), Berlin, New York 1997.

MÜLLER, ADOLF, Der junge Privatdozent in Berlin, in: Paul Tillich, Impressionen und Reflexionen. Ein Lebensbild in Aufsätzen, Reden und Stellungnahmen (Gesammelte Werke, 13), hrsg. von Renate Albrecht, Stuttgart 1972, 545–547.

MÜLLER-DOOHM, STEFAN, Adorno. Eine Biographie, Frankfurt am Main 2003.

MULERT, HERMANN, Ein Brief aus Amerika, in: Die Christliche Welt 48, 1934, Nr. 23, 1071–1073.

MULLER, JERRY Z., Enttäuschung und Zweideutigkeit. Zur Geschichte rechter Sozialwissenschaftler im »Dritten Reich«, in: Geschichte und Gesellschaft 12, 1986, 289–316.

–, The Other God That Failed. Hans Freyer and the Deradicalization of German Conservatism, Princeton 1987.

NIETZSCHE, FRIEDRICH, Jenseits von Gut und Böse, in: ders., Sämtliche Werke. Kritische Studienausgabe, Bd. 5, hrsg. von Giorgio Colli und Mazzino Montinari, 2., durchgesehene Aufl. München, Berlin, New York 1988, 9–243.

–, Unzeitgemäße Betrachtungen. Zweites Stück: Vom Nutzen und Nachtheil der Historie für das Leben, in: ders., Sämtliche Werke. Kritische Studienausgabe, Bd. 1, hrsg. von Giorgio Colli und Mazzino Montinari, 2., durchgesehene Aufl. München, Berlin, New York 1988, 243–334.

–, Nachgelassene Fragmente 1869–1874, in: ders., Sämtliche Werke. Kritische Studienausgabe, Bd. 7, hrsg. von Giorgio Colli und Mazzino Montinari, 2., durchgesehene Aufl. München, Berlin, New York 1988.

NORTON, ROBERT EDWARD, Secret Germany. Stefan George and his circle, Ithaca, NY u. a. 2002.

NOSS, PETER, Art. Ehrenberg, Hans Philipp, in: BBKL, Bd. 19, Herzberg 2001, 201–219.

NOWAK, KURT, Evangelische Kirche und Weimarer Republik, Göttingen 1981.

–, Die »antihistoristische Revolution«. Symptome und Folgen der Krise historischer Weltorientierung nach dem Ersten Weltkrieg in Deutschland, in: Horst Renz/Friedrich Wilhelm Graf (Hg.), Umstrittene Moderne. Die Zukunft der Neuzeit im Urteil der Epoche Ernst Troeltschs (Troeltsch-Studien, 4), Gütersloh 1987, 133–171.

–, Gottesreich – Geschichte – Politik. Probleme politisch-theologischer Theoriebildung im Protestantismus der Weimarer Republik. Religiöse Sozialisten – Deutsche Christen im kritischen Vergleich, in: Pastoraltheologie 77, 1988, 78–97.

–, Religiöser Sozialismus in der Weimarer Republik. Historische Reminiszenzen nach dem Ende der bipolaren Welt zu einer umstrittenen Bewegung der zwanziger Jahre, in: Joachim Mehlhausen (Hg.), ... und über Barmen hinaus. Studien zur Kirchlichen Zeitgeschichte. Festschrift für Carsten Nicolaisen (Arbeiten zur kirchlichen Zeitgeschichte, B, 23), Göttingen 1995, 100–111.

Ó MURCHADHA, FELIX, Zeit des Handelns und Möglichkeit der Verwandlung. Kairologie und Chronologie bei Heidegger im Jahrzehnt von »Sein und Zeit«, Würzburg 1999.

OTTO, RUDOLF, Das Heilige. Über das Irrationale in der Idee des Göttlichen und sein Verhältnis zum Rationalen [1917], 23.–25. Aufl. München 1936.

PANNENBERG, WOLFHART, Wissenschaftstheorie und Theologie, Frankfurt am Main 1973.

–, Problemgeschichte der neueren evangelischen Theologie in Deutschland, Göttingen 1996.

PAUCK, WILHELM/MARION PAUCK, Paul Tillich. Sein Leben und Denken, Bd. I: Leben, Stuttgart, Frankfurt am Main 1978.

PAUSANIAS, Description of Greece, vol. II (Loeb Classical Library, 188), London, Cambridge, MA 1966.

PÖGGELER, OTTO, Der Denkweg Martin Heideggers, Pfullingen 1963.

–, Heidegger in seiner Zeit, München 1999.

PÖHLMANN, TOBIAS, Theologie der Geschichte. Gott und die Geschichte (Bekennende Kirche, 18), München 1934.

–, Dreierlei Offenbarung (Bekennende Kirche, 50), München 1937.

POELCHAU, HARALD, Das Menschenbild des Fürsorgerechts. Eine ethisch-soziologische Untersuchung, Potsdam 1932.

–, Die Ordnung der Bedrängten. Autobiographisches und Zeitgeschichtliches seit den zwanziger Jahren, München, Hamburg 1965.

POTT, KLAUS-GERHARD, Aus dem Briefwechsel Erich von Kahler/Friedrich Gundolf, in: Jahrbuch der Deutschen Akademie für Sprache und Dichtung 1978, 1. Halbband, Heidelberg 1978, 84–97.

RADBRUCH, GUSTAV/PAUL TILLICH/HENDRIK DE MAN, Der Sozialismus und die geistige Lage der Gegenwart, in: Neue Blätter für den Sozialismus 3, 1932, 8–18.

RADE, MARTIN, [Anzeige] Karl Mennicke, Proletariat und Volkskirche, Jena 1919, in: Die Christliche Welt 34, 1920, Nr. 7, 110.

RADKAU, JOACHIM, Max Weber. Die Leidenschaft des Denkens, München, Wien 2005.

RAULFF, ULRICH, Apollo unter den Deutschen. Ernst Kantorowicz und das ›Geheime Deutschland‹, in: Gert Mattenklott/Michael Philipp/Julius H. Schoeps (Hg.), »Verkannte Brüder«? Stefan George und das deutsch-jüdische Bürgertum zwischen Jahrhundertwende und Emigration (Haskala, 22), Hildesheim, Zürich, New York 2001, 179–197.

REICHLS Bücherbuch. Siebzehntes Jahr, Darmstadt 1926.

REIMER, ALLEN JAMES, The Emanuel Hirsch and Paul Tillich Debate. A Study in the Political Ramifications of Theology (Toronto Studies in Theology, 42), Lewiston, NY u. a. 1989; dt. Übers.: Emanuel Hirsch und Paul Tillich. Theologie und Politik in einer Zeit der Krise, Berlin, New York 1995.

RINGLEBEN, JOACHIM, Paul Tillichs Theologie der Methode, in: Neue Zeitschrift für systematische Theologie 17, 1975, 246–268.

–, Symbol und göttliches Sein, in: Gert Hummel (Hg.), God and Being/Gott und Sein. The Problem of Ontology in the Philosophical Theology of Paul Tillich/Das Problem der Ontologie in der philosophischen Theologie Paul Tillichs. Beiträge des II. Internationalen Paul-Tillich-Symposions in Frankfurt 1988, Berlin, New York 1989, 165–181.

RITTER, KARL BERNHARD/WILHELM STÄHLIN, Erklärung zu einem Artikel über Paul Tillich [Thomas Thomassen, Der Prophet des »religiösen Sozialismus«, in: Deutsches Volkstum (33), Juni 1931, 479–480], in: Deutsches Volkstum [33], Dezember 1931, 974–975.

ROSENKRANZ, GERHARD, Der Nomos Chinas und das Evangelium. Eine Untersuchung über die Bedeutung von Rasse und Volkstum für die missionarische Verkündigung in China, Leipzig 1936.

ROTH, GUENTHER, Max Webers deutsch-englische Familiengeschichte 1800–1950, mit Briefen und Dokumenten, Tübingen 2001.

RUDDIES, HARTMUT, Ernst Troeltsch und Paul Tillich. Eine theologische Skizze, in: Wilhelm-Ludwig Federlin/Edmund Weber (Hg.), Unterwegs für die Volkskirche. Festschrift für Dieter Stoodt, Frankfurt am Main u. a. 1987, 409–422.

RÜCKERT, HANNS, Echte Probleme und falsche Parolen. Zur Auseinandersetzung zwischen Hirsch und Tillich, in: Deutsche Theologie 2, 1935, 36–45.

RÜSTOW, ALEXANDER, Die gesellschaftliche Lage der Gegenwart in Deutschland, in: Blätter für religiösen Sozialismus 7, [Mai/Juni] 1926, 51–72.

SALIN, EDGAR, Um Stefan George. Erinnerung und Zeugnis [1948], 2., neugestaltete und wesentlich erweiterte Aufl. München, Düsseldorf 1954.

SCHÄUFELE, WOLF-FRIEDRICH/MARKUS VINZENT (Hg.), Theologen im Exil – Theologie des Exils. Internationales Kolloquium 17.–19. November 1999 in Mainz (Texts and Studies in the History of Theology, 3), Mandelbachtal 2001.

SCHAFFNER, BRIGITTE, Art. Kairos, in: Der Neue Pauly. Enzyklopädie der Antike, Bd. 6, Stuttgart 1999, 138–139.

SCHELIHA, ARNULF VON, Emanuel Hirsch als Dogmatiker. Zum Programm der »christlichen Rechenschaft« im »Leitfaden zur christlichen Lehre« (Theologische Bibliothek Töpelmann, 53), Berlin, New York 1991.

SCHELLING, FRIEDRICH WILHELM JOSEPH VON, Aphorismen über die Naturphilosophie [1806], in: ders., Ausgewählte Schriften, Bd. 3: 1804–1806, hrsg. von Manfred Frank, Frankfurt am Main 1985, 687–735.

SCHJØRRING, JENS HOLGER, Theologische Gewissensethik und politische Wirklichkeit. Das Beispiel Eduard Geismars und Emanuel Hirschs (Arbeiten zur kirchlichen Zeitgeschichte, B, 7), Göttingen 1979.

SCHLIEBEN, BARBARA/OLAF SCHNEIDER/KERSTIN SCHULMEYER (Hg.), Geschichtsbilder im George-Kreis. Wege zur Wissenschaft, Göttingen 2004.

SCHLUCHTER, WOLFGANG/FRIEDRICH WILHELM GRAF (Hg.), Asketischer Protestantismus und der ›Geist‹ des modernen Kapitalismus. Max Weber und Ernst Troeltsch, Tübingen 2005.

SCHMALZ, OLIVER, Kirchenpolitik unter dem Vorzeichen der Volksnomoslehre. Wilhelm Stapel im Dritten Reich (Europäische Hochschulschriften, Reihe 23, 789), Bern, Frankfurt am Main 2004.

SCHMIDT, KARL LUDWIG, Der Rahmen der Geschichte Jesu. Literarkritische Untersuchungen zur ältesten Jesusüberlieferung, Berlin 1919.

–, Der liberale Staatsgedanke in seiner Abgrenzung gegen Konservatismus und Sozialismus, in: Blätter für religiösen Sozialismus 2, [Mai] 1921, Nr. 5, 17–20.

–, Zum Fall Dehn, in: Theologische Blätter 11, 1932, 93–94.

–, Zum offenen Brief Paul Tillichs an Emanuel Hirsch, in: Theologische Blätter 14, 1935, 25–27.

–, Nachtrag »Zum offenen Brief Paul Tillichs an Emanuel Hirsch«, in: Theologische Blätter 14, 1935, 62.

–, Zur Auseinandersetzung zwischen Tillich und Hirsch, in: Theologische Blätter 14, 1935, 158.

–, Art. καλέω κτλ., in: Theologisches Wörterbuch zum Neuen Testament, Bd. 3, Stuttgart, Berlin 1938, 488–539.

–, Die Polis in Kirche und Welt. Eine lexikographische und exegetische Studie. Rektorats-programm der Universität Basel für das Jahr 1939, Basel 1939; Nachdruck Zollikon-Zürich 1940.

SCHMIDT, MARTIN ANTON, Bibliographie Karl Ludwig Schmidt, in: Karl Ludwig Schmidt, Neues Testament – Judentum – Kirche. Kleine Schriften (Theologische Bücherei, 69), hrsg. von Gerhard Sauter, München 1981, 307–321.

SCHMITHALS, WALTER, Ein Brief Rudolf Bultmanns an Erich Foerster, in: B. Jaspert (Hg.), Bultmanns Werk und Wirkung [1984], 70–80.

SCHMITT, CARL, Politische Romantik [1920], 2. Aufl. München, Leipzig 1925.

SCHNEIDER-FLUME, GUNDA, Die politische Theologie Emanuel Hirschs. 1918–1933 (Europäische Hochschulschriften, Reihe 23, 5), Bern, Frankfurt am Main 1971.

SCHNELLE, UDO, Das Evangelium nach Johannes (Theologischer Handkommentar zum Neuen Testament, 4), Leipzig 1998.

SCHOLDER, KLAUS, Neuere deutsche Geschichte und protestantische Theologie, in: Evangelische Theologie 23, 1963, 510–536; erneut in: ders., Die Kirchen zwischen Republik und Gewaltherrschaft. Gesammelte Aufsätze, hrsg. von Karl Otmar von Aretin und Gerhard Besier, Berlin 1988, 75–97, 271–274.

–, Die Kirchen und das Dritte Reich, Bd. 1: Vorgeschichte und Zeit der Illusionen 1918–1934, Frankfurt am Main, Berlin, Wien 1977.

SCHRÖER, HENNING, Art. Kierkegaard, Søren Aabye, in: TRE, Bd. 18, Berlin, New York 1989, 138–155.

SCHROETER, MANFRED, Der Streit um Spengler. Kritik seiner Kritiker, München 1922.

SCHÜTTE, HANS-WALTER (Hg.), Emanuel Hirsch – Paul Tillich. Briefwechsel 1917–1918. Mit einem Nachwort: Subjektivität und System. Zum Briefwechsel E. Hirsch – P. Tillich, Berlin 1973.

–, Christliche Rechenschaft und Gegenwartsdeutung. Zum theologischen Werk E. Hirschs, in: Joachim Ringleben (Hg.), Christentumsgeschichte und Wahrheitsbewußtsein. Studien zur Theologie Emanuel Hirschs (Theologische Bibliothek Töpelmann, 50), Berlin, New York 1991, 1–14.

SENG, THOMAS, Weltanschauung als verlegerische Aufgabe. Der Otto Reichl Verlag 1909–1954. Mit einer Bibliographie der Verlage von Otto Reichl und der Deutschen Bibliothek, St. Goar 1994.

SHEEHAN, THOMAS, Heidegger's »Introduction to the Phenomenology of Religion« 1920–21, in: The Personalist 60, 1979, 312–324.

SIEFERLE, ROLF PETER, Technik als Rüstung des revolutionären Volkes: Hans Freyer, in: ders., Die Konservative Revolution. Fünf biographische Skizzen (Paul Lensch, Werner Sombart, Oswald Spengler, Ernst Jünger, Hans Freyer), Frankfurt am Main 1995, 164–197, 235–237.

SIEGELE-WENSCHKEWITZ, LEONORE, Geschichtsverständnis angesichts des Nationalsozialismus. Der Tübinger Kirchenhistoriker Hanns Rückert in der Auseinandersetzung mit Karl Barth, in: dies./Carsten Nicolaisen (Hg.), Theologische Fakultäten im Nationalsozialismus (Arbeiten zur kirchlichen Zeitgeschichte, B, 18), Göttingen 1993, 113–144.

SLOTERDIJK, PETER, Regeln für den Menschenpark. Ein Antwortschreiben zu Heideggers Brief über den Humanismus, Frankfurt am Main 1999.

SPRANGER, EDUARD, Der gegenwärtige Stand der Geisteswissenschaften und die Schule [1921], 2., ergänzte Aufl. Leipzig, Berlin 1925.

STAPEL, WILHELM, Alles um Tillich, in: Deutsches Volkstum [33], Dezember 1931, 974–976.

–, Der christliche Staatsmann. Eine Theologie des Nationalismus [1932], 2. Aufl. Hamburg 1932.

–, Falsche Verdächtigungen, in: Deutsches Volkstum [36], Juli 1934, 568–569.

–, [Zu Paul Tillich, Die Theologie des Kairos, 1934], in: Deutsches Volkstum [36], Dezember 1934, 1056.

–, An Herrn Professor Hirsch in Göttingen, in: Deutsches Volkstum [37], Februar 1935, 153–155.

–, Nachtrag zu »An Herrn Professor Hirsch in Göttingen«, in: Deutsches Volkstum [37], März 1935, 255.

STERNBERGER, [A]DOLF, Der verstandene Tod. Eine Untersuchung zu Martin Heideggers Existenzial-Ontologie (Studien und Bibliographien zur Gegenwartsphilosophie, 6), Leipzig 1934.

–, Über den Tod (Schriften, 1), Frankfurt am Main 1977.

STROHM, THEODOR, Theologie im Schatten politischer Romantik (Gesellschaft und Theologie, II/2), München, Mainz 1970.

STURM, ERDMANN (Hg.), Paul Tillich und Max Horkheimer im Dialog. Drei bisher unveröffentlichte Texte (1942/45), in: Zeitschrift für Neuere Theologiegeschichte/Journal for the History of Modern Theology 1, 1994, 275–304.

–, (Hg.), Theodor W. Adorno contra Paul Tillich. Eine bisher unveröffentlichte Tillich-Kritik Adornos aus dem Jahre 1944, in: Zeitschrift für Neuere Theologiegeschichte/Journal for the History of Modern Theology 3, 1996, 251–299.

TANNER, KLAUS, Die fromme Verstaatlichung des Gewissens. Zur Auseinandersetzung um die Legitimität der Weimarer Reichsverfassung in Staatsrechtswissenschaft und Theologie der zwanziger Jahre (Arbeiten zur kirchlichen Zeitgeschichte, B, 15), Göttingen 1989.

THEOLOGISCHE ERKLÄRUNG [Barmen] zur gegenwärtigen Lage in der Deutschen Evangelischen Kirche, in: Evangelische Theologie 1, 1934, 113–117.

THEUNISSEN, MICHAEL, Art. Augenblick, in: Historisches Wörterbuch der Philosophie, Bd. 1, Basel, Darmstadt 1971, 649–650.

THIMANN, MICHAEL, Caesars Schatten. Die Bibliothek von Friedrich Gundolf. Rekonstruktion und Wissenschaftsgeschichte, Heidelberg 2003.

THOMASSEN, THOMAS, Der Prophet des »religiösen Sozialismus«, in: Deutsches Volkstum [33], Juni 1931, 479–480.

THURNEYSEN, EDUARD, Sozialismus und Christentum [1923], in: Anfänge der dialektischen Theologie, 2 [1963/1987], 221–246.

–, [Abschied von »Zwischen den Zeiten«] [1933], in: Anfänge der dialektischen Theologie, 2 [1963/1987], 321–328.

TILGNER, WOLFGANG, Volksnomostheologie und Schöpfungsglaube. Ein Beitrag zur Geschichte des Kirchenkampfes (Arbeiten zur Geschichte des Kirchenkampfes, 16), Göttingen 1966.

TILLICH, HANNAH, Ich allein bin. Mein Leben, Gütersloh 1993.

TILLICH, PAUL, Gesammelte Werke, Bde. 1–14, Stuttgart 1959–1975 [GW]; Ergänzungs- und Nachlaßbände 1ff., Stuttgart 1971ff. [GWE]; Main Works/Hauptwerke, Bde. 1–6, Berlin, New York 1987–1998 [MW/HW].

–, Christentum und soziale Gestaltung. Frühe Schriften zum Religiösen Sozialismus (Gesammelte Werke, 2), hrsg. von Renate Albrecht, 2. Aufl. Stuttgart 1962 [GW 2].

–, Philosophie und Schicksal. Schriften zur Erkenntnislehre und Existenzphilosophie (Gesammelte Werke, 4), hrsg. von Renate Albrecht, Stuttgart 1961 [GW 4].

–, Der Widerstreit von Zeit und Raum. Schriften zur Geschichtsphilosophie (Gesammelte Werke, 6), hrsg. von Renate Albrecht, 2. Aufl. Stuttgart 1963 [GW 6].

–, Die religiöse Bedeutung der Gegenwart. Schriften zur Zeitkritik (Gesammelte Werke, 10), hrsg. von Renate Albrecht, Stuttgart 1968 [GW 10].

–, Begegnungen. Paul Tillich über sich selbst und andere (Gesammelte Werke, 12), hrsg. von Renate Albrecht, Stuttgart 1971 [GW 12].

–, Impressionen und Reflexionen. Ein Lebensbild in Aufsätzen, Reden und Stellungnahmen (Gesammelte Werke, 13), hrsg. von Renate Albrecht, Stuttgart 1972 [GW 13].

–, Vorlesungen über die Geschichte des christlichen Denkens. Teil II: Aspekte des Protestantismus im 19. und 20. Jahrhundert [Chicago, Frühjahr 1963] (Gesammelte Werke, Ergänzungs- und Nachlaßbände, 2), hrsg. von Ingeborg C. Henel, Stuttgart 1972 [GWE 2].

–, Ein Lebensbild in Dokumenten. Briefe, Tagebuch-Auszüge, Berichte (Gesammelte Werke, Ergänzungs- und Nachlaßbände, 5), hrsg. von Renate Albrecht und Margot Hahl, Stuttgart 1980 [GWE 5].

–, Briefwechsel und Streitschriften. Theologische, philosophische und politische Stellungnahmen und Gespräche (Gesammelte Werke, Ergänzungs- und Nachlaßbände, 6), hrsg. von Renate Albrecht und René Tautmann, Frankfurt am Main 1983 [GWE 6].

–, Frühe Werke (Gesammelte Werke, Ergänzungs- und Nachlaßbände, 9), hrsg. von Gert Hummel und Doris Lax, Berlin, New York 1998 [GWE 9].

–, Religion, Kultur, Gesellschaft. Unveröffentlichte Texte aus der deutschen Zeit (1908–1933), Teil I und II (Gesammelte Werke, Ergänzungs- und Nachlaßbände, 10 und 11), hrsg. von Erdmann Sturm, Berlin, New York 1999 [GWE 10; GWE 11].

–, Berliner Vorlesungen I (1919–1920) (Gesammelte Werke, Ergänzungs- und Nachlaßbände, 12), hrsg. und mit einer historischen Einleitung versehen von Erdmann Sturm, Berlin, New York 2001 [GWE 12].

–, Dogmatik-Vorlesung (Dresden 1925–1927) (Gesammelte Werke, Ergänzungs- und Nachlaßbände, 14), hrsg. und mit einer historischen Einleitung versehen von Werner Schüßler und Erdmann Sturm, Berlin, New York 2005 [GWE 14].

–, Philosophical Writings/Philosophische Schriften (Main Works/Hauptwerke, 1), hrsg. von Gunther Wenz, Berlin, New York 1989 [MW/HW 1].

–, Writings in the Philosophy of Culture/Kulturphilosophische Schriften, hrsg. von Michael Palmer (Main Works/Hauptwerke, 2), Berlin, New York 1990 [MW/HW 2].

–, Writings in Social Philosophy and Ethics/Sozialphilosophische und ethische Schriften (Main Works/Hauptwerke, 3), hrsg. von Erdmann Sturm, Berlin, New York 1998 [MW/HW 3].

–, Writings in the Philosophy of Religion/Religionsphilosophische Schriften (Main Works/Hauptwerke, 4), hrsg. von John Clayton, Berlin, New York 1987 [MW/HW 4].

–, Writings on Religion/Religiöse Schriften (Main Works/Hauptwerke, 5), hrsg. von Robert P. Scharlemann, Berlin, New York 1988 [MW/HW 5].

–, Theological Writings/Theologische Schriften (Main Works/Hauptwerke, 6), hrsg. von Gert Hummel, Berlin, New York 1992 [MW/HW 6].

–, Die Freiheit als philosophisches Prinzip bei Fichte [1910], in: GWE 10, 55–62.

–, Die religionsgeschichtliche Konstruktion in Schellings positiver Philosophie, ihre Voraussetzungen und Prinzipien, Breslau 1910; Nachdruck in: GWE 9, 156–272.

–, Die christliche Gewißheit und der historische Jesus (1911), in: MW/HW 6, 21–37.

–, Mystik und Schuldbewußtsein in Schellings philosophischer Entwicklung (Beiträge zur Förderung christlicher Theologie, 16, 1), Gütersloh 1912.

–, Der Begriff des Übernatürlichen, sein dialektischer Charakter und das Prinzip der Identität, dargestellt an der supranaturalistischen Theologie vor Schleiermacher, Teil 1, Königsberg/Neumark 1915; vollständig in: GWE 9, 435–438 (Einleitung zur Textgeschichte), 439–592.

–, Beitrag zum Wingolfrundbrief, September 1919, in: GWE 5, 142–145.

–, Das Christentum und die Gesellschaftsprobleme der Gegenwart (Sommersemester 1919), in: GWE 12, 27–258.

–, Die prinzipiellen Grundlagen und die nächsten Aufgaben unserer Bewegung [1919], in: GWE 10, 237–263.

–, Über die Idee einer Theologie der Kultur [1919], in: MW/HW 2, 69–85.

–, Der Sozialismus als Kirchenfrage [1919], in: MW/HW 3, 31–42.

–, Religion und Erneuerung [1920], in: GWE 10, 283–292.

–, Anthroposophie und Theologie. Das theologische Ergebnis des Berliner Anthroposophischen Hochschulkursus, in: Theologische Blätter 1, 1922, 86–87.

–, Die religiöse Erneuerung des Sozialismus [1922], in: GWE 10, 311–327.

–, Kairos (1922), in: MW/HW 4, 53–72; zuerst in: Die Tat 14, 1922/1923, 330–350.

–, Zur Klärung der religiösen Grundhaltung. Aus einem Brief [an Carl Mennicke], in: Blätter für religiösen Sozialismus 3, 1922, Nr. 12, 46–48.

–, Masse und Geist. Studien zur Philosophie der Masse (Volk und Geist, 1), Berlin, Frankfurt am Main 1922; Nachdruck in: GW 2, 35–90.

–, Renaissance und Reformation. Zur Einführung in die Bibliothek Warburg, in: Theologische Blätter 1, 1922, 265–267.

–, Albrecht Ritschl. Zu seinem hundertsten Geburtstag, in: Theologische Blätter 1, 1922, 49–54.

–, Die Umstellung der Debatte [1922], in: GWE 10, 328–334.

–, [Rez.] Paul Feldkeller, Graf Keyserlings Bekenntnisweg zum Übersinnlichen. Die Erkenntnisgrundlagen des Reisetagebuches eines Philosophen, Darmstadt 1922, in: Theologische Blätter 1, 1922, 210–211.

–, [Rez.] Emanuel Hirsch, Reich-Gottes-Begriffe des neueren europäischen Denkens. Ein Versuch zur Geschichte der Staats- und Gesellschaftsphilosophie, Göttingen 1921, in: Theologische Blätter 1, 1922, 42–43.

–, [Rez.] Emanuel Hirsch, Der Sinn des Gebets. Fragen und Antworten, Göttingen 1921, in: Theologische Blätter 1, 1922, 137–138.

–, [Rez.] Eduard Spranger, Der gegenwärtige Stand der Geisteswissenschaften und die Schule [1921], in: Theologische Blätter 1, 1922, 235.

–, Grundlinien des Religiö[sen] Sozialismus. Ein systematischer Entwurf (1923), in: MW/HW 3, 103–130.

–, Die Kategorie des »Heiligen« bei Rudolf Otto (1923), in: GW 12, 184–186.

–, Kritisches und positives Paradox. Eine Auseinandersetzung mit Karl Barth und Friedrich Gogarten, in: Theologische Blätter 2, 1923, 263–269.

–, Der religiöse Sozialismus als universale Bewegung [1923], in: GWE 10, 351–355.

–, Das System der Wissenschaften nach Gegenständen und Methoden. Ein Entwurf, Göttingen 1923; erneut in: MW/HW 1, 113–263.

–, Ernst Troeltsch [Nachruf, in: Vossische Zeitung, Nr. 58, 3. Februar 1923, Abend-Ausgabe, 2–3], in: F. W. Graf (Hg.), Ernst Troeltsch in Nachrufen [2002], 249–252; unter dem Titel »Zum Tode von Ernst Troeltsch« auch in: GW 12, 175–178.

–, Das Unbedingte und die Geschichte [1923], in: GWE 10, 335–350.

–, Einleitung in die Geschichtsphilosophie [1923/1924], in: GWE 10, 426–431.

–, Der Historismus und seine Probleme. Zum gleichnamigen Buch von Ernst Troeltsch [1924], in: GW 12, 204–211.

–, Kirche und Kultur (1924), in: MW/HW 2, 101–114.

–, Rechtfertigung und Zweifel (1924), in: MW/HW 6, 83–97.

–, Ernst Troeltsch. Versuch einer geistesgeschichtlichen Würdigung [1924], in: F. W. Graf (Hg.), Ernst Troeltsch in Nachrufen [2002], 646–653.

–, [Rez.] Ernst Troeltsch, Der Historismus und seine Überwindung [1924], in: Theologische Literaturzeitung 49, 1924, 234–235.

–, Der Religionsphilosoph Rudolf Otto [1925], in: GW 12, 179–183.

–, Das Dämonische. Ein Beitrag zur Sinndeutung der Geschichte [1926], in: MW/HW 5, 99–123.

–, Kairos. Ideen zur Geisteslage der Gegenwart (1926), in: MW/HW 4, 171–181.

–, (Hg.), Kairos. Zur Geisteslage und Geisteswendung, Darmstadt 1926.

–, Kairos und Logos. Eine Untersuchung zur Metaphysik der Erkenntnis (1926), in: MW/ HW 1, 265–305.

–, Die religiöse Lage der Gegenwart (1926), in: MW/HW 5, 27–97.

–, Zum Problem der evangelischen Sozialethik, in: Blätter für religiösen Sozialismus 7, 1926, Nr. 7/8, 73–79.

–, Die geistige Welt im Jahre 1926 [1926], in: MW/HW 2, 115–125.

–, Eschatologie und Geschichte (1927), in: MW/HW 6, 107–125.

–, Über gläubigen Realismus, in: Theologische Blätter 7, 1928, 109–118; Nachdruck u. a. in: GW 4, 88–106.

–, Das religiöse Symbol, in: Blätter für Deutsche Philosophie 1, 1928, 277–291.

–, Philosophie und Schicksal (1929), in: MW/HW 1, 307–319.

–, (Hg.), Protestantismus als Kritik und Gestaltung, Darmstadt 1929.

–, Der Protestantismus als kritisches und gestaltendes Prinzip (1929), in: MW/HW 6, 127– 149.

–, Natur und Sakrament (1930), in: MW/HW 6, 151–171.

–, Die religiöse Verwirklichung, Berlin 1930.

–, Sozialismus, in: Neue Blätter für den Sozialismus 1, 1930, 1–12.

–, Die Bedeutung der gegenwärtigen philosophischen Diskussion für die protestantische Theologie [1931], in: GWE 11, 372–382.

–, Gutachten über die Arbeit von Dr. Wiesengrund: Die Konstruktion des Ästhetischen bei Kierkegaard [1931], in: GWE 11, 337–346.

–, Der Geist des Sozialismus und der Kampf gegen ihn [1931/1932], in: GWE 11, 399–448.

–, Die gegenwärtige Lage der Theologie [1931/1932], in: GWE 11, 393–398.

–, [Selbstanzeige] Die sozialistische Entscheidung, Potsdam 1933, in: Neue Blätter für den Sozialismus 3, 1932, 667–668.

–, Die sozialistische Entscheidung (Die sozialistische Aktion, Heft 2, Schriftenreihe der Neuen Blätter für den Sozialismus), Potsdam 1933; erneut in: MW/HW 3, 273–419.

–, Die Theologie des Kairos und die gegenwärtige geistige Lage. Offener Brief an Emanuel Hirsch, in: Theologische Blätter 13, 1934, Nr. 11, 305–328; erneut in: GWE 6, 142–176.

–, Der totale Staat und der Anspruch der Kirchen [1934], in: GW 10, 121–145.

–, The Totalitarian State and the Claims of the Church, in: Social Research 1, 1934, 405–433.

–, Um was es geht. Antwort an Emanuel Hirsch, in: Theologische Blätter 14, 1935, 117– 120; erneut in: GWE 6, 214–218.

–, My Travel Diary: 1936. Between two Worlds, ed. by Jerald C. Brauer, New York, Evanston, London 1970.

–, A Historical Diagnosis: Impressions of an European Trip, in: Radical Religion 1, 1936/ 1937, 11–17; erneut in: GW 13, 238–248.

–, Läuterndes Feuer. Rede zum Goethe-Tag im »Hunter-College«, New York am 18.5.1942, in: Aufbau 8, 1942, Nr. 22, 10; Nachdruck in: GW 13, 275–278.

–, Existential Philosophy, in: Journal of the History of Ideas 5, 1944, 44–70; dt. Übers. in: GW 4, 145–173.

–, The Problem of Theological Method (1947), in: MW/HW 4, 301–312.

–, Kairos (1948), in: MW/HW 4, 327–341.

–, Politische Bedeutung der Utopie im Leben der Völker (1951), in: MW/HW 3, 531–582.

–, Systematic Theology, vol. I–III, Chicago 1951; 1957; 1963.

–, Autobiographische Betrachtungen [engl. Orig.: 1952], in: GW 12, 58–77.

–, Love, Power, and Justice. Ontological Analyses and Ethical Applications (1954), in: MW/ HW 3, 583–639.

–, Das Neue Sein als Zentralbegriff einer christlichen Theologie (1955), in: MW/HW 6, 363–383.

–, Systematische Theologie, Bd. I [1955], 3. Aufl. Stuttgart 1956; Bd. II, 2. Aufl. Stuttgart 1958; Bd. III, Stuttgart 1966.

–, Kairos III (1958), in: GW 6, 137–139.

–, Kairos – Theonomie – Das Dämonische. Ein Brief zu Eduard Heimanns siebzigstem Geburtstag (1959), in: GW 12, 310–315.

–, Kairos und Utopie (1959), in: GW 6, 149–156.

–, Auf der Grenze [1962], in: GW 12, 13–57.

–, Morality and Beyond (1963), in: MW/HW 3, 651–712.

TRILLHAAS, WOLFGANG, Emanuel Hirsch in Göttingen, in: Hans Martin Müller (Hg.), Christliche Wahrheit und neuzeitliches Denken. Zu Emanuel Hirschs Leben und Werk (Theologische Beiträge und Forschungen, 4), Tübingen, Goslar 1984, 37–59.

TRIPMACKER, WOLFGANG, Potsdamer Verlage in der Zeit der Weimarer Republik, in: Leipziger Jahrbuch zur Buchgeschichte 3, 1993, 247–256.

–, Der Potsdamer Verleger Alfred Protte, in: Marginalien 134/II, 1994, 55–68.

TROELTSCH, ERNST, Max Weber, in: Frankfurter Zeitung, Nr. 447, 20. Juni 1920, Erstes Morgenblatt, 1–2.

–, Die Revolution in der Wissenschaft. Eine Besprechung von Erich von Kahlers Schrift gegen Max Weber: »Der Beruf in der Wissenschaft« und der Gegenschrift von Artur Salz: »Für die Wissenschaft gegen die Gebildeten unter ihren Verächtern«, in: Schmollers Jahrbuch 45 (4), 1921, 65–114; erneut in: ders., Aufsätze zur Geistesgeschichte und Religionssoziologie (Gesammelte Schriften, IV), hrsg. von Hans Baron, Tübingen 1925, 653–677.

–, Der Historismus und seine Probleme. Erstes Buch: Das logische Problem der Geschichtsphilosophie (Gesammelte Schriften, III), Tübingen 1922.

–, Der Historismus und seine Überwindung. Fünf Vorträge, eingeleitet von Friedrich von Hügel, Berlin 1924; erneut in: ders., Fünf Vorträge zu Religion und Geschichtsphilosophie für England und Schottland (Kritische Gesamtausgabe, 17), hrsg. von Gangolf Hübinger, Berlin, New York 2006, 67–132.

ÜNER, ELFRIEDE, Soziologie als ›geistige Bewegung‹. Hans Freyers System der Soziologie und die ›Leipziger Schule‹, Weinheim 1992.

ULBRICHT, JUSTUS H., Massenfern und klassenlos oder: »Wir brauchen eine Brüderschaft im Geiste, die schweigend wirkt«. Die Organisation der Gebildeten im Geiste des Eugen Diederichs Verlags, in: Richard Faber/Christine Holste (Hg.), Kreise – Gruppen – Bünde. Zur Soziologie moderner Intellektuellenassoziation, Würzburg 2000, 385–401.

ULRICH, THOMAS, Ontologie, Theologie, gesellschaftliche Praxis. Studien zum religiösen Sozialismus Paul Tillichs und Carl Mennickes, Zürich 1971.

Die VERHANDLUNGEN des 27. und 28. Evangelisch-sozialen Kongresses, abgehalten in Leipzig am 15. und 16. Oktober 1918 und in Berlin am 23. und 24. Juni 1920, Göttingen 1921.

VERTRAULICHE MITTEILUNGEN für die Freunde des »Neuen Werks«, 3. Folge, Lißberg 1919.

VOGT, STEFAN, Der Antifaschismus der sozialdemokratischen Jungen Rechten. Faschismusanalysen und antifaschistische Strategien im Kreis um die »Neuen Blätter für den Sozialismus« in den letzten Jahren der Weimarer Republik, in: Zeitschrift für Geschichtswissenschaft 48, 2000, 990–1011.

–, Nationaler Sozialismus und Soziale Demokratie. Die sozialdemokratische Junge Rechte 1918–1945 (Politik- und Gesellschaftsgeschichte, 70), Bonn 2006.

VOIGT, FRIEDEMANN, »Die Tragödie des Reiches Gottes«? Ernst Troeltsch als Leser Georg Simmels (Troeltsch-Studien, 10), Gütersloh 1998.

–, Vorbilder und Gegenbilder. Zur Konzeptualisierung der Kulturbedeutung der Religion bei Eberhard Gothein, Werner Sombart, Georg Simmel, Georg Jellinek, Max Weber und Ernst Troeltsch, in: W. Schluchter/F. W. Graf (Hg.), Asketischer Protestantismus [2005], 155–184.

WEILLER, EDITH, Max Weber und die literarische Moderne. Ambivalente Begegnungen zweier Kulturen, Stuttgart, Weimar 1994.

WEISSE, CHRISTIAN HERMANN, Philosophische Dogmatik oder Philosophie des Christenthums, 3 Bde., Leipzig 1855–1862.

WENDLAND, HEINZ-DIETRICH, Volk und Volkstum, in: Walter Künneth/Helmuth Schreiner (Hg.), Die Nation vor Gott. Zur Botschaft der Kirche im Dritten Reich, 3., erweiterte Aufl. Berlin 1934, 138–175.

WENZ, GUNTHER, Subjekt und Sein. Die Entwicklung der Theologie Paul Tillichs (Münchener Monographien zur historischen und systematischen Theologie, 3), München 1979.

–, Eschatologie als Zeitdiagnostik. Paul Tillichs Studie zur religiösen Lage der Gegenwart von 1926 im Kontext ausgewählter Krisenliteratur der Weimarer Ära [1991], in: ders., Tillich im Kontext. Theologiegeschichtliche Perspektiven (Tillich-Studien, 2), Münster 2000, 45–103.

WENZEL, LOTHAR, Sozialismus aus christlichem Gewissen bei Georg Wünsch (1887–1964) Europäische Hochschulschriften, Reihe 23, 543), Frankfurt am Main 1995.

WERTHEIMER, MAX, Experimentelle Studien über das Sehen von Bewegung, Leipzig 1912.

WIEBEL, ARNOLD (Hg.), Rudolf Hermann – Erich Seeberg. Briefwechsel 1920–1945 (Greifswalder theologische Forschungen, 7), Frankfurt am Main 2003.

WILCKENS, ULRICH, Das Evangelium nach Johannes (Das Neue Testament deutsch, 4), Göttingen 1998.

WILKE, MATTHIAS, Die Kierkegaard-Rezeption Emanuel Hirschs (Hermeneutische Untersuchungen zur Theologie, 49), Tübingen 2005.

WINKLER, HEINRICH AUGUST, Der Schein der Normalität. Arbeiter und Arbeiterbewegung in der Weimarer Republik 1924 bis 1930 (Geschichte der Arbeiter und der Arbeiterbewegung in Deutschland seit dem Ende des 18. Jahrhunderts, 10) [1985], 2., durchgesehene Aufl. Berlin, Bonn 1988.

WOLF, ERNST, Luthers Erbe?, in: Evangelische Theologie 6, 1946/1947, 82–114.

–, Art. Barmen, in: RGG³, Bd. 1, Tübingen 1957, 873–879.

WOLFES, MATTHIAS, Art. Wünsch, Georg, in: BBKL, Bd. 14, Herzberg 1998, 103–156.

WÜNSCH, GEORG, Evangelische Wirtschaftsethik, Tübingen 1927.

–, Die Gegenwart. Vorbemerkung, in: Zeitschrift für Religion und Sozialismus 1, 1929, 60.

–, Wirklichkeitschristentum. Über die Möglichkeit einer Theologie des Wirklichen, Tübingen 1932.

–, Evangelische Ethik des Politischen, Tübingen 1936.

ZÖFEL, GERHARD, Die Wirkung des Dichters. Mythologie und Hermeneutik in der Literaturwissenschaft um Stefan George (Europäische Hochschulschriften, Reihe 1, 986), Frankfurt am Main, Bern, New York 1987.

Personenregister

Die kursiv gesetzten Ziffern verweisen auf die Anmerkungen.

Sachregister

Das Register bietet Belegstellen für wichtige Sachbegriffe und erschließt Kairos-relevante Ereignisse, Institutionen und Zeitschriften. Nicht aufgenommen wurden Begriffe, die zu eng mit der Zeitmetaphorik verbunden sind oder sich aufgrund ihrer semantischen Breite einer zielorientierten Stichworterfassung entziehen.

Beiträge zur historischen Theologie
Herausgegeben von Albrecht Beutel
Alphabetische Übersicht

Gräßer, Erich: Albert Schweitzer als Theologe. 1979. *Band 60.*

Graumann, Thomas: Die Kirche der Väter. 2002. *Band 118.*

Grosse, Sven: Heilsungewißheit und Scrupulositas im späten Mittelalter. 1994. *Band 85.*

Gülzow, Henneke: Cyprian und Novatian. 1975. *Band 48.*

Hamm, Berndt: Promissio, Pactum, Ordinatio. 1977. *Band 54.*

– Frömmigkeitstheologie am Anfang des 16. Jahrhunderts. 1982. *Band 65.*

Hammann, Konrad: Universitätsgottesdienst und Aufklärungspredigt. 2000. *Band 116.*

Hoffmann, Manfred: Erkenntnis und Verwirklichung der wahren Theologie nach Erasmus von Rotterdam. 1972. *Band 44.*

Holfelder, Hans H.: Solus Christus. 1981. *Band 63.*

Hübner, Jürgen: Die Theologie Johannes Keplers zwischen Orthodoxie und Naturwissenschaft. 1975. *Band 50.*

Hyperius, Andreas G.: Briefe 1530–1563. Hrsg., übers. und komment. von G. Krause. 1981. *Band 64.*

Jacobi, Thorsten: „Christen heißen Freie": Luthers Freiheitsaussagen in den Jahren 1515–1519. 1997. *Band 101.*

Jetter, Werner: Die Taufe beim jungen Luther. 1954. *Band 18.*

Jørgensen, Theodor H.: Das religionsphilosophische Offenbarungsverständnis des späteren Schleiermacher. 1977. *Band 53.*

Jung, Martin H.: Frömmigkeit und Theologie bei Philipp Melanchthon. 1998. *Band 102.*

Käfer, Anne: „Die wahre Ausübung der Kunst ist religiös". 2006. *Band 136.*

Kasch, Wilhelm F.: Die Sozialphilosophie von Ernst Troeltsch. 1963. *Band 34.*

Kaufmann, Thomas: Die Abendmahlstheologie der Straßburger Reformatoren bis 1528. 1992. *Band 81.*

– Dreißigjähriger Krieg und Westfälischer Friede. 1998. *Band 104.*

– Das Ende der Reformation. 2003. *Band 123.*

Kleffmann, Tom: Die Erbsündenlehre in sprachtheologischem Horizont. 1994. *Band 86.*

– Nietzsches Begriff des Lebens und die evangelische Theologie. 2003. *Band 120.*

Klein, Michael: Westdeutscher Protestantismus und politische Parteien. 2005. *Band 129.*

Koch, Dietrich-Alex: Die Schrift als Zeuge des Evangeliums. 1986. *Band 69.*

Koch, Gerhard: Die Auferstehung Jesu Christi. ²1965. *Band 27.*

Koch, Traugott: Johann Habermanns „Betbüchlein" im Zusammenhang seiner Theologie. 2001. *Band 117.*

Köpf, Ulrich: Die Anfänge der theologischen Wissenschaftstheorie im 13. Jahrhundert. 1974. *Band 49.*

– Religiöse Erfahrung in der Theologie Bernhards von Clairvaux. 1980. *Band 61.*

Korsch, Dietrich: Glaubensgewißheit und Selbstbewußtsein. 1989. *Band 76.*

Korthaus, Michael: Kreuzestheologie. 2007. *Band 142.*

Kraft, Heinrich: Kaiser Konstantins religiöse Entwicklung. 1955. *Band 20.*

Kranup, Martin: Ordination in Wittenberg. 2007. *Band 141*

Krause, Gerhard: Andreas Gerhard Hyperius. 1977. *Band 56.*

– Studien zu Luthers Auslegung der Kleinen Propheten. 1962. *Band 33.*

– siehe *Hyperius, Andreas G.*

Krauter-Dierolf, Heike: Die Eschatologie Philipp Jakob Speners. 2005. *Band 131.*

Krüger, Friedhelm: Humanistische Evangelienauslegung. 1986. *Band 68.*

Kubik, Andreas: Die Symboltheorie bei Novalis. 2006. *Band 135.*

Kuhn, Thomas K.: Der junge Alois Emanuel Biedermann. 1997. *Band 98.*

– Religion und neuzeitliche Gesellschaft. 2003. *Band 122.*

Laube, Martin: Theologie und neuzeitliches Christentum. 2006. *Band 139.*

Lindemann, Andreas: Paulus im ältesten Christentum. 1979. *Band 58.*

Mädler, Inken: Kirche und bildende Kunst der Moderne. 1997. *Band 100.*

Markschies, Christoph: Ambrosius von Mailand und die Trinitätstheologie. 1995. *Band 90.*

Mauser, Ulrich: Gottesbild und Menschwerdung. 1971. *Band 43.*

Mostert, Walter: Menschwerdung. 1978. *Band 57.*

Negrov, Alexander: Biblical Interpretation in the Russian Orthodox Church. 2008. *Band 130.*

Nottmeier, Christian: Adolf von Harnack und die deutsche Politik 1890 bis 1930. 2004. *Band 124.*

Ohst, Martin: Schleiermacher und die Bekenntnisschriften. 1989. *Band 77.*
— Pflichtbeichte. 1995. *Band 89.*

Osborn, Eric F.: Justin Martyr. 1973. *Band 47.*

Osthövener, Claus-Dieter: Erlösung. 2004. *Band 128.*

Pfleiderer, Georg: Theologie als Wirklichkeitswissenschaft. 1992. *Band 82.*
— Karl Barths praktische Theologie. 2000. *Band 115.*

Raeder, Siegfried: Das Hebräische bei Luther, untersucht bis zum Ende der ersten Psalmenvorlesung. 1961. *Band 31.*
— Die Benutzung des masoretischen Textes bei Luther in der Zeit zwischen der ersten und zweiten Psalmenvorlesung (1515-1518). 1967. *Band 38.*
— Grammatica Theologica. 1977. *Band 51.*

Rieger, Reinhold: Contradictio. 2005. *Band 133.*

Sallmann, Martin: Zwischen Gott und Mensch. 1999. *Band 108.*

Schaede, Stephan: Stellvertretung. 2004. *Band 126.*

Schäfer, Rolf: Christologie und Sittlichkeit in Melanchthons frühen Loci. 1961. *Band 29.*
— Ritschl. 1968. *Band 41.*

Schröder, Markus: Die kritische Identität des neuzeitlichen Christentums. 1996. *Band 96.*

Schröder, Richard: Johann Gerhards lutherische Christologie und die aristotelische Metaphysik. 1983. *Band 67.*

Schwarz, Reinhard: Die apokalyptische Theologie Thomas Müntzers und der Taboriten. 1977. *Band 55.*

Sockness, Brent W.: Against False Apologetics: Wilhelm Herrmann and Ernst Troeltsch in Conflict. 1998. *Band 105.*

Spehr, Christopher: Aufklärung und Ökumene. 2005. *Band 132.*

Stegmann, Andreas: Johann Friedrich König. Seine *Theologia positiva acroamatica* (1664) im Rahmen des frühneuzeitlichen Theologiestudiums. 2006. *Band 137.*

Sträter, Udo: Sonthom, Bayly, Dyke und Hall. 1987. *Band 71.*
— Meditation und Kirchenreform in der lutherischen Kirche des 17. Jahrhunderts. 1995. *Band 91.*

Strom, Jonathan: Orthodoxy and Reform. 1999. *Band 111.*

Tietz-Steiding, Christiane: Bonhoeffers Kritik der verkrümmten Vernunft. 1999. *Band 112.*

Thumser, Wolfgang: Kirche im Sozialismus. 1996. *Band 95.*

Trelenberg, Jörg: Das Prinzip „Einheit" beim frühen Augustinus. 2004. *Band 125.*

Voigt, Christopher: Der englische Deismus in Deutschland. *2003. Band 121.*

Voigt, Friedemann: Vermittlung im Streit. 2006. *Band 140.*

Wallmann, Johannes: Der Theologiebegriff bei Johann Gerhard und Georg Calixt. 1961. *Band 30.*
— Philipp Jakob Spener und die Anfänge des Pietismus. [2]1986. *Band 42.*

Waubke, Hans-Günther: Die Pharisäer in der protestantischen Bibelwissenschaft des 19. Jahrhunderts. 1998. *Band 107.*

Weinhardt, Joachim: Wilhelm Hermanns Stellung in der Ritschlschen Schule. 1996. *Band 97.*

Werbeck, Wilfrid: Jakobus Perez von Valencia. 1959. *Band 28.*

Weyel, Birgit: Praktische Bildung zum Pfarrberuf. 2006. *Band 134.*

Wittekind, Folkart: Geschichtliche Offenbarung und die Wahrheit des Glaubens. 2000. *Band 113.*

Ziebritzki, Henning: Heiliger Geist und Weltseele. 1994. *Band 84.*
Zschoch, Hellmut: Klosterreform und monastische Spiritualität im 15. Jahrhundert. 1988. *Band 75.*
− Reformatorische Existenz und konfessionelle Identität. 1995. *Band 88.*
ZurMühlen, Karl H.: Nos extra nos. 1972. *Band 46.*
− Reformatorische Vernunftkritik und neuzeitliches Denken. 1980. *Band 59.*

Einen Gesamtkatalog schickt Ihnen gerne der Verlag
Mohr Siebeck · Postfach 2040 · D-72010 Tübingen.
Neueste Informationen im Internet unter www.mohr.de